LEBENSFORMEN

Veröffentlichungen des Instituts für Volkskunde der Universität Hamburg
Herausgegeben von Albrecht Lehmann und Gerhard Lutz

Band 8

Dietmar Sedlaczek

»... das Lager läuft dir hinterher«

Leben mit nationalsozialistischer Verfolgung

DIETRICH REIMER VERLAG
BERLIN · HAMBURG

Die deutsche Bibliothek - CIP-Einheitsaufnahme

Sedlaczek, Dietmar:
»... das Lager läuft dir hinterher« : Leben mit
nationalsozialistischer Verfolgung / Dietmar Sedlaczek. -
Berlin ; Hamburg : Reimer, 1996
  (Lebensformen ; Bd. 8)
   ISBN 3-496-02588-3
NE: GT

Gedruckt mit Unterstützung der Universität Hamburg

© 1996 by Dietrich Reimer Verlag
Dr. Friedrich Kaufmann
Unter den Eichen 57
12203 Berlin

ISBN 3-496-02588-3

Inhalt

Vorab, Jahrzehnte danach

Im Februar 1994 fand sich im "Göttinger Tageblatt" eine kleine Notiz über eine Preisverleihung. In der niedersächsischen Stadt Einbeck war die amerikanische Literaturwissenschaftlerin und Holocaust-Überlebende Ruth Klüger für ihr Buch *Weiter leben - Eine Jugend* mit dem Niedersachsen-Preis in der Sparte Literatur ausgezeichnet worden. Das Preisgeld in Höhe von 15.000 DM wolle die Autorin der Bürgerinitiative Flüchtlingswohnheim Merkelstraße in Göttingen stiften. "Die 1992 gegründete Bürgerinitiative", ergänzt das "Göttinger Tageblatt", "wehrt sich gegen die Mentalität des Abschiebens und der Abgrenzung; sie will den Flüchtlingen Starthilfe geben und Nachbarschaftskontakte herstellen."[1]

Im September 1991 berichtete die "Frankfurter Rundschau" über ein besonderes Café in Frankfurt: das Erzählcafé im Rothschildpark. In einer Veranstaltung erzählten zwei jüdische Bürger über ihre Kindheits- und Jugenderinnerungen und über den Verlust der Heimat. Einige Zuhörerinnen ergänzten die Erfahrungen der beiden rechtzeitig ins Exil gegangenen Männer. So erzählte eine Frau von ihren zwölf im KZ umgebrachten Verwandten. "Die persönlichen Geschichten, die Menschen im Rothschildpark miteinander ins Gespräch bringen", so der abschließende Satz des Artikels, "können vielleicht dazu beitragen, das Vorstellungsvermögen zu erweitern."[2]

Anläßlich zweier aktueller Nachrichten erinnert die "Frankfurter Rundschau" im September 1994 an den amerikanischen Psychiater William G. Niederland.[3] Dieser war - von der deutschen Öffentlichkeit unbeachtet - bereits ein Jahr zuvor verstorben. Bekannt geworden war Niederland durch seine Forschungen zum sogenannten Überlebenden-Syndrom als Spätfolge des Nazi-Terrors. Die beiden Nachrichten führen "mitten hinein in eine Geschichte", so die "Frankfurter Rundschau", "die heute [...] immer mehr als längst vergangen angesehen wird": In Mestre, der Venedig vorgelagerten Industriestadt, war im Hochsommer eine Frau verstorben, deren Identität sich erst klären ließ, nachdem ihr Foto in der Lokalpresse veröffentlicht worden war. Eine Zeugin meldete sich und gab Auskunft über die Verstorbene: "Im November 1945 habe sie die Frau zum ersten Mal gesehen. Sie sei zusammen mit anderen kränklich und erschöpft wirkenden Menschen auf einem Lastwagen in Mestre angekommen. Mit Hilfe eines Übersetzers habe die polnische Frau angefangen, von ihren Erfahrungen im KZ Auschwitz zu berichten. Seit jener ersten Begegnung habe die Zeugin nur einen lockeren Kontakt zu der jetzt gestorbenen Frau aufrechterhalten. Sie wisse nur, daß die Frau in den Nachkriegsjahren längere

---

[1] Göttinger Tageblatt vom 15.2.1994.
[2] Frankfurter Rundschau vom 17.9.1991.
[3] Frankfurter Rundschau vom 12.9.1994.

Zeit ihren kargen Lebensunterhalt als Prostituierte verdient habe. [...] Eine schwere Tumorerkrankung zwang die fast fünfzig Jahre in Mestre anonym und mit einer gefälschten Identität lebende Frau zu einem Krankenhausaufenthalt, der in den letzten Juli-Tagen mit ihrem Tod endete. Sie habe, so bestätigten die behandelnden Ärzte die Aussagen der Zeugin gegenüber Journalisten des *Corriere della Sera*, in der Agonie des Todeskampfes wie obsessiv immer nur das Wort 'Auschwitz' wiederholt." - In London, so wird weiter berichtet, habe sich eine Frau nach dem Anschauen des Filmes *Schindlers Liste* von Steven Spielberg das Leben genommen. Ihre gesamte Familie war in Auschwitz vergast worden. In einem Abschiedsbrief hatte sie geschrieben, mit der 'Schuld', überlebt zu haben, könne sie nicht mehr weiterleben. Für diese beiden Frauen war das Überleben des Holocaust immer nur eine "'Atempause, eine Sinnestäuschung, ein Traum'", zitiert die "Frankfurter Rundschau" Primo Levi: "'Die Wirklichkeit waren immer die Lager.'" William G. Niederland nannte dies den Seelenmord der Überlebenden.

Gespräche mit Überlebenden nationalsozialistischer Verfolgung, das Erzählen ihrer Lebensgeschichte bilden die Grundlage meiner Arbeit, die im Juli 1995 vom Fachbereich Kulturgeschichte und Kulturkunde der Universität Hamburg als Dissertation angenommen wurde. Besonderer Dank gilt daher zuallererst meinen Gesprächspartnern und -partnerinnen für das mir entgegengebrachte Vertrauen.
    Zu danken habe ich auch meinen Eltern; ohne ihren Zuspruch und ihre Unterstützung wäre dieses 'Unternehmen' nie begonnen worden. Seinen Abschluß erlebte mein Vater leider nicht mehr. Das Studienwerk Buntstift e.V. förderte die Promotion mit einem dreijährigen Stipendium. Die Universität Hamburg gewährte einen großzügigen Druckkostenzuschuß. Meinem Betreuer, Professor Albrecht Lehmann, verdankt die Arbeit Kritik und Anregung. Ihm danke ich herzlich dafür, daß er sich für Gespräche stets Zeit nahm und die Aufnahme in die Reihe "Lebensformen" ermöglichte. Schließlich möchte ich all jenen danken, die mir mit Rat und Tat zur Seite gestanden haben, die mich bei meinen Recherchen unterstützten oder mir bei der Suche nach Gesprächspartnern behilflich waren. Zu ihnen gehören Professor Rolf Wilhelm Brednich, mein Göttinger Lehrer, Claudia Römer, Hartwig Baumbach, Guido Fackler, Theodor M. und Kerstin Vieluf, die während der ersten 'Schreibphase' mit spitzem Bleistift und beinahe zu jeder Tageszeit zum Korrekturlesen bereit war. Mein besonderer Dank gilt Ingrid Tomkowiak, die mich mit kritischer Lektüre und zahllosen Gesprächen unterstützt hat.

Hamburg und Göttingen, im Januar 1996   Dietmar Sedlaczek

Einführung

"Du mußt nicht denken, so ein Lager ist von einem Tag auf den anderen zu Ende. Schön wär das. Wirst befreit, gehst raus, und alles ist vorbei. So ist es leider nicht, ihr stellt euch das viel zu einfach vor, das Lager läuft dir hinterher. [...] Von draußen sieht es aus wie normales Leben, in Wirklichkeit sitzt du noch im Lager, das in deinem Kopf weiterexistiert. Du fürchtest, so fängt der Wahnsinn an."[1]

Aron Blank ist es, der diese Worte spricht, die Hauptfigur aus Jurek Beckers Roman *Der Boxer*. Becker verarbeitete in diesem Roman Gespräche, die er über zwei Jahre mit einem ehemaligen Konzentrationslagerhäftling geführt hatte. Der Roman versucht, das schwierige Leben dieses Mannes zu spiegeln, ein Leben, das von der Vergangenheit bestimmt wird.

Fünfzig Jahre nach der Zerschlagung des Nazi-Reiches und der Befreiung der Konzentrationslager sind die Spuren von Haft und Unterdrückung noch sichtbar. Die Überlebenden sind gezeichnet von der erfahrenen sozialen Ausgrenzung und Entrechtung, von tiefster Demütigung und brutaler Mißhandlung. Zwangsarbeit zermürbte ihre Körper, die Anwesenheit des Todes ihre Seelen. Fortan wurde die Angst ein ständiger Begleiter ihres weiteren Lebens. Mit der Rückkehr aus Versteck und Lager war die Hoffnung verbunden, an das Leben vor der Verfolgung anknüpfen zu können. Doch dies gelang nur wenigen. Viele hatten ihre nächsten Angehörigen, ihre Ehepartner oder Kinder, manche gar die gesamte Familie verloren. Das Zuhause war ihnen genommen und eine neue Heimat nur schwer zu finden. Die Menschen waren entwurzelt, die Lebenswege abgeschnitten, ja oft völlig zerstört. Tausende waren so gezwungen, weiterhin in Lagern zu leben. Das letzte Lager für die 'Entheimateten', die "displaced persons", wurde zwölf Jahre nach dem Ende des Krieges, im Jahre 1957, aufgelöst. Bereits die äußeren Umstände waren wenig dazu angetan, eine alsbaldige Gesundung der Überlebenden zu ermöglichen. Die Verfolgung hatte zu einem Bruch in der Lebensgeschichte der Opfer geführt.

Von einem solchen Bruch in der Biographie der Überlebenden sprachen erstmals Psychiater und Nervenärzte, die sich im Rahmen der Verfolgungspathologie und Entschädigungsmedizin mit den Folgen der Konzentrationslagerhaft beschäftigten. Kurt Kolle nennt es das "unübersehbare Faktum des vollständigen Bruches der Lebenslinie"[2], einen ähnlichen Ausdruck verwendet auch Eddy de Wind, er spricht vom "absoluten Bruch in der Lebenslinie"[3]. William G. Niederland schließlich sieht die Hauptursache der vielfältigen seelischen Störungsbilder bei ehemals Verfolgten in der Tatsache begründet, daß

[1] Becker, Jurek: Der Boxer. Frankfurt a.M. 1979, S. 103.
[2] Kolle, Kurt: Die Opfer der nationalsozialistischen Verfolgung in psychiatrischer Sicht. In: Der Nervenarzt 29 (1958) S. 148-158, hier S. 156.
[3] de Wind, Eddy: Begegnung mit dem Tod. In: Psyche 22 (1968) S. 423-441, hier S. 437.

"ihre frühere Lebenslinie durch die Verfolgung abgeschnitten wurde - vollständig und oft in grausamster Weise. So entstand", betont Niederland, "ein
zumeist unheilbarer *Knick in der Lebenslinie*."[4] Ohne Zweifel also veränderte
die Verfolgung das Leben der Betroffenen, hatte Auswirkungen auf ihre
gesamte weitere Biographie.

Die Volkskunde nahm sich des Themas nationalsozialistische Verfolgung
und Konzentrationslagerhaft erst sehr spät an. Dies ist auch vor dem Hintergrund des gesamtgesellschaftlichen Klimas zu sehen: "In den Aufbaujahren",
schreibt Albrecht Lehmann, "den Zeiten des 'Blicks nach vorn', schwand freilich das Interesse an der unmittelbaren Vergangenheit."[5] Nationalsozialistische
Verfolgung und Vernichtung wurden daher genauso verdrängt wie die Erfahrungen der 'displaced persons', und das Erzählen über diese Themen war
tabuisiert.[6] Jahrzehnte vergingen, bis die Volkskunde sich dem Komplex
Nationalsozialismus zuwandte. Utz Jeggle beurteilt das Versäumnis des Faches
wie folgt:

> "Ein Schwerpunkt der Nachkriegsforschung war die *Volkskunde der Heimatvertriebenen*,
> mit deren Schicksal man sich so intensiv beschäftigte, daß einem zeitlich distanzierten
> Betrachter der Gedanke kommt, daß damit 'unsere Opfer' dokumentiert werden sollten.
> Denn die Schicksale der anderen Flüchtlinge blieben unbehandelt, keine Publikation über
> die herumirrenden Überlebenden aus den KZ oder die nicht repatriierten DP's. Es war und
> blieb eine 'Deutsche' Volkskunde. Daher rückte auch nicht der Nationalsozialismus als
> Forschungsgegenstand ins Blickfeld. Die Desillusionierung über das geliebte Volk (und
> sich selbst) hätte man sicherlich nicht ausgehalten."[7]

Vom Umgang mit nationalsozialistischer Verfolgung handelt die vorliegende
Untersuchung. Ihr zentrales Anliegen ist es, den genannten Bruch in der
Biographie der Überlebenden von Verfolgung und KZ-Haft zu untersuchen und
zu dokumentieren. Dabei geht es darum, welche Bedeutung und welche Konsequenzen er für die Identitätsarbeit der Betroffenen besitzt, welche Auswirkungen er auf die sozialen Beziehungen der Überlebenden hat. Wie gelingt ihnen
die Eingliederung in die Gesellschaft, in der sie leben? Wie gehen sie mit ihren
Erfahrungen um? Welche 'Sprache' finden sie, um diese Erfahrungen mitzuteilen, und welche Formen der erzählerischen Bewältigung?

Die Untersuchung besteht aus zwei Teilen: einem Grundlagenteil und einem
Dokumentationsteil mit sechs, auf lebensgeschichtlichen Interviews basierenden
Biographien von Überlebenden nationalsozialistischer Verfolgung. Zunächst zu
den Grundlagen: Sollen Umbruch- und Schocksituationen wie die oben
beschriebenen untersucht werden, gelten biographische Ansätze als ideales

---

[4] Niederland, William G.: Folgen der Verfolgung: Das Überlebenden-Syndrom Seelenmord.
     Frankfurt a.M. 1980, S. 229.
[5] Lehmann, Albrecht: Die Kriegsgefangenen. In: Aus Politik und Zeitgeschichte. Beilage zur
     Wochenzeitung Das Parlament B 7-8 vom 10.2.1995, S. 13-19, hier S. 19.
[6] Vgl. Lehmann, Albrecht: Flüchtlingserinnerungen im Erzählen zwischen den Generatio-
     nen. In: BIOS 2 (1989) S. 183-206, hier S. 186.
[7] Jeggle, Utz: Volkskunde im 20. Jahrhundert. In: Brednich, Rolf W. (Hg.): Grundriss der
     Volkskunde. Einführung in die Forschungsfelder der Europäischen Ethnologie. Berlin
     1988, S. 51-71, hier S. 65f.

Untersuchungsinstrument: Nämlich immer dann, so Michael Pollak, "wenn eine Gesellschaftsgruppe sich neuen Verhältnissen anpassen und ihre Identiät sowie ihre Beziehungen zu anderen Gruppen neu definieren muß"[8]. Die Überlebenden von Verfolgung und KZ-Haft sahen sich mit solchen Problemen gleich zweimal konfrontiert. Verfolgung, Festnahme und Deportation rissen sie aus ihren sicheren und vertrauten sozialen und familiären Bezügen. Im Konzentrationslager oder Versteck erlebten sie eine Welt, die sich in jeder Beziehung von jener 'draußen' unterschied. Die zuvor erworbenen Erfahrungen halfen bei der Bewältigung dieser fremden Situation nicht. Nach der Befreiung gestaltete sich in den meisten Fällen die Heimkehr bzw. die Eingliederung in eine neue Gesellschaft als ein langwieriger und schwieriger Prozeß. "Unter solchen Umständen", schreibt Pollak, "ist es natürlich schwer, sich das Gefühl der eigenen Identität zu erhalten. In jede Aussage über das KZ fließt daher neben der Erinnerung an Fakten auch das eigene Selbstverständnis ein."[9] Aus diesem Grunde mögen die Berichte der Überlebenden in erster Linie als Selbstdeutungen verstanden werden, die Auskunft über den Erzähler bzw. die Erzählerin geben. Ein Umstand, den es bei der Bearbeitung solcher Texte zu bedenken gilt.

Zunächst wird eine Annäherung an den Themenkomplex Verfolgung und Konzentrationslagerhaft vorgenommen. Dies geschieht im Kapitel *Quellenbereiche, Forschungsliteratur*. Hier findet eine Auseinandersetzung mit drei unterschiedlichen Textsorten bzw. -bereichen statt: den Häftlingsberichten, der entsprechenden medizinisch-psychiatrischen Literatur und der biographischen Forschung zum Themenbereich Nationalsozialismus. Neben lebensgeschichtlichen Interviews stellen Häftlingsberichte die aufschlußreichste Quelle für die Fragestellung dieser Untersuchung dar. Anders als beispielsweise Archiv-Dokumente oder Aussagen vor Gericht geben sie Auskunft über wichtige biographische Aspekte, so auch in etlichen Fällen über das Leben vor und nach der Verfolgung, auch wenn ihr Schwerpunkt eindeutig auf dem Zeitraum der Verfolgung und der Inhaftierung liegt. Um die Qualität und die Breite der durch die Verfolgung verursachten Leiden, der psychischen wie der physischen Probleme besser verstehen und beurteilen zu können, erscheint es geraten - nicht nur im Sinne anzustrebender Interdisziplinarität -, sich mit dem Bereich der medizinisch-psychiatrischen Forschungen auf diesem Gebiet auseinanderzusetzen. Ein Rückgriff auf die Ergebnisse dieser Untersuchungen bedeutet eine unerläßliche Hilfe für die Bearbeitung der Interviewtexte. Mitte der siebziger Jahre setzte in verschiedenen Fachdisziplinen eine Hinwendung zu lebensgeschichtlichen Fragestellungen und Methoden ein. Thematisch rückten seitdem die Zeit des Nationalsozialismus sowie die Phase des Aufbaus nach dem Krieg verstärkt in den Mittelpunkt (nicht nur) biographischer

---

[8] Pollak, Michael: Die Grenzen des Sagbaren. Lebensgeschichten von KZ-Überlebenden als Augenzeugenberichte und als Indentitätsarbeit. Frankfurt a.M./New York 1988, S. 88 (= Studien zur Historischen Sozialwissenschaft, 12).
[9] Pollak 1988, S. 89.

Untersuchungen. Ein Teil dieser Forschungen setzt sich auch mit der Problematik Verfolgung und Konzentrationslagerhaft auseinander.

Zu jenen Disziplinen, die sich mit biographischen Forschungsansätzen beschäftigen, gehört auch die Volkskunde. Hier sind lebensgeschichtliche Fragestellungen innerhalb der Erzählforschung angesiedelt. Ihr gilt das nächste Kapitel: *Biographieforschung und volkskundliche Erzählforschung*. In ihm werden die Entwicklungsschritte der volkskundlichen Erzählforschung, die gewiß größte und am längsten etablierte Teildisziplin des Faches, zu einer auch an gegenwärtigen Formen des Erzählens orientierten Forschungstradition beschrieben.

Nachdem im Kapitel *Quellenbereiche, Forschungsliteratur* eine inhaltliche Annäherung an die Problematik Verfolgung und Konzentrationslagerhaft erfolgt ist - durchaus im Sinne einer Darlegung der 'Vorerfahrung' - und im Kapitel *Biographieforschung und volkskundliche Erzählforschung* sowohl eine forschungsgeschichtliche als auch eine methodische Annäherung an lebensgeschichtliches Erzählen, geht es in den sich daran anschließenden Kapiteln um den Gang der Untersuchung. Das Kapitel *Feldforschung* informiert über Zusammensetzung und Größe des Samples, über die Feldforschungssituation, im besonderen über das Verhältnis zu den Interviewpartnern und -partnerinnen sowie über das Erhebungsverfahren. Im Kapitel *Auswertung* findet zum einen eine quellenkritsche Auseinandersetzung mit den erhobenen lebensgeschichtlichen Texten statt, zum anderen werden die Aufbereitung des Tonbandmaterials (Transkription) beschrieben und Instrumente für die Analyse vorgestellt. In diesem Zusammenhang steht die Erörterung verschiedener Funktionen[10] sowie besonderer Organisations- und Ordnungsprinzipien lebensgeschichtlichen Erzählens: nämlich die individualisierende, die solidarisierende, die sedative und die legitimierende Funktion von Erzählungen sowie die Erzählmuster des 'Ordnens am roten Faden', der Abschweifung, der Leitlinie und schließlich das Prinzip der Abwesenheit.

Der Dokumentationsteil enthält - wie bereits erwähnt - Biographien von Überlebenden nationalsozialistischer Verfolgung. Sechs Lebensgeschichten werden erzählt, dokumentiert und analysiert. Die Darstellung basiert auf Interviews und - falls vorhanden - weiteren autobiographischen Zeugnissen. Um den zeitübergreifenden Charakter und Stellenwert der Erfahrungen sichtbar machen zu können, wird der Lebensweg der Interviewpartner und -partnerinnen von der Kindheit und der Jugend über die Zeit der Verfolgung und Befreiung hinaus bis in die Gegenwart nachgezeichnet. Eine besondere Bedeutung kommt der Beschreibung des jeweiligen historischen Hintergrundes zu. Die Geschichte des einzelnen ist Teil der 'großen' Geschichte. Erst wenn beide zueinander in Beziehung gesetzt werden, ist ein Verstehen des individuellen Lebens möglich. Der Bruch in der Biographie der Überlebenden, dies ist als Fazit der Untersuchung festzuhalten, schlägt sich sowohl inhaltlich als auch erzählerisch im lebensgeschichtlichen Erzählen meiner Gewährspersonen nieder und kann mit

---

[10] Die Funktionen werden auch ausführlich im Kapitel *Biographieforschung und volkskundliche Erzählforschung* erörtert.

den oben erwähnten Instrumenten, ohne daß diese in der Darstellung stets ausdrücklich benannt sein müßten, beschrieben werden.

Viele Überlebende drängt es, über ihre Erfahrungen zu sprechen. Die meisten klagen über eine Umwelt, die mit der Geschichte des Nationalsozialismus häufig nicht mehr konfrontiert werden möchte, und sie fühlen sich unverstanden. Dies gilt im besonderen für jene, die in der Bundesrepublik Deutschland leben. Um so wichtiger sind ihnen Menschen, mit denen sie vertrauensvoll über ihre Erfahrungen sprechen können, denn das Erzählen - öffentlich oder privat - besitzt für viele eine leidlindernde Wirkung. Doch dies ist nur die eine Seite. Auf der anderen nämlich gilt es zu bedenken, daß KZ- und Verfolgungserlebnisse meist moralische Grenzerfahrungen darstellen, die Außenstehenden nur schwer zu vermitteln sind, betreffen sie doch einen Tabu-Bereich: etwa daß man gezwungen war, eigene Schamgrenzen und ethische Normen zu übertreten. Überleben bedeutete häufig auch das Überleben auf Kosten anderer. Michael Pollak spricht denn auch in diesem Zusammenhang "von den Grenzen des Sagbaren".

Während sich die Überlebenden mit den Grenzen des Sagbaren auseinandersetzen, kämpfen viele der Nicht-Opfer verbal mit den Grenzen des Vorstellbaren und sprechen vom 'Unvorstellbaren'. "Und warum unvorstellbar," fragt Ruth Klüger, "wenn es doch keineswegs ein Mysterium war, sondern eine blutige Sauerei, am hellichten Tag."[11]

---

[11] Klüger, Ruth: Dichten über die Shoah. Zum Problem des literarischen Umgangs mit dem Massenmord. In: Spuren der Verfolgung. Seelische Auswirkungen des Holocaust auf die Opfer und ihre Kinder. Herausgegeben von Gertrud Hardtmann. Gerlingen 1992, S. 203-221, hier S. 220.

Grundlagen

Quellenbereiche, Forschungsliteratur

In einer Vielzahl von lebensgeschichtlichen Dokumenten und unterschiedlichen Textsorten wird über Verfolgung und KZ-Haft in der NS-Zeit berichtet. Die wohl bekannteste Textsorte stellen Häftlingsberichte dar. Hierbei handelt es sich um autobiographische Aufzeichnungen von ehemaligen Häftlingen, die über ihre Erlebnisse und Erfahrungen in deutschen Gefängnissen und Konzentrationslagern schreiben. Die Zahl der dem Begriff 'Häftlingsbericht' zu subsumierenden Werke läßt sich nur annähernd beziffern. In der von Rudi Goguel, selbst ehemaliger KZ-Häftling, im Jahre 1976 veröffentlichten Bibliographie der deutschsprachigen Literatur über die 'antifaschistische Widerstandsbewegung' gegen die Hitler-Diktatur werden 773 selbständige Schriften unter *Biographien, Memoiren, Tagebücher und Erlebnisberichte* aufgeführt. Hinzu kommen noch einmal 339 Aufsätze aus Zeitschriften und Sammelschriften.[1] Selbst wenn man die Zahl der Biographien hiervon wieder abzöge, bliebe immer noch eine beträchtliche Anzahl autobiographischer Berichte übrig, deren Zahl zudem weiterhin steigt.

Die ersten Häftlingsberichte wurden bereits in den dreißiger Jahren niedergeschrieben und veröffentlicht. Das früheste Zeugnis, das in der Form des Romans über die in den nationalsozialistischen Konzentrationslagern herrschende menschenverachtende Barbarei berichtet, stellt Willi Bredels autobiographische*s* Werk *Die Prüfung* dar, das innerhalb kürzester Zeit in siebzehn Sprachen übersetzt wurde.[2] Der Schriftsteller Bredel beschreibt darin seine Hafterfahrungen im Konzentrationslager Fuhlsbüttel. Im Vorwort einer im Jahre 1946 herausgebrachten Ausgabe heißt es: "Im Konzentrationslager, in Wochen und Monaten der Einzelhaft konzipiert und im Kopf geschrieben, gelangte dies Buch als geistige Konterbande mit hinaus in die Freiheit. Es in Prag auf Papier zu bringen, war nur noch eine technische Angelegenheit, und schon im Herbst 1934 konnte die erste Auflage im Malik-Verlag, London, erscheinen."[3] Die Form des Romans wählte Bredel nach eigenen Angaben, "um die Wahrheit - und nichts als die dokumentarische Wahrheit erzählend

---

[1] Goguel, Rudi: Antifaschistischer Widerstand und Klassenkampf. Die faschistische Diktatur 1933 bis 1945 und ihre Gegner. Bibliographie deutschsprachiger Literatur aus den Jahren 1945 bis 1973. Unter bibliographischer Mitarbeit von Jutta Grimann, Manfred Püschner, Ingrid Volz. Berlin 1976, S. 323-403.
[2] Vgl. Weltliteratur im 20. Jahrhundert. Autorenlexikon. Herausgegeben von Manfred Brauneck. Bd. 1. Reinbek bei Hamburg 1981, S. 212.
[3] Bredel, Willi: Die Prüfung. Roman aus einem Konzentrationslager. Berlin 1946, S. 5.

gestalten zu können"[4]. Daß er das, was er in seinem Buch schreibt, auch selbst erlebt hat, versichert Bredel mit Nachdruck. Bereits an diesem Werk wird deutlich, daß bei Häftlingsberichten die Übergänge zu anderen Textsorten, in diesem Fall zum Roman, fließend sind.[5]

Ebenfalls 1934 erschien der Bericht des sozialdemokratischen Reichstagsabgeordneten Gerhart Segers über seine Haft im KZ Oranienburg, der im Untertitel als 'erster authentischer Bericht' aus einem Konzentrationslager bezeichnet wird.[6] Zu den frühen biographischen Dokumenten, die über die Vorgänge in den nationalsozialistischen Konzentrationslagern Auskunft geben, gehört auch Wolfgang Langhoffs Buch *Die Moorsoldaten*[7], das 1935 in einem Schweizer Verlag veröffentlicht wurde. Die erste deutsche Auflage erschien im Jahre 1946, 1976 wurde das Buch neu aufgelegt. Der Schauspieler Langhoff schildert in ihm seine dreizehnmonatige Haftzeit in deutschen Konzentrationslagern, u.a. im Emslandlager Börgermoor. Hier entstand auch das erste deutsche KZ-Lied "Die Moorsoldaten", das 1933 von Gefangenen des Lagers Börgermoor gedichtet und komponiert wurde.[8] Moorsoldaten nannten sich die Häftlinge dieser Lager, weil sie ausrangierte Uniformen tragen mußten.[9]

---

[4] Ebd.

[5] Katrin Pallowski zählt Bredels Roman *Die Prüfung* zum Bereich der antifaschistischen Arbeiterliteratur, einem Bereich, der von der bundesdeutschen Literaturwissenschaft ausgegrenzt sei: "Die bundesdeutsche Germanistik ihrerseits hat bisher kaum einen Beitrag dazu geleistet, das Vergessen oder den Boykott dieses Zweigs antifaschistischer Literatur zu korrigieren", siehe: Pallowski, Katrin: Überfälliger Hinweis auf eine antifaschistische Arbeiterliteratur. Willi Bredels Roman *Die Prüfung*. In: Winckler, Lutz (Hg.) in Zusammenarbeit mit Christian Fritsch: Antifaschistische Literatur. Prosaformen. Bd. 3. Königstein/Ts. 1979, S. 19-33, hier S. 20 (= Literatur im historischen Prozeß, 12).

[6] Seger, Gerhart: Oranienburg. Erster authentischer Bericht eines aus dem Konzentrationslager Geflüchteten. Mit einem Geleitwort von Heinrich Mann. Karlsbad 1934.

[7] Langhoff, Wolfgang: Die Moorsoldaten. 13 Monate KZ. Zürich 1935.

[8] Vgl. Boldt, Werner u.a.: Emslandlager - Zur "Kriegsgräberstätte", zum Bundeswehrdepot, zur Justizvollzugsanstalt, zum Kartoffelacker... In: Garbe, Detlef (Hg.): Die vergessenen KZs? Gedenkstätten für die Opfer des NS-Terrors in der Bundesrepublik. Bornheim-Merten 1983, S. 69-92, hier S. 72; Gedenkstätten für die Opfer des Nationalsozialismus. Eine Dokumentation. Text und Zusammenstellung Ulrike Puvogel. Herausgegeben von der Bundeszentrale für politische Bildung. Bonn 1987, S. 449 (= Schriftenreihe der Bundeszentrale für politische Bildung, 245); Brednich, Rolf Wilhelm: Gefangenschaft. In: Enzyklopädie des Märchens. Bd. 5. 1987, Sp. 833-846, hier Sp. 843f.; siehe auch ders. (Hg.): Geschichte in Liedern (1815-1979). Kiel 1979, S. 79-81. Der Text des Liedes, schreibt Wolfgang Emmerich, stammt von dem Bergmann Johann Esser, Wolfgang Langhoff schrieb den Refrain, und die Melodie dazu fand der Häftling Rudi Goguel. Emmerich weiter: "Der Mangel an ästhetisch innovativen Elementen ist eklatant und wird von manchem Literaturwissenschaftler beklagt werden. Wichtiger freilich ist die mehrfach belegte menschliche und politische Funktion des Liedes sowohl für die Lagerhäftlinge als auch für die Wachmannschaften. Denn auch die SS-Bewacher waren von ihm beeindruckt. Nach zwei Tagen mußte das Lied verboten werden; als heimliche Lagerhymne blieb es lebendig", siehe Emmerich, Wolfgang: Die Literatur des antifaschistischen Widerstandes in Deutschland. In: Die deutsche Literatur im Dritten Reich: Themen, Traditionen, Wirkungen. Herausgegeben von Horst Denkler und Karl Prümm. Stuttgart 1976, S. 427-458, hier S. 442. "Die in den Konzentrationslagern entstandenen Lieder", schreibt Wolfgang Brekle, "wurden - meist durch entlassene oder entflohene Häftlinge - im Ausland bekannt und dort verbreitet. [...] So wurde das Lied 'Die Moorsoldaten' aus dem KZ Börgermoor im Exil von Hanns Eisler bearbeitet, von Ernst Busch im Spanienkrieg gesun-

Nach dem Ende des Krieges kommt es dann zu einer Fülle von Veröffentlichungen. Noch in den vierziger Jahren erscheint eine Vielzahl von Häftlingsberichten auf dem Buchmarkt. Die frühen Häftlingsberichte stammen in der
Mehrheit von politisch verfolgten Gegnern der Nationalsozialisten, ein Umstand, der nicht weiter verwundert, denn schließlich zählten jene zu deren
ersten Opfern. Einige Beispiele: 1946 erschienen unter dem Titel *Neun Jahre
lebendig begraben. Ein Tatsachenbericht aus der Hölle der Nazi-KZ*. Wilhelm
Zarnikos Aufzeichnungen. Zarniko war wegen angeblicher geheimer Tätigkeit
für die SPD von der Gestapo verhaftet und anschließend ins KZ Oranienburg
gesperrt worden. Sein Bericht, der eine pädagogische Absicht verfolgt, endet
mit einem politischen Bekenntnis: "Nun bin ich frei, frei, nachdem ich neun
Jahre in den Nazi-KZ. lebendig begraben war. Mein fernerer Kampf soll, das
habe ich mir gelobt, einem Deutschland gelten, das nicht wie der Nazi-Staat
die primitivsten Menschenrechte mit Füßen tritt. Daß jeder Deutsche von den
Errungenschaften des Nazi-Verbrecherstaates geheilt wird und weiß, wofür er
in Zukunft zu kämpfen hat, - dazu soll mein Bericht beitragen. Dann hat er
seinen Zweck erfüllt."[10]
Die Erinnerung an die (verstorbenen) Mithäftlinge, die als Kameraden
bezeichnet werden, stellt ein immer wiederkehrendes Motiv vor allem in den
frühen Häftlingsberichten dar. In vielen Berichten wird dem Buch eine entsprechende Widmung vorangestellt.[11] "Ich widme dieses Buch", schreibt der ehemalige Widerstandskämpfer und Auschwitz-Häftling Zenon Rozanski, "der
'alten Garde' von Auschwitz, deren blutig erworbene Erfahrung und kamerad-
schaftliche Opfer so manche später hinzukommene Kameraden retteten. Ich
widme es denen, welche die Freiheit noch erleben durften und denen, welche
vor der schwarzen Wand des Hinrichtungsblocks Nr. 11 gefallen sind."[12] Auch

---

gen sowie über den Moskauer Rundfunk ausgestrahlt und von Antifaschisten in
Deutschland abgehört", siehe Brekle, Wolfgang: Schriftsteller im antifaschistischen
Widerstand 1933-1945 in Deutschland. Weimar 1985, S. 260.

[9] Vgl. Boldt u.a. 1983, S. 72; Gedenkstätten für die Opfer des Nationalsozialismus 1987, S.
449; Langhoff 1946, S. 119.

[10] Zarniko, Wilhelm: Neun Jahre lebendig begraben. Ein Tatsachenbericht aus der Hölle der
Nazi-KZ. Hamburg 1946, S. 30.

[11] In diesem Zusammenhang sei auch an den "Schwur von Buchenwald" erinnert, den am 19.
April 1945 die befreiten Häftlinge des Lagers geleistet haben. In ihm findet sich eine ähnli-
che Argumentation wie in den Widmungen vieler früher Häftlingsberichte: "Wir schwören
deshalb vor aller Welt auf diesem Appellplatz, an dieser Stätte des faschistischen Grauens:
Wir stellen den Kampf erst ein, wenn auch der letzte Schuldige vor den Richtern der
Völker steht! Die Vernichtung des Nazismus mit seinen Wurzeln ist unsere Losung. Der
Aufbau einer neuen Welt des Friedens und der Freiheit ist unser Ziel. Das sind wir unseren
gemordeten Kameraden, ihren Angehörigen schuldig. Zum Zeichen Eurer Bereitschaft für
diesen Kampf erhebt die Hand zum Schwur und sprecht mir nach: Wir schwören!"
[Auszug], zitiert nach: Konzentrationslager Buchenwald. Post Weimar/Thür. Katalog zu
der Ausstellung aus der Deutschen Demokratischen Republik im Martin-Gropius-Bau,
Berlin (West), April - Juni 1990. Herausgegeben von der Nationalen Mahn- und Gedenkstätte Buchenwald. O.O. u. o.J., S. 169. Vgl. dazu den von dieser Fassung abweichenden
Text in: Gedenkstätten für die Opfer des Nationalsozialismus 1987, S. 779.

[12] Rozanski, Zenon: Mützen ab... Eine Reportage aus der Strafkompanie des KZ. Auschwitz.
Hannover 1948, S. 4.

der Schriftsteller Bruno Apitz, der elf Jahre im KZ verbrachte, stellte seinem Buchenwald-Roman *Nackt unter Wölfen*, der in 28 Sprachen übersetzt wurde und allein in der DDR eine Auflage von über einer Million Exemplaren erreichte[13], einen Gruß an die verstorbenen Mitstreiter der Widerstandsbewegung im Lager voraus: "Ich grüße mit dem Buch unsere toten Kampfgenossen aller Nationen, die wir auf unserem opferreichen Weg im Lager Buchenwald zurücklassen mußten. Sie zu ehren, gab ich vielen Gestalten des Buches ihre Namen."[14] In den jüdischen Lebenserinnerungen klingen die Widmungen in der Regel sehr viel privater. "Gewidmet meiner kleinen herrlichen Familie" schreibt beispielsweise Ruth Elias in ihren Erinnerungen über ihre Zeit in Theresienstadt und im Lager Auschwitz.[15] Dem unter dem bezeichnenden Pseudonym K. Zetnik 135633 erschienenen Bericht eines Aufschwitz-Häftlings werden folgende Zeilen vorangestellt: "Da dieses Buch vollendet ist, kann ich es nicht beschliessen, ohne des Professors Dr. JOSEF und seiner Frau MALKA ASCHERMANN in Tel Aviv zu gedenken - sie fanden mich versunken in ein Meer von Asche, zu dem meine ganze Familie, meine ganze Welt verbrannt waren im Brandofen von Auschwitz, und streckten hingebend die Arme aus als Eltern nach ihrem Kind, und taten alles, das es mir möglich machte, fortzuleben in dieser Welt."[16] In dieser Widmung wird ein Problem angesprochen, daß in den frühen Häftlingsberichten noch keine Erwähnung fand: das Weiterleben nach dem Überleben.

Natürlich verfaßten auch Angehörige anderer Verfolgtengruppen Berichte über ihre Konzentrationslagerhaft. 1945 erschien in einem Züricher Verlag eine Übersetzung von Roland de Purys *Tagebuch aus der Gefangenschaft*[17]. Hierin schreibt der Schweizer Geistliche über seine fünf Monate während Haftzeit. Zwei Jahre später werden ebenfalls in einem Schweizer Verlag die Aufzeichnungen eines niederländischen Geistlichen in einer deutschen Übersetzung publiziert. Jacobus Overduin gab ihnen den Titel *Der Himmel in der Hölle von Dachau*.[18] Im Konzentrationslager Dachau war auch ein anderer evangelischer Pfarrer und zudem einer der profiliertesten Vertreter der Bekennenden Kirche interniert - Martin Niemöller. Als er 1945 auf dem Transport nach Südtirol befreit wurde, hatte er als "persönlicher Gefangener des Führers" eine Odyssee

---

13 Vgl. Weltliteratur im 20. Jahrhundert 1981. Bd. 1, S. 61.
14 Apitz, Bruno: Nackt unter Wölfen. Roman. Halle 1960. Als das wichtigste Zeugnis seines literarischen Schaffens im KZ Buchenwald gilt die Erzählung *Esther*, die Apitz 1944 entworfen hat. Publiziert wurde sie erst 1959 im Almanach des PEN-Zentrums Ost und West "...aber die Welt ist verändert" (Berlin 1959) und 1965 in: Im Lichte des Jahrhunderts. Deutsche Erzähler unserer Zeit (Berlin 1965). Die (unvollständigen) Angaben zur Veröffentlichung der Erzählung entnahm ich: Brekle 1985, S. 293 (Anmerkung 815 und 816); zur Erzählung *Esther* im besonderen, ebd. S. 251-253; und zum künstlerischen Schaffen Apitz' in Buchenwald im allgemeinen, ebd. S. 244-254.
15 Elias, Ruth: Die Hoffnung erhielt mich am Leben. Mein Weg von Theresienstadt und Auschwitz nach Israel. München 1988, S. 6.
16 K. Zetnik 135633: "Freuden-Abteilung!". Paris 1960, S. 10.
17 Pury, Roland de: Tagebuch aus der Gefangenschaft. Übersetzt von V.D.M. Hedwig Roth. 5. Auflage. Zürich 1945.
18 Overdiun, J[acobus]: Der Himmel in der Hölle von Dachau. Aus dem Holländischen übersetzt von Rudolf Stickelberger. Zürich 1947.

durch eine Reihe von Konzentrationslagern hinter sich. 1946 werden unter dem
Titel *"...zu verkünden ein gnädiges Jahr des Herrn!"* sechs seiner in Dachau
gehaltenen Predigten als Buch veröffentlicht. In einem Vorwort schreibt
Niemöller: "Wenn ich heute die damals gehaltenen Predigten in Druck gebe, so
tue ich das einmal, um meine Mitgefangenen aus der letzten Dachauer Zeit
damit zu grüßen, aber auch, damit deutlich werde, daß inmitten allen Grauens
jener Tage das Evangelium als Kraft Gottes für uns lebendig geblieben ist. - Es
bleibt damals wie heute unsere einzige Hoffnung!"[19] Auch bei diesem Buch,
das zum Beweis für die Richtigkeit des eigenen Glaubens dienen soll, wird
deutlich, an wie viele Bereiche die Textsorte Häftlingsbericht heranreicht. Auf
dieses Phänomen wird noch häufiger einzugehen sein.

Vor allem in den Berichten, die in den ersten Jahren nach dem Ende der
Nazi-Herrschaft veröffentlicht wurden, finden sich teilweise recht ausführliche
Hinweise der Autoren oder Autorinnen, die die Authentizität und den Wahrheitsgehalt der geschilderten Ereignisse und Vorgänge versichern.[20] Das bereits
erwähnte Buch von Rozanski wird im Untertitel als Reportage vorgestellt. Im
Vorwort schreibt der Autor: "Dieses Buch hat mit der sogenannten 'Literatur'
nichts gemeinsam. Es ist eine Sammlung wahrer Ereignisse, die sich während
meines Aufenthaltes in der Strafkompanie des Konzentrationslagers Auschwitz
abgespielt haben. Einige Zeugen dieser Ereignisse haben das Lager ebenfalls
überlebt und stellen jetzt die 'Wahrheitsbeweise' dar. Alle im Buch angeführten
Namen sind echt." Und Rozanski fügt hinzu: "Ich beschränke mich beim
Niederschreiben dieser Tatsachen auf treue photographische Wiedergabe einer
Wirklichkeit, die noch vor kurzer Zeit mein tägliches Leben ausmachte."[21]
Auch Zarnikos Buch *Neun Jahre lebendig begraben* führt im Untertitel den
Zusatz "Tatsachenbericht". Die Sorge der Autoren und Autorinnen von Häftlingsberichten, ihre Schilderungen könnten angezweifelt werden, muß groß
gewesen sein. Vielleicht verbarg sich hinter ihr die Befürchtung, ein zweites
Mal ins gesellschaftliche Abseits zu geraten. Einige Berichte stellen die Angst
vor einer falschen politischen Bewertung von Widerstandshandlungen bewußt
in den Mittelpunkt. Um einer Legendenbildung zum 20. Juli 1944 entgegenzuwirken, verfaßte Wolfgang Müller, ehemaliger Offizier im Oberkommando
der Wehrmacht, unter der Überschrift *Gegen eine neue Dolchstoßlüge* seinen
Erlebnisbericht über die Ereignisse im Zusammenhang mit dem Attentat auf

---

[19] Niemöller, Martin: "...zu verkünden ein gnädiges Jahr des Herrn!" Sechs Dachauer
Predigten. München 1946, S. 4.

[20] Ähnliches stellt Albrecht Lehmann in der Kriegsgefangenenliteratur fest: "Ein eigenes
Genre, die 'Kriegsgefangenenliteratur', legte auf ihre Weise Zeugnis ab. In der Memoirenliteratur der ersten Nachkriegszeit und der fünfziger Jahre haben 'Tatsachenberichte' und
Bekenntnisschriften ehemaliger Kriegsgefangener ihren festen Platz gefunden: 'Ich komme
soeben aus Sowjetrußland', '50 Monate Sibirien', 'Vor den Toren des Lebens', 'Ich
spreche die Wahrheit'[...]", siehe Lehmann, Albrecht: Die Kriegsgefangenen. In: Aus
Politik und Zeitgeschichte. Beilage zur Wochenzeitung Das Parlament, B 7-8 vom
10.2.1995, S. 13-19, hier S. 19.

[21] Rozanski 1948, S. 4.

Adolf Hitler.[22] Wichtiger als die Schilderung von Hafterfahrungen ist ihm die Beschreibung und Würdigung der genannten Widerstandshandlung.

Während in vielen Häftlingsberichten die eigenen Erfahrungen und Erlebnisse in Nazi-Gefängnissen und Konzentrationslagern wiedergegeben werden und dies mit dem Bedürfnis, gewissermaßen Zeugnis abzulegen über die inhumanen Zustände in den Lagern, über das Sterben und den Tod von Tausenden, dargestellt am Schicksal einzelner unschuldiger Menschen, rückt Müller neben der moralischen Absicht, eine "Ehrenrettung" für die ermordeten Widerstandskämpfer des 20. Juli zu unternehmen, sein Bemühen in den Mittelpunkt, das historische Ereignis zu dokumentieren: "Gleichwohl hat der Verfasser noch nicht den Überblick, um eine vollständige, geschichtlich einwandfreie Darstellung zu geben. Er kann nur seine Erlebnisse berichten und was er von andern Teilnehmern und Augenzeugen nach bestem Wissen und Gewissen persönlich erkundet hat - das meiste nach eigenen Tagebuchblättern und Briefen, deren 'Frontsprache' er zu entschuldigen bittet."[23] Freilich stehen bei Müller, der sich gleichwohl als Chronist versteht, historiographische Absichten lediglich im Dienste politischer Überlegungen: "Die Wahrheit über jene Erhebung, über ihre Vorbereitung und ihre Folgen wird zu einem wichtigen Problem der Geschichte, von dessen Erkenntnis die seelische Gesundung des deutschen Volkes zum guten Teil abhängt."[24]

Wie Müllers "Erlebnisbericht" zeigt, stehen Schilderungen von Verfolgten des NS-Regimes nicht selten auf der Schwelle zur historischen Dokumentation. Ein weiteres Beispiel hierfür stellt das von Günther Weisenborn im Jahre 1953 herausgegebene Buch *Der lautlose Aufstand. Bericht über die Widerstandsbewegung des deutschen Volkes 1933-1945*[25] dar. In ihm werden Bereiche und Formen des Widerstands gegen das NS-Regime auf der Grundlage ganz verschiedener Quellengruppen beschrieben, wie beispielsweise Originalberichten von Widerstandsgruppen, Akten des Volksgerichtshofes und der Gestapo, aber eben auch auf der Basis von Briefen und Tagebüchern verschiedener Widerstandskämpfer. In der Einleitung wird ein von der Schriftstellerin Ricarda Huch im Jahre 1946 in der deutschen Presse veröffentlichter Aufruf wiedergegeben, in dem es unter anderem heißt: "Ich habe es mir zur Aufgabe gemacht, Lebensbilder dieser für uns Gestorbenen aufzuzeichnen und in einem Gedenkbuch zu sammeln, damit das deutsche Volk daran einen Schatz besitze, der es mitten im Elend noch reich macht."[26] In dem Werk *Vom Leben, Kampf*

---

[22] Müller, Wolfgang: Gegen eine neue Dolchstoßlüge. Ein Erlebnisbericht zum 20. Juli 1944. 2. verbesserte Auflage. Hannover 1947.

[23] Ebd., S. 3.

[24] Ebd.

[25] Weisenborn, Günther (Hg.): Der lautlose Aufstand. Bericht über die Widerstandsbewegung des deutschen Volkes 1933-1945. Nach dem Material von Ricarda Huch. Mit einer Einleitung von Martin Niemöller. Hamburg 1953. Zu weiteren Arbeiten Weisenborns siehe Brekle 1985, S. 121-129.

[26] Ricarda Huch in Weisenborn 1953, S. 9.

und Tod im Ghetto Warschau[27] wendet Josef Wulf ein ähnliches Verfahren an, indem er Schriftstücke und Akten neben private Aufzeichnungen von Ghettobewohnern stellt. Auch Hanna Elling fügt in ihrem Buch über Frauen im Widerstand dem wissenschaftlichen Text Berichte, Interviews und Briefe von Widerstandskämpferinnen hinzu.[28] Anders verfährt Eugen Kogon in seinem Buch *Der SS-Staat*.[29] Hier wurden die persönlichen Erfahrungen des Autors, Berichte von anderen ehemaligen Häftlingen, aber auch Dokumente zu einem Text verarbeitet. Die eigene Lebensgeschichte wird allerdings nicht thematisiert und somit die Ebene des traditionellen Häftlingsberichts endgültig verlassen. Kogon selbst versteht sein Buch, das er einen Bericht nennt, als soziologisches Werk.[30]

Ein letztes Beispiel: Im Rahmen der gesellschaftlichen und historischen Auseinandersetzung mit dem Nationalsozialismus übernahmen ehemalige Verfolgte die Aufgabe, kraft ihrer Zeugenschaft - heute benutzt man nicht von ungefähr den Begriff Zeitzeuge - die Vorgänge in den Konzentrationslagern oder Widerstandshandlungen gegen das NS-Regime zu dokumentieren. Ihre Erinnerungen und Berichte werden zur historischen Sicherung herangezogen. Einer Geschichtsvermittlung aus ihrem Munde wird große Aufmerksamkeit geschenkt. Im Jahre 1962 geben H.G. Adler, Hermann Langbein und Ella Lingens-Reiner eine Auschwitz-Monographie heraus. Sie trägt den Titel *Auschwitz. Zeugnisse und Berichte*[31]. In der Einleitung stellen die Herausgeber fest, daß eine umfassende Gesamtdarstellung bisher fehle:

> "Dazu genügen nicht Dokumente allein, von denen nun manche gedruckt vorliegen; es ist notwendig, daß die Überlebenden zu Wort kommen. Nicht wenige haben bald nach der Befreiung ihre Erlebnisse in Auschwitz nach ihrem Wissen und Können aufgezeichnet. Damals wurde aber durch solche Veröffentlichungen nur ein kleiner Kreis erreicht. Fast alle Bücher in deutscher Sprache zu diesem Thema - es gibt nur wenige - sind längst vergriffen, Fremdsprachiges wurde kaum übersetzt. Eine umfassende Darstellung von Auschwitz liegt noch nicht vor, selbst der wertvollste einzelne Erlebnisbericht vermag sie nicht zu ersetzen. Aus diesem Grunde haben es die Unterzeichneten - ursprünglich auf Bitten des Internationalen Auschwitz-Komitees - übernommen, aus den Berichten Überlebender und einigen ergänzenden Unterlagen ein Buch zusammenzustellen, damit zumindest ein gewisser Überblick aller Aspekte dieses Konzentrationslagers ermöglicht wird."[32]

Entsprechend dieser Absichtserklärung besteht das Buch in erster Linie aus persönlichen Berichten ehemaliger Häftlinge über verschiedene thematische Bereiche des KZ-Auschwitz wie beispielsweise Gaskammer und Krematorium,

---

[27] Wulf, Josef: Vom Leben, Kampf und Tod im Ghetto Warschau. Herausgeber: Bundeszentrale für Heimatdienst. 2. Auflage. Bonn 1960 (= Schriftenreihe der Bundeszentrale für Heimatdienst, Heft 32).

[28] Elling, Hanna: Frauen im deutschen Widerstand 1933-1945. 3. verbesserte Auflage. Frankfurt a.M. 1981.

[29] Kogon, Eugen: Der SS-Staat. Das System der deutschen Konzentrationslager. 19. Auflage. München 1988.

[30] Ebd., S. 5, 11.

[31] Adler, H.G./Langbein, Hermann/Lingens-Reiner, Ella (Hg.): Auschwitz. Zeugnisse und Berichte. Frankfurt a.M. 1962.

[32] Ebd., S. 5.

die diversen Nebenlager oder Widerstandsversuche im Lager. Erinnern wir uns noch einmal an den oben erwähnten Aufruf von Ricarda Huch, die es sich zur Aufgabe gemachte hatte, Lebensgeschichten von jenen Deutschen zu sammeln, die im Kampf gegen das NS-Regime ihr Leben ließen. Diesem Motto quasi folgend, wurden nach dem Krieg eine Reihe von Biographien verschiedener von den Nationalsozialisten getöteter Widerstandskämpfer herausgegeben. Oft waren es nahe Angehörige, die die Lebensgeschichte ihrer Ehepartner oder Geschwister verfaßten.[33] Unter der Überschrift *Ernst von Harnack (1888-1945). Ein Kämpfer für Deutschlands Zukunft* schrieb Axel von Harnack die Biographie seines Bruders, der im Februar 1945 vom Volksgerichtshof zum Tode verurteilt worden war. Im Vorwort erklärt und rechtfertigt von Harnack sein Vorhaben: "Im Sommer 1945, bald nach dem gewaltsamen Tode meines Bruders Ernst v. Harnack, faßte ich den Plan, ihm durch eine kleine Biographie ein bescheidenes literarisches Denkmal zu setzen und schrieb die nachfolgenden Seiten. [...] Dagegen meine ich: zur Sicherung der geschichtlichen Wahrheit und zur Ehre derer, die ihr Leben einsetzten, ist es geboten, das Andenken an einen weiten Kreis meist unbekannter, mutiger und von politischem Willen erfüllter Männer wach zu halten und Bausteine zu einer abgerundeten, Licht und Schatten gerecht verteilenden Gesamtwürdigung bereitzustellen, die eine künftige Geschichtsschreibung sicherlich als unabweisbare Aufgabe und vornehme Pflicht ansehen wird."[34]

Einen etwas anderen Weg schlug die Witwe Kurt Hubers ein. Der Volksliedforscher Huber lehrte als außerordentlicher Professor an der Münchner Universität und gilt als Kristallisationspunkt der Widerstandsgruppe "Weiße Rose".[35] Gemeinsam mit seinen Freunden, zu denen u.a. Carl Orff zählte, unternahm Clara Huber den Versuch, Leben und Werk ihres Mannes zu würdigen.[36] Auch die Witwe des Schriftstellers und Widerstandskämpfers Adam Kuckhoff - Kuckhoff war Mitglied der sog. "Roten Kapelle" - gab zum Gedenken an ihren Ehemann, der im August 1943 in Plötzensee hingerichtet worden

---

[33] Freilich wären auch andere Beispiele zu nennen, so z.B. Rainer Hildebrandts Biographie über Albrecht Haushofer, siehe Hildebrandt, Rainer: Wir sind die letzten. Aus dem Leben des Widerstandskämpfers Albrecht Haushofer und seiner Freunde. Neuwied/Berlin [1949].

[34] Harnack, Axel von: Ernst von Harnack (1888-1945). Ein Kämpfer für Deutschlands Zukunft. Schwenningen 1951, S. 5.

[35] Vgl. Wistrich, Robert: Wer war wer im Dritten Reich. Ein biographisches Lexikon. Anhänger, Mitläufer, Gegner aus Politik, Wirtschaft, Militär, Kunst und Wissenschaft. Überarbeitet und erweitert von Hermann Weiß. Frankfurt a.M. 1987, S. 186.

[36] Huber, Clara (Hg.): Kurt Huber zum Gedächtnis. Bildnis eines Menschen, Denkers und Forschers. Dargestellt von seinen Freunden. Regensburg 1947. Eine volkskundliche Auseinandersetzung mit dem Volksliedforscher Huber und seinem Widerstandsverhalten findet in einem Aufsatz von Hermann Bausinger sowie in einer Arbeit von Maria Bruckbauer statt, siehe Bausinger, Hermann: Volksideologie und Volksforschung. Zur nationalsozialistischen Volkskunde. In: Zeitschrift für Volkskunde 61 (1965) S. 177-204, hier S. 200-202; Bruckbauer, Maria: "...und sei es gegen eine Welt von Feinden!" Kurt Hubers Volksliedsammlung und -pflege in Bayern. München 1987 (= Bayerische Schriften zur Volkskunde, 7).

war, einige seiner Novellen, Gedichte und Briefe heraus.[37] Ihnen vorangestellt
ist ein biographisches Kapitel, in dem Kuckhoff als "politischer Dichter"
beschrieben wird. Die Beschäftigung mit Adam Kuckhoff - wie zuvor mit
Bredel und Apitz - führt erneut in den Bereich der eher literarischen Auseinandersetzung mit dem Widerstand gegen das NS-Regime und mit den Erfahrungen von Gefängnis- und KZ-Haft. In diesem Zusammenhang sei noch einmal
auf Günther Weisenborn eingegangen. Weisenborn, der sich in vielen Berufen
versucht hatte - er lebte als Farmer in Argentinien, als Lokalreporter in New
York, kehrte schließlich nach Berlin zurück, wo er als Dramaturg arbeitete,
bevor er anschließend zum "Großdeutschen Rundfunk" ging -, gehörte wie
Kuckhoff zu einer Widerstandsgruppe der "Roten Kapelle". 1942 wurde er
verhaftet und zu einer langjährigen Zuchthausstrafe verurteilt, die bis zum
Ende des Krieges währte. Bereits 1946 erschien sein Widerstandsdrama *Die
Illegalen*[38], in dem es um einen Widerstandskämpfer geht, der sich für seine
Gruppe opfert, und ein Jahr später sein autobiographisches Erinnerungsbuch
Memorial[39]. *Memorial* gilt als Vorstufe zu Weisenborns ausführlicherer
Darstellung verschiedener Widerstandsbewegungen gegen den Nationalsozia-
lismus, *Der lautlose Aufstand*, die bereits vorgestellt wurde.

Zusammenfassend läßt sich folgendes sagen: Bei den Häftlingsberichten
handelt es sich um eine Textsorte, die an verschiedene Bereiche heranreicht.
Die einzelnen Berichte entstanden aus unterschiedlichen Bedürfnissen heraus.
Zum einen wollten die Autoren und Autorinnen die ermordeten Kameraden und
Kameradinnen ehren und ihre Namen vor dem Vergessen bewahren. Zum
anderen ist die Abfassung der Berichte aus der Absicht heraus zu verstehen,
sowohl - bei politisch Verfolgten - die Arbeit im Widerstand als auch die
Erfahrungen und Erlebnisse in der Gefängnis- oder KZ-Haft zu dokumentieren,
um auf diese Weise eine historische Aufarbeitung des Nationalsozialismus zu
betreiben. Gleichzeitig galt es zu demonstrieren, daß nicht alle Deutschen
blindlings "ihrem Führer" gefolgt sind, sondern ein "anderes Deutschland"[40]
existierte, das, aller Willkür und Verfolgung zum Trotz, dem Regime tapfer
widerstand und sich wehrte.

In einem nächsten Schritt möchte ich untersuchen, inwieweit der Quellen-
bereich Häftlingsbericht helfen kann, Antworten auf die meiner Arbeit zugrundeliegenden Fragen zu geben: in Bezug auf den persönlichen Umgang mit der

---

[37] Adam Kuckhoff zum Gedenken. Novellen, Gedichte, Briefe. Herausgegeben und eingeleitet von Greta Kuckhoff. Berlin 1946. An Leben und Werk Adam Kuckhoffs erinnert auch
ein Buch aus den achtziger Jahren: Kuckhoff, Adam: "Fröhlich bestehen". Prosa, Lyrik,
Dramatik. Aachen 1985.

[38] Weisenborn, Günther: Die Illegalen. Drama aus der deutschen Widerstandsbewegung.
Berlin 1946.

[39] Ders.: Memorial. München 1947.

[40] "Das andere Deutschland" war auch der Name von Fritz Küsters Verlag in Hannover. Hier
erschienen verschiedene Berichte von Widerstandskämpfern und Überlebenden des KZ,
z.B. Müller 1947; Rozanski 1948. Küster war selbst Verfolgter des NS-Regimes und
Insasse von Oranienburg und der Lichtenburg. Seine Frau veröffentlichte hier eine kleine
Schrift, die aus ihrer Perspektive über die Haftzeit des Ehemannes berichtet: Küster,
Ingeborg: Was draußen geschah... Erlebtes zwischen 1933 und 1938. Hannover 1948.

erfahrenen Verfolgung wie auf die erzählerische Bewältigung der aus der Verfolgung resultierenden lebensgeschichtlichen Probleme. Innerhalb meiner Untersuchung ist ein zentraler Gedanke, den zeitübergreifenden Stellenwert der Verfolgung zu betrachten. Dazu ist es nötig, sowohl den lebensgeschichtlichen Abschnitt vor der Verfolgung zu berücksichtigen als auch jenen nach der Befreiung. Viele Häftlingsberichte - zumal die in den ersten Jahren nach dem Krieg entstandenen - thematisieren lediglich den Zeitabschnitt der Verfolgung und der Internierung in einem Gefängnis oder einem Konzentrationslager. So wird beispielsweise in den bereits erwähnten Berichten von Rozanski und Zarniko oder auch in jenem unter dem Pseudonym K. Zetnik veröffentlichten Bericht ausschließlich die Konzentrationslagerzeit geschildert. Auffallend ist, daß es sich in den drei genannten Häftlingsberichten um die Wiedergabe äußerst grausamer und brutaler Erfahrungen handelt. Freilich gibt es auch eine ganze Reihe von Berichten, in denen der Lebensabschnitt vor Haft und Verfolgung behandelt wird. Hierbei gibt es deutliche Unterschiede zwischen den Berichten politisch und jenen "rassisch" Verfolgter. Einige Beispiele: So beschreibt Erich Rossmann in seinen 1946 veröffentlichten Lebenserinnerungen *Ein Leben für Sozialismus und Demokratie*[41] auch seine Jugendjahre. Den Titel als Motto betrachtend, wählte der Autor hierfür die Überschrift "Sozialistische Jugendträume". Rossmann entfaltet in diesem Kapitel die Entwicklung seines politischen Bewußtseins. Ereignisse der Kinder- und Jugendjahre stellt er als Schlüsselerlebnisse dar. Eines Tages erlitt der Vater, ein Arbeiter und damals bereits 74 Jahre alt, am Arbeitsplatz einen Schlaganfall:

> "Man wollte damals den gelähmten Mann auf dem Schubkarren nach Hause fahren. Dagegen bäumte sich aber das Ehrgefühl der Kollegen auf, die eine Kutsche bestellten und aus ihrer Tasche bezahlten. Ein Kranz, von einem Angestellten ohne ein Wort der Teilnahme oder der Würdigung am Grabe niedergelegt, war die letzte Leistung des Unternehmers, dem der Vater vierzig Jahre lang in unbestechlicher Treue gedient hatte. [...] Die Bitterkeit dieses Erlebnisses habe ich nie ganz verwunden."[42]

Später las Rossmann die Reichstagsreden von August Bebel, belauschte die politischen Gespräche der Erwachsenen und erfuhr von der Aufhebung des Sozialistengesetzes. "Langsam", so der Autor weiter, "begannen sich in meinem jugendlichen Kopf die politischen Begriffe zu ordnen. Demokratie und Sozialismus standen unter ihnen im Vordergrund."[43] Dann fielen dem sechzehnjährigen Rossmann die Schriften von Ferdinand Lasalle, Karl Marx und Friedrich Engels in die Hände, und "da geriet die junge Seele in einen Aufruhr ohne gleichen"[44]. An anderer Stelle ist über die Wirkung der Auseinandersetzung mit den sozialistischen Werken auf den heranwachsenden Rossmann zu lesen: "Hier sah ich eine neue Welt vor mir, und die Hoffnung, sie mit verwirklichen zu können, erweckte in mir ein unendliches Glücksgefühl. Das

---

[41] Rossmann, Erich: Ein Leben für den Sozialismus und Demokratie. Stuttgart/Tübingen 1946.
[42] Ebd., S. 12.
[43] Ebd., S. 14f.
[44] Ebd., S. 15.

war der Weg, der herausführen sollte aus der Not, aus dem Elend des Volkes, aus dem Gebrechen der kapitalistischen Gesellschaftsordnung. Alles, was mir von nun an begegnete, sah ich im Lichte der gewonnenen sozialistischen Erkenntnisse."[45]

Anders lesen sich die Schilderungen der Kinder- und Jugendjahre von "rassisch" Verfolgten. W. Nolting-Hauff spricht in seinen Erinnerungen über seine Familie nur so weit, wie es ihm nötig erscheint, um seine Ausgrenzung als sog. jüdischer Mischling, die er als Deklassierung empfand, zu beschreiben: "Zu den Menschen 'nichtarischer Abstammung', die mit 'revolutionärer' Plötzlichkeit aus dem deutschen Volke mehr oder weniger ausgeschieden wurden, gehörten nicht nur die Juden, sondern alle Männer und Frauen, die auch nur einen Großvater oder eine Großmutter hatten, die der jüdischen Religionsgemeinschaft angehört hatten. Die Eltern meines Vaters, den ich niemals gekannt habe, weil er schon, als ich noch nicht 2 Jahre alt war, als preußischer Beamter - Senatspräsident an einem Oberlandesgericht - gestorben war, sind mosaischen Bekenntnisses gewesen."[46] Nolting-Hauffs Zeit der "Verbannung", wie er das halbe Jahr seiner Internierung selbst bezeichnete, begann im Oktober 1944 und endete im April 1945. Sie führte ihn in verschiedene Lager. Zum Zeitpunkt der Abfassung seines Berichtes lag die Zeit der Haft kaum ein Jahr zurück. Die zeitliche Nähe zu diesem Ereignis mag zu einem Teil die Verbitterung, die aus seinen Worten spricht, erklären. In seinem Zorn folgt er selbst den Grundzügen rassistischen Denkens, wenn er feststellt: "Der neugeschaffene gesetzliche Begriff des 'jüdischen Mischlings' stellte als solcher eine Diskriminierung dar, welche die Betroffenen in der öffentlichen Wertschätzung auf die Stufe von Mulatten, Halbnegern und sonstigen 'Halfcast' herabdrückte."[47]

Ein anderes Beispiel: Inge Deutschkron erlebte die Zeit der Ausgrenzung und der Verfolgung jüdischer Deutscher als Jugendliche. Sie hatte das Glück, in der Illegalität zu überleben. Auch Deutschkron thematisiert in den Lebenserinnerungen das Problem ihrer jüdischen Identität. Das Buch beginnt mit den Worten: "'Du bist Jüdin', hörte ich die Stimme meiner Mutter. 'Du mußt den anderen zeigen, daß du deshalb nicht geringer bist als sie.' | Was war das, eine 'Jüdin'?"[48] Doch die 1933 zehnjährige Inge konnte mit der Mahnung der Mutter nicht viel anfangen. Nachdem sie die ersten vier Schuljahre eine weltliche Schule besucht hatte, sollte sie nun zum Königstädtischen Oberlyzeum in Berlin NO wechseln: "'Du mußt es ihnen zeigen, daß eine weltliche Schule eine ebenso gute, ja eine bessere Schule ist als die anderen.' Diese mütterliche Mahnung war mir sehr viel verständlicher als die Enthüllung, daß ich Jüdin sei."[49] Bei den Deutschkrons treffen nun beide Verfolgungsgründe zu. Die Eltern waren Sozialisten, der Vater gar Funktionär der SPD. Inge lobt das

---

[45] Ebd., S. 16.
[46] Nolting-Hauff, W.: "IMIS'S". Chronik einer Verbannung. Bremen 1946, S. 7.
[47] Ebd., S. 9.
[48] Deutschkron, Inge: Ich trug den gelben Stern. 2. Auflage. München 1986, S. 9.
[49] Ebd., S. 9.

harmonische Familienleben und berichtet über ihre kindliche Identifikation mit
den Idealen der Eltern:

> "Die politische Überzeugung der Eltern teilte sich mir nicht nur mit, sie machte mich
> selbstbewußt und stolz. Es mag seltsam klingen, aber zu meinen schönsten Kindheitserinne-
> rungen gehört nicht irgendeine Ferienreise oder ein kindliches Vergnügen, sondern die Tat-
> sache, daß ich gemeinsam mit den Erwachsenen in einem verräucherten Hinterzimmer einer
> Berliner Kneipe sitzen und helfen durfte, Wahlflugblätter zu falten. [...] Die
> Kundgebungen am 1. Mai im Berliner Lustgarten ließen mich die Begeisterung spüren, die
> politisch engagierte Menschen beseelt und stark und einig machen kann."[50]

Ganz andere Erinnerungen bestimmen Ruth Elias' Schilderung ihrer Kindheit.
Ihre bereits erwähnten Lebenserinnerungen beginnt sie mit einer Beschreibung
ihres Elternhauses und ihrer Familie:

> "Ein kleines Haus, vorne ein kleiner Laden, hinten ein großer Hof mit einem riesigen
> Kastanienbaum, und alles von einem Holzlattenzaun umgeben. Die große Küche, wo wir
> uns wochentags zum Essen versammelten, der große, längliche Tisch mit dem gemusterten,
> blauweißen Wachstuch bedeckt. Dazu Herminka, unsere Köchin, die sich ärgerte, wenn ich
> ihr gutes Essen ablehnte. Vater, Mutter, die so wunderschön war, und meine Schwester
> Edith, welche die Schönheit meiner Mutter geerbt hatte [...] Dazu ich, ein normales Kind,
> das sich dafür schämte, daß es nicht so schön war und sich deshalb im Schatten hielt. Dies
> ist meine Familie. Eine ganz normale Familie, welche Gutes und Böses zusammen
> ertrug."[51]

Das Bild von der "ganz normale[n] Familie" steht dabei im Kontrast zum
weiteren Schicksal der Familie, das zwar die meisten jüdischen Familien teilten, aber das von jeder menschlichen Norm unendlich weit entfernt war. Sehr
viel deutlicher als in Elias' Lebenserinnerungen wird in den Aufzeichnungen
von Joel König ein Bild von der Kindheit gezeichnet, das Harmonie, Geborgenheit, soziale Sicherheit und sehr viel Unbeschwertheit wiederspiegelt. Der
Vater war Rabbiner, entsprechend lebte die Familie nach den Regeln der jüdischen Tradition. Auch König beschäftigt sich mit seinem Jüdischsein und fragt
sich: "Was konnte den Nichtjuden an unserer Lebensweise anstößig
erscheinen? Diese Frage schwebt mir jetzt dauernd vor.| Meine frühesten
Erinnerungen helfen mir dabei nicht weiter. Sie sind idyllisch, wie die
Kindheitserinnerungen aller Menschen, die in Geborgenheit aufgewachsen
sind."[52] Eine detaillierte Schilderung einiger Erinnerungen schließt sich an:

> "Wir bewohnten ein Haus in der Bismarckstraße. Der Garten und der Hühnerhof, die dazu
> gehörten, nehmen in meinen idyllischen Erinnerungen einen wichtigen Platz ein. Dort
> spielten und befreundeten wir uns mit den Nachbarskindern. Dort brachten wir ungezählte
> Stunden damit zu, die Eigenarten des Geflügels zu beobachten. Wir entdeckten ohne
> Beistand der Eltern, daß die Hühner beim Wassertrinken immer wieder nach oben schauen,
> um Gott für jeden Schluck zu danken. [...] Von den Kostbarkeiten einer mittelalterlichen
> Stadt wie Heilbronn eingehender zu berichten, bin ich nicht imstande; ich habe sie nur mit
> den Augen eines Kindes gesehen. Doch hegte ich für die Stadt meiner frühen

---

[50] Ebd., S. 10.
[51] Elias 1988, S. 9.
[52] König, Joel: Den Netzen entronnen. Aufzeichnungen. Göttingen 1967, S. 16.

Kindheitsjahre die lauterste Anhänglichkeit. Schenkte mir doch Heilbronn alles, was eine Heimatstadt nur schenken kann."[53]

Halten wir also fest: Wenn in den Lebensberichten über den Zeitraum vor der Verfolgung berichtet wird, so versuchen politische Verfolgte im allgemeinen, die Entwicklung ihres politischen Bewußtseins aus Erlebnissen und Erfahrungen ihrer Kindheit und Jugend zu erklären, während "rassisch" Verfolgte in der Regel idyllisierende Erinnerungen schildern, die von Harmonie und Geborgenheit in ihrer Familie berichten und in manchen Fällen auch von einem unkomplizierten Verhältnis zu ihren nichtjüdischen deutschen Mitbürgern. Der Schwerpunkt der Lebensberichte liegt auf dem Zeitraum der Verfolgung und der Gefangenschaft. Worüber aber berichten die Biographien, welche Themen, Ereignisse und Erfahrungen werden hier erzählerisch bewältigt? In den Berichten der "rassisch" Verfolgten wird über die Ausgrenzung aus dem sozialen und wirtschaftlichen Leben gesprochen, werden die einzelnen Stationen des Entrechtungskatalogs der Nationalsozialisten beschrieben, und natürlich werden die ersten Deportationen geschildert. Angst macht sich breit. Noch einmal Inge Deutschkron:

"Am Morgen des 28. Oktober blieben viele Schulbänke in meiner Klasse leer. Als unsere Klassenlehrerin die Namen der Schülerinnen einzeln aufrief, meldeten sich viele nicht mehr. Wortlos legte sie dann das Schulheft der Betreffenden beiseite. Selten wohl war es so mucksmäuschenstill in einem Klassenzimmer wie an diesem Morgen. Wir waren schon alt genug und hatten genügend gehört und gesehen, um uns vorstellen zu können, was in der Nacht zwischen dem 27. und 28. Oktober in jenen Straßen Berlins vor sich gegangen war, in denen vornehmlich jüdische Familien aus dem Osten gewohnt hatten."[54]

Die Deportation. Keine Reise - ein Transport im Viehwaggon unter unvorstellbaren Bedingungen: nichts zu essen, zuwenig Wasser für zuviele Menschen, ein winziges Behältnis für die Notdurft, Enge, Dunkelheit, unerträgliche Hitze oder beißende Kälte, je nachdem, ob es Winter oder Sommer war. Die Beschreibungen der Überlebenden ähneln sich. Einige erkennen während der Fahrt Bekanntes - vielleicht den Bahnhof ihrer Heimatstadt -, doch was zum Greifen nah erscheint, ist unerreichbar. Das Gefühl für Tag und Nacht, für die Zeit verschwimmt, so beschreibt es Jorge Semprun. Zwanzig Jahre nach diesem Ereignis veröffentlicht der Spanier, der im französischen Exil lebte und dort in der Résistance kämpfte, einen autobiographischen Roman über seine fünftägige Fahrt aus Frankreich in das KZ-Buchenwald:

"Da ist diese zusammengepferchte Masse von Leibern im Wagen, dieser stechende Schmerz im rechten Knie. Tage, Nächte. Ich raffe mich auf und versuche, die Tage und Nächte zu zählen. Vielleicht hilft mir das, mich ein wenig zurechtzufinden. Vier Tage, fünf Nächte. Aber nein, ich muß mich verzählt haben, oder es sind Tage darunter, die zu Nächten geworden sind. Mir bleiben zu viele Nächte, Nächte, die ich nicht los werde. Es war Morgen, soviel ist sicher, ein Morgen, als die Reise begann. Den ganzen Tag lang. Dann

---

[53] Ebd., S. 16-18.
[54] Deutschkron 1986, S. 31.

eine Nacht. Ich streckte meinen Daumen im Halbdunkel des Wagens aus. Den Daumen für jene Nacht. Dann der nächste Tag."[55]

Aus der Erinnerung heraus lassen sich einzelne Ereignisse nicht mehr leicht bestimmten Tagen und Nächten zuordnen. Dies gilt um so mehr, wenn das Zeitgfühl bereits zum Zeitpunkt des Erlebens durcheinandergeraten ist. Der zeitliche Abstand zum Geschehen bietet die nötige Distanz für Reflexionen. Gedanken und Wissen aus dem Jetzt drängen in die Erinnerung. Der strenge chronologische Ablauf der Ereignisse tritt in den Hintergrund. Einzelne Ereignisse bekommen die Chance zu einer neuen, vielleicht anderen Bewertung. So entsteht ein Text, in dem sich Reflexion mit Ereignisschilderung verbindet, ohne daß allerdings der biographische Stationsablauf entscheidend vernachlässigt würde. Manchmal verschwimmen diese einzelnen Ebenen innerhalb einer Beschreibung. Zur Verdeutlichung sei ein etwas längerer Textausschnitt aus Ruth Klügers 1992 erschienenem Buch *Weiter leben. Eine Jugend* zitiert:

"Ich weiß nicht, wie lange die Reise gedauert hat. Wenn ich auf die Landkarte schaue, ist es gar nicht so weit von Theresienstadt nach Auschwitz. Aber diese Fahrt war die längste je. Vielleicht hat der Zug auch mehrmals gehalten und ist herumgestanden. Bestimmt nach der Ankunft in Auschwitz, doch wohl schon vorher standen die Waggons, und die Temperatur drinnen stieg. Panik. Ausdünstung der Körper, die es nicht mehr aushielten in der Hitze und in einer Luft, die mit jeder Minute zum Atmen ungeeigneter wurde. Von daher glaube ich eine Ahnung zu haben, wie es in den Gaskammern gewesen sein muß. Das Gefühl, verlassen zu sein, und damit meine ich nicht, vergessen zu sein; vergessen waren wir nicht, denn der Wagen stand ja auf Schienen, hatte eine Richtung, würde ankommen; aber verworfen, abgetrennt, in eine Kiste gepfercht, wie unnützer Hausrat. Eine alte Frau neben meiner Mutter hat langsam durchgedreht, wimmerte, jammerte, und ich war ihr böse, ungeduldig, daß ihr Gehirn nicht mehr standhielt, daß sie so auf das große Übel unserer kollektiven Hilflosigkeit noch das kleine Übel ihrer privaten häufte. Meine Reaktion war sicher Abwehr gegen das Unerhörte, daß eine Erwachsene in meiner Gegenwart den Verstand verlor. Schließlich war diese alte Frau so weit. Setzte sich meiner Mutter auf den Schoß und urinierte. Ich seh noch wie heute das damals noch faltenlose, angespannte Gesicht meiner Mutter im Zwielicht des Waggons, wie sie die Alte von ihrem Schoß schob, aber nicht brutal, nicht böse. Meine Mutter, die kein Vorbild für mich ist, war eben doch oft eines, und dieser Augenblick ist hängengeblieben. Es war eine pragmatisch menschliche Geste, etwa wie sich eine Krankenschwester von einer Patientin loslöst, die sich an sie klammert. *Ich* fand, meine Mutter hätte sich gründlich entrüsten müssen, während für meine Mutter die Situation jenseits von Zorn und Empörung lag."[56]

Der Text verschweigt nicht den zeitlichen Abstand zu den beschriebenen Ereignissen. Im Gegenteil. Klüger möchte den Vorgängen auf den Grund gehen, will selber verstehen. Präzis analysiert sie ihre Einstellung zu der Alten und ihrem Verhalten, aber auch das Verhältnis zu ihrer Mutter wird auf diese Weise thematisiert. Schließlich kommt noch eine weitere Abstraktionsebene hinzu. Im darauf folgenden Abschnitt berichtet sie von einem Gespräch in Göttingen: Beim Nachtisch sprach die Gesellschaft über Situationen, in denen man einmal Angst vor Enge besaß. Ruth Klüger kommt bei diesem Thema

---

55 Semprun, Jorge: Die große Reise. Roman. [Frankfurt a.M.] 1981, S. 7.
56 Klüger, Ruth: Weiter leben. Eine Jugend. Göttingen 1992, S. 108f.

unweigerlich die Erinnerung an den Transport nach Auschwitz; über sie auch
zu berichten, daran denkt sie unablässig, doch unterläßt sie es schließlich.
Klüger geht mit der Wiedergabe dieser Szene weit über das hinaus, was in
traditionellen Häftlingsberichten geschildert wird, doch anders als beispielsweise Kogon, der das Allgemeine sucht und das Persönliche ausspart. Klügers
Text ist sehr viel mehr als eine Beschreibung der Zeit im Konzentrationslager.
Ereignisabfolgen, dokumentarische Angaben, 'was es zu essen gab', dies alles
ist nicht ihr Thema. Im Mittelpunkt steht vielmehr das Problem, wie mit den
Erinnerungen an das Lager, den - anderen nur schwer zu vermittelnden -
Erfahrungen umzugehen sei. Klügers Text macht deutlich, wie sehr das Lager
das weitere Leben der Betroffenen prägt, wie es ihnen 'hinterherläuft'. Allerdings bleiben die Opfer mit diesem Problem allein, wird es doch von unserer
Gesellschaft als nicht kommunikationstauglich erachtet. Klüger entschließt sich
in der erwähnten Runde, eine andere, nicht selbst erlebte Geschichte zu
erzählen:

> "Ich erzählte also statt dessen etwas anderes, aus dem Leben einer Münchner Freundin, die
> bei einem Bombenangriff die halbe Schulklasse verlor, während sie das Glück hatte, nur an
> die Wand geschleudert zu werden. Über eure Kriegserlebnisse dürft und könnt ihr
> sprechen, liebe Freunde, ich über meine nicht. Meine Kindheit fällt in das schwarze Loch
> dieser Diskrepanz.
> Was willst du, sagt ihr dann wohl, daß wir einen Transport nach Auschwitz wie einen
> steckengebliebenen Aufzug oder auch nur wie einen Aufenthalt im Luftschutzkeller behan-
> deln? Und da bin ich wieder bei meiner Gisela aus Princeton, wie sie mir blitzsauber und
> kellnerinnenartig die Gnade ihrer späten Geburt serviert und mir das Pech meiner frühen
> Geburt ungnädig übelnimmt. *Die* scheute sich nicht zu vergleichen, nur wurden aus ihren
> Vergleichen gleich Gleichungen, und schlechte Rechnerin, die sie war, stimmten die
> Lösungen nicht. Wenn man andererseits gar nicht vergleicht, kommt man auf gar keine
> Gedanken, und es bleibt beim Leerlauf der kreisrunden Phrasen, wie in den meisten
> Gedenkreden. Und ich schweige und darf nur zuhören und nicht mitreden. Menschen
> derselben Generation waren wir, gutwillig und der Sprache mächtig, doch der alte Krieg
> hat die Brücken zwischen uns gesprengt, und wir hocken auf den Pfeilern, die in unsere
> neuen Häuser ragen. Doch wenn es gar keine Brücke gibt von unseren Erinnerungen zu
> euren, warum schreib ich das hier überhaupt?"[57]

Kehren wir zurück zu den verschiedenen Themenbereichen der Häftlingsberichte. Ein zentrales Ereignis für alle Häftlinge war die Ankunft im Lager.
Lisa Scheuer, die von Theresienstadt nach Auschwitz deportiert wurde, hält
ihre Ankunft im Lager in ihrem heimlich geführten Tagebuch fest. Sie
schreibt:

> "Nun sind wir in Auschwitz. Ob ich Alfred wiedersehe? Im Augenblick herrscht im Gegen-
> satz zum Trubel in der Schleuse und dem Chaos beim Einwaggonieren drückende Stille.
> Niemand rührt sich, keiner spricht. Kein Windhauch bewegt sich. 'Arbeit macht frei' las
> ich in großen Buchstaben über dem Eingangstor. Die hohen Kamine rauchen, und in der
> Luft bebt ein leises Zittern. Oder ist das Zittern in mir?
> Der Zug, unser Transport, kam zur Mittagszeit an. Von weitem war ein unbekannter häßli-
> cher Geruch zu spüren, und in der Luft hing Blechmusik. Es herrscht eine sehr eigentüm-

---

57 Ebd., S. 109f.

liche Atmosphäre hier. Es ist, als würden die Drähte an hohen Telegrafenstangen summen. Als Kinder haben wir das Ohr an Telegrafenstangen gelegt, um das Summen zu hören."[58]

Erst nach dieser subtilen atmosphärischen Schilderung beschreibt die Autorin den Ablauf der sogenannten Eingangszeremonie. Stets die gleiche Prozedur, die in vielen Berichten beschrieben wird: Die Neuankömmlinge werden aus den Waggons getrieben, Selektion, Trennung von Angehörigen, die Aufnahme ins Lager. Der Ablauf ist so rasant, die Situation so fremd, daß keine Zeit zum Nachdenken blieb. "Wir konnten nur reagieren", schreibt Ruth Elias, "zum Denken blieb keine Zeit."[59] Ähnlich klingt es auch in Albert Ménachés Schilderung seiner Ankunft in Auschwitz, die in dem bereits erwähnten Buch *Auschwitz. Zeugnisse und Berichte* zu finden ist:

"In einem unbeschreiblichen Durcheinander liefen alle angstvoll herum. Keiner konnte einen vernünftigen Gedanken fassen. Einer fragte den anderen, jeder suchte seine Gepäckstücke, und in diesem Tumult ertönte immer wieder das Wort 'Schnell!', mit dem das allgemeine Durcheinander nur noch vergrößert wurde. Kaum war das Gepäck ausgeladen, so wurde uns befohlen, alles liegenzulassen und uns in Reih und Glied aufzustellen."[60]

Weitere wichtige Bereiche, die beinahe in sämtlichen Häftlingsberichten behandelt werden, kreisen um die Themen Eingewöhnung ins Lager, Lageralltag (Tagesablauf, Appelle etc.), Ernährung, Arbeit sowie Verhältnis zu Mithäftlingen und zu Bewachern. Doch ein Thema verbindet alle Bereiche: die Schilderung von Belastungserlebnissen. In jedem Häftlingsbericht finden sich Beschreibungen von Demütigungen und Schikanen, Greueltaten, Quälereien und Folter. Dazu gehören stundenlanges Appellstehen in glühender Hitze oder eisiger Kälte, genauso wie das Entkleiden unter den Augen der Bewacher und das anschließende Defilee vor SS-Leuten. Häftlinge berichten, wie sie selbst oder andere aufgrund von Verletzungen und Schlägen, körperlicher Erschöpfung durch Arbeit, Krankheit oder Mangelernährung in einen Zustand zwischen Leben und Tod geraten sind. Für dieses Stadium wurde im Lager der Begriff Muselmann geprägt. Zarniko schreibt darüber in seinem bereits erwähnten Buch *Neun Jahre lebendig begraben*. Hier ein Auszug:

"Ich wurde ein Muselmann. | Das heißt, ich wurde so schwach, daß ich nicht mehr arbeiten konnte. Alles, was arbeitsunfähig war, wurde in die Stehkompanie gesteckt. Wir hatten uns in einer Baracke aufzuhalten, in der wir den ganzen Tag stehen mußten. Tausend Menschen standen in einem Raum, der eigentlich nur für 150 Platz hatte - tausend warteten hier auf den erlösenden Tod. 2000 Hände flehten um Mitleid, doch vergebens, erbarmungslos sausten die Peitschen auf die ausgemergelten Körper. Stattdessen hatte man nur höhnisches Gelächter und gemeine Worte für uns übrig: 'Wenn ihr nicht arbeiten wollt, müßt ihr verrecken. Drei Tage bekommt ihr nichts zu fressen!'"[61]

Eine ungewöhnliche Form für seine Erinnerungen an Auschwitz-Birkenau wählte Oliver Lustig. 1982 erschien in einem rumänischen Verlag sein *KZ-*

---

[58] Scheuer, Lisa: Vom Tode, der nicht stattfand. Theresienstadt, Auschwitz, Freiberg, Mauthausen. Eine Frau überlebt. Reinbek bei Hamburg 1983, S. 35.

[59] Elias 1988, S. 133.

[60] Albert Ménaché in: Adler/Langbein/Lingens-Reiner (Hg.) 1962, S. 79.

[61] Zarniko 1946, S. 9.

Wörterbuch, das fünf Jahre später auch eine deutsche Übersetzung erhielt[62]. Unter Stichwörtern wie Angst, Asche, Bestialität, Brot, Durch den Kamin, Eine Laus - dein Tod, Genickschuß, Hunger, Mengele, Menschlickeit, Scheiterhaufen - um nur einige zu nennen - finden sich kleine Artikel, die über Leben und Tod im Lager berichten. Ein Stichwort widmet Lustig der Dysenterie:

> "Unter allen aber wurden die an *Dysenterie* Erkrankten am meisten bedrängt, gedemütigt und verspottet. Sie waren leicht zu erkennen. Die Haut ausgetrocknet, das Fleisch eingefallen, völlig entkräftet gingen sie zwischen den Pritschen einher: Kotstreifen liefen ihre Beine entlang.
> Gewöhnlich waren die Dysenteriefälle im entferntesten Winkel des Blocks untergebracht. Wer noch Kraft hatte, rannte nackt oder in einem Fetzenhemd, das bis zum Nabel reichte, eilig, mit den Fingern im Hintern, zu den Eimern vor dem Block. [...]
> Zu sechst auf einer Pritsche zusammengedrängt, je drei unter einer mit Fäkalien verschmierten Decke, auf der es von Läusen wimmelte, erwarteten die an Ruhr Erkrankten verhalten klagend ihr Ende. Nach einigen Tagen war ihre Kraft verbraucht. Wer auf der oberen Pritsche lag, konnte nicht mehr herabsteigen, wer auf der unteren lag, konnte sich vor dem flüssigen, mit Urin vermengten Kot, der zwischen den Brettern herunterfloß, nicht wehren."[63]

Ein drittes Beispiel. Es stammt aus Wieslaw Kielars Buch mit dem bezeichnenden Titel *Anus Mundi*[64]. Der Pole Kielar war fünf Jahre im Konzentrationslager. Er gehörte zu dem ersten Transport politischer Häftlinge in das KZ-Auschwitz. Unter anderem arbeitete er in einem Kommando, das mit dem Abtransport der Leichen aus der Gaskammer betraut war.

> "Einer der Blockführer kämpfte mit der Hand eines riesigen Gefangenen und versuchte, einen breiten Trauring von dessen Finger zu ziehen. Der Deutsche war betrunken und konnte damit nicht zu Rande kommen. Er fluchte widerlich und schaute sich ratlos um. Plötzlich sah er eine Schaufel an der Wand, die anscheinend während der Öffnung der mit Erde abgedichteten Fenster des Bunkers stehengelassen worden war. Nun war es ganz leicht. Mit einem Hieb hackte er sämtliche fünf Finger von der blauen Hand ab. Der befreite Trauring rollte auf den Boden. Unter Scherzworten hob er ihn auf und legte ihn ostentativ in das Kästchen, nicht ohne vorher die abgehackten Stümpfe mit weit ausgeholtem Tritt in Richtung des Leichenhaufens zu befördern. Diese abgehackten Finger machten auf mich einen viel stärkeren Eindruck als Dutzende von Leichen, die wir auf die Plattform luden."[65]

Die drei Textausschnitte stehen als Beispiele für Schilderungen, wie sie in vielen Häftlingsberichten zu finden sind. Oftmals wird versucht, eine allgemeinere Ebene zu finden - wenn auch nicht immer so ausgeprägt wie in Lustigs *KZ-Wörterbuch* -, ohne jedoch die Berichterstattung der eigenen Geschichte zu vernachlässigen. Doch allzu Persönliches und Intimes, dies zeigen die Zitate, bleibt ausgeklammert - ein Eindruck, der sich nach der Lektüre weiterer Häft-

---

[62] Lustig, Oliver [Zusatz auf dem Titelblatt: Ehemaliger Häftling Nr. 112398]: KZ-Wörterbuch. Bukarest 1987.

[63] Ebd., S. 61.

[64] Kilar, Wieslaw: Anus Mundi. Fünf Jahre Auschwitz. Frankfurt a.M. 1982.

[65] Ebd., S. 94.

lingsberichte bestätigt. Die Offenheit und der Reflexionsgrad einer Ruth Klüger bleiben in der Regel unerreicht, vielleicht sind sie aber auch in vielen Fällen gar nicht beabsichtigt. So weist beispielsweise Nolting-Hauff in seinem bereits vorgestellten Bericht *"IMI'S"*. *Chronik einer Verbannung* ausdrücklich darauf hin, daß es ihm in seiner Beschreibung der erfahrenen sozialen Deklassierung als 'jüdischer Mischling' nicht darum gehe, die daraus resultierenden seelischen Auswirkungen zu beschreiben.[66] Allerdings gibt es einige, wenn auch nur wenige Berichte, die sich mit der psychologischen Seite von Haft und Verfolgung auseinandersetzen. Zwei Beispiele: Bereits 1948 erschien in einem österreichischem Verlag das Buch des Psychologen und Philosophen Emil Utitz *Psychologie des Lebens im Konzentrationslager Theresienstadt*[67]. Utitz, bis 1933 Professor an der Universität Halle, war drei Jahre im Konzentrationslager interniert gewesen. Obwohl selbst Verfolgter, setzt er sich nicht mit den eigenen Erfahrungen und Problemen auseinander, sondern beschreibt aus der professionellen Sicht des Psychologen - zum Teil auch mit dem entsprechenden Fachvokabular - die seelischen und gefühlsmäßigen Veränderungen und Entwicklungen, die Häftlinge durchzustehen hatten. Ähnlich verfährt auch der Wiener Neurologe und Psychiater Viktor E. Frankl in seinem Bericht *...trotzdem Ja zum Leben sagen. Ein Psychologe erlebt das Konzentrationslager*[68], allerdings tritt hier die Person des Autors deutlicher in Erscheinung, und auf ein Spezialvokabular wird gänzlich verzichtet.[69]

Meist enden die Häftlingsberichte mit der Entlassung aus der Haft, der Verlegung in ein anderes Lager oder mit der Befreiung. Oftmals werden anrührende Szenen beschrieben, wie die endlich wiedererlangte Freiheit gemeinsam mit anderen ehemaligen Leidensgenossen aufgenommen wurde. Viele drücken ihre Bereitschaft aus, am Wiederaufbau mitzuwirken, lassen die Freiheit hochleben, erklären ihre Dankbarkeit gegenüber den Befreiern oder geben ihrer Hoffnung Ausdruck, daß nun ein neuer, besserer Lebensabschnitt beginnen möge. In einigen Berichten ist aber auch zu lesen, daß die Spuren, die KZ-Haft und Verfolgung hinterlassen haben, nicht ohne weiteres abzuschütteln sein würden. Die Schriftstellerin Anja Lundholm beendet ihren 1988 erschienenen Bericht *Das Höllentor* so:

> "Dann ist es soweit. Wir helfen einander auf die Beine, pflücken das klettige Gesträuch aus den Kleidern.| Frei! ruft Usch. Wir sind frei! | Noch zu früh, sagt Erika. | Aber die Hölle, freut sich Kartoffelnase mit einem Blick in die Richtung, aus der wir gekommen sind, sie liegt hinter uns. | Gabriele folgt ihrem Blick ohne Lächeln. Schüttelt sacht den

---

[66] Nolting-Hauff 1946, S. 8.

[67] Utitz, Emil: Psychologie des Lebens im Konzentrationslager Theresienstadt. Wien 1948.

[68] Frankl, Viktor E.: ...trotzdem Ja zum Leben sagen. Ein Psychologe erlebt das Konzentrationslager. Vorwort von Hans Weigel. 5. Auflage. München 1986.

[69] In diesem Zusammenhang sei noch ein weiterer Name genannt. Auch der Psychoanalytiker und Kinderpsychologe Bruno Bettelheim schreibt über die Psyche in "Extremsituationen" (Bettelheim) vor dem Hintergrund eigener Hafterfahrungen - er war ein Jahr in den Konzentrationslagern von Dachau und Buchenwald, siehe Bettelheim, Bruno: Aufstand gegen die Masse. Die Chance des Individuums in der modernen Gesellschaft. München 1980; ders.: Erziehung zum Überleben. Zur Psychologie der Extremsituation. München 1982.

Kopf mit den grauen Stoppeln. Deutet mit dem Finger auf die Gegend ihres Herzens: |
Nein, sagt sie. Sie liegt hier. In uns, uns allen. Bis ans Ende unserer Tage..."[70]

Auch der Publizist Joseph Drexel, der auf Grund seiner Verbindung zum
"Widerstandskreis Ernst Niekisch" vom Volksgerichtshof wegen Vorbereitung
zum Hochverrat zu dreieinhalb Jahren Zuchthaus verurteilt und nach dem 20.
Juli 1944 erneut verhaftet und mit dem Vermerk "Rückkehr unerwünscht" ins
KZ Mauthausen gebracht worden war, beendet seinen Bericht mit ähnlichen
Gedanken zur Zwiespältigkeit der Befreiung:

"Blick nicht zurück. Eurydike ist tot. Die Leier ist zerbrochen, der Gesang verstummt. Nie
wirst Du sein, was Du einmal warst. Nie mehr wirst Du werden, wie Du einmal gewesen.
Nicht einmal in der Erinnerung.
Blick nach vorne. Dort steigt sie herauf - die Morgenröte des Untergangs!"[71]

Kommen wir zu dem Zeitabschnitt nach Verfolgung und KZ-Haft. In den
Berichten, die in den ersten Jahren nach dem Krieg entstanden sind, finden sich
selten Aussagen über die Zeit nach der Befreiung. Ähnliches gilt auch für
später verfaßte Berichte. Vor allem in den Memoiren der politisch Verfolgten
sind Ausführungen über den Verlauf der eigenen Biographie im Nachkriegsdeutschland und in der Bundesrepublik rar. So enthalten beispielsweise weder
die Erinnerungen Harry Naujoks *Mein Leben im KZ Sachsenhausen 1936-
1942*[72] noch der oben erwähnte Bericht Joseph Drexels *Rückkehr unerwünscht*
Hinweise über ihr Leben nach 1945. Nur wenige Häftlingsberichte thematisieren den Zeitabschnitt nach der Verfolgung. Allerdings gibt es auch hier
Ausnahmen: Ruth Elias berichtet in großer Ausführlichkeit über die Rückkehr
in ihre Heimatstadt. Sie beschreibt, mit welchen Ängsten sie sich auf die Suche
nach ihrer Familie machte. In den ersten Monaten nach der Befreiung wurde
diese Suche zum Lebensinhalt. Doch die Hoffnung, die Angehörigen wiederzusehen, erfüllte sich nicht. Sie verzweifelte, und ihr Lebenswille schien gebrochen:

"Langsam sank mein Lebensmut, er sank so tief, bis ich ihn völlig verlor. Die ganze lange
und schwere Konzentrationslagerzeit hielt mich die einzige Hoffnung am Leben, daß ich
meine Familie wiedersehen würde. Das war der Leitfaden, welcher nicht reißen durfte. Die
Aussicht auf ein Wiedersehen mit meinen Lieben ließ mich nicht aufgeben, ließ mich
durchhalten. Und jetzt, wo ich endlich frei war und ein normales Leben beginnen konnte,
riß dieser Faden. Ich wollte nicht mehr weiterleben."[73]

Ruth Elias überwand ihre Krise nach einem Sanatoriumsaufenthalt und liierte
sich schließlich mit einem Mann, der gleichfalls das Konzentrationslager überlebt hatte. Sie berichtet, daß sich ihre Einstellung gegenüber dem Leben

---

[70] Lundholm, Anja: Das Höllentor. Bericht einer Überlebenden. Mit einem Nachwort von
Eva Demski. Reinbek bei Hamburg 1988, S. 304.

[71] Beyer, Wilhelm Raimund (Hg.): Rückkehr unerwünscht. Joseph Drexels 'Reise nach
Mauthausen' und der Widerstandskreis Ernst Niekisch. München 1980, S. 176.

[72] Naujoks, Harry: Mein Leben im KZ Sachsenhausen 1936-1942. Erinnerungen des ehemaligen Lagerältesten. Bearbeitet von Ursel Hochmuth. Herausgegeben von Martha
Naujoks und dem Sachsenhausen-Komitee für die BRD. Köln 1987.

[73] Elias 1988, S. 280.

gewandelt habe - sie lernte, das Schöne zu sehen, freute sich an jeder Kleinigkeit. Der Freundeskreis vergrößerte sich, "doch all unsere Freunde waren ehemalige Lagerinsassen. Mit Menschen, welche nicht durchs KZ gegangen waren, taten wir uns schwer, in näheren Kontakt zu kommen."[74] Dies galt sogar für jene Verwandten, denen es gelungen war zu emigrieren. Als einer aus Palästina angereisten Tante erklärt werden mußte, daß sie unverheiratet mit einem Mann zusammenlebte, war die einzige Reaktion der Tante, daß sie durch dieses Verhalten, für das es gute Gründe gab, Schande über die Familie gebracht habe. Die Auswirkungen von Verfolgung und Haft sind bestimmend für das weitere Leben. Ruth Elias' Lebensgefährte stürzte sich mit Elan und Eifer in ein Pharmazie-Studium, welches er in kürzester Zeit mit Auszeichnung abschloß. "Kurt hatte dadurch bewiesen," schreibt Elias, "daß es unseren Feinden nicht gelungen war, uns geistig zu vernichten, so wie sie es geplant hatten."[75] Später entschließt sich das Paar, inzwischen verheiratet, nach Israel zu emigrieren. Als eine Krankenschwester nach der Geburt des ersten Kindes das Neugeborene aus dem Zimmer trägt, bekommt Ruth Elias unvermittelt einen hysterischen Anfall, glaubt sie doch, ihr Kind würde zur Vernichtung fortgebracht.

Die Erinnerung an das Lager ist für die Überlebenden allzu präsent. "Egal, ob ich ein Blatt seh," schreibt Ceija Stojka, Überlebende von Auschwitz, "das schön fett ist und denk, das wäre dort das Leben gewesen, oder ob ich einen wunderschönen, herrlich gewachsenen Löwenzahn seh. Ich muß immer daran denken, immer."[76] Manchmal ist es auch der unsensible Umgang der Umwelt, der sie schockiert. So berichtet Ceija Stojka, wie ihre Mitmenschen auf die am Unterarm eintätowierte Häftlingsnummer reagieren: "Na, Sie ham aber a scheene Telefonnummer!"[77] Stojkas Buch ist aus verschiedenen Gründen bemerkenswert: Es handelt sich bei diesen Aufzeichnungen um eine der wenigen von Roma oder Sinti schriftlich festgehaltenen Erinnerungen an die Verfolgung in der Zeit des Nationalsozialismus. Das Buch ist zweigeteilt und enthält neben der lebensgeschichtlichen Erzählung noch ein Interview mit der Autorin. Es stellt damit die Verbindung zum Bereich der Interviewliteratur her, die in den vergangenen Jahren an Bedeutung gewonnen hat. Die Fragen, die Ceija Stojka gestellt werden, kreisen in der erster Linie um das Problem der Folgen von Verfolgung und Konzentrationslagerhaft und ihrer Verarbeitung und auch um die nach 1945 gemachten Erfahrungen bei der Wiedereingliederung in die Gesellschaft. Im Mittelpunkt steht also gewissermaßen die Gegenwart der Erzählerin. Zum Beispiel wird nach ihren Träumen gefragt:

---

[74] Ebd., S. 289.
[75] Ebd., S. 296.
[76] Stojka, Ceija: Wir leben im Verborgenen. Erinnerungen einer Rom-Zigeunerin. Herausgegeben von Karin Berger. Wien 1988, S. 106. Inzwischen hat die Autorin ein zweites Buch veröffentlicht, in dem sie über ihre Nachkriegserfahrungen schreibt: dies.: Reisende in der Welt. Wien 1992.
[77] Stojka 1988, S. 104.

"Ich träum immer davon. Vom Stacheldraht, vom Gestöhne und vom Schreien der Menschen. Alpträume. [...] Manchesmal, wenn ich in der Früh die Augen aufmach, mein Gott, schon wieder hab ich den Geruch in der Nase, von den Verbrennungen. Ja, die Träume, sie kommen ganz von allein, ohne daß man etwas tut, und man kann sie nicht so wegwischen: Ich hab nur geträumt. Ich hab es ja echt erlebt, und mit großer Angst jeden Tag. Jeder Tag dort drinnen war ein Jahr, jede Stunde war eine Ewigkeit. Oft haben wir uns gefragt, wo sind die Menschen rundherum? [...] Sind nur mehr wir da und das andere existiert nicht mehr?"[78]

Ceija Stojka mag als Beispiel für viele andere Überlebende stehen. Dies wird um so deutlicher, wenn sie über ihre Überlebensschuld[79] spricht, ohne diese freilich als solche zu bezeichnen. Ihr jüngerer Bruder überlebte das Lager nicht:

"Ja, ich wunder mich schon, ich wunder mich jeden Tag. In der Früh ist das erste, wenn ich die Augen aufmach: Wieso lebst du, warum hat es dein Bruder nicht überlebt? Diese Fragen werden mich immer quälen, weil ich meinen kleinen unschuldigen Bruder heute noch suche und immer mehr und mehr vermisse. Heute mehr als vor zwanzig Jahren. [...] Jeden Tag frage ich mich: Wieso bist du da Ceija? Und bist nicht irgendwo verscharrt, wo man gar nicht weiß, wo du bist und daß du existiert hast."[80]

Das eigene Überleben ist nur schwer zu begreifen und will zudem mit einem Sinn gefüllt werden. "Wissen Sie," erklärt Simon Wiesenthal in einem Gespräch mit Hajo Funke, "daß das Überleben eine Last sein kann? Wenn Sie an den Sinn des Überlebens denken, dann bekommen sie einen Komplex. Der Komplex ist: Sie fühlen, Sie müssen die vertreten, die nicht überlebt haben, um das Überleben zu rechtfertigen."[81] Der Berliner Politologe Funke hat in einem 1989 erschienenen Buch 20 Gespräche zusammengestellt - er spricht nicht von Interviews - mit jüdischen Wissenschaftlern und Intellektuellen, die in der Zeit des Nationalsozialismus emigriert sind. Dazu gehört auch das oben erwähnte Gespräch mit Simon Wiesenthal. Die Dialoge bleiben unkommentiert. Allerdings ist dem Buch eine ausführliche Einleitung vorangestellt, die über Funkes Gesprächspartner informiert, über jüdisches Leben in Deutschland in den vergangenen hundert Jahren, über Assimilation und eine kurze Phase der Emanzipation, schließlich über Antisemitismus und die Verfolgung durch die Nationalsozialisten. Funke versteht sein Buch "als Versuch, ihre Erfahrungen [jene der Überlebenden] gegenwärtig zu halten"[82]. Damit verfolgt er eine

---

[78] Ebd., S. 105.
[79] Vgl. S. 47.
[80] Stojka 1988, S. 106.
[81] Funke, Hajo: Die andere Erinnerung. Gespräche mit jüdischen Wissenschaftlern im Exil. Unter Mitarbeit von Hans-Hinrich Harbort. Frankfurt a.M. 1989, S. 451.
[82] Ebd., S. 11. Eine ähnliche Absicht verfolgt auch Wolfgang Herzberg mit seiner Interviewsammlung *Überleben heißt Erinnern. Lebensgeschichten deutscher Juden* (Berlin/Weimar 1990). In ihr hat Herzberg sechs Interviews, die im Buch allerdings als Monologe erscheinen, mit jüdischen Bürgern und Bürgerinnen der DDR zusammengestellt. Die Interviews wurden 1988 und in der ersten Hälfte des Jahres 1989 geführt. Für Herzberg bedeutete diese Arbeit neben der Beschäftigung mit der Frage nach einer jüdischen Identität in Deutschland, genauer in Deutschland-Ost, auch eine Auseinandersetzung mit seiner eigenen jüdischen Herkunft, siehe Herzberg 1990, S. 425-435.

ähnliche Absicht, wie sie auch in vielen Häftlingsberichten zum Ausdruck kommt und auch in der wohl bekanntesten Arbeit aus dem Bereich der Interviewliteratur, *Shoah*[83] von Claude Lanzmann, die allerdings in erster Linie als Film Popularität erlangt hat. Das Buch enthält sämtliche Interviews des neunstündigen Films. Lanzmanns Absicht ist es, das Verbrechen in den Todeslagern zu dokumentieren: Die Erinnerung daran soll vor dem Vergessen bewahrt werden. Aus diesem Grunde kommen bei Lanzmann Opfer wie Täter zu Wort. Das Ergebnis ist ein Text von beklemmender Dichte (eine Qualifizierung, die für den Film in noch viel stärkerem Maße gilt). Lanzmanns Arbeit führt uns an die Schnittstelle zwischen Buch und Film. Daß ein Buch als Vorlage für einen Film dient, ist auch im Bereich der hier zu besprechenden Erinnerungsliteratur nicht ungewöhnlich.[84] Eher selten ist jedoch der von Lanzmann eingeschlagene umgekehrte Weg.

1992 veröffentlichte die in Paris lebende Psychoanalytikerin und Publizistin Susann Heenen-Wolff 18 Gespräche - auch sie spricht nicht von Interviews - mit Überlebenden des Holocaust.[85] Die Gespräche handeln in erster Linie von der Zeit nach der Verfolgung, dem Leben im Versteck, der Emigration oder dem Konzentrationslager. Heenen-Wolff geht es darum, die Gegenwart der in Deutschland lebenden Juden zu dokumentieren. Sie folgt der bereits im Titel des Buches, *Im Haus des Henkers*, angedeuteten Frage, wie Juden nach der Erfahrung von Auschwitz in Deutschland leben können. Wie bei Funke und Lanzmann bleiben auch hier die Gespräche unkommentiert. Es folgt weder eine Auseinandersetzung mit dem Erzählen der Befragten noch mit dem Geäußerten selbst. Der Leser bleibt allein mit den Texten. Doch anders als in den autobiographischen Häftlingsberichten, die ausschließlich Produkt des Erzählers oder der Erzählerin sind, nehmen in einem Dialog beide Partner Einfluß auf das Gespräch. Heenen-Wolffs Fragen sind in erster Linie Verständnisfragen, Fragen, die in der Form der Alltagskommunikation entsprechen. Doch gelegentlich ist es unverkennbar, daß hier eine 'professionelle' Fragestellerin Kommunikationspartnerin ist - sehr zum Nutzen des Lesers.

Bevor ein anderer Literaturbereich in den Mittelpunkt der Betrachtung gerückt werden soll, ist abschließend noch einmal festzuhalten, daß in der Regel erst in den vergangenen Jahren in den Häftlingsberichten der Umgang mit der Verfolgung und ihren Auswirkungen auf das spätere Leben intensiver thematisiert wurde. In den meisten Berichten finden sich eher Sätze wie der folgende, den Bogdan Suchowiak im Nachwort seines Buches über das KZ Neuengamme und die Evakuierung der Häftlinge im Mai 1945 schrieb: "Der Krieg war beendet. Die Mehrzahl der Überlebenden ehemaliger Häftlinge des

---

[83] Lanzmann, Claude: Shoah. München 1988. Die französische Originalausgabe von *Shoah* erschien 1985 in Paris.

[84] Zwei populäre Beispiele: Sally Perels Autobiographie *Ich war Hitlerjunge Salomon* (Berlin 1992) diente als Vorlage für den Spielfilm *Hitlerjunge Salomon* von Agnieszka Holland. Thomas Keneally's Buch *Schindlers Liste* (deutsche Ausgabe: München 1994) nutzte Steven Spielberg für seinen gleichnamigen Spielfilm.

[85] Heenen-Wolff, Susann: Im Haus des Henkers. Gespräche in Deutschland. Frankfurt a.M. 1992.

Konzentrationslagers Neuengamme kehrte in ihre Heimat zurück und nahm die Arbeit auf. Die verbliebenen Krankheiten und psychischen Komplexe konnten nicht immer geheilt werden."[86] Mit den hier angesprochenen seelischen Veränderungen bei ehemaligen Verfolgten des NS-Regimes wurden und werden immer noch Psychologen, Psychiater und Nervenärzte in ihrer Praxis konfrontiert. Diese berichteten in den jeweiligen Fachorganen über ihre Fälle. So entstand allmählich eine relativ reichhaltige fachwissenschaftliche Literatur zu den seelischen Problemen der Überlebenden von Verfolgung und KZ-Haft, deren Ergebnisse an dieser Stelle zumindest ausschnittweise und im Ansatz vorgestellt werden sollen.

Im Jahr 1947 wirft Karl Bonhoeffer in Heft 1 der wiedererschienenen Zeitschrift *Der Nervenarzt* (Jahrgang 18) die Frage auf, welche neuen Erfahrungen der Zweite Weltkrieg für die Psychiatrie gebracht habe und ob die alten Erfahrungen bestätigt worden seien.[87] Der Autor hält fest, "daß der Krieg nichts Wesentliches an den psychopathologischen Erfahrungen des ersten Krieges zu korrigieren gegeben hat"[88]. Eines der wesentlichen Ergebnisse des Ersten Weltkrieges sieht Bonhoeffer darin, daß die unterschiedlichen Belastungen des Krieges - wie beispielsweise erregende Kampferlebnisse, körperliche Überanstrengungen, große Marschleistungen, Schlafentzug, Hunger und Kälte - wohl zu, vereinfacht gesprochen, vorübergehenden psychischen Störungen geführt hätten, aber nicht zur Entwicklung eigentlicher Psychosen. Die Entwicklung von Psychosen erachtet er darüber hinaus für anlagebedingt. Damit kommt nach Bonhoeffer den "Kriegsschädigungen keine auslösende Bedeutung"[89] zu. Daß diese Feststellungen allerdings auf die Situation der überlebenden Opfer von Folterungen im Konzentrationslager unter Umständen nicht unbedingt übertragbar seien, wird vom Autor vermutet.[90] Was Bonhoeffer hier vertritt - auch wenn er eine wesentliche Einschränkung in bezug auf die Gruppe der ehemaligen KZ-Häftlinge vornimmt -, ist die sogenannte herrschende Lehrmeinung der klassischen Psychiatrie im deutschsprachigen Raum. Diese stammt aus dem Beginn des 20. Jahrhunderts und hat nach dem Ersten Weltkrieg vielmals Bekräftigung erfahren.[91] Das ihr zugrundeliegende Dogma beschreibt der amerikanische Psychiater William G. Niederland 1980 mit folgenden knappen Worten:

> "Streßfaktoren können zwar psychische Störungen zustandebringen; jedoch beim Aufhören oder Nachlassen der Streß-Situation geht eine hierdurch hervorgerufene Gesundheitsstörung

---

[86] Suchowiak, Bogdan: Mai 1945: Die Tragödie der Häftlinge von Neuengamme. Reinbek bei Hamburg 1985, S. 187.

[87] Bonhoeffer, Karl: Vergleichende psychopathologische Erfahrungen aus den beiden Weltkriegen. In: Der Nervenarzt 18 (1947) S. 1-4, hier S. 1.

[88] Ebd., S. 3.

[89] Ebd., S. 2.

[90] Ebd., S. 3.

[91] Baeyer, Walter von/Kisker, Karl Peter: Abbiegen der Persönlichkeitsentwicklung eines Jugendlichen durch nationalsozialistische Verfolgung. In: March, Hans (Hg.): Verfolgung und Angst in ihren leib-seelischen Auswirkungen. Dokumente. Stuttgart 1960, S. 11-27, hier S. 24.

bald zu Ende oder verringert sich in solchem Umfang, daß ihr kein Krankheitswert zukommt."[92]

Im Jahre 1926 hatte in Deutschland das Reichsversicherungsamt eine Grundsatzentscheidung über die "medizinische und rechtliche Bedeutung von traumatischen Neurosen" gefällt, wonach eine Neurose als Unfallfolge nicht rentenpflichtig sei. Dies wurde damit begründet, daß der Organismus in der Lage sei, psychische Belastungen auszugleichen, und eine dauerhafte Erwerbsminderung nicht möglich sei.[93] Diese Entscheidung ging nebenbei bemerkt unter anderem auf eine Arbeit des obengenannten Nervenarztes Bonhoeffer zurück, der mit der Begutachtung der sog. Kriegszitterer des Ersten Weltkrieges betraut war.[94] Im Zusammenhang mit dieser Gruppe wurde der Begriff der Rentenneurose entwickelt, deren Inhalt darin bestehe, "Beschwerden und Krankheitssymptome zum Zweck der Erlangung einer Rente zu zeigen"[95]. Durch die Gewährung einer Rente, so die Vorstellung, würde sich die Neurose perpetuieren. Dementsprechend wurde gewissermaßen aus therapeutischen Gründen empfohlen, eine Rente erst gar nicht zu gewähren.

Für die Überlebenden von Verfolgung und KZ-Haft in der Zeit des Nationalsozialismus hatte das beschriebene medizinische Dogma fatale Konsequenzen und zwar dann, wenn sie einen Antrag auf Wiedergutmachung stellten. Auf die Praxis der Entschädigungsverfahren in der Bundesrepublik Deutschland ist an dieser Stelle nicht näher einzugehen.[96] Nur soviel zum besseren Verständnis: Unter Berufung auf die oben zitierte herrschende Lehrmeinung wurden in großer Zahl Anträge auf Entschädigung zurückgewiesen, da den diagnostizierten Befunden kein Krankheitswert (bzw. ein zu geringer)[97] beigemessen wurde oder sie erst gar nicht als verfolgungsbedingt anerkannt wurden. Mit großer Einmütigkeit hielten die Vertreter der klassischen Psychiatrie lange daran fest, daß seelische Belastungen nach dem Ende der Verfolgung wieder abklingen und "keine 'krankheitswertigen' psychischen Schäden hinterlassen, von Dauer-

---

[92] Niederland, William G.: Folgen der Verfolgung: Das Überlebenden-Syndrom Seelenmord. Frankfurt a.M. 1980, S. 7. Daß Niederland selbst ein Gegner dieses Dogmas ist, wird im folgenden noch deutlich.

[93] Pross, Christian: Wiedergutmachung. Der Kleinkrieg gegen die Opfer. Frankfurt a.M. 1988, S. 152. Zur historischen Entwicklung der Renten- oder Unfallneurose vgl. auch: Venzlaff, Ulrich: Die psychoreaktiven Störungen nach entschädigungspflichtigen Ereignissen (Die sogenannte Unfallneurose). Berlin/Göttingen/Heidelberg 1958, S. 1-11.

[94] Pross 1988, S. 152. Gemeint ist folgender Aufsatz: Bonhoeffer, Karl: Beurteilung, Begutachtung und Rechtsprechung bei der sogenannten Unfallneurose. In: Deutsche Medizinische Wochenschrift 52 (1926) S. 179-182.

[95] Pross 1988, S. 371.

[96] Zur Geschichte und Praxis der Wiedergutmachung: Lutz, Thomas/Mayer, Alwin (Hg.): Alle NS-Opfer anerkennen und entschädigen. Berlin 1987; Pross 1988; Die Kehrseite der "Wiedergutmachung". Das Leiden von NS-Verfolgten in den Entschädigungsverfahren. Herausgegeben von Helga und Hermann Fischer-Hübner. Mit einem Vorwort von Hans Koschnick. Gerlingen 1990.

[97] Eine Rentenberechtigung setzt nach dem Bundesentschädigungsgesetz von 1956 erst bei einem Krankheitswert von mindestens 25 % ein, vgl. Pross 1988, S. 99.

folgen und etwaigen Spätschäden ganz zu schweigen"[98], wie Niederland bitter anmerkt.

Für viele Überlebende der Konzentrationslager kam bei der Befreiung durch die alliierten Truppen jede Hilfe zu spät. "Etwa vier von zehn Häftlingen", schreibt der Mediziner Christian Pross, "starben in den ersten Monaten nach Kriegsende an den Folgen von Hunger, Entkräftung, Tuberkulose, Typhus und anderen typischen Lagerkrankheiten."[99] Diese Tatsache gilt es zu bedenken, gerade bei der Lektüre der frühen Häftlingsberichte. Es klingt banal, doch nur, wer überlebt hat, vermag zu berichten. Ruth Klüger formulierte einmal pointiert, daß der Nachteil der, wie sie es nennt, Memoirenliteratur darin bestehe, daß sie von Überlebenden handelt: "Man klammert sich beim Lesen an das Schicksal des Einzelnen, wünscht ihm alles Gute, ist erleichtert, daß er (oder sie) es schafft, zu entkommen. Dadurch wird die Aufmerksamkeit abgelenkt von dem Außerordentlichen dieser Erfahrungen, dem so schwer beizukommen ist, und auf bekannte Schienen gelenkt."[100] Das Außerordentliche dieser Erfahrungen wird in den Arbeiten und Aufsätzen der Psychiater und Nervenärzte insofern transparent gemacht, als hier die seelischen Leiden der Opfer, also ein Niederschlag des Erlebten, beschrieben werden.

Doch zunächst einmal taten sich die deutschen Ärzte mit den Opfern von Verfolgung und KZ-Haft sehr schwer, während sie sich mit den Erkrankungen der Kriegsopfer und der heimgekehrten Kriegsgefangenen gleich nach 1945 befaßten.[101] Erst zehn Jahre nach dem oben erwähnten Aufsatz von Karl Bonhoeffer setzte allmählich ein wissenschaftlicher Diskurs zu dieser Thematik ein. Inzwischen mußten Ärzte die Opfer aus den Konzentrationslagern im Rahmen der Entschädigungsverfahren begutachten. Bei einigen von ihnen meldeten sich nach und nach leise Zweifel an der Richtigkeit der sogenannten herrschenden Lehre. Im Jahre 1957 kritisierte der Heidelberger Psychiatrie-Ordinarius Walter von Baeyer dieses Dogma in einem Aufsatz, ohne allerdings seine Gültigkeit für die Mehrzahl der "Unfalls- oder Kriegsneurotiker" in Abrede zu stellen. "Generell ist es einfach nicht wahr," so von Baeyer, "daß man einem anderen keine Neurose zufügen kann."[102] Und an anderer Stelle:

---

[98] Niederland 1980, S. 9.
[99] Pross 1988, S. 151. Pross bezieht sich auf: Fichez, L.F./Klotz, A.: Die vorzeitige Vergreisung und ihre Behandlung. Wien 1961. Dazu von Michael Pollak: "Bei Kriegsende gab es 50.000 überlebende Juden auf dem Gebiet des ehemaligen Deutschen Reiches. Von ihnen starben 20.000 in den ersten Wochen nach ihrer Befreiung", siehe Pollak, Michael: Die Grenzen des Sagbaren. Lebensgeschichten von KZ-Überlebenden als Augenzeugenberichte und als Identitätsarbeit. Frankfurt a.M./New York 1988, S. 173 (= Studien zur Historischen Sozialwissenschaft, 12).
[100] Klüger, Ruth: Dichten über die Shoah. Zum Problem des literarischen Umgangs mit dem Massenmord. In: Spuren der Verfolgung. Seelische Auswirkungen des Holocaust auf die Opfer und ihre Kinder. Herausgegeben von Gertrud Hardtmann. Gerlingen 1992, S. 203-221, hier S. 210.
[101] Pross 1988, S. 149.
[102] Baeyer, Walter von: Die Freiheitsfrage in der forensischen Psychiatrie mit besonderer Berücksichtigung der Entschädigungsneurosen. In: Der Nervenarzt 28 (1957) S. 337-343, hier S. 339. Vgl. auch: ders.: Erlebnisreaktive Störungen und ihre Bedeutung für die Begutachtung. In: Deutsche Medizinische Wochenschrift 83 (1958) S. 2317-2322. Seitdem

"Unserer Zeit blieb es vorbehalten, Erfahrungen mit extremen Schädigungser-
lebnissen zu machen, die tief in die vitale und moralische Existenz der Opfer
eingegriffen und zum Teil auch wirkliche Umstrukturierungen der Persönlichkeit, hartnäckige Dauerreaktionen [...] hinterlassen haben [...]."[103] Damit
weist der Autor auf die Leiden von KZ-Häftlingen, Kriegsgefangenen und
Heimatvertriebenen hin. Doch von Baeyer ist gegen einen vorschnellen
Vergleich der drei Gruppen, deren Ausgangslagen er für sehr unterschiedlich
erachtet:

"Im Gegensatz zu den Bombengeschädigten und Frontkämpfern blieb es bei den Opfern
eines totalen Terrors nicht bei relativ isolierten Erlebnissen von Angst, Schrecken, Grauen,
körperlicher Verletzung und Entbehrung. Sie wurden nicht alsbald wieder von einer
bergenden Gemeinschaft, von fürsorglichen Institutionen umfangen, bewahrten nicht ihre
Geltung als Person, ihre Menschenwürde, ihre Rechtsansprüche. Sie waren ohne Hoff-
nungsschimmer auf lange Zeit unabsehbaren Gefahren, oft dem fast sicheren Tod ausgesetzt, völlig entehrt und entrechtet, in eine absolute Nichtigkeit als Person hineingestoßen.
Wenn aus solchen Ausgangslagen heraus direkt oder noch mehr unmittelbar nach der
Befreiung und Entlastung die seelischen Kompensationsmöglichkeiten versagen und sich
neurotische Dauerfolgen einstellen, so kann es sich dabei um eine zwangsläufige, von aktiver Stellungnahme und sekundärer Verarbeitung weitgehend freie Entwicklung handeln, die
nicht nach dem Schema der Rentenneurose zu beurteilen ist."[104]

Von Baeyer beklagt darüber hinaus, daß bislang keine Kasuistik entsprechender
Fälle veröffentlicht worden sei.[105] Dieser Vorwurf mag für den deutschsprachigen Raum zutreffen, nicht aber für die medizinische Wissenschaft in anderen
Ländern.[106] Doch deren Forschungen sind in Deutschland erst spät rezipiert
worden. Auch dazu noch einmal von Baeyer in einem Aufsatz aus dem Jahr
1961:

"Spät und zögernd, erst 12 Jahre nach dem Zusammenbruch, haben unsere Kliniker und
Nervenärzte begonnen, sich wissenschaftlich mit den psychopathologischen Residuen der
nationalsozialistischen Ära zu beschäftigen. Was ausländische, vor allem dänische, französische und holländische Autoren zu diesem Thema beigetragen hatten, blieb kaum beachtet,

---

gab es immer wieder Bemühungen, die oben beschriebene herrschende Lehrmeinung zu
revidieren, vgl. Pross 1988, S. 154.
[103] von Baeyer 1957, S. 340.
[104] Ebd.
[105] Ebd.
[106] Pross 1988, S. 150f. weist in diesem Zusammenhang auf die Arbeiten der französischen
Psychiater René Targowla (1949 u. 1950) und Eugène Minkowski (1946), auf die Untersuchung der französischen Internisten Charles Richet, Louis-Francois Fichez, Gilbert
Dreyfus und Henri Uzan (1948) sowie auf die Arbeit des dänischen Neurologen Paul
Thygesen (1949) hin, um an dieser Stelle nur einige zu nennen. Eine knappe Darstellung
von wissenschaftlichen Untersuchungen zu dieser Thematik aus den vierziger und fünfziger
Jahren in Dänemark, Norwegen, Frankreich, England und den Niederlanden findet sich
bei: Baeyer, Walter von/Häfner, Heinz/Kisker, Karl Peter: Psychiatrie der Verfolgten.
Psychopathologische und gutachterliche Erfahrungen an Opfern der nationalsozialistischen
Verfolgung und vergleichbarer Extrembelastungen. Berlin/Göttingen/Heidelberg 1964, S.
74-84.

wie etwa das umfangreiche und gewichtige Werk des Holländers Bastiaans[107] über Psycho-somatische Folgen von Unterdrückung und Widerstand, das 1957 erschien."[108]

Desgleichen blieben im Deutschland der fünfziger Jahre die Ergebnisse der internationalen Kongresse von Paris (1954) und Kopenhagen (1954)[109], von Brüssel (1955) und Moskau (1957) zum Thema der Gesundheitsschäden und Spätfolgen von Verfolguung und Gefangenschaft mehr oder weniger unbeachtet.[110] Neben von Baeyer meldeten sich jedoch nach und nach weitere Nervenärzte zu Wort. Allmählich entstand eine ernstzunehmende Dokumentation der Leiden und psychischen Probleme der Verfolgten des NS-Regimes. Die so zusammmengetragenen Ergebnisse sind freilich nicht nur für Nervenärzte und Psychiater interessant. Auch im Bereich der biographischen Forschung, im besonderen für die der vorliegenden Arbeit zugrundeliegende Themenstellung, erscheint ein Rückgriff auf diese Literatur lohnend, die weitaus mehr zu bieten vermag als eine Nomenklatur der psychischen Erscheinungen und Krankheitsbilder.

Ähnlich wie von Baeyer betont auch der Neuropsychiater Hans Strauss in einem 1957 erschienenen Aufsatz das Singuläre in der Situation der Opfer nationalsozialistischer Gewalt: "Die Reaktionen dieser Opfer", so Strauss, der seit seiner Emigration aus Deutschland in den USA lebte, "werden denen nach Unfällen, Kriegsverletzungen und Katastrophen gleichgesetzt. Völlig übersehen wird dabei die Verschiedenheit in der Art und Dauer des Traumas, das junge Alter vieler der Verfolgten und die Tatsache, daß selbst nach Beendigung der gröbsten traumatischen Faktoren die Verfolgungsopfer sich völlig entwurzelt fanden."[111] Zu dem Problem der Vergleichbarkeit äußern sich ebenfalls von Baeyer, Heinz Häfner und Karl Peter Kisker in ihrer grundlegenden Untersuchung[112] *Psychiatrie der Verfolgten* aus dem Jahr 1964. Auch sie weisen auf das Singuläre in der Belastungssituation hin:

"Der Vergleich mit anderen extremen Belastungssituationen geht daran vorbei, daß der totale Terror den Menschen in allen Existenzbereichen zu treffen und zu entwurzeln wußte,

---

[107] Gemeint ist der Leydener Psychiater Jan Bastiaans mit seinem Buch: Psychosomatische gevolgen van onderdrukking en verzet. Amsterdam 1957.

[108] Baeyer, Walter von: Erlebnisbedingte Verfolgungsschäden. In: Der Nervenarzt 32 (1961) S. 534-538, hier S. 534.

[109] Eine Zusammenstellung der Referate und Ergebnisse der Kopenhagener Konferenz gab der bundesdeutsche Mediziner Max Michel heraus, siehe Michel, Max (Hg.): Gesundheitsschäden durch Verfolgung und Gefangenschaft und ihre Spätfolgen. Gesundheitliche Folgen von Gefangenschaft, Deportation, Konzentrations- und Vernichtungslagern; von Hunger, Furcht, Übermüdung, Bedrohung und Zwangsarbeit; vom Leben in der Gefahr und vom Leben in der Illegalität, psychischem Druck, Katastrophenwirkung und Verzweiflung. Frankfurt a.M. 1955.

[110] Pross 1988, S. 150f., 157ff., 361. Insgesamt haben bis zum Jahr 1985 25 internationale Tagungen zu dieser Thematik stattgefunden. Die ersten Kongresse in der Bundesrepublik kamen 1967 und 1969 in Köln und Düsseldorf zustande.

[111] Strauss, Hans: Besonderheiten der nichtpsychotischen seelischen Störungen bei Opfern der nationalsozialistischen Verfolgung und ihre Bedeutung bei der Begutachtung. In: Der Nervenarzt 28 (1957) S. 344-350, hier S. 345.

[112] Vgl. dazu die Rezension von William G. Niederland: Ein Blick in die Tiefen der 'unbewältigten' Vergangenheit und Gegenwart. In: Psyche 22 (1966) S. 466-476.

daß die Gesamtatmosphäre der Schreckenszeit auch da durchdrang, wo nicht das Allerärgste faktisch geschah, um sich herum ein Klima von Unsicherheit, angstvoller Gehetztheit, schmachvoller Erniedrigung und hoffnungsloser Verlassenheit schuf. Wenn andere ebenfalls umfassende und kollektive Notlagen, wie z.B. die des Krieges an der Front, des Bombenhagels in der Heimat, ja die der härtesten Kriegsgefangenschaft, des kümmerlichsten Flüchtlingslebens, die Betroffenen zu einer Notgemeinschaft zuammenschweißen und ihnen dadurch einen gewissen inneren Halt lassen, so war der totale politische Terror gerade darauf abgestellt, die Verfolgten zu vereinzeln, sie in menschlicher Isolierung zu zermürben und sie in ihrem innersten Kern jeden für sich wehr- und widerstandslos zu machen - auch gerade dadurch, daß man sie zu Massen in Lagern einsperrte."[113]

Doch gehen wir genauer auf die Belastungen von Verfolgung und Konzentrationslagerhaft ein. Niederland skizziert in sechs Punkten jene Umstände, die durch die Verfolgung bedingt waren und die am Zustandekommen der zu beobachtenden Zustands- und Krankenbilder beteiligt oder mitbeteiligt waren:

"1. Leben in einer Atmosphäre der ständigen Bedrohung und eines anfänglich unverstandenen, namenlosen, dann immer näher rückenden Verhängnisses;
2. hiermit einhergehende leiblich-seelische Zermürbung des Personenganzen;
3. häufige akute Todesgefahr und Todesangst;
4. Verunsicherung aller mitmenschlichen Bezüge und Kontakte;
5. schutzloses Dasein in einem Dauerzustand völliger oder nahezu völliger Rechtlosigkeit;
6. Überflutung des geistigen Ich-Gefüges durch den unaufhörlichen Ansturm von öffentlichen und persönlichen Beschimpfungen, Verdächtigungen, Verleumdungen und Anschuldigungen, wiederum ohne Möglichkeit einer Zufluchtnahme zum behördlichen Rechtsschutz."[114]

Niederland fügt hinzu - wohlwissend, daß dieser Katalog noch ergänzungsfähig ist -, daß die beschriebenen destruktiven Faktoren sowohl innerhalb als auch außerhalb der Konzentrationslager wirksam waren, in den Lagern natürlich weitaus schlimmer.[115] Darüber hinaus litten die Häftlinge an chronischem Hunger. Ihrer Individualität beraubt, war ihre Identität auf die Häftlingsnummer reduziert. Sie waren seelisch degradiert, sich selbst entfremdet. "Dazu kommt bei den Terroropfern", schreibt von Baeyer, "die totale Entrechtung und Entwürdigung, der Entzug jeglicher Achtung, die Gleichsetzung mit lästigem Ungeziefer, eine Diskriminierung, wie sie in der an Diskriminierungen reichen Weltgeschichte nicht vollständiger, systematischer und unmenschlicher gesehen wurde. So kann man wohl sagen, daß das Terroropfer in eine absolute Nichtigkeit als Person hineingestoßen wurde."[116] Im Lager herrschte ein allgemeiner Normenverlust und ein - wie Niederland zugespitzt formuliert - Verlust an Kausalität; im KZ gibt es kein 'Warum'.[117] Hunger, Sklavenarbeit, körperliche Mißhandlungen und Erniedrigungen, sich wiederholende Terror- und Panikepisoden gehören zu den Charakteristika der erlittenen Traumatisierung.

[113] von Baeyer/Häfner/Kisker 1964, S. 2f.
[114] Niederland 1980, S. 10.
[115] Ebd.
[116] von Baeyer 1958, S. 2320.
[117] Niederland, William G.: Psychische Spätschäden nach politischer Verfolgung. Versuch einer Rezension des gleichnamigen Werkes von H. Paul und H.J. Herberg. In: Psyche 18 (1965) S. 888-895, hier S. 894.

All dies mußte in einem Zustand völliger Hilf-, Wehr- und Ausweglosigkeit ertragen werden.[118] Hinzu kam als besonders quälender Faktor die Ungewißheit: "Kein Mensch konnte voraussehen, wie das enden würde, und wann das Ende käme."[119]

Paul Matussek, damals Leiter der Münchner Forschungsstelle für Psychopathologie und Psychotherapie in der Max-Planck-Gesellschaft, befragte innerhalb seiner umfangreichen Untersuchung über *Die Konzentrationslagerhaft und ihre Folgen* 245 Überlebende von Verfolgung und KZ-Haft nach ihren Erfahrungen. Zu den immer wiederkehrenden Leidensthemen gehörten bei fast allen Befragten "Todesangst, körperliche Zermürbung, besonders durch Hunger und Schläge, Vergiftung der mitmenschlichen Beziehungen"[120]. Eddy de Wind stellt innerhalb seiner Überlegungen zu einer Psychologie der Konzentrationslager die Konfrontation mit dem Tod in den Mittelpunkt der Betrachtung; de Wind war selbst eineinhalb Jahre lang Häftling in Auschwitz. Nach dem Krieg arbeitete er als Psychiater und Psychoanalytiker in Amsterdam. In seinem Aufsatz mit dem bezeichnenden Titel *Begegnung mit dem Tod* geht er von Kurt R. Eisslers Unterscheidung zweier Formen der Angst vor dem Tod aus: Die Angst, keine weitere Zukunft zu haben, und die Angst vor körperlicher Annihilierung.[121] Der Häftling mußte sich mit der fortwährenden Anwesenheit des Todes auseinandersetzen. Eddy de Wind beschreibt hierbei verschiedene Phasen:

> "Der Neuangekommene im Lager wurde konfrontiert mit einer äußersten Gewißheit: 'Das wird das Ende sein'. Zuerst geriet er in einen Zustand der Panik; er versuchte mittels einer Regression zu primitiven Ich-Funktionen und archaischen Abwehrformen sowohl affektiv als kognitiv die Realität zu leugnen. Das Wissen, ganz ohne Zukunft zu sein, ist unerträglich. Nach dieser ersten Phase fand er eine Anpassung auf einem Niveau, auf dem mittels extremer Beschränkung auf das 'Hier und Jetzt' und konsequenten Vermeidens aller Assoziationen zwischen dem, was jetzt passierte, und der Zukunft das Leben weitergeführt werden konnte. Aber wie er auch immer all seine Aktivitäten vom Tode, mit dem er konfrontiert wird, abzuspalten versucht, ist diese Konfrontation so aufdringlich, daß er genötigt ist, diesem erwarteten Ende eine Bedeutung zuzuerkennen."[122]

Schließlich kommt es zur Entstehung verschiedener Vorstellungen und Phantasien vom Tod:

> "So wurde im Lager der Tod zu einer Tröstung: Mutterschoß oder Herrlichkeit des Vaters, Vorstellungen von Märtyrertum und solche von den noch größeren Leiden, in denen die Henker untergehen würden. Verschiedene Formen von religiösen Gedanken und auch wahnhafte Todes-Phantasien traten an die Stelle der Vorstellung vom Tode als dem absolu-

---

[118] Ebd., S. 894.
[119] Wind, Eddy de: Begegnung mit dem Tod. In: Psyche 22 (1968) S. 423-441, hier S. 424.
[120] Matussek, Paul: Die Konzentrationslagerhaft und ihre Folgen. Berlin/Heidelberg/New York 1971, S. 12 (= Monographien aus dem Gesamtgebiete der Psychiatrie, Psychiatry Series, 2).
[121] de Wind 1968, S. 438.
[122] Ebd.

ten Nichts, und zwar, wie ich glaube, sogar bei denjenigen, die sich zuvor noch ausdrücklich als Atheisten bezeichnet hätten."[123]

Im folgenden möchte ich die Aufmerksamkeit speziell auf die Gruppe der jüdischen Verfolgten lenken. Ihr wurde nicht ein wie auch immer geartetes Widerstandsverhalten vorgeworfen. Das Ziel der Verfolgung war die vollständige
Vernichtung der jüdischen Religion und Kultur, ja aller jüdischen Menschen
selbst. "Diese Drohung", resümiert Matussek, "stellte für jeden einzelnen ein
Ausmaß an Belastung dar, das sich mit dem anderer Verfolgtengruppen nicht
vergleichen läßt."[124] Unter den verschiedenen Verfolgtengruppen befanden sie
sich in der schlechtesten Position, in einer Situation größter Hoffnungslosigkeit. "Und selbst ihre schwachen Hoffnungen auf ein Überleben des Konzentrationslagers", urteilt Matussek, "waren meist vermischt mit dem Gefühl, daß
sie ein heimatloses und entwurzeltes Leben nach der Inhaftierung erwartete.
Ihre materielle Existenzgrundlage war zerstört worden, die Angehörigen waren
häufig umgekommen, und es schien die weitere Weltgemeinschaft am
Schicksal der Juden nicht sonderlich interessiert, wenn nicht gar offen
antisemitisch."[125] Eine Chance, dem Tod zu entgehen, konnten sie nicht sehen.
Walter von Baeyer weist mit Nachdruck darauf hin, daß der sogenannten
Endlösung, also der physischen Vernichtung, eine totale, existentielle
Sinnberaubung, die keine Dimension des Menschseins ausspare, voran-
gegangen sei:

> "Diese Sinnberaubung ging einher mit dem Entzug der wirtschaftlichen Subsistenzmittel,
> mit sozialer Ächtung, Freiheitsentzug, psychologischer und physischer Quälerei und
> Ängstigung, war aber doch mehr als die Summe aller solcher Eingriffe in die Integrität der
> leiblichen, seelischen, sozialen Personenbereiche. Sie war total, indem sie das Ganze der
> geschichtlichen Existenz betraf, des Menschen je eigene Geschichtlichkeit, seine Vergan-
> genheit, Gegenwart und Zukunft vernichtend angriff, ebenso sein Raumhaben in der Welt,
> wie sein Miteinandersein und Begegnen."[126]

Da der Ansatz der beschriebenen Sinnberaubung ein totaler ist, verwirft von
Baeyer dafür den Ausdruck Vernichtung und spricht statt dessen von der Annihilierung der geschichtlichen und sozialen Existenz. Diese sei allerdings nicht
allein dem "Rassengegner", sondern auch der Gruppe der politischen und religiösen Gegner zugedacht gewesen.[127] Die Annihilierung, so von Baeyer, sei
gleichbedeutend mit dem Entzug aller "'wohlerworbenen Rechte', mit der
Ausstreichung alles dessen, was einem erwachsenen Menschen an Rang, Stand,
Kulturmilieu, Stellung, Würde, persönlichem Verdienst, Namen von seiner
Vergangenheit her zugewachsen ist"[128]. Von der Entwertung des Vergangenen
waren deshalb vor allem die älteren Verfolgten betroffen. Wie die Annihilie-

---

[123] Ebd., S. 439.
[124] Matussek 1971, S. 220.
[125] Ebd., S. 26.
[126] von Baeyer 1961, S. 537.
[127] Ebd.
[128] Ebd.

rung erfahren wurde, beschreibt von Baeyer nach den Aussagen von Überlebenden mit folgenden Worten:

"Die Annihilierung der Gegenwart wird von allen Überlebenden der KZ-Haft gleichlautend
geschildert als monotones Leben in ständiger Bedrohung und Angst, Erdulden von Hunger
und körperlichen Mißhandlungen, Mitansehen von Sterben, Tötungen und Mißhandlungen
anderer, kurz als ein durch Schrecken zum Stehen gebrachtes Dasein, als eine Unaufhör-
lichkeit des Unerträglichen, als aussichtslose Wiederholung grausamer Sinnlosigkeiten -
eine nicht endenwollende Gegenwart, ohne Sinn und Zweck, ohne Seinsfülle, ohne Entfal-
tungsmöglichkeiten."[129]

Bedingungen wie die oben beschriebenen hinterließen ihre Spuren in der
Gesundheit der Verfolgten. Organische und psychische Leiden stellten sich ein.
Matussek weist 1961 darauf hin, daß sich unter den von ihm bisher untersuchten Fällen niemand befände, "der die KZ-Zeit ohne Dauerstörung überwunden"
habe.[130] Der New Yorker Psychoanalytiker Kurt R. Eissler kommt zwei Jahre
später zu einem ähnlichen Ergebnis: "Wenn ich behaupte," so Eissler, "daß die
Konzentrationslager-Traumen die denkbar größten waren und das Maximum
der menschlichen Durchschnitts-Belastungsfähigkeit überschritten, so nähere
ich mich dem Standpunkte, daß alle das Konzentrationslager Überlebenden die
Freiheit im Zustande einer Dauerschädigung wiedererlangten."[131] In ihrer 1964
vorgestellten Untersuchung, die auf einem Material von etwa 700 Begutachtun-
gen in Entschädigungsverfahren basiert,   erklärten von Baeyer, Häfner und
Kisker folgendes zur Psychologie der Verfolgungsschäden:

"Es war hier etwas Neues in Erscheinung getreten: chronische, äußerst hartnäckige, thera-
peutisch wenig beeinflußbare Beschwerden, Leistungsmängel, Veränderungen der sozialen
Persönlichkeit, die sich bei fehlendem oder gering ausgeprägtem Organbefund, hirnpatho-
logisch nicht erklärbar, in biographischer Kontinuität aus den furchtbaren, leiblich-seeli-
schen Schicksalen der Verfolgung entwickelt haben und nur in den wenigsten Fällen den
Eindruck einer tendenziösen, rentenneurotischen, übertreibenden, ganz oder halbwegs
gewollten Fehleinstellung hinterlassen."[132]

Die Krankheitsbilder der Verfolgten des Nazi-Regimes werden mit unterschiedlichen Bezeichnungen beschrieben. Auf den Bruch in der Biographie der
Opfer, oft mit dem Ausdruck "Knick in der Lebenslinie" bezeichnet, wurde
bereits in der *Einführung* (vgl. S. 10) hingewiesen. Strauss prägte 1957 den
Begriff der chronischen reaktiven Depression bzw. der Entwurzelungsdepres-
sion.[133] Die Entwurzelung, so Strauss, bestehe in der Gegenwart der ehemaligen Verfolgten genauso fort wie am Tag der Befreiung. Ebenfalls sei sie der
ursächliche Faktor, der die lange Dauer dieser Depression bedinge.[134] Das

[129] Ebd.
[130] Matussek, Paul: Die Konzentrationslagerhaft als Belastungssituation. In: Der Nervenarzt
32 (1961) S. 538-542, hier S. 539.
[131] Eissler, Kurt R.: Die Ermordung von wievielen seiner Kinder muß ein Mensch symptomfrei ertragen können, um eine normale Konstitution zu haben? In: Psyche 17 (1963), S.
241-291, hier S. 274.
[132] von Baeyer/Häfner/Kisker 1964, S. III.
[133] Strauss 1957, S. 347.
[134] Ebd.

Leiden der Entwurzelung beobachtet der in Israel lebende H. Bensheim in erster Linie bei jenen Verfolgten, die gleichsam über Nacht aus selbstbewußten Bürgern zu Entrechteten, Verfolgten, Verspotteten und Ausgestoßenen wurden, bei jenen, die den Verlust ihres gesamten Lebensinhaltes zu beklagen hatten:

"Ihr ganzes Leben, dessen Inhalt durch Tradition, Erziehung ihnen ein Lebensideal gegeben hatte, daß auf Liberalität, dem Leben in einem Rechtsstaat, Toleranz, Menschenwürde beruhte, wurde ihnen im K.Z. in sadistischer Weise ausgeprügelt. Nichts ist ihnen geblieben, ihre Berufe können sie nicht weiter ausüben, ihr Besitz ist ihnen genommen, ihre Freunde sind verschwunden, sie sind vogelfrei, dem Spott, der Mißachtung ausgesetzt und stehen fassungslos dem Geschehen gegenüber, durch die Qualen des K.Z. restlos zermürbt, zerschlagen."[135]

Doch nicht der oft schwere Weg zur Neueinwurzelung, so Bensheim weiter, habe diese Menschen neurotisiert, sondern das Gefühl restloser Leere: "Jedes Lebensideal, Lebensziel, Lebensfreude ist ihnen verloren gegangen, sie können das Geschehene einfach nicht erfassen, sich, da sie noch dazu keine ganz jungen Menschen sind, kein neues Weltbild mehr aufbauen."[136] Sie sind niedergeschlagen über ihre Verluste, sie vermissen die ermordeten Angehörigen, suchen den Kontakt zu Menschen in der gleichen Situation, haben Schwierigkeiten mit der neuzuerlernenden Sprache und den fremden Gewohnheiten in der neuen Heimat, nichts kann ihnen Freude bereiten, sie sind chronisch deprimiert. Ihnen fehlt es an Initiative, etwas zu unternehmen, sie schlafen schlecht, träumen von ihren ermordeten Angehörigen und vom KZ. Und sie klagen über eine Reihe von psychosomatischen Beschwerden.[137] Bei der Untersuchung erlebt Strauss diese Menschen willig und freundlich. Doch sie lächeln selten, haben Tränen in den Augen, wenn sie über ihren verstorbenen Ehepartner oder verstorbene Familienmitglieder berichten, und sind bitter, wenn sie über ihre Verfolger reden.[138] Es scheint, sie leben ohne eine Perspektive. "Viele erklären," so Strauss, "ihr Leben sei ruiniert, ganz gleich ob sie eine Entschädigung bekommen oder nicht. Aus ihrem Leben könne nichts Gutes mehr werden. Es wäre am besten, sie wären tot."[139]

Nicht allein der Knick in der Lebenslinie kennzeichnet die Gegenwart der Überlebenden. Hinzu kommen Depressionen und Angst. Niederland skizziert ihre psychische Situation wie folgt:

Es blieb nicht "bei der bloßen Angst. Sie schlug bei vielen, die die Verfolgung überlebten, charakteristische Wege ein: in die quälende Empfindung des ständigen Sich-fürchten-Müssens; in die begleitenden körperlichen Zustandstörungen (Herzklopfen, Atemnot, Händezittern, Schwäche); seelische Störungsbilder in der Form des ängstlichen Erregtseins, der inneren Spannung und nervösen Unruhe, der mit Angst- und Alpträumen einhergehen-

---

[135] Bensheim, H.: Die K.Z.-Neurose rassisch Verfolgter. Ein Beitrag zur Psychopathologie der Neurosen. In: Der Nervenarzt 31 (1960) S. 462-469, hier S. 468.
[136] Ebd., S. 468.
[137] Strauss 1957, S. 346f. An psychosomatischen Beschwerden nennt Strauss: Zittern, erhöhtes Schwitzen, Herzklopfen, schlechten Appetit, Magenschmerzen, unregelmäßige Verdauung (S. 347).
[138] Ebd., S. 347.
[139] Ebd. Wirkliche Suizidideen bestünden bei dieser Gruppe laut Strauss allerdings nicht.

den Schlafstörungen; und ausgesprochen phobischen Erscheinungen wie plötzliches Zusammenschrecken beim Hören der Türklingel oder beim Anblick von uniformierten Menschen auf der Straße, in denen die ehemals Verfolgten SS-Männer zu sehen glauben. Mißtrauen, Furcht und Argwohn beherrschten die gesamte Gefühls- und Gedankenwelt der so Geschädigten. Das Verbrechen am Seelenleben dieser Menschen hält an."[140]

Zur Beschreibung der Krankheitsbilder bei den Verfolgten des Nazi-Regimes wurde eine Reihe verschiedener Begriffe in die medizinische und psychiatrische Wissenschaft eingeführt. Um die aus der Vielzahl der Bezeichnungen resultierenden Schwierigkeiten zu lösen, benutzten amerikanische Autoren wie Niederland und Henry Krystal den Begriff "Überlebenden-Syndrom" (survivor syndrome).[141] Einige Hauptmerkmale sollen im folgenden kurz vorgestellt werden. An erster Stelle müssen dabei plötzlich auftretende schwere Erregungs- und Angstzustände genannt werden. Diese, das Personenganze erfassenden Zustände, können den Überlebenden in eine psychisch unkontrollierbare Verfassung stürzen.[142] In der psychiatrischen Literatur wird immer wieder das Phänomen der Angst bei den Opfern nationalsozialistischer Gewalt beschrieben.[143] Niederland spricht gar von der Agonie der Angst.[144] Die Detailbilder, so erklärt Bensheim (der selbst den Begriff KZ-Neurose verwendet), mögen voneinander abweichen, "aber der Grundton all dieser Menschen ist eine unauslöschbare Angst, wobei diese Angst eine Ambivalenz zwischen Todeserwartung und Lebenstrieb darstellt"[145]. Über jene Überlebenden, die als relativ junge Menschen jahrelang in verschiedenen Konzentrationslagern inhaftiert waren, schreibt Bensheim:

"Sie waren meist junge Frauen und Männer, die zukunftsfreudig ihrem kommenden Leben entgegensahen, die nun durch die Verfolgung in einen Zustand seelischer Not, Furcht, Angst, Stumpfheit gerieten. Täglich den Tod vor Augen, haben sie die besten Jahre ihres Lebens verbracht, nun nach endgültiger Befreiung erweist es sich, daß sie der Angst erlegen sind. Ihre Gesamtpersönlichkeit ist von dieser Angst durchdrungen, um mit einem Patienten zu sprechen: 'Ich habe keine Angst, ich bin die Angst.'"[146]

Ein weiteres Hauptmerkmal des "Überlebenden-Syndroms" ist nach Niederland "ein meist unartikuliertes Gefühl des 'Anders-als-die-anderen-Seins', nämlich anders zu sein, als die, die nicht durch die Hölle von KZ, Ghetto und Arbeits-

---

[140] Niederland 1980, S. 229f.
[141] Ebd., S. 231. Dazu auch: Pross 1988, S. 161. Kritisch zu dem Begriff "Überlebenden-Syndrom" äußert sich hingegen Matussek 1971, S. 57: "Das Vorhandensein verschiedener Krankheitsdimensionen deutet darauf hin, daß es keine einheitliche Krankheitsreaktion auf die KZ-Zeit gibt. Vor allen Dingen sind diagnostische Ausdrücke wie 'KZ-Syndrom', 'KZ-Neurose' u.ä. irreführend."
[142] Niederland 1980, S. 231.
[143] Siehe auch: de Wind 1968, S. 435, 438. Erschreckende Fallbeispiele finden sich in Marchs Sammlung von psychiatrischen und internistischen Entschädigungsgutachten, siehe March (Hg.) 1960. Beispielhaft sei auf drei darin enthaltene Beiträge von A. Jores verwiesen: In dauernder Angst. Hypertonie, Angina pectoris und vorzeitiger Tod nach apoplektischen Insult (S. 41-45); Elf Jahre in Einzelhaft. Schwere Hypertonie, Herzinsuffizienz und vorzeitiger Tod (S. 46-48); 'Der Voodoo-Tod'. Angst als Todesursache (S. 49-51).
[144] Niederland 1966, S. 468.
[145] Bensheim 1960, S. 463.
[146] Ebd., S. 469.

lager oder ein oft jahrelanges Leben in Verstecken [...] gegangen sind".[147] Eissler betont, daß Überlebende der Konzentrationslager sich seelisch gebrandmarkt fühlen und dort einsam sind, wo sie nicht mit Leidensgenossen zusammentreffen.[148] Und er fügt hinzu, daß das Opfer möglicherweise recht habe: "Etwas hat sich in ihm verändert, das nicht seinesgleichen hat, und die Menschheit teilt sich für ihn in zwei Gruppen: ehemalige KZler, und andere, die nicht wissen, was das Leben mit sich bringen kann und daher wirklich ist."[149] Hiermit zusammenhängen mag das Symptom eines tief verwurzelten Mißtrauens gegenüber den Mitmenschen, gegenüber jenen, die nicht verfolgt oder im KZ gewesen waren.[150] An dieser Stelle sei an Ruth Elias' Ausführungen im ersten Teil dieses Kapitels erinnert (vgl. S. 26). Eissler erklärt das Phänomen des Mißtrauens auf folgende Weise: "Der Zustand chronischer Hoffnungslosigkeit wurde nicht durch eine Naturkatastrophe oder eine bedrohliche Krankheit verursacht, sondern war eine Folge absichtlicher, menschlicher Akte, und dieser Umstand muß zu einer umfassenden Vertrauenskrise der menschlichen Welt und der Zukunft gegenüber führen."[151] Diese Krise gipfelt gewissermaßen in der Frage: "'Kann ich je wieder mit Vertrauen in die Zukunft blicken, kann ich jemals wieder sicher sein, daß die Umwelt mit mir und nicht gegen mich sein wird?'"[152]

Von zentraler Bedeutung ist auch das Phänomen einer tiefen Überlebensschuld, welche um die Frage kreist, warum man selbst überlebt hat, während der Ehepartner, die Eltern, die eigenen Kinder oder andere nahe Angehörige und Freunde ermordet wurden. Niederland stellt fest,

> "daß die Gedanken- und Gefühlswelt zahlreicher Verfolgter seit der Befreiung schuldbesetzt geblieben ist, da die Tatsache des Überlebens bei gleichzeitig totalem oder nahezu totalem Familienverlust vielfach genügt, den Schatten unauslöschlicher persönlicher Schuld auf alle weitere Existenz des Überlebenden zu werfen - worin vielleicht die bitterste Ironie des Verfolgtenschicksals und dessen ganze Tragik enthalten ist, daß nämlich nicht die Täter, sondern die O p f e r der unmenschlichen Verbrechen sich fortan schuldig und gebrandmarkt fühlen."[153]

Niederland erkennt in der Überlebensschuld einen fortwirkenden erlebnisdynamischen Faktor, welcher einem erheblichen Teil der späteren Symptomatik zugrundeliegt, Krankheitsbildern, die mit ängstlich-depressive Gemütsänderung, "depressive Adynamie" (Ulrich Venzlaff), "chronisch-reaktive Depression" (Kurt Kolle), "Überlebenden-Syndrom" (Niederland) usw. beschrieben werden:

> "In klinischer Sicht wirkt sich der psychodynamische Faktor der Überlebensschuld gemäß den aus seinen zwei Hauptgruppen erwachsenden Symptomgruppen aus: Die *depressive*

---

[147] Niederland 1980, S. 231f. Siehe auch Kapitel *Herr T.*, S. 281.
[148] Eissler 1963, S. 267.
[149] Ebd.
[150] Matussek 1961, S. 541.
[151] Eissler, Kurt R.: Weitere Bemerkungen zum Problem der KZ-Psychologie. In: Psyche 22 (1968) S. 452-463, hier S. 461.
[152] Ebd.
[153] Niederland 1966, S. 468; siehe auch ders. 1980, S. 232.

Komponente manifestiert sich in den bekannten Erscheinungen des permanent Unfrohen, des apathisch Lustlosen, des Sich-an-nichts-freuen-Könnens, in der Abkehr von der Umwelt, im Haftenbleiben im chronischen 'Trauern' (Trautmann), in den quälenden Phantasien über die verlorenen Angehörigen und Güter, in den masochistisch getönten Selbstanklagen u. dgl.; die *persekutorische* Komponente äußert sich vorwiegend in der chronischen Ängstlichkeit, Furcht vor erneuter Verfolgung, in der massiven Angstsymptomatik, oft mit multiplen Phobien und somatischen Manifestationen einhergehend, im chronischen Mißtrauen, Gefühlen ständiger Sorge, Bedrohung und Unsicherheit, die sich bis in das ausgesprochen Paranoide steigern können usw."[154]

Für Eissler steht fest, daß das Schuldgefühl des Überlebens ein ebenso starker Faktor in der Verursachung der Neurose war wie die Angst.[155] Ein Vater, so Eissler, der selbst das Konzentrationslager überlebt habe, aber dessen Kinder ermordet wurden, wird nie wieder so schlafen, wie er es zu ihren Lebzeiten tat. Der Vater weiß, "sie sind tot, aber seiner Phantasie ist bezüglich der Umstände, unter denen sie ums Leben kamen, keine Schranke gesetzt. Es ist nicht nur das quälende Schuldgefühl des Menschen, sondern auch die Scham, die Erniedrigung ertragen zu haben."[156] Inwieweit die weitere Existenz der Überlebenden schuldbesetzt ist[157], zeigt auch ein weiteres Beispiel Eisslers:

"Ich kannte eine Frau, die sich in einem Konzentrationslager an ein anderes Mädchen anschloß. Die unzertrennliche Freundschaft erleichterte ihnen das Ertragen der Qualen. Alles, was sie hatten, wurde geteilt. Als sie einmal wegen Mehrarbeit ein Stück Brot als Vergünstigung erhielt, konnte sie, von Hunger gepeinigt, der Versuchung nicht widerstehen und verzehrte das Brot allein. Sie litt noch nach fünfzehn Jahren an einem Schuldgefühl und Selbstvorwürfen. Das Ethos eines Menschen mußte unter diesen Bedingungen zerfallen, und der Peiniger wurde der moralisch Überlegene."[158]

Niederland betont, daß sich die Überlebenden - um ein weiteres Merkmal des Überlebenden-Syndroms zu beschreiben - in einem Zustand des seelischen Überwältigt- und Verringertseins befänden, welcher nur schwer mit Worten zu beschreiben sei. Er äußere sich aber "in persönlichem Unbehagen, Depressionszuständen, apathischer Zurückgezogenheit, Kontaktmangel, Unfähigkeit zum Frohsinn und Genuß"[159]. In besonders schweren Fällen könne sich der Zustand des Überwältigtseins dem der Starre nähern, der ehemals Verfolgte erscheine dann geistig abgestumpft und gelähmt.[160] Auf das Phänomen der Begegnung mit dem Tod, wie es in der Literatur oft bezeichnet wird, wurde bereits eingegangen. Auch hierzu noch einmal Niederland, der in diesem Zusammenhang von einer besonderen psychischen Tiefenspur spricht: "Diese Spur wird nur dem erfahrenen Beobachter durch das schattenhafte, 'nicht-existente', halb gedrückte Verhalten des betreffenden Menschen, durch dessen

---

[154] Niederland 1966, S. 469f.
[155] Eissler 1963, S. 266.
[156] Ebd.
[157] Zur Beharrlichkeit des Schuldgefühls: Wangh, Martin: Diskussionsbemerkung zu E. de Wind: Begegnung mit dem Tod. In: Psyche 22 (1968) S. 447-451, hier S. 450.
[158] Eissler 1963, S. 265f.
[159] Niederland 1980, S. 232.
[160] Ebd.

geisterhafte Blässe (Todesprägung) und durch weitere Merkmale eines chronifi-
zierten *Todesengramms* sichtbar."[161] Neben den bislang beschriebenen Merkmalen des Überlebens-Syndrom gibt es auch ein allgemeines Beschwerdebild,
das Niederland wie folgt auflistet[162]:

- Auftreten von Ermüdung und leichter Erschöpfbarkeit;
- Konzentrationsstörungen und Leistungsmängel;
- nervöse Reizbarkeit und Ruhelosigkeit;
- Verstimmtheit mit Neigung zu Erregung und Jähzornsausbrüchen;
- emotionale Unausgeglichenheit und Labilität;
- Verlust persönlicher Initiative, Energie und Antriebskraft;
- Gemütsschwankungen und Affektstörungen;
- Schwindelgefühle;
- Kopf-, Rücken- und Magenschmerzen;
- Schlafstörungen und plötzliches Erwachen aus einem Angst- oder Alptraum;
- allgemeine Schwäche mit Ausfällen im Aufmerksamkeits- und Denk-
  vermögen;
- Unfähigkeit zur Anpassung an alltägliche Belastungssituationen.

Im Jahre 1947 schrieb der niederländische Analytiker Tas:

> "Ich kenne Leute, die aus Konzentrationslagern zurückgekommen sind, wo sie die schreck-
> lichsten Erfahrungen hatten, die aber kein Wort darüber sprechen wollten oder konnten,
> und die jetzt in ein normales Leben mit ihrer Familie und ihrer Arbeit zurückgekehrt sind.
> Und doch kann man in diesen Fällen nicht von geistiger Gesundheit sprechen. Zweifellos
> sind große Quantitäten von Affekten und Aggressivität unterdrückt, aber sicher nicht assi-
> miliert worden. Mit großer Wahrscheinlichkeit wird dies im Laufe der Zeit zu schweren
> psychischen Störungen führen."[163]

Tas' bereits zwei Jahre nach dem Ende des Krieges geäußerten Vermutungen
über eine latente Periode, in der das Überlebenden-Syndrom verborgen blieb,
ehe es ausbrach, wurden später von anderen Wissenschaftlern bestätigt. "Viele
Häftlinge, die jahrelang auf äußerlich angepaßte Weise existierten," berichtet
de Wind 1968, "hatten in Wirklichkeit ein regressives Verhältnis zur äußeren
Welt und hegten in sozialer, politischer und anderer Hinsicht Illusionen, die nie
befriedigt werden konnten. Ein Zusammenbruch war nicht zu vermeiden."[164]
Niederland bezeichnet die Latenzperiode, die Zeitspanne zwischen der Befreiung aus dem Konzentrationslager und dem Auftreten der manifesten psychiatrischen Pathologie, als "symptomfreies Intervall".[165] Er schreibt:

> "Solange die Überlebenden in den Jahren unmittelbar nach der Befreiung noch ihren
> magisch gefärbten Glauben an ein wunderbares Wiederauftauchen ihrer Familienmitglieder
> aufrechterhalten konnten, bleiben viele von ihnen relativ frei von Krankheitssymptomen und
> Tendenzen der Selbstbestrafung. Als sie aber schließlich einsehen mußten, daß keine Hoff-
> nung mehr auf die Rückkehr der verlorenen Liebesobjekte bestand und daß sie die einzigen

---

[161] Ebd.
[162] Ebd., S. 233.
[163] Zitiert nach de Wind 1968, S. 436.
[164] de Wind 1968, S. 436.
[165] Niederland, William G.: Diskussionsbeitrag zu E. de Wind: Begegnung mit dem Tod. In: Psyche 22 (1968) S. 442-446, hier S. 445.

oder fast einzigen Überlebenden ihrer Familien waren, brachen sie zusammen und entwickelten die klinischen Bilder des 'Überlebens-Syndroms'."[166]

Damit wird auch zu einem Teil verständlich, warum sich in den frühen Häft-
lingsberichten nur selten Angaben zu den psychischen Folgen von Haft und
Verfolgung finden (vgl. in diesem Kapitel S. 28f.). In den Untersuchungen der
Psychiater und Nervenärzte oder anderer Fachärzte finden sich auch Angaben
zur Art und Weise, wie die Überlebenden von Verfolgung und KZ-Haft über
ihre Erfahrungen in der Zeit des Nationalsozialismus und über ihre seelischen
Probleme sprechen. Der Heidelberger Internist Wolfgang Jacob sieht einen
Zusammenhang zwischen dem Unvorstellbaren des Traumas und der Verbali-
sierung des Erlebten. Das Unverstehbare dieses Unvorstellbaren, so Jacob,
zeige sich "in einer gleichsam unartikulierten Sprache, die nicht recht zu Ohren
dringt und auch nicht in dem Maß sich zu äußern fähig ist, als ihr im Sinne
eines Zeugnisses, man möchte sagen, eines in Hinsicht auf die Erkennung
gesellschaftlichen Übels unschätzbaren Zeugnisses, Gehör geboten werden
sollte"[167]. Eissler teilt aus seiner Praxis die Beobachtung mit, daß sich ehemalige Verfolgte nur langsam öffnen und sich in ihrem Erzählverhalten von
vielen Soldaten unterscheiden:

> "Mir ist aber bei allen Patienten, die mir zur Begutachtung geschickt wurden, besonders bei
> Männern, aufgefallen, daß sie ihre Berichte über die Erlebnisse im Konzentrationslager auf
> ein Minimum einzuschränken versuchen. Es dauert gewöhnlich sehr lange, bis sie selbst
> dieses Minimum preisgeben, und es wird nur zu klar, daß sie lieber über ihre Symptome als
> über deren Ursachen sprechen. Dies war ganz anders in der Armee, wo ich dem Bericht
> unzähliger Soldaten über den Effekt von Belastungen, die ihrer Ansicht nach ihre Resistenz
> überschritten, zuhören mußte. Die Erlebnisse, die zu den nervösen Störungen führten,
> wurden im Detail erzählt, und die Neigung zur Übertreibung war offenbar. Das Konzentra-
> tionslager-Opfer verhält sich diametral entgegengesetzt. Selbst die Bereitwilligkeit, über
> das gegenwärtige Leiden zu sprechen, ist eingeschränkt, und das persönliche Erlebnis im
> Konzentrationslager wird fast wie ein Geheimnis gehütet."[168]

An anderer Stelle ergänzt Eissler, daß sich die meisten KZ-Überlebenden beim
Erzählen auf allgemeine Feststellungen wie 'es war schrecklich' oder ähnlich
klingende Formulierungen beschränkten.[169] "Ungern und selten", schreibt
Jacob, "äußert sich ein Mensch anklagend über die durchlebte Realität etwa
wie folgt: 'Wissen Sie, was es bedeutet, in einem Ghetto zu sein? - Nein, das
können Sie gar nicht wissen. [...] - Wissen Sie, wie das ist, wenn ein Mensch
ein Kind bei den Beinen nimmt und es mitten durchreißt? [...] - Das können
Sie nicht wissen.'"[170] Erst nach langer Zeit und mit der Hilfe psychiatrischer
Einvernahme, erklärt Eissler, sei es möglich, die ehemaligen Häftlinge zum
Erzählen von Einzelheiten zu bewegen: "Der KZ-Überlebende hat nichts zu
berichten, mit dem er prahlen könnte, und die Tatsache, die Hölle überlebt zu

---

[166] Ebd., S. 445f.
[167] Jacob, Wolfgang: Gesellschaftliche Voraussetzungen zur Überwindung der KZ-Schäden.
In: Der Nervenarzt 32 (1961) S. 542-545, hier S. 543.
[168] Eissler 1963, S. 266f.
[169] Eissler 1968, S. 459.
[170] Jacob 1961, S. 543.

haben, gibt ihm auch dafür keine Gelegenheit, denn die Existenz, die er für jene eingetauscht hat, ist wieder eine freudlose, die nichts Rühmenswertes enthält."[171] Niederland widerspricht auch mit Nachdruck der oft geäußerten Vermutung, daß die subjektiven Angaben der Überlebenden fragwürdig seien und nicht der Wahrheit entsprächen: "Bei meinen Untersuchungen habe ich immer wieder beobachtet," so der amerikanische Psychiater, "daß Überlebende bei ihren Schilderungen nicht übertreiben, sondern viel eher untertreiben."[172] Die Tendenz zum Untertreiben erklärt Niederland mit der Angst der Verfolgungsopfer, "daß sie bei der Exploration ihrer Erlebnisse die Selbstkontrolle verlieren und seelisch unter der Wucht der aufkommenden Erinnerungen an den Terror zusammenbrechen könneten"[173], was, wie er hinzufügt, bei seinen Untersuchungen wiederholt vorgekommen sei.

Im folgenden möchte ich kurz das Augenmerk noch auf zwei besondere Gruppen lenken: zum einen auf jene Menschen, die in der Illegalität überlebt haben, und zum anderen auf jenen Kreis von Personen, dem es gelungen ist, Nazi-Deutschland zu verlassen, und der anschließend Aufnahme in einem anderen Land gefunden hat. "Gemäß weitverbreiteter Auffassung", erklärt Niederland, "waren sie die 'Glücklichen', die noch rechtzeitig der politischen und rassischen Verfolgung entkamen. Aber 'Glück' habe ich unter den Hunderten der von mir in Amerika Untersuchten niemals gefunden."[174] Und Niederland fügt hinzu, daß die Emigranten unter großem Energieaufwand versuchten, jegliche Erinnerung an die Verfolgung aus ihrem Gedächtnis zu streichen - zumeist vergeblich.[175] In der Mehrzahl der Fälle war der Emigration ein mehr oder weniger lang erduldetes Ächtungserlebnis in Deutschland vorausgegangen. Zudem gelang es selten der gesamten Familie zu emigrieren. Angehörige mußten zurückbleiben, auf den größten Teil des Besitzes mußte verzichtet werden. Und die Eingliederung in ein fremdes Land erwies sich als schwieriger Prozeß:

"Das Fußfassen in der Emigration brachte nun neue und oft nicht minder pathogene Belastungen: Einen z.T. erheblichen sozialen Abstieg, die Schwierigkeit, sich in einer sprach- und wesensfremden Umgebung zu verwurzeln, Konkurrenzneid und Animosität der Einheimischen, oft jahrelanges tatenloses Dahinvegetieren von Almosen oder in Auffanglagern, Heimweh- und Trennungsreaktionen, unzuträgliche klimatische Verhältnisse. Nicht wenige mußten auch erfahren, daß in manchen Aufnahmeländern Antisemitismus und Naziideologie verbreiteter waren, als man es heute wahrhaben möchte. Jüngeres Lebensalter, Intelligenz, praktische Vielseitigkeit, Tatkraft, mitunter auch Anspruchslosigkeit und geringe seelische Differenziertheit förderten Anpassung und Verwurzelung. Für viele andere wurde das Nichtverwindenkönnen des Vergangenen, das Nicht-heimisch-werden-

---

[171] Eissler 1968, S. 459.
[172] Niederland 1980, S. 230.
[173] Ebd.
[174] Ebd., S. 12.
[175] Ebd.

können und damit das zunehmende Heimweh, sowie der Beziehungslosigkeit in einer fremden Umwelt zur Ursache vielfältiger und sehr bunter psychoreaktiver Störungsbilder."[176]

Venzlaff betont aber auch, daß zumindest bei jenen Emigranten, die nicht in
westeuropäische Länder geflüchtet sind, welche ab 1940 von den Deutschen
besetzt wurden, die Chancen für eine Readaption und Anpassung im Laufe der
Zeit größer waren als bei den in Deutschland Gebliebenen.[177] "Feine Brüche
der Persönlichkeit," so der Göttinger Nervenarzt, "ein Wandel der Lebens-
grundeinstellung in Richtung einer depressiven Resignation, eine einsiedleri-
sche Abkapselung sind jedoch nicht selten zurückgeblieben, insbesondere bei
den Älteren, schon endgültig Geprägten, Inaktiven und Asthenischen, ferner
dort, wo kein Kontakt zu Leidensgefährten möglich war, oder die Lebensbedingungen besonders hart und der Erfolg gering waren."[178]

Ein Leben in der Illegalität, also in einem Versteck, war in Deutschland und
in den besetzten Ländern Osteuropas kaum möglich.[179] Anders lagen die
Möglichkeiten in den nord- und westeuropäischen Ländern, wo die Bevölke-
rung nicht in gleicher Weise selbst dem Verfolgungsdruck ausgesetzt war.[180]
Hier gelang es vielen Juden, dank der Unterstützung von couragierten
Menschen, illegal mit gefälschten Papieren sich wenigstens für eine Zeit der
Verfolgung zu entziehen oder gar das Ende des Krieges zu erreichen. Ein
Leben in der Illegalität bedeutete die Flucht von einem Ort zum anderen, eine
ständige Suche nach einem neuen und möglichst sichereren Versteck. Hierzu
schreiben von Baeyer, Häfner und Kisker:

"Was sich hier im Verborgenen abspielte, muß zu den schwersten seelischen Belastungen
gerechnet werden, die überhaupt denkbar sind: Ausgeliefert an die Gnade und Ungnade der
Versteck gewährenden Familien, in ständiger Spannung und Furcht vor dem Entdeckt-
werden, auf engstem Raum zusammengedrängt in Kammern, Verschlägen, Tierställen,
Kellern, Dachböden, ja in Erdlöchern und Strohmieten und dergl., höchstens bei Nacht in
der Lage, das Versteck zu verlassen, in Untätigkeit und Passivität dahinvegetierend,
oftmals auch von Konflikten untereinander und im Verhältnis zu den ihrerseits das
Schlimmste befürchtenden 'Wirten' zermürbt, dann auch wieder zu abenteuerlichen Fluch-
ten und häufigem Aufenthaltswechsel genötigt - so haben diese Untergetauchten, die ja
zumeist keinen organisierten 'Untergrund' bildeten, zwar manchmal ihr Leben gerettet,
aber jeder für sich und in seiner Weise ein Martyrium kaum leichter als in den KL überstanden."[181]

In ähnlicher Weise äußert sich auch Venzlaff, der in der permanenten Angst,
dem ständigen Gefühl des Gehetztseins oder dem tatenlosen Ausgeliefertsein im
Versteck den wesentlichen erlebnisdynamischen Faktor der Illegalität sieht.[182]

[176] Venzlaff, Ulrich: Erlebnishintergrund und Dynamik seelischer Verfolgungsschäden. In:
Paul, H./Herberg, H.J. (Hg.): Psychische Spätschäden nach politischer Verfolgung.
Basel/New York 1963, S. 95-109, hier S. 100 (= Bibliotheca "Vita Humana", 2).
[177] Ebd.
[178] Ebd., S. 100f.
[179] Ein (Über-)Leben in Illegalität, wie es beispielsweise Inge Deutschkron (1986) beschreibt,
muß als Ausnahme betrachtet werden.
[180] Venzlaff 1963, S. 101.
[181] von Baeyer/Häfner/Kisker 1964, S. 19.
[182] Venzlaff 1963, S. 101.

"Der ständige Zwang," so Venzlaff, "sich zu beherrschen, auf der Hut zu sein, die zwanghafte Furcht, irgendetwas falsch zu machen und sich zu gefährden, das Fehlen jeden Ventils, die Spannungen abzureagieren, stellten eine überdurchschnittliche Dauerfrustration mit nachhaltigen Auswirkungen auf Psyche und Vegetativum dar."[183] Zwar ließen die Härte der Lebensbedingungen und die ständige Gefahr keine eigentlichen neurotischen Störungen aufkommen, doch, so Venzlaff weiter, "psychische Veränderungen in Richtung einer verzweifelten Ängstlichkeit bis zu paranoisch-phobischer Einstellung, Sensibilisierung auch gegenüber geringen Widrigkeiten oder aber stumpfe Apathie waren fast die Regel"[184]. Zum Ende der Darstellung der Problematik von Illegalitätserlebnissen sei ein von Niederland untersuchter Fall beispielhaft geschildert. Einer polnischen jüdischen Familie - Vater, Mutter und Sohn - ist es gelungen, versteckt im Keller eines Bauern zu überleben. Oft näherten sich SS-Patrouilen mit Hunden dem Haus, die nach untergetauchten Juden fahndeten:

> "Wann immer die Eltern Hunde in der Nähe bellen hörten, warf sich die Mutter mit voller Wucht auf den Körper des Kindes und umklammerte dessen Hals, wobei der Vater gleichzeitig den Mund des schreienden Kindes zudrückte, damit kein Laut nach außen drang. Da der minderjährige unterernährte Junge im Kellerversteck, in dem er sich kaum bewegen konnte, stets an Hunger litt, schrie er oft auf und machte Lärm. Daher mußten die Eltern den lebensrettenden Unterdrückungsvorgang tagsüber und auch nachts häufig wiederholen - zweieinhalb Jahre hindurch."[185]

Nach der Befreiung emigrierte die Familie nach Amerika. Der Junge ist mittlerweile erwachsen und leidet unter den Folgen seiner Erfahrungen:

> "Viele Jahre hindurch war er völlig arbeitsunfähig, da er nirgends stillhalten oder auch nur ruhig dasitzen konnte. Er fühlte sich verfolgt. Zumeist lief er ziel- und rastlos durch die Straßen New Yorks, tagelang von einem Stadtviertel zum anderen eilend und gelegentlich auch eine lärmende Gaststätte betretend, wo er dann bald selber Lärm zu machen begann. Ich behandelte ihn über viele Jahre mit sehr geringem Erfolg. Warum das unablässige Herumlaufen durch alle die Straßen, fragte ich ihn. *Um mir Luft und Bewegung zu verschaffen,* war die prompte und im Sinne seiner Verfolgungsgeschichte zutreffende Antwort."[186]

Abschließend sei ein letztes Merkmal des Überlebenden-Syndroms beschrieben. Psychiater und Nervenärzte mußten feststellen, daß auch die nach der Befreiung geborenen Kinder von Überlebenden in die seelischen Probleme ihrer Eltern miteinbezogen werden.[187] Viele weisen Symptome auf, die teilweise

---

[183] Ebd. Hinzu kommt in dieser Situation eine Reihe gravierender somatischer Faktoren. Auch hierzu Venzlaff, ebd.: "Schlafentzug, Hunger, Resistenzminderung gegenüber Krankheiten, schwere Strapazen, bei Frauen oft Amenorrhoen mit daraus resultierender Veränderung im endokrin-vegetativen Gleichgewicht."

[184] Ebd., S. 102.

[185] Niederland 1980, S. 13.

[186] Ebd., S. 13f.

[187] Zum Thema 'Zweite Generation': Enzyklopädie des Holocaust. Die Verfolgung und Ermordung der europäischen Juden. Hauptherausgeber Israel Gutman. Herausgeber der deutschen Ausgabe: Eberhard Jäckel/Peter Longerich/Julius H. Schoeps. Bd. III. S. 1453-1455 (Stichwort: Überlebende, zweite Generation); Epstein, Helen: Die Kinder des Holocaust. Gespräche mit Söhnen und Töchtern von Überlebenden. München 1990; Leiser,

denen der psychisch gestörten Eltern ähneln, teilweise auch ihnen entge-
gengesetzt sind, erklärt Niederland: "Manche dieser Kinder spüren, daß sie
eine 'Mission' zu erfüllen haben oder daß sie in einer bedrohlichen Welt leben,
der einst die Eltern zum Opfer fielen."[188] Niederland sieht in dem Betroffen-
sein der sogenannten zweiten Generation "vielleicht die stärkste Tragik des
unermeßlich Bösen der Nazi-Zeit, daß sie nämlich im Grunde nicht vergangen
ist, sondern nun auch die junge Generation in Mitleidenschaft zieht"[189]. In
einer Untersuchung über Nachkommen jüdischer Verfolgungsopfer in der
Bundesrepublik Deutschland geht Kurt Grünberg noch einen Schritt weiter:

> "So zeigt sich denn bei allen Interviewten eine sehr ausgeprägte jüdische Identität, die
> häufig zur 'Identität der Verfolgten' wird. Eine solch starke Identifikation mit den Über-
> lebenden macht es schwer oder unmöglich, Delegationen von seiten der Eltern als solche zu
> erkennen. Die Folge sind Angstzustände und teils paranoide Verfolgungsphantasien, die
> ihrerseits eine differenzierte Wahrnehmung der realen Geschehnisse erschweren oder
> unmöglich machen. Immer wieder stellt sich die bohrende Frage, wie sie mit diesen
> Problemen gerade in *Deutschland* leben können. So wird in der Zerrissenheit zwischen
> deutscher und jüdischer und der 'Identität der Verfolgten' die *eigene* Identität gesucht.
> Deutsche 'Normalität' unterstützt diese Suche gewiß nicht. Vielmehr läßt sie die Folgen
> nationalsozialistischer Verfolgung in der dritten Generation erwarten."[190]

Halten wir also fest, daß es sich bei dem klinischen Bild, das hier als Überlebenden-Syndrom bezeichnet wurde, um ein 'vielfach irreversibles Trauma
von beispielloser Härte und Dauer'[191] handelt. Matussek schreibt, daß ehemalige Konzentrationslager-Häftlinge "in gewisser Hinsicht noch immer im KZ"
seien.[192]
Niederland prägte für das grausame Geschehen in den deutschen Konzentrationslagern den Ausdruck 'Seelenmord', den er unter anderem den Schriften
Anselm Feuerbachs über Kaspar Hauser und Ausgust Strindbergs *Själamord*
entlehnt hat.[193] "Die schauerlich-grotesken Formen, die der nationalsozialistische Terror annahm," so Niederland, hatten "ebenso schauerlich-groteske
Folgen für die Gesundheit der Verfolgten. An Millionen Menschen wurde, wie
wir heute wissen, tatsächlicher Mord verübt. An den meisten derjenigen, die
entkamen und überlebten, war es Seelenmord."[194]

Erwin: Leben nach dem Überleben. Dem Holocaust entronnen - Begegnungen und Schicksale. Königstein/Ts 1982, S. 147-159; Spuren der Verfolgung 1992; Burchardt, Natasha:
Transgenerational Transmission in the Families of Holocaust Survivors in England. In:
International Yearbook of Oral History and Life Stories. Volume II. Between Generations.
Family Models, Myths, and Memories. Oxford 1993, S. 121-137.
[188] Niederland 1980, S. 233.
[189] Ebd., S. 18.
[190] Grünberg, Kurt: Folgen nationalsozialistischer Verfolgung bei jüdischen Nachkommen
Überlebender in der Bundesrepublik Deutschland. In: Psyche 41 (1987) S. 492-507, hier
S. 505.
[191] Niederland 1968, S. 442.
[192] Matussek 1961, S. 542.
[193] Niederland 1980, S. 229.
[194] Ebd., S. 234.

Seit der Mitte der siebziger Jahre wird an dem Konzept des Überlebenden-Syndroms Kritik geäußert. Die Psychologin Ilka Quindeau faßt diese in vier Punkten zusammen: Der erste Kritikpunkt richtet sich gegen den Universalitätsanspruch dieses Konzepts und die damit verbundene Pathologisierung und Homogenisierung der Problematik der Überlebenden. Der zweite wendet sich gegen die Deutung einer Überlebensschuld als "gravierendste" psychische Folge der Verfolgung.[195] Der dritte Kritikpunkt bezieht sich auf die therapeutischen Implikationen und der vierte auf die "Annahme einer universellen Transmission der Traumatisierung an die nachfolgenden Generationen".[196] Schwer wiegt auch die Kritik, daß die Vertreter des Konzepts Überlebenden-Syndrom die Zeit nach der Befreiung in ihrer Bedeutung für die psychischen Probleme der Überlebenden vernachlässigen.[197]

An dieser Stelle möchte ich den Bereich der medizinisch-psychiatrischen Forschung verlassen, um Arbeiten aus einem anderen Wissenschaftssektor in den Mittelpunkt zu rücken. Seit der Mitte der siebziger Jahre kann eine zunehmende Favorisierung biographischer Methoden in verschiedenen Fachdisziplinen beobachtet werden. Arbeiten wie beispielsweise Wolfgang Emmerichs *Proletarische Lebensläufe*[198] künden von einem langsam erwachenden Interesse an lebensgeschichtlichen Themen. Beinahe parallel dazu geriet die Zeit des Nationalsozialismus verstärkt ins Blickfeld sozialwissenschaftlicher und historischer Forschung.[199] Ausgehend von einem alltagswissenschaftlichen Ansatz wurde den Erfahrungen der handelnden Subjekte nachgespürt.[200] Als Ausdruck dieser veränderten Perspektive gilt u.a. die Anfang der 80er Jahre einsetzende Oral-History-Bewegung in der Geschichtsforschung.[201] "Durch Interviewaus-

---

[195] Auch Michael Pollak setzt sich kritisch mit dem Begriff der Überlebensschuld auseinander, siehe dazu S. 72f. in diesem Kapitel.

[196] Quindeau, Ilka: Trauma und Geschichte. Interpretationen autobiographischer Erzählungen von Überlebenden des Holocaust. Frankfurt a.M. 1995, S. 64. An dieser Stelle sei ausdrücklich auf die oben genannte Arbeit verwiesen, die erst nach Fertigstellung meiner Dissertation vorlag und deshalb hier nicht mehr eingehend besprochen werden soll.

[197] Ebd., S. 66.

[198] Emmerich, Wolfgang (Hg.): Proletarische Lebensläufe. Autobiographische Dokumente zur Entstehung der Zweiten Kultur in Deutschland. Bd. 1 und 2. Hamburg 1974 und 1975.

[199] Für die Volkskunde kann hinzugefügt werden, daß die Beschäftigung mit dem Nationalsozialismus verbunden war (und ist) mit einer Auseinandersetzung mit der eigenen Fachgeschichte. Stellvertretend sei dabei auf folgende Arbeiten verwiesen: Assion 1981; Assion/Schwerin 1988; Bausinger 1965; Bausinger 1971 und 1979; Brednich 1985; Brückner 1986; Brückner 1988a; Brückner 1988b; Brückner/Beitl (Hg.) 1983; Gerndt (Hg.) 1987; Harvolk 1990; Jacobeit 1982; Jacobeit/Mohrmann 1982; Jeggle 1980; Jeggle 1988; Jeggle (Hg.) 1989; Lixfeld 1985/86; Lixfeld 1989; Lutz (Hg.) 1958; Lutz 1983; Nußbeck 1993; Scharfe 1984.

[200] Zur Geschichte der Alltagsforschung: Lipp, Carola: Alltagskulturforschung im Grenzbereich von Volkskunde, Soziologie und Geschichte. Aufstieg und Niedergang eines interdisziplinären Forschungskonzepts. In: Zeitschrift für Volkskunde 89 (1993) S. 1-33, hier S. 6-12. Lipps Feststellung, daß die Volkskunde mit der Alltagsforschung u.a. eine Historisierung erfahren habe (S. 12), kann ich allerdings nicht zustimmen. Zur Alltagsgeschichte siehe auch Lüdtke, Alf (Hg.): Alltagsgeschichte. Zur Rekonstruktion historischer Erfahrungen und Lebensweisen. Frankfurt a.M./New York 1989.

[201] Lipp 1993, S. 10.

sagen und in der kommunikativen Auseinandersetzung", schreibt Carola Lipp, "sollten die Erforschten selbst zum Produzenten ihrer eigenen Geschichte werden."[202] Neben den mündlichen Quellen kommt hierbei auch Tagebüchern, Briefen usw. eine wesentliche Rolle zu.[203] Alexander von Plato, der anstelle von Oral History lieber von "Erfahrungsgeschichte" oder "Erfahrungswissenschaft" sprechen möchte[204], lobt den Wert dieser Forschungstraditon, besonders im Bereich der Nationalsozialismus-Forschung, denn gerade hier habe sich gezeigt,

> "wie problematisch es ist, sich allein auf die Akten der Staatsgewalt zu stützen, da diese Quellenauswahl zu einer ganz bestimmten Perspektive führte: Sie überbetonte die Sicht 'von oben', die 'amtliche Sicht', brachte auf der anderen Seite alle jene in den Blick, die in Konflikt mit dem nationalsozialistischen Staat geraten waren. Dadurch wurde die Sicht 'von unten', die Sicht einer breiten 'schweigenden Mehrheit' und die Attraktion des Nationalsozialismus für größere Bevölkerungsschichten, die Wirkungsmechanismen des Systems, seine Konsenselemente und deren Mechanismen vernachlässigt".[205]

Im Jahre 1988 stellte dann Gabriele Rosenthal fest, daß in den letzten Jahren in verschiedenen Disziplinen - sie nennt die Pädagogik, Geschichtswissenschaft, Soziologie, Psychologie, Volkskunde und die Literaturwissenschaft - steigende Forschungsaktivitäten zu den Themenkreisen "Drittes Reich", "1945" und "Aufbauphase der BRD" beobachtet werden konnten.[206] "Im Unterschied zu den Untersuchungen der 50er und 60er Jahre", so Rosenthal, "steht dabei das Erlebte der Zeitgenossen im Vordergrund."[207] An dieser Verschiebung des Forschungsinteresses haben zwei Motivationslinien ihren Anteil: Zum einen die zunehmende Bereitschaft von Zeitzeugen, über eigene lebensgeschichtliche Erfahrungen öffentlich zu sprechen, und zum anderen die verstärkte Anwendung subjektorientierter Verfahren in verschiedenen Fachdisziplinen.[208] Es bleibt festzuhalten, daß nicht nur an den Universitäten zu den genannten Themenkreisen gearbeitet wird. Auch Personen und Institutionen, die außerhalb der Universität historisch arbeiten, haben hieran ihren Anteil. Zu ihnen sind die Geschichtswerkstätten zu rechnen - die ersten wurden bereits Ende der siebziger Jahre gegründet - und auch gewerkschaftliche Arbeitsgruppen der Bewegung "Geschichte von unten".[209] Eine ähnliche Motivation, wie sie in der

---

[202] Ebd.

[203] Vgl. Plato, Alexander von: Oral History als Erfahrungswissenschaft. Zum Stand der "mündlichen Geschichte" in Deutschland. In: BIOS 4 (1991) S. 97-119, hier S. 98.

[204] Ebd.

[205] Ebd., S. 100.

[206] In diesem Zusammenhang seien beispielsweise folgende Arbeiten genannt: Niethammer (Hg.) 1983a; Niethammer (Hg.) 1983b; Niethammer/von Plato (Hg.) 1985; Lehmann 1983; Lehmann 1986; Lehmann 1991; Bude 1987; Funke 1988; Schröder 1992.

[207] Rosenthal, Gabriele: Geschichte in der Lebensgeschichte. In: BIOS 1 (1988) S. 3-15, hier S. 3.

[208] Ebd.

[209] Plato, Alexander von: Aspects of Recent Oral History in Germany. In: International Yearbook of Oral History und Life Stories. Volume I. Memory and Totalitarianism. Oxford 1992, S. 192-196, hier S. 192f. Im Publikationsorgan der Geschichtswerkstätten, der Zeitschrift "Geschichtswerkstatt", schreiben auch Autoren und Autorinnen aus dem wissenschaftlich-universitären Bereich. In Heft Nr. 16 mit dem Thema *Gewalt - Kriegstod - Erin-*

Arbeit der Geschichtswerkstätten deutlich wird, zeigt sich auch in einer der frühen lebensgeschichtlichen Studien aus dem Jahre 1977.[210] Ihre Autoren untersuchen den antifaschistischen Widerstand gegen das NS-System in Ostfriesland; es geht ihnen um die "demokratischen Traditionen" des Landes, um die Opposition der 'kleinen Leute'. "Wir haben nicht mehr viel Zeit," so schreiben Onno Poppinga, Hans-Martin Barth und Hiltraut Roth, "den Widerstand in Ostfriesland 'der Nachwelt zu erhalten'. Vorarbeiten gibt es wenige und Archive hat dieser 'Widerstand des kleinen Mannes' nicht gefüllt."[211] Eine weitere Einrichtung, die auf diesem Gebiet arbeitet, ist der "Schülerwettbewerb Deutsche Geschichte". 1982 wurden seine Ergebnisse zum Thema "Alltag im Nationalsozialismus" veröffentlicht.[212] Auch KZ-Gedenkstätten nutzen die Möglichkeiten lebensgeschichtlicher Befragungen, um vorhandene Forschungslücken zu schließen. Seit 1991 führt die KZ-Gedenkstätte Neuengamme ein großangelegtes Oral-History-Projekt durch, in dessen Rahmen 75 ehemalige Häftlinge in 13 europäischen Ländern befragt werden.[213] Noch im April 1945 vernichtete die SS umfangreiches Aktenmaterial des Lagers, um die Spuren der Verbrechen zu beseitigen. Zu der Notwendigkeit der lebensgeschichtlichen Befragung schreiben daher die Projektmitarbeiterinnen:

> "Angesichts dieser Forschungssituation sowie der Tendenz von SS-Dokumenten, in die viele Vorgänge nie oder nur verfälscht Eingang gefunden haben, blieb die Rekonstruktion historischer Ereignisse auf bestimmte Bereiche begrenzt, die sich überwiegend auf die wirtschaftlichen Ziele der SS und deren administrative Durchsetzung im Lager beziehen. Zahlreiche Begebenheiten, die den 'Alltag' der Gefangenen betreffen, ihr Zusammenleben, ihre Auseinandersetzungen und ihre Solidarität, sind bislang nicht erforscht. Sie sind allein in der Erinnerung der ehemaligen Häftlinge bewahrt."[214]

Zu jenen Forschern, die in der DDR lebensgeschichtlich gearbeitet haben, gehört der Kulturwissenschaftler Wolfgang Herzberg. 1990 erschien seine Sammlung jüdischer Lebensgeschichten mit dem Titel *Überleben heißt Erinnern*[215]. Herzberg, selbst Sohn einer nach England emigrierten jüdischen Familie, geht es in seinen Gesprächen, die noch vor der 'Wende' geführt worden sind, um die Frage "nach der Beschaffenheit der eigentümlichen jüdischen und deutschen geschichtlichen Identität und nach den tieferen Ursachen

---

nerung. *Die unausweichliche Wiederkehr des Verdrängten* (Hamburg 1988) sind beispielsweise Alf Lüdtke, Utz Jeggle, Joachim Schlör und Franziska Becker vertreten.
[210] Poppinga, Onno/Barth, Hans Martin/Roth, Hiltraut: Ostfriesland. Biographien aus dem Widerstand. Frankfurt a.M. 1977.
[211] Ebd., S. 8.
[212] Galinski, Dieter/Herbert, Ulrich/Lachauer, Ulla (Hg.): Nazis und Nachbarn. Schüler und Nachbarn erforschen den Alltag im Nationalsozialismus. Reinbek bei Hamburg 1982.
[213] Jensen, Ulrike/Jureit, Ulrike/Orth, Karin: Lebensgeschichtliche Befragung ehemaliger Häftlinge des Konzentrationslagers Neuengamme. In: BIOS 5 (1992) S. 142-145, hier S. 144.
[214] Ebd., S. 142.
[215] Herzberg, Wolfgang: Überleben heißt Erinnern. Lebensgeschichten deutscher Juden. Berlin/Weimar 1990. Von Herzberg liegt eine weitere biographische Arbeit vor: Ich bin doch wer. Arbeiter und Arbeiterinnen des VEB Berliner Glühlampenwerk erzählen ihr Leben 1900-1980. Protokolle aus der DDR. Darmstadt/Neuwied 1987.

ihres Scheiterns"[216]. Neben den bislang genannten Bereichen gilt es noch einen weiteren zu erwähnen: den Journalismus. Exemplarisch sei hier auf eine Arbeit von Margarete Limberg und Hubert Rübsaat[217] verwiesen. In ihrem Buch *Sie durften nicht mehr Deutsche sein* zeichnen die beiden Rundfunkjournalisten ein Bild des jüdischen Alltags in Deutschland zwischen 1933 und 1938. Die Materialgrundlage bildet eine Memoirensammlung, die ihre Entstehung einem Preisausschreiben der Harvard Universität aus dem Jahre 1940 verdankt, an dem sich über 260 Emigranten, in der Mehrzahl jüdischer Herkunft, aber auch politische Flüchtlinge aus Deutschland beteiligten.[218] Die Texte sollten, so die wissenschaftlichen Initiatoren der Ausschreibung, "für eine Untersuchung der gesellschaftlichen und seelischen Wirkung des Nationalsozialismus auf die deutsche Gesellschaft und das deutsche Volk"[219] verwendet werden. Bei dieser Untersuchung dürfte es sich im übrigen um die wohl früheste wissenschaftliche Betrachtung zu dieser Thematik handeln. In einem Aufsatz halten Gordon W. Allport, J.S. Brunner und E.M. Jandorf die Ergebnisse ihrer Untersuchung fest.[220] Zwar beschreiben sie verschiedene soziale und psychische Reaktionen der Persönlichkeit auf ein Leben 'in der sozialen Katastrophe' des NS-Staates, doch schließen sie andererseits eine radikale Veränderung der Persönlichkeit aus.[221] Hierzu ist allerdings anzumerken, daß die Untersuchung aus dem Jahr 1941 stammt, als es noch keine Erfahrungen aus den Vernichtungslagern geben konnte.

Eine Reihe von Studien setzt sich mit den Erfahrungen verschiedener sozialer Gruppen während der Zeit des Nationalsozialismus auseinander. So befassen sich die Arbeiten von Hans Joachim Schröder mit der Zeit der Militärausbildung[222] und mit den Erfahrungen von Mannschaftssoldaten im Zweiten Weltkrieg.[223] An dem subjektiven Erleben des Krieges[224] ist auch die Volkskundlerin Klara Löffler interessiert. Mit ihrer Studie über Soldatenbriefe aus dem Zweiten Weltkrieg lenkt sie die Aufmerksamkeit auf die bisher, auch in der volkskundlichen Erzählforschung, vernachlässigte Textsorte Brief als

---

[216] Herzberg 1990, S. 431.

[217] Limberg, Margarete/Rübsaat, Hubert (Hg.): Sie durften nicht mehr Deutsche sein. Jüdischer Alltag in Selbstzeugnissen 1933-1938. Frankfurt a.M./New York 1990.

[218] Ebd., S. 10.

[219] Zitiert nach ebd.

[220] Allport, G[ordon] W./Brunner, J.S./Jandorf E.M.: Personality under Social Catastrophe. Ninety Life-Histories of the Nazi Revolution. In: Kluckhohn, Clyde/Murray, Henry A. (Eds.): Personality in Nature, Society and Culture. New York (zuerst 1941) 1949, S. 347-366.

[221] Ebd., S. 365f.

[222] Schröder, Hans Joachim: Kasernenzeit. Arbeiter erzählen von der Militärausbildung im Dritten Reich. Frankfurt a.M./New York 1985.

[223] Ders. 1992.

[224] Für die Auseinandersetzung mit dem Thema Krieg sei auf zwei weitere (volkskundliche) Arbeiten verwiesen: Jeggle, Utz: In stolzer Trauer. Umgangsformen mit dem Kriegstod während des 2. Weltkriegs. In: Tübinger Beiträge zur Volkskultur. Herausgegeben von Utz Jeggle/Wolfgang Kaschuba/Gottfried Korff/Martin Scharfe/Bernd Jürgen Warneken. Tübingen 1986, S. 242-259 (= Untersuchungen des Ludwig-Uhland-Instituts der Universität Tübingen, 69); Köstlin, Konrad: Erzählen vom Krieg - Krieg als Reise II. In: BIOS 2 (1989) S. 173-182.

Quelle für lebensgeschichtliche Fragestellungen.[225] Briefe und andere lebensgeschichtliche Dokumente wie Tagebücher bilden auch die Materialgrundlage für Joachim Schlörs Arbeit *In einer Nazi-Welt läßt sich nicht leben*[226]. In ihr zeichnet der Volkskundler Schlör die "Lebensgeschichte eines Antifaschisten" nach. "Geschichtsforschung", konstatiert der Autor, "bleibt ideologisch determiniert."[227] Dies zeige sich bei der Beschäftigung mit dem kommunistischen Widerstand: "Von seinen Protagonisten zum schier einzigen, heldenhaften Kampf hochstilisiert, von der anderen, konservativen Seite vernachlässigt und diffamiert, bleibt die Realität des antifaschistischen Widerstands - nicht nur - dieser Gruppe noch nahezu unentdeckt."[228] Schlör erhebt den Vorwurf, daß es in den ersten Nachkriegsjahren versäumt wurde, authentische Erfahrungen festzuhalten und diese für eine neue Politik zu nutzen:

> "Dennoch scheint mir der Versuch notwendig und legitim, denn die Verkrustungen müssen aufgebrochen werden; näher am Schicksal der Menschen, ihrer Lebensumstände, ihrer Kultur und Lebensweise, näher vor allem an den Nicht-Angepaßten, den Schwierigen, den Widersprüchlichen muß sich das Interesse der Forschung bewegen."[229]

Die Arbeit *Jugend zwischen Kreuz und Hakenkreuz* von Bernhard Haupert und Franz Josef Schäfer befaßt sich mit dem Leben eines jungen "Durchschnittsdeutschen" in jenen Jahren.[230] "Der junge Mann, mit dem sich diese Studie beschäftigt," schreibt Manfred Messerschmidt im Vorwort, "ist im Grunde so normal und unauffällig gewesen, daß kaum ein Historiker eine reizvolle Aufgabe darin gesehen hätte, sein Leben zu beschreiben, weil ja Millionen anderer junger Menschen in ähnlicher Weise gesehen werden können."[231] Gerade diese "Normalität", so Messerschmidt weiter, habe die Autoren zu ihrer Studie veranlaßt: "Das Normale ist gerade das, was idealtypische Aussagen möglich macht."[232] An den Erfahrungen Jugendlicher im Nationalsozialismus ist auch Reinhard Sieder interessiert. Seine Arbeit untersucht die Sozialisation eines Jungen aus einer 'angesehenen' Familie in der Hitlerjugend (HJ).[233] Mit jenen Jugendlichen, die in der Schlußphase des Krieges zwischen 15 und 17 Jahre alt waren, setzen sich die beiden folgenden Arbeiten auseinan-

---

[225] Löffler, Klara: Aufgehoben: Soldatenbriefe aus dem Zweiten Weltkrieg. Eine Studie zur subjektiven Wirklichkeit des Krieges. Bamberg 1992 (= Regensburger Schriften zur Volkskunde, 9).

[226] Schlör, Joachim: "In einer Nazi-Welt läßt sich nicht leben". Werner Gross - Lebensgeschichte eines Antifaschisten. Tübingen 1991 (= Studien und Materialien des Ludwig-Uhland-Instituts der Universität Tübingen, 7).

[227] Ebd., S. 10.

[228] Ebd.

[229] Ebd., S. 11.

[230] Haupert, Bernhard/Schäfer, Franz Josef: Jugend zwischen Kreuz und Hakenkreuz. Biographische Rekonstruktion als Alltagsgeschichte des Faschismus. Frankfurt a.M. 1991.

[231] Messerschmidt, Manfred: Vorwort. In: Haupert/Schäfer 1991, S. 9-11, hier S. 9.

[232] Ebd.

[233] Sieder, Reinhard: A Hitler Youth from a Respectable Family: The Narrative Composition and Deconstruction of a Life Story. In: International Yearbook of Oral History and Life Stories 1993, S. 99-117.

der: Während Rolf Schörken[234] die Sozialisation von halbwüchsigen Jungen unter der Nazi-Diktatur untersucht, geht Heinz Bude[235] in seinen *Deutsche[n] Karrieren* der Frage nach, wie die sozialen Aufsteiger aus der Flakhelfer-Generation von einst, des "Führers letzte Helden", heute die Bundesrepublik - Bude spricht vom "Modell Deutschland" - repräsentieren. Das Interesse seiner Arbeit gilt also mehr der Klärung gegenwärtiger Phänomene.

Ganz anderen Fragestellungen gehen die beiden Untersuchungen von Franziska Becker und Robert Streibel nach: Die Volkskundlerin Becker[236] fragt für ihre Arbeit *Gewalt und Gedächtnis* die Bewohner eines württembergischen Dorfes nach ihren Erinnerungen an die Verfolgung der jüdischen Gemeinde des Ortes. Es geht der Autorin "um die heutigen Umgangsformen mit dieser Vergangenheit"[237]. Anders als Becker ist der österreichische Historiker Streibel[238], der sich mit der Geschichte der jüdischen Gemeinde von Krems in Niederösterreich und ihrer Vertreibung durch die Nationalsozialisten befaßt, vor allem an der Perspektive der vertriebenen jüdischen Bürger interessiert. Er beschreibt den jüdischen Alltag, das soziale, kulturelle und religiöse Leben der jüdischen Gemeinde und nennt schließlich Fallbeispiele von "Arisierungen". Mit der Hilfe von lebensgeschichtlichen Dokumenten und Archiv-Quellen zeichnet Streibel jüdische Familiengeschichten und auch einige Fluchtwege nach. Unter der Kapitelüberschrift *Lebendige Vergangenheit*[239] setzt sich der Autor ebenfalls mit der Gegenwart auseinander, so mit der möglichen Errichtung eines Denkmals für die ermordeten jüdischen Bürger der Stadt. Auch der Bamberger Volkskundler Klaus Guth beschäftigt sich mit Erinnerungen an jüdisches Leben während des Nationalsozialismus. Dabei ist es ihm wichtig, auf die spezielle volkskundliche Perspektive solcher Forschungen hinzuweisen[240]:

> "Den Historiker interessiert dabei vornehmlich der Inhalt; volkskundliche Erzählforschung aber nimmt auch das Umfeld, die Formung und den Ablauf der Erzählung in den Blick. Gerade die Lebensläufe jüdischer Emigranten, von der 'oral history' regestenartig publiziert, harren noch der volkskundlichen Auswertung und sozialpsychologischen Überprüfung. Identitäts-, Konflikts- oder Rechtfertigungsmechanismen werden dabei virulent."[241]

---

[234] Schörken, Rolf: Luftwaffenhelfer und Drittes Reich. Die Entstehung eines politischen Bewußtseins. Stuttgart 1984.

[235] Bude, Heinz: Deutsche Karrieren. Lebenskonstruktionen sozialer Aufsteiger aus der Flakhelfer-Generation. Frankfurt a.M. 1987.

[236] Becker, Franziska: Gewalt und Gedächtnis. Erinnerungen an die nationalsozialistische Verfolgung einer jüdischen Landgemeinde. Göttingen 1994 (= Göttinger Beiträge zu Politik und Zeitgeschichte, 2).

[237] Ebd., S. 10.

[238] Streibel, Robert: Plötzlich waren sie alle weg. Die Juden der "Gauhauptstadt Krems" und ihre Mitbürger. Wien 1991 (= Schriftenreihe des Waldviertler Heimatbundes, 33).

[239] Ebd., S. 165-208.

[240] Bis sich die volkskundliche Erzählforschung solchen Fragestellungen widmete, war es ein langer Weg, vgl. hierzu das folgende Kapitel *Biographieforschung und volkskundliche Erzählforschung.*

[241] Guth, Klaus: Erinnern, Erzählen, Vergessen. Über den Umgang mit Erinnerungen an den jüdischen Alltag auf dem Land während des Dritten Reiches. In: Erinnern und Vergessen: Vorträge des 27. Deutschen Volkskundekongresses Göttingen 1989. Herausgegeben von

Die hier formulierten Anliegen einer volkskundlichen Erzählforschung gelten freilich nicht nur für diese. Auch biographische Forschungsansätze in anderen Disziplinen gehen von ähnlichen Überlegungen aus. Dies zeigen beispielsweise Sieders Aussagen in dem bereits vorgestellten Aufsatz *A Hitler Youth from a Respectable Family*. Sieder betont die Notwendigkeit der Dekonstruktion autobiographischer Erzählungen. Nur auf diese Weise könne man sozusagen hinter den Interpretationsangeboten der Erzähler zu ihrem eigenen Lebenslauf Sozialgeschichte erkennen:

> "Which other technique, after all, could provide us with more valid information on past(!) social places and practices than the narrative autobiographical interview? Admittedly though, only through the efforts of analysis, that is, by breaking with the construct of the narrator, can we see through the narrator's constituents of the processes of life behind it."[242]

Erst seit relativ wenigen Jahren widmen sich auch außerhalb von Medizin und Psychiatrie angesiedelte Arbeiten über Opfer von Verfolgung und KZ-Haft im Nationalsozialismus verstärkt lebensgeschichtlichen Aspekten. Die Folgen und Spätfolgen von Haft und Zwangsarbeit, von Mißhandlung und absoluter Entrechtung, von Flucht, Exil und Heimkehr rücken allmählich in den Mittelpunkt. Der Umgang mit der Verfolgung ist zu einem Thema geworden. Nachdem die Ergebnisse der medizinisch-psychiatrischen Literatur über Jahre mehr oder weniger ignoriert wurden, hat nun die Rezeption dieser Arbeiten eingesetzt. Publikationen wie *Spuren der Verfolgung*[243] und *Überleben und Spätfolgen*[244] setzen sich mit den Auswirkungen des Holocaust auf die Opfer (und auch auf ihre Kinder) auseinander. In den beiden genannten Sammelbänden aus dem Jahr 1992 finden sich auch Aufsätze jener Nervenärzte (zum Teil im Nachdruck), die bereits vor mehreren Jahrzehnten das später als Überlebenden-Syndrom bezeichnete Problem der Spätfolgen von KZ-Haft und Verfolgung beschrieben hatten.

Zum Bereich der pädogogischen Biographieforschung ist Heike Vollbaums *Portrait der Bibelforscherin Martha Vollbaum*[245] zu rechnen, die Häftling im KZ Ravensbrück gewesen war. Trotz der Verwandtschaft zur Interviewten beschreibt Vollbaum die Bibelforscherin mit der nötigen Distanz und thematisiert auch Schwieriges wie das Verhältnis zu den anderen Häftlingen, von denen sich die inhaftierten Zeugen Jehovas abgrenzten, und zur SS. Für die Autorin ist dabei nicht ausgeschlossen, daß eine Form der Identifikation eher

---

Brigitte Bönisch-Brednich/Rolf W. Brednich/Helge Gerndt. Göttingen 1991, S. 305-321, hier S. 320 (= Schriftenreihe der volkskundlichen Kommission für Niedersachsen e.V., 6).

[242] Sieder 1993, S. 117.
[243] Spuren der Verfolgung 1992.
[244] Dachauer Hefte 8 (1992): Überleben und Spätfolgen.
[245] Vollbaum, Heike: Portrait der Bibelforscherin Martha Vollbaum - unter besonderer Berücksichtigung ihrer Erfahrungsmodi im Konzentrationslager Ravensbrück. Versuch einer Rekonstruktion der Genese von Erfahrungsmodi und individueller Sinnstrukturen mit Hilfe pädogogischer Biographieforschung. Diplomarbeit Hildesheim 1985 (maschinenschriftlich).

mit der SS als mit den anderen Häftlingen stattgefunden habe.[246] Vollbaum stellt fest, daß bei der untersuchten Bibelforscherin Haft und Verfolgung zu einer Festigung ihrer religiösen Einstellung geführt habe:

> "Das Ende ihrer Internierung durch das Kriegsende konnte somit nur die eine, unumstöß-
> liche Tatsache bedeuten: daß sie endgültig eine glaubensstarke und überzeugte Zeugin
> Jehovas geworden war. Jegliches Abweichen oder gar konvertieren von ihrem Glauben war
> unmöglich geworden. Es hätte bedeutet, sieben Jahre ihres Lebens zu negieren und umsonst
> gelitten zu haben. Ihre Identität war nunmehr endgültig 'definiert'. Der Sinn ihres Lebens
> konnte nicht mehr in Frage gestellt werden. Sondern hatte im Gegenteil im Lager nur noch
> eine Bestätigung gefunden: Sie hatte überlebt, der Krieg war verloren, die Macht der Nazis
> gebrochen. Die Bibel hatte Recht gehabt!"[247]

Auch die Frage der Verarbeitung von Verfolgung und Haft wird in der Untersuchung angesprochen: "Eine Verarbeitung der Vergangenheit", so das Urteil
der Autorin, "fand wenig ausreichend statt; die Gelegenheit dazu ging im
Zwang unter, das 'tägliche Brot' zu beschaffen und den Hof weiter aus- und
aufzubauen. Nach unangenehmen Erfahrungen mit Menschen, die die Existenz
der Konzentrationslager im Dritten Reich schlicht leugneten, war Marthas
Entschluß, sich über ihre Vergangenheit auszuschweigen, besiegelt."[248] Selbst
mit dem Ehemann, den eigenen Kindern und der übrigen Familie wurde nicht
über die Vergangenheit gesprochen.[249]

Die meisten lebensgeschichtlichen Studien zur oben beschriebenen Thematik
widmen sich der Gruppe der jüdischen Verfolgten. So arbeitet Franklin A.
Oberlaender über die Problematik katholischer Deutscher jüdischer Herkunft.
Am Beispiel des Pfarrers Fuchs beschreibt Oberlaender ihr "Verhältnis zu
identitätsstiftenden Gruppen wie Katholizismus, Deutschtum und Judentum"[250].
Nach der rassistischen Neugestaltung des Judenbegriffs durch die 'Nürnberger
Gesetze'[251] sahen sich jene, die bislang keinen kulturellen, religiösen oder
historischen Bezug zum jüdischen Gemeinwesen unterhielten, plötzlich als
Juden stigmatisiert und verfolgt.[252] In der Mehrheit handelt es sich hier um
sogenannte "Mischlinge 1. Grades". Oberlaender charakterisiert den Pfarrer
Fuchs als jemanden, der versuchte, "im Rahmen seiner schon vor 1933
vorhandenen Wertvorstellungen, Motivationen und Lebensmaximen die dann
einsetzende Entfremdung, Stigmatisierung und Verfolgung zu integrieren".[253]
Die Situation des Pfarrers skizziert der Autor wie folgt:

---

[246] Ebd., S. 113.

[247] Ebd., S. 110.

[248] Ebd., S. 116.

[249] Ebd.

[250] Oberlaender, Franklin A.: Zwischen den Stühlen. Zur Problematik katholischer Deutscher jüdischer Herkunft dargestellt am Fallbeispiel des Pfarrers Fuchs. In: BIOS 3 (1990) S. 189-223, hier S. 190.

[251] Zu den Nürnberger Gesetzen: Enzyklopädie des Holocaust 1993. Bd. III, S. 1055f.

[252] Oberlaender 1990, S. 189. Vgl. hierzu auch den Häftlingsbericht von Nolting-Hauff (1946), siehe S. 17.

[253] Oberlaender 1990, S. 218.

> "Die spezifische Perversion der Rassenpolitik in bezug auf die innere Dynamik der nicht-
> jüdischen 'Nichtarier'-Familie bestand darin, daß in einer Familie meist Personen von
> verschiedenem 'jüdischen Bluteinschlag' zusammenlebten, resp. miteinander verwandt
> waren. Da das Überleben einfacher war, wenn man jeden Bezug zur 'rassischen Herkunft'
> verleugnete, bzw. sich distanzierte, konnte Solidarität zwischen den Familienmitgliedern
> mit unterschiedlichem Rassestatus nicht optimal sein, wenn man das Martyrium als Alter-
> native einmal ausschließt. Es war der Versuch groß, sich gegenüber der Verwandtschaft mit
> 'noch stärkerem jüdischen Bluteinschlag' abweisend oder distanzierend zu verhalten, seine
> eigene Haut zu retten und das Schicksal der anderen nur bedingt wahrzunehmen. Dies
> schafft aber eine besondere psychische Belastung, die weder damals noch heute in deutsch-
> katholischen Kreisen zu thematisieren ist."[254]

Um das eigene Überleben zu sichern, wurden Strategien praktiziert, wie man
am wenigsten auffällt (Stillschweigen zu Deportationen, freiwilliger Eintritt in
die Armee oder Verleugnen von jüdischen Verwandten).[255] Die soziale Deklas-
sierung war schmerzlich. "Es war so," schreibt Oberlaender, "als ob man
innerhalb einer Weltordnung, die man selbst mitgeschrieben hatte, abfällt.
Sprachlosigkeit und ein Gefühl von Entwertung und Verleugnung der realen
Abläufe sind doch nur allzu verständlich."[256] Demgegenüber mußten sich die
Juden darüber bewußt sein, einer Religion anzugehören, die nicht die der
Mächtigen war. Die 'Nichtarier' lebten in der Hoffnung, sich mit den neuen
Machthabern arrangieren zu können. "Dies machte sie anfällig für schuldhafte
Verstrickung, sie wurden in eine Situation manövriert, selbst Opfer und Täter
zu sein. Gerade dies", so Oberlaender, "machte 'Vergangenheitsbewältigung'
so schwer."[257] Auf der einen Seite waren sie den 'arischen' Deutschen nicht
gleichgestellt, im Gegenteil, sie waren selber von Verfolgung bedroht. Auf der
anderen Seite zeigten sie sich gegenüber den aus ähnlichen Gründen verfolgten
Menschen (oder gar den eigenen Familienangehörigen) nur wenig solida-
risch.[258] Die Gruppe der sogenannten Nichtarier ist gezwungen, "den Bewußt-
werdungsprozeß mit hoher psychischer Energie [zu] unterdrücken, da die
möglichen Erkenntnisse schmerzhaft gewesen wären, erneut ihre Identität
angegriffen hätten"[259].

Wenn über die Folgen nationalsozialistischer Verfolgung gesprochen wird,
sollte die Aufmerksamkeit zunächst der Gruppe der "Displaced Persons" (DPs)
gelten. Ihre Geschichte wurde erst spät von der historischen Forschung untersucht.[260] 1945 befanden sich im späteren Gebiet der drei westlichen

---

[254] Ebd., S. 219.
[255] Ebd., S. 220.
[256] Ebd., S. 221.
[257] Ebd., S. 221f.
[258] Ebd.
[259] Ebd.
[260] Jacobmeyer, Wolfgang: Vom Zwangsarbeiter zum Heimatlosen Ausländer. Die Displaced
Persons in Westdeutschland 1945-1951. Göttingen 1985, S. 15 (= Kritische Studien zur
Geschichtswissenschaft, 65); vgl. auch Müller, Ulrich: Fremde in der Nachkriegszeit.
Displaced Persons - zwangsverschleppte Personen - in Stuttgart und Württemberg-Baden
1945-1951. Stuttgart 1990, S. 9 (= Veröffentlichungen des Archivs der Stadt Stuttgart,
49) und Wetzel, Juliane: "Displaced Persons". Ein vergessenes Kapitel der deutschen

Besatzungszonen etwa 6,5 bis 7 Millionen DPs.[261] Wer waren diese Menschen?
"Es handelte sich bei diesem Personenkreis", schreibt Wolfgang Jacobmeyer,
"um die bevölkerungs- und arbeitspolitische Hinterlassenschaft der nationalsozialistischen Herrschaft im Zweiten Weltkrieg, in ihrer weit überwiegenden
Masse um die Zwangsarbeiter und Zwangsverschleppten, deren Heimatgebiete
vornehmlich in Osteuropa lagen."[262] "Darunter fielen nicht", betont Juliane
Wetzel, "die vielen Millionen deutschen Flüchtlinge, die - wie beispielsweise
die Ostpreußen, Schlesier und Sudetendeutschen - durch die Folgen des
Zweiten Weltkrieges gezwungen wurden, ihre Heimat zu verlassen."[263]
      Unter den DPs bildeten die jüdischen Überlebenden eine vergleichsweise
kleine Gruppe.[264] Allerdings stellten sie die Besatzungsbehörden vor sehr
schwere Probleme, kam doch nur eine Repatriierung in westliche Herkunfts-
länder in Frage, an eine Rückkehr nach Osteuropa, woher die meisten Juden
kamen, war wegen des dort herrschenden Antisemitismus und der Zerstörung
der jüdischen Gemeinden nicht zu denken.[265] So endete für viele jüdische DPs
der zunächst als kurzfristig geplante Aufenthalt in den Sammelunterkünften erst
im Jahre 1957, als das Lager Föhrenwald, das letzte der 64 jüdischen DP-
Lager, geschlossen wurde.[266] Im Sommer und im Herbst 1946 kamen nach
erneuten Pogromen im polnischen Kielce ostjüdische Einwanderer in großer
Zahl in die westlichen Besatzungszonen Deutschlands (insgesamt mehr als
100.000 Menschen, die meisten aus Polen, viele aber auch aus anderen ost-
europäischen Ländern).[267] Dieser Flüchtlingsstrom veränderte die Zusammensetzung der jüdischen DP-Lager grundlegend.[268] Die meisten Lager-Bewohner
distanzierten sich von der deutschen Umwelt und versuchten, ihre eigene
Gesellschaft aufzubauen, ganz in der Tradition des ostjüdischen Stetls. Für sie
sollte Deutschland nur eine Durchgangsstation nach Palästina sein.[269] Je länger
der Aufenthalt im Lager dauerte, um so mehr wuchsen Trostlosigkeit und
Frustration:

> "Das Leben der Verursacher der jüdischen Tragödie, der Deutschen, begann sich zu
> normalisieren, während die Opfer noch immer in Lagern leben mußten, die zwar mit natio-
> nalsozialistischen Konzentrationslagern nicht vergleichbar waren, aber doch kaum Privat-
> sphäre gewähren konnten und zudem in dem Land lagen, in dem man ganz sicher nicht

---

Nachkriegsgeschichte. In: Aus Politik und Zeitgeschichte. Beilage zur Wochenzeitung Das
Parlament, B 7-8 vom 10.2.1995, S. 34-39, hier S. 39.
[261] Wetzel 1995, S. 34. Müller verweist auf eine Schätzung der westlichen Alliierten, derzufolge im Mai 1945 etwa 9,6 Millionen Ausländer im Deutschen Reich gearbeitet haben
sollen, siehe Müller 1990, S. 11.
[262] Jacobmeyer 1985, S. 15.
[263] Wetzel 1995, S. 34.
[264] Zur Geschichte der jüdischen DPs in Deutschland siehe Königseder, Angelika/Wetzel,
Juliane: Lebensmut im Wartesaal. Die jüdischen DPs (Displaced Persons) im Nachkriegsdeutschland. Frankfurt a.M. 1994.
[265] Wetzel 1995, S. 34.
[266] Wetzel 1995, S. 34f.
[267] Ebd., S. 35.
[268] Schardt, Angelika: "Der Rest der Geretteten". Jüdische Überlebende im DP-Lager
Föhrenwald 1945-1957. In: Dachauer Hefte 1992, S. 53-68, hier S. 59.
[269] Ebd.

mehr leben wollte. Für die jüdischen DPs war es völlig unverständlich, daß die Welt ihnen, die die größte Opfergruppe des Nationalsozialismus darstellten, ihre Heimat verwehrte, daß die Tore Palästinas geschlossen blieben, aber auch die meisten potentiellen Einwanderungsländer strenge Reglementierungen aufgestellt hatten."[270]

Die Situation der jüdischen (auch der übrigen) DPs macht deutlich, daß mit dem Ende von Verfolgung und KZ-Haft längst nicht alle existentiellen Probleme gelöst waren. An ein 'normales' Leben - Aufbau eines gemeinsamen Zuhauses mit den Angehörigen, Rückkehr in das Berufsleben etc. - war für viele der jüdischen Überlebenden des Holocaust noch lange nicht zu denken. "Psychische Schwierigkeiten," schreibt Angelika Schardt in einem Aufsatz über das DP-Lager Föhrenwald, "verursacht durch die erlittenen Verfolgungen und Qualen, die Schlaflosigkeit, Ungeduld und Depressionen hervorriefen, verknüpfen sich mit der hoffnungslosen Situation in Deutschland."[271] Nachdem Föhrenwald zunächst ein Zentrum des jüdischen Lebens geworden war, entwickelte es sich in den 50er Jahren zu einem Sammelpunkt von Alten, Kranken und Invaliden. Ihnen fehlte die Initiative zum Aufbau eines neuen Lebens, auch waren sie gesundheitlich nicht in der Lage, sich den schwierigen klimatischen Bedingungen in Israel zu stellen. Besondere Probleme, Einreisegenehmigungen in andere Länder zu erhalten, besaß die Gruppe der TBC-Kranken.[272] Hier der Bericht einer ehemaligen Lagerinsassin:

"Mein Vater hat TB. Die Röntgenaufnahmen zeigen tiefe Narben an seiner Lunge. Damit kann er nicht in die Vereinigten Staaten gehen. Durch das israelische Klima würde seine TB binnen eines halben Jahres wieder ausbrechen, und er würde für den Rest seines Lebens Patient eines Sanatoriums sein. Wohin sollen wir gehen? Die Schweiz ist ein guter Ort für TB-Patienten, aber sie lassen uns nicht hinein. Natürlich wäre der beste Platz für alle TB-Patienten das Jüdische Krankenhaus in Denver, aber es ist unmöglich, dorthin zu kommen."[273]

In einer anderen Situation befanden sich jene, die zuvor aus Nazi-Deutschland vertrieben worden waren, und nun zurückkehren wollten. Zwischen 300.000 und 400.000 meist jüdische Bürger waren seit 1933 aus Deutschland geflohen.[274] Während für die einen eine Rückkehr in ihre ehemalige Heimat nicht in Frage kam - hatten sie doch zu Schreckliches erlebt -, hofften die anderen trotz dieser Erfahrungen, am Aufbau eines neuen und demokratischen Deutschland mitwirken zu können. So kamen denn 1945 viele von ihnen in das Land zurück, aus dem sie zuvor als Deklassierte und Ausgestoßene fliehen mußten. "Die Gefühle", schreibt Marita Krauss, "schwankten zwischen Ablehnung alles Deutschen und Sehnsucht nach der Zeit vor der Emigration, zwischen Abscheu

---

[270] Ebd., S. 64.
[271] Ebd.
[272] Ebd., S. 65.
[273] Zitiert nach ebd., S. 66.
[274] Krauss, Marita: Das "Emigrantensyndrom". Emigranten aus Hitlerdeutschland und ihre mühsame Annäherung an die ehemalige Heimat. In: Gegenwart in Vergangenheit: Beiträge zur Kultur der Neueren und Neuesten Zeit. Festgabe für Friedrich Prinz zu seinem 65. Geburtstag. Herausgegeben von Georg Jenal unter Mitarbeit von Stephanie Haarländer. München 1993, S. 319-334, hier S. 319.

und Liebe, zwischen Haß und Heimweh."[275] Mit der Emigration mußten die meisten Flüchtlinge alles aufgeben, was sie besaßen, ihre berufliche Existenz, ihren Besitz, ihren Sozialstatus, ihre Freunde und Angehörigen, ihr Zuhause. "Jedes der vielen Emigrantenschicksale", betont Krauss, "enthielt seine eigenen Schrecken, seine Verbitterung, seine Isolation und Vereinsamung. Auch der Familienverband schützte nicht davor. Außerdem riß bereits die Flucht aus Deutschland die Familien auseinander: man wanderte auf getrennten Wegen und landete in verschiedenen Ländern oder Erdteilen."[276]

Viele der deutschen Emigranten identifizierten sich in den Ländern, die ihnen Zuflucht gewährten, mit dem Kampf gegen Nazi-Deutschland. Dies geschah auch in der Hoffnung, auf diese Weise die persönliche wie die kollektive Isolation zu überwinden.[277] Eine besondere Bedeutung, zumindest für die männlichen Flüchtlinge, kam in diesem Zusammenhang der amerikanischen Armee zu. Georg Stefan Troller, der als GI deutsche Kriegsgefangene an der italienischen Front verhörte, schreibt hierzu:

> "Meine Figur und Physiognomie haben sich in der frischen Kriegsluft nahtlos dem allamerikanischen Zuschnitt angepaßt. Auch meine Mentalität strebt zur Vergröberung, zur Veräußerlichung. Hier heilt sich eine Neurose, das Emigrantensyndrom... oder versteckt sich bloß? Für die Kameraden bin ich ein GI Joe mit gewissen Ausgefallenheiten, gerechtfertigt durch die Herkunft aus einem nicht näher zu präzisierenden 'Europe'. Für die Krauts ein typischer Ami oder Amerikadeutscher - alles, nur kein Jude."[278]

Die Frage, ob man nach Deutschland zurückkehren sollte, löste unter den Exilanten heftige Emotionen aus, "bedeutete sie doch auch die Vearbeitung dessen, was zur Emigration geführt hatte. [...] Angst und Mißtrauen waren tief verankert; die Schrecken der Bedrohung, der Verfolgung, der Einsamkeit des Exils verließen viele ihr Leben lang nicht mehr."[279] Wer schließlich nach Deutschland zurückgegangen war, stellte fest, daß sich die meisten Deutschen, gleichgültig wie sie einst zum Nationalsozialismus gestanden haben mochten, als Opfer des NS-Systems fühlten. "Das Gefühl einer persönlichen Schuld und das Bedürfnis nach einer moralischen und geistigen Neuorientierung hatten außer langjährigen Regimegegnern und einigen kritischen Intellektuellen nur wenige."[280] Damit bestand, so Krauss, "keine gute Ausgangsbasis für eine Verständigung zwischen drinnen und draußen"[281]. Viele der Heimgekehrten spürten eine deutliche Ablehnung der übrigen Deutschen ihnen gegenüber.

Wie der Holocaust die weitere Biographie der Überlebenden determinierte, zeigt eine Arbeit der niederländischen Historikerin Selma Leydesdorff. Ihr Aufsatz *Das gebrochene Schweigen*[282] basiert auf einer lebensgeschichtlichen

---

[275] Ebd., S. 320.
[276] Ebd., S. 323.
[277] Ebd., S. 326.
[278] Georg Stefan Troller zitiert nach ebd.
[279] Ebd., S. 320.
[280] Ebd., S. 321.
[281] Ebd., S. 322.
[282] Leydesdorff, Selma: Das gebrochene Schweigen. Lebensgeschichten von Überlebenden des jüdischen Proletariats in Amsterdam. In: BIOS 1 (1988) S. 17-26.

Untersuchung über Angehörige des jüdischen Proletariats in Amsterdam. Für Leydesdorffs Interviewpartner und -partnerinnen bedeutete der Krieg nicht nur die Besetzung ihres Landes, sondern auch Emigration, Verfolgung, Deportation und die Ermordung ihrer Angehörigen und Freunde. Die Ergebnisse dieser Arbeit sind zunächst charakteristisch für die von der Autorin untersuchten Gruppe, darüber hinaus aber haben sie eine allgemeinere Bedeutung für die Auseinandersetzung mit den Folgen von nationalsozialistischer Verfolgung und KZ-Haft. Leydesdorff problematisiert die Augenzeugenberichte der Überlebenden in ihrer Bedeutung als historische Quellen. "Nur sie können", so Leydesdorff, "einen Eindruck vom tagtäglichen Leiden und von der Stärke derer vermitteln, die gegen den Entpersonalisierungsprozeß [Bruno Bettelheim] ankämpften."[283] Allerdings wurden in vielen Kriegsverbrecher-Prozessen die Zeugenaussagen Überlebender als "subjektiv" abgelehnt. Man hielt ihnen vor, daß ihre Aussagen widersprüchlich und ungenau seien:

> "Die Anwälte von Kriegsverbrechern pflegten die unverschämtesten Fragen zu stellen, die versuchten, ihrem zerstörten Gedächtnis Worte für Ereignisse abzuringen, die in keine Sprache mehr passen. Sie konnten keine Sätze für jene Tage und Monate finden, in denen die einzige Überlebenschance darin bestand, zu vergessen, daß es eine Welt der Güte, Wärme und Schönheit gibt."[284]

Damit wird zweierlei deutlich: Zum einen, die Schwierigkeit, die Erfahrung der ausgestandenen Qualen und Demütigungen in Worte zu fassen, und zum anderen die Schwierigkeit, die Berichte der Überlebenden für eine wie auch immer geartete historische Aufarbeitung nutzbar zu machen. Es zeigt sich, was auch im Rahmen der vorliegenden Untersuchung sichtbar wird, daß biographische Dokumente, sich nicht quasi von selbst erschließen, sondern im Gegenteil einer eingehenden Analyse bedürfen. Am Ende eines solchen Deutungs- und Interpretationsvorgangs steht in vielen Fällen die Erkenntnis, daß es sich bei der mitgeteilten lebensgeschichtlichen Erzählung um die traumatisierte Erinnerung eines Überlebenden handelt.[285] Für Leydesdorff werden in den Erzählungen Widersprüche sichtbar, die sich für sie nur schwer aufheben lassen. So berichtet die Autorin beispielsweise davon, daß ihre Interviewpartner einerseits das moderne assimilierte jüdische Leben befürworten und andererseits ihre Kinder- und Jugendzeit idealisieren.

> "Jude zu sein ist für sie zur Begegnung mit dem Tod geworden; dies war nicht immer so, und das wollten sie auch vermitteln. Sie hatten von ihren Eltern nicht Abschied nehmen können; statt normal zu trauern, mußten sie an anonymen Gräbern leiden. Jeder Ausgleich ist unmöglich geworden und wurde durch eine nostalgische Sprache und die Verherrlichung des jüdischen Familienlebens ersetzt. Dies paßt andererseits nicht zu der Begeisterung, mit der sie eigentlich das moderne assimilierte Leben begrüßten."[286]

---

[283] Ebd., S. 17.
[284] Ebd., S. 17f.
[285] Vgl. ebd., S. 23.
[286] Ebd., S. 25.

Auch meine jüdischen Interviewpartnern und -partnerinnen stellen ihre Kinder-
und Jugendzeit überaus positiv dar. Ihre Elternhäuser schildern sie als einen
Ort der Geborgenheit und der Harmonie, der sozialen wie der kulturellen
Kommunikation, in dem es auch zu glücklichen Begegnungen mit Nicht-Juden
kam. Bedenkt man, daß ihnen all dies später genommen wurde, sowohl die
soziale wie die ökonomische Sicherheit, daß ihre Familien zerrissen und viele
Freunde und Angehörige ermordet wurden, so ist leicht zu verstehen, daß in
der Erinnerung ein idealisiertes Bild jener Jahre vor der Verfolgung entsteht.

Die Erfahrung von Verfolgung und KZ-Haft stellt ein Vermittlungsproblem
dar und zwar in mehrfacher Hinsicht. Wie oben gezeigt, wird dies deutlich,
wenn die Berichte der Überlebenden im Mittelpunkt einer juristischen oder
einer wissenschaftlichen Auseinandersetzung stehen. Es handelt sich darüber
hinaus aber auch um ein Vermittlungsproblem zwischen den Generationen,
jener, die Auschwitz erlebt hat und der ihrer Kinder und Enkelkinder. Die
Weitergabe der Holocaust-Erfahrung an die nächste Generation ist dabei als
Identitätsarbeit zu verstehen. Die englische Familientherapeutin Natasha
Burchardt, die lebensgeschichtliche Interviews mit Kindern von Holocaust-
Überlebenden, die zwischen 1943 und 1967 geboren sind, geführt hat, kommt
in diesem Zusammenhang zu folgendem Ergebnis:

> "The story of the transmission of the Holocaust experience to the second generation is still
> unfolding. Even fifty years on, some survivors are only now beginning to be able to speak
> for the first time, and the children continue to reflect on and re-evaluate the legacy, not
> least in pondering how to pass down the memory to their children."[287]

Mit der Vermittlung der Holocaust-Erfahrung zwischen den Generationen
beschäftigt sich auch eine Studie von Lena Inowlocki. Grundlage ihres
Aufsatzes *Grandmothers, Mothers, and Daughters*[288] bilden Interviews mit drei
Generationen von Frauen in ganz unterschiedlich strukturierten jüdischen
Gemeinden - in Amsterdam, in Antwerpen und im deutschen 'Astadt' (der
Name wurde von der Autorin anonymisiert). Auch Inowlocki geht von demsel-
ben Grundproblem aus wie Leydesdorff: die Schwierigkeit, über die traumati-
sche Erinnerung an den Holocaust zu sprechen. "What happens", fragt die
Autorin, "when generations in a family cannot talk to one another about what
was most important for their lives?"[289] Wer Verfolgung, den Verlust der
Familie und die Zerstörung der eigenen Gemeinschaft erfahren hat, ist fortan
von diesen Ereignissen geprägt:

> "But, at the same time, because of the intensity of the trauma, they have not been able to
> talk about this period in their lives. In contrast to other groups who suffered during the war
> and who have now begun to talk about their experiences of hardship, especially to their
> grandchildren, such an intergenerational narrative has remained impossible in most Jewish
> families. For them, the only stories that can be told are those of resistance or escape. But

---

[287] Burchardt 1993, 134f.
[288] Inowlocki, Lena: Grandmothers, Mothers, and Daughters. Intergenerational Transmission
in Displaced Families in Three Jewish Communities. In: International Yearbook of Oral
History and Life Stories 1993, S. 139-153.
[289] Ebd., S. 139.

> the heart of their experience cannot be turned into a story for the grandchildren, who must
> be protected from knowing about the pain and absolute despair, from the complete absence
> of meaning of the individual, and the collective, suffering."[290]

Doch nicht nur die Verfolgung, betont Inowlocki, habe das Leben der Familienmitglieder geprägt, sondern auch die sozialen Bedingungen nach dem Krieg, im besonderen die Phase der Heimatlosigkeit, bis sich endlich ein neues Zuhause fand.[291] Bezüglich der angesprochenen Übermittlungsarbeit innerhalb der Familien hat Inowlocki besonders die mittlere Generation, also die der Mütter, im Blick:

> "They had been directly affected by the disruption of the narrative, the total loss of all
> continuity in their parents' lives. At the same time, they feel responsible for how the
> younger generation would understand the significance they should attach to traditional
> orientations. During the course of the interviews with their mothers and daughters they
> drew out the connections with what they received as the positive aspects in continuity
> between the generations on the basis of their own life experience and expectations."[292]

Die Rekonstruktion der konstituierenden Aspekte der Überlieferung zwischen den Generationen, so Inowlocki, sei durch interpretative Analyse möglich.[293] Durch Beschreibung der kommunikativen Aktivitäten der drei Generationen untereinander, "how they initiate, control, encourage, and protect the other generations in talking about the past and its meaning", könne man verstehen, wie diese Kommunikationen dem Einfluß der Vergangenheit Gestalt geben.[294] Dies sei besonders bezeichnend, wenn es sich um Familien ohne Erzähltradition zum Thema der Verfolgung der Großeltern-Generation handle: "What cannot be told as the story of one's life experience, to make sense of the past to the younger generations, is nevertheless referred to, supplanted, or transformed in ways specific to each family."[295]

Das Problem des Aussprechens (beziehungsweise des Nicht-Aussprechens) der Holocaust-Erfahrung und die Vermittlung dieser Erfahrung werden in den lebensgeschichtlichen Auseinanderesetzungen hierzu stets in den Mittelpunkt gerückt. Auch die folgende Arbeit des österreichischen Historikers Gerhard Botz *Ich will reden*[296] greift diesen Aspekt auf. Der größte Teil des Buches bleibt dem Interview (genauer der Interviewserie) mit Margareta Glas-Larsson vorbehalten. Hier schildert sie ihre Erinnerungen an Kindheit und Jugend sowie die Stationen ihrer Verfolgung. Der Zeit nach der Befreiung bleibt hingegen nur wenig Raum vorbehalten. Glas-Larssons Erzählung gleicht in der Form den im ersten Teil dieses Kapitels vorgestellten Häftlingsberichten. Was sie allerdings von diesen unterscheidet, ist die editorische Arbeit des Herausgebers.

---

[290] Ebd.
[291] Ebd.
[292] Ebd., S. 151.
[293] Ebd., S. 152.
[294] Ebd.
[295] Ebd.
[296] Margareta Glas-Larsson: Ich will reden. Tragik und Banalität des Überlebens in Theresienstadt und Auschwitz. Herausgegeben und kommentiert von Gerhard Botz. Wien/München/Zürich/New York 1981.

Botz hat nicht nur das Interview mit einem umfangreichen Anmerkungsapparat versehen, sondern beschreibt in mehreren Kapiteln die Zielstrukturen des nationalsozialistischen KZ- und Vernichtungssystems, die Veränderungen der Überlebensbedingungen in Konzentrationslagern und die Häftlingsgesellschaft im Frauen-Häftlingskrankenbau - wo Margareta Glas-Larsson arbeitete - sowie individuelle Überlebensstrategien. Darüber hinaus thematisiert Botz die psychosoziale Umformung von Erinnerung und skizziert in fünf Punkten die psychischen Spätfolgen bei Überlebenden von Verfolgung und KZ-Haft, aber auch anderer Katastrophen (nach Robert J. Lifton). Ein Kapitel über die Entstehung der lebensgeschichtlichen Erzählung rundet die Arbeit schließlich ab.

Botz spricht den - bekannten - Umstand an, daß aus der Erinnerung produzierte Geschichtsquellen sowohl individual-psychologische Momente als auch gesellschaftliche Normvorstellungen "vom richtigen antifaschistischen Verhalten" widerspiegeln.[297] Dies trifft gewiß auch für andere Verhaltensweisen oder Einstellungen zu. Bei seiner Interviewpartnerin, die wegen sogenannter Rassenschande, also eines typischen Deliktes der NS-Ideologie, verfolgt und in Haft gesetzt worden war, stellte er zu Beginn ihrer gemeinsamen Arbeit die Tendenz fest, gerade dies zu verschleiern, und statt dessen politische Gründe für die eigene Verfolgung vorzuschieben. "Da die dominante Ideologie unserer Gesellschaft", so Botz, "'rassische' Gründe als gerade noch gerechtfertigt zur Begründung eines Tatbestandes als Verfolgter des Dritten Reiches ansieht, war der Interviewten ein sukzessives Eingeständnis im Laufe der Befragungen möglich."[298] Damit weist der Autor auf das Problem hin, daß die nichtpolitische Verfolgung als geschichtsunwürdig gilt, so die Verfolgung von Sinti und Roma, Homosexueller oder sogenannter Arbeitsscheuer und Asozialer. "Das heißt, eine Verfolgung aus diesen Gründen gilt im Prinzip auch heute noch gerechtfertigt! Dieselben Mechanismen der Aussparung und Umdeutung sind zum Teil noch massiver wirksam auf fast allen ethisch abgewerteten Gebieten und Erscheinungen des realen Lebens, bei hetero- und homosexuellen Beziehungen, bei käuflicher Liebe, bei den kleineren und größeren Egoismen und Gemeinheiten des Alltagsverhaltens."[299] Botz will auf Brüche in der Erzählung, die sich beispielsweise auf das eben beschriebene Problem beziehen, hinweisen. Doch wie können sie entdeckt werden?

"Als irrelevant sich tarnende Antworten wie Anekdoten und Witze, Schweigen infolge Selbstzensur oder Verdrängung ins Unbewußte und Inkonsistenzen können Ausdruck solcher heikler Punkte sein. Manchmal könnte man den Eindruck gewinnen, als setzte sich die Erinnerung von historischen Zeugen nur aus solchen Farbtupfern, in der Art pointillistischer Bilder aneinandergereiht, zusammen. Gerade von diesen Ansatzpunkten könnte jedoch eine spezifische Analyse der Metastrukturen unseres geschichtlichen Wissens ausgehen. Die 'ungeschichtlichen' Dimensionen vergangenen Seins würden so von der Geschichte erst thematisiert."[300]

---

[297] Ebd., S. 63.
[298] Ebd., S. 64.
[299] Ebd.
[300] Ebd.

Mehr noch als bei Botz steht bei dem Soziologen Michael Pollak das Problem der Vermittlung im Vordergrund. In zweiten Teil seiner Untersuchung *Die Grenzen des Sagbaren*[301] vergleicht er systematisch erzählte mit geschriebenen Lebensgeschichten. Auf dem Weg des Vergleichs gelangt Pollak zur Analyse der biographischen Konstruktionsprinzipien. Zentrale Begriffe seiner Arbeit sind Schweigen und Identität. "Die Erinnerung an die erlittene soziale Vergewaltigung flüchtet sich so, da sie nicht mitteilbar ist, in ein kaum zu durchbrechendes Schweigen. Traumatisches Erleben", betont Pollak, "muß in Einsamkeit verarbeitet werden."[302] Das mögliche Durchbrechen des Schweigens eröffnet die Chance für eine Identitätsarbeit, die freilich auch ihr Risiko besitzt:

> "Anders als bei anderen 'großen' Zeitzeugen macht das Reden sie aber nicht 'größer'. Sie riskieren vielmehr, daß traumatische Erinnerungen aus der KZ-Vergangenheit wiederaufleben, die mit ihrem Selbstverständnis und ihrer Ich-Identität nicht zu vereinbaren sind. Die Lager waren menschenunwürdig: wie soll man, ohne das eigene Schamgefühl zu verletzen, von Handlungen erzählen, für die man sich selbst nicht achten kann? So ist, wenn es zum Sprechen kommt, oft der Wunsch damit verbunden, durch die Benennung oder Beschreibung solcher Handlungen die von ihnen verursachte Identitätskrisen zu überwinden. Diesen seltenen Fällen eines Befreiungsversuches durch das Sprechen, noch dazu abhängig von den objektiven Möglichkeiten, das Gesagte publik zu machen, steht jedoch das Schweigen der großen Mehrheit gegenüber."[303]

Doch ob es gelingt, über das Erlebte zu sprechen, so Pollak, sei nicht allein vom Willen und der Fähigkeit des Einzelnen abhängig, sondern

> "auch und vor allem von den sozialen Bedingungen, die sie mitteilbar machen, Bedingungen, die sich im Laufe der Zeit wandeln und in jedem Land andere sind. Von dieser Möglichkeit aber, mit den Erinnerungen an die Öffentlichkeit zu gehen, hängt wiederum die Bewältigung der Identitätskrisen ab, die dem Redebedürfnis wie der Redehemmung zugrundeliegen"[304].

Zur Illustration ein Beispiel: Pollak untersucht Erinnerungen von Frauen, die im KZ Auschwitz interniert waren. Diese waren mit dem Transport vom 24. Januar 1943 aus Frankreich deportiert worden. Pollak beschreibt, wie es ihnen nach der Befreiung und der Überwindung der physischen Schwäche und der schlimmsten Traumen gelingen konnte, auch zur Bildung einer kollektiven Erinnerung beizutragen. Wenn es keine solche affektive Gemeinschaft von ehemaligen Häftlingen gebe - als Ort der kollektiven und der individuellen Erinnerungsarbeit, wo auch eventuelle Konflikte oder Ressentiments gemildert werden können -, schwiegen die Opfer möglicherweise auch deshalb, weil sie die sozialen Beziehungen zu ihrer Umgebung aufrechterhalten und sich den herrschenden Vorstellungen anpassen wollten oder müßten.[305] Pollak nennt in diesem Zusammenhang das bereits oben vorgestellte Beispiel von Margareta

---

[301] Pollak 1988.
[302] Ebd., S. 9f.
[303] Ebd., S. 90.
[304] Ebd.
[305] Ebd., S. 140.

Glas-Larsson, die wegen sogenannter Rassenschande verurteilt worden war.[306]
Im Gegensatz zu ihr konnten die genannten Französinnen ganz andere Erfahrungen machen:

> "Die Frauen des 'Transports vom 24. Januar' dagegen konnten in Frankreich im Einklang
> mit ihrem politischen und nationalen Bewußtsein sehr wirkungsvoll dazu beitragen, daß es
> schließlich nur eine einheitliche Gruppe von Verfolgten gab, in der - im Gegensatz zur
> Entwicklung in Deutschland - die Spuren der nazistischen Einteilung nach 'rassisch'
> Verfolgten einerseits, 'politischen' andererseits fast zum Verschwinden gebracht wurden.
> Diese Arbeit konnte nur gelingen, weil es als festen Bezugspunkt die Zugehörigkeit zur
> französischen Nation gab. Diesen Bezugspunkt besitzen nach den Erfahrungen ihrer
> Massenvernichtung Juden in Ländern mit antisemitischer Einstellung nicht - und das waren
> und sind fast alle Länder Mittel- und Osteuropas vor dem Krieg, während des Krieges und
> trotz mancher Veränderungen auch nach dem Krieg."[307]

Pollak teilt die Erfahrung mit, daß Übereinstimmungen und Spannungen
zwischen individueller und kollektiver Erinnerung bei einem Vergleich der in
Frankreich und Polen geführten Interviews mit jenen in Deutschland und Österreich
geführten, noch deutlicher werden. Während die Französinnen, die Frage
nach der Zeit nach der Befreiung und der Wiedereingliederung in die Gesellschaft
eher zögerlich behandelten, und ihren Sinn nicht zu begreifen schienen,
empfanden die aus Deutschland und Österreich stammenden Interviewpartnerinnen
die Frage als durchaus sinnvoll und angemessen und nutzten
die Chance, um hierüber ausführlich zu sprechen.[308] Pollak nimmt seine Beobachtungen
zum Anlaß, eine Kritik an der von Psychiatern und Psychoanalytikern
beschriebenen Erscheinung des "Überlebenden-Syndroms" zu formulieren. Er
fragt, ob das Auftreten und das Ausmaß mancher seiner charakteristischen
Züge nicht von der Unmöglichkeit herkomme, öffentlich bestimmte traumatisierende
Erlebnisse zur Sprache zu bringen und die Erinnerung daran gemeinsam
mit anderen zu verarbeiten.[309] Als Beispiel nennt Pollak die Überlebensschuld.
Er kritisiert, daß ein ausschließlich psychologisches, auf den Einzelnen
gerichtetes Interesse in erster Linie einer moralischen Bewertung diene:

> "Tatsächlich scheint die psychoanalytische Deutung mit ihrer Behauptung eines Kausalzusammenhangs
> zwischen KZ-Erfahrungen und Schuldgefühl nur eine Spannung individuell
> und moralisch zu formulieren, die auch juristisch, wissenschaftlich oder literarisch ausgedrückt
> werden kann. Von 'Schuldgefühlen' zu sprechen, erklärt also nichts, sondern verlagert
> nur die KZ-Erfahrungen auf eine bestimmte Ebene, und man sollte lieber danach
> fragen, warum sich eine bestimmte Person zu einem bestimmten Zeitpunkt auf diese Ebene
> begibt."[310]

Entsprechend plädiert Pollak dafür, dieses Schuldgefühl nicht als Ursache oder
Erklärung zu verstehen, sondern als Symptom.[311] Er betont die Notwendigkeit,
den Zeitraum nach den KZ-Erlebnissen und dem Auftreten einer psychischen

---

[306] Ebd.
[307] Ebd., S. 140f.
[308] Ebd., S. 141.
[309] Ebd., S. 164.
[310] Ebd., S. 165.
[311] Ebd.

Störung nicht außer acht zu lassen. Außerdem warnt er davor, das Verhalten im KZ nach den herrschenden moralischen Maßstäben zu messen, da sich die Überlebenden sonst mit der unhaltbaren Erwartung auseinandersetzen müßten, "daß sie sich wie Helden verhalten und damit nicht nur überlebt, sondern auch ihre Würde gewahrt haben sollen. Die bloße Antizipation eines solchen Anspruchs macht jede Kommunikation über das KZ äußerst schwierig, denn es ist wenig wahrscheinlich, daß die Geschrächspartner von Überlebenden imstande sind, sich von Vorstellungen von Moral und Würde zu lösen, die ganz absolut und eben daher auch im allgemeinen so wirksam sind"[312]. So bleibt festzuhalten, daß sich Erfahrungen, wie sie die Überlebenden von Verfolgung und KZ-Haft gemacht haben, durch Kommunikationsschwierig-keiten so sehr zuspitzen, daß

"sie sich schließlich zu einem spezifischen Syndrom verdichten: Todesängste, psychische (und oft auch physische) Labilität, Härte und Mißtrauen im Umgang mit anderen Menschen. Die Genese des Syndroms erklärt sich nicht nur aus der Vergangenheit und den Erinnerungen der Überlebenden, sondern ebensosehr aus dem Fehlen von Kommunikationsmöglichkeiten: von dieser Art Erfahrung wollte niemand etwas hören"[313].

---

[312] Ebd., S. 165f.
[313] Ebd., S. 164f.

Biographieforschung und volkskundliche Erzählforschung

Mitte der siebziger Jahre erhielt in verschiedenen Fachdisziplinen die biographische Forschung neuen Auftrieb.[1] Seitdem wendet sich vor allem die erziehungs- und sozialwissenschaftliche Forschung in zunehmendem Maß lebensgeschichtlichen Fragestellungen zu. Es handelt sich hierbei um ein Gebiet, das keiner Disziplin allein gehört. Aus diesem Grunde muß eine Annäherung zunächst von Ausgrenzungen ausgehen:

"[...] biographische Forschung ist ein Arbeitsbereich in verschiedenen Sozialwissenschaften, keine fest etablierte Teildisziplin, kein traditioneller Methodenbereich mit von allen Forschern gemeinsam verwendeten Grenzziehungen, Grundbegriffen, theoretischen Präferenzen oder Verfahrensschritten."[2]

Als biographische Forschung werden Forschungsansätze und -wege bezeichnet, deren Datengrundlage Lebensgeschichten darstellen. Diese berichten "aus dem Blickwinkel desjenigen, der sein Leben lebt"[3]. Bei aller Unterschiedlichkeit[4] in der Beurteilung der Abgrenzungsmerkmale zu anderen kultur- und sozialwissenschaftlichen Forschungsmethoden besteht jedoch Einigkeit darüber, was als das Besondere biographischer Forschung anzusehen ist, nämlich die Thematisierung der Eigenperspektive der handelnden Subjekte:

"Das Spezifische aller biographischen Verfahren liegt einerseits in den Formen der Materialerhebung und in der Art des zur Analyse vorliegenden Materials, mehr noch ergibt es sich aber aus einer besonderen Fragestellung. Es geht um die persönliche Auffassung von Individuen über sich selbst und über die objektiven, historischen und sozialen Verhältnisse, unter denen ihr Leben verläuft."[5]

Damit nimmt die biographische Forschung "eine Frontstellung gegen die reduktionistischen, objektivistischen und statistischen Tendenzen gängiger Traditionen"[6] ein. Man hat die Erwartung, "auf dem Weg über eine historische Rekonstruktion des individuellen Lebens dessen Gegenwart 'besser verstehen' zu können"[7]. Die gemeinsame Definition von Martin Kohli und Günther

---

[1] Zu Geschichte und Entwicklung der Biographieforschung: Fuchs, Werner: Biographische Forschung. Eine Einführung in Praxis und Methoden. Opladen 1984, S. 95-135; Kohli, Martin: Wie es zur "biographischen Methode" kam und was daraus geworden ist. In: Zeitschrift für Soziologie 10 (1981) S. 273-293.

[2] Fuchs 1984, S. 9.

[3] Ebd.

[4] Vgl. Lehmann, Albrecht: Autobiographische Methoden. Verfahren und Möglichkeiten. In: Ethnologia Europaea 11 (1979/80) S. 36-54, hier S. 36; Kohli 1981, S. 273.

[5] Lehmann 1979/80, S. 36.

[6] Kohli 1981, S. 273.

[7] Ebd.

Robert[8] bezeichnet den Stellenwert der Subjektivität besonders prägnant. Sie formulieren, die Biographieforschung stelle "die umfassendste Thematisierung von Subjektivität" dar.

Neben den bereits erwähnten Sozialwissenschaftlern befassen sich auch Psychologen, Ethnologen ebenso wie Historiker und Volkskundler mit lebensgeschichtlichen Dokumenten. Die Bandbreite ist entsprechend groß. Unter der Bezeichnung *Oral History* oder *Mündliche Geschichte* werden in der Geschichtswissenschaft Untersuchungen durchgeführt, in denen den Befragten eine Bedeutung zukommt, die über die bloße Rolle des Informanten über ein historisches Ereignis weit hinausgeht. Wie in den Nachbardisziplinen setzte auch in der Volkskunde etwa seit der Mitte der siebziger Jahre eine allmähliche Hinwendung zur biographischen Forschung ein, die z.B. in der 1981 in Freiburg i.Br. unter dem Thema *Lebenslauf und Lebenszusammenhang* abgehaltenen Tagung ihren Ausdruck fand. Gemäß dem interdisziplinären Charakter biographischer Verfahren hatten sich hier nicht nur Volkskundler, sondern auch biographisch interessierte Forscher aus benachbarten Fächern versammelt.[9]

In der Volkskunde ist die Auseinandersetzung mit lebensgeschichtlichen Fragestellungen innerhalb der Erzählforschung angesiedelt.[10] Diese gehört zu den größten und am längsten etablierten Teilgebieten des Faches[11] und kann auf eine mehrhundertjährige Geschichte zurückblicken. Die volkskundliche Erzählforschung, wie sie in Abgrenzung zur literaturwissenschaftlichen Erzählforschung bezeichnet wurde, beschäftigte sich in erster Linie mit den Textsorten Märchen, Sage, Legende, Schwank und Witz, den sogenannten *Einfachen Formen*[12]. Während in der gegenwärtigen Erzählforschung reine Erzähltypen- und Motivuntersuchungen nur noch eine untergeordnete Rolle spielen, wird nun das Erzählen als "sozialer Akt" begriffen, "der einen Erzähler und ein

---

[8] Kohli, Martin/Robert, Günther: Einleitung. In: dies. (Hg.): Biographie und soziale Wirklichkeit. Stuttgart 1984, S. 1-5, hier S. 4.

[9] Vgl. auch Lipp, Carola: Alltagskulturforschung im Grenzbereich von Volkskunde, Soziologie und Geschichte. Aufstieg und Niedergang eines interdisziplinären Forschungskonzepts. In: Zeitschrift für Volkskunde 89 (1993) S. 1-33, hier S. 10.

[10] Der Neuentwurf der Fachsystematik der IVB Stand 1991 führte unter dem Oberbegriff "Volksliteratur, mündliche und schriftliche Erzählkultur" den Bereich "Alltägliches Erzählen: Memorat, Biographie, Oral History" neu ein, siehe Alsheimer, Rainer: Die IVB-Fachsystematik und Gliederung. Ergebnisse der Tagung in Lilienthal 1990. In: Beitl, Klaus/Kausel, Eva (Hg.): Internationale und nationale volkskundliche Bibliographien. Spiegel der Wissenschaft Volkskunde/Europäische Ethnologie. Wien 1991, S. 9-39, hier S. 38. Leider wurde dieser Entwurf nicht komplett übernommen: Die Fachsystematik der IVB Stand 1994 nennt nun unter dem Oberbegriff "Volksprosa und Lesestoffe" auch den Bereich "Alltägliches Erzählen", zu dem, ohne diese explizit in der Überschrift zu nennen, Memorat, Biographie und Oral History gehören. Lebensgeschichtliche Untersuchungen finden sich daher hier, siehe Internationale Volkskundliche Bibliographie [...] für die Jahre 1989 und 1990. Herausgegeben von Rainer Alsheimer. Bonn 1994, S. xii.

[11] Röhrich, Lutz: Erzählforschung. In: Grundriss der Volkskunde. Einführung in die Forschungsfelder der Europäischen Ethnologie. Herausgegeben von Rolf Wilhelm Brednich. Berlin 1988 (2. Auflage 1994), S. 353-379, hier S. 353.

[12] Jolles, André: Einfache Formen. 2. Aufl. Darmstadt 1958.

Publikum voraussetzt, wobei die Rollen auch vertauscht werden können".[13]
Man wendet sich dem Phänomen des Erzählens in seiner gesamten Komplexität
zu: Wer erzählt wem was bei welcher Gelegenheit aus welchem Grund und zu
welchem Zweck? Wie wird erzählt? Wie erreicht das Erzählte den Empfänger
und wie wirkt cs auf diesen? Diese Fragen werden ebenso für die Vergangenheit wie für die Gegenwart gestellt, ebenso für das schriftliche wie für das
mündliche Erzählen, individuell, gruppenbezogen, lokal, regional, national und
international. Die Anlehnung an die Kommunikationswissenschaft verweist auf
den interdisziplinären Charakter der Erzählforschung. Mit den genannten
Fragen beschäftigen sich verschiedenste Fachwissenschaften, ja sämtliche
Philologien.[14] Mag die Verpflechtung mit anderen Disziplinen auch groß sein,
so muß aber gleichfalls auf die eigene Tradition der Volkskunde im Umgang
mit erzählenden Quellen und biographischen oder genauer autobiographischen
Dokumenten verwiesen werden. In diesem Zusammenhang ist ein komplexer
Forschungsbereich anzusprechen, der mit dem Ausdruck *Biologie des Erzählguts* in die deutschsprachige Erzählforschung Eingang gefunden hat. Hier wird
auf einen bedeutsamen Perspektivwechsel des Forschungsinteresses aufmerksam gemacht, der "vom Text zum Kontext [verläuft], von der statischen
Betrachtung künstlich isolierter und arrangierter Erzählpassagen zum Studium
der Dynamik des Erählens und Tradierens von Person zu Person und von Volk
zu Volk, der Kontakte und Interaktionen, die für die Entstehung und Neufor-
mung von Erzählungen verantwortlich sind"[15]. In ähnlicher Weise äußert sich
auch Hermann Bausinger zu dem Stichwort *Kontext*. Einen besonderen Wert
legt er dabei auf die Beachtung der kulturellen Gesamtsituation:

> "Dieses Stichwort wehrt sich gegen jegliche verengende Fixierung: es meint zunächst
> einmal den Textzusammenhang, dann die Umstände des Erzählereignisses, die aber ihrer-
> seits wieder auf die soziale Konstellation verweisen, und schließlich kann und muß manche
> Erzählung auch aus der kulturellen Gesamtsituation heraus - und als Indiz für die kulturelle
> Gesamtsituation - interpretiert werden."[16]

Damit wird eine Kritik gegenüber der Märchenphilologie, die den soziokul-
turellen und kommunikativen Hintergrund des Erzählens in der Regel unberücksichtigt ließ, zum Ausdruck gebracht. Von einer *Biologie der Volkssagen*
sprach erstmals Friedrich Ranke[17] und rückte damit die Person des Erzählers,
seine Motive und Absichten sowie den Erzählvorgang selbst in den Blickpunkt

---

[13] Schenda, Rudolf: Mären von deutschen Sagen. Bemerkungen zur Reproduktion von
"Volkserzählungen" zwischen 1850 und 1870. In: Geschichte und Gesellschaft 9 (1983) S.
26-48, hier S. 26.

[14] Dies spiegelt sich beispielsweise im Konzept und in vielen Artikeln der Enzyklopädie des
Märchens Bd. 1ff. Berlin/New York 1977ff.; vgl. auch Ranke, Friedrich: Grundsätzliches
zur Wiedergabe deutscher Volkssagen. In: Niederdeutsche Zeitschrift für Volkskunde 4
(1926) S. 44-47, hier S. 45.

[15] Dégh, Linda: Biologie des Erzählguts. In: Enzyklopädie des Märchens. Bd. 2. 1979, Sp.
386-406, hier Sp. 386.

[16] Bausinger, Hermann: Zur Spezifik volkskundlicher Arbeit. In: Zeitschrift für Volkskunde
76 (1980) S. 1-21, hier S. 9.

[17] Ranke 1926.

des Interesses. Großen Einfluß auf die europäische Volkserzählforschung hatten die Arbeiten sowjetischer Forscher, wie z.B. Mark Asadowskijs Untersuchung *Eine sibirische Märchenerzählerin*[18], in denen die Bedeutung des individuellen Erzählers für die Tradierung der Erzählungen hervorgehoben wird. Auf diese Weise werden die Erzählungen als Produkte des anonymen Volkes in Frage gestellt.[19] In der Folge dieser Entwicklung begannen europäische Forscher in Feldforschungsprojekten die Repertoires einzelner Volkserzähler zu dokumentieren, und darüber hinaus auch Informationen über den lebensgeschichtlichen Hintergrund, den Erzählstil sowie die soziale Position der Gewährsleute zusammenzutragen.[20] Zu ihnen zählte auch Gottfried Henßen, der 1936 mit dem Aufbau eines Zentralarchivs der deutschen Volkserzählung betraut wurde. In der Edition *Überlieferung und Persönlichkeit. Die Lieder des Egbert Gerrits*[21], beschäftigt er sich eingehend mit der Person des Erzählers und gelangt auf diese Weise zu wichtigen Ergebnissen über die Tradierung der Volkserzählung, ihr "Leben", wie Siegfried Neumann[22] schreibt.

Nur allmählich wurden einige Ergebnisse der Märchenbiologie von der europäischen Erzählforschung übernommen.[23] Seit den 60er und 70er Jahren entstanden etliche Arbeiten, die sich ausschließlich dem Repertoire eines einzelnen Erzählers oder einer Erzählgemeinschaft widmen. Linda Dégh, die die neuere deutschsprachige Erzählforschung nachhaltig beeinflußte[24], setzt sich in ihrer Monographie *Märchen, Erzähler und Erzählgemeinschaft*[25] mit der Entstehung des Repertoires, dem persönlichen Erzählstil sowie den Erzählgelegenheiten auseinander. Auch Siegfried Neumann, der sich in der Tradition Henßens sieht und der Erzählerforschung verpflichtet fühlt, stellt in zwei seiner Arbeiten[26] das Repertoire einzelner Erzähler vor, das er kommentiert und er Bemerkungen zu Biographie und Erzählstil der Gewährsleute, aber auch zur Erzählsituation voranstellt. Folgerichtig fordert er von der modernen Folkloristik, "mit zwingender Notwendigkeit den Schritt von der Erzählstoff- zur

---

[18] Asadowskij, Mark: Eine sibirische Märchenerzählerin. Helsinki 1926.
[19] Dégh, Linda: Erzählen, Erzähler. In: Enzyklopädie des Märchens. Bd. 4. 1984, Sp. 315-342, hier Sp. 322; vgl. auch Dégh 1979, Sp. 392.
[20] Ebd., Sp. 394.
[21] Henßen, Gottfried: Überlieferung und Persönlichkeit. Die Erzählungen und Lieder des Egbert Gerrits. Münster 1951 (= Schriften des Volkskunde-Archivs Marburg, 1).
[22] Neumann, Siegfried: In memoriam Gottfried Henßen 1889-1966. In: Deutsches Jahrbuch für Volkskunde 13 (1967) S. 102-106, hier S. 105.
[23] Dégh 1979, Sp. 398.
[24] Schenda, Rudolf: Tendenzen der aktuellen volkskundlichen Erzählforschung im deutschsprachigen Raum. In: Chiva, Isac/Jeggle, Utz (Hg.): Deutsche Volkskunde - Französische Ethnologie. Zwei Standortbestimmungen. Frankfurt a.M./New York 1987, S. 271-291, hier S. 277.
[25] Dégh, Linda: Märchen, Erzähler und Erzählgemeinschaft. Dargestellt an der Ungarischen Volksüberlieferung. Berlin 1962 (= Deutsche Akademie der Wissenschaften zu Berlin, Veröffentlichungen des Instituts für deutsche Volkskunde, 23).
[26] Neumann, Siegfried: Ein mecklenburgischer Volkserzähler. Die Geschichten des August Rust. Berlin 1968a (= Veröffentlichungen des Instituts für Deutsche Volkskunde, 3); ders.: Eine mecklenburgische Märchenfrau. Bertha Peters erzählt Märchen, Schwänke und Geschichten. Berlin 1974.

Erzählerforschung [zu] tun"[27]. Mit seiner Monographie *Eine ostpreußische Volkserzählerin. Geschichten - Geschichte - Lebensgeschichte*[28] trägt auch Ulrich Tolksdorf dieser Forderung Rechnung, indem er Erzählungen, Lieder und Reime seiner Gewährsfrau Trude Janz entsprechend kommentiert. Wie zögerlich sich die Folkloristen mit den Anschauungen der Biologie des Erzählens und der Erzählerforschung auseinandersetzen, wird deutlich, wenn Ulrich Tolksdorf in der Einführung zu seiner 1980 erschienenen Arbeit darauf hinweist, "daß überzeugende und wissenschaftlich befriedigende Editionen von Erzählrepertoires einzelner Erzähler immer noch ausstehen"[29].

Eine für die Erzählforschung neue und wichtige Entwicklung setzte mit dem von Hermann Bausinger eingeführten Begriff des Alltäglichen Erzählens ein.[30] Das Alltägliche Erzählen wird von ihm als Kontrast- und Komplementärbegriff zum traditionellen Terminus Volkserzählung verstanden.[31] Zwar habe es, so Bausinger, auch früher schon Erzählungen dieser Art gegeben - er nennt in diesem Zusammenhang u.a. Beispiele aus Schwanksammlungen des 16. Jahrhunderts -, doch habe die Forschung diese vernachlässigt.[32] Dafür seien "weniger objektive Befunde als vielmehr bestimmte Forschungsperspektiven verantwortlich"[33], wie "das altertumskundliche Interesse der Erzählforschung", aber auch die Fixierung auf künstlerische Formen.[34] Bausinger konstatiert ein Zurückdrängen der traditionellen Erzählformen, das er in Beziehung zur geschichtlichen Entwicklung setzt: Technik und Verkehr hätten "das Wissen um die 'wirkliche' Welt und um die 'wirklichen' Zusammenhänge dieser Welt verbreitet" und auf diese Weise "die Enge" überwunden[35] und zu einer Erweiterung des Kommunikationshorizonts beigetragen[36]. Diese Entwicklung habe Auswirkungen auf das Erzählen, dem nun verstärkt die Aufgabe zukomme, "zu künden von den Gesetzen und der Vielfalt der Erscheinungen der natürlichen, der 'wirklichen' Welt"[37]. So plausibel die Beurteilung der geschichtlichen Entwicklung erscheint, so wenig vermag sie als Begründung für das Alltägliche Erzählen zu überzeugen. Haben nicht immer schon, so möchte man fragen, Menschen versucht, sich über ihre Probleme, die Dinge, die sie beschäftigen,

[27] Ders.: Volkserzähler unserer Tage in Mecklenburg. Bemerkungen zur Erzählerforschung in der Gegenwart. In: Deutsches Jahrbuch für Volkskunde 14 (1968b) S. 31-49, hier S. 32.
[28] Tolksdorf, Ulrich: Eine ostpreußische Volkserzählerin. Geschichten - Geschichte - Lebensgeschichte. Marburg 1980 (= Schriftenreihe der Kommission für ostdeutsche Volkskunde in der Gesellschaft für Volkskunde e.V., 23).
[29] Ebd., S. 15.
[30] Bausinger, Hermann: Lebendiges Erzählen. Studien über das Leben volkstümlichen Erzählgutes auf Grund von Untersuchungen im nordöstlichen Württemberg. Tübingen o.J. (Fotokopie); ders.: Strukturen des alltäglichen Erzählens. In: Fabula 1 (1958) S. 239-254.
[31] Ders.: Alltägliches Erzählen. In: Enzyklopädie des Märchens. Bd. 1. 1977, Sp. 323-330, hier Sp. 323.
[32] Ebd., Sp. 323f.
[33] Ebd., Sp. 324.
[34] Ebd., Sp. 325; vgl. auch Neumann, Siegfried: Arbeitserinnerungen als Erzählinhalt. In: Deutsches Jahrbuch für Volkskunde 12 (1966) S. 177-190, hier S. 177.
[35] Bausinger 1958, S. 247.
[36] Bausinger 1977, Sp. 325.
[37] Bausinger 1958, S. 247.

über ihr Leben zu verständigen? Doch diese Frage greift ins Leere, da bei genauerem Hinsehen sich das Alltägliche Erzählen bei Bausinger eher als festgefügter Typ Alltagserzählung entpuppt, der nicht den gegenseitigen, in der Form des Gesprächs stattfindenden Austausch über das Alltägliche oder Nichtalltägliche des eigenen Lebens zum Ziel hat. Vielmehr handelt es sich um einen Typ Erzählung, der zwar verschiedene Inhalte (Arbeitserinnerung, Krankengeschichte, Kriegs- oder Militärdiensterlebnis, Reisebericht) haben kann, sich hingegen in der Struktur und in einzelnen Elementen an traditionellen Gattungen orientiert.[38] Seine Nähe zum Individuellen und Persönlichen wird erkannt, löst aber eher Irritation aus, als daß sie als Chance begriffen wird: Es hat den Anschein, daß "[...] entschiedenere Ausgriffe in ganz persönliche Bereiche der Erfahrung und des Erlebens möglich sind als bei traditionellen Erzählgattungen."[39]

Die Kritik am Begriff des Alltäglichen Erzählens, so wie ihn Bausinger entwirft, wird von Hans Joachim Schröder geteilt. Auch er notiert, daß Bausingers Versuch, die Eigenart 'alltäglicher' Erzählformen zu beschreiben, von Vorstellungen geprägt und überlagert ist, die aus der Beschäftigung mit der traditionellen Volkspoesie entwickelt sind:

"Von vornherein wird damit das breite Spektrum alltäglicher Erzählmöglichkeiten eingeengt auf Formen, die, wie es explizit heißt, jeweils 'in der Nachfolge' des Märchens usw. stehen. Die meisten Beispiele, die zur Veranschaulichung dieser Nachfolge angeführt werden, verdienen denn auch die allgemeine Kennzeichnung 'sonderbar'; was Bausinger an Stoffen alltäglichen Erzählens zusammenträgt, ist alles andere als alltäglich, es ist vielmehr fast durchweg merkwürdig und außergewöhnlich."[40]

Der Begriff Alltägliches Erzählen, so bleibt festzuhalten, erscheint mißverständlich. Dem stimmt auch Rudolf Schenda zu. Sein Klärungsversuch des Begriffs geht dabei zunächst von einer Negativdefinition aus:

"Gemeint ist nämlich nicht das Erzählen von den Mühseligkeiten des durch repetitive Verrichtungen strukturierten Alltags; denn solche Darstellungen des Alltags setzen eine gewisse Distanz und eine gewisses Niveau von Reflektiertheit voraus. Beim Alltäglichen Erzählen wird auch nicht das Alltägliche erzählt, also die Normalität eines Tagesablaufs, die Langeweile des Unveränderten, scheinbar Unveränderbaren und Unabänderlichen, das Rituelle und Formelhafte der Verrichtungen, der Begegnungen und der Erwiderungen auf die Formelhaftigkeiten der anderen. Die meisten alltäglichen Abläufe sind für das Erzählen tabuiert; es interessiert niemanden, wieviele Schritte ich vom Bett zum Bad gelaufen, wieviele Schlucke Kaffee ich getrunken, wen ich, wie jeden Tag, im Tram gesehen habe. Alltägliches Erzählen ist, genau besehen, das Erzählen vom Nicht-Alltäglichen, von dem, was den Alltag durchbrochen hat."[41]

---

[38] Ebd., S. 242ff.; Bausinger 1977, Sp. 326, 328; Neumann 1966, S. 186.

[39] Bausinger 1977, Sp. 326.

[40] Schröder, Hans Joachim: Die gestohlenen Jahre. Erzählgeschichten und Geschichtserzählung im Interview: Der Zweite Weltkrieg aus der Sicht ehemaliger Mannschaftssoldaten. Tübingen 1992, S. 132 (= Studien und Texte zur Sozialgeschichte der Literatur, 37).

[41] Schenda, Rudolf: Von Mund zu Ohr. Bausteine zu einer Kulturgeschichte volkstümlichen Erzählens in Europa. Göttingen 1993, S. 49.

Bei seiner Konzeption 'für eine neue Geschichte des Erzählens' präzisiert Schenda seine Vorstellungen vom Alltäglichen Erzählen. Dabei unterscheidet er drei verschiedene Aspekte: "Alltägliche Arbeit, alltägliche Sorgen"[42], "Der ganz gewöhnliche Alltag: Unglück, Traum, Glück"[43] und "Extreme Situationen: Errettung, Gesundung, Krankheit, Sterben"[44]. Unter diese Kategorien passen unendlich viele Erzählinhalte, denen Folkloristen bisher nur selten Aufmerksamkeit geschenkt haben. Was die Funktion dieses Erzählens betrifft, hält Schenda zusammenfassend fest: "Das Erzählen, und sei es noch so einfach, und sei es nur aus einem knappen Satz gebildet - 'Mann, da war was los!' -, hilft uns, mit diesem Alltag zurechtzukommen. Das ist früher nicht anders gewesen als heute."[45]

Immer wieder beklagen Folkloristen einen Rückgang des sogenannten lebendigen Erzählens und, damit einhergehend, das Zurückdrängen der klassischen Gattungen der Volksprosa.[46] Dies, so Neumann, bedeute jedoch "kein[en] Gradmesser für das Nachlassen der mündlichen Weitergabe künstlerisch geformten Erzählguts"[47]. Denn zu den traditionellen Typen der Volkserzählung, dies wird einmütig festgestellt, hätten sich neuere Formen hinzugesellt[48]; nämlich jene, die dem Bereich des Alltäglichen Erzählens zuzurechnen seien. Hierfür einige Beispiele: Neumann selbst richtet sein Augenmerk auf das Phänomen der Arbeitserinnerung als Erzählinhalt, womit nicht die Arbeit als Erzählthema gemeint ist, sondern "das Erlebnis bei der Arbeit als Erzählstoff"[49]. Georg R. Schroubek wendet sich dem Erinnerungsbericht "als volkskundliche Quelle und als Art der Volksprosa"[50] zu, wobei er auf entsprechende Ergebnisse der sowjetischen Forschung verweist. Eine weitere Erzählform aus diesem Bereich stellen die von Schenda[51] beschriebenen Familien-Erinnerungsgeschichten dar.[52] Schließlich muß auf die Arbeiten von Albrecht Lehmann[53]

---

[42] Ebd., S. 263.

[43] Ebd., S. 268.

[44] Ebd., S. 271.

[45] Ebd., S. 274.

[46] Vgl. Sirovátka, Oldrich: Die Alltagserzählung als Gattung der heutigen Überlieferung. In: Miscellanea Prof. em. Dr. K.C. Peeters. Antwerpen 1975, S. 662-669, hier S. 662f.; Neumann 1968a, S. 7; ders.: Volkserzählung heute. Bemerkungen zu Existenzbedingungen und Daseinsformen der Volksdichtung in der Gegenwart. In: Jahrbuch für Volkskunde und Kulturgeschichte N.F. Bd. 7, 22 (1979) S. 92-102, hier S. 93ff.; Petzoldt, Leander: Einige Bemerkungen zur Situation der Erzählforschung. In: Ethnologia Europaea IV (1970, erschienen 1971) S. 67-72, hier S. 71.

[47] Neumann 1979, S. 97.

[48] Vgl. Röhrich 1988, S. 354.

[49] Neumann 1966, S. 178.

[50] Schroubek, Georg R.: "Das kann ich nicht vergessen". Der Erinnerungsbericht als volkskundliche Quelle und als Art der Volksprosa. In: Jahrbuch für Ostdeutsche Volkskunde 17 (1974) S. 27-50, hier S. 27.

[51] Schenda, Rudolf: Autobiographien erzählen Geschichten. In Zeitschrift für Volkskunde 77 (1981) S. 67-87.

[52] Vgl. Lehmann, Albrecht: Familiengeschichten. In: Enzyklopädie des Märchens. Bd. 4. 1984, Sp. 833-836.

[53] Ders.: Autobiographische Erhebungen in den sozialen Unterschichten. Gedanken zu einer Methode der empirischen Forschung. In: Zeitschrift für Volkskunde 73 (1977) S. 161-180;

und Rolf Wilhelm Brednich[54] verwiesen werden, die sich mit autobiographischen Erzählungen auseinandersetzen. Dem biographischen Erzählen kommt innerhalb des Bereichs Alltägliches Erzählen eine besondere Bedeutung zu, was u.a. die bereits erwähnte Freiburger Tagung[55] verdeutlicht hat.

Eine Gattungserweiterung ganz anderer Art unternimmt Lehmann mit seinem Versuch, den Schicksalsvergleich als "eine Gattung des Erzählens und eine Methode des Erinnerns" in die volkskundliche Erzählforschung einzuführen.[56] Hier ist nicht der Inhalt für die Typbestimmung verantwortlich, wie bei den anderen der genannten Erzählungen aus dem Bereich des Alltäglichen Erzählens, sondern allein die Form, also der Vergleich. Dieser ist den Folkloristen allerdings eher bekannt als "narrative Minimalform"[57] und somit als Grundbaustein für verschiedene Gattungen des Erzählens.

Die oben vorgenommene Auflistung weist eine Vielzahl mündlicher Formen[58] nach, die in den vergangenen drei Jahrzehnten nach und nach in das Blickfeld der Erzählforschung gerückt sind. Die Beschäftigung mit immer neuen Erzählformen ist zwangsläufig verbunden mit einer Kritik am etablierten Genre-Kanon, denn gerade die ausschließliche Beschäftigung mit den traditionellen Genres der Volksprosa verstellte den Blick auf bisher nicht fixierte Formen aus dem Bereich des Alltäglichen Erzählens[59]:

> "Genre-Klassifikationen nützen den Forschern bei der Bewältigung ihrer idealen Fragestellungen, nicht den Erzählern bei der Bewältigung ihrer realen, in den Kommunikationsakten verbalisierten Probleme. Genre-Theorien sind sozialproblemfremd."[60]

Diese Kritik greift nicht nur das traditionelle Gattungsverständnis an, sondern stellt vielmehr den Ansatz der althergebrachten volkskundlichen Erzählforschung in Frage. Während sich die Folkloristen also bislang um die Klärung der Genre-Fragen bemühten und ihr besonderes Augenmerk auf Erzählmotive

---

ders.: Erzählen eigener Erlebnisse im Alltag. Tatbestände, Situationen, Funktionen. In: Zeitschrift für Volkskunde 74 (1978) S. 198-215; ders.: Rechtfertigungsgeschichten. Über die Funktionen des Erzählens eigener Erlebnisse im Alltag. In: Fabula 21 (1980) S. 56-69; ders.: Erzählstruktur und Lebenslauf. Autobiographische Untersuchungen. Frankfurt a.M./New York 1983.

[54] Brednich, Rolf Wilhelm: Zur Anwendung der biographischen Methode in der volkskundlichen Feldforschung. In: Jahrbuch für Ostdeutsche Volkskunde 22 (1979) S. 278-329.

[55] Ders./Lixfeld, Hannjost/Moser, Dietz-Rüdiger/Röhrich, Lutz (Hg.): Lebenslauf und Lebenszusammenhang. Autobiographische Materialien in der volkskundlichen Forschung. Vorträge der Arbeitstagung der Deutschen Gesellschaft für Volkskunde in Freiburg i.Br. vom 16. bis 18. März 1981. Freiburg i.Br. 1982.

[56] Lehmann, Albrecht: Der Schicksalsvergleich - Eine Gattung des Erzählens und eine Methode des Erinnerns. In: Erinnern und Vergessen 1991a, S. 197-207.

[57] Daxelmüller, Christoph: Exemplum. In: Enzyklopädie des Märchens. Bd. 4. 1984, Sp. 627-649, hier Sp. 627.

[58] Auf die gedruckten Traditionen soll hier nicht eingegangen werden. Vgl. Schenda 1987, S. 275; Röhrich 1988, S. 354. Zur Zunahme der Zahl der Gattungen vgl. Honko, Lauri: Gattungsprobleme. In: Enzyklopädie des Märchens. Bd. 5. 1987, Sp. 744-769, hier Sp. 763.

[59] Schenda, Rudolf: Genre-Theorie. Kommentar. In: Folk Narrative Research. Some Papers Presented at the VI Congress of the International Society for Folk Narrative Research. Helsinki 1976a, S. 27-29, hier S. 28 (= Studia Fennica, 20).

[60] Ebd.

und -typen gerichtet war, gilt Schendas Interesse dem Erzähler in seiner Bedingtheit von sozio-ökonomischen Verhältnissen und eingeübten Kulturmustern, und damit nicht allein seiner Erzählweise und seinem Erzählmilieu.[61] Erst eine kombinierte Analyse von Inhalt und Performanz, so Schenda weiter, könne die sozialpsychologischen *Funktionen* einer Erzählung beschreiben.[62]

Bereits Julius Schwietering betrachtete innerhalb seiner soziologischen Untersuchungen der Performanz die soziale Funktion des Erzählvorgangs.[63] Später machte Neumann auf die gesellschaftliche Funktion der Volkserzählung aufmerksam[64] und wies auf Berufserinnerungen sowie Arbeitsgeschichten und ihre persönlichkeitsstabilisierende Funktion der "Selbstdokumentation" hin[65]. Auch Lehmann rückt die Funktionen, die das Erzählen eigener Erlebnisse aus dem Alltag für die Erzähler wie für ihre Zuhörer besitzt, in den Mittelpunkt des Interesses und unterscheidet dabei individualisierende, solidarisierende und sedative Funktionen.[66] Über die Funktion der Rechtfertigung hat er später in einem besonderen Aufsatz berichtet.[67] Betrachtet man die Funktion[68] einer Erzählung, wird gleichzeitig der immer wieder geforderten Hinwendung vom Erzähltext zum Erzählkontext[69] Rechnung getragen und einem anderen ehedem konstitutiven Element der Folkloristik die Bedeutung streitig gemacht. Gemeint ist die *Tradition*, an deren Stelle "mehr und mehr der soziokulturale Kontext des kommunikativen Vorgangs und dieser kommunikative Vorgang selbst" tritt.[70] So sehr Schenda einerseits für die Berücksichtigung der Funktion einer Erzählung plädiert, so eindrücklich ist andererseits seine Mahnung, nicht in eine sinnlose Funktionen-Differenzierung zu verfallen:

> "Funktionen 'an sich' gibt es ja auch gar nicht, sie sind doch immer verbunden mit einem Ziel-Objekt, sei es dem Erzähler selbst oder seinen Zuhörern oder Lesern. Was ich zeigen möchte, ist, daß auch die Funktionen-Differenzierung so fragwürdig ist wie die Genre- oder die Motiv-Einteilung, wenn man sie einseitig, ausschließlich und ahistorisch anwendet, also eine Geschichte, aus dem Zusammenhang gerissen, in eine bestimmte Schachtel wirft."[71]

---

[61] Ebd.

[62] Ebd.; vgl. auch Sokolov, Jurij: Russian Folklore. Hatboro 1966, S. 440.

[63] Schwietering, Julius: Volksmärchen und Volksglaube. In: Euphorion N.F. 36,1 (1935) S. 68-78, hier S. 68.

[64] Neumann 1968b, S. 32.

[65] Neumann 1966, S. 188f.

[66] Lehmann 1978.

[67] Lehmann 1980.

[68] Im Zusammenhang mit der Auseinandersetzung über die Funktionen einer Erzählung möchte ich Bengt Holbek erwähnen, der auf die Bedeutung hinweist, die die Auswahl eines 'Lieblingsmärchens' für Kinder haben kann. Die Auswahl gibt nach seiner Meinung Aufschluß über die individuellen Probleme, die das Kind beschäftigen, siehe Holbek, Bengt: Betrachtungen zum Begriff 'Lieblingsmärchen'. In: Uther, Hans-Jörg (Hg.): Märchen in unserer Zeit. Zu Erscheinungsformen eines populären Erzählgenres. München 1990, S. 149-158.

[69] Georges, Robert A.: From Folktale Research to the Study of Narrating. In: Folk Narrative Research 1976, S. 159-168, hier S. 161f., 165f.

[70] Schenda 1976a, S. 29.

[71] Schenda 1981, S. 76f.

Hier wird ein weiterer Problemkreis im Umgang mit Volkserzählungen ange-sprochen; eine sozialhistorische Interpretation und Analyse von Volkserzäh-lungsinhalten setzt die Kenntnis der historischen Verhältnisse voraus.[72] Was zunächst wie ein Gemeinplatz klingt, stellt sich bei näherer Betrachtung als gewichtige Forderung an die moderne Erzählforschung heraus. Wenn von den historischen Verhältnissen gesprochen wird, ist zwischen den textimmanenten und den zum Zeitpunkt der Textentstehung bzw. Textreproduktion herrschen-den Verhältnissen zu unterscheiden. Geht es um die letzteren, dann gilt es zu klären, ob und inwieweit die Erzählung Interessen und Ideen der Herrschenden transportieren soll oder aber Anschauungen und Bedürfnisse der Unterschich-ten, ihre Sehnsüchte und Wünsche aufnimmt und widerspiegelt.[73] Die kommu-nikative Funktion einer Erzählung ändere sich, so Schenda über Märchen- und Sagentexte, wenn sie aus dem Bereich der variablen Oralität in den der sprach-lich fixierten Skriptualität übertragen werde, wenn eine Erzählung einmal aus lokalpatriotischen, ein andermal aus nationalistischen und ein weiteres Mal aus Gründen des kulturindustriellen Profits reproduziert werde.[74] Das spezifische historische Bezugsfeld in seiner ganzen Weite ist also zu berücksichtigen, kurzum, gefordert ist ein ideologiekritischer Ansatz im Umgang mit Volks-erzählungsinhalten.[75] Mit seinen Arbeiten über deutsche[76] und schweizerische[77] Sagen hat Schenda diese Forderung überzeugend eingelöst.

Mit der Einführung des Begriffs Alltägliches Erzählen in die volkskundliche Erzählforschung war ein bedeutender Schritt auf dem Weg zu einer auch an gegenwärtigen Formen des Erzählens orientierten Erzählforschung geleistet worden. Ungefähr zwanzig Jahre später erfolgte ein weiterer Schritt auf diesem Wege. Bislang hatten herausragende Erzählerpersönlichkeiten im Mittelpunkt der Betrachtung gestanden. Selbst viele derjenigen Folkloristen, die sich dem Bereich des gegenwärtigen Erzählens genähert hatten, hielten an der traditio-nellen Vorstellung vom *Volkserzähler* - respektive von der *Volkserzählerin* - fest, der sich als "begabte Erzählerpersönlichkeit"[78] profiliert und sich auf diese Weise von "der Schar der Gelegenheitserzähler"[79] abzusetzen weiß und der es versteht, sein Publikum "mit einem scheinbar unerschöpflichen Vorrat

[72] Schenda, Rudolf: Prinzipien einer sozialgeschichtlichen Einordnung von Volkserzählungs-inhalten. In: Folk Narrative Research 1976b, S. 185-191, hier S. 187.

[73] Vgl. ebd., S. 186; Tomkowiak, Ingrid: Herrschaft, Herrscher. In: Enzyklopädie des Märchens. Bd. 6. 1990, Sp. 894-916; zusammenfassend: Ranke, Kurt/Grätz, Manfred/Moser-Rath, Elfriede: Deutschland. In: Enzyklopädie des Märchens. Bd. 3. 1981, Sp. 447-569, hier Sp. 555-557.

[74] Schenda 1987, S. 281.

[75] Vgl. Schenda 1976b, S. 186; Tomkowiak 1990.

[76] Schenda 1983; ders.: Volkserzählung und nationale Identität: Deutsche Sagen im Vormärz (1830-1848). In: Fabula 25 (1984) S. 296-303.

[77] Schenda, Rudolf (Hg., unter Mitarbeit von Hans ten Doornkaat): Sagenerzähler und Sagen-sammler der Schweiz. Studien zur Produktion volkstümlicher Geschichte und Geschichten vom 16. bis zum 20. Jahrhundert. Bern/Stuttgart 1988.

[78] Tolksdorf 1980, S. 17.

[79] Neumann 1968b, S. 47.

an Erzählstoffen"[80] zu faszinieren. In einem 1978 erschienenen Aufsatz richtet
Lehmann, der mit seiner Arbeit an die Ergebnisse von Bausinger und Neumann
anschließen möchte, das Interesse auf den alltäglichen Erzähler oder - wie er
selbst formuliert - auf den "durchschnittlichen Erzähler".[81] Er rückt auf diese
Weise das *Erzählen eigener Erlebnisse im Alltag*, so der programmatische Titel
des Aufsatzes, ins Blickfeld. Lehmann geht es um die Funktionen, die diese
Erzählungen für die Erzähler und ihre Zuhörer besitzen.[82] Wenn psychische
und soziale Funktionen untersucht werden sollen, wird damit auch im Hinblick
auf die Beschäftigung mit dem Erzählen ein anderes Erkenntnisziel sichtbar:

> "[...] Forschungen, die nach den psychosozialen Beziehungen fragen, die sich häufig hinter
> den lustigen, traurigen, wunderbaren und zumeist unterhaltsamen Geschichten aus dem
> Alltag verbergen, [können] wichtige Beiträge zur Erkenntnis des Bewußtseins heute leben-
> der Menschen leisten."[83]

Entsprechend sieht Lehmann die Aufgabe einer modernen Erzählforschung im
Bereich einer Bewußtseinsforschung angesiedelt.[84] Diese Aufgabe sei allerdings, so Lehmann, nicht allein für die Erzählforschung von Bedeutung:

> "Die Analyse der rezenten Erzählstoffe und ihres situativen Kontextes führt jedoch über
> ihre Bedeutung für die Erzählforschung noch weit hinaus. Ihr Ziel sollte es sein, innerhalb
> der Kultur- und Sozialwissenschaften mitzuwirken an der Erforschung der Versuche, Chan-
> cen und Versagungen gegenwärtig lebender Menschen, in ihrer jeweiligen teilkulturellen,
> geschichtlichen und autobiographischen Situation eine soziale und kulturelle Identität zu
> finden."[85]

Eine so verstandene Erzählforschung hätte ein großes Aufgabengebiet zu
erfüllen, und an dieser Stelle spart Lehmann nicht mit Kritik an der deutschen
Erzählforschung. Die Erforschung der "Dynamik des Erzählens in seiner historischen und lebensgeschichtlichen Dimension" wäre nach seiner Ansicht für
diese bedeutende Teildisziplin der Volkskunde in Deutschland nach dem Zweiten Weltkrieg "ein großes Thema" gewesen - vergleichbar der Sagen- und
Märchenforschung im 19. Jahrhundert[86], die allerdings bekanntermaßen zu
großen Teilen vaterländischen Tendenzen gehuldigt hat. Das mögliche Auf-
gabenfeld einer Erzählforschung, die sich die "historische Analyse von individuellen und kollektiven Bewußtseinsprozessen" zum Ziel gesetzt hätte, konkre-
tisiert Lehmann in einem umfangreichen Katalog: Hierzu zählt er "die syste-

---

[80] Ders.: Mecklenburgische Erzähler der Gegenwart und ihre Märchen. In: Uther (Hg.) 1990,
    S. 102-114, hier S. 106f.
[81] Lehmann 1978; Lehmann 1983, S. 33; vgl. auch Lehmann 1984, Sp. 833.
[82] Lehmann 1978, S. 199. Lehmann betont, daß er damit formalen Aspekten und Gattungs-
    problemen ihre Bedeutung nicht absprechen möchte, siehe ebd.
[83] Ebd.
[84] Vgl. Lehmann 1977, S. 179f.; Lehmann 1978, S. 199, 215; Lehmann 1983, S. 7; ders.:
    "Organisieren". Über Erzählen aus der Kriegs- und Nachkriegszeit. In: Der Deutschunter-
    richt VI (1987) S. 51-63, hier S. 52; ders.: Erzählen zwischen den Generationen. Über histori-
    sche Dimensionen des Erzählens in der Bundesrepublik Deutschland. In: Fabula 30 (1989)
    S. 1-25, hier S. 7; Lehmann 1991a, S. 197.
[85] Lehmann 1978, S. 215.
[86] Lehmann 1989, S. 7.

matische Langzeitbeobachtung der Diskrepanzen zwischen privater Rede in den
Familien und öffentlicher Rede", "die Beobachtung von kommunikativen
Techniken", die systematische Untersuchung von "Traditionsbildungen und
Verweigerungen", aber auch die Beschäftigung mit didaktischen Erzählungen
von Lehrern, 'Vergleichsgeschichten', Erfolgsgeschichten aus der Nachkriegszeit, Rechtfertigungsgeschichten und Mißerfolgsgeschichten aus den Aufbaujahren[87]. Doch damit ist für ihn der Aufgabenkatalog noch nicht abgeschlossen:

> "Ein fruchtbarer Weg einer kulturanalytisch und historisch orientierten Erzählforschung
> hätte z.B. systematische Langzeitbeobachtung dessen sein können, was aus der Justizpraxis
> als 'gesteigertes Vorbringen' bekannt ist. Damit ist dort die sukzessive Einfügung neuer
> entlastender Argumente, Sichtweisen oder Erklärungen durch den eines Vergehens
> Beschuldigten von 'Vernehmung zu Vernehmung' gemeint: Das Ergebnis eines
> 'Lernprozesses', in dem der Angeklagte seine Richter von seiner Unschuld überzeugen oder
> wenigstens Verständnis für seine Taten finden will. Für die Erforschung historischer
> Prozesse des Erzählens hätte sich als Beobachtungsprogramm angeboten: Genaue Beachtung
> von Umdeutungen wichtiger Teile einer Lebensgeschichte von einer Erzählsituation zu
> einer anderen unter dem Eindruck subjektiver Erkenntnisse und der Veränderungen der
> öffentlichen Meinung."[88]

Schließlich gehört für Lehmann auch das Erzählen über materielle Gegenstände
des alltäglichen Lebens zu dem Aufgabenbereich einer so verstandenen Erzählforschung, die auf diese Weise immer mehr "zum Teil einer empirischen
Kulturanalyse"[89] wird.[90]

Die verstärkte Auseinandersetzung mit dem Erzählen im Alltag verweist auf
die Nähe zu Methoden der Oral History, die zur Erforschung der Alltagswelt
von Gruppen wie von Individuen verwandt werden. Diese Disziplin der historischen Forschung, die lange Zeit unter den Historikern umstritten war, ist mittlerweile wohl allgemein anerkannt und akzeptiert.[91] Sie versteht sich durchaus
als Ergänzung und Korrektiv zur etablierten Geschichtswissenschaft, die in
strukturgeschichtlicher Einseitigkeit erstarrt scheint.[92] Hier wird ein Perspek-

---

[87] Ebd.

[88] Ebd.

[89] Lehmann, Albrecht: Identifikation. In: Enzyklopädie des Märchens. Bd. 7,1. 1991b, Sp.
15-19, hier Sp. 18.

[90] Vgl. Kuntz, Andreas: Zur objektbestimmten Ritualisierung familiärer Geschichtsarbeit.
Drei Beispiele zum Thema Erinnerungsgegenstände und Lebensgeschichten. In: BIOS 2
(1989) S. 207-219; ders.: Objektbestimmte Ritualisierungen. Zur Funktion von Erinnerungsobjekten bei der Bildung familialer Geschichtstheorien. In: Erinnern und Vergessen
1991, S. 219-234; Mohrmann, Ruth E.: Dingliche Erinnerungskultur im privaten Bereich.
Ebd., S. 209-217.

[91] Vgl. Botz, Gerhard/Karlhofer, Ferdinand: Vorwort. In: Botz, Gerhard/Weidenholzer,
Josef, unter Mitarbeit von Ferdinand Karlhofer (Hg.): Mündliche Geschichte und Arbeiterbewegung. Eine Einführung in Arbeitsweisen und Themenbereiche der Geschichte
"geschichtsloser" Sozialgruppen. Wien/Köln 1984, S. VII-XII, hier S. VII (= Materialien
zur Historischen Sozialwissenschaft, 2). Weniger optimistisch beurteilt dies Alexander von
Plato: "Die Historikerzunft in Deutschland tut sich schwer mit der Oral History", siehe
Plato, Alexander von: Oral History als Erfahrungswissenschaft. Zum Stand der
"mündlichen Geschichte" in Deutschland. In: BIOS 4 (1991) S. 97-119, hier S. 97.

[92] Vgl. Vorländer, Herwart: Mündliches Erfragen von Geschichte. In: ders. (Hg.): Oral
History. Mündlich erfragte Geschichte. Göttingen 1990, S. 7-28, hier S. 12.

tivwechsel deutlich: Weg von der Struktur- und Handlungsgeschichte zu einer am Menschen orientierten Prozeß- und Erfahrungsgeschichte. Zwar warnt Jürgen Kocka, selbst ein "Historiker mit strukturgeschichtlichen Präferenzen"[93], vor einer "neuen erfahrungsgeschichtlichen Einseitigkeit", doch gleichzeitig plädiert er für die Verknüpfung beider Stränge der Geschichtswissenschaft und gesteht damit die Korrekturbedürftigkeit strukturgeschichtlicher Einseitigkeit ein[94]:

> "Aber die Hoffnungen und Ängste, Erfahrungen und Haltungen der protestierenden Leute blieben dabei oft merkwürdig am Rande. Strukturen und Prozesse wurden eindringlicher untersucht als Erfahrungen und Haltungen, obwohl doch beides eng zusammenhängt und man nicht sagen kann, man hätte ein historisches Phänomen wirklich begriffen, wenn man eine dieser beiden Dimensionen - gleich welche - vernachlässigt."[95]

Alexander von Plato definiert die Besonderheit dieser historischen Forschungsrichtung, in dem er resümiert, daß es der Oral History "[...] um die *subjektive Erfahrung* [geht], um die 'Verarbeitung' historischer Erlebnisse und Abläufe, um die Entwicklung von Konsens- und Dissenselementen einer Gesellschaft, auch um die Veränderungen von Selbstdeutungen von Menschen in der Geschichte oder gar prinzipiell um die Bedeutung des Subjekts in der Geschichte geht"[96]. Auch die österreichische Kultursoziologin Sigrid Paul rückt innerhalb ihrer Definition die Bedeutung der Subjektivität in den Mittelpunkt. Sie macht deutlich, daß die Rekonstruktion der Vergangenheit aus der Gegenwart heraus erfolgt:

> "Mündlich überlieferte Lebensgeschichte ist jedoch die Version eines einzelnen, ist subjektiv betrachtete Vergangenheit, vom Standpunkt der Gegenwart aus interpretierte innere und äußere Erlebnisgeschichte, Geschichte einer Person in ihren unzähligen und wechselnden Verflechtungen mit ihrer sozialen, sachlichen und ideellen Umwelt."[97]

Für den österreichischen Historiker Gerhard Botz ist Oral History Ausdruck einer Umorientierung der Geschichtswissenschaft, die nicht nur auf inhaltlicher Ebene zu sehen ist. Entsprechend betont er die politische Stoßrichtung, die die Hinwendung zu einer Wirtschafts- und Sozialgeschichte "einfacher Menschen", "zur Alltags- und Basisgeschichte, zur Subjektivität und zum gesellschaftlichen Engagement" bedeute.[98] Botz setzt diese Entwicklung in Beziehung zu dem gesamtgesellschaftlichen Prozeß einer fortschreitenden Demokratisierung:

> "Diese Perspektive- und thematische Schwerpunktverschiebung ist wiederum eine Art Nachziehverfahren im Bereich der Wissenschaft und des Geschichtsbewußtseins, ein Nach-

---

[93] Kocka, Jürgen: Die alte Bundesrepublik wird Geschichte. In: Frankfurter Rundschau vom 6.12.1993.

[94] Ders.: Zurück zur Erzählung? Plädoyer für historische Argumentation. In: Geschichte und Gesellschaft 10 (1984) S. 395-408, hier S. 407f.

[95] Ebd., S. 407.

[96] von Plato 1991, S. 97f.

[97] Paul, Sigrid: Arbeiterbiographien in Deutschland, Österreich, Polen und Schweden als Vorläufer Mündlicher Geschichte. In: Botz/Weidenholzer (Hg.) 1984, S. 85-108, hier S. 85.

[98] Botz, Gerhard: Oral History - Wert, Probleme, Möglichkeiten der Mündlichen Geschichte. In: Botz/Weidenholzer (Hg.) 1984, S. 23-37, hier S. 24.

ziehverfahren, das seine Dynamik erhält von dem Prozeß der wirtschaftlich sozialen und politischen Demokratisierung, von einem zögernden, aber langfristig doch fortschreitenden gesamtgesellschaftlichen Bedeutungszuwachs der breiten Bevölkerungsmehrheit, die dem Herrschaftsprozeß ausgeliefert ist, gegenüber jenen, die herkömmlicherweise den Herrschaftsprozeß steuern kraft Vorteilen der Geburt, des Besitzes und Einkommens, auch der Bildung."[99]

Kritischer äußert sich an dieser Stelle der Schweizer Historiker Martin Schaffner. Er gibt zu bedenken, daß die Oral History - trotz gegenteiliger Absicht - gerade zu einer Entpolitisierung der Geschichtsbetrachtung führen könne: "Denn im be- und erfragten Wahrnehmungsraster des *Alltagsbewußtseins* ist das *Politische*, oder anders gesagt, ist die Bedingtheit des Handelns durch Herrschafts- und Machtstrukturen weitgehend ausgeklammert."[100] So sehr dieser Einwand als Mahnung für die Bearbeiter von lebensgeschichtlichen Texten seine Berechtigung hat, so wenig mag man ihm als Pauschalurteil über das politische Bewußtsein der befragten *Subjekte* zustimmen.

Auch von seiten der Volkskunde wird die fachübergreifende Oral History als Beitrag zur Demokratisierung und Humanisierung der Forschung gewertet. Wenn Schenda formuliert, "der offiziellen 'Herrschaftsgeschichte' war man seit langem überdrüssig [...]; es galt, eine 'Geschichte des Volkes' den älteren historischen Werken an die Seite zu stellen"[101], dann ist hier - wie auch im Botz-Zitat - die Euphorie einer Aufbruchstimmung zu spüren, die uns Lesern der 1990er Jahre ein wenig befremdlich erscheint. Schenda räumt ein, daß es sich bei der Oral History-Bewegung "auch ein wenig" um eine Mode-Erscheinung handle. Eher jedoch sei sie "ein Anzeichen dafür, daß der Elfenbeinturm der Wissenschaft seine Pforten geöffnet und einige seiner Bewohner auf die Straße geschickt hat, auf den öffentlichen Platz - der Puls einer Stadt schlägt auf dem Markt, nicht im Rathaussaal"[102]. Angesichts zunehmender Politikverdrossenheit breiter Kreise der Bevölkerung und eines erstarkenden Rechtsextremismus in der Bundesrepublik sind diese Worte noch immer aktuell.

Weitere zehn Jahre zurück, und damit noch vor dem Aufkommen der Oral History-Bewegung in der Bundesrepublik, liegt das Erscheinen der *Proletarische[n] Lebensläufe*[103] von Wolfgang Emmerich. Emmerich versteht seine Anthologie von Arbeiterbiographien als "dokumentarisches Lesebuch" für die politische Bildungsarbeit. Seine politische Absicht tritt offen zu Tage, wenn er erklärt, daß er versucht, "den Typus des klassenbewußten bzw. nach einem politischen Standort suchenden Arbeiters klar herauszustellen und Dokumente bewußtlosen Elends oder einer perspektivlosen Opferhaltung eher als Kontrast-

---

[99] Ebd.

[100] Schaffner, Martin: Plädoyer für Oral History. In: Ungern-Sternberg, Jürgen von/Reinau, Hansjörg (Hg.): Vergangenheit in mündlicher Überlieferung. Stuttgart 1988, S. 345-348, hier S. 346 (= Colloquium Rauricum, 1).

[101] Schenda, Rudolf (Hg.): Lebzeiten. Autobiographien der Pro Senectute Aktion. Zürich 1982, S. 9.

[102] Ebd.

[103] Emmerich, Wolfgang (Hg.): Proletarische Lebensläufe. Autobiographische Dokumente zur Entstehung der Zweiten Kultur in Deutschland. Bd. 1 und 2. Hamburg 1974 und 1975.

beispiele fungieren zu lassen"[104]. Die Arbeiter sollen als Subjekte ihrer eigenen Geschichte beschrieben werden, "deren Veränderung nicht nur moralisch wünschenswert, sondern auch machbar ist"[105].

In der Volkskunde werden unter anderem in der Gemeinde- und Regionalforschung Anwendungsgebiete für Oral History Forschungen gesehen.[106] In der von Hans-Joachim Althaus u.a[107] herausgebenen Gemeindestudie über das 'rote' Mössingen gestehen die Autoren zwar ihre Parteilichkeit und ihre Sympathie für die Akteure des in Mössingen am 31. Januar 1933 ausgerufenen Generalstreiks gegen Hitler ein, doch verfolgen sie anders als Emmerich keine politisch-didaktische Absicht (im Sinne einer möglichen gesellschaftlichen Veränderung). Ihr Interesse gilt dem Widerstandsverhalten der Mössinger Bürger, die durch eine weitgehende Kooperation mit in den Forschungsprozeß einbezogen werden sollten, was allerdings nicht in dem beabsichtigten Maß realisiert werden konnte.

Auch die von Hans Thieme und Günther Kapfhammer herausgegebene Regionalstudie Zur 'Oral-History' in Bayerisch-Schwaben[108] wendet sich der Zeit des Nationalsozialismus zu. In einer für Volkskundler nicht untypischen 'Fünf vor zwölf-Stimmung' begeben sich die Autoren auf die Suche nach dem "'volkstümlichen' Wissen von Geschichte"[109]. Dieser Studie bleibt der Vorwurf mangelnder Quellenkritk nicht erspart, so daß die häufig geäußerte Kritik an Arbeiten der Oral History, sie seien zu wenig theoretisch und methodisch untermauert[110], zumindest hier seine Berechtigung findet.

Die Entwicklung der Volkskunde von der "Altertumskunde zur empirischen Kulturforschung", so Lehmann, war mit einem Perspektivwechsel verbunden: Vom Spektakulären zum Alltäglichen.[111] In den einzelnen Teilbereichen des Faches wurde dieser Schritt unterschiedlich schnell und unterschiedlich konsequent vollzogen. In der Erzählforschung setzte die Auseinandersetzung mit der Kultur des Alltags, wie bereits zu berichten war, nur langsam ein. Eine am Alltäglichen Erzählen orientierte Erzählforschung wie auch die Oral History fühlen sich weitestgehend einem alltagsgeschichtlichen Ansatz verpflichtet. Ihr Interesse gilt 'subjektiven Quellen'. Die Forschungsfelder der Erfahrungs-

---

[104] Emmerich 1974, S. 38.

[105] Ebd., S. 37.

[106] Brednich, Rolf Wilhelm: Quellen und Methoden. In: Grundriss der Volkskunde 1988, S. 73-93, hier S. 87.

[107] Althaus, Hans-Joachim u.a.: Da ist nirgends nichts gewesen außer hier. Das 'rote Mössingen' im Generalstreik gegen Hitler. Geschichte eines schwäbischen Arbeiterdorfes. Berlin 1982.

[108] Thieme, Hans/Kapfhammer, Günther (Hg.): Erfragte Zeitgeschichte. Zur "oral history" in Bayerisch-Schwaben. Augsburg 1982.

[109] Ebd., S. 7.

[110] Kocka 1984, S. 401-408; vgl. auch von Plato 1991, S. 97. Wie leichtfertig manche Kritiker die Oral History aburteilen, zeigt ein Artikel von Klaus-Dieter Thomann, der der Oral History Versagen "als Methode" bescheinigt, nur weil er von Heinrich Schade, Mitarbeiter am Frankfurter Institut für Erbbiologie und Rassenhygiene (1933-45), keine objektiven Auskünfte über die Arbeiten des Instituts erhalten hatte, siehe Frankfurter Rundschau vom 20.5.1985, S. 20.

[111] Lehmann 1983, S. 7.

geschichte, wie sie beispielsweise von Plato[112] beschreibt - Untersuchung von Konsens- und Dissenselementen einer Gesellschaft (z.b. in der NS-Forschung) oder der Tradierung zwischen Angehörigen verschiedener Generationen (z.b. in der Flüchtingsforschung) -, erinnern an den Lehmannschen Aufgabenkatalog einer modernen Erzählforschung (vgl. S. 84f.) und sprechen einmal mehr von der Interdisziplinarität biographischer Forschung. Botz und Ferdinand Karlhofer resümieren, daß die Mündliche Geschichte zwar grundsätzlich in der Geschichtswissenschaft verankert sei, doch sei sie "eigentlich nur interdisziplinär - als Version *historischer Sozialwissenschaft* - zu betreiben"[113]. Der Ausgriff in die Sozialwissenschaften wird auch von der Volkskunde gewagt. So verfolgt Lehmann mit seiner Untersuchung zu *Erzählstruktur und Lebenslauf* das Ziel, "empirische Kultur- und Sozialwissenschaft und volkskundliche Erzählforschung zusammenzuführen"[114].

Die Verwandtschaft beider Disziplinen ist also augenfällig. Ihre jeweiligen Vertreter versichern sich der gegenseiten Beeinflussung und Wertschätzung. So erkennt Schenda in der Hinwendung der Volkskunde zu den Unterschichten, zu den Lebensgeschichten einzelner Menschen den verdienstvollen Einfluß der angloamerikanischen Oral History Forschung.[115] Paul Thompson, der als der Begründer der englischen Oral History gilt, schätzt wiederum den Beitrag der Volkskunde im 19. Jahrhundert für die Bewegung der Mündlichen Geschichte.[116] Von Plato beneidet gar die Volkskunde (aber auch die Ethnologie) um die Verankerung von mündlicher Überlieferung und Erzählforschung in ihre Arbeitsbereiche[117], dem allerdings seitens der volkskundlichen Erzählforschung entgegenzuhalten wäre, daß es sich bei der vielfach postulierten Oralität sogenannter Volkserzählungen nur in den seltensten Fällen um solche handelt.[118]

Über Geschichte und Entwicklung einer am Alltäglichen Erzählen orientierten Erzählforschung wurde bereits berichtet. Eine Darstellung der Entwicklung der Mündlichen Geschichte würde den Rahmen dieses Kapitels sprengen.[119] Zwar ist der Begriff Oral History oder Mündliche Geschichte neu, jedoch nicht die Beschäftigung mit mündlich überlieferter Geschichte: "Tatsächlich ist die Mündliche Geschichte so alt wie die Geschichte selbst."[120] In

---

[112] von Plato 1991, S. 105f.
[113] Botz/Karlhofer 1984, S. VIII.
[114] Lehmann 1983, S. 7.
[115] Schenda 1987, S. 278.
[116] Thompson, Paul: Historiker und Mündliche Geschichte. In: Botz/Weidenholzer (Hg.) 1984, S. 55-84, hier S. 69.
[117] von Plato 1991, S. 97.
[118] Schenda 1987, S. 276; Schenda 1988; Röhrich 1988, S. 356f.; ders./Lindig, Erika (Hg.): Volksdichtung zwischen Mündlichkeit und Schriftlichkeit. Tübingen 1989 (= ScriptOralia, 9).
[119] Zu Geschichte und Entwicklung der Oral History siehe Thompson, Paul: The Voice of the Past. Oral History. Oxford 1978, S. 19-64.
[120] Thompson 1984, S. 55. In diesem Zusammenhang sei auch auf den von Jürgen von Ungern-Sternberg und Hansjörg Reinau herausgegebenen Tagungsband Vergangenheit in mündlicher Überlieferung (1988) verwiesen. Im Schweizerischen Augst trafen sich im August 1987 Vertreter verschiedener Fachrichtungen (Zeithistoriker, Mediävisten, Alt-

den Arbeiterbiographien in Deutschland, Österreich, Polen und Schweden sieht
z.B. Sigrid Paul[121] Vorläufer der Oral History. Hier wird deutlich, daß Oral
History und volkskundliche Erzählforschung unterschiedliche Traditionen
haben. Besondere Erwartungen werden in der Auseinandersetzung mit drän-
genden gesellschaftspolitischen Problemen an die Oral History gerichtet, so
beispielsweise von der historischen Frauenforschung. Auch hier wird mit politischen Motiven Forschung betrieben; die Arbeits- und Lebensbedingungen von
Frauen sollen in ihrer Entstehung analysiert und als veränderbar begriffen
werden.[122] Ihren Beitrag zur Frauenforschung leistet auch die Erzählforschung.
In diesem Zusammenhang sei z.b. auf die Arbeiten von Elfriede Moser-Rath
zu Frauenstereotypen im Märchen und im Schwank[123] sowie über *Frauenfeindliche Tendenzen im Witz*[124] verwiesen.

Das vergangene Kapitel zeigt, wenn auch nur ausschnitthaft, einen Teil der
komplexen Tradition der Volkskunde im Umgang mit erzählenden Quellen und
biographischen Dokumenten. Es bedurfte einer Vielzahl von Entwicklungs-
schritten und gewiß ebenso der Überwindung innerer Mauern bei den
Forschern und Forscherinnen selbst, bis die volkskundliche Erzählforschung
ihr Augenmerk von den Textsorten Märchen, Sage, Schwank und Witz auf
gegenwärtige und bislang vernachlässigte Formen des Erzählens gerichtet hat.
Diese Entwicklung blieb nicht ohne Einfluß. So urteilt Schenda, "daß die
Erzählforschung durch solche Gattungsverschiebungen an Aktualität und
Genauigkeit, an Menschennähe und sozialer Verantwortung gewonnen hat"[125].
Dabei war es mehr als nur eine "Gattungsdämmerung"[126], mehr als die bloße
Entdeckung und In-Augenscheinnahme neuer Erzählformen. Den Postulaten
der Erneuerer folgend, entsteht das Bild einer modernen Erzählforschung, in
der die Entwicklung vom Text zum Kontext verläuft, von der Erzählerpersön-
lichkeit zum alltäglichen Erzähler, der in seiner Bedingtheit von sozio-ökonomischen Verhältnissen und eingeübten Kulturmustern betrachtet wird und vom
Erzählrepertoire zum lebensgeschichtlichen Erzählen. Sie verläuft von der
Erzähltyp- und Motivuntersuchung zur Analyse der sozialpsychologischen
Funktionen einer Erzählung. Eine so verstandene und angewandte Erzählforschung könnte den Schritt zur Bewußtseinsforschung im Sinne Lehmanns
leisten.

---

historiker, Orientalisten, Germanisten, Ethnologen, Volkskundler u.a.), um in einer Art
Bestandsaufnahme die Strukturen und die Problematik jeweils 'ihrer' mündlichen Überlieferung aufzuzeigen.
[121] Paul 1984.
[122] Hagemann, Karen: "Ich glaub' nicht, daß ich Wichtiges zu erzählen hab'...". Oral History
und historische Frauenforschung. In: Vorländer (Hg.) 1990, S. 29-48, hier S. 31f.
[123] Moser-Rath, Elfriede: Frauenfeindlich - Männerfeindlich. In: Zeitschrift für Volkskunde
75 (1979) S. 65-67; dies.: Frau. In: Enzyklopädie des Märchens. Bd. 5. 1986, Sp. 100-
137.
[124] Dies.: Frauenfeindliche Tendenzen im Witz. In: Zeitschrift für Volkskunde 74 (1978) S.
40-57.
[125] Schenda 1987, S. 275.
[126] Bausinger, Hermann: Gattungsdämmerung. Vergleiche und Theorien. In: Stuttgarter
Zeitung vom 13.9.1960, S. 23 (zitiert nach Schenda 1987, S. 275).

Längst ist die Verankerung biographischer Verfahren in der volkskundlichen Erzählforschung unumstritten.[127] Jedoch bei etlichen volkskundlichen Arbeiten, die durchaus dem Bereich des Alltäglichen Erzählens zuzurechnen wären, spürt man die Scheu vor einer Einbindung in die Erzählforschung.[128] Wichtige Einflüsse kamen von außen, wie beispielsweise die verstärkte Hinwendung zu biographischer Forschung in verschiedenen Fachdisziplinen seit der Mitte der siebziger Jahre und - damit einhergehend - eine intensive methodologische Auseinandersetzung. Doch ebenso wichtige Impulse kamen aus der Erzählforschung selbst. Innovative Begriffe[129] wie *Biologie des Erzählguts*, *Erzählerforschung*, *Performanz* und *Erzählkontext* und natürlich auch der Begriff des *Alltäglichen Erzählens* befanden sich bereits lange vor dieser Zeit im Diskurs.

Die Erzählforschung ist in einem stetigen, wenn auch langwierigen Prozeß der Wandlung begriffen. Nicht ohne Grund ist auf den vergangenen Seiten so oft das Wort *Perspektivwechsel* gefallen. Nebeneinander stehen heute Vertreter und Vertreterinnen dieser Disziplin, die wohl eher als *Traditionalisten* gelten mögen, und solche, die für eine stärkere sozialhistorische oder sozialwissenschaftliche Ausrichtung der Erzählforschung eintreten. Bei vielen Forschern ist ein Trend zur Gegenwartsforschung zu erkennen, der - so möchte man hoffen - eher eine Ergänzung als einen Gegensatz zu den stärker historisch orientierten Arbeiten bilden möge. Das Dach der Erzählforschung ist groß geworden.

---

[127] Dazu: Röhrich, Lutz: Autobiographie. In: Enzyklopädie des Märchens. Bd. 1. 1977, Sp. 1080-1085; ders.: Grußwort und Einführung. In: Brednich/Lixfeld/Moser/Röhrich (Hg.) 1982, S. 8-17; Röhrich 1988, S. 373f.

[128] So z.B. bei: Grenzgeschichten. Berichte aus dem deutschen Niemandsland. Herausgegeben von Andreas Hartmann und Sabine Künsting. Frankfurt a.M. 1990. Vgl. dazu die Rezensionen von Albrecht Lehmann in: Fabula 33 (1992) S. 138-140 und Peter Assion in: Zeitschrift für Volkskunde 90 (1994) S. 149-151.

[129] Hierbei handelt es sich um Begriffe, die nach wie vor Aktualität besitzen. Bausinger stellt 1980 fest, daß in der Erzählforschung "die neuen Fragen im wesentlichen unter dem Stichwort *Kontext* zusammengefaßt werden können", siehe Bausinger 1980, S. 9. Konrad Köstlin spricht 1989 von einem Paradigmenwechsel in der Erzählfoschung und meint in diesem Zusammenhang "das neue Zauberwort 'Performanz'", siehe Köstlin, Konrad: Erzählen vom Krieg - Krieg als Reise II. In: BIOS 2 (1989) S. 173-182, hier S. 177.

Feldforschung

Mit der Entscheidung, biographische Interviews zu führen, ist auch die Notwendigkeit verbunden, sich auf einen Feldforschungsprozeß einzulassen. Dieser Prozeß muß durchdacht und geplant werden. Die einzelnen Schritte des Untersuchungsgangs sind durch ständige Reflexionen kritisch zu begleiten und gegebenenfalls auch zu modifizieren. Diese Forderungen einzulösen, ist allerdings gerade für ein allein durchgeführtes Forschungsprojekt nicht immer leicht.[1] Um denjenigen Teil des Forschungsprozesses, der der Bearbeitung und Interpretation der Interviewtexte vorangegangen ist, im wesentlichen die Phase der Erhebung der Interviews, ein wenig transparenter zu machen, sollen im folgenden einige Schritte näher beschrieben werden.

Grundsätzlich bestehen zwei Möglichkeiten der Analyse biographischen Materials: Zum einen ist es möglich, eine Biographie für sich zu untersuchen, und zum anderen können mehrere Biographien vergleichend nebeneinander betrachtet werden.[2] Bereits im Vorfeld einer Untersuchung kann es notwendig sein, sich für einen der beiden Wege zu entscheiden. Besteht z.B. die Absicht, ein Sample von 30, 40 oder gar mehr Gewährsleuten zusammenzustellen, so ist es kaum möglich, jede Biographie für sich zu betrachten. Ist hingegen das Untersuchungssample erheblich kleiner, wird es nur unter bestimmten Umständen sinnvoll sein, die Biographien nebeneinander zu analysieren. So stellt beispielsweise Heinz Bude in seinen *Deutsche[n] Karrieren* von den elf befragten Angehörigen der Flakhelfer-Generation lediglich drei in Einzeldarstellungen vor.[3] Joachim Schlör beschränkt sich in seiner Arbeit *"In einer Nazi-Welt läßt sich nicht leben"* von vornherein auf die Auseinandersetzung mit nur einer Lebensgeschichte.[4] Einen ganz anderen Weg schlägt hingegen Hans Joachim Schröder ein.[5] Seiner Untersuchung zum Kriegserlebnis von Mannschaftssoldaten liegen Interviews mit 86 Personen zu Grunde. Er verzichtet - notgedrungen - darauf, die Biographien der Befragten als Ganzes darzustellen, hingegen gliedert er das Interviewmaterial nach Erfahrungsschwerpunkten. Einen ähnlichen Weg beschreitet auch Alexander Link in seiner Studie *"Schrottelzeit". Nachkriegsalltag in Mainz.* Zwar untersucht auch er die Inter-

---

[1] Vgl. Hopf, Christel: Soziologie und qualitative Sozialforschung. In: dies./Weingarten, Elmar (Hg.): Qualitative Sozialforschung. Stuttgart 1979, S. 11-37, hier S. 29: "Gruppenarbeit wird als unerläßlich angesehen [...]".

[2] Schröder, Hans Joachim: Die gestohlenen Jahre. Erzählgeschichten und Geschichtserzählung im Interview: Der Zweite Weltkrieg aus der Sicht ehemaliger Mannschaftssoldaten. Tübingen 1992, S. 107 (= Studien und Texte zur Sozialgeschichte der Literatur, 37).

[3] Bude, Heinz: Deutsche Karrieren. Lebenskonstruktionen sozialer Aufsteiger aus der Flakhelfer-Generation. Frankfurt a.M. 1987.

[4] Schlör, Joachim: "In einer Nazi-Welt läßt sich nicht leben". Werner Gross - Lebensgeschichte eines Antifaschisten. Tübingen 1991 (= Studien und Materialien des Ludwig-Uhland-Instituts der Universität Tübingen, 7).

[5] Schröder 1992.

viewtexte unter verschiedenen Aspekten von Nachkriegserfahrung, doch stellt
er zuvor 'Persönlichkeit' und 'Biographie' seiner 31 Gesprächspartner in einem
umfangreichen Kapitel (120 Seiten) vor.[6] Daß Mischformen sinnvoll sein
können, zeigt ebenfalls Michael Pollaks Arbeit über überlebende Frauen aus
dem Konzentrationslager Auschwitz-Birkenau.[7] Im ersten Teil der Arbeit stellt
er "den Lebens- und Leidensweg einer Berliner Jüdin"[8] dar, und im zweiten
Teil vergleicht er systematisch mündlich erzählte mit geschriebenen Lebensgeschichten, ohne jedoch die Biographien der Befragten nachzuzeichnen.[9] Die
Variationsmöglichkeiten sind vielfältig. Daß beide Wege - Einzeldarstellung
wie vergleichende Betrachtung - nebeneinander ihre Berechtigung haben und
keiner grundsätzlich dem anderen überlegen ist, betont auch Schröder. Die
Vorteile einer Einzelbetrachtung beschreibt er wie folgt:

> "Die Analyse oder auch die Dokumentation einer Einzelbiographie eröffnet spezifische
> Interpretationsmöglichkeiten, sie erlaubt es insbesondere, die Diachronie einer Lebens-
> geschichte sowohl in ihrer Gesamtheit wie im Detail sichtbar zu machen, ohne daß damit
> eine Fixierung auf das Nur-Individuelle, ein Verlust an objektivierender und distan-
> zierender Perspektive verbunden sein muß."[10]

Im Mittelpunkt des Interesses meiner Arbeit steht der zeitübergreifende Stellenwert nationalsozialistischer Verfolgung und deren Auswirkungen auf das
Leben der Betroffenen. Eine solche Fragestellung macht einen Auswertungs-
weg nötig, der es gestattet, die einzelnen Biographien möglichst genau und als
Ganzes zu untersuchen. Eine Zerstückelung der Lebensgeschichte, nach verschiedenen Schwerpunkten gegliedert, wie sie bei einer vergleichenden Untersuchung unumgänglich wäre, würde eine Betrachtung der Gesamtbiographie
unmöglich machen. Dazu noch einmal Schröder: "Das Leben des einzelnen als
kontinuierliches Ganzes rückt in den Hintergrund, während die einzelnen
Erfahrungen, vorgeführt in einer Reihe vergleichbarer Varianten aus verschiedenen Biographien, als kollektive Erfahrungen in den Vordergrund treten."[11]
Hier wird deutlich, daß ein möglichst hohes Maß an Nähe zur Lebensgeschichte nur innerhalb einer Einzelbetrachtung zu erreichen ist; nur sie
erlaubt eine möglichst umfassende Auseinandersetzung mit der Gesamtbiographie.[12] Albrecht Lehmann sieht dementsprechend den Vorteil der Einzelbetrachtung darin, "daß die geschilderten subjektiven Erfahrungen, Verarbei-
tungsweisen von Erlebnissen und ein erkennbares 'Persönlichkeitsbild' bei aller

---

[6] Link, Alexander: "Schrottelzeit". Nachkriegsalltag in Mainz. Ein Beitrag zur subjektorien-
     tierten Betrachtung lokaler Vergangenheit. Mainz 1990 (= Studien zur Volkskultur in
     Rheinland-Pfalz, 8).
[7] Pollak, Michael: Die Grenzen des Sagbaren. Lebensgeschichten von KZ-Überlebenden als
     Augenzeugenberichte und als Identitätsarbeit. Frankfurt a.M./New York 1988 (= Studien
     zur Historischen Sozialwissenschaft, 12).
[8] Ebd., S. 7.
[9] Ebd., S. 8.
[10] Schröder 1992, S. 107.
[11] Ebd., S. 262.
[12] Vgl. Ebd., S. 109.

individuellen Bandbreite und Vielfalt doch immer auch eine Kohärenz des einzelnen Lebensganges bewirken".[13]

Mit der vorhergehenden Diskussion über die Analyse biographischen Materials wurde zwar dem Ablauf des Forschungsprozesses ein wenig vorgegriffen, doch ist eine Entscheidung über den Weg der Bearbeitung - Einzelbetrachtung oder vergleichende Untersuchung - bedeutsam für die Zusammenstellung des Interviewsamples. Nachdem die Entscheidung zugunsten einer Einzelbetrachtung getroffen war, galt es anschließend, die Größe des Samples zu bestimmen sowie Kriterien für seine Zusammenstellung zu entwickeln. Damit für die Dokumentation und Analyse der einzelnen Lebensgeschichten innerhalb der Untersuchung genug Raum zur Verfügung steht, aber auch um die Übersichtlichkeit der Untersuchung selbst zu gewährleisten, sollten lediglich acht bis zehn Gewährsleute befragt werden. Daß für die Klärung dieser Frage auch noch andere Gesichtspunkte, nämlich finanzielle, eine nicht unbedeutende Rolle spielen, soll an dieser Stelle nicht verschwiegen werden. Schwieriger als die Festlegung der Größe des Samples, war die Bestimmung seiner Zusammensetzung. Um die Möglichkeiten, die eine Einzelbetrachtung bietet, voll auszuschöpfen, wurde die Entscheidung getroffen, das Sample weit zu fassen. Das heißt, es sollten beispielsweise nicht nur Mitglieder einer einzigen Verfolgtengruppe Eingang in die Untersuchung finden. Vielmehr war es das Ziel, ein Spektrum unterschiedlichster Verfolgtenbiographien zusammenzustellen, um auf diese Weise auch eine Vielfalt von Erfahrungen sowie geäußerten Einstellungen und Haltungen dokumentieren zu können.

Ein erstes Kriterium der Auswahl der Interviewpartner und Interviewpartnerinnen stand von Anfang an fest: Bei der Kontaktherstellung sollte auf die Hilfe von auch in der Öffentlichkeit bekannten Verfolgtengruppen wie z.B. der Vereinigung der Verfolgten des Naziregimes/Bund der Antifaschisten (VVN/BdA) verzichtet werden. Auf diese Weise wollte ich vermeiden, daß es sich bei den Interviewpartnern um sogenannte 'Profierzähler' handelt, die bereits von Journalisten oder Wissenschaftlern interviewt wurden und die schon häufiger über ihre Erfahrungen sprachen. Auch in der Öffentlichkeit hinlänglich bekannte Zeitzeugen, die meist auch während der Verfolgung an exponierter Stelle im Widerstand oder in der Lagerhierarchie gestanden haben, kamen für die Interviews nicht in Frage. An Biographien herausragender Persönlichkeiten des politischen oder kulturellen Lebens war ich nicht interessiert. Befragt werden sollten vielmehr Menschen, die als Repräsentanten ihrer (Verfolgten-)gruppe gelten konnten. Im Zuge der Kontaktherstellung erwies es sich allerdings als sehr schwierig, Gewährsleute zu finden, die noch nie in irgendeiner Weise öffentlich über ihr Leben im Nationalsozialismus berichtet haben. Sehr bald wurde deutlich, daß es viele Opfer der nationalsozialistischen Gewaltherrschaft drängt, über das Erlebte zu sprechen, wenn auch der Grad der Öffentlichkeit, der hierfür von ihnen gewählt wird, sehr unterschiedlich ist. Einige suchen den Kontakt zu den Medien, auch zu überregional wirkenden,

---

[13] Lehmann, Albrecht: Autobiographische Methoden. Verfahren und Möglichkeiten. In: Ethnologia Europaea 11 (1979/80) S. 36-54, hier S. 47.

andere begnügen sich z.B. damit, Vorträge vor Schulklassen in ihrem Heimat-ort zu halten. Daneben gibt es eine große Gruppe von Verfolgten, deren Erfah-rungen nur dem engsten Familien- oder Freundeskreis bekannt sind. Mit ihnen in Kontakt zu treten, ist deshalb nur schwer möglich. So vielfältig die Gründe für ihr Schweigen seien mögen, sie müssen akzeptiert werden. "Traumatisches Erleben", schreibt der Soziologe Pollak, "muß in Einsamkeit verarbeitet werden"[14]. Aufgrund dieser Erfahrung erfolgte der Entschluß, bei der Zusam-menstellung des Samples darauf zu achten, daß es sich bei den Gewährsleuten um unterschiedliche Erzähler handelt, um solche, die wenig Gelegenheit haben, über ihr Schicksal zu sprechen, aber auch um jene, die über ihre Erfahrungen in unterschiedlicher Weise in der Öffentlichkeit berichten.

Ein weiteres Kriterium für die Auswahl der Interviewpartner war ihre Zugehörigkeit zu verschiedenen Verfolgtengruppen. Neben den "rassisch" und politisch Verfolgten sollten auch kleinere, unbekanntere Verfolgtengruppen Berücksichtigung finden. Die Verbüßung einer KZ-Haft galt hingegen nicht als unbedingtes Auswahlkriterium. Viel wichtiger war die Tatsache der Verfolgung durch die Nationalsozialisten bzw. durch ihre Institutionen. War jemand gezwungen, in der Illegalität zu leben, so war damit die Verfolgung belegt. Für das Sample sollten gleichermaßen Männer wie Frauen berücksichtigt werden. Auch dieses Kriterium ließ sich nicht leicht erfüllen. Bei meinen Recherchen bin ich auf mehr Männer als Frauen gestoßen. Über die Gründe hierfür läßt sich jedoch nur spekulieren. Ein weiterer Gesichtspunkt für die Auswahl der Gewährsleute war, daß sie möglichst unterschiedlichen sozialen Gruppen ange-hörten. Ein letztes Kriterium bezog sich auf die Nationalität der Interviewpart-ner; es sollten nicht ausschließlich deutsche Staatsbürger sein.

Zusammenfassend sei noch einmal erklärt, daß es beabsichtigt war, unter-schiedliche Lebensgeschichten zusammenzutragen, deren Tertium comparatio-nis, wie Schröder[15] es nennt, die Erfahrung der Verfolgung darstellt, die bei allen Interviewten im Mittelpunkt ihres Erzählens und ihrer Erzählung steht. Mit einer solchen Vorgehensweise stößt man unweigerlich auf das Problem der Verallgemeinerung, die in der Regel in biographischen Untersuchungen ebenso das Ziel ist wie in anderen Forschungsvorhaben. "Auch die Untersuchung des Einzelfalls", so Werner Fuchs, "dient meist nicht allein der Untersuchung des Einzelfalls, sondern will Muster, generelle Strukturen, Ablaufformen, Regeln, Strukturtypen, Lösungsformen herausarbeiten"[16]. Gleichzeitig betont er aber, daß sich neben der Aufgabe der Verallgemeinerung der biographischen Forschung unter bestimmten Umständen auch die entgegengesetzte stelle, "die der Vorstellung von Einzelfällen, die nichts anderes sein wollen als besondere Fälle"[17]. Von zentraler Bedeutung der vorliegenden Untersuchung ist der zeit-übergreifende Stellenwert der Verfolgung, ist der Bruch in der Biographie der

---

[14] Pollak 1988, S. 10.
[15] Schröder 1992, S. 113.
[16] Fuchs, Werner: Biographische Forschung. Eine Einführung in Praxis und Methoden. Opladen 1984, S. 161.
[17] Ebd., S. 166.

Befragten, den die Verfolgung verursachte. Die Deskription dieses Bruchs ist
die Aufgabe der Arbeit. Nicht die Tatsache des Bruchs selber - der ist von
Nervenärzten und Psychologen hinreichend belegt worden (vgl. *Einführung*, S.
9f.) - ist erwähnenswert, sondern seine Qualität, die es bei jeder Biographie
darzustellen gilt. Mit Hilfe des erhobenen lebensgeschichtlichen Materials soll
die Komplexität dieses Phänomens demonstriert werden. In solchen Fällen oder
um quantifizierende Untersuchungen zu kontrapunktieren, kommt es nach
Fuchs "auf die detaillierte Deskription von Einzelfällen an, meist ganz ohne
Notwendigkeit einer Verallgemeinerung der Resultate"[18].

Insgesamt standen mir neun Personen - sechs von ihnen werden in Einzelfalluntersuchungen vorgestellt werden - zu einem Interview zur Verfügung:
drei Frauen und sechs Männer. Sechs von ihnen lebten zum Zeitpunkt der
Erhebung in der Bundesrepublik Deutschland - die meisten im norddeutschen
Raum -, zwei in den Niederlanden und eine Person in Frankreich. Vier der
Interviewten sind jüdischer Herkunft. Zum Zeitpunkt der Verfolgung waren sie
jeweils Angehörige verschiedener Nationen: Frau B. stammt aus Köln. Sie
überlebte die Nazi-Herrschaft als "onderduiker" in den Niederlanden. Herr W.
ist Niederländer. Zum Zeitpunkt der Verfolgung war er noch ein Kind. Auch
er überlebte, versteckt gehalten von seinen Landsleuten. Frau S. wurde 1944
aus ihrer ungarischen Heimat nach Auschwitz deportiert. Nach dem Krieg
emigrierte sie nach Frankreich. Herr T. stammt aus Polen; sechs Jahre seiner
Jugend verbrachte er in deutschen Konzentrationslagern. Die übrigen fünf
Gewährsleute gehören im weitesten Sinne zum politischen Widerstand, wobei
der Begriff *politisch* sehr weit gefaßt ist. Zwei von ihnen werde ich gleichfalls
in Einzelfalluntersuchungen vorstellen; Herrn F., er arbeitete im kommunistischen Widerstand und wurde dafür mit KZ-Haft und Gefängnis bestraft, sowie
Herrn D., der seine Leidenschaft für Swing-Musik mit einer mehrjährigen KZ-
Haft zu bezahlen hatte.

Die Wahl des Erhebungsinstruments ist abhängig vom Untersuchungsgegen-
stand und dem vertretenen Ansatz der Arbeit. Wenn, wie in diesem Fall, diffi-
zile persönliche, ja intime Themen behandelt werden, erscheint die Verwendung geschlossener oder strukturierter Interviews wenig sinnvoll. Hingegen
bieten sich qualitative Interviews an und damit die Verwendung *weicher
Methoden*. Weich meint in diesem Zusammenhang eine Vorgehensweise, die
"eher behutsam, anschmiegsam, flexibel, teilnehmend und damit lebens-
näher"[19] ist. Mit der Annäherung an die Sozialwissenschaften setzte in der
Volkskunde auch eine Hinwendung zu sozialwissenschaftlichen Forschungsmethoden ein, wobei den qualitativen Vorgehensweisen der Vorzug gegeben
wurde. Hermann Bausinger sieht in ihnen die Möglichkeit gegeben, die

---

[18] Fuchs, Werner: "Einführung". In: Jugendwerk der Deutschen Shell (Hg.): Jugend '81.
Lebensentwürfe, Alltagskulturen, Zukunftsbilder. Bd. 2. Hamburg 1981, S. 6-18.
[19] Brednich, Rolf Wilhelm: Quellen und Methoden. In: Grundriss der Volkskunde. Einführung in die Forschungsfelder der Europäischen Ethnologie. Herausgegeben von Rolf
Wilhelm Brednich. Berlin 1988 (2. Auflage 1994), S. 73-93, hier S. 75.

Interessen von Forscher und Erforschten einander anzunähern.[20] Die Anwendung qualitativer Methoden gilt als "Ausdruck der Besinnung des Volkskundlers auf das innere Ziel seiner Forschungstätigkeit: humane Wissenschaft"[21]. Diese Prämisse berücksichtigend, ergeben sich für die Feldforschungssituation konkrete Folgerungen:

> "Wichtiger als der volkskundliche Kanon ist der Mensch als Individuum, mit seinen subjektiven Schicksalen, Erlebnissen, Haltungen, Einstellungen und Wertungen. Der Forscher hat sich bei der Auswahl und Anwendung empirischer Methoden im Feld stärker als bisher an den Verkehrsformen und Gewohnheiten der Menschen selbst zu orientieren."[22]

In Anlehnung an den Soziologen Erwin K. Scheuch beschreibt Schröder ein Interview wie folgt: Das Interview "ist ein planmäßig herbeigeführter Kommunikationsakt, bei dem eine Gewährsperson durch eine Reihe gezielter Fragen oder mitgeteilter Stimuli zu verbalen Informationen veranlaßt wird"[23]. So allgemein wie diese Definition ist, charakterisiert sie ganz unterschiedliche Interviewformen. Anders als in geschlossenen oder standardisierten bzw. strukturierten Interviews wird in *freien, offenen* Interviews das starre Frage-Antwort-Schema aufgebrochen. Das Ziel ist ein möglichst freier Gesprächsaustausch, dessen Verlauf der Interviewpartner weitgehend selbst bestimmen soll.[24] Hier sollen die Subjekte zu Wort kommen, sind sie doch zunächst "die Experten für ihre eigenen Bedeutungsinhalte"[25]. Die Besonderheit des offenen bzw. qualitativen Interviews liegt nicht nur in der größeren Aktivität des Befragten und dessen Möglichkeit der Steuerung des Gesprächs[26], sondern vor allem in der angestrebten Spezifizität:

> "Erst die Spezifizierung bestimmter Stellungnahmen, Entscheidungen, Optionen und die Erläuterung ihres Hintergrunds ermöglicht ein sinnhaftes Verstehen von Reaktionen. In der Möglichkeit, Bedeutungen zu eruieren und die Aussageintentionen in einem hermeneutischen Verstehensprozeß zu klären, liegt praktisch der entscheidende Unterschied zur standardisierten Befragung, in deren Rahmen Ja=Ja und Nein=Nein ist - unabhängig von dem tatsächlichen Bedeutungsgehalt dieser Reaktionen."[27]

---

[20] Bausinger, Hermann: Zur Spezifik volkskundlicher Arbeit. In: Zeitschrift für Volkskunde 76 (1980) S. 1-21, hier S. 20.

[21] Brednich 1988, S. 75.

[22] Ders.: Zur Anwendung der biographischen Methode in der volkskundlichen Feldforschung. In: Jahrbuch für Ostdeutsche Volkskunde 22 (1979) S. 278-329, hier S. 283.

[23] Schröder, Hans Joachim: Das narrative Interview - ein Desiderat in der Literaturwissenschaft. In: Internationales Archiv für Sozialgeschichte der deutschen Literatur 16 (1991) S. 94-109, hier S. 94f.

[24] Vgl. Fuchs 1984, S. 181f.; Steinbach, Lothar: Lebenslauf, Sozialisation und 'erinnerte Geschichte'. In: Niethammer, Lutz (Hg.): Lebenserfahrung und kollektives Gedächtnis. Die Praxis der 'Oral History'. Frankfurt a.M. 1980, S. 291-322, hier S. 300f.

[25] Mayring, Philipp: Einführung in die qualitative Sozialforschung. Eine Anleitung zu qualitativem Denken. München 1990, S. 45.

[26] Kohli, Martin: "Offenes" und "geschlossenes" Interview: Neue Argumente zu einer alten Kontroverse. In: Soziale Welt 29 (1978) S. 1-25, hier S. 7.

[27] Hopf, Christel: Die Pseudo-Exploration - Überlegungen zur Technik qualitativer Interviews in der Soziologie. In: Zeitschrift für Soziologie 7,2 (1978) S. 97-115, hier S. 100.

Dem Oberbegriff qualitatives Interview wird eine Vielzahl von Formen subsumiert.[28] Mit ihren erzählgenerierenden Fragen sind auch das biographische und das narrative Interview diesem Bereich zuzurechnen. Die Abgrenzung beider Formen fällt schwer. Die Technik des narrativen Interviews wurde maßgeblich von dem Bielefelder Soziologen Fritz Schütze entwickelt.[29] Sie basiert auf dem Grundgedanken, daß durch das freie Erzählen von Geschichten subjektive Bedeutungsstrukturen erschlossen werden können, die sich einem systematischen Abfragen entziehen würden.[30] Rolf Wilhelm Brednich sieht im biographischen Interview, also im Erheben von Lebensgeschichten, eine Sonderform des narrativen Interviews.[31] Die Dokumentation von Lebensgeschichten bedeute jedoch keinen Selbstzweck, "sondern ist in komplexeren Forschungsprojekten eine Möglichkeit, die erzielten Einsichten in die Kultur und Lebenswelt von untersuchten Gruppen anhand der Lebensgeschichte eines ausgewählten Mitglieds der Gruppe zu ergänzen und zu vertiefen"[32]. Schröder fügt in seiner oben erwähnten Untersuchung über das Kriegserlebnis von Mannschaftssoldaten beide Begriffe zusammen und spricht entsprechend vom narrativ-biographischen Interview. Betrachte man die einzelnen Bestandteile dieses Terminus', so Schröder, werde deutlich, "daß er in wichtige Forschungsfragen einer Vielzahl von Fächern hineinführt"[33]. Seine Arbeit zeichnet sich dadurch aus, daß sie sich mit dem Phänomen des narrativ-biographischen Interviews aus der Sicht von vier verschiedenen Disziplinen auseinandersetzt, nämlich der Literaturwissenschaft und der Geschichtsforschung sowie der Volkskunde und der Linguistik. Der Begriff narrativ-biographisches Interview wird in diesem Fall zum Spiegelbild angestrebter Interdisziplinarität. Je nach Schwerpunkt der Untersuchung wird der eine oder der andere Begriff, oder, wie eben gezeigt, sogar ein Kompositum gewählt, um die praktizierte Interviewform zu benennen. In der volkskundlichen Forschung scheint sich der Begriff biographisches Interview durchzusetzen.[34] Analog dazu wird von autobiographischen oder biographischen Methoden gesprochen.[35] Im Rahmen dieser Untersuchung

---

[28] Die Zahl qualitativer Interviewtechniken, die die verschiedensten Bezeichnungen tragen, ist stattlich und trägt so beträchtlich zur Verwirrung um diese Erhebungstechnik bei. Mayring führt folgende Namen auf: "Exploration, Problemzentriertes Interview, Qualitatives Interview, Offenes Interview, Tiefeninterview, Fokussiertes Interview, Intensivinterview, Unstrukturiertes Interview", siehe Mayring 1990, S. 45. Mayring versucht denn auch eine terminologische Klärung vorzunehmen; er stellt fest: "In der Offenheit der Frageformulierungen und der qualitativen Auswertung sind sich qualitativ orientierte Interviewformen weitgehend einig. Nur der Strukturiertheitsgrad schwankt zwischen den verschiedenen Formen." (ebd.).

[29] Schütze, Fritz: Die Technik des narrativen Interviews in Interaktionsfeldstudien - dargestellt an einem Projekt zur Erforschung von kommunalen Machtstrukturen. Arbeitsberichte und Forschungsmaterialien der Fakultät für Soziologie, Universität Bielefeld, 1977 (3. Fassung).

[30] Mayring 1990, S. 51.

[31] Brednich 1988, S. 86; vgl. Lehmann 1979/80.

[32] Brednich 1988, S. 86.

[33] Schröder 1992, S. 5.

[34] Vgl. Brednich 1988, S. 86f.

[35] Brednich 1979; Brednich 1988; Lehmann 1979/80.

soll allerdings dem von Schröder gewählten Begriff des narrativ-biographischen Interviews der Vorzug gegeben werden. Dies erscheint insoweit sinnvoll, als auf diese Weise betont wird, daß es um die Erhebung von ganzen Lebensgeschichten geht. Gleichzeitig wird aber auch auf die Nähe zur volkskundlichen Erzählforschung verwiesen.

Doch wichtiger als die Nomenklatur der Techniken, ist eine Beschreibung der Vorgehensweise und des Ablaufs, der Fragetechnik sowie schließlich eine Problematisierung des Verhältnisses von Forscher und Erforschten. Anders als beispielsweise in fokussierten oder problemzentrierten Interviews gilt in narrativ-biographischen Interviews der Gebrauch eines Leitfadens als wenig zweckmäßig.[36] In der Literatur zum qualitativen Interview wird er kritisch betrachtet, man spricht von "Leitfadenbürokratie", gar vom "Leitfaden-Oktroi"[37]. Aus verschiedenen Gründen habe ich auf den Gebrauch eines Leitfadens im Interview selbst verzichtet. Allerdings wurde im Vorfeld der Untersuchung eine Art Themenplan erstellt, um eine möglichst umfassende Orientierung über relevante Frage- bzw. Erzählbereiche zu erhalten. Unmittelbar vor einem Interview wurde dieser 'Plan' auf die, in der Regel wenigen mir bekannten biographischen Daten des Gesprächspartners bzw. der Gesprächspartnerin abgestimmt. Im Interview kam ihm lediglich die Bedeutung einer Gedächtnisstütze zu, was gerade bei mehrstündigen Interviews eine große Hilfe bedeutete. Auf den Ablauf des Gesprächs hatte er keinen direkten Einfluß. Nach meiner Erfahrung löste mein gelegentlicher kurzer Blick auf eine Karteikarte keine Irritation aus und wurde auch nicht als störend empfunden. Andreas Witzels Vorstellungen zum Leitfaden kommen meinen eigenen sehr entgegen:

> "Eine Art Hintergrundsfolie bietet der Leitfaden, der den Problemaufriß des Forschers thematisch organisiert, aber offen gegenüber Revisionen ist. Aus ihm entwickelt der Forscher/Interviewer entsprechend den Kontextbedingungen Fragen, soweit sie die Befragten nicht von sich aus ansprechen."[38]

Ein wichtiges Argument gegen den Gebrauch eines Leitfadens ist vor allem in der Prämisse zu sehen, daß der Informant sowohl über den Verlauf als auch über den Inhalt des Gesprächs allein bestimmen soll.[39] Eingriffe des Interviewers seien auf ein Minimum zu beschränken. Philipp Mayring formuliert lehrsatzartig: "Die Strukturierung des Gesprächs geschieht durch den universellen Ablaufplan von Erzählungen, den der Interviewer unterstützt"[40]. Auch Lehmann betont die Offenheit des Gesprächs, also den Freiheitsgrad des Befragten. Er empfiehlt, falls einige offene Fragen der Untersuchung als Leitfaden zugrunde lägen, diese lediglich im Kopf zu behalten.[41] Insgesamt klingen

---

36 Merton, Robert K./Kendall, Patricia L.: Das fokussierte Interview. In: Hopf, Christel/Weingarten, Elmar (Hg.): Qualitative Sozialforschung. Stuttgart 1979, S. 184.
37 Hopf 1978, S. 101.
38 Witzel, Andreas: Verfahren der qualitativen Sozialforschung. Überblick und Alternativen. Frankfurt a.M./New York 1982, S. 117.
39 Brednich 1988, S. 86.
40 Mayring 1990, S. 51.
41 Lehmann 1979/80, S. 44.

jedoch Lehmanns Verhaltensregeln für den Interviewer weniger restriktiv. Unter Verweis auf Hans Thomae gibt er den folgenden Rat: "Sollte eine Sicherung und Konkretisierung bestimmter Inhalte notwendig werden, empfiehlt es sich, an Stelle von unterbrechenden Zwischenfragen nach Ende der spontanen Schilderung einige systematische Fragen anzuschließen"[42].

Auch ich habe mich in den von mir durchgeführten Interviews so weit wie möglich zurückgenommen und den Befragten auf diese Weise viel Raum für die Entwicklung ihrer Erzählungen gelassen. Die Erfahrung zeigte, daß die Erzählsituation für die Interviewten um so intensiver ist, je mehr sich der Interviewer zurücknimmt und sich - so weit wie möglich - auf aktives Zuhören beschränkt. Andererseits habe ich oft erlebt, daß meine sehr zurückhaltende Position die Interviewpartner irritiert hat. Hierfür scheinen mir zwei Gründe ausschlaggebend zu sein. Wer journalistische Interviews gewohnt ist, ist über den großen Freiheitsgrad offener Interviews überrascht und erwartet entsprechend häufiger die Intervention des Interviewers. Andere Erzähler, die über solche Vorerfahrungen nicht verfügen, baten mich, sobald ihre Erzählung abgeschlossen oder ins Stocken geraten war, Fragen zu stellen. Nicht selten hörte ich in solchen Fällen Sätze wie diesen: "Ich weiß im Moment nicht weiter zu erzählen. Vielleicht können Sie mich einfach etwas fragen?" Meine Fragen stellten dann eine wichtige Erinnerungshilfe dar.

Christel Hopf formuliert in Anlehnung an die Arbeiten von R[obert] K. Merton, M. Fiske und P[atricia] L. Kendall über das fokussierte Interview verschiedene Anforderungen an das qualitative Interview. Eine von ihnen ist Tiefe, die sie wie folgt definiert: "Der Befragte soll unterstützt werden bei der Darstellung der affektiven, kognitiven und wertbezogenen Bedeutungen bestimmter Situationen und bei der Darstellung seiner Involviertheit"[43]. Zwar auf das explorative Interview gemünzt, in dem es um die Reaktion der Interviewten auf "reale Lebenssituationen" gehe, erklärt sie weiter, daß je größer der explorative Charakter der Situation sei, desto mehr müsse dem Interviewten die Möglichkeit zur Reaktion gegeben werden; vor allem solle er die Chance erhalten, in nicht-antizipierter Weise zu antworten. Dies läßt sich aber nur verwirklichen, wenn der Interviewer nicht ausschließlich jene Themen und Fragebereiche im Interview anschneidet, die er zuvor für sich als relevant erachtet hat. Vielmehr soll er in der Lage sein, Problemstellungen zu berücksichtigen und "aktiv aufzugreifen", die außerhalb der im Interviewleitfaden festgelegten Fragen liegen.[44] Diese Überlegungen führen zum Problem der Interviewführung, speziell der Fragetechnik und damit verbunden der Kompetenz des Interviewers. Zunächst einige Bemerkungen zur Natürlichkeit der Gesprächssituation im Interview.

Wie bereits erwähnt, zeichnen sich qualitative Erhebungsverfahren durch einen hohen Freiheitsgrad des Befragten aus. Dasselbe gilt für den Interviewer, der seine Fragen im Gespräch frei formulieren soll. Das Ziel ist eine möglichst

---

[42] Ebd.
[43] Hopf 1978, S. 99f.
[44] Ebd., S. 100.

große Annäherung an ein Alltagsgespräch, die allerdings nie vollständig sein kann. Doch hier weist Hopf auf ein "unaufhebbares" - mit dem Leitfaden-Problem direkt verbundenes - "Dilemma" des qualitativen Interviews hin: "Es soll einer 'natürlichen' Gesprächssituation möglichst nahe kommen, ohne zugleich auch die Regeln der Alltagskommunikation zu übernehmen. Die Rollenverteilung von Frager und Befragtem bleibt im Prinzip erhalten und damit auch der steuernde Einfluß des Interviewers."[45] Dieser Auffassung Hopfs - der möglicherweise ein anderes Verständnis von Natürlichkeit zugrunde liegt - ist entgegen zu halten, daß der Gesprächssituation im Interview Natürlichkeit keinesfalls abzusprechen ist. Sie ist mindestens so natürlich wie ein Verhör der Polizei oder eine Vernehmung vor Gericht.[46] Kommunikationssituationen, in denen ein Machtgefälle herrscht, gehören zu unseren Alltagserfahrungen, denken wir nur an die vielfältigen Prüfungssituationen in der Schule, der Ausbildung oder am Arbeitsplatz. Gleiches gilt für Kommunikationssituationen, in denen eine Monologstruktur vorherrscht. Schröder faßt seine Überlegungen zur Gesprächssituation im Interview pointiert zusammen; er resümiert: "Vergegenwärtigt man sich, daß jedermann sein ganzes Leben lang genötigt ist, sich immer wieder mit wechselnden Kommunikationspartnern auseinanderzusetzen, Gespräche mit dem Chef, dem Vorgesetzten, dem Arzt, dem Berater, dem Fremden, dem Freund zu 'bewältigen', dann ist schlechterdings kein Grund dafür zu erkennen, warum der Kommunikation mit einem Forscher ein Sonderstatus zugewiesen werden soll."[47] Das eigentliche Problem stellt sich meines Erachtens etwas anders dar. Um die oben von Hopf beschriebene Qualität eines Interviews zu erreichen, ist der Forscher oder die Forscherin gezwungen, sich einer Art Technik der Interviewführung zu bedienen, die jenseits der Kunst liegt, jemanden zu befragen. Damit aber ist er nur noch bedingt ein alltäglicher Kommunikationspartner. Der Interviewer muß sich zurücknehmen, soll sich eigener Bewertungen und Urteile möglichst enthalten, darf nicht die Erzählung des Interviewten nach seinem Bedürfnis durch Zwischenfragen unterbrechen, und schließlich wird er auch kaum signalisieren, daß er - aus welchen Gründen auch immer - das Interview, das mehrere Stunden dauern kann, unterbrechen oder gar beenden möchte. Dieses Bündel von Maulkörben ist schließlich dazu angetan, daß der Interviewer nicht mehr in der Lage ist, sich kongruent zu verhalten. Die Folge eigener Inkongruenz ist jedem gewiß aus Alltagssituationen wohlvertraut. Hier liegt eine mögliche Ursache für das Scheitern qualitativer Interviews.

In den Interviews, die ich im Rahmen der vorliegenden Untersuchung geführt habe, habe ich versucht, die eben genannten Überlegungen, so weit es geht, zu berücksichtigen. Natürlich habe auch ich mir in der Interviewsituation größte Zurückhaltung auferlegt, ohne mich allerdings gänzlich zurückzunehmen. Verstehe ich eine Aussage nicht, erscheint sie mir nicht nachvollziehbar oder widerspricht sie gar meinem Wissen oder meiner Einstellung, so bringe

---

[45] Ebd., S. 97.
[46] Schröder 1992, S. 146.
[47] Ebd., S. 147.

ich dies auch zum Ausdruck. Dies kann mit einer Einleitungsformeln geschehen wie "das habe ich nicht verstanden" oder "ich versuche mir vorzustellen" und einer entsprechenden Erklärung oder Begründung hierfür. Im folgenden möchte ich ein Beispiel für eine Nachfrage geben, so wie man sie auch in einem alltäglichen Gespräch finden könnte. Der Auszug stammt aus dem Interview mit Herrn T. Interessant ist hier auch, daß ich zunächst gewissermaßen die falsche Frage stelle, was der Interviewte sofort bemerkt:

[...] Und ich frage mich nur, was für Fehler habe ich in meinem Leben gemacht. Und das bohrt in meinem Kopf rum.

Warum solltest du Fehler gemacht haben?

Ich glaube, jeder Mensch macht Fehler.

Wo denkst du, daß du Fehler gemacht hast?

Mit meinem Benehmen vielleicht, mit meiner Schnauze, daß ich kann meine Schnauze nicht halten. [...]

Aus demselben Interview soll noch ein weiteres Beispiel genannt werden. Diesmal geht es darum, daß der Befragte den Interviewer zu einer eigenen Stellungnahme herausfordert. Manchmal genügt es, auf solche Aufforderungen lediglich mit einem 'Mh' zu reagieren. In diesem Fall hielt ich es für besser, den Interviewpartner mit einer persönlichen Meinung zu konfrontieren, um ihn auf diese Weise zu einer weiteren Stellungnahme zu einer belastenden Thematik zu bewegen:

[...] Wenn ein Nachbar sagt, "dich haben sie vergessen zu vergasen", da lache ich nur drüber. Du ärgerst dich diesen Moment, ne, du ärgerst dich, stimmt's? Ne, daß solche Leute rumlaufen frei auf der Straße. Aber nachher drehst dich rum, kommst nach Hause, setzt dich, rauchst eine Zigarette, trinkst bißchen Bier, dann lachst du nur drüber und sagst, wie dumm die Leute sind. Stimmt's oder nicht, Dietmar?

> *Ja, ich weiß nicht. Ich kenne auch Sticheleien, natürlich ganz andere, aber mich treffen die manchmal schon mehr. Ich kann nicht nur sagen, wie dumm die Leute sind, sondern das verletzt mich schon.*

Mein lieber Freund Dietmar, wenn ich das sagen darf, mein lieber Freund. In dem Moment trifft mich das, in dem Moment rege ich mich auf, im Moment, wo das gesagt wird, verstehst mich, wie ich mein das. Aber nachher [...].

Aus dem bislang Erörterten wird deutlich, daß der angewandten Fragetechnik im Interview eine zentrale Bedeutung zukommt. Handlungsanweisungen ähnliche Empfehlungen wie: "die Interviewpartner werden also dazu aufgefordert, zu einem bestimmten Thema eine typische Geschichte aus ihrem Leben zu erzählen, ein für das Thema wichtiges Ereignis, ein Schlüsselerlebnis, einen typischen Geschehensablauf"[48], erweisen sich in der Praxis als wenig hilfreich. Zum Einstieg in das Gespräch bietet sich eine Frage an, die dem Interviewten viel Raum läßt, eine Erzählung zu entwickeln. Die von mir geführten Interviews habe ich stets mit der Frage begonnen, ob der Interviewpartner noch Erinnerungen an seine Kindheit habe. Hiermit war zweierlei beabsichtigt: Zum einen sollte ein unverfänglicher Einstieg in das Gespräch ermöglicht werden. Die Frage nach vorhandenen Kindheitserinnerungen löste regelmäßig eine Reihe von Erinnerungen aus, die von den Gewährsleuten problemlos erzählerisch bewältigt werden konnten. Damit kam diesem Abschnitt des Gesprächs die Bedeutung einer 'Vorwärmphase' zu. Zum anderen half sie dem Interviewten, die eigene Lebensgeschichte so zu gewichten und chronologisch so zu ordnen, wie er es für angemessen hielt.[49]

Es wurde bereits erwähnt, daß in qualitativen Interviews der Versuch unternommen wird, das starre Frage-Antwort-Schema zu durchbrechen. Statt dessen soll dem Befragten die Gelegenheit zum "freien, ungehinderten Sprechen"[50] gegeben werden. Auch wenn der Interviewer nicht dirigierend ins Gespräch eingreifen will, ist zuweilen die Notwendigkeit gegeben, (Nach-)Fragen zu stellen. Hierbei zeigt die Erfahrung, daß direktes Nachfragen meist zu wenig ergiebigen Antworten führt.[51] Schütze spricht vom Hervorlocken von Erzählungen.[52] "Indem man einen Informanten dazu verlockt", so Bude über die Wiederentdeckung einer alten Reportertechnik, "über sich und seine Erfahrungen zu erzählen, erfährt man mehr über seine Verwicklungen in gewisse Vorgänge, als wenn man direkt danach fragt."[53] Abgesehen von der Einsicht, daß offen formulierte Fragen zu ergiebigeren Antworten führen - so habe ich in den in der vorliegenden Untersuchung dokumentierten Interviews beispielsweise nach dem 'Schlimmsten' oder dem 'Schönsten' gefragt -, bleibt eine Konkretisierung der Fragetechnik schwierig. Wie kann "dem Tasten des Befragten nach seinen Erinnerungen und der von ihm gewählten Erzählform Raum gegeben werden"[54]? Merton und Kendall geben den Ratschlag, eine Frage stets mit einer Gegenfrage zu beantworten und damit ihre wörtliche Bedeutung zu ignorieren. An einem Beispiel (der Kontext der wiedergegebenen Äußerung ist dabei nicht von Bedeutung, doch sei erwähnt, daß sich Proband und Interviewer gemeinsam einen Film angesehen haben) beschreiben sie diese Technik:

---

[48] Mayring 1990, S. 50.
[49] Niethammer, Lutz: Fragen - Antworten - Fragen: Methodische Erfahrungen und Erwägungen zur Oral History. In: ders./Plato, Alexander von (Hg.): "Wir kriegen jetzt andere Zeiten". Auf der Suche nach der Erfahrung des Volkes in nachfaschistischen Ländern. Lebensgeschichte und Sozialkultur im Ruhrgebiet 1930-1960. Bd. 3. Berlin/Bonn 1985, S. 392-445, hier S. 401f.
[50] Schröder 1992, S. 52.
[51] Vgl. ebd., S. 259.
[52] Vgl. Bude, Heinz: Der Sozialforscher als Narrationsanimateur. Kritische Anmerkungen zu einer erzähltheoretischen Fundierung der interpretativen Sozialforschung. In: Kölner Zeitschrift für Soziologie und Sozialpsychologie 37 (1985) S. 327-336, hier S. 327.
[53] Ebd.
[54] Niethammer 1985, S. 401.

"Proband Nr. 5: Dachten die Deutschen, das Mädchen würde mit ihnen zusammenarbeiten?
Interviewer: Sie meinen, es wurde nicht klar, ob sie mit den Deutschen zusammenarbeitete
oder nicht?
Proband Nr. 5: Ja richtig. Sie erinnern sich als..."[55]

Die Autoren argumentieren, daß der Interviewte durch diese Technik seine
Angaben genauer fassen konnte. Das kurze Beispiel erinnert unweigerlich an
die Technik, wie sie auch in der klientenzentrierten Psychotherapie nach Carl
R. Rogers angewandt wird.[56] Rogers selbst spricht hingegen nicht von einer
Technik, vielmehr sieht er in dieser Therapieform eine Einstellung oder eine
Haltung, die als 'nicht-direktiv' oder 'reflektierend' beschrieben werden kann:
"Die wichtigste Voraussetzung für die therapeutische Betätigung ist nicht eine
Theorie oder ein Dogma, sondern eine Weise[,] mit anderen Menschen zu sein,
die für diese förderlich ist"[57]. Förderlich, so möchte man im Sinne narrativ-
biographischer Interviews ergänzen, für die Entwicklung und Gestaltung von
Erzählungen über das eigene Leben. Um an dieser Stelle jedoch Mißverständ-
nissen vorzubeugen, sei hinzugefügt, daß das Führen narrativer Interviews
keinesfalls mit einem therapeutischen oder psychoanalytischen Gespräch zu
vergleichen ist[58], abgesehen von bestimmten Gesprächstechniken. Auch
Niethammer betont die Grenzen dieses Instruments, die bei einem Vergleich
des Interviews mit dem Setting in der Psychoanalyse deutlich werden: Ein
Erinnerungsinterview ist "keine Therapie, keine Exploration der lebensgeschichtlichen Frühprägung, kein Durcharbeiten individueller Verdrängungen
usw."[59] Andererseits, um noch einmal Niethammer zu Wort kommen zu
lassen, gibt es doch auch "gemeinsame Dimensionen":

"Eine betrifft die Zulassung aufbrechender Erinnerungen und ihre assoziative Vernetzung,
wenn das Subjekt sich der Komplexität seiner Lebensgeschichte nähert und durch den selbst
empfundenen Zwang zur Erläuterung seiner Erinnerungen im Gespräch auch Vergessenes
wieder aktiviert. Das erfordert ein Gegenüber, das nicht einen Erwartungshorizont aufreißt
und kein Schema vorgibt, das nicht alles schon zu wissen meint und durch Fragen die
Belege strukturiert und abruft, sondern auch Umwege mitgeht, neugierig zuhört, sorgfältig
auch die Nebenhandlungen beobachtet und seine Wahrnehmungen und Irritationen mitteilt,
damit der Erzähler eine Chance bekommt, zu entscheiden, ob er z.B. verlorene Gesprächs-
fäden wieder aufnehmen, Ausgespartes füllen oder naheliegende Deutungen entkräften kann
und will. Diese Mischung aus verhaltener Zuwendung und wahrnehmbarer Distanz des
Zuhörers, die Lebensgeschichten interessant macht, setzt freilich voraus, daß es dem Interviewer im Gegensatz zum üblichen Setting eines Interviews gelingt, die Initiative ein Stück
weit dem Befragten zuzuschieben, und daß seine Wahrnehmungsfähigkeit und Mitmensch-
lichkeit an der eigenen Lebensgeschichte geschult ist."[60]

---

[55] Merton/Kendall 1979, S. 184.
[56] Rogers, Carl R.: Therapeut und Klient. Grundlagen der Gesprächspsychotherapie. Heraus-
      gegeben und mit einem Vorwort versehen von Wolfgang M. Pfeiffer. Frankfurt a.M.
      1983.
[57] Ebd., S. 135.
[58] Vgl. Bude 1985, S. 331.
[59] Niethammer 1985, S. 400.
[60] Ebd.

Mag an dieser Stelle die Beschreibung der Fragetechnik bruchstückhaft und unvollständig erscheinen und damit insgesamt als unbefriedigend empfunden werden - allerdings sind die angestellten Überlegungen auch nicht als exakte Handlungsanweisung mißzuverstehen -, so ist doch deutlich geworden, daß das qualitative Interview hohe Anforderungen an den Interviewer stellt.[61] Bude spricht in diesem Zusammenhang von einer "ausgeklügelte[n] Technik der Narrationsanimation", die notwendig ist, um "den Wechsel vom Alltagssprecher zum bloßen Erzähler zu vollziehen"[62]. Einerseits ist es notwendig, sich einer Technik, mindestens einer Strategie zu bedienen, andererseits warnen 'profilierte' Interviewer[63] wie erfahrene Therapeuten[64] vor einer professionellen Maske. Der Gesprächspsychotherapeut betont, daß Echtheit oder Kongruenz - dieses Problem wurde bereits angesprochen - eine grundlegende Einstellung bedeute, die für den positiven Verlauf einer Therapie mitverantwortlich sei.[65] Kongruenz, also das Mitteilen eigener Empfindungen, statt sich selbst zu verleugnen, sollte gleichfalls für den Interviewer ein wichtiges Ziel darstellen.[66] Allerdings dürfte sie in einer Forschungssituation schwerer zu erreichen sein als in einem therapeutischen Prozeß, ist doch die Abhängigkeit des Forschers von seiner Gewährsperson bzw. von der Qualität des Interviews nicht zu übersehen. Darüber hinaus wird natürlich ein geübter Interviewer gefordert, der mit den Forschungszielen vertraut ist.[67] Allerdings genügt es nicht, nur über fachliche Kompetenz zu verfügen, vielmehr soll der Interviewer auch "Ruhe, Wärme und Freizügigkeit"[68] ausstrahlen. Auch Lehmann hebt neben den notwendigen wissenschaftlichen Vorkenntnissen die persönlichen Qualitäten des Forschers wie "Gespür, Einfühlungsvermögen und Phantasie"[69] hervor.

Die Anforderungen an den Forscher und Interviewer sind also hoch, zumal wenn es sich wie in diesem Fall um ein tabuisiertes und menschlich sehr sensi-

---

[61] Als einen wichtigen Einflußfaktor auf die Gesprächsführung der in der vorliegenden Untersuchung dokumentierten Interviews möchte ich die Gesprächspsychotherapie nach Rogers nennen. Hierfür ist weniger eine Absicht als das Biographisch-Zufällige verantwortlich. Die Grundzüge dieser Form der therapeutischen Gesprächsführung lernte ich innerhalb meines Pädagogikstudiums kennen. Die in anwendungsorientierten Seminaren erworbene Fähigkeit des Zuhörens - die wohl wichtigste Fähigkeit des Interviewers - konnte ich im Rahmen einer ehrenamtlichen Tätigkeit im Pfarramt der Universitätsklinik Göttingen schulen und erweitern.

[62] Bude 1985, S. 331.

[63] Niethammer 1985, S. 399.

[64] Rogers 1983, S. 32.

[65] Ebd., S. 30f.

[66] Vgl. Dornheim, Jutta: "Ich kann nicht sagen - das kann ich nicht". Inkongruente Erfahrungen in heiklen Feldsituationen. In: Jeggle, Utz (Hg.): Feldforschung. Qualitative Methoden in der Kulturanalyse. Tübingen 1984, S. 129-157 (= Untersuchungen des Ludwig-Uhland-Instituts der Universität Tübingen, 62). Hier wird 'Kongruenz' - 'Inkongruenz' nicht im Sinne von 'Echtheit', sondern als divergierende Erfahrungsbereiche verstanden.

[67] Atteslander, Peter: Methoden der empirischen Sozialforschung. 4. erw. Aufl. Berlin/New York 1975, S. 92.

[68] Friedrichs, Jürgen: Methoden empirischer Sozialforschung. 12. Aufl. Opladen 1984, S. 216.

[69] Lehmann 1979/80, S. 49.

bles Thema handelt. Die Sorge, diese Anforderungen nicht zu erfüllen, kann einen unbefangenen Kontakt zum Interviewpartner erschweren. In den letzten dreizehn Jahren konnte ich bei mehreren Aufenthalten in Polen eine Reihe von Gesprächen mit ehemaligen KZ-Häftlingen führen. Die Erfahrung dieser Gespräche schuf eine wichtige Grundlage für die Interviews, die ich im Rahmen dieser Arbeit geführt habe. Sie haben meine Sensibilität im Umgang mit ehemaligen Häftlingen geweckt. Niethammer betont, daß ein auf die Erforschung solcher Erfahrungen ausgerichtetes Projekt nicht ohne psychologische Begleitung erfolgen sollte.[70] Dieser Ansicht ist grundsätzlich zuzustimmen. Sie dürfte allerdings in der Praxis nur schwer zu realisieren sein, bedeutet sie doch einen erheblichen organisatorischen und finanziellen Mehraufwand, der zum Beispiel im Rahmen eines Dissertationsprojektes kaum geleistet werden kann.

Voraussetzung für ein erfolgreiches Interview ist ein *gutes* Verhältnis zum Interviewpartner, denn wer ist schon bereit, einem Fremden von seinen intimsten Verletzungen zu erzählen? Die Offenbarungen, die ich in meinen Interviews erfahre, sind nicht mit jenen Eröffnungen zu vergleichen, wie sie einander fremde Menschen oft während einer Bahnfahrt machen. Bereits im Vorfeld der Untersuchung, bei der Kontaktherstellung, ist eine behutsame Vorgehensweise notwendig. Den von mir angesprochenen Personen versuche ich zu vermitteln, daß ich Zeit habe, daß sie nicht zu einem Gespräch gedrängt werden und daß sie in Ruhe entscheiden können, ob sie sich auf ein Interview einlassen wollen oder nicht. Jedem Interviewbesuch geht ein Briefwechsel oder eine Reihe von Telefongesprächen voraus. So werden erste Informationen über das Projekt und über die mich interessierenden Fragen mitgeteilt. Sämtliche Interviews werden im Haus bzw. in der Wohnung der Interviewpartner geführt. Mit dem eigentlichen Interview wird erst begonnen, wenn ein gewisses Vertrauensverhältnis entstanden ist. Wir verabreden gemeinsam, wann das Interview geführt werden soll, wie lange es dauern darf und wieviele Gespräche wir führen wollen. Den Befragten soll also eine Art 'Heimvorteil' eingeräumt werden, der es ihnen zum Beispiel erleichtert, ein Interview zu unterbrechen oder gar ganz abzubrechen, falls sie das Erzählen zu sehr anstrengt oder belastet. Bei der Beschreibung meiner Vorgehensweise fallen mir unweigerlich Utz Jeggles kritische Überlegungen zum Thema Vertrauen ein. Allein die Frage, wie man das Vertrauen von Menschen gewinne könne, müsse, so Jeggle, "jedem Gegenüber gerechtfertigtes Mißtrauen einflößen [...] Wenn der Gewinn von Vertrauen instrumentalisierbar wird wie in dieser Frage, ist die Basis eines eventuell aufkeimenden Vertrauens bereits verletzt. Im Grunde fragen so Handelsvertreter, Heiratsschwindler und Glücksspieler, die, um Erfolg zu haben, etwas anderes zu sein vorgeben[,] als sie sind"[71]. Das Zauberwort in der Feldforschung - und dies gilt in besonderer Weise für die vorliegende Untersuchung - heißt Vertrauen. Dies zu leugnen, wäre unaufrich-

---

[70] Niethammer 1985, S. 403.
[71] Jeggle, Utz: Zur Geschichte der Feldforschung. In: Jeggle (Hg.) 1984, S. 11-46, hier S. 42.

tig. So betont denn auch Dietmar Sauermann, daß das Vertrauen die Grundlage dafür sei, "daß dem Wissenschaftler nicht nur vordergründige und isolierte Daten, sondern Beurteilungen anvertraut werden: Meinungen, Hoffnungen, Wünsche, Sorgen und Ängste"[72]. Mein Wunsch ist es, eine Atmosphäre zu schaffen, die es den Interviewpartnern ermöglicht, über ihr Leben, genauer über ihre Erfahrungen von Verfolgung und KZ-Haft zu sprechen. Doch bin ich, wenn ich - wie oben ausgeführt - Überlegungen zum Kennenlernen und zur Interviewsituation anstelle, bereits solch ein von Jeggle beschriebener Schuft?

Da sämtliche Gespräche im Haus bzw. in der Wohnung der Befragten geführt werden, ist damit ein mehrtägiger Interviewbesuch verbunden. Neben dem Interview kommt dann ein weiteres Erhebungsinstrument zum Einsatz: die teilnehmende Beobachtung. Sie gilt als die Standardmethode der Feldforschung.[73] Die Erforschten sollen in ihrer sozialen und materiellen Umgebung beobachtet werden, während der Beobachter bzw. die Beobachterin an der sozialen Situation teilnimmt. Auf diese Weise will, so Mayring, der Forscher "eine größtmögliche Nähe zu seinem Gegenstand erreichen, er will die Innenperspektive der Alltagssituation erschließen"[74]. In Abgrenzung zu den Vorstellungen Wilhelm Heinrich Riehls zur Feldforschung erklärt Brednich, "im Gegensatz zu solcher Forschung und Beobachtung mit vorgefaßten Meinungen, erblickt die Volkskunde im Teilnehmen und Beobachten die intensivste und wirksamste, wenngleich schwierigste Methode der Feldarbeit"[75].

Während des Besuchs, der bis zu einer Woche dauert, lerne ich das soziale Umfeld der Interviewpartner kennen, in der Regel nahe Familienangehörige oder Freunde und Bekannte. Die meisten meiner Interviewpartner leben allerdings allein in ihrer Wohnung. Gemeinsame Einkäufe, Ausflüge und Besuche von Cafés, um Freunde zu treffen, oder Besuche von Konzerten sowie Ausstellungen verhelfen mir zu wichtigen Eindrücken und stellen deshalb unverzichtbare Zusatzinformationen dar, die in einem Protokoll festgehalten werden. Besonders wichtig ist es mir, die Interviewpartner im Umgang mit anderen Menschen zu erleben. Ist eine Interviewsitzung abgeschlossen, lenke ich von mir aus das Gesprächsthema für den Rest des Tages nicht mehr auf die Verfolgung. Mein Wunsch ist es, die Interviewpartner auch in Alltagssituationen zu erleben, mit ihnen auch Gespräche zu führen, die nicht ausschließlich um das Thema Verfolgung kreisen. Auch nach einem solchen Interviewbesuch besteht in vielen Fällen der Kontakt fort. Einige Interviewpartner habe ich bereits mehrere Male besucht. Zu anderen wiederum besteht kein Kontakt

---

[72] Sauermann, Dietmar: Gedanken zur Dialogstruktur wissenschaftlicher Befragungen. In: Brednich, Rolf Wilhelm/Lixfeld, Hannjost/Moser, Dietz-Rüdiger/Röhrich, Lutz (Hg.): Lebenslauf und Lebenszusammenhang. Autobiographische Materialien in der volkskundlichen Forschung. Vorträge der Arbeitstagung der Deutschen Gesellschaft für Volkskunde in Freiburg i.Br. vom 16. bis 18. März 1981. Freiburg i.Br. 1982, S. 145-153, hier S. 150.

[73] Mayring 1990, S. 38.

[74] Ebd., S. 57.

[75] Brednich 1988, S. 88.

mehr. Manchmal werden gegenseitig Geschenke ausgetauscht. Das unpersön-
liche *Sie* ist einigen Fällen einem vertrauten *Du* gewichen. Die meisten von
ihnen verstehen die Beziehung nicht einseitig; sie erwarten auch von mir, daß
ich mich öffne, und möchten wissen, wie ich über dies oder jenes politische
Ereignis denke, wer meine Eltern sind, ob ich allein lebe...[76]

Auf diese Weise ist ein Verhältnis entstanden, das oftmals einer Freundschaft ähnlicher ist als der geschäftsmäßig-indifferenten Beziehung von
Forscher und Erforschten.[77] Niethammer warnt aus diesem Grunde zu Recht
vor den Selbsttäuschungen des einen und des anderen:

> "Die häufigste Selbsttäuschung der Befragten, vor allem in Tiefeninterviews, besteht darin,
> daß sie zunächst unrealistische Erwartungen an den ihnen begegnenden Forschungsapparat
> haben und daß sich dann im Zuge eines längeren Interviews eine personale Beziehung zum
> Interviewer ergibt und sie darüber vergessen, daß er nicht nur diese Person, sondern auch
> eine Charaktermaske des Wissenschaftsbetriebs, der Kulturindustrie oder anderer Verwer-
> tungsinteressen ist."[78]

Die häufigste Selbsttäuschung seitens des Forschers sieht Niethammer zum
einen in einem Überlegenheitsgefühl gegenüber dem Befragten und zum anderen in der Absicht, ihm helfen zu wollen - "vermutlich eine selbstauferlegte
Strafe für den ungleichen Tausch"[79]. Zum vermeintlichen Überlegenheitsgefühl
ist anzumerken, daß mir im Feld eher die Abhängigkeit vom Interviewpartner,
ich erwähnte es bereits, bewußt wurde. Allein die Verabredung der Interviewsitzungen während eines Besuchs bedeutete in einigen Fällen eine wahre
Nervenprobe. Viele genossen meine Anwesenheit und planten mich so sehr in
ihre Alltagshandlungen mit ein - was grundsätzlich schon in meiner Absicht lag
-, daß ich fürchten mußte, für die Interviews bleibe zu wenig Zeit. Auch meine
Gedanken zum 'ungleichen Tausch' sind zwiespältig. Die Dokumentation der
Lebensgeschichten meiner Gesprächspartner dient letztlich meiner eigenen
beruflichen und wissenschaftlichen Qualifikation. Sie ist Ausdruck meiner
Kreativität und meines Wunsches nach Selbstverwirklichung. Daß Forschungs-
arbeiten auch wissenschaftliche und/oder gesellschaftspolitische Bedeutungen
besitzen, ist zum Zeitpunkt der Erarbeitung zweitrangig und zudem eine nur
schwer greifbare Größe und soll deshalb an dieser Stelle unbeachtet bleiben.
Doch was erhalten die Erforschten im Tausch für ihre Lebensgeschichte?
Zunächst einmal weder Ehre noch Geld.[80] Die Bedeutung für sie liegt auf einer
anderen Ebene. In der Regel werde ich mit einem gewissen Vertrauensvor-

---

[76] Zum Problem der Reziprozität: Lindner, Rolf: Die Angst des Forschers vor dem Feld.
Überlegungen zur teilnehmenden Beobachtung als Interaktionsprozeß. In: Zeitschrift für
Volkskunde 77 (1981) S. 51-66, hier S. 51.

[77] Wobei keineswegs verschwiegen werden soll, daß ich den Interviewpartnern nicht
ausschließlich positive Gefühle entgegengebracht habe - und umgekehrt war es gewiß auch
nicht so.

[78] Niethammer 1985, S. 399.

[79] Ebd.

[80] In einem Fall war ein Interviewpartner darüber enttäuscht, daß ich ihm für seine Bereitschaft zu einem Interview kein Honorar zahlen konnte, dies weniger aus Gewinnsucht als
aus wirtschaftlicher Not heraus.

schuß bedacht. Allein der Umstand, daß ich mich mit dieser Problematik befasse, scheint Sympathie auszulösen. Einige meiner Gewährsleute luden mich sogar ein, ihr Gast zu sein, obwohl sie mich vorher noch nie gesehen hatten. Hier liegt die Bedeutung für meine Gesprächspartner. Ich bin zu ihnen gereist, dies heißt für sie: Es ist jemand gekommen, der mich mit meiner Verfolgten-Biographie akzeptiert und ernst nimmt, und dem kann ich meine Geschichte erzählen.

Die Bereitschaft, über das eigene Leben und damit auch über die in der Zeit des Nationalsozialismus erfahrenen Demütigungen und Verletzungen zu sprechen, ist bei allen Interviewpartnern und -partnerinnen in großem Maß vorhanden. Sonst wären sie ja auch nicht auf mein Anliegen eingegangen. Sehr unterschiedlich sind allerdings die Vorstellungen darüber, was als zu intim erachtet wird, als daß es erzählt und preisgegeben werden könne. Aus diesem Grunde sind auch die Interviews von sehr unterschiedlicher Art. Persönliche Offenbarungen sind nur für *sympathische* und einander freundschaftlich verbundene Menschen bestimmt; meine Arbeit wird von den Interviewpartnern weniger als der Versuch einer wissenschaftlichen Auseinandersetzung mit diesem Thema gesehen - obwohl ich sie in die Fragestellung meines Vorhabens einweihe -, sondern vielmehr als Beitrag der 'jungen Generation', aus der geschichtlichen Erfahrung heraus verantwortliches Handeln für die Zukunft zu lernen. So oder ähnlich antworteten mir viele auf meine Anfrage.

Natürlich haben Beziehungen dieser Qualität Auswirkungen auf die Bearbeitung der Interviews. Der Umstand, daß ich mich mit Biographien heute lebender Menschen auseinandersetze, die mir zudem im Laufe des Forschungsprozesses sehr vertraut wurden, wirkt als Verpflichtung zu besonders sorgfältiger und redlicher Arbeit. Drei meiner Interviewpartner sind inzwischen verstorben, auch dies ist eine Belastung. Es entsteht ein Druck, der manchmal nicht leicht auszuhalten ist. Doch wie kann der Forscher seine Unabhängigkeit wahren und (später) eine Interpretation schreiben, die nicht von einer allumfassenden Rücksichtnahme auf die Meinung und das Interesse der Interviewpartner geprägt ist? Der Gegensatz von freundschaftlicher Verbundenheit und wissenschaftlicher Distanz, so meine Erfahrung, ist in jeder Situation neu zu definieren und auszuhalten, zumal dann, wenn forschungsethische Gründe eine Rolle spielen. So zum Beispiel in einer Interviewsituation, in der ein traumatisches Ereignis geschildert wird. Die Exploration des erzählten Problems könnte vielleicht wichtige Aufschlüsse im Sinne der Fragestellung der Arbeit liefern, doch eine sofortige Unterbrechung des Interviews ist dann umgehend geboten, wenn das Erzählen zur Belastung wird. Dies rechtzeitig zu erkennen, setzt große Aufmerksamkeit voraus und die Bereitschaft, eigene Interessen notwendigerweise zurückzustellen.[81]

---

[81] Vgl. Weidenhammer, Jörg: Die Retraumatisierung. Ethische Fragen in der Interviewtechnik. In: Bar-On, D[an]/Beiner, F[riedrich]/Brusten, M[anfred] (Hg.): Der Holocaust - Familiale und gesellschaftliche Folgen - Aufarbeitung in Wissenschaft und Erziehung? Ergebnisse eines internationalen Forschungs-Kolloquiums an der Bergischen Universität - Gesamthochschule Wuppertal. Wuppertal 1988, S. 74-78.

Aus der Erörterung der Forschungssituation im Feld und der Beschreibung der Erhebungstechniken ist deutlich geworden, wie sehr Forscher bzw. Interviewer Bestandteil des Prozesses sind. Sie haben maßgeblichen Anteil am Gelingen oder Mißlingen der Untersuchung. Die erhobenen Interviewtexte sind Produkt eines dialogischen Verfahrens.[82] Damit wird deutlich, daß in der vorliegenden Dokumentation in zweifacher Hinsicht Subjektivität thematisiert wird bzw. zu thematisieren ist. Zum einen soll die subjektive Erfahrung von Verfolgung anhand von lebensgeschichtlichen Dokumenten beschrieben werden. Zum anderen ist der Einfluß des Forschers, also seine Subjektivität, am Zustandekommen eben dieser Dokumente zu berücksichtigen und zu reflektieren.

Abschließend seien noch einige Daten und Informationen zum Interviewmaterial genannt: Abgesehen von einem Interview, das im April 1992 geführt wurde, entstand die Interviewserie für die vorliegende Untersuchung zwischen März und November 1988. Die Dauer der einzelnen Interviews schwankt zwischen ca. 40 Minuten und ca. acht Stunden. Insgesamt besitzt das erhobene Tonmaterial eine Spieldauer von ungefähr 45 Stunden.

---

[82] Vgl. Heinze, Thomas: Qualitative Sozialforschung: Erfahrungen, Probleme und Perspektiven. Opladen 1987, S. 60; Sauermann 1982; Matter, Max: Gedanken zur ethnologischen Gemeindeforschung und den dafür notwendigen Datenerhebungsverfahren. In: Rheinisches Jahrbuch für Volkskunde 22,2 (1978) S. 283-311, hier S. 289f.

Auswertung

Nachdem die Interviews geführt waren, galt es, das erhobene Datenmaterial aufzubereiten und damit seine schriftliche Fixierung und Strukturierung vorzunehmen. Philipp Mayring unterscheidet in seiner Beschreibung verschiedener Verfahren qualitativer Analyse sehr präzis zwischen Erhebungs- und Aufbereitungstechniken sowie zwischen unterschiedlichen Techniken der Auswertung des Materials.[1] Um der Deskription als einem besonderen Anliegen qualitativer Forschung wirkungsvoll Rechnung zu tragen, plädiert er für eine stärke Thematisierung der Probleme im Zusammenhang mit der Materialaufbereitung. So sehr Mayrings Forderung zuzustimmen ist, so wichtig erscheint es mir, die Aufbereitung bereits als ersten Schritt der Auswertung zu begreifen.

Für eine Bearbeitung mündlicher Gespräche ist eine Fixierung des Materials unerläßlich. Doch sie ist nur um den Preis - zugegebenermaßen eine Binsenweisheit - der Reduktion von Wirklichkeit möglich. Bereits die Tonbandaufnahme kann nur einen Teil der Wirklichkeit erfassen. Weder Gestik noch Mimik der Gesprächspartner können auf diese Weise festgehalten werden. Und natürlich bleibt auch das, was in Pausen, während einer Unterbrechung oder unmittelbar vor und nach dem Interview geschieht, unberücksichtigt. Eine noch viel größere Reduktion bedeutet die Protokollierung des Materials mit Hilfe eines Transkriptionsverfahrens. Wie können Pausen, ein kurzes Zögern, Stimmlage, das Heben und Senken der Stimme, plötzlich undeutlich gesprochene Worte oder das Sprechtempo erfaßt werden? Hans Joachim Schröder betont, daß die "Lebendigkeit" des Sich-Äußerns nur schwerlich angemessen abgebildet werden könne.[2] Sowohl die Tonbandaufnahme als auch die schriftliche Fixierung sind artifiziell und stellen lediglich *eine* Version von Wirklichkeit dar. Wie diese Version aussieht, bestimmt der Forscher. Seine Entscheidung für einen bestimmten Verfahrensweg ist bedeutsam für den weiteren Gang der Auswertung. Doch wer wählt und entscheidet, wertet auch gleichzeitig: "Jede Transkription", so Schröder, "auch die aufwendigste linguistische mit einem Höchstmaß an Genauigkeit, ist per se ein Interpretationsvorgang, ein erster Schritt der nicht mehr einfach objektiven Auswertung."[3]

---

[1] Mayring, Philipp: Einführung in die qualitative Sozialforschung. Eine Anleitung zu qualitativem Denken. München 1990, S. 44, 66.

[2] Schröder, Hans Joachim: Das narrative Interview - ein Desiderat in der Literaturwissenschaft. In: Internationales Archiv für Sozialgeschichte der deutschen Literatur 16 (1991) S. 94-109, hier S. 104.

[3] Ebd.; dazu auch: Fuchs, Werner: Biographische Forschung. Eine Einführung in Praxis und Methoden. Opladen 1984, hier S. 274; Zinnecker, Jürgen: Einige strategische Überlegungen zur hermeneutisch-lebensgeschichtlichen Forschung. In: Zeitschrift für Sozialisationsforschung und Erziehungssoziologie 2 (1982) S. 297-306, hier S. 302; Alheit, Peter/Dausien, Bettina: Arbeiterbiographien. Zur thematischen Relevanz der Arbeit in proletarischen Lebensgeschichten. Eine exemplarische Untersuchung im Rahmen der

Die Verschriftlichung des Tonbandmaterials ist ein zeitaufwendiger[4] und im allgemeinen kostenintensiver Vorgang.[5] Immer wieder wird diese Mühsal beklagt, die zudem sehr aufreibend ist.[6] Doch die Notwendigkeit der Transkription ist unbestritten. Den Nutzen der erstellten Transkripte beschreibt Mayring wie folgt: "Hier kann man Unterstreichungen und Randnotizen vornehmen, hier kann man blättern, Textstellen vergleichen. Das Wortprotokoll ermöglicht es auch, einzelne Aussagen in ihrem Kontext zu sehen [,] und gibt so die Basis für ausführliche Interpretationen."[7] Darüber hinaus bietet das Interviewtranskript noch weitere Vorteile. Der geschriebene Text erleichtert einen distanzierteren Umgang mit dem Interview, seinem Verlauf und den kommunikativen Rahmenbedingungen der Gesprächssituation.[8] "Erst die Transkription des Interviews", so Werner Fuchs, "eröffnet die Möglichkeit, daß Dritte die Interviewführung und die Interpretation des biographischen Materials überprüfen können. Kontrollierbarkeit der Arbeit des Sozialforschers im Interview und bei der weiteren Bearbeitung der Materialien erfordern eine schriftliche Fassung."[9]

Mag die Bedeutung der Transkription wie auch ihr Nutzen unbestritten sein, so ist doch in vielen Untersuchungen ein unkontrollierter und unreflektierter Umgang mit dieser Form der Materialaufbereitung zu beklagen. So erklärt beispielsweise Heinz Bude in den *Deutsche[n] Karrieren* lapidar, daß die "phonetischen Aufzeichnungen transkribiert"[10] wurden, und in der Einleitung der dreibändigen Studie zur *Lebensgeschichte und Sozialkultur im Ruhrgebiet 1930-1960* beschränkt sich Lutz Niethammer auf den Hinweis, daß man die Interviewausschnitte "nicht redigiert"[11] habe. "Die Transkription von Interviews", kritisiert Schröder aus diesem Grunde, "so scheint es, wird von vielen Wissenschaftlern als eine mechanische, zweitrangige, wenn nicht subalterne Tätigkeit angesehen, als eine Angelegenheit, über die man keine Worte zu verlieren braucht."[12]

"biographischen Methode". 2. Auflage. Bremen 1985, S. 96 (= Forschungsreihe der Forschungsschwerpunkte "Arbeit und Bildung", 2).

[4] Ehlich, Konrad/Switalla, Bernd: Transkriptionssysteme - Eine exemplarische Übersicht. In: Studium Linguistik, H. 2 (1976) S. 78-105, hier S. 104.

[5] Lehmann, Albrecht: Autobiographische Methoden. Verfahren und Möglichkeiten. In: Ethnologia Europaea 11 (1979/80) S. 36-54, hier S. 41f.

[6] Wahl, Klaus/Honig, Michael-Sebastian/Gravenhorst, Lerke: Wissenschaftlichkeit und Interessen. Zur Herstellung subjektivitätsorientierter Sozialforschung. Frankfurt a.M. 1982, S. 148.

[7] Mayring 1990, S. 64.

[8] Fuchs 1984, S. 269f.

[9] Ebd., S. 270.

[10] Bude, Heinz: Deutsche Karrieren. Lebenskonstruktionen sozialer Aufsteiger aus der Flakhelfer-Generation. Frankfurt a.M. 1987, S. 73.

[11] Niethammer, Lutz: Einleitung des Herausgebers. In: ders. (Hg.): "Die Jahre weiß man nicht, wo man die heute hinsetzen soll". Faschismuserfahrungen im Ruhrgebiet. Lebensgeschichte und Sozialkultur im Ruhrgebiet 1930-1960. Bd. 1. Berlin/Bonn 1983, S. 7-29, hier S. 21.

[12] Schröder 1992, S. 79.

Das der vorliegenden Untersuchung zugrundeliegende Material für die
Auseinandersetzung mit den einzelnen Biographien ist der schriftlich fixierte
Text. Ergänzend wird auch die Tonbandaufnahme herangezogen, ebenso die im
Feldforschungsprotokoll festgehaltenen Informationen über Beobachtungen
während des Interviewbesuchs, wie beispielsweise über die kommunikativen
Bedingungen des Gesprächs sowie Bemerkungen zum sozialen Umfeld der
Gewährsleute. Doch die eigentliche Quelle ist das Transkript des jeweiligen
Interviews. Es ist die Grundlage für die Bearbeitung der erhobenen Biogra-
phien und für die Interpretation der geführten Gespräche. Schon aus diesem
Grunde ist eine vollständige Verschriftlichung der Interviews unerläßlich. Auch
der Ansatz der Untersuchung, der im Erzählen der Gewährsleute Belege für die
Art und Weise ihres Umgangs mit der Verfolgung zu finden sucht, macht es
notwendig, das gesamte Interview zu transkribieren - eine auch von verschiedenen Forschern geäußerte Forderung an qualitative Untersuchungen.[13]

Die Verschriftlichung von Interviews folgt zwei Prämissen: Zum einen gilt
es, das Gespräch möglichst authentisch wiederzugeben. Zum anderen soll der
nun schriftlich fixierte Text auch lesbar sein. Zwischen diesen beiden Forderungen muß ein Kompromiß gefunden werden.[14] Quellentreue gilt als oberstes
Gebot der Transkriptionsarbeit. Der Hang zu wissenschaftlicher Redlichkeit
sollte den Forscher davor bewahren, bei der schriftlichen Fixierung des erhobenen Materials verändernd einzugreifen. Doch an welcher Stelle setzt eine
Veränderung ein? Bereits dann, wenn Dialekt nicht vollständig wiedergegeben
oder ein grober grammatikalischer Fehler bereinigt wird? Ein anderes Problem
ergibt sich aber gerade daraus, daß die Fehlergrammatik beibehalten und auf
diese Weise der Erzähler der Lächerlichkeit preisgegeben wird. Gerade dieser
Gedanke erscheint mir angesichts der Tatsache bedeutsam, daß für drei meiner
Gewährsleute Deutsch nicht Muttersprache ist, das Gespräch aber in dieser
Sprache geführt wurde. Aus diesen Überlegungen heraus entstanden verschiedene Grundsätze für das Transkriptionsverfahren, die nun vorzustellen sind.

Die Verschriftlichung der Interviews erfolgt wortgetreu. Eine "bereinigte"
Version der Gespräche, wie sie beispielsweise Albrecht Lehmann[15] in *Erzählstruktur und Lebenslauf* beschreibt, soll nicht erstellt werden. Redundanzen wie
"nicht wahr", "also" oder "ja" werden in die schriftliche Fassung aufgenommen. Allerdings wird ein immer wiederkehrendes "äh" gestrichen, sobald es
lediglich beiläufig geäußert wird.[16] Drückt es hingegen eine größere Unsicherheit oder ein intensives Überlegen des Erzählers aus, bleibt es erhalten. In den

---

[13] Während Andreas Witzel davon ausgeht, "daß üblicherweise Interviews vollständig transkribiert werden", und Fuchs (1984, S. 269f.) die komplette Niederschrift von Interviews
als den "Normalfall" ansieht, jedoch unter bestimmten Bedingungen Ausnahmen tolerieren
würde (siehe Witzel, Andreas: Verfahren der qualitativen Sozialforschung. Überblick und
Alternativen. Frankfurt a.M./New York 1982, S. 50), hält Schröder eine Auswahl "im allgemeinen [für] sinnvoll und oft unvermeidlich", siehe Schröder 1992, S. 85.

[14] Wie solch ein Kompromiß aussehen könnte, zeigt Schröder mit seinem detaillierten Katalog
von Transkriptionsregeln, siehe Schröder 1992, S. 91-95.

[15] Lehmann, Albrecht: Erzählstruktur und Lebenslauf. Autobiographische Untersuchungen.
Frankfurt a.M./New York 1983, S. 61.

[16] Vgl. Schröder 1992, S. 92.

Satzbau wird nicht eingegriffen. Wortumstellungen, auch wenn sie zu einem besseren Verständnis des Satzes beitrügen, sollen nicht erlaubt sein. Ausnahmen sind dann sinnvoll, wenn ohne eine Wortumstellung der Sinn des Satzes nicht erschlossen werden kann. Die 'Melodie' der Sprache gilt es, soweit möglich, zu bewahren, dazu gehört eben auch, den Satzbau des Erzählers zu respektieren. Auch Versprecher und Formulierungsversuche werden in das Transkript übernommen. Ist ein Begriff, eine Abkürzung oder ein Name erläuterungsbedürftig, erfolgt eine Erklärung in Form einer Fußnote oder direkt im Text, in diesem Fall wird sie in eckige Klammern gesetzt. Ein undeutlich gesprochenes Wort erscheint mit dem eingeklammerten Zusatz "unverständlich". Bricht der Erzähler eine Formulierung ab, so wird dies am Ende der Phrase mit drei Punkten kenntlich gemacht. Unterbrechungen des Interviews wie Pausen, Bandwechsel oder Störungen durch Dritte werden im Transkript vermerkt. Auch non-verbale Äußerungen wie Weinen und Lachen finden Berücksichtigung. Handbewegungen werden dann vermerkt, wenn sie beim Erzählen belastender Geschichten zur Bekräftigung oder Kontrastierung der gesprochenen Worte dienen. An eine weiterreichende Berücksichtigung von Gestik oder Mimik des Gesprächspartners ist nicht gedacht. Verläßt ein Interviewpartner seinen Platz, um etwas zu holen, um das Zimmer zu verlassen oder einfach, weil er nicht mehr sitzen mag, so wird auch dies vermerkt.

Kommen wir zum Bereich der Grammatik. In der Frage der Interpunktion soll möglichst den Regeln der Zeichensetzungslehre gefolgt werden. Darüber hinaus wird dort ein Komma gesetzt, wo zusammengehörende Sinneinheiten einer Gliederung bedürfen.[17] Sehr viel schwieriger zu lösen ist das Problem der Fehlergrammatik. Im Vordergrund stehen zwei Überlegungen. Einerseits soll vermieden werden, die Gewährsleute lächerlich zu machen, indem ihre Fehler unkorrigiert in den Text übernommen werden. Andererseits ist das Ziel, die individuelle Sprache der Erzähler - zu der ebenso die Fehler gehören - bei der Übertragung von der mündlichen in eine schriftliche Form zu erhalten. Nach ersten Probetranskriptionen stellte sich heraus, daß eine einheitliche Lösung nur sehr schwer zu finden ist. Aus diesem Grunde kommt es zu folgender Entscheidung: Während Kasusfehler in der Regel verbessert werden, sollen Genusfehler, wenn sie nicht in allzu großer Zahl vorkommen, beibehalten werden. Eine Entscheidung von Fall zu Fall ist dabei unumgänglich.

Die Übertragung des mündlichen Materials in einen geschriebenen Text erfolgt in 'normale Orthographie'[18]. Allerdings werden jeweils einige markante Wörter und Redewendungen in 'literarischer Umschrift' wiedergegeben. Auf diese Weise soll erreicht werden, daß das Individuelle und Charakteristische der Sprache, wenn es schon nicht gänzlich erhalten bleiben kann, so doch wenigstens angedeutet wird. Wie bereits angesprochen, ist für drei der Interviewpartner Deutsch nicht Muttersprache. Bei einer Übertragung ihrer Sprache in "literarische Umschrift" erhielte man zwangsläufig einen Text, der nur

---

[17] Ebd., S. 94.
[18] Wahl/Honig/Gravenhorst 1982, S. 148. Vgl. Caroli, Folker: Pragmatische Aspekte syntaktischer Variation in der gesprochenen Sprache. Göppingen 1977, S. 125.

schwer lesbar wäre und gleichzeitig den Erzähler bloßstellen würde. Soweit die Überlegungen zum Problemfeld Transkription. Abschließend sei noch hinzugefügt, daß die Verschriftlichung des erhobenen Gesprächsmaterials einen Umfang von ca. 750 Seiten hat.

Bevor im folgenden die einzelnen Untersuchungsinstrumente für die Bearbeitung der Texte beschrieben werden, möchte ich die Aufmerksamkeit noch einmal auf ein Problem lenken, das bereits im letzten Kapitel thematisiert wurde: die Wahrung der Unabhängigkeit des Forschers.[19] Ähnlich wie in der Erhebungssituation ist auch in der Phase der Auswertung des Dokumentationsmaterials das Verhältnis von Forscher und Erforschtem ein allgegenwärtiges Problem. Auch bei der Auseinandersetzung mit den Texten und ihrer Analyse gilt es, den Gegensatz von Empathie und in manchen Fällen gar freundschaftlicher Verbundenheit auf der einen Seite und wissenschaftlicher Distanz auf der anderen Seite auszuhalten. Verschiedene Regularien können dabei helfen, die Unabhängigkeit des Forschers zu wahren und auch die Interessen der Befragten zu schützen. Eine solche Maßnahme besteht beispielsweise in der Anonymisierung der Namen, die in der Arbeit einen Herrn Müller zu einem Herrn M. werden läßt. Zur Verwendung von Codenamen mochte ich mich nicht entschließen, stellen sie doch ein Maß an Fiktionalität dar, das mir unangebracht erscheint. Eine andere, nicht minder bedeutende Maßnahme ist in dem Verzicht auf eine kommunikative Validierung zu sehen. Kommunikative Validierung bedeutet, daß die Ergebnisse der Untersuchung den Erforschten nochmals vorgelegt werden. Damit stellt sie eine Möglichkeit dar, die Gültigkeit der Ergebnisse zu überprüfen. Ihr liegt der Gedanke zugrunde, daß eine interpretativ gewonnene Aussage dann Geltung beanspruchen kann, "wenn sich Interpret und Interpretierter auf eine Interpretation geeinigt und sie somit kommunikativ validiert haben"[20]. In Abgrenzung zu dieser Position von Ewald Terhart betonen Thomas Heinze und Friedrich Thiemann, daß kommunikative Validierung "nicht eine Bindung des Forschers an die Zustimmung der Erforschten [bedeute] - in diesem Falle würde er sich auch", fügen sie hinzu, "an deren Mythen, Stereotype, Ideologien binden"[21]. So lautet denn ihre Definition: "Kommunikative Validierung bedeutet vielmehr, daß der Prozeß der Interpretation und der Überprüfung der interpretierenden Sätze zugleich ein zuverlässiger, wechselseitiger Aufklärungsprozeß ist."[22]

So gewinnbringend ein wechselseitiger Aufklärungsprozeß auch sein mag, so wenig erscheint er mir - zumindest im Zusammenhang mit der vorliegenden Untersuchung - angebracht. Das relativ enge Verhältnis zu den Gewährsleuten war die Voraussetzung für das Gelingen der Gespräche. Eine kommunikative

---

[19] Vgl. Kapitel *Feldforschung*, S. 109.
[20] Terhart, Ewald: Intuition - Interpretation - Argumentation. Zum Problem der Geltungsbegründung von Interpretationen. In: Zeitschrift für Pädagogik 17 (1981) S. 769-793, hier S. 771.
[21] Heinze, Thomas/Thiemann, Friedrich: Kommunikative Validierung und das Problem der Geltungsbegründung. In: Zeitschrift für Pädagogik 28 (1982) S. 635-642, hier S. 636.
[22] Ebd.; vgl. Heinze, Thomas: Qualitative Sozialforschung: Erfahrungen, Probleme und Perspektiven. Opladen 1987, S. 9.

Validierung im Prozeß der Auswertung bliebe nicht ohne Auswirkung auf das Verhältnis von Forscher und Erforschten. Der gemeinsame Austausch über Strategien der erzählerischen Bewältigung von Verfolgungserfahrungen würde unweigerlich zu einer zusätzlichen Festigung dieser Beziehung führen und zudem die Gefahr beinhalten, daß das Verhältnis einen quasi-therapeutischen Charakter bekäme.[23] Den auf diese Weise entstehenden möglichen Erwartungen[24] seitens der Erforschten kann und darf der Forscher nicht entsprechen; schließlich ist er weder Berater noch Therapeut.[25] Die Klärung eines solchen Mißverständnisses würde fraglos zu einer Enttäuschung der Interviewpartnerin oder des Interviewpartners führen. All dies wären Umstände und Konflikte, die schließlich einen distanzierten Umgang mit den Biographien erschweren und somit zu einer Belastung der Arbeit des Interpreten führen würden, im übrigen eine Arbeit, für die der Forscher - egal ob mit oder ohne praktizierter kommunikativer Validierung - die alleinige Verantwortung zu tragen hat.

Im vorangegangenen Kapitel über die Feldforschungssituation wurde bereits die Frage Einzelfallbetrachtung oder vergleichende Untersuchung erörtert. Die Notwendigkeit einer frühen Entscheidung für die Einzelfallbetrachtung verdeutlicht die Einheit von Erhebungs- und Auswertungsverfahren innerhalb des gesamten Forschungsprozesses.[26] Gleiches gilt auch für die Bedeutung des Transkriptionsverfahrens, dessen Produkt schließlich ein Text ist, der anschließend zu deuten ist. Doch *Was heißt "einen Text verstehen"?*[27], und so fragt denn auch der Literaturwissenschaftler Manfred Frank in einem gleichnamigen Aufsatz. In seinen dieser Frage vorausgehenden Überlegungen, was einen Text kennzeichne, räumt er ein, daß im allgemeinen dem Merkmal der Schriftlichkeit eine hohe Bedeutung beigemessen werde. Damit gesteht Frank die Probleme seiner Zunft mit dem Phänomen der vermeintlichen Mündlichkeit ein: "Und in der Tat haben wir Literaturwissenschaftler mit eigentlich gespro-

---

[23] Aus diesem Grunde habe ich mich auch dazu entschlossen, das Interviewtranskript oder die fertige Bearbeitung dem Interviewpartner nur auf Nachfrage und ausdrücklichen Wunsch auszuhändigen. Kam es dazu, so wurde die Bitte jedoch umgehend erfüllt. Während des Interviewbesuchs habe ich dieses Problem von mir aus nicht angesprochen. Nur in drei Fällen wurde ich um eine Kopie des Transkripts und in einem Fall um eine Kopie meiner Bearbeitung des Interviews gebeten. Eine Reaktion habe ich daraufhin lediglich von einem Interviewpartner erhalten, und dieser brachte nur seine Enttäuschung über den teilweise umgangssprachlichen Charakter seiner Rede im Interview zum Ausdruck.

[24] Nach meiner Einschätzung war die Hälfte der Interviewpartner und -partnerinnen an einem engeren Kontakt mit mir interessiert und hätte zudem gern die Gelegenheit zu einer noch intensiveren Ausarbeitung ihrer Probleme wahrgenommen. Hier wird einmal mehr deutlich, wie groß das Bedürfnis ist, über das eigene Schicksal, die Erfahrungen von Verfolgung und Konzentrationslagerhaft zu sprechen, und gleichzeitig auch, wie wenig Gelegenheit die Opfer der nationalsozialistischen Gewaltherrschaft im allgemeinen dazu haben.

[25] Utz Jeggle betont aus gutem Grund, daß das Verhältnis zwischen Forscher und Informant ein Arbeitsbündnis sei, in das man keine falschen Versprechungen einbringen dürfe: "Sonst bekommt man eine Rolle zugewiesen, die es einem zwar erlaubt, viel zu erfahren, die aber letztendlich die Informanten über ihren Charakter hinwegtäuscht", siehe Jeggle, Utz: Die Sage und ihre Wahrheit. In: Der Deutschunterricht VI (1987) S. 37-50, hier S. 43.

[26] Fuchs 1984, S. 280f.

[27] Frank, Manfred: Was heißt "einen Text verstehen"? In: Nassen, Ulrich (Hg.): Texthermeneutik. Aktualität, Geschichte, Kritik. Paderborn/München/Wien/Zürich 1979, S. 58-77.

chener Rede - z.B. mit Volksliedern und Volksmärchen, Sagen, schichtenspezi-
fischen Redewendungen oder Wandsprüchen der Subkultur - kaum je früher zu
tun, als bis irgendwelche Gebrüder Grimm oder Ernest Bornemanns sie für uns
gesammelt, gedruckt oder zumindest aufgezeichnet haben."[28] Daß es sich bei
der oft postulierten Oralität von popularen Erzählungen aber nur selten um
solche handelt, wird dabei von Frank leider übersehen, soll uns jedoch an
dieser Stelle auch nicht weiter interessieren.[29] In unserem Falle liegen ja
tatsächlich mündliche Erzählungen zugrunde, die aber in einer schriftlich
fixierten Form untersucht werden. Halten wir also fest - und Schröder nennt
dies ein Dilemma -, "daß alle Wissenschaftler sich in der Phase der Endaus-
wertung von Gesprochenem immer mit geschriebenen Fassungen, mit
Transkriptionen befassen"[30].

Zurück zu Manfred Frank. Er beschreibt zunächst, wie sich die Rede beim
Übergang zur Schrift verändert. Sie erleide, so Frank, "nicht nur eine
Verwandlung ihres Ausdrucksmittels; die Texte werden auch auf eine nie ganz
kontrollierbare Weise sowohl von ihren Bedeutungen wie von dem Mittei-
lungskontext und den Intentionen des Autors entkoppelt"[31]. Hier wird etwas
angesprochen, daß bei der Diskussion des Transkriptionsaktes nicht erörtert
wurde. Die beschriebenen Probleme literaturwissenschaftlicher Textarbeit
mögen aber auch für die Auseinandersetzung mit erhobenen lebensgeschichtlichen Texten gelten. Am Beginn seines Auswertungsweges steht bei
Niethammer eine quellenkritische Würdigung des Textes: "Unter Berücksichtigung der Entstehungsgeschichte des Interviews, der beteiligten Persönlichkeiten
und des inhaltlichen Gesamtzusammenhangs wird der Einzeltext nach seiner
Form, seiner Stellung im Kontext und seiner Herkunft näher zu bestimmen
versucht. In der historischen Auswertung eines Erinnerungsinterviews ist dabei
der springende Punkt, ob Inhalt und/oder Form des Textes Hinweise auf die
Zeitschicht, der die Geschichte zuzurechnen ist, geben."[32] Die Auseinandersetzung mit den erhobenen Biographien basiert auf einer hermeneutischen
Erarbeitung des Textes. Die quellenkritische Würdigung des Textes bildet bei
Niethammer die Grundlage für eine anschließende präzisierte Interpretation
seines Sinnes, "die der überlieferungsgeschichtlichen Stellung und den kommunikativen Formelementen des Textes gerecht wird"[33]. Mit Nachdruck betont
Lehmann - wobei er sich auf Ergebnisse aus der psychoanalytischen Kasuistik,
der soziologischen Analyse lebensgeschichtlicher Großerzählungen, der Untersuchung kulturanthropologischer Persönlichkeitsbilder, aber auch auf Ergebnisse aus volkskundlichen Studien zur Erzählerforschung bezieht - die Notwendigkeit, "zunächst eine anschauliche Beschreibung der lebensgeschichtlichen

---

[28] Ebd., S. 58.
[29] Vgl. Kapitel *Biographieforschung und volkskundliche Erzählforschung*, S. 89.
[30] Schröder 1992, S. 137.
[31] Frank 1979, S. 60.
[32] Niethammer 1985, S. 413.
[33] Ebd.

Abläufe und ihrer Deutung durch den Erzähler zu geben und erst dann zu eige-
nen Interpretationen und auf die theoretischen Zusammenhänge zu kommen"[34].
Einen Text auszuwerten, bedeutet, ihn zu lesen. Doch *wie* ist er zu lesen?[35]
Bude beschreibt seine Lesearbeit mit folgenden Worten: "Eine minutiöse
Lektüre ist gefordert, die auf minimale Risse und Brüche im Text achtet, auf
das Übersprungene, Geglättete und Ausgelassene, aber auch eine elastische
Lektüre, die unwahrscheinliche Verbindungen zwischen scheinbar Absichts-
losem und Zufälligem herzustellen vermag. Das verlangt vom Interpreten eine
asketische Haltung in bezug auf seine Affekte: sie müssen umgewandelt werden
in Lesarten, die erprobt und wieder beiseite gelegt werden können."[36] Doch wo
findet der Leser Hilfen für seine Arbeit? Auf die Bedeutung des Kontextes
wurde bereits verwiesen. Niethammers quellenkritische Überlegungen zielen in
diese Richtung. Zur Lesearbeit gehört es, Fragen an den Text zu richten. Es
sollte zum Beispiel nach den Funktionen gefragt werden, die die Erzählung für
die Erzähler - aber auch für ihre Zuhörer - erfüllen (sollen). Im Kapitel
Biographieforschung und volkskundliche Erzählforschung wurde auf den
Bereich der Funktion von Erzählungen und ihre Bedeutung für die geforderte
Hinwendung vom Erzähltext zum Erzählkontext eingegangen.

Die Funktion einer Erzählung muß nicht mit dem vom Erzähler selbst geäußerten Aussagebedürfnis übereinstimmen.[37] Lehmann unterscheidet vier
verschiedene Funktionen, die noch einmal kurz beschrieben werden sollen: Die
individualisierende Funktion[38] betrifft das Bedürfnis, sich von anderen
Menschen zu unterscheiden. Das Erzählen einer besonderen Geschichte, eines
außerordentlichen Erlebnisses geschieht häufig in der Erwartung, daß sich die
Einzigartigkeit des Erlebnisses auch auf den Erzähler überträgt. Damit würde
die Erzählung helfen, sich der eigenen Identität zu vergewissern. In Erzählungen mit solidarisierender Funktion[39] tritt der Erzähler in den Hintergrund und
erscheint als Teil einer Gruppe. Dementsprechend orientiert sich der Erzählgegenstand an Gemeinsamkeiten mit der Gruppe. Erzählungen, die in ihrer
Wirkung darauf ausgerichtet sind, den Erzähler zu beruhigen, seinen Schmerz
zu lindern, das Ausmaß eines Problems nicht gar so drastisch erscheinen zu
lassen, spricht Lehmann dementsprechend eine sedative Funktion zu, wobei er
grundsätzlich zwei Kategorien von Erzählungen unterscheidet: "In der einen
erreicht der Erzähler den Effekt in direkter Weise, durch Umdeutungen eigener
negativer Erlebnisse ins Positive. Hier liegen 'Korrekturen der Wirklichkeit'
vor. In anderen Fällen dient das mißliche Schicksal eines Mitmenschen dazu,
Widerwärtigkeiten des eigenen Lebens besser zu ertragen."[40] Besonderes

[34] Lehmann 1979/80, S. 47.
[35] Bude 1987, S. 75.
[36] Ebd., S. 8.
[37] Lehmann, Albrecht: Erzählen eigener Erlebnisse im Alltag. Tatbestände, Situationen,
Funktionen. In: Zeitschrift für Volkskunde 74 (1978) S. 198-215, hier S. 206.
[38] Ebd., S. 206-209.
[39] Ebd., S. 209-213.
[40] Ebd., S. 213.

Augenmerk richtet Lehmann auf legitimierende Erzählungen oder Rechtfertigungsgeschichten. Ihre Motive und Hintergründe beschreibt er wie folgt:

"Oft hat es der einzelne bei der Reflexion und Interpretaion seines bisher zurückgelegten Lebensganges schmerzlich empfunden, daß da Ereignisse existieren, die ihm selbst unangenehm sind und die ihn vor seinen Mitmenschen bloßstellen könnten, wenn er sie denen als ungeschminkte Wahrheiten präsentieren würde. Folglich sieht er sich vernünftigerweise gezwungen, seiner Umwelt akzeptable Versionen für bestimmte lebensgeschichtliche Perioden und Vorkommnisse anzubieten. Handelt es sich ganz zweifellos um Verstöße gegen zentrale Werte seiner Gesellschaft, kann ohnehin niemand von ihm erwarten, daß er unaufgefordert jederzeit freimütig und ohne Beschönigung Rechenschaft ablegt."[41]

Während die Frage nach der Funktion einer Erzählung zu ergründen sucht, welche Intentionen und Bedürfnisse mit dem Erzählen einer Episode verbunden sind, möchte ich im folgenden das Interesse auf besondere Organisations- und Ordnungsprinzipien biographischen Erzählens richten. Dabei werde ich mich auf die Beschreibung von vier solcher Prinzipien lebensgeschichtlichen Erzählens beschränken.[42] Zunächst wird es um die Erzählung oder den Bericht mit einem 'roten' Faden und um die Abschweifung gehen. Im Anschluß daran soll die Struktur der Leitlinie beschrieben und schließlich das Prinzip der Abwesenheit erörtert werden.

Die Erzählmuster des 'Ordnens am roten Faden' und der Abschweifung werden von Schröder in seiner Untersuchung *Die gestohlenen Jahre* vorgestellt.[43] Was unter einem 'roten Faden' zu verstehen ist, erklärt er folgendermaßen: "Gemeint ist damit die schrittweise, kontinuierliche Zusammensetzung einer Erzählung oder eines Berichts aus all den Detail-Bausteinen, die für die Erklärung, Verdeutlichung, Veranschaulichung eines Ereignisses, einer Handlung oder auch einer Ereignis- und Handlungskette notwendig sind."[44] Und an anderer Stelle:

"Die 'Folgerichtigkeit' einer Erzählung oder eines Berichts mit einem 'roten Faden' ergibt sich aus der realitäts- und erfahrungsbedingten Zusammengehörigkeit bestimmter Inhalte, aus dem Zusammentreffen und Zusammenspiel solcher Inhalte innerhalb eines Situations- und Handlungskontextes, also aus der Verkettung von Merkmalen und Gegebenheiten, die einen Eindruck, einen Zustand, einen Vorgang usw. als mehr oder weniger festen Zusammenhang konstituieren."[45]

Episoden oder Erzählungen können neben dem Haupthandlungsstrang auch Nebengeschichten enthalten. Solche Abschweifungen können an jeder Stelle einer Erzählung eingebracht werden, sie können aus kurzen Einschüben oder Erläuterungen bestehen, aber sich auch zu Geschichten verdichten, und ihr

---

[41] Lehmann 1980, S. 57.
[42] In einem Aufsatz "skizziert" Fritz Schütze eine Liste "grundlegender Strukturen des Lebenslaufs", siehe Schütze, Fritz: Prozeßstrukturen des Lebenslaufs. In: Matthes, Joachim/Pfeifenberger, Arno/Stosberg, Manfred (Hg.): Biographie in handlungswissenschaftlicher Perspektive. Kolloquium am Sozialwissenschaftlichen Forschungszentrum der Universität Erlangen-Nürnberg. 2. Aufl. Nürnberg 1983, S. 67-156, hier S. 67.
[43] Schröder 1992, S. 67-73.
[44] Ebd., S. 67.
[45] Ebd., S. 68.

Gegenstand muß nicht zwingend die Biographie des Erzählers sein.[46] Manfred
von Roncador und Wolfram Bublitz liefern eine Definition der Abschweifung,
der sich Schröder im wesentlichen anschließt und die auch ich übernehmen
möchte:

> "Eine *Abschweifung* liegt dann vor, wenn a) das Thema gewechselt wird, b) für den Hörer
> zu erkennen ist, daß das bisherige Thema noch nicht abgeschlossen ist und somit eine
> Rückkehr zu diesem zu erwarten ist [...] und c) die Abschweifung für den Sprecher im
> Augenblick mindestens das gleiche Gewicht hat wie das vorhergehende, aber weniger
> Gewicht als das tatsächliche oder vorgegebene Hauptthema des Diskurses."[47]

Zuweilen mag die Abschweifung auch Zeichen für eine Art Weigerung des
Erzählers sein.[48] Oft mehr oder weniger zaghaft betrieben, manchmal auch mit
Nachdruck vorgetragen, ist sie Ausdruck seines Wunsches, das Thema zu
wechseln. Vielleicht ist der Erzähler auch von dem Bedürfnis getrieben, etwas
mitzuteilen, was ihm besonders wichtig und berichtenswert erscheint. In einem
Fall streute ein Interviewpartner des öfteren seine persönliche Bewertung politischer Ereignisse ein. Was mir im Sinne der Fragestellung meiner Untersuchung
weniger bedeutsam erschien, war für ihn von großer Wichtigkeit, ging es doch
um seine 'Lehren' aus der Geschichte sowie um die Bestätigung seiner historischen Urteile und mußte deshalb auch ausführlich berichtet werden. Nicht
selten werden nach meiner Erfahrung in der Abschweifung Themen aufgegrif-
fen, die der Interviewte erzählerisch gut zu bewältigen vermag, die für ihn
gewissermaßen ein sicheres Terrain bedeuten und sich möglicherweise bereits
im mündlichen Vortrag bewährt haben. Doch genauso kann auch das Gegenteil
der Fall sein, bietet eine Abschweifung doch den Freiraum, jenen Erinnerungen nachzugehen, die ein wenig abseits des eigentlichen Erzählthemas liegen,
und Ereignisse oder soziale und persönliche Verhältnisse zu beschreiben, die
nur mühsam und manchmal lediglich bruchstückhaft rekonstruiert werden
können. Was dem Forscher wichtig ist, muß dem Erforschten noch lange nicht
wichtig erscheinen. In diesem Sinne mögen Abschweifungen auch ein Baro-
meter für das Gelingen der Kommunikation zwischen beiden Parteien sein.

Während die Erzählfigur der Abschweifung die Bedeutung von Assoziatio-
nen im biographischen Erzählen erkennen läßt, verdeutlicht die Struktur der
Leitlinie den "Modus des Aufschichtens"[49] von Erfahrungen. Anders als das
Erzählen am roten Faden, gleichsam ein Einflechten und Verknüpfen von
Ereignissen in die Erzählung, entspricht die Figur der Leitlinie dem Bemühen,
die lebensgeschichtliche Erzählung zu ordnen oder zu gliedern. Lehmann, der
dieses Muster biographischen Erzählens zuerst beschrieben hat[50], sieht eine
solche "erzählte Ereignisfolge als Teil einer übergreifenden Erzählstruktur - als

---

[46] Vgl. ebd.
[47] Roncador, Manfred von/Bublitz, Wolfram: Abschweifungen. In: Weydt, Harald (Hg.):
Die Partikeln der deutschen Sprache. Berlin/New York 1979, S. 285-298, hier S. 286.
[48] Vgl. Schröder 1992, S. 70.
[49] Ebd., S. 69.
[50] Eine Erweiterung und Modifizierung der Erzählfigur der Leitlinie nimmt Schröder vor,
siehe ebd., S. 71-79.

Teil der gesamten Chronologie eines erzählten Lebens"[51]. Die Leitlinie ermöglicht Orientierung sowohl für den Erzähler als auch für seinen Zuhörer, sie hilft, sich in den Ereignissen und Abschnitten eines komplexen Lebens zurechtzufinden. Grundlage für diese Feststellungen sind Beobachtungen bei der Analyse lebensgeschichtlicher Interviews. Lehmann notiert: "Unsere Gesprächspartner orientierten sich, wenn sie über ihr Leben sprachen, immer wieder an vielen gleichen, an gleichartigen oder sehr ähnlichen Erfahrungen und Erfahrungszusammenhängen. Sie bedienten sich zur Erzählung ihres Lebens, mehr oder weniger festliegender Erinnerungsabfolgen."[52]

An anderer Stelle weist Lehmann darauf hin, daß in der Regel mehr als nur eine Leitlinie innerhalb einer lebensgeschichtlichen 'Großerzählung' existiert, vielmehr gäbe es in der Praxis eine Fülle von Leitlinien, so "Leitlinien erster Ordnung und inkorporierte Leitlinien zweiter, dritter und xter Ordnung"[53]. Schröder unterscheidet drei 'General-Leitlinien', nämlich jene des Orts, der Zeit und der Person, die das biographische Erzählen bestimmen:

> "In Biographien geht es immer um die Lebensbeschreibung einer bestimmten Hauptperson, eines Biographieträgers, der als absolute Mittelpunktsfigur erscheint. Die Geschichte dieses Biographieträgers wird in ihrer zeitlichen Abfolge entfaltet - auch dort, wo etwa Rückblenden vorgenommen werden, bleibt der 'Zwang zur Einhaltung der Zeitenfolge' bestehen -, und sie wird in ihrem Lokalisiertsein in jeweiligen Lebensräumen beschrieben."[54]

Lehmann unterstreicht, daß eine Leitlinie des Erzählens "vor allem ein heuristisches Instrument"[55] zur Erforschung lebensgeschichtlicher 'Großerzählungen' sei, das helfen soll, die subjektive lebensgeschichtliche Zeiteinteilung zu verstehen. An dieser Stelle erhebt sich die Frage nach dem Verhältnis von reproduzierter Realität und reflektierender Deutung innerhalb der Entfaltung von Leitlinien. Schröder kommt in diesem Punkt zu einem differenzierten Urteil, wenn er einerseits das Moment der Deutung und der Bewertung im biographischen Beschreiben zu Recht als konstitutiv erachtet, andererseits aber in ihm auch "ein Widerspiegeln von Wirklichkeit ohne Reflexion und Kommentar" erkennt:

> "Damit ist selbstverständlich nicht gemeint, daß solche 'reinen' Erzählungen die Realität in unverstellter Form, so wie sie 'wirklich war', wiedergeben. Gemeint ist vielmehr eine Realitätsverarbeitung, in der das Erlebte 'ungebrochen' erscheint, nicht als etwas Bewertetes oder Resümiertes, als reflektiert transformiertes, sondern als Rekonstruktion faktischer Abläufe - so wie sie etwa entsteht, wenn der Hergang eines Unfalls geschildert werden soll."[56]

---

[51] Lehmann 1983, S. 19.
[52] Ders.: Leitlinien des lebensgeschichtlichen Erzählens. In: Brednich, Rolf/Lixfeld, Hannjost/Moser, Dietz-Rüdiger/Röhrich, Lutz (Hg.): Lebenslauf und Lebenszusammenhang. Autobiographische Materialien in der volkskundlichen Forschung. Vorträge der Arbeitstagung der Deutschen Gesellschaft für Volkskunde in Freiburg i.Br. vom 16. bis 18. März 1981. Freiburg i.Br. 1982, S. 71-87, hier S. 80.
[53] Lehmann 1983, S. 19.
[54] Schröder 1992, S. 73.
[55] Lehmann 1983, S. 20.
[56] Schröder 1992, S. 76.

Aus diesem Grunde nimmt Schröder eine Unterscheidung in 'faktische Leitlinien' sowie 'interpretierende und stilisierende Leitlinien' vor, die sich über
die erstgenannten aufbauen.[57] Wie Lehmann sieht auch Schröder im Prinzip der
Leitlinie eine Interpretationshilfe.[58] Abschließend sei noch einmal seine
zusammenfassende Bewertung dieser lebensgeschichtlichen Erzählfigur wiedergegeben:

> "Grundlage des Leitlinienprinzips ist die Erkenntnis, daß biographische Erlebnis- und
> Deutungsinhalte, die sich variierend wiederholen (bzw. wiederholend variieren), ein beson-
> deres biographisches Gewicht haben müssen. Damit darf freilich nicht behauptet werden,
> singuläre Erlebnisse könnten keine herausragende biographische Bedeutung gewinnen: hier
> stößt das Leitlinienprinzip an seine Grenzen. In Verbindung mit den narrativen Figuren des
> Erzählens am roten Faden und der Abschweifung eröffnet es die Möglichkeit, wesentliche
> Strukturen biographischen Erzählens transparent zu machen."[59]

Während sich die drei bislang beschriebenen Muster lebensgeschichtlichen
Erzählens an dem konkret Geäußerten orientieren, möchte ich nun die
Aufmerksamkeit auf das lenken, was unausgesprochen oder unerwähnt bleibt.
Grundgedanke ist hier, daß es nicht nur bedeutsam ist zu untersuchen, welche
Aspekte eines Themas erzählerisch bewältigt werden, sondern auch, welche
nicht. Was verschweigt der Erzähler beabsichtigt, was läßt er aus, ohne sich
vielleicht darüber bewußt zu sein, worüber gibt die Erzählung keine Auskunft?
Eine meiner Interviewpartnerinnen, Frau B., die nach dem Krieg viele Jahre in
den USA gelebt hatte, sagte zu Beginn unseres Gespräches, daß es schwierig
sei, ein langes Leben in dem doch zeitlich sehr begrenzten Rahmen eines Interviews darzustellen. Doch sie wolle einmal versuchen, es "in a nutshell" zu
erzählen. Der Versuch, die Geschichte eines Lebens zu erzählen, muß fehl-
schlagen, wollte man nicht eine Auswahl der Ereignisse und eine Begrenzung
ihrer Darstellung vornehmen. Thomas Mann spricht im Roman *Joseph und
seine Brüder* von der Technik der Aussparung. Es sei unmöglich, lesen wir,
"das Leben zu erzählen, so, wie es sich einstmals selber erzählte. [...] Wer es
sich in den Kopf setzte, würde nicht nur nie fertig, sondern erstickte schon in
den Anfängen, umgarnt vom Wahnsinn der Genauigkeit"[60]. Was hier als eine
bewußte Entscheidung erscheint, ist nicht unbedingt mit dem gleichzusetzen,
was im folgenden unter dem Begriff der Abwesenheit beschrieben wird. Der
Volkskundler Alfred Messerli sieht in der Auswahl, der Selektion, eine
notwendige Bedingung für das Schreiben einer Lebensgeschichte: "Ohne die
Unterscheidung in Bedeutsames und Unwichtiges liesse sich das eigene Leben
nicht erzählen."[61] Auch wenn wir annähmen, daß für das Erzählen einer
Lebensgeschichte das gleiche gelte, so ist doch für die Entscheidung der Schil-

---

[57] Ebd., S. 76f.
[58] Ebd., S. 79.
[59] Ebd., S. 79.
[60] Mann, Thomas: Joseph und seine Bruder. Gesammelte Werke in zwölf Bänden. Band V.
Frankfurt a.M. 1960, S. 1483. Vgl. auch Messerli, Alfred: Auf- und absteigende Linien.
Darstellungsformen und Darstellungsprobleme in autobiographischen Texten. In: Schweizerisches Archiv für Volkskunde 83 (1987) S. 104-110, hier S. 107.
[61] Messerli 1987, S. 107.

derung oder der Nichtschilderung eines biographischen Ereignisses oder Details mehr als nur seine Qualifizierung in bedeutend oder unbedeutend ausschlaggebend.

Bereits 1972 forderte der Soziologe Jürgen Ritsert in Anlehnung an Theodor W. Adorno in seinem Vier-Punkte-Programm für eine qualitative Inhaltsanalyse u.a. die Berücksichtigung von Anwesenheit und Abwesenheit bestimmter Textbestandteile.[62] Mehr oder weniger explizit wird in qualitativen Untersuchungen auf das Phänomen der Abwesenheit hingewiesen, so beispielsweise in der oben von Bude beschriebenen Art und Weise seiner Lesearbeit.[63] Ich möchte nun versuchen, ein wenig konkreter die Abwesenheit zu beschreiben. Zur Veranschaulichung sei es erlaubt, der später im Zusammenhang dargestellten Auswertung eines Interviews vorzugreifen und einen Textauszug als Beispiel vorzustellen. Er stammt aus dem Interview mit Herrn D., der zur Hamburger 'Swing-Jugend' gehörte, bevor er in das Konzentrationslager Moringen eingewiesen wurde. Mit Absicht wurde ein längerer Ausschnitt gewählt. Der Sequenz geht meine Frage nach dem Alltag im Lager voraus:

Ja, der Alltag in Moringen war natürlich sehr, sehr schlecht. Das ging also, morgens um Viertel nach fünf wurde das Lager geweckt mit schrillen Pfeifentönen der SS. Dann ging man raus, ging rüber in eine Baracke, wo kaltes Wasser war, kam aus dem Wasserhahn kaltes Wasser, konnte man sich waschen. Nun gut, dann ging man wieder zurück in die Baracke. Inzwischen hatten Häftlinge etwas zum Trinken geholt, das Wort Kaffee möchte ich deswegen nicht in den Mund nehmen, weil das kann man ja nicht als Kaffeetrinken bezeichnen. Es wurde also irgendein braunes Zeug, serviert hätte ich fast gesagt. Ja, dazu gab es eine Scheibe Brot und ein Stückchen Margarine und etwas Marmelade, nun gut.

Ja, um sechs Uhr war Arbeitseinteilung im Lager I, und dann fuhren wir Politischen, wir arbeiteten in Volpriehausen, das ist einige Dörfer weiter, in der Munitionsfabrik und stiegen dann auf einen Lastwagen mit Waffen-SS-Bewachung und fuhren dann mit diesem Lastwagen durch Hardegsen, Ellierode nach Volpriehausen ins Bergwerk, in dem die Wehrmacht 1939 bereits eine Munitionsfabrik installiert hatte. Nun, dann zog man sich um und ging rüber zum Förderkorb, kriegte eine Lampe in die Hand gedrückt und eine Marke, die man unten abgab und fuhr dann mit dem Fahrstuhl auf eine 545-Meter-Sohle. Ja, da gab's dann wieder 'ne kurze Arbeitseinteilung. Wenn man im Arbeitsraum arbeiten mußte, war das schlecht, das war dann Fließbandarbeit, das war keine gute Sache, aber ich brauchte nicht lange dort zu arbeiten. Ich kriegte dann eine Sonderaufgabe bei einem Feuerwerker. Das war an und für sich sehr angenehm, weil die SS nicht mit Waffen unter Tage durfte, denn bei Granaten und bei Kartuschen und sowas haben ja Pistolen nichts zu tun. Das heißt also, die Munitionsfabrik stand unter einer Wehrmachtsführung und auch

---

[62] Ritsert, Jürgen: Inhaltsanalyse und Ideologiekritik. Ein Versuch über kritische Sozialforschung. Frankfurt a.M. 1972, S. 28f.
[63] Vgl. in diesem Kapitel S. 118.

der gesamte Arbeitseinsatz. Ja, gut. Und dann gab es natürlich auch da wieder Jazz-Musik, die Jazz-Musik gab es ja auch im Konzentrationslager, die machte ja auch hinter dem Draht nicht halt. Wir bauten dann, man muß sich also erst mal vorstellen, wir hatten ja eine Frühstückspause von, na, was weiß ich, einer Viertelstunde, aber da keiner von der SS da war und nur Zivilarbeiter, und selbst die Feuerwerker nicht immer da waren, machten also auch die Zivilarbeiter eine längere Pause mit dem Arbeiten und Schieben von Loren und Transporten und, na was alles so zu regeln ist in so einer Munitionsfabrik. Und so kam es dann, daß wir doch manchmal 'ne Frühstückspause hatten von einer Dreiviertelstunde, denn die Zivilarbeiter, die waren alle über 65 und alte Herren, die nun mit aufpassen sollten, und die waren natürlich auch nicht mehr so kräftig. Nun, mit Erwin Rehn...

> *Wie habt ihr euch verstanden mit den Zivilarbeitern?*

Sehr gut, weil das auch teilweise Leute waren, die früher der KPD angehört hatten usw. Wir hatten also ein sehr gutes Verhältnis mit den Zivilarbeitern, jedenfalls ich in meiner Gruppe, wo wir waren. Ja, und Erwin Rehn[64], der heute in Straßburg lebt, der nicht wegen Swing in Moringen war, aber von der Sache enorme Kenntnis hatte, und der irgendwo in Holland verhaftet worden war und also auch diese großen Orchester kannte vom Sehen und Hören, mit dem bauten wir dann aus einer Holzkartuschenkiste, bauten wir also ein primitives Schlagzeug für Stöcker, als Trommel, und Erwin Rehn konnte dann in einem wunderbaren Englisch ansagen und sagte dann morgens das Orchester und den Titel an, und so spielten wir dann und sangen denn, was weiß ich, von "Jeepers creepers" bis zu "The flat foot floogie with a floy floy", machten wir dann also morgens eine halbe Stunde Swing-Musik im Bergwerk. Die Zivilarbeiter wußten gar nicht, um was es ging. Von der SS war keiner da. Hören konnte uns keiner, weil das ja alles dermaßen weitläufig war. Wir mußten manchmal eine Stunde laufen bis zum Arbeitsplatz unter Tage mit den Lampen und eine Stunde abends wieder zurück zum Schacht. Das waren also Entfernungen, die über etliche Distanzen gingen. Ja, und so spielten wir dann, im Dunkeln fast, unsere englischen Swing-Dinger wieder wie draußen und sangen. Die ganze Swing-Musik machte also innerhalb der ganzen KZ-Haft natürlich auch keinen Halt.

Herr D. antwortet zunächst ausführlich auf meine Frage nach dem Alltag im Lager. Doch dann bricht seine Beschreibung ab, zu der er auch später nicht wieder zurückkehrt. Nachdem er mit der Vorstellung seiner konkreten Aufgabe in der unterirdischen Munitionsfabrik begonnen hat, wendet er sich plötzlich einem ganz anderen Thema zu. Nun berichtet Herr D., wie er gemeinsam mit anderen Häftlingen in der Frühstückspause Musikstücke imitierte. Doch wie schildert Herr D. den Alltag im Lager, welche Aspekte und Themen behandelt

---

[64] Vgl. Rehn, Erwin: ST-Block, Jugend-KZ Moringen. In: Heinrich Himmler und die Liebe zum Swing. Erinnerungen und Dokumente. Herausgegeben von Franz Ritter. Leipzig 1994, S. 192-194.

er? Er beschreibt den Tagesablauf - allerdings nur bis zur Frühstückspause -, er berichtet vom Beginn des Weckens, dem Waschen, dem anschließenden Früh-stück und der Fahrt zur Arbeit. Auch seine Schilderung des Weges innerhalb des Berkwerks ist recht genau. Seine eigentliche Arbeit beschreibt Herr D. jedoch nur mit wenigen Worten, eine Vorstellung von seiner Tätigkeit bekommt man auf diese Weise nicht. An dieser Stelle möchte ich den Versuch unternehmen, mit der Hilfe einer Art von Gegenentwurf zu Herrn D.s Erzäh-lung zu eruieren, welche Themen oder Aspekte in einer Darstellung des Lager-alltags beschrieben werden könnten. Hierbei geht es allerdings nicht darum, eine Liste sämtlicher in Frage kommender Bereiche zusammenzustellen, sondern jene Themen oder Aspekte herauszufinden, die innerhalb seiner Schil-derung plausibel wären. Hier ließe sich zum Beispiel der Bereich der Arbeit anführen. Herr D. teilt lediglich mit, daß er einem Feuerwerker zugeteilt war und daß er die Arbeit angenehm empfand, da er hier nicht der unmittelbaren Bewachung der SS ausgesetzt war. Mehr Details erfahren wir über seine Tätig-keit nicht, so auch nichts über die Art seiner Aufgabe in der Fabrik. Die Arbeit in einer Munitionsfabrik gilt im allgemeinen als eine schwere und äußerst gefährliche Aufgabe. Aufgrund der freigesetzten Stäube und der hohen Explo-sionsgefahr des Sprengstoffs ist eine solche Arbeit mit einem hohen Risiko für die Arbeiter verbunden. Doch hierauf geht Herr D. in seiner Beschreibung nicht ein. Lediglich auf das Problem der Explosionsgefahr wird indirekt mit der Bemerkung hingewiesen, daß Waffen - gemeint sind jene der Bewacher - dort, wo Granaten und Kartuschen seien, nichts zu suchen hätten, eben - so darf ergänzt werden - wegen der Explosionsgefahr.

Martin Guse und Andreas Kohrs ziehen in ihrer Untersuchung der Jugend-konzentrationslager Moringen und Uckermark den Schluß, daß auch hier wie in den 'Groß-KZ's' "die bedingungslose Ausbeutung der Arbeitskraft der Häft-linge - bei völlig unzureichender Verpflegung - im Vordergrund" stand.[65] Die jugendlichen Häftlinge, die einen zehnstündigen Arbeitstag hatten, arbeiteten in Moringen in zahlreichen Außenkommandos, die beinahe ausnahmslos Rüstungsbetrieben angeschlossen waren.[66] Die größte Gruppe der KZ-Insassen arbeitete, wie auch Herr D., in der "Heeresmunitionsanstalt" (Muna) im 15 Kilometer entfernt gelegenen Volpriehausen. Hier waren in einem mehrsohli-gen ehemaligen Kalibergwerk neben den Jugendlichen aus Moringen auch Kriegsgefangene und ausländische Zwangsarbeiter eingesetzt. In erster Linie wurde in der 'Muna' Munition verschiedensten Kalibers hergestellt.[67] Nach ihrer Fertigung wurden die Granaten in Kisten verpackt. Dies geschah auf einer anderen Sohle. Das Stapeln der schweren Munitionskisten bedeutete für die Minderjährigen eine immense Kraftanstrengung. Gelegentlich, so berichten

---

[65] Guse, Martin/Kohrs, Andreas: Die "Bewahrung" Jugendlicher im NS-Staat. Ausgrenzung und Internierung am Beispiel der Jugendkonzentrationslager Moringen und Uckermark. O.O. u. o.J., S. 252 (maschinenschriftliche Diplom-Arbeit an der Fachhochschule Hildesheim).

[66] Ebd., S. 253.

[67] Ebd., S. 265.

Guse und Kohrs, setzte man die Jugendlichen auch bei sog. Himmelfahrts-
kommandos ein; dem Entschärfen von fehlerhaft gearbeiteten und funktions-
untüchtigen Granaten.[68] So ist es denn auch nicht verwunderlich, daß es zu
zahlreichen Arbeitsunfällen, auch mit tödlichem Ausgang kam.[69] "Der Einsatz
in den salzhaltigen Sohlen und Kammern", konstatieren Guse und Kohrs,
"führte bei vielen Jugendlichen ferner zu Hautverätzungen. In Verbindung mit
den durch das miserable Schuhwerk (scharfkantige Holzpantinen) bedingten
Verletzungen, entstanden so offene und schlecht verheilende Wunden, die
zudem kaum ärztliche Behandlung fanden."[70]

Die oben erfolgte historische Recherche zeigt, daß es über den Bereich
Arbeit innerhalb einer Erzählung zum Thema Alltag im Konzentrationslager
Moringen einiges zu berichten gäbe. Doch Herr D. erzählt lieber von etwas
ganz anderem. Der aufgestellte Gegenentwurf kann zwar auch dazu benutzt
werden, die Frage nach der Wahrheit oder der Plausibilität einer Aussage zu
diskutieren, doch darum geht es in diesem Zusammenhang nicht. Vielmehr soll
der Gegenentwurf helfen, die Bedeutung des tatsächlich Geäußerten zu klären.
Also: Wie wichtig muß Herrn D. die Episode von der Frühstückspause sein,
wenn er darüber das offenkundig bedeutsame Thema Arbeit so sehr vernachlässigt? Um einen Gegenentwurf zu erstellen, muß nicht immer eine aufwendige
historische Recherche notwendig sein. Die Idee zu einem Gegenentwurf
entsteht teilweise bereits beim Lesen einer Textstelle. Voraussetzung hierfür ist
allerdings ein bewußter und reflektierter Umgang mit dem eigenen Vorver-
ständnis (dazu: Kapitel *Quellenbereiche, Forschungsliteratur*).

Doch kehren wir noch einmal zu der von Herrn D. geschilderten Episode
der Frühstückspause zurück. Würde man den oben wiedergegebenen Text-
auschnitt isoliert betrachten, so könnte man die Episode für eine Abschweifung
halten. Bei der Lektüre des gesamten Interviews würde man allerdings bemerken, daß Herr D. noch an weiteren Stellen Geschichten in seine Erzählung
einfließen läßt, in denen die Swingmusik eine Rolle spielt. Also darf hier von
einer Erzählung an einem roten Faden gesprochen werden. Die Bedeutung, die
der Erzähler den Swing-Episoden beimißt, wird auf diese Weise noch
verstärkt. Zweierlei ist nun deutlich geworden: zum einen, wie wichtig die
Berücksichtigung des biographischen Gesamtkontextes ist, und zum anderen,
wie sehr die einzelnen Erzählfiguren ineinander verwoben sein können.

Eine Frage wurde in diesem Zusammenhang noch nicht berücksichtigt: wie
der Bearbeiter lebensgeschichtlicher Texte mit dem Phänomen der Abwesenheit
umzugehen hat. Welche Schlüsse dürfen gezogen werden, welche Folgerungen
hingegen verbieten sich? Fuchs gibt hierauf folgende Antwort:

> "Der Forscher kann aus der Tatsache, daß der Befragte zu bestimmten Themen wenig oder
> nichts erzählt hat, nicht schließen, daß diese Themen jenseits der Bewußtheit des Befragten
> liegen. Vielleicht hat der Befragte gute Gründe, nicht all das zu erzählen, was er seinem
> besten Freund oder seiner Frau erzählt. Vielleicht fand er den Interviewpartner unsympa-

---

[68] Ebd., S. 266.
[69] Ebd., S. 274.
[70] Ebd., S. 268.

thisch, hielt ihn für wenig verständnisvoll, traute ihm nicht über den Weg oder wollte ganz einfach nicht alles preisgeben. Vielleicht auch konnte er nicht alles sagen, weil ihm das zuviel Schmerzen bedeuten würde."[71]

Eine Bewertung dessen, was nicht ausgesprochen, was ausgelassen wurde, ist also schwierig. Für die Feststellung und Bewertung der Abwesenheit ist es wichtig, die kommunikativen Bedingungen des Interviews, aber vor allem auch den institutionellen Kontext zu berücksichtigen. Nur so ist es möglich, Aufschluß über Motive und Erklärungen für das Verhalten des Erzählers zu bekommen. Norman K. Denzin beschreibt dies mit folgendem Beispiel:

"Wenn der Beobachter einen ehemaligen Häftling danach fragt, wieviele Delikte er begangen hat, die von den Behörden nicht aufgedeckt wurden und die in den letzten sieben Jahren geschehen sind, so ist es sehr wahrscheinlich, daß der Befragte diese Delikte entweder nicht angeben oder aber einen unkorrekten Bericht geben wird."[72]

Hier zeigt sich, daß die Frage der Abwesenheit eng verbunden ist mit derjenigen nach der Wahrheit der mitgeteilten Daten und der geäußerten Fakten in biographischen Texten, ja der verschiedenen Episoden und schließlich der lebensgeschichtlichen Erzählung selbst. Auf dieses Problem soll nun eingegangen werden. Die erzählerische Organisation der eigenen Lebensgeschichte geschieht aus der Perspektive der Gegenwart heraus. Dies bleibt nicht ohne Einfluß auf die Bewertung und die Gewichtung einzelner Ereignisse oder biographischer Abschnitte. "Nachträgliches Ordnen und Interpretieren des Lebensganges", schreibt Lehmann, "bedeutet oft, daß unliebsame Ereignisse und eigenes Fehlverhalten ausgespart oder ins Positive umgedeutet werden müssen."[73] Die Frage nach der Wahrheit der Geschichten bewege, so Lehmann weiter, gleichermaßen die Gedanken von Erzählern wie Zuhörern. Für ihn steht fest: "Ob die Geschichten wahr sind oder nicht, ist jedoch in diesen Fällen für wissenschaftliche Interpretationen vergleichsweise unerheblich, denn 'wahr-unwahr' sind als moralische Kategorien zur wissenschaftlichen Analyse subjektiver und sozialer Bewußtseinsprozesse untauglich."[74] Später äußerte Lehmann, daß autobiographische Dokumente, wenn sie als historische Quellen dienen, aber auch dann, wenn im Mittelpunkt des Interesses die subjektiven Auswirkungen erlebter Geschichte stünden, der Quellenwert der lebensgeschichtlichen Erinnerungen kritisch zu beurteilen sei.[75] Allerdings trete an die Stelle der Frage nach der Wahrheit für die Forschung die Frage nach der Betroffenheit, worunter folgendes zu verstehen ist: "Die Persönlichkeit, das 'Selbst', mit ihren Problemen und Bedürfnissen muß in vollem Umfang ernst genommen und toleriert werden. Falls jemand 'objektiv' gesehen die Unwahrheit erzählt, so müssen wir zunächst unbesehen voraussetzen, daß dazu immer

---

[71] Fuchs 1984, S. 278.
[72] Denzin, Norman K.: The Research Act. A Theoretical Introduction to Sociological Methods. 5. Aufl. Chicago 1975, S. 275, zitiert nach Fuchs 1984, S. 278.
[73] Lehmann 1978, S. 204.
[74] Ebd., S. 204.
[75] Lehmann 1983, S. 27.

eine einleuchtende Begründung gegeben ist."[76] Eine Erklärung sieht Lehmann in dem Umstand, daß zwischen dem reflektierten oder erzählten Erlebnis und der Gegenwart des Erzählens eine "lebensgeschichtliche Zeitspanne" liege, in dieser habe sich nicht nur das Individuum gewandelt, sondern auch Kultur und Gesellschaft. Aus diesem Grunde unterliege das zurückliegende Handeln auch dem Einfluß "'offizieller' historischer Bewertungen"[77]:

> "Solche gesellschaftlichen Interpretationen, die trotz aller Differenzierung in vielen Haupt-tendenzen einheitliche Sichtweisen erkennen lassen, werden dem einzelnen durch die verschiedenen Nachrichtenmedien [,] aber auch im zwischenmenschlichen Verkehr vermit-telt. Sie betreffen sowohl die Teilnahme an zurückliegenden politischen Entwicklungen, die Bewertungen einstmals gültiger, heute aber außer Kraft gesetzter kultureller Normen, als auch so alltägliche Dinge wie überlebte Kleidungs- oder andere Verhaltensmoden. Verläuft die Entwicklung für den einzelnen besonders günstig und kontinuierlich, dann kann der Betroffene das, was sich früher einmal ereignet hat, mit seiner Gegenwart ohne Mühe in Übereinstimmung bringen. Das ist im politischen Leben etwa dann der Fall, wenn das System, in dem er sich über die Jahre hin engagiert hat, während der ganzen Zeit keine grundsätzlichen strukturellen Wandlungen erfahren hat."[78]

Doch in vielen Fällen verlaufe die Entwicklung nicht bruchlos, und der einzelne, so Lehmann weiter, sehe sich genötigt, "sein Leben neu zu interpre-tieren und nun Vergangenheit und Gegenwart in ein stimmiges Ganzes zu brin-gen"[79] oder, wie Fuchs formuliert, "die Widersprüchlichkeit und auch Unüber-sichtlichkeit der Lebensführung im nachhinein zu linearisieren"[80]. Für den Bearbeiter lebensgeschichtlicher Texte bedeutet dies, das explizit Geäußerte zu hinterfragen und nach den Funktionen einer Erzählung zu forschen.[81] Diese allerdings können einer präzisen und vollständigen Wiedergabe von Tatsachen auch entgegenstehen.[82] Doch ist damit der Wert lebensgeschichtlicher Inter-views in Frage gestellt? Auch der Soziologe Hans Paul Bahrdt setzt sich mit dem Problem des Wahrheitsgehalts auseinander. Seine Überlegungen und Fest-stellungen machen deutlich, daß die Bewältigung der Aufgabe einer lebens-geschichtlichen Erzählung nur dann gelingen kann, wenn der Erzähler auswählt und ordnet und seine Geschichte nach seinen Bedürfnissen gestaltet - ein Problem, das übrigens ebenso wie für die Autobiographie auch für die Geschichtsschreibung gilt[83]:

> "Festzuhalten ist auf jeden Fall, daß in einem Vorhaben, das daraus besteht, ausgewählte Erinnerungen der eigenen Vergangenheit zu einer Geschichte zusammenzubinden, die auch noch erzählenswert sein soll, im Hinblick auf den Wahrheitswert eine Ambivalenz steckt,

---

[76] Ebd., S. 27.
[77] Ebd., S. 28.
[78] Ebd., S. 28f.
[79] Ebd., S. 29.
[80] Fuchs 1984, S. 278.
[81] Über verschiedene Funktionen von Erzählungen wurde in diesem Kapitel bereits an anderer Stelle berichtet.
[82] Bahrdt, Hans Paul: Identität und biographisches Bewußtsein. Soziologische Überlegungen zur Funktion des Erzählens aus dem eigenen Leben für die Gewinnung und Reproduktion von Identität. In: Brednich/Lixfeld/Moser/Röhrich (Hg.) 1982, S. 18-43, hier S. 28.
[83] Messerli 1987, S. 106.

die schwer unter Kontrolle zu bringen ist. Ohne eine Selektion von Ereignissen nach ihrer Wichtigkeit, ohne ihre Verknüpfung zu Handlungsabläufen und Kausalketten würde das Erinnerte uns gar nicht das mitteilen, was wir von ihm wissen wollen. Wir erführen zwar nichts Unwahres, aber auch nicht jene Wahrheit über uns, die uns interessiert. Der Zwang zur Selektion, zur sinngebenden Verknüpfung, zur Verwendung gestalterischer Mittel, zur Kürze und Prägnanz, d.h. die Unmöglichkeit, so zu erzählen, wie J. Joyce im 'Ulysses', schafft aber unzählige Gelegenheiten für Verschweigen, Verfälschungen, Umdeutungen, unangemessene Harmonisierungen. Man darf ja nicht zu ausführlich werden, manches würde der andere ja doch nicht verstehen, also läßt man es weg, usw. Sollte sich doch einmal ein schlechtes Gewissen melden, so ist es schnell beschwichtigt. Dem Wunsch, vor sich selbst und dem Zuhörer besser dazustehen[,] als man es verdient, kann sich kaum jemand entziehen, falls nicht gerade ein 'Anlaß' zu einer 'Lebensbeichte' oder 'Generalinventur' besteht. Ob ein detaillierter Bericht über ein 'verfehltes Leben' mit vollständigem 'Sündenregister' die volle Wahrheit mitteilt, ist aber ebenfalls fraglich."[84]

Bahrdt beschreibt in einer sehr pragmatischen Art und Weise die Zwänge und Nöte des Erzählers. In seinem Aufsatz *Strukturen des alltäglichen Erzählens* beschäftigt sich auch Hermann Bausinger mit dem Problem der Wahrheit von Erzählungen. Er spricht von Umformungen und zeigt dies beispielhaft an Geschichten von "glücklichen Begebenheiten", die an die Form Märchen erinnerten:

"In der Tat formen wir alles, was wir lieben, oder anders gesagt: mit dem wir uns eingehender abgeben, um. Wir formen es um nach einem Entwurf, den wir uns vorher machen oder - häufiger - nach einem Entwurf, der uns vorher eingegeben ist. [...] So sind auch die '*glücklichen Begebenheiten*' nur teilweise in Wirklichkeit so geschehen, teilweise formen wir sie beim Erzählen erst ins Märchenhafte um. Am deutlichsten wird dies vielleicht, wenn wir uns eine selbst erlebte Geschichte vergegenwärtigen, die durch mehrere sehr gefährliche Situationen hindurch zu einem glücklichen Ende führt, also etwa ein Kriegserlebnis mit eben noch gutem Ausgang oder auch einen eben noch verhinderten Verkehrsunfall. Es ist keineswegs nur der prahlerische Angeber, der die Gefahren gegenüber dem wirklichen Vorgang vergrößert. Schon die Sprache selbst bietet hier eine Fülle von Wörtern an - gerade noch, beinahe, kaum, auch volkssprachliche Übertreibungen wie millimeterbreit u.ä. -, welche der Erzählung die abstrakte Präzision des Eben-noch-gelingens geben, die Lüthi beim Märchen feststellte."[85]

Auch wenn zu bezweifeln ist, daß wir "alles" umformen - wie auch Schröder hier zu Recht kritisiert[86] -, so verweisen Bausingers Ausführungen doch auf den wichtigen Zusammenhang von Inhalt und Form. Diesem widmet sich auch Utz Jeggle, allerdings ist sein Ergebnis ein wenig differenzierter. Jeggle setzt sich mit der Frage nach der Wahrheit in der Sage auseinander. Ausgehend von verschiedenen Typen von Sagen, die jedoch sämtlichst in der Zeit des Nationalsozialismus angesiedelt sind, zeigt er schließlich am Beispiel einer Sage der Heimatvertriebenen, genauer von Donauschwaben, eine Interpretationsmöglichkeit auf, die sich auf drei Ebenen bewegt. Doch zunächst zum Inhalt der Sage, die Jeggle der Sammlung des Volkskundlers Alfred Karasek

---

[84] Bahrdt 1982, S. 27.
[85] Bausinger, Hermann: Strukturen des alltäglichen Erzählens. In: Fabula 1 (1958) S. 239-254, hier S. 243f.
[86] Schröder 1992, S. 207.

entnimmt und die dieser dem Typ 'Partisanenwahn' zuschreibt: Eine serbische
Frau, die auch als Partisanin bekannt war, habe einen epileptischen Anfall
bekommen, sich auf den Boden geworfen und geschrien, "man soll ihr die
Deutschen bringen, fünf bis sechs hat sie schon hin gemacht und sie möchte
noch mehr abschlachten"[87]. Schließlich wurde die Frau von den anderen
Serben, die dem Schauspiel beiwohnten, fortgebracht. Jeggle setzt sich mit
dieser Geschichte in einer Art Dreisprung auseinander. Zunächst fragt er nach
der "äußere[n] Realität" der Sage und befindet sodann, daß es für die Beschreibung der südslawischen Partisanenkämpfe vom Sommer 1944 historisch
zuverlässigere Quellen gäbe als die beschriebene Erzählung. Im nächsten
Schritt wendet sich Jeggle der "manifeste[n] Struktur" zu und beschreibt die
Sage als Hilfe, eine erlebte schreckliche Realität zu verarbeiten, und erkennt
hierin einen Transformationsvorgang:

> "Äußeres wird innen verarbeitet und dann in dieser überarbeiteten Form wieder in die
> Außenwelt zurückgestellt. Deshalb sind auch diese Sagen nicht gesicherte Grundlagen für
> eine Darstellung der äußeren, aber sehr gewissenhafte Anzeiger der inneren Realität.
> Schreckliche Erfahrungen werden im seelischen Prozeß transformiert und in Sagenform der
> Wirklichkeit zurückgegeben."[88]

Während Jeggle in seinem zweiten Schritt die Form der Erzählung betrachtet,
rückt er im dritten Schritt noch einmal den Inhalt in den Blickpunkt. Wenn er
nach der "innere[n] Realität" der geschilderten Erzählung forscht, gilt sein
Interesse der Funktion. In der Sage wird der Feind mordlustig beschrieben, der
anfallartige Wahn läßt keine Unklarheit über den wahren Charakter der Parti-
sanen zu. Doch gleichzeitig ist in der Krankheit auch die Strafe für die verübten Verbrechen zu sehen. "Im Verhalten der Feinde", schreibt Jeggle, "äußert
sich Schuld, sie sind zwar nicht reumütig, aber von ihren Verbrechen gezeichnet. Für Mord hat man seelisch zu bezahlen."[89] In einer weiteren von Jeggle
geschilderten Sage wird die Schändung von Gräbern beschrieben, ja das
Herausbrechen der Goldzähne bei den Toten. Jeggle fragt nach der inneren
Realität der Erzählung und stellt fest, daß dieser Text das Entsetzen über die
Verbrechen der eigenen Landsleute zeige, die jüdische Friedhöfe geschändet
und jüdischen KZ-Häftlingen die Goldkronen entfernt haben. Schließlich überlegt er, ob in den Sagen nicht nur erlittenes Unrecht deutlich werde, sondern
auch Phantasien von möglichen Verbrechen der eigenen Landsleute: "Die
phantasierten Wahnsymptome der anderen wären dann auch als Angst vor eigener Schuld zu verstehen. So gesehen wäre die Sage auch Ausdruck der eigenen
Geschichte, die in der Anklage der fremden Schuld den Schock über die eigene
verbirgt."[90]
Jeggles Überlegungen erscheinen plausibel. Doch gleichzeitig erschrecken
sie auch: Die Schuld für eigenes Fehlverhalten oder gar eigene Verbrechen zu
kompensieren, indem man anderen das vorwirft, wessen man selber

---

[87] Zitiert nach Jeggle 1987, S. 48.
[88] Jeggle 1987, S. 49.
[89] Ebd.
[90] Ebd., S. 50.

beschuldigt wird, ist Ausdruck eines massiven Dranges nach Rechtfertigung. In den Interviews, auf denen die vorliegende Untersuchung basiert, befinden sich übrigens keinerlei Erzählungen, die an die Form der Sage erinnern, und solche mit einem Inhalt ähnlich dem von Jeggle beschriebenen schon gar nicht. Festzuhalten bleibt allerdings sowohl Jeggles Hinweis auf die Form, die der Erzähler für seine Geschichte wählt, als auch auf den gewissermaßen mit der Form korrespondierenden Inhalt.

Um diese Überlegungen abzuschließen, möchte ich noch einige Bemerkungen zur historischen Zuverlässigkeit des zugrundeliegenden Interviewmaterials machen. Messerli konstatierte einmal, daß man in "Autobiographien statt auf Fakten auf Geschichten"[91] stoße. Diese Feststellung - weniger pointiert ausgedrückt, besagt sie: Autobiographien enthalten auf Fakten aufbauende Geschichten - mag auch auf mündlich erzählte Biographien zutreffen und natürlich ebenso auf die mir im Rahmen meiner Untersuchung anvertrauten Lebensgeschichten. Daß lebensgeschichtliche Erzählungen und die in ihnen vermittelten historischen Fakten deutungsbedürftig sind, ist an dem Beispiel der geschilderten Swing-Episoden von Herrn D. hinreichend illustriert worden. Abgesehen davon, daß bei einigen meiner Gesprächspartner und -partnerinnen des öfteren genaue Zeit- oder Zahlangaben und exakte chronologische Abläufe von Ereignissen nicht mehr richtig oder vollständig erinnert wurden - schließlich liegen viele der geschilderten Ereignisse etwa fünfzig Jahre zurück -, habe ich in den hier vorgestellten Lebensgeschichten keine Falschaussagen entdecken können. In diesem Zusammenhang möchte ich noch einmal auf die im Kapitel *Quellenbereiche, Forschungsliteratur* wiedergegebenen Erfahrungen Kurt R. Eisslers und William G. Niederlands bezüglich der Glaubwürdigkeit von Äußerungen der Überlebenden von Verfolgung und KZ-Haft verweisen (vgl. S. 50f.). Selbst Schröder, der die Frage nach dem Wahrheitsgehalt für besonders wichtig erachtet, gibt zu bedenken, daß möglicherweise mit der Konzentration auf den "'historischen' Gehalt" eines Textes dieser 'überfordert' und "in mancher Hinsicht nicht mehr vollangemessen interpretiert" werden kann.[92]

Natürlich war es mir nicht möglich, jede einzelne Aussage auf ihre historische Zuverlässigkeit hin zu überprüfen. In einem Fall erschien mir die Beschreibung eines Bombenangriffs auf eine polnische Kleinstadt - der Erzähler war zum Zeitpunkt des beschriebenen Ereignisses erst elf Jahre alt - allzu drastisch und seine Auswirkungen zu dramatisch dargestellt. Da in der deutschsprachigen Historiographie des Zweiten Weltkriegs dieser Angriff keine Erwähnung fand, waren umfangreiche Recherchen notwendig, um den Ereignishergang zu rekonstruieren. Das Ergebnis dieser Nachprüfungen bestätigte allerdings die Ausführungen meines Interviewpartners; er hatte keineswegs übertrieben (dargestellt im *Exkurs*, S. 265ff.). Viele Geschichten lassen sich freilich gar nicht verifizieren. So berichten beispielsweise zwei meiner Gewährsleute, die als Häftlinge in Auschwitz gewesen waren, von Begegnungen mit dem SS-Arzt Josef Mengele. Hier zeigt sich der Wunsch der Opfer,

---

[91] Messerli 1987, S. 109.
[92] Schröder 1992, S. 193.

die Täter, die sich ihren Opfern ja nicht vorgestellt hatten, zu bezeichnen, zu identifizieren. Auch die SS-Schergen, dank ihrer Uniform anonym geworden, besaßen einen Namen. Ob ein Häftling nun tatsächlich Mengele oder einem anderem SS-Arzt gegenüber stand, mag dabei als zweitrangig erachtet werden. Der Name Mengele wurde allerdings zum Symbol für die Verbrechen, die Mediziner im Dienste einer fragwürdigen und instrumentalisierten Wissenschaft in den Konzentrationslagern verübt haben.[93]

Mögen auf der einen Seite die Kategorien 'wahr - unwahr' als moralische Maßstäbe bei der Interpretation lebensgeschichtlicher Erzählungen wenig taugliche Instrumente darstellen, so hilft uns auf der anderen Seite eine Überprüfung der gemachten Aussagen, um - wie Schröder zu Recht betont - die Wechselbeziehungen zwischen "kleiner" und "großer" Geschichte, zwischen "dem individuellen Erlebnis und der historischen Gesamtlage" aufzuzeigen.[94] Gleichzeitig könne die Verifizierung, so Schröder weiter, dazu verwendet werden, "im Individuellen das Typische, im Kleinstausschnitt gewisse Konturen einer historischen Gesamtlage vorzuführen".[95] Doch muß davor gewarnt werden, die Möglichkeiten einer 'historischen Erzähl- und Bewußtseinsforschung' zu überschätzen: Sie "kann nicht beantworten", so Lehmann, "wie ein vergangenes Ereignis tatsächlich abgelaufen ist und welche Ursachen es hatte. Diese Fragen müssen - wenn keine zeitgenössischen Dokumente berücksichtigt werden können oder sollen - konsequent ausgeklammert werden."[96] Dementsprechend sollen in der vorliegenden Untersuchung die erhobenen Interviewtexte vor allem als Quelle für lebensgeschichtliche Zusammenhänge betrachtet werden.

Am Schluß der hier vorgenommenen Betrachtung zum Problemfeld Auswertung soll auf den Stellenwert der Interviewtexte innerhalb der biographischen Einzelfallbetrachtungen eingegangen sowie das Muster für den Aufbau dieser Kapitel vorgestellt werden. Wie bereits an anderer Stelle erwähnt, liegt der Untersuchung ein Textkorpus von ungefähr 750 Seiten zugrunde. Doch wie ist mit den erhobenen lebensgeschichtlichen Erzählungen umzugehen, in welcher Form können sie in die Darstellung und die Präsentation der einzelnen Biographien aufgenommen werden? Hier bieten sich verschiedene Wege an. Sollen beispielsweise Textausschnitte aus den Interviews den referierten Ergebnissen aus der Bearbeitung der Lebensgeschichten lediglich an die Seite gestellt werden? Damit käme den Erzählungen der Interviewpartner nur noch eine illustrative Bedeutung zu. Das andere Extrem ist in der kompletten Wiedergabe der Transkripte zu sehen. Eine Entscheidung für

---

[93] Klaus-Dieter Thomann kennzeichnet in einem Artikel über Otmar Freiherr von Verschuer, den Leiter des Frankfurter Instituts für Erbbiologie und Rassenhygiene, den Charakter dieses Instituts unter anderem damit, daß dort auch Mengele gearbeitet habe. Thomann schreibt: "Mengele wurde nach und nach zum 'Präsentier-Nazi', hinter dem sich die Theoretiker verstecken konnten, unter ihnen Verschuer und [Heinrich] Schade", siehe Frankfurter Rundschau vom 20.5.1985, S. 20.

[94] Schröder 1992, S. 192.

[95] Ebd., S. 192f.

[96] Lehmann, Albrecht: Über zeitgeschichtliche Mentalitätsforschung in der Volkskunde. In: Volkskundliche Streifzüge. Festschrift für Kai Detlev Sievers zum 60. Geburtstag. Kiel 1994, S. 139-150, hier S. 145.

diesen Weg wäre angesichts des beträchtlichen Textumfangs allerdings mit einer 'Explosion' des Seitenumfangs der Untersuchung verbunden. Sinnvoll erscheint hingegen eine Lösung, die den Erzählungen der Gewährsleute einen angemessen Raum bietet. Jürgen Zinnecker konstatiert, daß einerseits die Befragten im offenen bzw. narrativen Interview gute Möglichkeiten für die Präsentation ihrer Lebenserfahrungen und ihrer biographischen Rekonstruktion erhalten haben, doch andererseits danach "wieder zum sprachlichen Verstummen gebracht"[97] werden. Dies soll in der vorliegenden Untersuchung nicht geschehen. Aus den Interviews wird ausführlich zitiert. Alle interpretierten Textstellen werden auch in die jeweiligen Einzelfalldarstellungen aufgenommen. Damit wird die Überprüfbarkeit der getroffenen Aussagen und Bewertungen gewährleistet. Um zu vermeiden, daß Zitate aus dem Zusammenhang gerissen werden, sollen einzelne Episoden vollständig wiedergegeben und ihr Kontext beschrieben werden. Eine umfangreiche Aufnahme der Interviewtexte in die Untersuchung selbst ermöglicht es zudem, einen ausführlichen und intensiven Eindruck vom Erzähler und seinem Erzählgegenstand, der eigenen Lebensgeschichte, zu vermitteln - gewiß ein Anspruch, dem sich eine an der volkskundlichen Erzählforschung orientierte Arbeit stellen sollte.

Zum allgemeinen Aufbau der Darstellungen: Jeder Einzelfalluntersuchung ist ein Kapitel zum jeweiligen historischen Hintergrund des Erzählers bzw. der Erzählerin vorangestellt. Diese Vorgehensweise erscheint notwendig, da die einzelnen Gewährsleute aus unterschiedlichen Ländern stammen und da sie, wenigstens zum Teil, aus unterschiedlichen Gründen der Verfolgung ausgesetzt waren. Eine kurze Beschreibung ihres Lebenslaufs schließt sich an. Dann folgt ein Kapitel, in dem eine Beschreibung der Kontaktaufnahme und des Interviewbesuchs vergenommen wird. Hier werden Eindrücke zu kommunikativen Rahmenbedingungen wie auch zum Ablauf des Besuchs notiert. Ein kurze Würdigung der erzählerischen Qualitäten schließt sich an. Besonderheiten des Erzählers, wie sprachliche Vorlieben oder Interviewerfahrung, werden an dieser Stelle vermerkt. Desgleichen wird festgehalten, ob über den Erzähler oder von ihm selbst verfaßte weitere biographische Dokumente existieren. Danach beginnt die eigentliche Fallanalyse.

---

[97] Zinnecker 1982, S. 297ff.

Dokumentation

Frau B.: "Aber die Ängste, [...] die ja auch später nachwirken und bleiben als ein Syndrom des ganzen Lebens"

Historischer Hintergrund

Mit dem eintägigen Boykott jüdischer Geschäfte am 1. April 1933 begannen die antijüdischen Maßnahmen des Naziregimes. Der als Abwehrmaßnahme gegen "die Greuelhetze der Juden im In- und Ausland"[1] dargestellte erste zentrale Boykott erstreckte sich nicht nur auf jüdische Geschäftsinhaber, sondern auch auf jüdische Ärzte und Rechtsanwälte.[2] Vor den Geschäften und Büros postierte SA-Männer versperrten den Zutritt. Wer ihre Drohungen unbeachtet ließ, lief Gefahr, von ihnen verprügelt zu werden.[3] Schon bald wurde der Boykott auf das wissenschaftliche und kulturelle Leben ausgedehnt. Nach und nach wurden jüdische Bürger aus einer ständig anwachsenden Zahl von Berufen ausgeschlossen. All diese Maßnahmen wurden begleitet von einer Verleumdungs- und Hetzkampagne. Im Sommer 1935 ließ die NSDAP Verbotsschilder aufstellen, die jüdische Bürger vor dem Betreten von Badeanstalten, Restaurants und sogar ganzen Ortschaften warnten.[4] Eine weitere und verschärfte Phase der Diskriminierung wurde im September 1935 mit der Verabschiedung der "Nürnberger Gesetze" eingeleitet. Das "Reichsbürgergesetz" machte die Juden zu Bürgern zweiter Klasse, und das "Blutschutzgesetz" verbot die Eheschließung zwischen Juden und Nichtjuden.[5] Beide Gesetze waren die Grundlage für eine Flut von Durchführungsverordnungen und weiteren Gesetzen - insgesamt weit über 250 Maßnahmen bis Kriegsbeginn[6] -, die in den folgenden Jahren den jüdischen Bürgern ihre letzten

---

[1] Zitiert nach: Der Nationalsozialismus. Dokumente 1933-1945. Herausgegeben, eingeleitet und dargestellt von Walther Hofer. Überarbeitete Neuausgabe. Frankfurt a.M. 1982, S. 269.

[2] Enzyklopädie des Holocaust. Die Verfolgung und Ermordung der europäischen Juden. Hauptherausgeber Israel Gutman. Herausgeber der deutschen Ausgabe: Eberhard Jäckel/Peter Longerich/Julius H. Schoeps. Bd. III. Berlin 1993, S. 1697.

[3] Schoenberner, Gerhard: Der gelbe Stern. Die Judenverfolgung in Europa 1933-1945. Frankfurt a.M. 1982, S. 15.

[4] Ebd., S. 16.

[5] Zur antijüdischen Gesetzgebung: Enzyklopädie des Holocaust. Bd. I. 1993, S. 48-51. Zu den Nürnberger Gesetzen: ebd. Bd. III, S. 1055f.

[6] Hofer 1982, S. 271.

Rechte nahmen und sie einem politischen, juristischen, sozialen und allgemein menschlichen Sonderstatus unterwarfen. Eine weitere Steigerung erfolgte im Jahre 1938 mit dem Novemberpogrom, als in zahllosen Gewaltaktionen jüdische Geschäfte, Wohnhäuser und Synagogen in Brand gesetzt und zerstört und jüdische Menschen verprügelt, verhaftet und in einigen Fällen ermordet wurden.[7] Die Bereicherung am Vermögen der jüdischen Bürger geschah im Rahmen der "Arisierung" des jüdischen Besitzes und der Erhebung einer "Reichsfluchtsteuer" für die Auswanderung.[8]

Viele jüdische Bürger reagierten auf die Politik der Nationalsozialisten mit Emigrationsplänen, die sich jedoch nur unter großen Schwierigkeiten realisieren ließen. Zur Emigration benötigte man Geld, Pässe, Ausreise- und Einreisebewilligungen. Tage-, ja oft wochenlanges Anstehen vor Ämtern und Konsulaten war notwendig, und schließlich war auch noch die Hürde der Steuerinquisition zu nehmen. Und dennoch konnte es passieren, daß die Flüchtlinge vor verschlossenen Grenzen standen, da nur wenige Staaten bereit waren, Einreisevisa auszustellen. Bis zum Ausreiseverbot im Jahre 1941 ist es allen Schwierigkeiten zum Trotz ca. 300.000 Juden gelungen, Deutschland zu verlassen.[9] Im Exilland angekommen, wurden die Flüchtlinge allerdings mit neuen Problemen konfrontiert. Die Trennung von Familie und Freunden, der soziale Abstieg, der Schmerz über den Heimatverlust, die Anpassungsschwierigkeiten an eine fremde Sprache und Kultur, die Beziehung oder besser die Beziehungslosigkeit zu den mentalitätsfremden Menschen des Aufnahmelandes und nicht zuletzt der Erhalt von Nachrichten über die Verfolgung oder Deportation Angehöriger wurden für den einzelnen zu einer großen seelischen Belastung. Viele litten unter Entwurzelungs- und Umstellungsdepressionen, und nicht wenige begingen Selbstmord.[10]

Eines der attraktivsten Emigrations- und Zwischenwanderungsziele waren die Niederlande. Schätzungen zufolge haben sich ca. 23.000 bis 24.000 jüdische Flüchtlinge in den Niederlanden aufgehalten. Hinzu kommen weitere 11.000 Transmigranten, die nicht länger als eine Woche in den Niederlanden blieben.[11]

Die vorangegangenen Ausführungen machen deutlich, daß die Emigranten kaum als die "Glücklichen" bezeichnet werden dürfen, nur weil sie noch rechtzeitig den Verfolgern im Reich entkamen. Nach dem deutschen Einfall in die Niederlande konnten die Flüchtlinge ihr Leben nur schützen, indem sie sich

---

[7] Zum November-Pogrom: Der Judenpogrom 1938. Von der "Reichskristallnacht" zum Völkermord. Herausgegeben von Walter H. Pehle. Frankfurt a.M. 1988.

[8] Zur Arisierung in Deutschland: Enzyklopädie des Holocaust. Bd. I. 1993, S. 79-82.

[9] Scheffler, Wolfgang: Judenverfolgung im Dritten Reich 1933-1945. Berlin 1960, S. 26.

[10] Niederland, William G.: Folgen der Verfolgung: Das Überlebenden-Syndrom Seelenmord. Frankfurt a.M. 1980, S. 16. Siehe auch Kapitel *Quellenbereiche, Forschungsliteratur*, S. 46ff.

[11] Michman, Dan: Die jüdische Emigration und die niederländische Reaktion zwischen 1933 und 1940. In: Dittrich, Kathinka/Würzner, Hans (Hg.): Die Niederlande und das deutsche Exil 1933-1940. Königstein/Ts. 1982, S. 73-87, hier S. 74.

versteckt hielten und untergetaucht lebten. Tausende lebten wie Anne Frank, und viele starben auch wie sie.

Lebenslauf

Zu denjenigen, die in den Niederlanden Aufnahme fanden, gehört auch Frau B. Sie ist in Köln geboren - das Geburtsjahr mochte sie nicht preisgeben - und auch dort aufgewachsen. Frau B. ist die Tochter eines jüdischen Geschäftsmannes. Vater B., der den Freimaurern angehörte und im Ersten Weltkrieg Offizier gewesen war, besaß eine Fabrik für elektrotechnische Artikel, die der Familie einen gewissen Wohlstand sicherte. Der Mutter, die ausschließlich für den Haushalt verantwortlich war, standen zwei Dienstmädchen zur Seite. Zur Haushaltsgemeinschaft gehörte auch eine Großmutter. Die B.s führten ein offenes Haus, häufig wurden Freunde oder Verwandte eingeladen, so daß die elterliche Wohnung oftmals einem "Taubenschlag" glich, wie sich Frau B. erinnert. Der Erziehung des einzigen Kindes wurde große Aufmerksamkeit geschenkt. Die Eltern achteten darauf, daß Frau B. eine gute Ausbildung erhielt. Außerdem betont Frau B., daß man im Elternhaus viel Wert auf eine gesunde Ernährungsweise legte.

Nachdem Frau B. Anfang der dreißiger Jahre ihr Abitur bestanden hatte, war es ihr Wunsch, Medizin zu studieren. Doch die Ertragslage des väterlichen Geschäftes verschlechterte sich, so daß die Familie keine Möglichkeit mehr sah, der Tochter ein Studium zu finanzieren. Statt dessen absolvierte Frau B. eine Lehre in einer Apotheke. Nach Abschluß der Ausbildung übersiedelte sie nach Berlin, in der Hoffnung, dort einen Arbeitsplatz zu finden. Dort lernte sie ihren späteren Verlobten, einen jüdischen Rechtsanwalt, kennen. 1938 gelang es Frau B., in die Niederlande zu emigrieren, wo sie als Putzfrau und Kindermädchen ihren Lebensunterhalt verdiente. Von Amsterdam aus versuchte sie, sowohl ihren Verlobten als auch ihre Eltern nachkommen zu lassen. Die niederländische Regierung stellte sie jedoch vor die Wahl, entweder die Eltern oder den Verlobten aufzunehmen. Frau B. entschied sich für ihre Eltern. Nach der Besetzung der Niederlande durch die deutsche Wehrmacht im Jahre 1940 lebte Frau B. untergetaucht an über 30 verschiedenen Orten. Weder die Eltern noch der Verlobte überlebten den Krieg.

Im Jahre 1947 wanderte Frau B. nach Amerika aus, wo sie eine Arbeitsvermittlung für Akademiker betrieb. Dort erkrankte sie schwer; die Krankheit war verfolgungsbedingt. In den 60er Jahren kehrte sie nach Deutschland zurück, um ihre Ansprüche auf eine Entschädigung geltend zu machen. Seit dieser Zeit lebt Frau B. wieder in Köln.

Kontaktaufnahme und Interviewbesuch

Meine erste Begegnung mit Frau B. hatte ich im Mai des Jahres 1986 auf einer Tagung der Evangelischen Akademie Loccum. Im Mittelpunkt der Tagung mit dem Thema "Erinnerung als Gegenwart" stand Leben und Werk des heute in

den USA lebenden jüdischen Schriftstellers Elie Wiesel. Elie Wiesel -
Friedensnobelpreisträger des Jahres 1986 - war selbst in Loccum anwesend.
Hier erlebte ich Frau B. als eine engagierte und streitbare alte Dame, die auch
bereit ist, ihr Wort zu aktuellen antisemitischen Tendenzen in der Bundesrepublik zu erheben, und sich auch nicht scheut, dies öffentlich zu tun. Am
Abend vor der Tagung wurde in einem vom Westdeutschen Fernsehen ausgestrahlten politischen Magazin ein Beitrag über Beispiele von Antisemitismus
gesendet. Innerhalb dieses Beitrages wurde auch ein Interview mit Frau B.
gezeigt, in dem sie zu einem konkreten Fall Position bezog.

Im Januar 1988 nahm ich erneut Kontakt mit Frau B. auf, mit der Absicht,
sie für ein Interview zu gewinnen. In ihrem Antwortschreiben wies sie darauf
hin, daß sie sich nur schwer an unser Zusammentreffen in Loccum erinnern
könnte, und bat mich deshalb, ihr ein Photo von mir zu schicken. Um Zeitpunkt und Ort des Interviews zu vereinbaren, waren mehrere Telefonate
notwendig. Bei diesen Gesprächen wurden wider Erwarten ihre Vorbehalte
gegenüber einem Interview deutlich. Aktuelle Ereignisse wie die mögliche
Verstrickung Kurt Waldheims[12] in Kriegsverbrechen auf dem Balkan und der
Fall Werner Höfer[13] hatten ihr Mißtrauen geweckt, ob in der Bundesrepublik
und in Österreich die Aufarbeitung der nationalsozialistischen Vergangenheit
mit Aufrichtigkeit betrieben werde. Frau B. betonte die Verantwortung der
jungen Generation an dieser Aufgabe und forderte zu aktivem Handeln auf:
"Warum geht ihr nicht auf die Straße?" Bei diesen Telefondiskussionen drängte
sie mich in die Rolle des "jungen Deutschen", der sich für die Vorgänge in
seinem Land rechtfertigen mußte. Die so erfolgte Polarisierung war eine
schlechte Ausgangslage, um während des Interviewbesuchs, für den zwei
Abende vereinbart wurden, ein Vertrauensverhältnis aufzubauen, das unab-
dingbar für ein Interview dieser Art ist.

Entgegen meinen Befürchtungen gelang es im Laufe des ersten Abends, die
gegenseitigen Vorbehalte zu überwinden und sogar eine vertrauensvolle Atmo-

---

[12] 1986 setzte eine Debatte um die Kriegsvergangenheit von Kurt Waldheim ein. Waldheim,
der zehn Jahre lang Generalsekretär der Vereinten Nationen gewesen war, wurde am
6.8.1986 zum österreichischen Bundespräsidenten gewählt. Eine von ihm selbst im Juli
1987 eingesetzte internationale Historikerkommission zur Klärung der Vorwürfe legte im
Februar des folgenden Jahres einen einstimmigen Bericht vor: Er "kam zu dem Schluß, daß
Waldheim, obwohl persönlich für Mordtaten oder Verwicklungen in Mordtaten oder
Mordbefehle nicht verantwortlich, von solchen ungesetzlichen Handlungen wußte. Auch
hatte er Personen nahegestanden, die Befehle zu Mordaktionen ausgegeben und ausgeführt
hatten, ohne versucht zu haben, sie davon abzuhalten. Vielmehr erleichterte seine passive
Haltung nicht selten die Ausführung von Greueltaten. Trotz der Kommissionsergebnisse
weigerte sich Waldheim zurückzutreten", siehe Enzyklopädie des Holocaust. Bd. III. 1993,
S. 1513.

[13] 1987 war Werner Höfer, langjähriger Moderator des "Internationalen Frühschoppens" in
der ARD, durch einen Artikel im Spiegel in die öffentliche Kritik geraten. Gegenstand des
Artikels sind von Höfer in der Zeit des Nationalsozialismus verfaßte Propaganda-Artikel,
siehe Wieser, Harald: Der Spiegel, Nr. 51 (1987) S. 156-170. Im
Dezember 1987 trat Höfer von der Moderation des "Internationalen Frühschoppens"
zurück, siehe Der Spiegel, Nr. 25 (1988) S. 178. Unter dem gleichen Titel wie der
Spiegel-Artikel erschien 1988 auch ein Buch zur Affäre Höfer: Lambart, Friedrich (Hg.):
Tod eines Pianisten. Karlrobert Kreiten und der Fall Werner Höfer. Berlin 1988.

sphäre zu schaffen. Zunächst war es Frau B., die Fragen stellte. Ihr Interesse galt meiner Biographie, aber auch der meiner Eltern: "Was haben Ihre Eltern damals gemacht?" Außerdem interessierte sie sich für meine Motive, eine Arbeit über Biographien von Verfolgten des NS-Regimes zu schreiben. Unser Gespräch wurde lediglich durch das gemeinsame Ansehen des politischen Fernsehmagazins "Report" unterbrochen, das Frau B. auf keinen Fall versäumen wollte. Sie schätzt diese Sendung, weil in ihr brisante Vorgänge des Zeitgeschehens, die ohne die Arbeit der Journalisten unbeachtet blieben, öffentlich gemacht und durch Hintergrundinformationen erhellt würden. Hier offenbart sich eine Eigenschaft, die auch durch Äußerungen im Interview zutage tritt: das Bestreben, Skandalträchtiges aufzudecken und zu sehen, daß die Verursacher aufgrund der erzeugten Öffentlichkeit zu Konsequenzen gezwungen werden. Dahinter verbirgt sich Frau B.s Wunsch nach Gerechtigkeit, der besonders ausgeprägt ist in bezug auf Ereignisse, die in Zusammenhang mit der Aufarbeitung der Nazi-Vergangenheit stehen. Am zweiten Abend meines Besuchs führten wir wie verabredet das Interview. Zuvor wurde gemeinsam beschlossen, nach dem Interview eine Vernissage in der Kölner Artothek zu besuchen, gleichsam als Belohnung. Abgerundet werden sollte der Abend mit einem Bummel durch die Altstadt.

Für das Interview bat sich Frau B. eine zeitliche Begrenzung aus, die auch eingehalten wurde. Das Interview hat eine Länge von vierzig Minuten, die transkribiert 22 Seiten ergeben. Insgesamt wurde die Aufzeichnung zweimal von der Interviewten durch eine mehrminütige Pause unterbrochen, die notwendig geworden war, weil sie das Erzählen sehr angestrengt und erregt hatte. Die Pausen legten wir jeweils nach der Schilderung sehr belastender Erlebnisse ein. Nach dem Interview äußerte Frau B., daß sie die Erzählsituation als sehr belastend und intensiv empfunden hätte. Bislang war sie ausschließlich journalistische Interviews gewohnt. Die Tatsache, daß ich nur selten Fragen stellte, überraschte sie und trug ihrer Meinung nach zu dieser besonderen Situation bei.

Die Erzählerin

Gleich zu Beginn unseres Gesprächs erwähnt Frau B. die Schwierigkeit, "ein langes Leben" in dem doch zeitlich sehr begrenzten Rahmen eines Interviews wiederzugeben. Mit dem Vorsatz, "in a nutshell" zu erzählen, legt sie die Strategie fest, wie dies dennoch gelingen soll. Ganze Abschnitte ihrer Biographie beschreibt sie zusammenfassend, nur selten schildert die Erzählerin konkrete Situationen. Um deren Verankerung im geographischen Raum bemüht sie sich zwar, doch in einigen Fällen gelingt die Erinnerung an den genauen Ort des Ereignisses nicht mehr. Die zeitliche Einordnung bleibt immer vage und wird in der Regel erst durch den Kontext deutlich. Exakte Zeitangaben werden im Interview kaum gemacht. Lediglich bei so einschneidenden Ereignissen wie z.B. der Emigration in die Niederlande oder der Auswanderung in die USA erinnert Frau B. die genaue Jahreszahl und nennt sie auch.

Ängste

In der Schilderung von Kindheit und Jugend betont Frau B., wie sehr sie sich im Kreis ihrer Familie geborgen fühlte. Die im Haus lebende Großmutter, der häufige Besuch von Verwandten und Freunden der B.s und nicht zuletzt der intensive Kontakt zu ihren eigenen Freundinnen ermöglichten ihr ein geselliges und unbeschwertes Leben, das in ihrer Erzählung von keinerlei Nöten und Ängsten überschattet war. Ganz anders gerät die Beschreibung ihrer Berliner Jahre und der Zeit in der niederländischen Emigration. Hier stehen die Nöte, aber vor allem die ausgestandenen Ängste im Vordergrund der Erzählung.

Den ersten Einbruch in ihr bisher sorgenfreies Leben erlebte Frau B., als sich nach dem Abitur Anfang der dreißiger Jahre ihr Wunsch, Medizin zu studieren, aus finanziellen Gründen - wie sie sagt - nicht mehr realisieren ließ und sie statt dessen eine Lehre in einer Apotheke begann.

Ich habe dann in Köln einen Job gehabt oder eine Lehre gehabt als Apotheker-
lehrling oder, wie man das damals nannte, als Assistentin, und das führte dann
zum Vorexamen, zum pharmazeutischen Vorexamen, das heißt man arbeitete
zwei Jahre praktisch in einer Apotheke und ging dann zum Vorexamen, und das
habe ich dann hier gemacht, und da war es also schon sehr arg. Es gab hier in
Köln sehr wenig jüdische Apotheken, überhaupt keine. Ich hätte, nachdem ich
aus der Lehre kam, hätte ich hier überhaupt keinen Job gefunden. In Berlin
gab es aber einige jüdische Apotheken, und da habe ich dann in Berlin gear-
beitet, das heißt in verschiedenen Apotheken, aber immer schon mit diesem
entsetzlichen Gefühl, du kannst hier gar nicht bleiben, du mußt hier unbedingt
weg. Also man hat dann eigentlich sich keiner Sache... ich habe dann in Berlin
angefangen auch, an der Universität zu studieren. Ich hatte eigentlich, damals
brauchte man nur zwei mehr Jahre - heute ist das mehr - um vom Vorexamen
zum Staatsexamen zu kommen, aber das war alles mit sehr großen Schwierig-
keiten verbunden, finanziell. Ich habe studiert und Nachtdienste gemacht, und
dann wurde alles so katastrophal, daß ich auch dazu keine Lust hatte, sondern
mich eigentlich nur darauf zu bewegte, wie ich hier rauskommen konnte. In
Berlin habe ich auch so Kosmetik-Kurse und Maniküre gemacht, weil ich
dachte, wenn man rausgeht, dann muß man eigentlich auch was Praktisches
können, denn mit einem Vorexamen kann man auch in keinem anderen Land in
einer Apotheke irgend etwas anfangen.

Frau B. berichtet über ihre Lehre und über ihre Übersiedlung nach Berlin, wo es in jenen Jahren viele Juden hinzog und die notwendig geworden war, da sie nach Abschluß ihrer Ausbildung in Köln keinen Arbeitsplatz in einer jüdischen Apotheke gefunden hätte. Die eigentlichen Gründe, aus denen es ihr schwer-fiel, Arbeit zu bekommen, nämlich die Beschränkungen, denen jüdische Bürger unterworfen waren, werden nicht genannt und lediglich mit der Bemerkung "da war es also schon sehr arg" angedeutet.

Die Maßnahmen der Nationalsozialisten, die schrittweise zur totalen Entrechtung der Juden führten, schufen eine Situation - von Frau B. mit

"katastrophal" umschrieben -, die die Auswanderung als einzig möglichen
Ausweg erscheinen ließ. Der Gedanke "rauszugehen" wurde im Laufe ihrer
Berliner Zeit immer stärker und beeinflußte schließlich ihr Handeln. Die Nachfrage, wie sich die Idee der Emigration allmählich entwickelt habe, bis sie
schließlich in die Tat umgesetzt werden konnte, beantwortet Frau B. schroff
und beinahe gereizt:

*Na, also der Gedanke wurde einem aufgezwungen, weil uns immer mehr Rechte
entzogen wurden, das ist doch sicherlich allgemein bekannt. Also der "Stern".
Und das durfte man nicht mehr. Man durfte nicht mehr ins Theater gehen. Man
durfte nicht mehr sich frei bewegen, und es wurde einem der Lebensfaden
abgeschnitten, wirtschaftlich. Ich glaube, 1935 durfte ich schon nicht mehr in
der Apotheke arbeiten, weil die Gefahr bestand, daß ich das deutsche Volk
vergifte oder so etwas. Dann habe ich aber doch noch einen Ausweg gefunden,
und zwar bei einem Ausländer, der pharmazeutische Artikel herstellte, aber
homöopathischer Art. Da habe ich die Produktion überwacht in der Fabrik.
[...] Der Eigentümer dieser Fabrik war ein Russe, und der konnte mich als
Ausländer noch so beschäftigen. Das war noch so eine kleine Masche, um
irgendwo noch so beizuspringen.*

*Und dann immer diese Sorge, wie man da rauskommt und was man machen
muß, und inzwischen war ich mit einem Anwalt verlobt, und der trachtete
genau wie ich, wie kommt man raus. Das war eigentlich nur der einzige
Gedanke, der einen noch so bewegte, also man ist dann zwischendurch mal ins
Theater gegangen, mal zu Konzerten gegangen. In Berlin war das eigentlich
auch noch ein bißchen besser, weil das die Hauptstadt war, und weil doch die
Olympiade noch stattfand '36, und man sich da doch etwas vor den vielen
internationalen anderen Leuten, die sich dort befanden, da mußte man noch
immer den Schein auch etwas wahren.*

Bruchstückhaft erinnert Frau B. einige Maßnahmen aus dem nationalsozialistischen Entrechtungskatalog. Sie erwähnt das aus dem Sommer 1935 stammende
Verbot, Theater zu besuchen[14], und sie spricht diejenigen Maßnahmen an, die
den jüdischen Bürgern die wirtschaftliche Existenz zerstörten und die - wie
gesagt - am 1. April 1933 im Boykott jüdischer Geschäfte ihren Anfang
nahmen. Dem folgten in den nächsten Jahren zahlreiche Berufsverbote, die mit
der "Arisierung" jüdischer Geschäfte und Unternehmen ihren Höhepunkt
fanden. Auch wird auf die besondere Situation Berlins hingewiesen, wo
während der Olympischen Spiele im Jahre 1936 vorübergehend antisemitische
Schilder entfernt wurden.[15] Das Tragen des Judensterns kann Frau B. allerdings in Deutschland nicht mehr selbst miterlebt haben. Es wurde erst am 1.
September 1941 eingeführt[16], als sie bereits im niederländischen Exil war.
Voller Sarkasmus spricht sie über das Verbot, in einer Apotheke zu arbeiten.
Pointiert ist ihre Begründung hierfür, die der Argumentation der National-

---

[14] Davidowicz, Lucy S.: Der Krieg gegen die Juden 1933-1945. München 1979, S. 68.
[15] Schoenberner 1982, S. 296.
[16] Ebd., S. 299.

sozialisten folgt, die jedoch in Wahrheit die Umkehrung der Realität ist und so die Frage aufwirft, wer denn wem das Leben vergiftete. Doch auch hier zeigen sich Ungenauigkeiten in ihrer Erinnerung. Das Berufsverbot für Apotheker gehörte zu denjenigen Einschränkungen, die erst nach dem Novemberpogrom 1938 vorgenommen wurden.[17] Aber vielleicht meint Frau B. an dieser Stelle auch nur die Schwierigkeit, als Jüdin von einem Arbeitgeber eingestellt zu werden.

Ist Frau B.s Erinnerung an konkrete Ereignisse oft vage, so wird doch das politische und gesellschaftliche Klima, in dem die jüdischen Bürger Mitte der dreißiger Jahre leben mußten, eindrücklich wiedergegeben. Ihr Leben kreiste schließlich nur noch um einen einzigen Gedanken: "wie kommt man raus". Im Jahre 1938 gelang die Emigration in die Niederlande, wo Frau B. zunächst in Amsterdam lebte. Hier verdiente sie - wie bereits erwähnt - als Kindermädchen und Putzfrau - wie so viele Emigrantinnen - mühsam ihren Lebensunterhalt. Doch der Gedanke an die Eltern und den Verlobten - beide mußte sie zurück-lassen - brachte neue Sorgen mit sich. Vorläufiger Höhepunkt der national-sozialistischen Judenpolitik stellte im selben Jahr das Novemberpogrom dar. Die Situation für die im Reich lebenden Juden wurde immer unerträglicher, und so bemühte sich Frau B., ihre engsten Angehörigen nachkommen zu lassen.

Und dann kam also die Kristallnacht, dann habe ich also, das war sehr furcht-bar, und ich habe mir dann, also eine ganz schlimme Sache in meinem Leben, daß mich die Holländer... Ich habe mich dann an das Haus der Königin gewandt, ob ich meine Eltern rüberholen könnte. Ich bin persönlich mit so'nem Brief nach Den Haag gefahren mit dem Fahrrad und hab angefragt. Ich habe gedacht, tue mal was anderes, tue mal was Besonderes. Das hat mir keiner gesagt, daß man das so tun kann oder muß, ich habe mir das mal einfallen lassen und habe gefragt am Königshaus, ob ich nicht die Erlaubnis kriegen könnte, daß ich meine Eltern und meinen Verlobten rüberkriegen könnte. Und dann hat mir die holländische Regierung zur Aufgabe gemacht: entweder - oder. Entweder den Mann oder die Eltern. Das ist also so'ne katastrophale Sache, das kann man das ganze Leben nicht überwinden. Alle sind umgekom-men. Aber, es wäre alles vielleicht ganz anders gewesen, ich weiß es nicht. Auf jeden Fall bin ich dann, habe ich die Erlaubnis bekommen für meine Eltern, unter der Voraussetzung, daß ich das Geld, das bißchen, was ich verdiente, die 35 Gulden im Monat, die habe ich zur Verfügung gestellt dem holländischen Komitee[18], das diese, das's auf sich nahm, es hatte sich ein Komitee gebildet,

---

[17] Scheffler 1960, S. 33.

[18] Nachdem im März 1933 die ersten Flüchtlinge aus Deutschland in die Niederlande geflüchtet waren, kam es bereits am 19. März zur Gründung des "Komitees für besondere jüdische Interessen" (Comité voor Bijzondere Joodse Belangen), dessen Unterabteilung das "Komitee für jüdische Flüchtlinge" (Joodsche Vluchtelingencomité) war. Es folgten weitere Komiteegründungen u.a. für politische Flüchtlinge (Mai 1933) und für illegal in den Niederlanden lebende Flüchtlinge (Mitte 1938), siehe Michman, Dan: (ergänzt von Ursula Lankau-Alex): Chronologische Übersicht wichtiger Fakten zur niederländischen Flüchtlingspolitik 1933-1940. In: Dittrich/Würzner (Hg.) 1982, S. 87-90, hier S. 87ff.

was also diese Emigranten aufnahm oder wenigstens sorgte, daß sie irgendwo
unterkamen und essen und schlafen konnten, ganz primitiv, also nicht so, wie
wir gelebt hatten und so, und das war alles sehr bescheiden, nicht nur sehr
bescheiden, sondern also wir hatten auch wirklich sehr, sehr wenig Mittel, um
zu leben.

Das Leben im niederländischen Exil war vor allem geprägt von wirtschaftlichen Nöten, die - bedenkt man, daß Frau B. in einem wohlhabenden Elternhaus aufgewachsen ist - nicht leicht zu ertragen waren. Neben dem gesunkenen
Lebensstandard mußte sie auch einen Verlust im Sozialstatus akzeptieren, den
sie als "totale Umstellung" empfand. Doch schlimmer als die existentiellen
Sorgen waren die auszustehenden Ängste. Nach Kriegsbeginn im Jahre 1939
wuchs z.B. die Angst davor, daß deutsche Truppen auch in die Niederlande
einfallen könnten und auf diese Weise der deutsche Antisemitismus auch
dorthin getragen würde. Es wurden Pläne geschmiedet, wie von den Niederlanden aus weiter emigriert werden könnte. Ausgerechnet die Frage, ob es
trotzdem etwas Mutmachendes gab, etwas, was in dieser Situation Halt zu
geben vermochte, löst bei Frau B. eine Antwort aus, in der sie all die Ängste
schildert, die ihr Leben damals bestimmten und die auch heute noch nicht
vergessen sind. Abgesehen von einer kurzen Auslassung soll im folgenden die
gesamte Sequenz wiedergegeben werden, um auf diese Weise die Erzählung als
Ganzes zu erhalten und die Erzählleistung entsprechend würdigen zu können:

Ja, Mut gemacht, da war eigentlich nichts Mutmachendes, denn der Krieg
stand vor der Tür und die Deutschen auch. Man hat eigentlich so in ewiger
Angst gelebt. Ich habe so sehr viele Ängste ausgestanden, und da ich auch die
Verantwortung übernommen hatte, meine Eltern zu versorgen, also da war
auch an weitere Emigration nicht zu denken. Man hätte auch jetzt weitere
Emigration betreiben können. Ich hätte allein sehr gut nach England kommen
können. Ich hatte auch Angebote nach Südamerika oder nach Neuseeland, aber
so wissend, meine Eltern da im Stich zu lassen, wo ich Garantie für übernom-
men hatte, das war ja gar nicht möglich zu machen; also an nichts in dieser
Zeit kann man normale Maßstäbe anlegen, das kann man einfach nicht. Das ist
eine ganz andere Situation.
  Dann kamen in Holland auch diese Gesetze, dann kamen auch diese Verän-
derungen, dann mußte der Judenstern getragen werden, und dann mußte man
versuchen, man versuchte, wie komme ich hier noch mal raus, das war dann,
das ist immer so'n Gefühl wie im Käfig, wie in der Mausefalle: man sieht das,
und man kann nichts dagegen tun. Und das ist, also dieses Bewußtwerden der
Einengung, das ist doch eigentlich besonders furchtbar. Das ist eigentlich das
Schlimmste. Und dann, ich kann mich erinnern, ja und also dann, so weitere
Punkte, also es war im Juno '42, da kamen die ersten Aufrufe für sogenannte
Arbeit nach Deutschland, und mein Vater, der im Ersten Weltkrieg Offizier
war, der meinte also, so schlimm ist das doch nicht, der war tatsächlich so im
Glauben, daß für mich so etwas Schönes weggelegt worden sei, wie Arbeit in
Deutschland. Ich habe das aber nicht geglaubt. Ich hatte auch Hitlers "Mein

Kampf" gelesen, und das habe ich ihm echt zugetraut, daß das Ende meiner [unverständlich]. Der Bruder meines Vaters mit seiner Frau, die waren schon von Köln aus nach Polen transportiert worden, und da haben wir von unserem Elend und unserer Armut immer noch Pakete hingeschickt.

Wann ist das gewesen?

Das war, die sind wohl hier von Köln aus, ich kann das nicht mehr genau sagen, '41 oder '42 sind die von hier aus weggeschickt worden, sie hatten Kinder in Amerika, also die Kinder, die mir später in Amerika so sehr viel gegeben haben, aber die waren eben selbst noch so im Anfang, die haben ihre eigenen Eltern nicht kommen lassen können. Das sind alles auch ganz furchtbare Dinge. Das, also es hat so viel Elend und so viel Tragik und so viel Verzweiflung gegeben, und sehr viele Leute, vor allen Dingen, als die Deutschen in Holland einmarschierten, haben sich sehr viele Leute das Leben genommen, weil sie gar keinen Ausweg sahen und weil sie dachten, das ist auch mindestens so gut, als denen in die Hände zu fallen. Und, wenn man darüber eigentlich erzählt, dann kann man das eigentlich nur, das in den furchtbarsten Farben und in den schrecklichsten Dingen erzählen. Aber die Ängste, die ausgestanden wurden, die furchtbar waren und die ja nicht nur wirken in dem Moment, wo man so verängstigt ist, sondern die ja auch später nachwirken und bleiben als ein Syndrom des ganzen Lebens, eigentlich diese Ängste, auch daß man viel ängstlicher ist, als man gewöhnlich sein brauchte, weil man eben immer noch in Träumen oder auch sonst auch dieses wieder in sich fühlt, was man da einmal durchstanden hat. Ängste sind nicht einfach so abzuschütteln, wenn man sie einmal durchlebt hat, also man weiß das ja auch heute, wie es mit den Geiseln geht, die sehr viel kürzer gelitten haben, als wir gelitten haben. Und, ja vielleicht stellen Sie mal einen Momentchen ab, damit ich mal ein bißchen Atem kriege.

Das Erzählen hatte Frau B. sichtlich mitgenommen und angestrengt, so daß das Interview für mehrere Minuten unterbrochen werden mußte. Bei den von mir geführten Interviews kam es nur selten vor, daß die bzw. der Interviewte mich bat, das Tonbandgerät abzustellen und wir eine Pause einlegten, bevor wir das Interview fortsetzen konnten. Nur selten wurde auch so freimütig über die erlittenen seelischen Qualen gesprochen. Die Chronologie der Ereignisabfolge sowie die Beschreibung der historischen Ereignisse tritt hier zugunsten einer Schilderung ihrer psychischen Wirkung auf Frau B. zurück. Die antisemitischen Maßnahmen, denen die Juden während der deutschen Besatzung der Niederlande ausgesetzt waren - in der Sequenz als "diese Gesetze, diese Veränderungen" angedeutet - werden weder im einzelnen beschrieben noch benannt, abgesehen vom Tragen des Judensterns. Die Notwendigkeit, in dieser Zeit untergetaucht zu leben, findet hier ebenfalls keine Erwähnung.

Nur selten schildert Frau B. konkrete Situationen. Nach der Fortsetzung des Interviews erzählt sie dann gleich zwei, von denen die eine im folgenden wiedergegeben werden soll. Nüchtern ausgedrückt handelt es sich hierbei um ein Belastungserlebnis. Zuvor skizziert Frau B. mit wenigen Worten ihr Leben als Untergetauchte:

Ich habe auf den verschiedensten Stellen gesessen, aber es hat sich meistens um Hausarbeit gedreht oder auch mal bei Kindern oder auch mal bei einer Familie mit fünf Kindern. Ich hatte auch immer wieder das Bedürfnis, selbst wenn die Leute mich gerne länger behalten wollten, daß ich wieder weg wollte, weil ich auch meinte, ich sei eine Belastung für eine Familie, wenn einem Vater von fünf Kindern, wenn dem etwas passierte, weil ich da war, das wäre ganz furchtbar für mich auch gewesen, also das Überleben auf Kosten des Überlebens von anderen. Und ja, ich habe meistens geputzt gegen Essen, und Geld habe ich nie bekommen. Ich habe also wirklich diese dreieinhalb Jahre nur also Essen, und das war nicht nur, sondern das war ja das Wichtigste, Essen und Trinken und Schlafen gehabt.

Ich war ein paarmal bei Bauern. Das würde ich eigentlich gerne erzählen, weil das so furchtbar war. Das war in der kleinen Gemeinde Halfweg, und das ist zwischen Amsterdam und Den Haag oder zwischen Haarlem und Den Haag. Und da hatte man auch die Eisenbahnschienen, die hatte man blockiert, also da sollten militärische Sachen befördert werden, die hatte man blockiert, und dafür wurde dann in dem Ort eine Razzia gehalten. Eines Morgens im November, so plötzlich um fünf Uhr stand also ein 'Grüner' da vor meinem Bett, und ich dachte, mein Gott, das ist nun das Ende, und der sagte: "Raus, raus, raus, jetzt mal sofort", und alles wurde also auf die Straße getrieben. Dann ging der SS-Mann bei mir am Fenster, und da war auf der Weide ein junger holländischer Student, der mit seinem Bruder untergetaucht war bei dem Bauern, die machten dann Landarbeit, sie wollten nicht für Arbeit nach Deutschland gehen. Und da hat er von meinem Fenster aus diesen jungen Mann erschossen, der war dabei gerade auf der Weide, die Kühe zu melken. Also das war so etwas Furchtbares. Dann wurden also wir alle, die Leute, die Bauern und der ganze Ort wurde da auf den großen Platz getrieben, und dann wurde einfach automatisch jeder zweite Mann erschossen, automatisch jeder zweite Mann. Da waren Männer, die hatten sich in Frauenkleider gesteckt, da waren Kinder, die liefen um die 'rum, die dachten, das wäre witzig und das wäre komisch, das war also kafkaesk, kann man nur sagen, ein furchtbares Erlebnis. Das ist eigentlich eines meiner schlimmsten Kriegserlebnisse, diese Razzia von Halfweg, wo jeder zweite Mann erschossen wurde. Ich habe auch versucht, wo man das dokumentarisch in Holland festgehalten hat, aber ich habe da bis heute noch gar nichts darüber gesehen, ich möchte mich eigentlich noch mühen und will noch in Holland mit Leuten darüber sprechen, weil das noch dokumentarisch nicht festgelegt ist, dieses furchtbare Erlebnis.[19]

---

[19] "Een aanslag op een Duitse soldatentrein in de vroege morgen van 26 November '44 bij Halfweg ondernommen, had tot gevolg, dat diezelfde dag vijf woningen in dat dorp in vlammen opgingen. [...] Na een twede aanslag op de spoorbrug bij Halfweg werden tien personen, onder wie Wim Speelman van 'Trouw', bij wijze van represaille ter dood gebracht.", siehe Het grote Gebod. Gedenkboek van het verzet in LO en LKP. Bd. 1. Bilthoven 1951, S. 542. Beim Rijksinstituut voor Oorlogsdocumentatie in Amsterdam ist

Das Verhältnis zu den Deutschen

Die Überschrift mag mißverständlich klingen, schließlich ist Frau B. selbst Deutsche, und ihre Familie fühlte sich auch deutsch. Vater B. - wie bereits erwähnt - hatte als Offizier im Ersten Weltkrieg gedient. Durch die national-sozialistische Rassenpolitik wurden die B.s mit ihrem Jüdischsein konfrontiert. Nach und nach wurden sie aus der Gesellschaft ausgegrenzt. Sie wurden entrechtet, und man zerstörte ihnen die wirtschaftliche Existenz. Die Emigration erschien ihnen als der letzte Ausweg. Doch auch sie brachte keinen vollständigen Schutz vor dem Nazi-Terror. Ein Teil der Familie wurde Opfer des Holocausts. In der Schilderung von Kindheit und Jugend, die vor der Macht-übertragung an die Nationalsozialisten lagen, betont Frau B. den materiellen Wohlstand des Elternhauses und das hohe Maß an Geborgenheit, das ihr vor allem die Familie gab. Durch die Verfolgung wurde ihr beides genommen, sowohl die materielle als auch die emotionale Sicherheit. Wer hierfür verantwortlich ist, steht für sie unbestreitbar fest. Sie trifft nicht die Unterscheidung zwischen Nationalsozialisten und Deutschen. Wenn Frau B. über Deutsche spricht, so fallen ausschließlich Begriffe wie "Mitschuldige" und "Täter", die zwar eine gewisse Differenzierung erkennen lassen, doch letztlich ihre generelle Ablehnung widerspiegeln.

Frau B.s Verhältnis zu den Deutschen wird nicht nur bestimmt durch die Verfolgung im "Dritten Reich", sondern auch durch ihre Erfahrungen in der Bundesrepublik Deutschland. Nach dem Krieg wanderte Frau B. zunächst in die USA aus. Dort gründete sie eine Arbeitsvermittlung für Wissenschaftler und Ingenieure. Der Aufbau dieser Existenz gelang nur unter großem Arbeitseinsatz, der auf Kosten ihrer Gesundheit erfolgte, die ohnedies durch die vergangenen Jahre, in denen sie untergetaucht leben mußte, schwer gelitten hatte. Schließlich erkrankte Frau B. und war nicht länger in der Lage, ihren Beruf auszuüben.

In Amerika krank sein, das ist nicht so, daß man da so irgendwelche Hilfen hat, und da habe ich mir überlegt, wo meine Krankheit wohl herkommt, wurde auch festgestellt, ich bin lange Zeit in Therapie gewesen. Und dann habe ich mir gedacht, das müßte ganz einfach gehen, vielleicht in einem halben oder einem Jahr würde ich die Rentensache regeln können, aber so war das nicht. [...] Als ich diese Gesundheitsschäden nach dem Krieg hier in Deutschland über gerichtliche Entschädigung für gefragt habe, da war einer der Gutachter dieser Gesundheitsschäden ein gewisser Professor Panse[20], der sich dadurch

ein weiterer Vorfall dokumentiert, der dem von Frau B. geschilderten ähnlich ist. Der Bericht bezieht sich auf einen Überfall und eine Schießerei in Zwanenbourg (in der Nähe von Halfweg): Bekend bij redeneertrant No. 58, Nord Holland, BA I-4.

[20] Friedrich Panse (1899-1973) arbeitete in den zwanziger Jahren an der Nervenklinik der Berliner Charité unter Karl Bonhoeffer. In dieser Zeit publizierte er verschiedene Arbeiten über die Rentenneurose (vgl. zum Thema Rentenneurose Kapitel *Quellenbereiche, Forschungsliteratur*, S. 37), siehe Pross, Christian: Wiedergutmachung. Der Kleinkrieg gegen die Opfer. Frankfurt a.M. 1988, S. 153. Im Sommer 1937 wurde Panse Dozent für Psychiatrie und Neurologie an der Universität Bonn. Gleichzeitig erhielt er einen Lehrauf-

ausgezeichnet hatte, der war also trotz seiner schlimmen Vergangenheit war der Chefarzt geworden in den Düsseldorfer staatlichen Irrenanstalten.

Was war der?

Der war Professor, leitender Professor war der da, und der machte gleichzeitig auch Gutachten für die Landesrentenbehörde, und das war der Mann, den man eigentlich den "Kreuzelmacher" genannt hat. Er machte die Kreuze für die, die euthanasiert wurden. Ich wollte nur mal erzählen, der Wahnsinn, der da statt-findet in der sogenannten Schadenvergütung oder Wiedergutmachung. Welche Leute da hantiert haben, die zugleich auch die Totenkammern bestückt haben, das meine ich, daß das wichtig ist. So etwas muß man auch mal der Nachwelt erzählen, damit man weiß, wie das hier gehandhabt worden ist, legal oder illegal.

> *Es ist ja gar nicht einfach für Sie gewesen, über-haupt in den "Genuß" dieser Entschädigung - in Anführungsstrichen - zu kommen.*

Nein. In den "Genuß" dieser Entschädigung zu kommen - in Anführungs-strichen - oder man kann ja mal richtig das Wort dann auch gebrauchen, was gebraucht wird, Wiedergutmachung, was immer da wieder gutgemacht wird. Da habe ich eigentlich fast zehn Jahre für gebraucht, um das in Ordnung zu bringen, drei Anwälte sind darüber gestorben, und dann ist auch noch ein Vergleich gemacht worden. Ich habe etwa nicht, also das, was ich wirklich durchlitten habe und durchgestanden habe, daß das anerkannt worden ist, es ist ein Vergleichsverfahren, sozusagen noch, man hat mir noch einen ganz

trag für Rassenhygiene, siehe Klee, Ernst: Was sie taten - Was sie wurden. Ärzte, Juristen und andere Beteiligte am Kranken- oder Judenmord. Frankfurt a.M. 1986, S. 168. 1942 wurde Panse dann außerplanmäßiger Professor für "Psychiatrie, Neurologie und Rassen-hygiene" in Bonn, siehe Weingart, Peter/Kroll, Jürgen/Bayertz, Kurt: Rasse, Blut und Gene. Geschichte der Eugenik und Rassenhygiene in Deutschland. Frankfurt a.M. 1992, S. 439, 443. Panse gehörte zum "harten Kern" des Ärztestabes, der die Gutachter und Tötungsärzte der "Euthanasieaktion" stellte, siehe Schmuhl, Hans-Walter: Rassenhygiene, Nationalsozialismus, Euthanasie. Von der Verhütung zur Vernichtung "lebensunwerten Lebens" 1890-1945. Göttingen 1987, hier S. 147 (= Kritische Studien zur Geschichts-wissenschaft, 75). Er war auch bereits an der "erbbiologischen Bestandsaufnahme" in den dreißiger Jahren maßgeblich beteiligt. In dem von Panse und anderen Medizinern aufge-bauten Rheinischen Provinzialinstitut für psychiatrisch-neurologische Erbforschung waren im Jahre 1936 bereits 300.000 "Sippenkarten" angelegt worden, siehe ebenda, S. 455. Bei den Verhandlungen des Schwurgerichts Düsseldorf gegen an der Euthanasieaktion betei-ligte Ärzte wurde Panse freigesprochen, da - so das Gericht - "bewiesenes Gegenwirken erhebliches Erfolg zum Wohle der Kranken gezeigt hat", zitiert nach Mitscherlich, Alexander/Mielke, Fred (Hg.): Medizin ohne Menschlichkeit. Dokumente des Nürnberger Ärzteprozesses. Frankfurt a.M. 1978, S. 288f. Nach Meinung der Deutschen Gesellschaft für soziale Psychiatrie zählt Panse nach 1945 zu jenen Psychiatern, die grundlegende Schriften zu einer neuen Wehrpsychiatrie verfaßt hätten, siehe Klee 1986, S. 168. Im Krieg leitete Panse u.a. ein Reservelazarett, wo er eine berüchtigte Stromstoßtherapie bei "Kriegsneurotikern" praktizierte, siehe Pross 1988, S. 153. Nach dem Krieg arbeitete er als leitender Direktor des Rheinischen Landeskrankenhauses/Psychiatrische Klinik in Düssel-dorf. Daß Panse noch in den fünfziger Jahren biologistisch argumentiert, zeigt seine Studie *Angst und Schreck in klinisch psychologischer und sozialmedizinischer Sicht. Dargest[ellt] an Hand von Erlebnisberichten aus dem Luftkrieg.* Stuttgart 1952, z.B. S. 118.

großen Gefallen getan, daß man sich mit mir geeinigt hat über diesen Schaden, das ist so ein Kuhhandel, könnte man sagen, ist das eher eigentlich als eine Wiedergutmachung. Ein Gesundheitsschaden, auch ein ja Erziehungsschaden, meine Ausbildung ist unterbrochen worden, nicht beendet worden, und das wirkt sich dann aus auf die Rente, die ich bekomme und die sicher wesentlich kleiner als die Rente von Frau Freisler[21] oder solchen Herrschaften, oder die Rente von Filbinger[22] zum Beispiel, aber das sind ja auch Leute, die dafür gesorgt haben, daß andere getötet wurden, das ist ja auch anders.

Der Ablauf ihres Entschädigungsverfahrens dient Frau B. als Beispiel für die Entschädigungspraxis im Umgang mit den NS-Opfern. Die Schilderung erfolgt weniger aus dem Bedürfnis, die eigene Geschichte zu betonen, als vielmehr durch sie aufklärend zu wirken. Wut und Bitterkeit schwingt mit, wenn Frau B. hierüber berichtet. Nicht nur, daß sich das Verfahren über acht Jahre hinzog und schließlich lediglich mit einem Vergleich endete, nein vor allem die Tatsache, daß einer der Gutachter in dem Verfahren zu den Tätern gehörte, ist für sie Grund zur Empörung. Empörung deshalb, weil die Täter ein zweites Mal über die Opfer entscheiden können, erst über ihre physische Existenz, nun über ihre ökonomische. Während die Opfer um ihre ökonomische Absicherung

---

[21] Roland Freisler (1893-1945) war Vorsitzender des Volksgerichtshofes in Berlin. Er starb am 3.2.1945 in Berlin bei einem Bombenangriff. Zu seiner Person: Wistrich, Robert: Wer war wer im Dritten Reich? Ein biographisches Lexikon. Anhänger, Mitläufer, Gegner aus Politik, Wirtschaft und Militär, Kunst und Wissenschaft. Überarbeitet und erweitert von Hermann Weiß. Frankfurt a.M. 1987, S. 94f. Zu den Rentenzahlungen an Freislers Witwe: Frau Freisler erhielt neben ihrer Kriegsopferrente und einer weiteren Rente von der Bundesanstalt für Angestellte auch eine sogenannte Schadensausgleichsrente. Hierzu schreibt Ernst Klee: "Empörung löste nicht die Tatsache aus, daß die Witwe Rentenleistungen bezieht - Sippenhaftung sollte seit den Nationalsozialisten ausgeschlossen sein -, sondern die Begründung, warum eine Schadensausgleichsrente gezahlt wurde: Die Sachbearbeiterin des Münchner Versorgungsamtes hatte 1974 handschriftlich vermerkt, daß Freisler nach dem Krieg wieder als 'Rechtsanwalt' oder Beamter des höheren Dienstes tätig gewesen wäre'. 1982 waren Versorgungsamt, Landesversorgungsamt und schließlich auch das Bayerische Sozialministerium zu ähnlichen Begründungen gekommen (wonach der Witwe der Schadensausgleich für die entgangenen Einkommensanteil zustehe)", siehe Klee 1986, S. 255.

[22] Hans Karl Filbinger war 1978 von seinem Amt als baden-württembergischer Ministerpräsident zurückgetreten. Wegen seiner Arbeit als Marinestabsrichter in der NS-Zeit war er zuvor in die öffentliche Kritik geraten. "Der einstige Marinestabsrichter Hans Karl Filbinger verurteilte in Norwegen den Obergefreiten Kurt Petzold am 29. Mai 1945 - drei Wochen nach Kriegsende - wegen 'Erregung von Mißvergnügen, Gehorsamsverweigerung und Widersetzung' zu sechs Monaten Gefängnis. Der Obergefreite hatte den Befehl, in ein anderes Quartier umzuziehen, verweigert mit der Bemerkung: 'Die Zeiten sind jetzt vorbei. Ich bin ein freier Mann. Ihr habt jetzt ausgeschissen, ihr Nazihunde, ihr seid schuld an diesem Krieg...' Marinestabsrichter Filbinger stellte damals bei Petzold 'ein hohes Maß von Gesinnungsverfall' fest. Der Angeklagte habe sich 'gegen Zucht und Ordnung' aufgelehnt, 'zersetzend und aufreizend auf die Manneszucht gewirkt", siehe Der Spiegel, Nr. 30 (1976) S. 11. 1978 berichtete Der Spiegel in mehreren Artikeln über die mögliche Mitwirkung Filbingers an Todesurteilen bei Kriegsgerichtsverhandlungen, siehe Der Spiegel, Nr. 19 (1978) S. 132-137; ebd., S. 140-144; ebd., Nr. 20 (1978) S. 23-27; ebd., Nr. 21 (1978) S. 32-34; ebd., Nr. 28 (1978) S. 26-34. Siehe dazu auch: Maegerle, Anton: Vom NS-Marinestabsrichter zum "Widerstandskämpfer": Hans Filbinger. In: Der Rechte Rand, Nr. 25 (1993) S. 17f.

streiten müssen, sind die Täter wohl versorgt. An verschiedenen Stellen im Interview thematisiert Frau B. den materiellen Aspekt. Sie wirft den Deutschen vor, daß sie sich dem Treiben der Nationalsozialisten nicht nur nicht entgegengestellt, sondern davon auch noch profitiert haben. Sie beschreibt, wie sich Nachbarn in Köln am Eigentum ihrer Eltern bereichert haben, während sie sowohl in der Emigration als auch nach dem Krieg praktisch mittellos war und nicht einmal über den elementarsten Besitz verfügte.

Damals war zwar der Lebensstandard sehr niedrig, das Essen war nicht sehr teuer, Wohnen war auch nicht so furchtbar teuer, aber wir hatten auch nur ganz furchtbar wenig Geld. Meine Eltern kamen mit gar nichts. Ein bißchen Bettzeug und Bettwäsche, und mein Vater hatte 'ne schöne wertvolle Geige, die ist ihm einfach gestohlen worden, und Nachbarn haben dann die Wäsche gehabt, als ich dann später selber wieder raus kam nach dem Krieg, um diese Wäsche zu holen, weil ich ja nichts, nichts besaß als die Sachen von meinen Eltern, da haben die mich verjagt, obwohl ich die Wäsche schon bei der Wäscherei gesehen habe, unsere Wäsche mit unserem Monogramm. So um mal so'n Beispiel zu geben, was man eigentlich erlebt auch mit diesem, wenn man weg ist und untergetaucht ist, und wie die Menschen sich verhalten.

Auch die Schilderung dieses Erlebnisses ist mit einer pädagogischen Absicht verbunden. Sie soll beispielhaft über das Verhalten der Umwelt informieren, mit dem die zur Auswanderung gezwungenen jüdischen Bürger konfrontiert waren. Auch innerhalb einer anderen Passage, die an späterer Stelle wiedergegeben werden soll, kommt es zur Thematisierung des materiellen Aspekts. Diesmal spricht sie diejenigen Geschäftsleute an, die von der "Arisierung" des jüdischen Besitzes profitiert haben und heute angesehene Mitglieder der bundesrepublikanischen Gesellschaft sind. So wird Selbsterlebtes - die Nachbarn, die sich am Besitz der B.s vergriffen haben, und der Gutachter im Entschädigungsverfahren, der eigentlich auf die Anklagebank gehöre - mit dem Wissen um einige auch in der Öffentlichkeit bekanntgewordene "Gewinner" der "Arisierung" zu einem generellen Urteil vermengt, das Spiegelbild ihrer Verbitterung ist. Ohne es auszusprechen, zieht sie damit die Bemühungen um Aufarbeitung der Vergangenheit in Zweifel. Für sie scheint zwischen den Deutschen damals und heute eine Kontinuität zu bestehen. Die Hoffnung auf Aussöhnung mit der Generation der "Täter" und "Mitschuldigen" ist gering, zumal diese weder ein Schuldeingeständnis noch Reue, nicht einmal Gesprächsbereitschaft erkennen läßt.

Ich habe dann sehr oft das Verlangen gehabt und auch immer wieder, wenn ich in Schulen darüber gesprochen habe, aufgefordert wurde - ich habe das nie von mir aus angeboten, ich wurde immer aufgefordert - dann habe ich gesagt, ich will... holt doch mal eure Großeltern, die wissen doch auch, damit wir da mal zusammen was drüber sagen können, aber dieses Experiment ist mir bis auf den Tag von heute nicht gelungen, daß mal Großeltern da mitkamen, und man sieht das ja auch, wenn Interviews sind von solchen Leuten, die zu der Tätergruppe gehören oder zu der Mitschuldigengruppe, daß die Leute doch sehr wenig dazu

bereit sind, etwas von sich zu sagen, weil sie sich dann, sie tun sich unendlich
schwer einzugestehen. Ganz gleich unter welchen zwangsläufigen Umständen,
aber mir hätte schon genügt, wenn diese Leute schon mal gesagt hätten, wir
haben also etwas getan, was wir nie wieder gutmachen können, und wir
müssen unseren Kindern erzählen, damit die nicht wieder in solche Situationen
kommen. Ich habe also eigentlich ein einziges Mal einen Deutschen getroffen,
in Auschwitz, mit dem ich dort ins Gespräch kam, oder nachdem ich aus
Auschwitz 'raus kam[23]*, der hat mir erzählt, daß sein Vater ein SS-Mann war*
und daß sein Vater aber zu ihm gekommen ist und gesagt hat, ich will nie, daß
du eine Waffe in die Hand nimmst [...], ich will dir alles erzählen, was ich
getan habe, und wenn es von diesen Menschen mehr gegeben hätte, die das
zugegeben hätten, es sind ja sicher manche durch die Umstände, es ist ja nicht
jeder ein Held, daß er sich diesen Umständen entgegenstellen kann, dazu
gehört sehr viel Zivilcourage und auch heute, wo es gar keine Kunst ist,
Courage zu haben, weil man ja sehr viel sagen kann, gibt es nur sehr wenige
Leute, die mir sehr couragiert erscheinen. Und, wenn viele Leute gesagt
hätten, wir wollten das zugeben, wir wollen sagen und wir wollen erklären, wir
wollen unseren Kindern verpflichtend erklären, wo wir hineingeschlittert sind,
oder es ist ja nicht einmal geschlittert, auch was man heute immer an Doku-
mentarfilmen sehen kann, da kann man ja sehen, daß auch sehr viel Begeiste-
rung damit bei war, daß sie sich sehr gefreut haben und sehr davon profitiert
haben, und es ist ja auch ganz schön, wenn man einen umbringt, um dann
seine Sachen einzunehmen, sich da in seine Sachen reinzusetzen, also ich
würde da mal so das Beispiel Horten oder solche Leute bringen, die haben
einfach diese Geschäfte sogenannt arisiert, haben sich dareingesetzt, haben da
noch ein Vermögen gemacht und die dann noch in die Schweiz geschleppt, und
die kriegen dann noch so ganz große Zeitungsanzeigen, was das für wunder-
bare Leute waren oder wunderbare Leute sind.

Frau B. ist offen für ein Gespräch mit der Generation der "Täter" und
"Mitschuldigen". Sie ist bereit, ihr mildernde Umstände zuzubilligen, doch
noch bevor sie den Satz zu Ende gesprochen hat, kommen ihr Zweifel, und sie
erinnert sich an die Begeisterung der Massen, die in Dokumentarfilmen festgehalten, also quasi unleugbar ist. Und sie denkt wieder an diejenigen, die aus
der Verfolgung der Juden auch wirtschaftlich ihren Gewinn gezogen haben.
Indem sie dies alles ausspricht, kehrt ihr Zorn zurück. Mit Bedacht wählt sie
die Worte, die den Vorgang der "Arisierung" jüdischer Geschäfte anschaulich
charakterisieren. Frau B.s Verhältnis zu den Deutschen ist so sehr belastet, daß
sich die Frage aufdrängt, wie es ihr dennoch gelingt, in der Bundesrepublik zu
leben. Ohne daß ich diese Frage gestellt habe, kommt Frau B. hierauf zu
sprechen. Die Tatsache, daß sie wieder in Deutschland lebt, scheint für viele
Anlaß zum Nachfragen zu sein, doch der Unterton der Frage ist je nach Standort desjenigen, der sie stellt, unterschiedlich.

---

23 Im Jahre 1986 ist Frau B. nach Auschwitz gefahren.

Also, da ist immer so ein Unterton, wenn mich Deutsche fragen, Mensch, du bist zurückgekommen, da ist so ein Unterton, so halb so, na ja, dann kann es ja nicht so schlimm gewesen sein, oder so halb vorwerfend, wie kann man oder so, daß ist ja nicht nur von Deutschen, es fragen mich ja auch jüdische Leute, die nicht hier leben, wie kann man in diesem Land der Mörder leben, wo man immer noch unter den Tätern lebt, denn ich meine, mit mir leben ja auch noch Altersgenossen, die sehr wohl gewußt haben, was sie getan haben und sehr wohl profitiert haben und noch profitieren, und das ist eben so eine Geschichte, die ich finde, das ist nicht der Weg des geringsten Widerstandes, das ist der Weg, ein sehr aufregender Weg, ein sehr aufreibender Weg, und manchmal frage ich mich, ja es wäre sicher besser, in Holland oder in der Schweiz zu leben. Meine Rente wird mir überallhin geschickt. Ich habe auch keine Entschuldigung, daß ich nicht in einem anderen Land leben könnte, weil ich etliche Sprachen recht gut kann. Ich könnte genausogut in Frankreich oder in Belgien leben und so.

Auch Frau B. zweifelt manchmal an der Richtigkeit ihrer Entscheidung, in der Bundesrepublik zu leben. Ihre Rückkehr geschah - so versichert sie - allein aus dem Grund, ihren Anspruch auf eine Entschädigung geltend zu machen. War dies gelungen, wollte sie Deutschland wieder verlassen. Doch ihr Entschädigungsverfahren dauerte acht Jahre, genug Zeit, um sich mit der hiesigen Gesellschaft auseinanderzusetzen.

Ja, und dann ging das dann so, in diesen acht Jahren habe ich mich natürlich auch wieder reintegriert, eigentlich gegen mein besseres Wissen. Ich hatte nicht vor, hier zu sein, und habe eigentlich immer so auf gepackten Koffern gesessen und wollte das nicht, und dann sah ich aber, daß es auch sehr notwendig war, daß hier was getan wurde in bezug auf Prozesse, in bezug auf Bekämpfung von Neonazismus. Und das hat mich eigentlich sehr angegriffen und zu gleicher Zeit auch sehr bewegt, und ich gemeint habe, ja da muß man eigentlich was tun.

Das heißt, Sie haben sich sehr engagiert.

Ich habe mich sehr engagiert für diese Sache, ich wurde sehr aktives Mitglied sofort von der christlich-jüdischen Gesellschaft und christlich-jüdische Gespräche oder auch, war auch lange Prozeßbeobachterin, was hier vor sich ging. Ich bin von Natur aus eine Kämpferin, das kann man wohl sagen, aber auch so, daß ich fand, ja hier muß ich noch etwas sagen, das ist noch nicht für mich abgelaufen. Das ist sehr schwer, und da muß man sehr schwere Entschlüsse treffen, also. Dann habe ich mich auch ein bißchen mit dem intellektuellen Leben von Köln befaßt, da habe ich etwas getan, da bin ich auch noch immer aktiv, obwohl ich ja wirklich nicht mehr jung bin, aber das hat mir dann auch Spaß gemacht. Dann fand ich auf einmal, daß das Gespräch mit den jungen Deutschen doch sehr interessant war, weil die nun zum Teil doch ganz anders dachten als ihre Vorfahren und die es auch wissen wollten, und dann meinte ich, daß es auch wesentlich war, daß es ihnen von Augenzeugen, von denen,

die das persönlich durchstanden hatten, direkt mitgeteilt wurde, auch um der
Wahrheit willen.

Einerseits ist für Frau B. die Verfolgung der Grund, warum es ihr schwerfällt,
hier zu leben, andererseits entwickelte sie aus ihr die Perspektive für ein Leben
in Deutschland. Nach ihrer Rückkehr empfand sie es als eine Notwendigkeit,
sich zu engagieren. Die Bereiche, in denen sie (schließlich) wirkt, hängen fast
ausschließlich zusammen mit den Folgen der nationalsozialistischen Vergangenheit. Die Gründe für ihr Engagement belegt sie mit der etwas unvermittelt
vorgetragenen Feststellung, sie sei von Natur aus eine Kämpferin, eine Äußerung, die den Eindruck erweckt, ihre ureigene Aufgabe sei es, sich für etwas
einzusetzen und zu streiten, und brauche von daher nicht weiter erläutert zu
werden. Den Inhalt ihres Engagements scheint sie hingegen eher als eine Last
zu empfinden. Doch einer inneren Verpflichtung folgend ("...das ist noch nicht
für mich abgelaufen..."), drängt es sie, ihr Wort zu erheben. Diese Verpflichtung ergibt sich für sie aus ihrer Eigenschaft als "Augenzeugin", als jemand,
die die Rassenverfolgung erduldet hat, als jemand, die "das" - den Rassenwahn
der Nationalsozialisten - "durchstanden" hat.

Eine neue, positive Erfahrung ist für Frau B. das Gespräch mit der jungen
Generation, der sie - so scheint es - unbefangener und vorbehaltloser gegen-
übertreten kann als denjenigen, die sie zur Generation der "Täter" oder
"Mitschuldigen" rechnet. Dies ist möglich, weil Frau B. bei der Jugend ein
Interesse für die Geschichte und eine andere politische Einstellung vorfindet.
Für sie ist der Kontakt zu jungen Deutschen Teil ihrer Perspektive für ein
Leben in der Bundesrepublik. Aus dem Kreis der jungen Generation stammen
ihre Kommunikationspartner, und gewiß sieht sie hier auch ihre Verbündeten,
die sie braucht, um nicht eine einsame Außenseiterin dieser Gesellschaft zu
sein. Doch einige von ihnen sind für sie weit mehr als nur Gleichgesinnte:

Aber ich habe dann auch wieder hier auch unter jungen Menschen, ich betone
das "junge", weil ich mich nicht bemüht habe, Leute meines Alters kennenzu-
lernen, ich habe so fast nur junge Bekannte und junge Freunde, mit denen ich
mich sehr wohl im Einvernehmen befinde, mit denen ich viele gute Gespräche
führe, und da meine ich, das ist also auch was ganz besonderes, daß der ältere
Mensch doch noch genießt von der Freundschaft mit jungen Menschen, das
finde ich eigentlich sehr schön. Ich habe keine Kinder, und ich habe so ein
paar Leute, die ich sehr, sehr gern habe und die mir auch wie Kinder sind. Ich
möchte auch betonen, daß ich hier nicht mit Haß im Herzen lebe, das könnte
ich nicht ertragen, also ich gehe der Sache nach, und ich gehe den Ungerech-
tigkeiten nach, aber zu hassen ist mir total fremd, kann ich nicht, will ich
nicht. Es würde mich auch wirklich vernichten, wenn ich das tun würde. [...]
Ich freue mich, ich muß sagen, ich freue mich, wenn Dinge aufgedeckt werden,
die lange zugedeckt waren. Ich habe jahrelang über Höfer gewußt und ich
habe, diese Waldheim-Sache, die heute läuft, ich finde das, dann kann man ja
vielleicht doch noch ein Stückchen an Gerechtigkeit glauben, wenn so etwas
aufgeht. Das finde ich eigentlich, ich kann nicht sagen Freude, das ist sicher

nicht das richtige Wort, aber das gibt mir doch eine gewisse Genugtuung. Es hat sich dann gelohnt zu überleben, weil es doch vielleicht irgendwo noch ein kleines Stückchen Gerechtigkeit gibt.

Die Bitterkeit, die Frau B.s Worten oftmals anhaftet, offenbart das Ausmaß ihrer Verletzung. Dennoch folgt ein hoffnungsvoller Ausblick. Hoffnungsvoll, weil sie eröffnet, nicht mit "Haß im Herzen" hier zu leben, nicht aus "Rachegefühl" die Geschichte aufdecken zu wollen, sondern erklärt, aus Verpflichtung zu handeln, und von ihrer Bereicherung ihres Lebens durch die Freundschaft mit jungen Deutschen spricht. Der letzte Satz der oben wiedergegebenen Passage - er ist auch der letzte im Interview - klingt positiv, lesen wir doch, daß Frau B. trotz zugefügten Leids und Unrechts auch die Erfahrung von Gerechtigkeit gemacht habe und es sich deshalb gelohnt habe zu überleben.

Resümee

Wenn Frau B. auch heute noch über den Sinn ihres Überlebens nachdenkt, wird deutlich, wie tief die Verfolgung in ihr Leben eingegriffen hat. Der Umstand, überlebt zu haben, so schwer dies für Außenstehende zu begreifen ist, muß mit einem Sinn gefüllt werden, um ihn akzeptieren zu können. Das Erzählen der eigenen Biographie geschieht bei Frau B. nicht mit der Absicht, auf diese Weise ihr Leben in den Mittelpunkt zu stellen. Ihr Leben, genauer ihr Leben als Verfolgte, besitzt für sie Beispielcharakter dafür, was Menschen erlitten haben, die in die Emigration getrieben wurden, die gezwungen waren, untergetaucht zu leben, und die nach dem Krieg in Deutschland um ihre Entschädigung kämpfen mußten. Das Interview ist von ihr intendiert als Lehrstück mit pädagogisch-aufklärerischer Absicht und somit zu einem Teil Einlösung ihrer selbst auferlegten Verpflichtung als Überlebende.

Herr W.: "...es gibt beinahe keinen Tag in meinem Leben, daß ich nicht an diese Zeit zurückdenke"

Historischer Hintergrund

Mit dem Einfall deutscher Truppen am 10. Mai 1940 endete für die Niederlande eine 125 Jahre dauernde Periode des Friedens. Bei der letzten Kriegshandlung 1815 hatten sich niederländische Streitkräfte an der entscheidenden Schlacht von Waterloo gegen Napoleon beteiligt. Durch das ganze 19. Jahrhundert hindurch gelang es den Niederländern, am freiwillig auferlegten Neutralitätsprinzip, das von ihnen selbst als "Unabhängigkeitspolitik" bezeichnet wurde, festzuhalten.[1] Auch im Ersten Weltkrieg wurde diese Politik fortgeführt und verhinderte so, daß die Niederlande mit in den Krieg hineingezogen wurden. Der Erfolg der Neutralitätspolitik bewies ihre Richtigkeit und stärkte nicht unerheblich das nationale Selbstbewußtsein der Niederländer.[2]

Der Einmarsch der Deutschen bedeutete für die Niederländer eine neue Erfahrung.[3] Ihr Widerstand gegen den Angreifer dauerte nur wenige Tage. Nachdem sich am 13. Mai Rotterdam ergeben hatte, wurde das gesamte Zentrum der Stadt aus der Luft bombardiert. Regierung und Königin flüchteten nach London. Einen Tag später, am 14. Mai 1940, kapitulierten die Niederlande.[4] Die Erfahrungen des sich anschließenden fünfjährigen Leidensweges waren lange Zeit nach dem Krieg bestimmend für das deutsch-niederländische Verhältnis. Es wurde nicht nur durch die Kriegshandlungen selbst sowie durch die Vergeltungsbombardements auf Rotterdam und Amsterdam geprägt, sondern vielmehr durch den Terror der Besatzungspolitik, den organisierten Widerstand gegen die Besatzungsmacht und die systematische Vernichtung der in den Niederlanden lebenden Juden.

Die Einschätzung der Machtergreifung durch die Nationalsozialisten in Deutschland war in den Niederlanden gekennzeichnet von einer allgemeinen Furcht und Ablehnung des Kommunismus. In Hitler wurde eine Kraft gesehen, die die Ausbreitung des Bolschewismus zu stoppen vermochte.[5] Während in Deutschland die Nationalsozialisten ihre Macht ausbauten, wuchs auch in den Niederlanden eine faschistische Bewegung, die NSB, deren Parteiprogramm dem der NSDAP in vielen Punkten glich. Bei den Wahlen der Provinzialstaaten

---

[1] Paape, Harry: Die Niederlande und die Niederländer. In: Dittrich, Kathinka/Würzner, Hans (Hg.): Die Niederlande und das deutsche Exil 1933-1940. Königstein/Ts. 1982, S. 9-21, hier S. 10.

[2] Ebd., S. 11.

[3] Lademacher, Horst: Geschichte der Niederlande. Darmstadt 1983, S. 405.

[4] Davidowicz, Lucy S.: Der Krieg gegen die Juden 1933-1945. München 1979, S. 356.

[5] Vgl. Paape 1982, S. 10 und de Jong Edz, Fritz: Die Herausforderung der neuen Rechten. Die politischen Parteien der Niederlande im Verhältnis zum Nationalsozialismus. In: Dittrich/Würzner (Hg.) 1982, S. 33-42, hier S. 37f.

im April 1935 gelang es ihr, im Durchschnitt einen Anteil von acht Prozent zu erreichen.[6] Nationalsozialistisches Gedankengut besaß auch in den Niederlanden eine gewisse Anziehungskraft. In diesem Zusammenhang darf nicht unerwähnt bleiben, daß sich die Wirtschaft des Landes in einer Krise befand und die Zahl der Arbeitslosen stetig stieg.[7]

Der 30. Januar 1933, aber mehr noch der antijüdische Boykott vom 1. April des Jahres waren Auslöser der Emigrationswelle unter den jüdischen Bürgern in Deutschland. Viele von ihnen fanden in den Niederlanden Zuflucht, wo es zunächst keine ernstzunehmenden Beschränkungen für die Aufnahme von Flüchtlingen gab.[8] Bei den Niederländern rief jedoch die steigende Zahl von Flüchtlingen - bedingt durch die ökonomische Krise - Furcht vor zunehmender Arbeitslosigkeit hervor, was die Stimmung gegen die ins Land kommenden Juden negativ beeinflußte. So verstärkte das Flüchtlingsproblem die Verbreitung des Antisemitismus als soziales Phänomen unter der Bevölkerung.[9] Die jüdischen Flüchtlinge wurden von vielen nicht nur als Ursache ökonomischer Probleme betrachtet, sondern wegen ihrer Mentalität auch als eine Gefährdung für die Eigenart der niederländischen Gesellschaft empfunden. Die Furcht richtete sich vor allem gegen Juden polnischer und russischer Abstammung.[10] Doch auch für die ca. 142.000 niederländischen Juden[11] stellte dieser Flüchtlingsstrom eine Herausforderung dar und war nicht ohne Einfluß auf ihre eigene Position im Land. Die meisten von ihnen fühlten sich eher als Niederländer denn als Juden. Die häufig gepriesene niederländische Tradition von Freiheit und Toleranz ermöglichte es ihnen, ein besonderes Verhältnis zu ihrem Land zu entwickeln, das ihnen eine sichere Heimat war.[12] In den Niederlanden hatte es niemals Ghettos gegeben, und es war auch niemals zu Judenverfolgungen gekommen. Neben der oben erwähnten Tradition waren für die Gewährung der Gastfreiheit allerdings auch ökonomische Gründe verantwortlich.[13]

Am 2. September 1796 faßte die Nationalversammlung der neuen Batavischen Republik den für das Verhältnis von Nichtjuden und Juden bedeutenden Beschluß, die Juden allen anderen Bewohnern des Landes gleichzustellen. Die juristische Gleichstellung der Juden führte jedoch nicht zur vollständigen ökonomischen und sozialen Gleichstellung.[14] Der sich im Laufe des 19. Jahrhunderts entwickelnde Nationalstolz verstärkte auch bei den Juden die Bemü-

---

[6] de Jong Edz 1982, S. 39.

[7] Ebd., S. 38.

[8] Michman, Dan: Die jüdische Emigration und die niederländische Reaktion zwischen 1933 und 1940. In: Dittrich/Würzner (Hg.) 1982, S. 73-87, hier S. 75.

[9] Schöffer, Ivo: Die Niederlande und die Juden in den dreißiger Jahren in historischer Perspektive. In: Dittrich/Würzner (Hg.) 1982, S. 61-72, hier S. 70f.

[10] Michman 1982a, S. 75.

[11] Nach der Volkszählung von 1930 lebten ungefähr 112.000 Menschen jüdischer Religionszugehörigkeit in den Niederlanden sowie ungefähr 30.000 Menschen, die zwar nicht Mitglieder einer jüdischen Gemeinde waren, sich jedoch als Juden empfanden oder aus anderen Gründen als Juden angesehen wurden, siehe Schöffer 1982, S. 69.

[12] Ebd., S. 69f.

[13] Ebd., S. 63.

[14] Ebd., S. 65.

hungen, ihre Zugehörigkeit zum niederländischen Volk zu demonstrieren. So lehnten sie im Unterschied zu anderen konfessionellen Gruppen die Gründung von eigenen Schulen ab. Bereits in der ersten Hälfte des 19. Jahrhunderts setzten unter der Gruppe der aschkenasischen Juden Bemühungen ein, die eigene Volkssprache, das Jiddische, nicht mehr zu gebrauchen. Ende des 19. Jahrhunderts sprachen nur noch die aus dem Osten zugewanderten Juden jiddisch. Die Ausprägung eines niederländischen Nationalgefühls unter den Juden wurde allerdings begleitet von der Entwicklung einer gewissen Abneigung gegenüber den jüdischen Neuankömmlingen.[15]

Die jüdischen Flüchtlinge, die bis 1940 aus Nazi-Deutschland gekommen waren, erfuhren von den niederländischen Juden ein hohes Maß an karitativer Unterstützung, aber gleichzeitig verstärkten sie bei diesen auch das Gefühl, Niederländer zu sein, und lösten viele antideutsche Emotionen aus. Die niederländischen Juden hegten die Befürchtung, daß die deutschen Juden zuallererst Deutsche, dann erst Juden seien. Eine weitere Befürchtung war, daß die niederländischen Juden beschuldigt werden könnten, ihren Glaubensbrüdern und -schwestern auf Kosten der Niederländer Arbeitsplätze zu verschaffen.[16] Und tatsächlich führte die allgemeine Diskussion über die Judenverfolgung dazu, daß sich das öffentliche Interesse vermehrt den Juden zuwandte, über die man "entweder mitleidig oder doch wieder mit einer vorurteilsvollen kritischen Haltung" sprach.[17]

Nach der Kapitulation der Niederlande fragte der Haager Bürgermeister Monchy einen deutschen Offizier, was mit den jüdischen Bürgern geschehen würde. Dieser antwortete, daß es für die Deutschen in den Niederlanden keine Judenfrage gäbe.[18] Etwa ein Vierteljahr später, am 31. August 1940, wurde das erste antijüdische Dekret erlassen: es verbot die Schächtung.[19] Arthur Seys-Inquart[20], ein "verdienter" österreichischer Nationalsozialist, der durch Führererlaß zum Reichskommissar für die Niederlande ernannt wurde, machte sich umgehend ans Werk, den Vernichtungsprozeß der niederländischen Juden einzuleiten. "Die Juden", erklärte er, "sind für uns nicht Niederländer. Sie sind jene Feinde, mit denen wir weder zu einem Waffenstillstand noch zu einem Frieden kommen können".[21]

Die Vernichtung der in den Niederlanden lebenden Juden wurde mit der gleichen Gründlichkeit betrieben wie die der "Reichsjuden".[22] Auch ihre Vertreibung aus der Wirtschaft vollzog man nach dem im Reich praktizierten

---

[15] Ebd., S. 69.
[16] Ebd., S. 70.
[17] Ebd., S. 71.
[18] Lademacher 1983, S. 407.
[19] Davidowicz 1979, S. 357.
[20] Zu Seys-Inquart: Enzyklopädie des Holocaust. Die Verfolgung und Ermordung der europäischen Juden. Hauptherausgeber Israel Gutman. Herausgeber der deutschen Ausgabe: Eberhard Jäckel/Peter Longrich/Julius H. Schoeps. Bd. III. Berlin 1993, S. 1305-1307.
[21] Zitiert nach Hilberg, Raul: Die Vernichtung der europäischen Juden. Die Gesamtgeschichte des Holocaust. Berlin 1982, S. 397.
[22] Ebd.

Muster.[23] Am 22. Oktober 1940 wurde eine Verordnung erlassen, die die
Registrierung derjenigen Unternehmen verlangte, die ganz oder teilweise von
Juden geführt wurden.[24] Einem jüdischen Betrieb konnte in den Niederlanden
wie im Reich dreierlei passieren: Liquidation - hiervon waren vor allem kleinere Betriebe betroffen -, 'freiwillige' "Arisierung" oder "Arisierung" durch
Einsetzen eines Treuhänders, der völlig unabhängig vom Firmeninhaber wirt-
schaften konnte. Die Höhe des Profits, den deutsche Investoren aus der
"Arisierung" gezogen haben und der sich aus der Differenz zwischen Kaufpreis
und dem tatsächlichen Wert des Objekts ergab, wird auf mehrere hundert
Millionen Gulden veranschlagt.[25] Die letzte Phase des Arisierungsprozesses
wurde im August 1941 mit der Beschlagnahmung des gesamten jüdischen
Vermögens eingeleitet.[26] Am 10. Januar 1941 ordnete ein Erlaß die Registrierung aller Juden an. Vom Registrieramt wurden über 140.000 Juden und über
20.000 Mischlinge gezählt.[27] Dies war der erste Schritt eines minuziösen
Maßnahmenkataloges, der die Erfassung und später die Ergreifung der Juden
einleitete. Im Februar 1941 wurden die Juden dem Joodschen Raad unterstellt,
einem mit großen Machtmitteln ausgestatteten Gremium, das Handlanger-
dienste für die Nazis auszuführen hatte.[28]

In dieser Zeit kam es in Amsterdam zu einer Reihe von Auseinandersetzungen zwischen Widerständlern und niederländischen Nazis. Wiederholt griffen
niederländische Arbeiter Anhänger von der NSB an. Eine Gruppe von Juden
verprügelte einen Niederländer in Naziuniform, der schließlich seinen Verletzungen erlag. Daraufhin ließen die Besatzer das Judenviertel absperren und
töteten sechs Widerständler. Der Joodsche Raad forderte alle Juden auf, ihre
Waffen abzugeben. Eine Patrouille der Sicherheitspolizei wurde von Bewohnern des Judenviertels mit einem Kugelhagel und Säuregeschossen empfangen.
Als Vergeltung für den Anschlag nahm man 400 jüdische Bürger gefangen und
deportierte sie ins Konzentrationslager Mauthausen. Die Deportation gehörte
mit zu den Gründen, die am 25. Februar in zwei Provinzen eine Streikwelle
auslösten, welche Verkehr und Industrie lahmlegte. Die Streiks wurden nach
drei Tagen gebrochen und endeten für drei Städte mit der Verhängung hoher
Bußgelder. Die Bürger der Stadt Amsterdam z.B. hatten 15 Millionen Gulden
zu entrichten.[29]

Ab Juli 1941 waren die jüdischen Ausweise mit einem "J" zu kennzeichnen.
Im September und Oktober führte man Reisebeschränkungen ein. In Amsterdam richteten die Besatzer drei Ghettobezirke ein, in die beinahe die Hälfte der
niederländischen Juden eingewiesen wurde. Ab Mai 1942 war der gelbe Stern
auf der Kleidung zu tragen. Um ihre Solidarität mit den Juden zu bekunden,
trugen einige Niederländer gelbe Blumen am Revers. In immer kürzeren

[23] Ebd., S. 398.
[24] Davidowicz 1979, S. 357.
[25] Hilberg 1982, S. 400.
[26] Ebd., S. 401.
[27] Davidowicz 1979, S. 357.
[28] Vgl. Hilberg 1982, S. 402f., 410.
[29] Ebd., S. 404f.

Abständen folgte die Verkündung neuer antijüdischer Maßnahmen. Eine Ausgangssperre schrieb vor, wann die Straße betreten werden durfte, und die Benutzung öffentlicher Verkehrsmittel wurde von einer Sondergenehmigung abhängig gemacht. Selbst das Telefonieren und das Betreten von nichtjüdischen Wohnungen untersagte man den jüdischen Bürgern.[30]

1942 begann man, die jüdischen Einwohner der niederländischen Gemeinden auszusondern und in die Durchgangslager Westerbork und Vught zu internieren, bevor sie in die Konzentrationslager des Ostens deportiert wurden. Auch in Amsterdam wurden Juden zusammengetrieben. Die Stadt war, nachdem ein Aufenthaltsverbot für alle Provinzen erlassen worden war, bis 1943 der einzige legale Aufenthaltsort für jüdische Menschen.[31]

Im Juli 1942 begannen die Deportationen. Sie liefen unter der Tarnbezeichnung "Arbeitseinsatz unter polizeilicher Aufsicht", was viele anfänglich sogar glaubten.[32] Die Bilanz des Vernichtungswerks umfaßt 110.000 Tote. Lediglich 6.000 der Deportierten erlebten die Befreiung und konnten in die Niederlande zurückkehren.[33] Dreiviertel aller Juden, die zu Beginn der deutschen Besetzung in den Niederlanden lebten, waren am Kriegsende tot.

Lebenslauf

Herr W. wurde 1932 im niederländischen Enschede geboren. Seine Mutter, eine gebürtige Deutsche aus Westfalen, stammte aus einer strenggläubigen jüdischen Familie. Vater W. war das dreizehnte Kind einer armen Familie aus dem Norden des Landes. Die W.s lebten nicht nach den Regeln der jüdischen Tradition, auch erzogen sie ihre Kinder (Herr W. hat einen um neun Jahre älteren Bruder) nicht religiös. Lediglich aus Respekt vor den am Ort wohnenden "sehr frommen" Verwandten wurde bei deren Besuch z.B. koscher gekocht. Die Eltern betrieben gemeinsam ein florierendes Textilgeschäft, das der Familie zwar einen erheblichen Wohlstand bescherte, jedoch nur wenig Zeit für die Kinder ließ, worunter Herr W. sehr litt. Nach der Besetzung der Niederlande wurde das Geschäft "arisiert". Im September 1941 wurde eine erste Gruppe jüdischer Männer in das KZ Mauthausen deportiert, darunter auch Herrn W.s Vater. Alle Männer wurden nach ihrer Ankunft ermordet. Wenige Monate später tauchten Herr W. sowie Bruder und Mutter unter. Bis Kriegsende lebten sie meist getrennt in einer Vielzahl von Verstecken, die ihnen Landsleute gewährten. Dem Bruder gelang die Flucht nach England.

Nach dem Krieg zog die Familie wieder nach Enschede. Herr W. arbeitete zunächst in einer Textilfabrik, war kurze Zeit Textilvertreter und trat nach seiner Heirat in das wiederaufgebaute Familienunternehmen ein. Später verließ er das Geschäft, um Berufsschullehrer zu werden. Mittlerweile lebt er im Ruhestand.

---

[30] Ebd., S. 405f.
[31] Lademacher 1983, S. 419.
[32] Ebd., S. 421.
[33] Ebd.

Kontaktaufnahme und Interviewbesuch

Ich wurde durch einen Artikel in der niederländischen Regionalzeitschrift "Inslag" auf Herrn W. aufmerksam. Unter der Überschrift *Ik snap niet dat er so slordig met leven wordt omgegaan* widmete die Zeitschrift Herrn W. mehrere Seiten.[34] Grundlage für den Artikel ist ein Interview mit ihm, das auszugsweise in den Text eingeflochten ist. Der Artikel berichtet über Herrn W.s Erfahrungen in der Zeit der deutschen Besetzung der Niederlande. Ich erfahre von seiner Verfolgung, von der Ermordung seines Vaters im KZ Mauthausen und von seinem Leben als "onderduiker", aber auch von seinem beruflichen Werdegang und seinem sozialen Engagement nach dem Krieg. Der Artikel beginnt mit der unvermittelt vorgetragenen Eröffnung Herrn W.s, ein Schuldgefühl zu besitzen: "Ik heb het er moeilijk mee, dat juist ik ben blijven leven en dat zoveel anderen zijn omgekomen. Dat geeft me een schuldgevoel. En dat schuldgevoel maakt weer, dat ik me extra verantwoordelijk voel ten opzichte van het 'leven' in de breedste zin."[35]

Auch im Interview mit Frau B. wurde über die Verpflichtung der Überlebenden des Holocaust gesprochen. Das Vorhandensein eines Schuldgefühls zeigte sich dort nur indirekt. Was bedeutet es, wenn ein Opfer aus der Tatsache des eigenen Überlebens ein Schuldgefühl entwickelt und darauf mit einer Verpflichtung antwortet, sich für das "Leben" zu engagieren? Der gesamte Artikel zeichnet das Bild eines Menschen, der durch seine Kriegserfahrungen ("En wat ik ben, ben ik geworden door de oorlog. De oorlog heeft mij gigantisch veranderd") sensibilisiert wurde für die Probleme dieser Welt, für die Ungerechtigkeiten, die in Diktaturen lebende Menschen zu ertragen haben, für die Gefahr, die von der atomaren Bewaffnung der damals noch existierenden Militärblöcke ausgeht, kurz für den verantwortungslosen Umgang des Menschen mit dem Menschen, mit dem Leben. Der Zustand dieser Welt erfüllt ihn mit Verzweiflung und führt ihn zu der Feststellung, "... dat wij als mensheid blijkbaar nog niets hebben geleerd". Der Artikel vermittelt den Eindruck, daß Herr W. trotzdem nicht resigniert, sondern seine Arbeitskraft und seine Ideen in den Dienst verschiedener politischer, sozialer und kultureller Gremien und Organisationen stellt. Der Artikel berichtet auch über eine lange Zeitspanne in Herrn W.s Kindheit, die nach der Besetzung der Niederlande und den beginnenden Rassenverfolgungen einsetzte: Herr W. war für mehrere Jahre zum Leben in Verstecken gezwungen, um den Verfolgern 'untergetaucht' zu entgehen. So werden einige Begebenheiten erwähnt, wie der Junge die allmähliche Veränderung des gesellschaftlichen Klimas gegenüber den Juden erfahren hat. Beim Spielen auf der Straße erlebte Herr W. beispielsweise, daß die Kinder einer NSB-Familie ihn ausschlossen, weil er Jude war.

Mein Interesse an Herrn W.s Biographie war geweckt. Es beschäftigte mich, wie ein Kind Diskriminierung und Verfolgung erlebt hat, aber auch, welches Verhältnis ein niederländischer Jude heute zu 'den Deutschen' besitzt.

---

[34] Ik snap niet dat er zo slordig met leven wordt omgegaan. In: Inslag 7 (1986/87) S. 3-5.
[35] Ebd., S. 3.

Wenige Tage, nachdem ich Herrn W. angeschrieben hatte, um ihn für ein Interview zu gewinnen, erhielt ich seinen Anruf. Er erklärte seine Zustimmung, und wir verabredeten einen Termin für den Interviewbesuch, der drei bis vier Tage dauern sollte. Für diese Zeit lud er mich ein, Gast in seinem Haus zu sein. Nach dem Telefonat notierte ich mir, daß Herr W. sehr freundlich und offen gewirkt hatte.

Während des Interviewbesuchs wurde deutsch gesprochen. Auch das Interview selbst wurde in deutscher Sprache geführt. Nach meiner Ankunft im Hause W. saßen wir gemeinsam im Wohnzimmer. Nachdem sich mein Gastgeber nach dem Verlauf der Reise erkundigt und mir Kaffee angeboten hatte, sprachen wir über meine Arbeit und über das geplante Interview. Nach einer Stunde setzte sich auch Herrn W.s Frau zu uns. Sie sprach ebenfalls Deutsch. Im Verlauf unserer Unterhaltung boten mir beide das 'Du' an. Anschließend wurde mir mit der Bemerkung, daß ich mich wie zu Hause fühlen solle, mein Zimmer gezeigt.

Die gemeinsamen Mahlzeiten begleiteten Gespräche, die nicht nur um meine Arbeit oder das Interview kreisten, sondern auch Themen zum Inhalt hatten, die uns drei gleichermaßen interessierten, wie z.B. solche aus dem Bereich der Pädagogik oder der Politik. So sprachen wir auch über eine Angelegenheit, die damals die Gemüter in Enschede - unabhängig von der Parteizugehörigkeit - bewegte und auch im Stadtparlament kontrovers diskutiert wurde: Die Stadt plante den Kauf von Olivetti-Computern für die hiesigen Schulen. Da Olivetti auch in Südafrika produziert, wurde hierin eine Unterstützung der damaligen Apartheitspolitik gesehen. Beide W.s sind diskutierfreudig und sehr an anderen Meinungen interessiert. Nach kurzer Zeit sprachen wir beinahe wie vertraute Bekannte auch über eher Persönliches.

Bei zwei kleineren Ausflügen in die Stadt und in die nähere Umgebung von Enschede zeigte mir Herr W. die Synagoge des Ortes und sein Geburtshaus, in dem die Familie bis 1940 gelebt und in dem sich auch das elterliche Textilgeschäft befunden hatte. Der zweite Ausflug führte uns zu einer "onderduikadres" von Herrn W. Es handelt sich um das Haus der Zahnarztfamilie Nb. Das kleine Holzhaus befindet sich in einem riesigen Garten, der an ein Waldstück am Stadtrand von Enschede grenzt. Herr W. erklärte, daß er nach dem Krieg noch nicht wieder dort gewesen sei. Die Begegnung mit diesem Ort seiner Jugend schien ihn nicht zu belasten. Seine Stimme, als er dem jetzigen Eigentümer des Anwesens den Grund unseres Besuches erklärte, war ruhig. Wie schon öfter an ihm beobachtet, lächelte er bei seinen Worten. Der Hausherr hörte zu und lud uns sogar ein, ins Haus zu treten, was Herr W. jedoch ablehnte.

Am zweiten und dritten Besuchstag wurde das Interview geführt. Es gehört mit einer Länge von acht Stunden zu den umfangreichsten des Corpus. Seine Verschriftlichung umfaßt 118 Seiten. Ein kleiner Teil des Interviews, der keinerlei für die Arbeit interessierende Fragestellungen berührt, wurde nicht transkribiert. Auch nach dem Interviewbesuch blieben Herr W. und ich miteinander in Kontakt. Ein halbes Jahr darauf bat er mich, ihm eine Kopie des

Interviewtranskripts zu senden. Bislang habe er sie - so versicherte er mir in
einem späteren Brief - nur ausschnitthaft gelesen: "Es ist, ob ich etwas Angst
habe, mit meiner Geschichte richtig konfrontiert zu werden."[36]

Der Erzähler

Herrn W.s Erzählthema ist die eigene Biographie. Nur in seinem Bericht über
die Vorkriegs- und Kriegszeit ist die eigene Geschichte in die seiner Familie
eingebettet. Er erzählt streng chronologisch. Das Interview beginnt mit der
Schilderung der familiären Situation, als er gerade sechs Jahre alt war, also
lange vor Beginn des Krieges, und es endet in der Gegenwart mit der Beschreibung seiner Zukunftspläne. Mich überrascht, mit welchem Detailreichtum er
sich selbst an lang zurückliegende Begebenheiten erinnert. Gespräche gibt er
häufig in Dialogform wieder. In seiner Erzählung über die Vorkriegs- und
Kriegszeit bemüht er sich, aus der Perspektive des Kindes zu erzählen. Wenn
er der Meinung ist, gegenwärtige Anschauungen oder Einsichten über damalige
Ereignisse oder Handlungsweisen zu äußern, hebt er diese als solche hervor.
Genaue Jahreszahlen werden, abgesehen von wenigen Ausnahmen wie z.B. der
Deportation des Vaters, nicht genannt. Zeitliche Angaben sind selten. Sie
orientieren sich meist am Ablauf der Jahreszeiten oder an Unterbrechungen des
Alltags wie z.B. durch Schulferien und Urlaub.
    Herr W. ist ein angenehmer Interviewpartner. Bereitwillig läßt er sich
unterbrechen und geht auf meine Zwischenfragen ein, ohne dabei gänzlich von
seinem Konzept abzuweichen. Er ist bereit, mit mir Entwicklungen oder
Einstellungen, die ihm im Rückblick unverständlich erscheinen, im Dialog zu
erörtern, um so zu einer möglichen Klärung für sich selbst und damit zu einem
besseren Verständnis des eigenen Lebens zu gelangen. Mit großer Offenheit
spricht er auch über eigene Ängste und Schwächen. Private Ereignisse und ihre
Bedeutung für ihn werden nur so weit erzählt, wie sie aus seiner Sicht für die
Intention meiner Arbeit notwendig sind. So spricht er z.B. kaum über seine
Kinder, zu denen er, wie er ausdrücklich betont, ein gutes Verhältnis besitzt.
Auch der Tod eines der Kinder wird nur erwähnt, um auf diese Weise die zeitliche Einordnung eines ganz anderen Ereignisses vornehmen zu können.
    Wie bereits erwähnt, wurde das Interview nicht in Herrn W.s Muttersprache
geführt. Seine Kenntnis der deutschen Sprache ist aber so hervorragend, daß
seine Formulierungen, wenn auch manchmal ungebräuchlich, stets verständlich
sind. Auf eine Eigenart sei an dieser Stelle hingewiesen. Häufig benutzt er das
Wort "typisch", das er allerdings im Sinne von besonders oder außergewöhnlich gebraucht.

Vorboten der Verfolgung

Im Jahr 1938, so erinnert sich Herr W. heute, spürte er, daß im Nachbarland
Deutschland etwas Geheimnisvolles vor sich ging. Damals war er sechs Jahre

---

[36] Brief vom 3.5.1989.

alt und somit natürlich noch nicht in der Lage, die politischen Ereignisse zu registrieren. Was er aber wahrnahm, war eine Veränderung im Verhalten der Erwachsenen, die er sich jedoch nicht erklären konnte. Im Laufe eines Jahres reisten B.W.s Eltern mehrere Male nach Berlin, um Waren für ihr Geschäft einzukaufen. Bei einer dieser Reisen im Jahre 1938 - er glaubt, daß es um Pfingsten herum gewesen sei - begleitete er seine Eltern. Sie nahmen ihn jedoch nur bis Mainz mit und ließen ihn, während sie selbst nach Berlin weiterreisten, bei den dort wohnenden Verwandten zurück.

Und dann bin ich mitgekommen nach Mainz, habe nie etwas entdeckt von Faschismus, habe schon gesehen, daß Hakenkreuzfahnen wehen und Leute mit Hakenkreuzbänder rumliefen in braunen Kostümen. Ich habe eigentlich, das muß ich ganz ehrlich sagen, von die Tatsachen nichts mitbekommen. Ich kann mich da an nichts erinnern. Woran ich mich erinnern kann, ist, daß viel leise gesprochen wurde zwischen meinem Vater und meinem Onkel, zwischen meiner Tante und meiner Mutter. Und dann kam doch eine bestimmte Spannung - da geht es etwas vor, was ich nicht wissen soll. So in diesem Sinne spürte ich, daß etwas los war, aber was los war, wußte ich absolut nicht. Dann sind meine Eltern nach Berlin gefahren. Ich bin die Woche in Mainz geblieben, und was mir aufgefallen ist, daß mein Onkel sehr viel mit mir herumzog, ja, also nicht sagte: "Spiel mal auf der Straße" oder "Tu, was du willst". Er ging mit mir zum Rhein, er ging mit mir spazieren in der Stadt, und ich staunte auch, mein Onkel hatte eine Großhandlung in Stoffen und war ein sehr angesehener Geschäftsmann in Mainz, und ich staunte, daß er wenig ins Geschäft ging, ja. Also, da war auch schon etwas nicht ganz am Laufen mit dem Faschismus, denke ich. Man ließ mich nie aus dem Auge, ja, das habe ich auch gespürt. Aber warum, wußte ich ja nicht. Und dann sind meine Eltern zurückgekommen, und dann bin ich eingestiegen, und dann ist mein Cousin eingestiegen, und sein Gepäck ist mitgekommen. Das war sehr emotional für meine Tante, die hat viel geweint, aber ich habe das kaum verstanden. Der Werner geht eine Zeit mit uns, und so weit ist es doch auch nicht, und ihr habt auch ein Automobil, und wir haben ein Telefon, warum ist das so emotional? So habe ich als Kind so Fragen gestellt. Ich wagte es auch nicht, die Eltern zu fragen. Ich weiß nicht warum, aber ich spürte, daß eine Spannung da war. Und dann sind wir nach Hause gefahren.

Das für den jungen B.W. nicht zu verstehende Verhalten seines erwachsenen Umfeldes führte zu einer atmosphärischen Veränderung, die er als Spannung bezeichnet. Die weiteren Ereignisse, die zwar einige Monate auseinanderlagen, aber in seiner Erinnerung dicht aufeinanderfolgen, verstärkten die Spannung noch. B.W.s Eltern nahmen nicht nur den deutschen Cousin Werner auf, auch die Großmutter mütterlicherseits aus Meudt in Westfalen fand Zuflucht bei ihnen. Sie erkrankte jedoch bald und starb nach wenigen Monaten. Die Umstände ihrer Beerdigung waren das zweite Ereignis, das für Herrn W. eine Veränderung andeutete:

Sie ist dann plötzlich bei uns gestorben. Und dann war das alles so geheimnis-voll, ja, sinister eigentlich für mich. Die Oma war tot. Ich durfte das Zimmer nicht mehr betreten. Dann wurde sie in eine Riesenkiste, so in meiner Kind-heitswahrnehmung, ja, verpackt, das habe ich doch mitbekommen. Du weißt, daß es nach der jüdischen Sitte keine geschmückte Kiste sein darf, es muß einfaches Holz sein. Ich sehe das noch so, daß die Leute kamen, und daß meine Oma in einer Kiste die Treppe hinuntergetragen wurde, und ich habe, ich sollte da nicht zuschauen, aber ich habe das doch heimlich, wie sagt man?

...beobachtet.

...beobachtet, ja. Und das hat mich sehr emotioniert eigentlich. Ich wurde dort ferngehalten und mein Bruder auch. Wir sind nicht mit auf der Beerdigung gewesen, warum weiß ich nicht. Aber was mich gewundert hat, und ich habe auch danach gefragt, daß keiner der Angehörigen aus Deutschland bei dieser Beerdigung war, ja, und es waren nur meine Eltern und einige Angehörige.

Wie haben das die Eltern erklärt?

Ja, und dann habe ich gefragt, warum ist mein Onkel, meine Tante und meine Cousine und so weiter nicht gekommen, und dann haben meine Eltern gesagt, daß sie nicht überfahren durften. Weshalb nicht? Und dann haben sie gesagt, ja, in Deutschland geht etwas vor, und die jüdischen Leute haben es sehr schwer, und deshalb ist die Oma auch hierher gekommen. Und das hat mich doch ein wenig geängstigt. Und dann wurde es auch ganz schwierig, den Kontakt mit dem Onkel und der Tante in Mainz zu halten. Briefe kamen nicht an oder wurden geöffnet, Telefon war kaum noch möglich, oder man dachte, daß es abgehört wurde. Diese Sachen kamen schon zu mir. Aber so viel wurde weiter nicht darüber gesprochen.

Durch die Antwort der Eltern erhielt B.W. einige vage Informationen über die Situation der Juden in Deutschland, die aber ausreichten, um ihn zu ängstigen. Bei einer Urlaubsreise der Familie im Sommer 1939 nach Frankreich wurde die sich abzeichnende Gefahr noch konkreter gespürt: Während dieses Aufent-halts begann die Mobilmachung der französischen Streitkräfte[37]. Plötzlich fanden starke Truppenbewegungen statt. Das Straßenbild war geprägt von einer großen Zahl Soldaten und von langen Kolonnen unterschiedlichster Militärfahr-zeuge.

...in '39 sind wir also, haben wir die Ferien verbracht in Frankreich, im Sommer. Und dann sind wir in Paris gewesen einige Tage mit Geschäftsfreun-den, mit denen hat mein Vater noch etwas gesprochen, und dann sind wir in die Ferien gegangen. Und in dieser Zeit fand die Mobilisation in Frankreich statt, und das passierte von einem Tag zum anderen. Es war alles friedlich, gemütlich, schön und fein. Wir waren an der Seine, und plötzlich war alles

---

[37] Die Generalmobilmachung erfolgte in Frankreich am 2. September 1939, siehe Geschichte des Zweiten Weltkrieges. Eine erweiterte Sonderausgabe aus der 25. Auflage von: Ploetz, Auszug aus der Geschichte. 2. Aufl. Teil I: Die militärischen und politischen Ereignisse. Würzburg 1960, S. 145.

militarisiert. Man sah Truppenbewegungen, und nicht einzelne, sondern hunderte, ja, tausende vielleicht, Tanks und Pferdewagen mit Munition und Kanonen. Es wurde uns verboten, weiterzufahren. Das ganze Benzin sollte für das Heer sein. So dann wurden meine Eltern doch richtig nervös und dachten, was geht jetzt vor? Und haben dann telefoniert mit zu Hause, mit Freunden in Paris und so weiter. Dann haben wir schließlich eine Sondergenehmigung bekommen, um Benzin zu erhalten, es hat so einige Tage gedauert, und dann haben die Eltern doch beschlossen, nach Hause zu gehen. [...] Und dann sagte mein Vater zu meinem Bruder und mir: "Ich muß mal mit euch reden. Ihr habt gesehen, man erwartet in Frankreich, daß die Deutschen einfallen werden, und ich denke, es passiert auch. Und vielleicht kommen die Deutschen auch nach Holland, aber ich denke, das passiert nicht. Wir überlegen, eure Mutter und ich, wir überlegen jetzt, was zu tun ist. Wir denken darüber, nach England zu gehen und abzuwarten, was passiert. Und wir fahren morgen nach Calais." Und so geschah es. Wir fuhren dann Richtung Calais, und es war wirklich...

> *...also von der Urlaubsreise, praktisch auf dem Rückweg?*

Ja, auf dem Rückweg. Es hat mich sehr beängstigt all diese militärischen Aktivitäten. Jedesmal wurden wir angehalten und mußten vorzeigen, daß wir eine Sondergenehmigung hatten. Es war sehr harmlos, sehr freundlich, aber doch sehr gespannt. Kurz davor hatten wir die Oorlogsgräber in Verdun besucht. Mein Vater fand es notwendig, uns beizubringen, wo Kriege zu führen. Er war ein sehr freiheitsliebender Mensch und fand es gut, seinen Kindern etwas Geschichte beizubringen, daß so etwas nie wieder geschehen sollte, und es hat uns auch sehr beeindruckt. Mein Bruder war früher mit ihm dort gewesen, in Belgien, wo auch soviel gefochten worden war. Und diese Kombination von furchtbaren großen Oorlogs-, äh, Kriegsgräbern zu sehen, ja, das hat mich als Kind natürlich sehr... das war natürlich kein Besuch, so das ist ein Kunstwerk. Ich hatte mich als Kind schon eindenken können, wie ist dies möglich gewesen, daß Tausende von Soldaten ermordet sind. Und dann dies in Kombination mit dieser Mobilisation in Frankreich, ja, das war ein sehr, sehr typischer Zusammenlauf. Und wir sind dann Richtung Calais gefahren, und dann haben wir da noch übernachtet, wenn ich mir das gut erinnere, und es wurde am nächsten Tag wieder angerufen bei Geschäftsfreunden in Paris und wurde gefragt, wie der Zustand war, wie man das beurteilte und so weiter, und dann hat mein Vater wieder mit meiner Mutter gesprochen, und dann sagte er: "Ach, ich glaube, wir gehen nach Hause. Vielleicht es ist in Frankreich auch wieder etwas weniger Spannungen jetzt. Vielleicht geht es alles doch noch vorbei, und das Geschäft muß doch auch weitergehen. Und in Holland wird so etwas nie passieren können."

In den folgenden Monaten häuften sich die Ereignisse, die das drohende Unheil ankündigten. Die Arbeitsbewilligungen der beiden deutschen Dienstmädchen Agnes und Mia, zu denen B.W. eine sehr innige Beziehung hatte, wurden eingezogen, und die beiden mußten nach Deutschland zurückkehren. Ein großer Teil der deutschen Verwandten versuchte, in die Niederlande zu flüchten. Im Spätsommer des Jahres 1939 kam die Tante aus Mainz illegal ins Land; der Chauffeur seiner Eltern half ihr, über die grüne Grenze zu gelangen. In den Herbstferien - so erinnert sich Herr W. - wurde der Onkel aus Meudt besucht, dem die Flucht nach Brüssel gelungen war. Die Tochter des Onkels emigrierte weiter nach England, Ehefrau und Sohn kamen wenig später in ein Konzentrationslager. Nachdem der Onkel die Nachricht von der Deportation erhalten hatte, beging er Selbstmord. Herr W. erfuhr hiervon allerdings erst nach dem Krieg. Dann kam der Onkel aus Mainz über die grüne Grenze in die Niederlande. Ein Deutscher hatte ihm geholfen, einen Weg auf die holländische Seite zu finden, doch die niederländische Grenzwache nahm ihn fest. Glücklicherweise wurde er nicht abgeschoben, sondern lediglich in ein Auffanglager für Flüchtlinge eingewiesen[38]. An den Wochenenden besuchte B.W. mit seinen Eltern sowie der Tante und ihrem Sohn Werner den Onkel im Lager.

Und wir haben ihn dann, er war in Nunspeet, so heißt der Ort, sind wir am Wochenende hingefahren, um ihn zu besuchen in diesem Lager, und da habe ich erstmal richtig mitbekommen, nicht was an Tatsachen vorging, aber die Spannung, die Hunderte von Leuten, die bedroht und so nervös und gespannt, und niemand lachte, ja, und es waren so traurige Menschen. Als Kind, ich war da sieben Jahre, aber als Kind spürt man, hier ist etwas Schreckliches. Meine Tante lebt bei uns, der Sohn lebt bei uns und der Vater in einer Art Gefängnis, ja. Es war ziemlich frei. Wir konnten hineingehen, aber er konnte nicht hinausgehen, ja. Wir konnten so lange bleiben, wie wir wollten. Es war nicht richtig ein Gefängnis, aber es war doch etwas ungemütlich, ja.

B.W.s Vater erklärte sich bereit, den Onkel und dessen Familie finanziell zu unterstützen, und so gelang es, daß der Onkel aus dem Flüchtlingslager entlassen wurde. Die Familie war nun zwar wieder vereint, doch die Freude wurde durch den Umstand getrübt, daß der Onkel sich nur sehr schwer mit den veränderten Lebensbedingungen im Gastland abfinden konnte und nicht einmal bereit war, die niederländische Sprache zu erlernen.

Mein Onkel war ein tüchtiger Geschäftsmann, denke ich, ein erfolgreicher Geschäftsmann, auch ein, wenn ich so sagen darf, ein stereotyper Deutscher. Er hatte in '14/'18 mitgemacht. Er hatte das Eiserne Kreuz.

Sicherlich Offizier gewesen?

---

[38] In den Jahren 1938 und 1939 wurde eine große Zahl der in die Niederlande gelangten Flüchtlinge in eigens für sie errichteten Flüchtlingslagern interniert, siehe Michman 1982a, S. 85. Im März 1939 befanden sich 665 Flüchtlinge in Lagern. Anfang Oktober 1939 kamen die ersten Flüchtlinge in das zentrale Flüchtlingslager Westerbork, siehe Michman, Dan (ergänzt von Ursula Lankau-Alex): Chronologische Übersicht wichtiger Fakten zur niederländischen Flüchtlingspolitik 1933-1940. In: Dittrich/Würzner (Hg.) 1982, S. 87-90, hier S. 90. Während des Holocaust wurde dieses Lager zum Hauptdurchgangslager, durch das die Nazis holländische Juden in die Vernichtungslager in Osteuropa schickten, hierzu Michman 1982a, S. 76.

Offizier gewesen, ja, und er war wirklich ein, ein, wenn er kein Jude gewesen wäre, sage ich immer, ich dürfte es kaum sagen, aber wenn er kein Jude gewesen wäre, weiß ich nicht, was er gemacht hätte. Das ist sehr subjektiv, ja, aber er war sehr stolz: Daß Deutschland, das Kaiserreich, daß wir fechten gegen die Franzosen [Herr W. imitiert den Onkel], *und so weiter, ja. Es war ein harter Mann, und dieser Mann war so, das habe ich sehr, sehr... war ich sehr traurig darüber, auch als Kind, ich spürte, dieser Mann ist beraubt von seinem Geschäft, von seiner Arbeit, von seinem Geld, er ist hier kein... er ist, er existiert fast nicht mehr, ja, und man spürte das auch an ihm. Er war sehr unzufrieden, sehr traurig, obwohl er doch das Leben hatte und wußte, daß anderen das Leben genommen war, war er sehr traurig.*

Herr W. identifiziert den Onkel eher als Deutschen denn als Juden. Die charakterlichen Merkmale und die Anschauungen des Onkels lassen ihn in der Erinnerung als einen "stereotypen Deutschen" erscheinen. Seine Charakterisierung ist durchsetzt mit Informationen, wie z.B. der Tatsache, daß der Onkel Träger des Eisernen Kreuzes war und als Offizier im Ersten Weltkrieg gekämpft hatte, über die der siebenjährige B.W. damals mit Gewißheit nicht verfügt hat. Wie der Onkel beschrieben wird, scheint er zu denjenigen jüdischen Flüchtlingen gehört zu haben, die durch ihr Auftreten - vor allem durch den Gebrauch der deutschen Sprache - bei den Niederländern sehr viele antideutsche Gefühle auslösten.[39] In der Hoffnung, daß sich der psychische Zustand des Onkels stabilisierte, wenn er wieder einer Beschäftigung nachgehen konnte, bot ihm ein anderer Verwandter an, in seiner Matze-Fabrik zu arbeiten. Hier mußte der Onkel, der in Mainz ein erfolgreicher Textilgroßhändler gewesen war, als gewöhnlicher Arbeiter an einer Maschine stehen:

Und dann hat mein Onkel gesagt: "Emil, Du kannst bei uns arbeiten." Und er ist als Arbeiter in die Matze-Fabrik angetreten und hat da an der Maschine gestanden und das Mehl vermischt und so weiter, und ich habe ihn dann auch dort arbeiten gesehen. Ich fand das so traurig, daß dieser Mann, ich liebte ihn nicht so, meine Tante schon, das war ein Engel auf Erden, ich fand ihn nicht so, so... er war mir zu hart, aber dann fand ich das doch sehr, ja, herabgekommen, daß dieser Mann, der nicht luxuriös, aber doch gut lebte, er hatte ein gutes Geschäft, und jetzt steht er dort, etwas zu machen, wobei man nicht nachzudenken braucht, und das hat mich sehr beeindruckt. Ja, das sind so einige Eindrücke.

Mit der Bemerkung "Ja, das sind so einige Eindrücke" beschließt Herr W. die Erzählung über seine deutschen Verwandten, denen die Flucht in die Niederlande gelungen war. Der Umstand, daß er sich so umfassend erinnert, macht deutlich, wie sehr ihn diese Erlebnisse als Kind beeindruckten, was er ja auch ausdrücklich betont. Dadurch, daß B.W.s Familie viele Angehörige in Deutschland besaß und auch über geschäftliche Kontakte mit Deutschland verfügte, hatte sie lange vor dem Einfall der Deutschen in die Niederlande

---

[39] Vgl. Michman 1982a, S. 80.

Kenntnis von und in gewisser Weise auch Erfahrung mit der Rassenpolitik der
Nazis.

B.W.s Eltern reagierten auf Nachrichten aus Deutschland sehr sensibel. Daß
ihnen als Juden aus dem Nachbarland Gefahr drohte, war ihnen bewußt. Schon
1938 hatte der Vater einen Teil des Vermögens nach England transferiert, um
im Fall der Emigration nicht mittellos dazustehen. Ungefähr ein Jahr später
hätte die sich abzeichnende Kriegsgefahr B.W.s Eltern beinahe zur Flucht nach
England veranlaßt. Es war - wie bereits erwähnt - die Mobilmachung in
Frankreich gewesen, die die Eltern verunsichert hatte. Das nächste Ereignis,
das die Familie erneut über Ausreisepläne nachdenken ließ, war - zumindest in
Herrn W.s Erinnerung - die Mobilmachung in den Niederlanden 1940.

*Und dann sagte doch eines Tages mein Vater, mein Bruder war also noch in
Rotterdam: "Wir packen das Notwendigste, und wir gehen nach Rotterdam."
Und dann sagte ich: "Was machen wir denn in Rotterdam?" Und dann sagte
mein Vater: "Vielleicht gehen wir nach England." Ich hatte damals auch schon
Englischstunden, mein Vater hatte Englischstunden schon länger. Er hatte es
anscheinend aus Lustgründen getan. Nachher habe ich das anders interpretiert.
Und warum ich Englisch lernen mußte, bei dem gleichen Lehrer, der kam
privat in unser Haus, also das war schon etwas geheimnisvoll, ja, das war ein
Berlitz-System, ich habe das Buch auch noch. Ich mußte lernen, wenn mein
Vater oder meine Mutter sagte: "Du weißt nie, wo man es brauchen kann."
Aber ich spürte doch, daß da andere Gedanken hintersteckten. Dann sind wir
nach Rotterdam gefahren mit dem Automobil, und unser Chauffeur ist mitgekommen. Dann mußten wir über den Fluß, einen Nebenfluß des Rheins, die
Ijssel, das war schon ganz schwierig. Das Militär mußte Sandsäcke wegräu-
men, es war richtig abgeschlossen. Dann sind wir nach Rotterdam gefahren in
ein Hotel, ich weiß noch ganz genau. Und dann kam mein Bruder zu uns, der
war natürlich auch froh, uns zu sehen. Dann hat mein Vater sich informiert
über die Schiffe, die nach England fuhren, und dann haben meine Eltern
beschlossen, einige Tage abzuwarten. So, wir hatten die Karten in der Tasche,
ja, die Pässe bereit, und wir warteten ab. Unser Freund Schulz, unser Chauffeur, blieb bei uns, um dann, wenn wir abreisen sollten, das Automobil wieder
nach Hause zu fahren. Und dann gingen einige Tage vorbei. Es wurde Radio
gehorcht und Zeitungen gelesen und angerufen und Freunde gefragt, was sollen
wir tun, was sollen wir nicht tun und so weiter. Dann wurde es wieder ruhiger.
Die Drohungen, wie man das weiß, weiß ich nicht, aber die Drohungen wurden
weniger. Die Mobilisierung wurde etwas abgebaut. Die Reisemöglichkeiten für
Holländer wurden wieder normalisiert. Und da sagten meine Eltern: "Ach, das
kann auch in Holland eigentlich auch nicht passieren. Wir gehen wieder nach
Hause." Und wir sind wieder zurückgefahren.*

Alle bisher beschriebenen Ereignisse zusammengenommen - die Flucht vieler
Verwandter in die Niederlande, aber auch die Emigrationspläne der eigenen
Familie und nicht zuletzt der Anblick des Militärs auf den Straßen während der
Mobilmachung - schufen ein Klima der Unsicherheit und der Bedrohung, was

der 1940 achtjährige B.W. durchaus wahrnahm. Für ihn deutete sich bereits zwei Jahre vor der Invasion der Deutschen das zu erwartende Unheil an, lange bevor auch in den Niederlanden die Rassenverfolgung eingeleitet wurde; das Ausmaß des Unheils war allerdings nicht zu erahnen.

Verfolgung

Am 10. Mai 1940 marschierten deutsche Truppen in die Niederlande ein. Zu Hause verfolgte die Familie am Radio die Berichte über den Vormarsch der Invasoren. Nach kurzer Zeit waren die Deutschen auch in Enschede. An eine Flucht ins Ausland war nun nicht mehr zu denken. Es kamen zwar häufiger Truppen durch den Ort, doch zunächst waren die Besatzer kaum präsent. B.W.s Eltern trafen sich mehrere Male mit den übrigen Verwandten am Ort, um gemeinsam die Lage zu beraten. Im Spätsommer 1940 - Herr W. glaubt, daß es im September war - zog die Familie aus der engen Wohnung über dem Geschäft in ein gemietetes Haus ein. Dieser Umzug war die Erfüllung eines langersehnten Traumes. Nun besaß B.W. ein eigenes Zimmer, in dem sogar ein Wandbett installiert war, was ihn sehr faszinierte. Im Garten des Hauses konnte er ungestört spielen. Die Freude über das neue Heim wurde allerdings durch ein Ereignis überschattet: das elterliche Geschäft mußte im Rahmen der "Arisierung" einem Treuhänder übergeben werden. Da hiervon auch die anderen jüdischen Geschäftsinhaber betroffen waren, entstand unter ihnen - so erinnert sich Herr W. - eine Verbundenheit.

Nachdem Herr W. vom Zusammengehörigkeitsgefühl der Arisierungsopfer erzählt hat, kommt er auf das Verhalten der übrigen Geschäftsleute zu sprechen, die, von wenigen Ausnahmen abgesehen, zu den jüdischen Bürgern plötzlich Distanz hielten und, soweit es möglich war, Kontakt vermieden. Auf die Frage, ob er auch von seinen Schul- und Spielkameraden geschnitten wurde, antwortete Herr W., daß dies erst später geschah. Zuvor - allerdings wisse er nicht, ob er chronologisch richtig erzähle - wurde die örtliche Pfadfindergruppe aufgelöst, deren Mitglied er seit einiger Zeit war. Die Umstände, wie dies geschah - der Jugendsturm, die holländische Hitlerjugend, drang ins Clubhaus ein, fesselte die Pfadfinder, riß ihnen ihre Tücher ab und teilte einige Schläge aus - hatten ihm Angst gemacht, aber diese Tat richtete sich nicht, so versichert Herr W., "gegen Juden, es war gegen Pfadfinder, eine englische Organisation". Was Herrn W. allerdings sehr berührte, war die Tatsache, daß beim Jugendsturm auch Schüler aus seiner Klasse waren.

Inzwischen war auch B.W.s Bruder, der in Rotterdam ein Internat besuchte, nach Hause zurückgekehrt. Die ersten antijüdischen Maßnahmen, die den jüdischen Bürgern die Bewegungsfreiheit einschränkten und sie nach und nach aus dem öffentlichen Leben ausgrenzten, wurden erlassen. Herr W. erinnert sich an die Schilder, die an vielen Orten angebracht waren und Juden den Zutritt verwehrten. Er berichtet auch von der Ausgangssperre[40] sowie von der Abgabe der Fahrräder und Radios. Die Verhängung der Ausgangssperre war die Reaktion der Besatzer auf einen Sabotageakt, das Durchschneiden einer Telefonleitung der Deutschen Wehrmacht, für den jüdische Bürger verantwortlich gemacht wurden, ohne daß es hierfür Beweise gegeben hätte. Auch die erste Deportation von Juden wird als eine Folge dieses Anschlages betrachtet.[41] In Herrn W.s Erinnerung stehen diese drei Ereignisse allerdings in keinerlei Zusammenhang. Für ihn kam die Deportation, von der ja auch sein Vater betroffen war, überraschend. In der Nacht vom 13. auf den 14. September 1941 wurden in Enschede 68 jüdische Männer aus ihren Betten geholt, von ihren Familien getrennt und zunächst in ein Schulgebäude gesperrt, bevor sie dann ins KZ Mauthausen nach Österreich deportiert wurden.[42]

Und dann auf eine Nacht wurde angeläutet bei uns. Und es kam die grüne Polizei und schrie ins Haus: "Ist der W. da?" Und mein Vater mußte sich anziehen, und sie sind im Hause rumgelaufen. Ich weiß noch ganz genau, wie mein Vater in mein Zimmer kam und mich begrüßte und sagte: "Ich muß leider gehen." Und dann war die ganze Straße gesperrt worden, vielleicht dreißig, vierzig Polizisten auf der Straße. Und auf der gegenüberliegenden Straßenseite wohnte auch ein jüdischer Mann, der wurde auch mitgenommen, und so wurde die ganze Gruppe von fünfundfünfzig, glaube ich, gefangen und in das Lyceum, die Schule, eingestellt, hinter dem Polizeibüro, und das war es dann für den Tag. Und dann sind wir natürlich aufgestanden und nachher hingegangen, zu schauen, was los ist, und wir konnten nicht rein. Und ich habe meinem Vater noch Brot gebracht, weiß ich, und da ist er noch die Treppe heruntergekommen, um das anzupacken, anzufassen. Das konnte man machen, aber man konnte nicht sprechen miteinander. Dann hieß es auf einmal, und das arbeitet wie bei den Negern, wie tamtam, auf einmal hörten wir, die Gruppe geht zum Bahnhof, ja, und dann sind wir alle schnell zum Bahnhof gegangen, er war nicht weit von uns. Und dann lief die Gruppe auf die Straße, umkreist von bewaffneten grünen Polizisten. Man konnte auch nicht sprechen und nicht an die Gruppe herankommen. Und dann sind wir an die Hinterseite des Bahnhofs gegangen, ich und ein Nachbarjunge. Und dann haben wir also das angeschaut und gesehen, daß da ein großer Zug stand. An der anderen Seite des Bahnsteigs standen alles bewaffnete Polizisten. Und dann sahen wir, daß die Leute reingetrieben wurden, und ich habe noch winken können, und dann ist der Zug weggefahren. Und wie ich erst dieses Jahr erfahren habe, das habe ich gar nicht gewußt, ist der Zug erst nach Westerbork, ein Konzentrationslager hier, gefahren. Ich dachte, sie sind direkt nach Deutschland gefahren.

Mit welchem Gefühl hast du das beobachtet?

---

[40]   Die Ausgangssperre trat in Enschede am 22. September 1941 in Kraft und verbot den jüdischen Bürgern zwischen 20.00 und 5.00 Uhr den Aufenthalt im Freien, siehe Wiegman, T.: Enschede 1940-1945. Enschede 1985, S. 88.
[41]   Ebd., S. 89.
[42]   Ebd.

Äh, sehr bedroht, äh, ich war sehr traurig. Ich glaube, daß das einer der Nachteile ist, wenn man wohnen bleibt in einem Gebiet, wo so viel passiert ist, ja. Es gibt eigentlich keinen Tag, daß ich nicht an den Krieg denke. Nein, ich glaube, wenn ich morgens aufstehe und mich rasiere und so etwas philosophiere, ja, und es gibt beinahe keinen Tag in meinem Leben, daß ich nicht an diese Zeit zurückdenke. Wenn ich diese Straße entlang fahre mit meinem Fahrrad oder meinem Auto, jedesmal - es ist ein Tunnel unter dem Bahnhof hier - wenn ich in den Tunnel hineingehe oder hinauskomme, dann ist immer das Bild meines Vaters dort. Und das ist natürlich der Nachteil, daß man in einem Ort lebt, wo die Geschichte also sich abgespielt hat. Und ich habe an dem Moment nicht gedacht, das ist das Ende meines Vaters. Ich habe wohl gedacht, wie schlimm, was man meinem Vater, meinem Onkel, meinem Neffen und dem Nachbarn, daß die so behandelt wurden, daß sie zusammengetrieben wurden in einen Zug.

Das war sehr demütigend.

Das war für ein Kind sehr demütigend, sehr beängstigend, daß man einfach so mit Menschen umgeht, ja. Daß wir nicht auf die Straße kommen dürfen nach acht Uhr, das war nicht schön, aber das ging unsere ganze Familie an, ja, man macht die Tür zu und geht nicht auf die Straße, ja, man lebt einigermaßen normal weiter, aber man fühlt sich schon etwas beschränkt in seiner Freiheit, aber wenn man jemand arrestiert als einen Missetäter oder in einen Zug treibt als einen Missetäter, mit bewaffneten Leuten, und ich wußte, daß mein Vater ein harmloser Mensch ist, der keiner Fliege etwas Böses tun würde, und nicht nur mein Vater, sondern viele von diesen Leuten.

Herrn W.s Erinnerung an dieses Ereignis ist sehr genau und angefüllt mit Einzelheiten. Die Deportation des Vaters ist für ihn ein traumatisches Erlebnis, dessen Bilder ihn auch heute noch nicht loslassen. Auf die Frage, mit welchem Gefühl er die Szenerie beobachtet habe, antwortet er nur kurz, daß er sich sehr bedroht gefühlt habe und sehr traurig gewesen sei, um sogleich in seiner Erzählung einen Sprung in die Gegenwart zu unternehmen und über die ständige Präsenz dieses Ereignisses in seinem Alltag zu sprechen. Die Deportation des Vaters ist für Herrn W. nicht Vergangenheit, sondern fester Bestandteil der Gegenwart. Für den neunjährigen B.W. blieb es unergründbar, warum der Vater und die übrigen jüdischen Männer wie Verbrecher behandelt worden waren. Die Mutter versuchte, ihn zu beruhigen und zu trösten. Von nun an setzte sie sich jeden Abend mit ihren beiden Kindern zusammen, um ein Glas Marasquin zu trinken. Neben einer Reihe von anderen Genußmitteln - wie Kaffee, Zigarren und Schokolade - hatte der Vater zuvor mehrere Flaschen dieses Weines als Vorrat für die Kriegszeit eingekauft.

Das haben wir jeden Abend gemacht, so nach dem 13. September, und das war eigentlich, ja, eine Art Verbundenheit, so wir machen etwas, was eigentlich Kinder nicht machen dürfen, ja, und es schmeckt gut, und es ist doch in Verbundenheit mit dem Vater, er hat das gekauft, ja. Und das waren eigent-

lich, das hört sich vielleicht ganz, ganz typisch an, aber es waren doch sehr
warme Momente, ja, und aus dieser Wärme, glaube ich, konnte ich glauben,
daß es alles nicht schlimm war.

Ungefähr einen Monat nach der Deportation bekam die Familie Nachricht, daß
der Vater an einem Herzschlag gestorben sei. Die Angehörigen der übrigen
Deportierten erhielten die gleiche Nachricht. Die Mutter erlitt einen Schock
und lag weinend mehrere Tage im Bett. B.W. und sein Bruder mochten die
Hoffnung, daß der Vater eines Tages wieder zurückkehren wird, nicht aufgeben. Sie glaubten nicht, daß alle Deportierten zu einem Zeitpunkt an Herzschlag gestorben waren. Vielmehr sahen sie in den verbreiteten Todesnach-
richten die Absicht, die Angehörigen zu quälen.

Ab Oktober 1941 durften jüdische Kinder keine öffentlichen Schulen mehr
besuchen.[43] Herr W., der mit großem Eifer die Schule besuchte und jede
Sonderrolle verabscheute - z.B. ging er am Sabbat nur ungern in die Synagoge,
weil er dann einen Tag in der Schule versäumte -, fühlte sich durch diese
Maßnahme in besonderer Weise stigmatisiert:

Es waren natürlich nicht genügend, um eine ganze Klasse - ich war in der
dritten Klasse - zu füllen. Und dann wurden Klassen zusammengefügt. Lehrer
wurden dann und wann bedroht und tauchten unter und kehrten wieder zurück.
Also der Ablauf, der Schultag, war sehr wenig, und ich habe das, glaube ich,
einen Monat, ich weiß nicht genau, vielleicht eineinhalb Monate, vielleicht
zwei Monate durchgestanden, und dann habe ich das abgehakt. Ich konnte das
nicht, und in dieser Schule zu sein, war so ein Ghettogefühl, ja. Ich dachte
auch jeden Moment, jetzt kommen die Grünen, ja, und fahren einen Lastwagen
vor und schieben alle hinein, und wir kommen in ein Arbeitslager, ja, so das,
das lebte schon. In der Zwischenzeit wurden viele von meinen Angehörigen
aufgerufen, sich zu melden für ein Arbeitslager und sind auch ganz nett gegan-
gen, ja, und nicht wiedergekommen. So - das passierte auch. Die wurden nicht
arrestiert, die bekamen einen Brief, sie müssen sich dann und dann melden, sie
müssen nach Westerbork oder nach Vught gehen, nach Westerbork die meisten,
und ganze Familien sind so, mein Onkel, Tante und andere. Rucksack auf, und
sie sind gegangen. Ja, und dann wollte ich nicht mehr in die Schule gehen.
Meine Mutter drängte, daß ich doch gehe […], aber ich weinte und wollte
nicht, fühlte mich ängstlich dort, und gelernt wurde da fast nichts mehr. Jeder
war so nervös, die Kinder waren nervös, und die Lehrer waren nervös. Und die
Lehrer sprachen mit uns über die Umstände und, was passierte, und haben
auch nicht den Kopf gehabt, ein normales Programm anzufassen. Es waren
jüdische Lehrer übrigens. Und eines Tages habe ich gesagt, ich gehe nicht,
auch wenn ich hingetragen werde, ich bin in zwei Minuten zurück. Ich gehe
nicht mehr in die Schule. Meine Mutter hat viel Angst bekommen, denn sie
hatte Angst, daß wir bestraft würden dafür.

---

[43] Ebd., S. 95f.

Während die Ereignisse der Jahre 1938 bis 1940 ein Klima der Unsicherheit und der Bedrohung schufen, das jedoch keinen Anlaß für ein Gefühl unmittelbarer Gefahr für die eigene Person bot, trat durch die Deportation des Vaters sowie anderer Angehöriger, vor allem aber durch die Separierung der jüdischen Schulkinder von den übrigen eine entscheidende Veränderung ein. Waren bislang andere die Betroffenen gewesen - obgleich sich unter ihnen auch Verwandte befanden -, richtete sich nun die Bedrohung immer spürbarer gegen die eigene Familie und schließlich gegen B.W. selbst. Diese Veränderung verdeutlicht die Passage, die im Anschluß an den Bericht über die jüdische Schule folgt. Hierin erzählt Herr W. eine Begebenheit, die auch in dem bereits erwähnten Artikel der Zeitschrift "Inslag" zu finden ist. Er berichtet, wie ihm Kinder einer NSB-Familie verboten hatten, mit ihrem kleinen, von einer Ziege gezogenen Wagen zu fahren. Die Kinder begründeten ihr Verhalten mit der rüden Bemerkung, daß sie keinem Juden erlaubten, mit ihren Spielsachen zu spielen. Dieser Vorfall war für Herrn W. die erste persönliche Diskriminierung als Jude. Mehr noch als diese Zurechtweisung entsetzte ihn allerdings die Tatsache, daß seine anwesenden Freunde nicht intervenierten, sondern das Geschehen wortlos verfolgten.

Inzwischen häuften sich die Gerüchte, daß weitere Deportationen stattfinden sollten. Einige Verwandte wurden festgenommen und kehrten nicht wieder zurück. B.W.s Mutter traf sich mit den Angehörigen, um über den Ernst der Lage zu sprechen und um das weitere Verhalten zu beraten. Die Gefahr wurde so hoch eingeschätzt, daß Pläne zum Untertauchen geschmiedet wurden. B.W.s Bruder und der Cousin Werner aus Mainz fuhren nach Amsterdam, um dort bei Freunden Aufnahme zu finden. Die Mutter fand Zuflucht bei einer Familie, die im Widerstand arbeitete. B.W. folgte dem Angebot der Eltern seines besten Freundes Gijs, sich im Landhaus der Familie zu verstecken. Er erzählt, daß für ihn das Untertauchen "sehr harmlos" begann. Nachdem er die nötigsten Sachen zusammengepackt hatte, bestiegen Gijs und er das gemeinsame Tandem und fuhren zum Landhaus. Für die Mutter war der Weg in die Illegalität nicht so einfach. Zum einen mußte sie für die Zeit der Abwesenheit einen Zwischenmieter für das Haus finden, und zum anderen brauchte sie jemanden, der bereit war, einen Teil des beweglichen Familienbesitzes zu verwahren. Beides erwies sich als sehr schwierig.

Nachdem sich B.W. einige Wochen im Landhaus versteckt gehalten hatte, stellte sich heraus, daß der Jagdaufseher unzuverlässig war und mit der NSB sympathisierte. Um den Jungen keiner Gefahr auszusetzen, mußte eine neue Untertauchadresse gefunden werden. Eine Textilfabrikantenfamilie, die bereits mehrere Verfolgte bei sich beherbergte, fand sich bereit, ihn aufzunehmen. B.W. sollte im Haus des Gärtnerehepaares wohnen. Tagsüber durfte er das Haus nicht verlassen, lediglich bei Dunkelheit war es ihm erlaubt, sich kurzfristig draußen aufzuhalten. Bei jedem Klingeln an der Haustür schreckte er hoch und versteckte sich an einem sicheren Platz. B.W.s Anwesenheit machte das Gärtnerehepaar sehr ängstlich und nervös. Besonders erschrocken waren sie, als sie feststellten, daß B.W. bei seinen abendlichen Spaziergängen seinen jüdischen Klassenkameraden Hans N. getroffen hatte, der gemeinsam mit seinen Eltern in einem der Nachbarhäuser versteckt lebte. B.W., der seit Wochen keinen Spielkameraden mehr hatte, war über diese Zusammenkunft sehr glücklich. Doch die beiden Jungen hatten nur kurze Zeit Gelegenheit, sich abends zum Spielen zu treffen. Wenige Wochen nach ihrem Wiedersehen trat ein Ereignis ein, das B.W. zum sofortigen Verlassen seines Versteckes zwang. Eines Tages beobachtete er, wie ein Auto vor dem Gärtnerhaus hielt und ein Mann ausstieg, der zum Haus eilte.

Und ich rannte also wieder weg in mein Zimmer, unter meinem Bett mußte ich mich verstecken, und dann hörte ich einen Mann hinaufkommen, und der hat ziemlich laut gesagt: "Ist B.W. hier?" Ich dachte, jetzt ist meine letzte Stunde da, ja, und dann hörte ich nichts, nur plaudern und 'Ja', 'Nein'. Vielleicht hat es nur eine halbe Stunde gedauert, aber ich habe gedacht, es dauert Stunden, ja. Und dann ist Frau... nach oben gekommen und sagte: "Kennst du einen Zahnarzt Nb.?" Sage ich: "Ja." Sagt sie: "Komm doch mal mit nach unten. Er kommt dich holen, aber es ist etwas los." Ich sagte: "Ja, was ist los? Haben sie meine Mutter abgeführt, oder ist mit meinem Bruder etwas?" Ich wußte, daß dieser Nb., dieser Zahnarzt, das war ein sehr wilder Mann, der im Widerstand arbeitet, und die Kinder saßen bei mir in der Schule. Ich kannte ihn nicht gut, aber ich wußte, wer er war. Er war ein bekannter Mann in Enschede. Dann sagte er: "Setz dich mal hin. Ich muß dir eine Geschichte erzählen." Und dann dachte ich, das ist ganz schlecht, es war auch schlecht, aber nicht so schlecht. "Ich muß dich nachher verbinden. Du bist krank." - "Ich bin gar nicht krank." - "Nein," sagte er, "aber du sollst wie ein Kranker sein." - "Wieso?" Sagte er: "Ja, ich werde es ganz kurz erklären. Es wird hier innerhalb einer Stunde eine Razzia geben. Das habe ich gehört, ich bin informiert. Ob es wahr ist, weiß ich nicht, aber wir können das nicht, ein Risiko eingehen. Hier ringsum ist auch alles in einem großen, weiten Bogen alles verschlossen durch die grüne Polizei. Und als ich hinfuhr..." Er hatte eine Arztschlange auf seinem Auto, aber er war Zahnarzt, aber er hatte eine rote als Normalarzt, ja, hatte er geklaut, und er hat gesagt zu dem Polizisten: "Ich muß ein Kind holen, das furchtbar krank ist. Bitte, untersuchen Sie mein Auto jetzt, daß nichts drin ist, dann kann ich nachher vielleicht so durchfahren." Sie haben reingeguckt und haben gesagt: "Ja, Herr Doktor, wenn Sie hier wieder vorbeikommen, können Sie sofort durchfahren."

Dann hat er mir erklärt und gesagt: "Ich muß den Kopf einwickeln. Du mußt dich unter eine Decke legen. Du mußt deine Sachen holen, und wir gehen weg." Und da habe ich das gemacht, und ich war eigentlich ganz froh, daß ich von dieser Familie weggehen konnte, und ich wußte, wenn ich mit diesem Nb. mitgehe, da sind die Kinder auch, und dachte, dann bekomme ich wieder ein besseres Leben. Und dann habe ich mich hinten in das Auto gelegt und richtig, wie er erzählte, sind wir durch diese Kontrolle gefahren, und dann habe ich gesagt: "Mein Freund Hans ist auch da." Und dann sagte er: "Das weiß ich. Es sind noch mehrere jüdische Familien dort. Wir haben jedermann gewarnt, aber ich habe den Eindruck, daß diese Familie N. nicht weggehen will und nicht glaubt, daß sie erwischt wird." Also wir sind nach Hause gefahren. Die ganze Familie N. ist am gleichen Tag gefaßt worden, ich glaube dreißig Leute fast, und es ist keiner wiedergekommen. So war es für mich eigentlich ein Wunder, und das habe ich als Kind auch gut fassen können, daß ich dort durch eine narrow escape..., ja.

Herr W. verdankte sein Überleben als Untergetauchter einer Vielzahl solcher Umstände. Immer wieder gab es Menschen, die in für ihn gefährlichen Situationen ihr eigenes Leben riskierten und ihn in Sicherheit brachten, d.h. ihm zu einer neuen Untertauchadresse verhalfen. Die Familie Nb. spielte in B.W.s Leben in der Illegalität eine zentrale Rolle. Mehr als einmal nahm sie ihn bei sich auf oder besorgte seiner Mutter sowie anderen Verwandten ein Versteck. Herrn W.s Erzählung über diese Jahre ist eine dichte Aneinanderreihung der einzelnen Stationen seines Lebens im Untergrund. Die beschriebene Handlung verläuft jeweils am Scheitelpunkt zweier aufeinanderfolgender Stationen. Hierfür ein Beispiel: Dem Zahnarzt Nb. war es gelungen, B.W. durch die Polizeikontrollen zu schleusen und unbemerkt in sein Haus zu bringen. Dort wurde dem Gast ein herzlicher Empfang bereitet:

Dann sind wir zum Haus des Zahnarztes gefahren. Der hat ganz schön gewohnt, und ich bin dort wie ein Prinz empfangen worden durch die Familie, und ich kannte die Kinder alle von der Schule. Das war ein ganz schönes Wiedersehen. [...] Und die waren natürlich auch erstaunt [...]. Dann sollte ich da eigentlich bleiben oder nicht bleiben. Das war so eine Diskussion. Auf einmal hat man gesagt, daß meine Mutter weg mußte von der Familie Hs. Es ist dort nicht mehr sicher, und sie sollte zu einer anderen Familie gehen. Die Familie Hs. hatte auch zwei englische Piloten, die abgestürzt waren, im Haus. Es war auch etwas überfüllt, und meine Mutter sollte zu einer anderen Familie gehen, war schon da, und sie hatte furchtbare Sehnsucht nach mir.

Nachdem Herr W. in wenigen Sätzen den Empfang im Hause Nb. beschrieben hat, leitet er, ohne über seinen Alltag oder die Dauer seines Aufenthaltes zu sprechen, bereits zur nächsten Station seiner Odyssee über, indem er über seine Mutter berichtet, die sich einen neuen Unterschlupf suchen mußte. Meistens lebte Herr W. von seiner Mutter getrennt, doch für die folgenden Monate war es möglich, mit ihr gemeinsam Aufnahme zu finden. Der Zahnarzt Nb. hatte ein Zusammentreffen von Mutter und Sohn ermöglicht. Die Wiedersehensfreude - B.W. hatte seine Mutter seit mehreren Monaten nicht mehr gesehen - schildert er in einem einzigen Satz: "Wir waren froh, einander wiederzusehen." Dann wurden die neuesten Informationen ausgetauscht. B.W. erfuhr, daß sein Bruder und sein Cousin Werner inzwischen in Amsterdam lebten. Wie Mutter und Sohn gemeinsam die Tage verbrachten, wird nicht berichtet, statt dessen erzählt Herr W. von einem Ereignis, das einen neuerlichen Wechsel des Verstecks notwendig machte:

So haben wir dort einige Tage verbracht. Dann kam eines Abends ein Brief für meine Mutter, ein Drohbrief, daß sie innerhalb von vierundzwanzig Stunden

zehntausend oder fünfzehn, das weiß ich nicht mehr, Gulden abgeben müßte
auf eine bestimmte Art und Weise, sonst würden wir verraten. Und das gab
natürlich einen Riesenschrecken.

Gemeinsam mit dem Dominee Od. - einem Widerstandskämpfer, der vielen
geholfen hatte unterzutauchen - überlegten sie nun, in welcher Weise auf den
Brief zu reagieren wäre. Da man befürchtete, daß der Hauswirt der Erpresser
war, mußte sofort eine neue Untertauchadresse gefunden werden. Hierbei half
wiederum der Zahnarzt Nb., der für B.W. und dessen Mutter bei einem
Fischer, der an einem abgelegenen Ort wohnte, einen sicheren Platz fand. Hier
fühlte sich B.W. sehr wohl, zumal er sich relativ frei bewegen konnte und
sogar morgens zum Fischen mit auf den See genommen wurde. Dank der
falschen Papiere, die Mutter und Sohn besaßen, bekamen beide auch Lebensmittelmarken. In B.W.s Personalausweis war sein Nachnahme mit Sonnefeld
angegeben. Doch bevor sie zu dem Fischer gehen konnten, mußten sich die
beiden eine Woche lang im Wald verstecken. Herr W. hat zunächst vergessen,
dies zu erzählen.

Aber, was ich vergessen habe, ist, das war eigentlich meine zweite sehr ängst-
liche Zeit, als wir den Brief bekamen in Enschede, sind wir nicht sofort weg-
gangen nach den Norden des Landes, denn wir sind durch Herrn Nb. in seinem
Wagen nach Hause geholt worden und haben dort fast eine Woche in seinem
Automobil...

[Bandwechsel]

[lacht] *Abends haben wir die Stühle aus dem Auto genommen, haben eine*
Matratze reingelegt und das Auto mit Ästen camoufliert. Sind dann in den Wald
gefahren in ein Stück, ich kann fast zeigen, wo es war. Dann haben wir dort
geschlafen und das Auto auch abgeschirmt gegen Reflexionen. In dieser Zeit
fanden wir es auch unsicher bei den Nb.s, ja. Wir haben doch sehr ängstlich
eine Woche im Wald verbracht. Wir wußten, wenn jemand kommt, dann sind
wir natürlich fertig, ja. Und dann sind wir in den Norden Hollands gegangen,
zu diesem Fischer. Das habe ich vergessen zu erzählen. Das war eigentlich das
zweite Mal, fast das dritte Mal, bei diesem Gärtner war es schon sehr span-
nend gewesen.

Die Tatsache, daß niemand wagte, Herrn W. und seine Mutter aufzunehmen,
und sie gezwungen waren, sich im Wald zu verbergen, macht deutlich, wie
gefährlich die Situation war. In der kurzen Passage spricht Herr W. dreimal die
Angst an, die er in dieser Woche im Wald auszustehen hatte. Der Umstand,
daß er heute noch zu wissen glaubt, wo sich das Versteck befunden hat, zeigt,
wie fest sich diese Episode, deren Beschreibung nur sehr kurz und nüchtern
ausfällt, in seine Erinnerung gegraben hat. B.W.s Mutter gefiel es beim
Fischer nicht. So war sie froh, als es dem Zahnarzt Nb. gelungen war, ein
neues Versteck bei einer Landarbeiterfamilie zu finden. Diese Familie verfügte
über so viel Platz, daß B.W.s Onkel und Tante aus Mainz, die ja ebenfalls
untergetaucht waren, mit aufgenommen werden konnten.

Und dann sind wir zusammen, zu meinem Bedauern, aber zu Mutters Freude,
nach Barsbeek zu einem Bauern, einem kleinen Bauern, das heißt ein Bauern-
arbeiter. Es war ein riesengroßer Bauernhof, und er hatte ein kleines Haus
daneben, also er war der Bauerarbeiter. Eine wunderbare Familie, kann man
wirklich sagen. Das war der Fischer auch in meinen Augen. Aber dies war
auch eine hervorragende Familie mit einigen Kindern, in meinem Alter und
älter. Und da bekamen wir ein Zimmer mit zwei Alkoven. In einem schliefen
meine Tante und mein Onkel, und im anderen schliefen meine Mutter und ich.
Die drei Erwachsenen kamen natürlich nie auf die Straße, waren wirklich
versteckt dort, und ich lief in meinen Holzschuhen und in meinem Arbeitskittel
herum. Ich ging nicht in die Schule, aber arbeitete auf dem Land und fuhr mit
dem Pferdewagen und half beim Melken.

Herrn W.s Skizzierung seines Alltags auf dem Bauernhof zeigt, daß ihm die
Zeit zumindest in der Erinnerung beinahe sorglos vorkommt. Er konnte sich
frei bewegen und unbeschwert draußen herumtollen, was für ein Kind in
seinem Alter natürlich wichtig war. Ihm ist bewußt, daß er als Kind einen
besonderen, privilegierten Status besaß, der ihm Freiheiten ermöglichte, die
den Erwachsenen vorenthalten waren. Dennoch drängt sich die Frage nach der
Gefährlichkeit auf, die seine Anwesenheit auf dem Bauernhof sowohl für ihn
als auch für diejenigen, die ihn versteckt hielten, bedeutete. Die Frage, ob
seine Mutter keine Angst gehabt hätte, ihn draußen spielen zu lassen, verneinte
er entschieden. Schließlich habe er falsche Papiere besessen, die ihn als einen
Jungen aus Utrecht auswiesen. Für Fremde war er ein Kind aus dem Westen
des Landes, wo die Lebensmittelversorgung schlechter war, das bei dem
Bauern lebte, um sich zu erholen und um besser ernährt werden zu können.
Damit war eine Erklärung gefunden, die alle Neugierigen zufriedenstellen
sollte.

Es gab nie eine Komplikation. Es war auch, wie fremd das auch klingen möge,
ich habe gewußt, daß jeder Tag ein schlimmer Tag sein wird, das wußte ich
jeden Tag. Und das wurde von den drei Erwachsenen auch noch diskutiert
abends. Es war eigentlich neben diesen Sorgen und neben den Spannungen, wo
ist mein Vater geblieben, war es gar nicht so, so, so schlimm.

Herrn W.s Einschätzung der Situation überrascht. Zwar weiß er, daß seine
Äußerung Befremden auslösen und falsch verstanden werden kann, doch er
unterläßt es, sie zu erklären. Herr W. unternimmt den Versuch, Positives und
Negatives der Situation nebeneinanderzustellen. Der täglichen Angst vor dem,
was am nächsten Tag passieren könnte, einer Anspannung, die Tag für Tag
drei Jahre lang ertragen werden mußte, und der bangen Frage nach dem Erge-
hen des Vaters wird das Herumtollen und die gewiß mehr spielerische Mitarbeit auf dem Bauernhof gegenübergestellt.

    B.W. lebte in den Jahren der Illegalität in einem Mikrokosmos. Seine Welt
war auf die unmittelbare Umgebung seines Unterschlupfes reduziert. Der Kreis
seiner Kontaktpersonen war sehr eingeschränkt; einige von ihnen waren gleichfalls Untergetauchte. Eine Teilnahme an der Gesellschaft außerhalb seines

Lebensbereiches war ihm verwehrt und seine Kenntnis ihrer Ereignisse beschränkt. Der Inhalt seiner Erzählung über diese Jahre seines Lebens kreist nur um die Stationen seiner Odyssee. Die einzelnen Verstecke werden nach dem Maß an Bewegungsfreiheit und der Intensität der ausgestandenen Ängste bewertet. Hierbei fällt im übrigen auf, daß Herr W., je freier er sich an einem Ort bewegen konnte und je größer die Zahl seiner Kontaktpersonen war, desto weniger über seine Ängste oder über konkrete angstbesetzte Situationen berichtet, denen er im Versteck ausgesetzt war.

Die relativ große Freiheit, die er in vielen seiner Verstecke genoß, darf nicht darüber hinwegtäuschen, daß sich sein Leben objektiv in größter Gefahr befand. Inzwischen hatten die Besatzer die Aussonderung der jüdischen Bevölkerung abgeschlossen und mit den Deportationen in die Konzentrationslager des Ostens begonnen. Nur wenige der Untergetauchten entgingen den Verfolgern und überlebten. Doch von der Absicht der Nationalsozialisten, die niederländischen Juden systematisch zu vernichten, konnte B.W. keine Kenntnis haben. Er hatte zwar die Deportation des Vaters miterlebt, doch über das Ziel des Zuges, der seinen Vater und die anderen jüdischen Männer mit sich genommen hatte, wußte er nichts. War es ihm überhaupt möglich, die Gefahr, in der er sich befand, einzuschätzen? Wußte er z.B. von Untergetauchten, die entdeckt und dann verhaftet worden waren?

Ja, ja. Man wußte natürlich nicht, was mit ihnen geschah, ja. Ich wußte auch nicht, daß ich ermordet werden sollte, ich ahnte das nur, weil das haben wir erst viel später gewußt.

> *Hattet ihr auch Beispiele vor Augen, wo das schiefgegangen ist, das Untertauchen?*

Die gab es doch viele. Aber ich wußte nicht, daß man in einem KZ zu Tode getrieben wurde, das wußte ich bestimmt nicht. Ich wußte, daß mein Vater gestorben ist, daß alle Männer, fast alle jüdischen Männer gestorben waren in meiner Stadt, folgte man den Berichten. Das ist natürlich menschlich, das zu verdrängen. Vielleicht ist es nicht wahr, man will es nicht wahrhaben. Als Kind glaubt man auch, glaube ich, ja, es ist Krieg, alles geht schief.

Der letzte Satz klingt ohnmächtig und hoffnungslos. Die Existenz des Krieges wird als generelle Erklärung für alles Negative betrachtet, das ihm widerfährt. Erstmalig in der Erzählung über sein Leben in der Illegalität deutet Herr W. den Erhalt von Nachrichten über Juden an, die den Nazis in die Hände gefallen waren. Glaubte man diesen Berichten, die doch eher den Charakter von Gerüchten besaßen, so mußte am Ende der Deportation und der Gefangenschaft der Tod stehen. Inwieweit dieser Gedanke ein ständiger Begleiter in B.W.s Leben war, kann nur vermutet werden, doch daß er ein Problem war und daß man sich gegen ihn wehren mußte, offenbart seine Strategie, die vermeintliche Wahrheit zu verdrängen. Sie ist Selbstschutz und ermöglicht zuweilen so irritierende Einschätzungen wie die in der vorletzten Passage wiedergegebene, daß "es gar nicht so, so, so schlimm" war.

Wie unterschiedlich Herr W. Gefahr empfunden hat, soll an zwei weiteren Beispielen gezeigt werden. Einige Monate später lebte B.W. wieder bei der Zahnarztfamilie. Mit ihr sollte er nach Twello ziehen, wo die Mutter der Frau Nb. lebte. Da es für ihn zu gefährlich war, öffentliche Verkehrsmittel zu benutzen, fuhr er gemeinsam mit dem Zahnarzt im Auto, das zudem vollgepackt war mit Fleischkonserven eines schwarzgeschlachteten Schweines. Unterwegs ereignete sich dann ein Zwischenfall, der glücklicherweise ohne Folgen blieb.

Und wir hatten das Auto voll mit Weckgläsern. Der kleine DKW hing fast auf dem Boden. Und dann kamen wir in die Nähe des Ortes Ommen. Wir kamen um die letzte Kurve, und da stand die Feldgendarmerie. Wir dachten, jetzt geht es schief, und Nb. hat etwas angehalten und dann fast bei diesem Mann, und dann hat er gesagt: "Nach unten!" [lacht], und er hat Gas gegeben und waaaf, und er hat gedacht, jetzt wird geschossen, ja, aber es passierte nichts. Er wußte, ich habe zwei Risiken: Ich habe einen Untertaucher, vielleicht geht das gut, aber ich habe soviel Fleisch in meinem Auto, das durfte man a) nicht haben und b) nicht transportieren. Und ich hatte an so etwas gar nicht gedacht, er vielleicht schon. Und es war wie in einem Cowboy-Film, ja, so ein DKW läuft auch nicht so schnell, aber es war doch ganz schnell, und nach einiger Zeit hat er in den Spiegel geguckt und gesagt: "Es kommt nichts hinten." Und dann war noch eine Chance: Wir kamen über einen Kanal, und da war eine Brücke, die man hochheben konnte, und er ist über die Brücke gefahren und ist dann rausgerannt und sagte zu dem Brückenwärter: "Drehen!" Weiter hat er nichts gesagt, und der hat sofort verstanden. Er drückte, und dann ging die Brücke in die Höhe, und dann hat der Nb. gesagt: "Bitte, so zehn Minuten offen lassen." Dieser Mann hat nichts gefragt, er hat es nur gemacht. Und dann sind wir schnell weitergefahren. [...] Später kann man so vergleichen. Ich habe dies als ein Cowboy-Abenteuer erlebt. Wir haben das auch am Abend in Twello erzählt als eine Cowboy-Story. Wir waren ganz stolz: Das haben wir geschafft. Der Verrat, als ich flüchten mußte durch die Wiesen, das hat mich sehr ängstlich gemacht. Aber dieses Erlebnis hat eigentlich, obwohl es vielleicht das Ende meines Lebens hätte sein können, hat es doch nicht so einen schweren Akzent bekommen, und es kam auch durch das Benehmen der Familie. Er hört sich ängstlich an, aber es war eigentlich nicht so.

Wäre das Auto von der Feldgendarmerie gestoppt worden, hätte dieser Zwischenfall für beide ein katastrophales Ende nehmen können. Die Gefährlichkeit der Situation wurde von Herrn W. anscheinend nicht wahrgenommen. So bleiben auch mögliche Ängste unerwähnt. Er wundert sich selbst darüber, daß er dieses Erlebnis lediglich wie eine "Cowboy-Story" empfunden hat. Herr W. schildert das Geschehen aus der Perspektive des Herrn Nb. Folglich wird auch das Risiko, das diese Fahrt unabhängig von dem Zwischenfall darstellte, aus der Sicht des Zahnarztes beschrieben. Die Konsequenzen, die seine Entdeckung durch die Gendarmerie für ihn selbst bedeutet hätte, werden hingegen nicht angesprochen. Nb. war die handelnde Person. B.W. war, wenngleich Betroffener, nicht mehr als ein Beobachter des Geschehens. Sein Eingreifen war weder möglich noch notwendig. Einzig Nb., der von Herrn W. stets als ein vitaler und unerschrockener Mann beschrieben wird und dem er viel Sympathie und Vertrauen entgegenbrachte, war in der Lage, in dieser Situation zu entscheiden, und sie schließlich auch, zum guten Ende zu bringen.

Nachdem B.W. einige Monate - er glaubt, daß es vier oder fünf waren - gemeinsam mit der Familie Nb. in Twello gelebt hatte, kam es dann zur Übersiedlung an den De Beulakkersee, wo die Nb.s ein Hausboot gekauft hatten. So frei wie hier konnte sich B.W. an keinem anderen Ort bewegen. Selbst einem Schulbesuch stand nun nichts mehr im Wege.

Und Wunder, oh Wunder, ich konnte da in die Schule gehen. Es war eine kleine Schule, eine Dorfschule, und dieser Schulmeister war ein hervorragender Mensch. Wir wußten, daß er ganz gut war, und haben ihm gesagt, daß ich ein Untertaucher bin, und wir haben ihn gefragt, ob er das Risiko eingehen möchte. Dann hat er gesagt: "Das ist kein Risiko. Das können wir hier ruhig machen. Das ist so eine geschlossene Gemeinschaft..." Das war auch wieder in der Gegend, wo der Bauer wohnte, wo wir erst waren, ja, das war alles in dieser Ecke des Landes. Und dann bin ich auch in die Schule gegangen. Das war eigentlich für mich wieder ein fast normales Leben, ja. Und wir mußten dann Milch holen, Käse konnten wir kaufen gehen gegen hohe Preise, und wir konnten segeln. Wir hatten ein kleines Schiff. Wir konnten schwimmen. Wir konnten im Winter phantastisch Schlittschuhlaufen. Wir mußten Bäume hacken, um Holz zu haben. Es war ein wenig Naturleben. [...] Also, das war doch eine schöne Zeit, da bin ich eigentlich nicht mehr so bedroht worden. Ich fühlte mich ziemlich frei, ja. Es war nur die Sorge, übersteht meine Mutter dies? Was ist aus meinem Bruder geworden? Sehe ich meinen Vater je wieder? Ist mein Cousin noch am Leben? Was ist mit dem Rest der Familie? Die Spannung hatte man doch als Kind so fast jeden Tag.

> *Also, es gab beides: Die täglich empfundene Bedrohung, diese Angst, der Gedanke an die Angehörigen, was wird? Und auf der anderen Seite aber dieses, naja, in Anführungsstrichen freie Leben, das Leben in der Natur, mit Freunden?*

Man kann natürlich da eine sehr negative Geschichte daraus machen, aber ich möchte ganz ehrlich sein. Ich denke an meine Kindheit zurück, und ich erfuhr, es war ein gespaltenes Leben eigentlich. Die eine Seite war doch etwas Angst, etwas Sorge mehr. Weniger Angst für mich selbst, denn ich fühlte mich dort, in Twello noch nicht so, in Enschede gar nicht, aber dort fühlte ich mich ziemlich sicher [...].

In gewohnter Weise bewertet Herr W. auch dieses Versteck nach dem Maß an Bewegungsfreiheit und stellt dem seine Ängste und Sorgen gegenüber. Auch diesmal ist es ihm bewußt, daß seine Äußerungen wie "ein fast normales

Leben" oder "das war doch eine schöne Zeit" mißverstanden werden können. In der Tat mögen solche Bewertungen dazu verleiten, die Situation der Untergetauchten zu verharmlosen. Um so mehr überrascht Herrn W.s Offenheit und Ehrlichkeit. Sie ist eine Eigenart, die im gesamten Interview wiederzufinden ist. Immer ist Herr W. bemüht, seine Bewertungen zu differenzieren und Positives und Negatives zu erwähnen. Dies gilt im übrigen nicht nur in bezug auf Situationen, sondern auch auf Personen. Herr W. gibt in dieser Passage zu verstehen, daß seine Bewertungen aus dem Heute stammen und Folge einer Auseinandersetzung mit diesem Lebensabschnitt sind ("Ich denke an meine Kindheit zurück, und ich erfuhr..."), deren Resultat die Einsicht darstellt, daß er über diese Zeit kein eindeutiges Urteil fällen kann. Die Erinnerung an die Jahre des Untertauchens zerfällt in zwei nicht zu vereinbarende Teile. Der eine besteht aus den ausgestandenen Ängsten und der andere aus den Erlebnissen, die wohl jedes Kind beim Spielen oder Wahrnehmen seiner Umwelt hat.

Wie sehr B.W.s Leben auch am De Beulakkersee "gespalten" war, verdeutlicht eine andere Passage. Fühlte er sich hier auch im Vergleich zu den anderen Orten am wenigsten bedroht und genoß er auch ein hohes Maß an Bewegungsfreiheit, so lebte er doch auch in diesem Versteck, in dem er bis zum Kriegsende blieb, nicht ohne Angst, entdeckt zu werden.

Ich habe auch in den letzten Monaten doch noch ängstliche Momente auch dort am See erlebt. Wir hatten die Segelyacht, ein schönes Segelboot mit einer Kajüte, wir haben es ganz ausgekleidet, den Motor ausgenommen und den Mast abgenommen. Alles, was fahren konnte, wurde von den Deutschen beschlagnahmt, Autos und Schiffe. Es wurden ständig Haussuchungen gemacht. Es waren Piloten in der Umgebung, die wir versteckten, und dann wurde mir gesagt: "Du gehst mit dem Hund schlafen in der Segelyacht." Es lag immer am Rande des Sees, im Riet, ja, und dort lag ich und habe dort ganz alleine geschlafen, und der Rest der Familie war im Wohnschiff, so zwei-, dreihundert Meter entfernt von mir, aber ich war wirklich versteckt im Riet. Als es dann stürmte, und ich hatte keine Angst vor dem Wasser, aber ich war doch sehr einsam. Ich war allein in diesem Boot, in meinem Schlafsack und mit dem kleinen Hund, und ich dachte immer, wenn Deutsche kommen, dann fängt der Hund an zu bellen und dann bin ich auch verraten, aber es ist nie passiert. [...] Es war doch sehr ängstlich. Es war sehr gut gemeint von der Familie Nb., aber es war doch typisch, daß keiner der Kinder mit mir kam, ja. Ich wurde aus dem Haus, ich wurde abseits gestellt, denn es war nicht ganz sicher, ja.

Die Nächte mußte B.W. allein im Segelboot verbringen. Hier hatte er nicht den Beistand der Familie Nb., die sonst durch ihre unerschrockene Art in der Lage war - wie die "Cowboy-Story" verdeutlicht -, B.W.s Gefühl des Bedrohtseins zu verringern. Die einsamen Nächte im Segelboot machten ihm auf schmerzliche Weise bewußt, daß er nur so lange wie ein Sohn bei den Nb.s leben durfte, wie seine Anwesenheit keine Gefahr für die Familie bedeutete. Allerdings darf auch nicht vergessen werden, daß das Segelboot wahrscheinlich sehr viel sicherer war als die Wohnung seiner Beschützer.

Bei den von Herrn W. vorgenommenen Bewertungen seines Lebens in der Illegalität fällt auf, daß er niemals über den Umstand spricht, der von ihm verlangte, getrennt von seiner Familie und versteckt bei fremden Menschen zu leben. Er verliert kein Wort der Klage oder Wut über die Verantwortlichen, die ihm ein Leben in ständiger Angst aufzwangen. In seiner Erzählung über diese drei Jahre seines Lebens entsteht der Eindruck von Normalität, mit der er von einem Versteck zum anderen schleichen mußte. Doch muß nicht gerade in einer Situation wie der oben beschriebenen - nachts allein in einem kleinen Segelboot - die Sehnsucht nach der Zeit entstehen, als die Familie noch zusammenleben konnte? Herr W. überlegt lange, äußert dann, daß er die Frage für sehr schwer hält, und gibt schließlich eine überraschende Antwort, die sich allerdings nicht direkt auf die Frage bezieht:

Ich muß ehrlich gestehen, ich - nein. Ich habe wohl, und das ist etwas vielleicht sehr Erstaunliches, Sehnsucht gehabt nach dem Leben bei der Familie Nb. Denn in der Nachkriegszeit war meine Mutter natürlich durcheinander, wollte das Geschäft wieder anfangen und war aufgerichtet, daß ich gut angezogen war, daß ich gut zu essen hatte, also ich bin in dieser Hinsicht nicht zu kurz gekommen, aber Andacht für mich war nicht da und, und sprechen über was geschehen war, war nicht. Und als ich zu diesen Nb.s zurückging, an freien Mittagen oder an Wochenenden, war meine Mutter eifersüchtig und hat auch den Kontakt zu der Frau Nb. ziemlich schnell fallenlassen, denn sie fühlte, das denke ich, sie hat das nie gesagt, nur eine Vermutung von meiner Seite, als eine Bedrohung ihrer Verantwortung, ja, ihrer Mutterschaft. Obwohl die Andacht, die ich dort bekam, und die Wärme, die ich dort bekam, in dem Moment viel größer war als die Wärme, die ich von meiner Mutter bekam.

Mit seiner Antwort leitet Herr W. zur Erzählung über die Nachkriegsjahre über und weist auf ein Problem hin, das er bislang ausgespart hat. Durch das häufige Getrenntsein von der Mutter veränderte sich das Verhältnis der beiden zueinander. B.W. verbrachte in den zurückliegenden drei Jahren weniger Zeit mit seiner Mutter als mit der Familie Nb., zu der er ein sehr inniges Verhältnis entwickelt hatte.

Bislang war das Thema seiner Erzählung ausschließlich die Beschreibung der Flucht von einer Station zur anderen. Die Notwendigkeit, ein neues Versteck zu suchen, weil das alte nicht mehr sicher erschien, die gefahrvolle Übersiedlung zu einer neuen Untertauchadresse, die Bewertung des Unterschlupfs nach dem Maß an Bewegungsfreiheit - wie bereits erwähnt - und der Intensität der ausgestandenen Ängste, all dies sind die Gliederungspunkte der Beschreibung der einzelnen Stationen seiner Odyssee. Sie stellen die Leitlinien seines Erzählens dar.[44] Und sie sind das Gerüst, um das Herr W. seine Erzählung aufbaut und das in der Lage ist, sowohl ihm als auch dem Zuhörer Orientierung in seinem Leben zu ermöglichen. Doch sie sind auch ein allzu enges Korsett, das die Schilderung von Ereignissen oder Entwicklungen außerhalb

---

[44] Lehmann, Albrecht: Erzählstruktur und Lebenslauf. Autobiographische Untersuchungen. Frankfurt a.M./New York 1983, S. 17ff.

der genannten Gliederungspunkte erschwert oder sogar verhindert. So befinden sich in Herrn W.s Erzählung über diese Jahre kaum Reflexionen über seine Situation als Untergetauchter, über sein Verhältnis zu anderen Menschen oder über den Krieg und die Rassenverfolgung. Von ihm geäußerte Einstellungen und Wertungen sind immer explizit situationsbezogen und erfolgen stets rückblickend aus dem Heute. Die schnelle Abfolge der Stationen - im Interview innerhalb nur weniger Minuten, in der Wirklichkeit lagen zwischen ihnen Wochen oder Monate - scheint weder Gelegenheit noch Zeit zu lassen, um über das Erlebte zu reflektieren. Damit wird die Frage, die allerdings kaum befriedigend beantwortet werden kann, aufgeworfen, ob es sich bei dieser Erscheinung um eine Folge der Interviewsituation handelt, in der relativer Zeitdruck und relative Zeitknappheit zur Vereinfachung und Verkürzung zwingt, oder ob sie aber Spiegel des tatsächlichen Erlebens ist. Auffallend ist allerdings, daß, nachdem über das letzte Versteck vor der Befreiung berichtet worden ist und somit eine neue Leitlinie des Erzählens gefunden werden muß, ein Freiraum entstanden ist, der die Möglichkeit schafft, sich anderen als den bisher in der Erzählung behandelten Aspekten zuzuwenden, wie z.B. dem Verhältnis zur Mutter.

Rückkehr und Aufklärung über die Verbrechen

Die Beschreibung des Verhältnisses zur Mutter offenbart eine der Folgen, die die Jahre der Verfolgung bei Herrn W. hinterlassen haben, und relativiert damit den durch die positiven Bewertungen verschiedener Verstecke hervorgerufenen Eindruck von Normalität. Sie spricht auch von B.W.s großem Bedürfnis nach emotionaler Zuwendung, die die Mutter ihm nicht gewähren konnte. Sie war nun das Familienoberhaupt, ihr oblag die Aufgabe der Existenzsicherung der Familie. Drei Jahre war sie, die vor dem Krieg eine engagierte Geschäftsfrau gewesen war, zur Untätigkeit gezwungen gewesen. Herr W. berichtet im Interview darüber, wie sehr die Mutter unter ihrer Untätigkeit gelitten hatte, selbst wenn sie gelegentlich bei einer Familie im Haushalt arbeitete und kochte. Herrn W. drängte es, über das Erlebte zu sprechen, und er suchte jemanden, der ihm zuhörte und - wie er es ausdrückt - "Andacht" schenkte. Nach dem Krieg, mittlerweile befand er sich in der Pubertät, brauchte er eine Bezugsperson, die ihm half, mit seinen Kriegserlebnissen umzugehen. Die Mutter, die als überlebender Elternteil diese Rolle hätte übernehmen sollen, war zu sehr in ihre eigenen Probleme verstrickt, als daß sie hierzu in der Lage gewesen wäre. So fiel diese Aufgabe zunächst der Frau Nb. zu, die Herr W. als seine Pflegemutter bezeichnet. Noch vor Kriegsende hatte sie Herrn W., der große Angst vor der Rückkehr nach Enschede hatte, zugesichert, daß er auch weiterhin bei ihnen bleiben dürfe, falls seine Familie nicht mehr lebte.

Das hat mich doch einigermaßen beruhigt, und ich fühlte mich ganz wohl dort. Einige Mal habe ich große Angst gehabt, als die Befreiung näher kam. Puh, jetzt wird die Wahrheit kommen, ja. Jetzt wird es klar, ja. Und dann sind wir

befreit worden, ich glaube 13., 14. April '45, und Enschede war schon am 1.
April befreit worden, und dann sollten wir nach Hause gehen. Da habe ich fast
gezittert vor Angst, puh, nach Enschede zu gehen. Nur die Angst, Leute nicht
zurück zu finden. Ich habe das damals auch ausgesprochen. Ich wußte dann
auch nicht, ob meine Mutter da war oder nicht. Wir sind einfach losgefahren.
Dann stellte sich heraus, daß sie bei ihren Eltern schon war, die waren schon
angereist. Dann stellte sich heraus, daß mein Bruder bei der Royal Air Force
war und dann noch in England war. Also, daß meine Tante und mein Onkel
lebten. Daß mein Cousin Werner bei einer holländischen Brigade irgendwo in
Deutschland als Besatzungstruppe war. So, in einigen Tagen wurde dann vieles
klar. Nur mein Vater war weg und blieb weg.

Der Erhalt der offiziellen Nachricht über den Tod des Vaters lag bereits mehr
als dreieinhalb Jahre zurück. Doch B.W. zweifelte nach wie vor an ihrer Richtigkeit. Er hörte nicht auf, auf die Rückkehr des Vaters zu hoffen. In den
Jahren des Untertauchens war die Sorge um das Leben des Vaters Teil seiner
täglichen Ängste. Das Kriegsende und die eigene Rückkehr in die Heimatstadt
versetzten B.W. in eine Stimmung angsterfüllter Gespanntheit. Nun würde er
Klarheit über seine engsten Familienangehörigen und die übrigen Verwandten
bekommen. Doch neben dieser Spannung war für B.W. das Kriegsende in
vielerlei Sicht eine Befreiung, was seine Antwort auf die Frage nach dem für
ihn Schönsten in jenem Moment eindrucksvoll belegt:

Schöne Frage. Das Schönste, doch... das Schönste war in erster Linie, frei zu
sein, nicht mehr bedroht zu werden, ja. Das war das Schönste. Daß man, daß
der Druck von jeden Tag daran zu denken, aufpassen, ja aufpaßt, daß man
dich nicht faßt, vermeidet Konfrontation mit der Polizei. "Halt dein Maul!", du
weißt, wenn es schief geht, kommst du in ein Konzentrationslager, das wußten
wir dann schon, ja, und diese Angst und diese Stigmatisierung, die fiel von
einem weg, ja, das war das Schönste.

Die Angst, von den Deutschen entdeckt zu werden, hatte die Untergetauchten
zu ständig kontrolliertem Handeln gezwungen, das sicherstellen mußte, daß
keine Aufmerksamkeit erregt wurde. Für Herrn W. gehörte es "zum Schönsten" an der Befreiung, daß ihm nun dieser psychische Druck genommen
wurde. Möglich geworden war die Befreiung durch das militärische Eingreifen
verschiedener Nationen in das Kriegsgeschehen, in dem B.W. ein Zeichen der
Solidarität zu erkennen glaubte. Er, der so sehr unter der Aussonderung aus
der Gesellschaft und der damit einhergehenden Isolierung gelitten hatte, machte
die Erfahrung, daß Menschen aus unterschiedlichsten Nationen sich zusammengefunden hatten, um den Kampf gegen die Judenverfolgung aufzunehmen:

Und schön war auch, daß es eine Verbundenheit gegeben hat - das habe ich als
Kind ziemlich gut realisiert -, daß hier Russen, Amerikaner, Kanadier, Englän-
der, so im Großen gesagt, sich zusammengefunden hatten, ja, den Faschismus
und unsere Unterdrückung zu bekämpfen. Ich glaubte in meiner fast kindlichen
Phantasie, denke ich, ich war natürlich politisch noch nicht sehr aufgeklärt und

nicht sehr viel bewußt [lacht] von Politik, gar nicht bewußt von Politik, aber ich dachte in meiner kindlichen Phantasie, kann ich mich noch gut erinnern, jetzt gibt es nur noch einiges zu tun, die Japaner und die Deutschen in diese Kooperation zu bringen, diese Verbundenheit, und dann ist ein großer Teil der Welt, ist in eine gleiche Lage gekommen, und dann werden wir nie wieder Krieg bekommen. Das waren so die... es ist so schlimm gewesen, schlimmer kann es nie werden, denn die Atombombe war noch nicht gefallen, ja.

Mh.

Und ich hoffte, denke ich, träumte von einer Welt, wo die Zweite Weltkrieg der letzte Krieg gewesen war. Das war so die erste Euphorie.

B.W.s "erste Euphorie", Reaktion eines Kindes, ist Ausdruck der Hoffnung und der Sehnsucht nach einer besseren Welt. Doch zunächst mußte man sich mit den Folgen der vergangenen Welt auseinandersetzen. Beinahe täglich kehrten Verwandte zurück, die die Konzentrationslager überlebt hatten. Gleichzeitig erfuhr B.W. aber auch von denjenigen Angehörigen, die dem Vernichtungswerk der Nazis zum Opfer gefallen waren. Eine besonders große Freude war das Wiedersehen mit seinem Bruder und seinem Cousin Werner. Die Rückkehr des Bruders geriet dabei zu einer kleinen Demonstration des Wohlstands. Die von ihm mitgebrachten Genußmittel, die man sämtlichst jahrelang entbehrt hatte, bestätigten B.W.s Gefühl der "ersten Euphorie", erschienen sie doch wie Symbole einer neuen Welt, in der Wohlstand und Friede herrschten:

Dann kam erst mein Cousin, in Militäruniform, in einem Jeep nach Enschede, und auch seine Eltern waren auch bei uns im gleichen Haus zusammen, und das war natürlich ein wunderbares Wiedersehen, und dann zwei Wochen später kam mein Bruder, der in Osnabrück auf dem Flugplatz stationiert war, mit einem Flugzeug nach unserem Flugplatz hier, und das war auch ein wunderbares Wiedersehen. Ich weiß noch genau, er hatte so einen großen Kasten mit Bonbons und Kaugummi und Kaffee und Tee und Zigaretten und Sachen, die wir nicht hatten, und das war natürlich wie im Paradies, ja, das Wiedersehen und auch die Sachen, die er mitbrachte. Das war zusammen so ein neues Bild von einer friedlichen Welt, wo man alles wieder haben kann. Es war natürlich ein großes Durcheinander, auch in Holland, nach dem Krieg. Es war nicht so, daß einfach die Deutschen weggingen und alles war wieder normal, ja, weit von normal. Die Produktion von Lebensmitteln war noch nicht normalisiert. Ich glaube, daß mich sehr beeindruckt hat, nicht nur, daß es Frieden war, aber auch das Wiedersehen mit meinem Bruder und meinem, ja fast zweiten Bruder, ja, dem Werner. Ja, das war sehr emotional und sehr schön. Was dann überblieb natürlich: Der Werner hat seine Eltern behalten, ich habe nur meine Mutter behalten und meinen Bruder natürlich. Die Hoffnung, jeden Tag kamen Leute zurück aus Konzentrationslagern, die Hoffnung war noch immer da, vielleicht kommt mein Vater noch. Und das gab doch eine Schattenseite an die Freude.

So groß die Freude über die eigene Befreiung auch war, so waren die Erfahrungen, die B.W. in den ersten Wochen und Monaten nach dem Krieg machte, doch zwiespältig. Auf der einen Seite erlebte er die Rückkehr eines Teiles seiner Angehörigen, aber auf der anderen Seite blieb die Rückkehr desjenigen, den er am meisten wiederzusehen hoffte, aus. Immer wieder spricht Herr W. in seiner Erzählung über den tiefempfundenen Wunsch, den Vater unter den Zurückkehrenden zu finden:

So wurde jeden Tag eine neue Bilanz aufgemacht, eigentlich, ja, in meinen Gefühlen. Und jeden Tag kam auch wieder die Verzweifelung: Vielleicht kommt mein Vater doch oder nicht. Das hat sehr lange gedauert. Es war nicht nur einige Monate. Es hat, denke ich, einige Jahre gedauert, bis ich die Hoffnung wirklich aufgegeben hatte, aber nie darüber gesprochen, nur in meinem Kopf.

Das Bild von der täglich erstellten Bilanz drückt B.W.s stille Sehnsucht und sein großes Bedürfnis nach Gewißheit über den Verbleib der Angehörigen, im besonderen über den des Vaters, aus. Der Umstand, daß er auch Jahre nach Kriegsende die Hoffnung noch nicht aufgegeben hatte, führt vor Augen, wie sehr er sich nach dem Vater sehnte. Mit der Rückkehr der Überlebenden des Holocaust wuchs auch das Wissen über das Geschehen in den Konzentrationslagern. Allein ihre äußere Erscheinung gab Kunde von den grausigen Ereignissen. Das Unglaubliche des fabrikmäßig organisierten Massenmordes war auch für diejenigen nicht faßbar, die mit knapper Not entkommen waren.

Und dann wurde auch klar, was geschehen ist im Konzentrationslager und Mißhandlungen, auch in Holland natürlich. Man hat das kaum glauben können, auch dann noch und dachte: Oh, wirklich Gaskammern? Täglich Menschen aushungern? Ja, das hat ganz, ich glaube Monate gedauert, bis wir Kinder wenigstens, vielleicht die Eltern etwas eher, akzeptieren konnten das. Und die Berichtgebung war natürlich auch nicht so schnell in dieser Zeit, ja. Dann kamen auch die KZ-Häftlinge zurück. Die haben nicht viel gesagt. Haben nur ausgesehen wie wandelnde Leichen, und wir sind natürlich furchtbar erschrocken von diesen Menschen. Die haben nicht viel gesprochen. Wir haben zwei Damen im Haus gehabt, bei der Familie H., also bei meinen [zukünftigen] Schwiegereltern. Wir lebten dort, und die Damen aus Amsterdam waren dort auch aufgenommen. Sie kamen aus Bergen-Belsen und haben furchtbar ausgesehen. Haben nicht gesagt, wie schlimm es war. Die waren nur froh, daß sie wieder in Holland zurück waren und noch lebten, ja. [...] Ein Vetter von uns kam zurück, und seine Frau und sein Kind sind ermordet worden. Eine kleine Cousine von acht Jahren kam zurück, und ihr Vater kam nicht zurück. Sie war in Bergen-Belsen gewesen, war sehr, sehr krank. Man hatte auch Experimente gemacht mit ihr, mit den Ohren. Sie hatte eine schlimme Ohrenentzündung, als sie war, war fast taub, als sie zurückkam. Das war also sehr schrecklich. [...] Jeden Tag kamen einige wieder, wie wir sagten 'auftauchen', ja, ich weiß auch ganz gut, daß das jedesmal ein Fest war, wenn wieder einige Angehörige kamen. Wir waren so ungefähr fünfundfünfzig Angehörige vor dem Anfang des Krieges, und wir waren dreiunddreißig, als wir wieder alle beisammen waren. So es waren zweiundzwanzig Leute ermordet worden, so ungefähr. Und das gab natürlich immer Freude und Verdruß, ja, das war eigentlich einige Wochen und Monate, immer wieder machte ich als Kind die Bilanz auf eigentlich.

Von den zu Beginn des Krieges in Enschede lebenden 1.368 jüdischen Bürgern wurden 630 in deutschen Konzentrationslagern ermordet.[45] Die meisten von ihnen fanden den Tod in den Lagern Auschwitz und Sobibór. Insgesamt hatte die Stadt Enschede knapp 1.200 Kriegsopfer zu beklagen. Unter ihnen - neben den jüdischen Opfern - 356 Menschen, die bei Bombenangriffen ums Leben gekommen sind, und 49 nichtjüdische Menschen, die in Konzentrationslagern starben.[46]

In Herrn W.s Bilanz werden weder die Bombenopfer noch die Opfer der jüdischen Gemeinde in ihrer Gesamtheit aufgenommen. Einzig die Zahl der nicht zurückgekehrten Familienmitglieder wird in der Erinnerung genannt und beklagt. Neben der rein numerischen Bilanz der Ermordeten registriert Herr W. aber auch Veränderungen und Auffälligkeiten im Verhalten der Überlebenden. In seiner Erzählung über die Nachkriegszeit folgen immer wieder Berichte über aus den Konzentrationslagern zurückgekehrte Angehörige und auch über jene, die sich untergetaucht dem Zugriff der Verfolger entziehen konnten. Sie sind Ausdruck seiner tiefen Verbundenheit und inneren Anteilnahme an ihrem Leiden. Es gab keine Familie im Verwandtenkreis, die nicht um ermordete Angehörige zu trauern hatte. Besonders schmerzte B.W., daß die Eltern zweier Vettern das Konzentrationslager nicht überlebt hatten.

Ich weiß, daß zwei Vettern von mir aus dem Untertauch zurückkamen, und der eine hatte es ziemlich gut durchstanden. Er hat immer in einem Haus wie Anne Frank versteckt gesessen, aber der andere war bei einem Bauern im Süden, dreißig, vierzig Kilometer südlich von unserer Stadt, und der war, ja, wie soll ich sagen, der hat ganz die Kultur dieser Familie angenommen. Der war ganz typisch dieser Junge. Er war nie in der Schule gewesen. Er hat nur auf dem Land gearbeitet. Er war so in meinem Alter, aber er hat ein ganz anderes Verhalten gehabt. Er war grob wie ein Bauernbub. Lief immer auf seinen Holzschuhen noch und konnte das nicht ablegen. Er hat seinen Arbeitskittel immer angehabt, mochte das nicht ablegen.

Herr W. fügt hinzu, daß die Eltern dieser Kinder sehr begabt gewesen waren - der Vater war Tierarzt und die Mutter eine "hervorragende Pianistin" - und daß er es deshalb sehr traurig fand, daß einer der beiden Jungen durch die Verfolgung so sehr in seiner Entwicklung gestört war. Nach dem Krieg wurden die beiden Vettern von der Schwester der leiblichen Mutter wie eigene Kinder aufgenommen. Wenn Herr W. über die Situation anderer Familienmitglieder spricht, ist dies für ihn Anlaß, um sich mit ihnen zu vergleichen, in diesem Fall mit den Vettern, die beide Elternteile verloren hatten.

---

[45] Wiegman 1985, S. 124, 132.
[46] Ebd., S. 445.

Ich glaube keine Familie, ja, eine Familie war ganz weg, Vater, Mutter und Kinder... und hier waren zwei Kinder ohne Eltern, ja, und das hat mich sehr, sehr geprägt, und du, du hast noch einen Bruder, eine Mutter, ja, was machst du dich dick um deinen Vater, ja. [...] Ich war natürlich eifersüchtig auf Freunde, wo alles noch hatten und im Stande war. Das war ich auch. Das sage ich ehrlich. Ja, ich hatte doch das Gefühl, ich hatte mehr das Gefühl, warum, warum hat man meinen Vater ermordet? Er war doch ein netter, ein harmloser, hart arbeitender Holländer. Warum er? Warum? Ich kann das jetzt noch nicht erklären. [...] Und das war natürlich immer im Vergleich auch mit anderen, die es schlechter hatten, auch mit denen, die es besser hatten. Und diese zwei Neffen, von denen ich sprach, das tat mir sehr, sehr weh, und ich habe große Bewunderung für meine Cousine und ihren Mann gehabt, daß sie diese Kinder aufgenommen, so recht wie Eltern aufgenommen haben. Das haben sie wunderbar gemacht.

Weiter berichtet Herr W. über die dezidiert antideutsche Einstellung der Ersatzeltern. Die Stiefmutter, in Deutschland geboren und aufgewachsen, hat dort den aufkommenden Antisemitismus bewußt erlebt, was - wie Herr W. hinzufügt - sie sehr geprägt habe. Um sich der Verfolgung zu entziehen, war sie später in die Niederlande gezogen, wo auch ihr Bruder lebte, der während des Krieges im Widerstand arbeitete. Dieser wurde bei seiner Verhaftung von der deutschen Sicherheitspolizei erschossen.

Sie hatte eine längere Zeit in Deutschland gelebt, früher als Kind, und hat doch was mitbekommen, hat sie mir mal erzählt, von dem ganz langsam kommenden Antisemitismus in Deutschland, und sie sind dann nachher nach Holland gekommen, und das hat sie natürlich geprägt. Und während des Krieges ist ihr Bruder im Norden, in Groningen, entdeckt worden, verraten worden, und er war bewaffnet, er war auch Widerstandskämpfer. Und als die Deutschen in sein Zimmer kamen, um ihn zu arrestieren, mitzunehmen, hat er geschossen, und ich glaube sogar einen Deutschen, einen Sicherheitsdienstmann getötet, aber er wurde zurückgeschossen, und er war auch tot. So, sie hat natürlich so einen Haß: meine Schwester ermordet, mein Schwager ermordet, mein Bruder ermordet, ich muß die Kinder erziehen, ich mache das auch gern, aber sie hat natürlich einen Riesenhaß zu den Deutschen gehabt. Sie ist auch bis heutzutage nicht wieder in Deutschland gewesen. Sie ist also prinzipiell, sie sagt: "Ich will in meinem Leben keinen Kontakt mit den Deutschen mehr haben." Ich weiß nicht, ob das heute noch so ist, aber vor zwei Jahren war das noch so.

Damit schließt Herr W. die Erzählung über seine Verwandten ab. Die Rückkehr jedes einzelnen war stets eine große Freude, aber sie bedeutete auch Leid, erfuhr er doch ein Bruchstück mehr über die Naziverbrechen, die nicht an anonymen Fremden begangen worden waren, sondern die ihm nahestehende Menschen erdulden mußten. An vielen Beispielen wurde B.W. nach seiner Rückkehr bewußt, daß er nicht einfach an das alte Leben anknüpfen konnte. Die Menschen, denen er in seiner Heimatstadt begegnete, waren ihm wohlvertraut; er kannte sie seit seiner Kindheit. Doch die Art und Weise, wie viele auf

die zurückgekehrten jüdischen Bürger reagierten, machten es diesen oft
schwer, sich wieder zu Hause zu fühlen. Im Interview berichtet Herr W. an
verschiedenen Stellen über das Verhalten der Umwelt ihm und seiner Familie
gegenüber. Dem Dreizehnjährigen blieb nicht verborgen, daß Nachbarn,
Bekannte oder auch Spielkameraden ihnen oft kühl und distanziert gegen-
übertraten, ja sie sogar mieden.

*Und typisch war, daß die Kontakte zu den alten Freunden, aber auch mit
Erwachsenen in unserer Umgebung, waren, wie soll ich sagen, waren... kamen
kaum zustande. Man hat uns etwas gemieden, ob wir kranke Leute waren, ob
wir eine furchtbare Krankheit mit uns hatten. Später lernte ich, ich wußte das
nicht und habe das viel später erfahren, daß jedermann natürlich sich schuldig
fühlte, nicht wußte, was zu sagen. So es waren mehr die Angstgefühle der
anderen, aber es hat auch auf mich als Kind sehr typisch gewirkt, ja, die
meisten Leute waren auch nicht so froh: "Ah, bist du wieder da!", sondern
"Guten Tag" und gingen weiter, und das hat mich sehr... hat mir ein sehr
unbequemes Gefühl gegeben.*

> *Du hast gestern schon mal dazu gesagt, [...] daß
> sie eben in gewisser Weise vielleicht doch
> mitschuldig, oder sie waren eben gleichgültig
> gegenüber dem Schicksal ihrer jüdischen Mit-
> bewohner in der Stadt gewesen und haben jetzt
> doch so eine Art Schuldgefühl?*

Das Schuldgefühl von anderen?

> *Ja.*

*Ja, ich denke. Ich denke, daß es ein Schuldgefühl war, wir haben nichts für
diese Familie getan, nichts unternommen, uns nicht gut verteidigt, nicht in der
Résistance, in die Untergrundbewegung gegangen. Das war auch typisch, daß
auch Leute, die nichts getan hatten, noch plötzlich riefen: "Oh, wir haben
Widerstand geleistet." Und wenn man das nachforschte, dann hatten sie gar
nichts getan oder vielleicht mal ein Kilo Zucker versteckt gehalten oder so. Es
waren natürlich viele gute Holländer, aber es war eine ganz große Gruppe, das
werde ich nie vergessen, die nichts getan haben, die noch prodeutsch, noch
antideutsch waren, ja.*

Heute findet Herr W. eine Erklärung für das Verhalten seiner Umwelt, das ihn
damals sehr verletzt hatte. Wenn er seinen Mitmenschen ein Schuldgefühl
attestiert, spricht er sie damit nicht von dem Vorwurf frei, die Verfolgung der
Juden mit Gleichgültigkeit aufgenommen zu haben. Daß eine Fortführung des
Lebens der Zeit vor der Verfolgung unmöglich war, wurde B.W. auch auf
andere Weise deutlich. Die Rückkehr nach Enschede war zwar das Wieder-
betreten der Heimatstadt; sie führte die Familie jedoch nicht zum Ausgangsort
vor der Flucht in den Untergrund. Als die W.s in ihr altes Haus ziehen wollten, mußten sie feststellen, daß ihnen dies verwehrt wurde; die Haustür war
verschlossen und versiegelt. Ein Schild wies darauf hin, daß der kanadische

"Townmajor" das Haus requiriert hatte. Schnell waren alte Ängste geweckt, durch die sie sich gezwungen fühlten, den Anweisungen einer Militärinstanz unverzüglich zu folgen. Auf diese Weise eingeschüchtert, gehorchten die W.s. Für B.W. war es eine große Enttäuschung, nicht in das Elternhaus, in dem er vor der Verfolgung sehr glücklich gewesen war, zurückkehren zu dürfen.

Das war für mich als Kind sehr eingreifend, ja, ich, ich... wir haben eben von Sehnsucht gesprochen, ich hatte doch Sehnsucht, zurückzugehen zur Ausgangsstelle, ja, da wo wir vorher waren. Das war psychologisch, denke ich, gefühlsmäßig. Und ich hatte Sehnsucht in dieser Zeit, Sachen zurückzudrehen, anzufangen in der Klasse, wo ich war, ja, die Freunde wieder um mich zu haben. In der Pfadfinderei wieder in der gleichen Gruppe wieder anzufangen. In diesem Moment wollte ich bestimmt die Weichen zurückstellen, aber das war unmöglich. [...] Ich war sehr verbunden mit dem Haus, wo ich meinen Vater das letzte Mal... hier fing eine neue Epoche für mich an, hatte hier einen wunderbaren Freundeskreis in der Umgebung und Freundinnen, es war eine schöne Gegend. Es war alles vor dem Kriege oder Anfang des Krieges noch so schön gewesen. Ich wollte das wieder im Stande bringen, ja, aber das war natürlich die Phantasie eines Kindes, denke ich, und nicht die Realität.

Der Initiative guter Freunde war es zu verdanken, daß die Familie von dem "Townmajor" ein anderes, ebenfalls beschlagnahmtes Haus zugewiesen bekam. Hierbei handelte es sich um das ehemalige Haus einer NSB-Familie, die inzwischen interniert war. Herrn W. mißfiel es, in dieses Haus zu ziehen, zumal er mit den Kindern dieser Familie vor dem Krieg gespielt hatte.

Ich dachte, dies ist eine Art der Rache, ja, wir sind aus unserem Haus getrieben, die sind aus dem Haus getrieben, und wir machen eigentlich das gleiche, was die Deutschen und die NSBer machten, ja.

> *Und das hast du als Dreizehnjähriger schon so gedacht?*

Ja, das ist wirklich, was ich als Kind fühlte, was ich jetzt erzähle, nicht was ich jetzt denke, aber was ich damals sehr stark gefühlt habe. Das habe ich auch ausgesprochen.

Rückkehr - mehr als nur ein Moment oder ein Tag - war für B.W. ein Prozeß der Enthüllung und Aufklärung über das, was den Angehörigen in den vergangenen Jahren widerfahren war. Er wurde vervollständigt durch das Erstellen von Bilanzen, die Auskunft über die Zahl der Ermordeten gaben, aber auch das Ausmaß der Verletzungen der Überlebenden beschrieben. Am Ende folgt die Enttäuschung der Hoffnung, mit der Rückkehr das Leben vor der Verfolgung fortsetzen zu können. Dies wird für B.W. offensichtlich, als er schließlich - Jahre nach der Befreiung - eingestehen muß, daß sein Vater nicht mehr zurückkehren wird.

Wiedereingliederung

Allmählich wurden die von den deutschen Besatzern ausgegrenzten jüdischen Bürger wieder Teil der niederländischen Gesellschaft. Sie bezogen eine Wohnung und dokumentierten somit ihren Anspruch auf Heimat. Auch die W.s integrierten sich wieder. Gleich nach dem Krieg versuchten sie, eine wirtschaftliche Existenz zu gründen. Gemeinsam bauten B.W.s Mutter und Bruder das Textilgeschäft wieder auf. Die Nazis hatten ihnen zwar das gesamte Vermögen geraubt, doch geblieben war ihnen das vor dem Krieg nach England transferierte Kapital, das nun den Grundstock für das neue Unternehmen bildete.

In der Erzählung über die ersten Nachkriegsjahre spricht Herr W. über Stationen seines Lebens, wie sie jeder Heranwachsende durchläuft. Er berichtet über den Schulbesuch, seine Mitarbeit in zwei Jugendorganisationen, über die an die Schulzeit sich anschließende Lehre, über die erste Liebe, über erste Auslandsreisen und -aufenthalte, den weiteren beruflichen Werdegang und schließlich über seine Heirat.

Zu B.W.s Alltag gehörte auch bald wieder der Schulbesuch. Doch selbst hierbei wurde ihm schmerzlich bewußt, daß seine Sehnsucht nach dem Zustand vor der Verfolgung unerfüllt bleiben würde.

Wir kommen zurück in die Nachkriegszeit. Dann ging ich in die Schule. Unsere Schule war bombardiert, war weg. So das war auch, wenn wir sprechen über die Sehnsucht nach früher. Daß die alte Klasse nicht mehr existierte, die Räume, war für mich auch sehr eingreifend. Der Geruch. Die Sachen. Wir hatten eine wunderbare Schule. Eine Modellschule in der Stadt. Und das hat mir doch Verdruß gemacht, daß es nicht mehr existierte, und dann kam die Reihenfolge wieder: mein Vater weg, mein Vetter weg, meine Freunde weg, meine Schule weg, ja, das Geschäft weg, das Haus weg. [...] Die Schule war für mich doch schön. Ich hatte wenigstens wieder Kontakt mit den alten Lehrern, und mit einem Lehrer hatte ich einen wunderbaren Kontakt. Er hat ganz gut gespürt, wie es mit mir war, und ich war nicht der einzige, es waren noch mehrere jüdische Kinder dort. Ich fühlte in dieser Klasse, daß ich nicht mehr stigmatisiert wurde. Es wurde kein Unterschied gemacht, und das mußte ich auch wieder lernen, ja, daß ich nicht mit einem Stern laufen mußte und nicht etwas Besonderes war.

Immer wieder thematisiert Herr W. Erlebnisse, die ihm vor Augen führten, daß die Zeit nicht zurückzudrehen war. Jedes von ihnen führt dabei zur Rekapitulation einer ganzen Lawine von Verlustmeldungen, an deren Spitze nach wie vor der Verlust des Vaters steht. Wieder einmal betont Herr W. auch, wie erleichtert er darüber war, nicht länger als Jude stigmatisiert zu werden. Auf der einen Seite widerstrebte es ihm, eine Außenseiterrolle einzunehmen, und auf der anderen Seite genoß er es, sich aufgrund erworbener Kenntnisse und Fertigkeiten von den Klassenkameraden abzuheben. Im Laufe eines Schuljahres fuhr seine Klasse für eine Woche an einen See, um Rudern und Segeln zu lernen. Beides hatte B.W. in den vergangenen Jahren in seinen Verstecken gelernt.

Da war ich Herr und Meister, wenn wir ruderten und segelten. Ich hatte ein großes Ansehen in der Klasse, denn ich konnte segeln, ich konnte rudern, und ich konnte dann meine Klassenkameraden lehren. Ich wurde, und das war sehr klug von dem Schuloberhaupt, er gab mir eine spezielle Funktion. Ich war der Juniorchef, ja, so eng übersetzt, ja. Und ich war auch älter als meine Mitschüler. Er war ein guter Pädagoge. Er hat das gefühlt, das analysierte ich später, erst aber in dem Moment war ich nur stolz, ja [lacht]. Es war eine, wie sagt man, eine Art Wiedergutmachung. Er hat gefühlt, er muß etwas Ansehen erreichen, und ich war natürlich stolz, daß ich so, erst kam die Lehrergruppe und dann kam ich, und dann kam der Rest, ja. Es war eine Hierarchie, aber nicht Hierarchie in diktatorialem Sinn, aber im Arbeitssinn, und da war ich ganz stolz darauf. Sehr verliebt dann in ein Mädchen, jüdisches Mädchen übrigens, aber war Zufall, denke ich. Klari, da war ich sehr verliebt, auch sie in mich. Das war meine erste große Liebe, glaube ich. So es war alles Sonnenschein, in dieser Hinsicht.

Die beiden vorangegangenen Passagen über die Schulfreizeit führen folgendes vor Augen: Stets schildert Herr W. die Bedeutung des Geschehens vor dem Hintergrund seiner Verfolgung. Andere Aspekte spielen in der Erzählung keine Rolle. Der Schulbesuch nach dem Krieg bedeutete für ihn in erster Linie die Wiederaufnahme in den Kreis der Jugendlichen. Er berichtet nicht über Streiche, wie sie Jugendliche in seinem Alter machen, oder über Konflikte mit Lehrern oder Klassenkameraden. Selbst wenn er über die Schulfreizeit am See spricht, geschieht dies nur, um zu erwähnen, daß ihm hier eine Chance gegeben wurde, sein Selbstwertgefühl zu stärken, das durch die Verfolgung geschwächt worden war - ein Umstand übrigens, den Herr W. in seiner Erzählung über jenen Lebensabschnitt nicht angesprochen hat.

Gleich nach dem Krieg schloß sich Herr W. auch wieder den Pfadfindern an. Er berichtet, daß das Interesse an Jugendgruppen sehr groß war. Die wiedergegründeten Pfadfinderorganisationen waren dem Ansturm der Jugendlichen kaum gewachsen. Schließlich wurde er in eine Gruppe aufgenommen, in der hauptsächlich Kinder aus Arbeiterfamilien waren. B.W. hatte als Kind einer wohlhabenden Bürgerfamilie nur selten Gelegenheit, in Kontakt mit anderen sozialen Gruppen zu treten. Doch er suchte diesen Kontakt, den er mit seinem Wunsch begründet, keine "Ausnahme" sein zu wollen, sich nicht aufgrund von Privilegien seines Sozialstatus' von anderen unterscheiden zu wollen. Herr W. erzählt, daß er erstmals in den Jahren des Untertauchens mit "sehr einfachen Menschen" zusammengetroffen sei. Sie waren es, die den Mut fanden, ihn zu verstecken. Diese Menschen unterschieden sich von ihm auch durch ihre Religion; viele von ihnen waren Mitglieder einer reformierten Kirche. Die Form ihrer Religiosität und die Aufrichtigkeit, mit der sie ihren Glauben bekundeten, beeindruckten B.W. tief. In besonderer Erinnerung ist ihm eine Bauernfamilie geblieben, bei der er gemeinsam mit seiner Mutter

sowie Tante und Onkel untergetaucht war. Die Erwachsenen, die dem jüdischen Glauben sehr verbunden waren, fühlten sich jedoch durch das gemeinsame Beten des "Vater Unser" vor den Mahlzeiten mißbraucht, wie Herr W.
betont.

Da ich das Gefühl habe, daß Herr W. nichts mehr hinzufügen möchte, stelle
ich eine neue Frage. Mich interessiert, wie sich seine Schulkameraden und die
Kinder in seiner Pfadfindergruppe ihm gegenüber verhalten haben. Stellten sie
ihm Fragen, wollten sie wissen, wie er den Krieg überlebt und wo er sich die
vergangenen Jahre aufgehalten hat? Herr W. antwortet, daß er nur selten auf
die zurückliegenden Kriegsjahre angesprochen wurde. Verwundert berichtet er,
daß lediglich nach den Orten, an denen er sich aufgehalten hatte, gefragt
wurde. Hingegen schien nicht zu interessieren, was er tatsächlich erlebt und
durchgestanden hatte.

Und dann habe ich auch ganz sachlich geantwortet. Ich war da und da. Ich
hatte natürlich einige Erlebnisse, romantische Erlebnisse. Es war ein Flugzeug
niedergefallen, und wir haben alles leergeraubt in diesem Wassergebiet. Wir
hatten einmal einen Piloten untergetaucht gehabt, aber sofort eigentlich immer
abgelenkt, ja, Geschichten erzählt, die schön waren, spannend waren, solche
Sachen habe ich öfters erzählt, aber meine eigene Lage habe ich fast nicht
erklärt, wurde auch nicht nach gefragt. Es wurde am Anfang dann vielleicht
gefragt: "Wo bist du gewesen?" Ich habe mich auch nicht getraut. Ich habe es
auch nicht gekonnt, glaube ich. Nein! Ich habe immer schöne Geschichten
erzählt. Und ich habe natürlich immer gesagt, wie phantastisch es war, daß
Menschen das Leben für mich eingesetzt hatten, ja, riskiert haben. Aber weiter
doch nichts. Auch in der Familie wurde wenig... mein Bruder weiß heutzutage
noch nicht exakt, was ich durchgemacht habe. Die Diskussion war, es war ein
geschlossenes Stück, und ich war auch nicht so dran. Ich konnte auch nicht
meine Emotionen zeigen, nein. Ich konnte noch nicht verworten [in Worte
fassen], was geschehen war. Ich denke, obwohl ich viel älter, geistig viel älter
geworden war, war ich nicht imstande damals, meine Gefühle zu zeigen. Das
war schwierig.

Auf der einen Seite herrschte bei B.W. Verwunderung und Überraschung und
vielleicht sogar ein wenig Enttäuschung darüber, daß die Fragen recht ober-
flächlich und unpersönlich waren, doch auf der anderen Seite gesteht er ein,
gar nicht in der Lage gewesen zu sein, über die vergangenen Jahre zu sprechen. Er vermied es, durch das Erzählen traumatische Erinnerungen wieder-
aufleben zu lassen, die ihn verunsichert und belastet hätten. Es ist leichter,
spannende Geschichten, in denen man sich selbst vielleicht als Held darstellen,
also eine positive Rolle einnehmen kann, zu erzählen, als solche, in denen man
der Schwache, Ängstliche und Gepeinigte ist.

Im Abstand der Jahre erklärt Herr W. selbstreflektierend sein Schweigen als
mangelndes Vermögen, seine Emotionen zu zeigen und in Worte zu fassen.
Hierin mag ein Widerspruch zu seiner Äußerung gesehen werden, daß ihm
seine Mutter nach der Rückkehr zu wenig "Andacht" schenkte, also keine

Gelegenheit zum Austausch über das Erlebte bot, den er so sehr wünschte. Aufgrund gleichen Erlebens im Untergrund hätte sie eine gleichberechtigte und verständnisfähige Gesprächspartnerin für ihn darstellen können. Von seinen Schulkameraden und den Freunden in der Pfadfindergruppe hingegen trennte B.W. ein unterschiedlicher Erlebnishintergrund. Ihre Fragen konnten bestenfalls Interesse oder Anteilnahme ausdrücken, jedoch niemals einen Beginn für ein leidlinderndes Gespräch bedeuten. Herrn W.s Schweigen war Ausdruck der durch die Verfolgung verursachten Identitätsprobleme, über die er im weiteren Verlauf des Interviews noch häufiger sprechen wird und auf die im nächsten Kapitel eingegangen werden soll. Michael Pollak sieht in dem Schweigen der Überlebenden einen Hinweis darauf, daß KZ-Erfahrungen - für Untergrunderfahrungen gilt dies gewiß ebenso - im doppelten Sinn Grenzerfahrungen sind: "Erfahrungen an der Grenze des Möglichen und damit an der Grenze des Sagbaren."[47]

Verletzungen

Um B.W.s Schwierigkeiten der Identitätsfindung zu veranschaulichen, soll seine psychische Situation vom Beginn der Befreiung an nachgezeichnet werden. Dazu muß noch einmal auf seine "erste Euphorie" eingegangen werden. In dieser Phantasie unmittelbar nach der Befreiung beschreibt er seine Sehnsucht nach Frieden. Der Umstand, daß so viele Nationen gemeinsam angetreten waren, um die Deutschen zu bekämpfen, stärkte seine Zuversicht, daß damit endgültig der Krieg als Phänomen überwunden und der Weg in eine friedlichere Welt geebnet sei. B.W.s "erste Euphorie" erinnert an die von Eddy de Wind, dem Psychiater und Überlebenden von Auschwitz, beschriebenen "regressiven Sicherheitsphantasien" überlebender KZ-Häftlinge:

"Eine neue Welt würde aufgebaut werden, eine Welt von Billigkeit und Recht. Wer in solchen unrealistischen Phantasien lebt, ist besonders verwundbar.
Jedes Unrecht, jede Unfreundlichkeit, jede Frustration im Berufs- oder Familienleben bedroht ihn und zerstört seine Welt."[48]

B.W.s "erste Euphorie", die zunächst Bestätigung erfuhr, z.B. durch die Art und Weise, wie der Bruder heimkehrte, wurde nach und nach enttäuscht. Mit der Rückkehr nach Enschede konnte er nicht an das Leben vor der Verfolgung anknüpfen. Vertrautes wurde nicht zurückgefunden. Viele Menschen begegneten den Zurückgekehrten distanziert. Das Haus, das die Familie bewohnt hatte, durfte von ihr nicht wieder bezogen werden. Das alte Schulgebäude existierte nicht mehr. Nicht ohne Grund folgt in Herrn W.s Erzählung die Schilderung dreier Erlebnisse, die seinen persönlichen Frieden nachhaltig gefährdeten, unmittelbar aufeinander. Bei ihnen handelte es sich nicht um Ereignisse der großen Politik - in der Beschreibung der "ersten Euphorie" erwähnte er den

[47] Pollak, Michael: Die Grenzen des Sagbaren. Lebensgeschichten von KZ-Überlebenden als Augenzeugenberichte und als Identitätsarbeit. Frankfurt a.M./New York 1988, S. 89 (= Studien zur Historischen Sozialwissenschaft, 12).
[48] de Wind, Eddy: Begegnung mit dem Tod. In: Psyche 22 (1968) S. 423-441, hier S. 435.

Atombombenabwurf auf Hiroshima als ernüchterndes Ereignis -, sondern um
Konflikte in seinem unmittelbaren sozialen Umfeld. Eines Tages - B.W.
besuchte längst wieder die Schule - erkrankte er schwer. Seine Mutter und sein
Vetter, der zu Rate gezogen wurde, glaubten nicht, daß er tatsächlich krank
sei. Sie machten lediglich Schulangst für seinen Zustand verantwortlich und
forderten ihn auf, endlich aufzustehen und für eine bevorstehende Prüfung zu
lernen. Ein schließlich konsultierter Arzt erkannte B.W.s ernsten Gesundheits-
zustand und wies ihn in ein Krankenhaus ein. Eine sofortige Operation war
notwendig. B.W. war enttäuscht, daß seine Familie ihm nicht geglaubt, ihn
quasi für einen Simulanten gehalten und ihn statt dessen mit strengen Worten
zum Lernen aufgefordert hatte.

*Ich war sehr beleidigt, daß a) meine Mutter einen anderen Angehörigen auf
mich losstürmen ließ und b) daß ich beschuldigt [wurde] von etwas, was nicht
da war. So krank wie ich war, war ich doch sehr, sehr wütend und sehr traurig
auch. In diesem Momente fehlte mein Vater, ja, dann kam das Bild, das habe
ich auch so als Kind gesehen, wäre mein Vater jetzt hier, ja, ich erzähle das,
und das ist in meiner weiteren Geschichte doch sehr wesentlich, weil einige
Sachen damit zu tun haben. Ich war natürlich übergefühlig für Machtmiß-
brauch - das sage ich jetzt, aber das fühlte ich damals doch so -, Manipulation
von anderen. Auch während des Untertauchens war ich sensibel dafür geworden, und ich fand dann meinen Vetter furchtbar, daß er so an mich rantrat und
unrecht hatte, ja. Und dann bin ich operiert worden, und man hat - wie ich
später hörte - für mein Leben gebangt. Ich war sehr krank.*

Gleich im Anschluß erzählt Herr W. die nächste Begebenheit, bei der er die
Macht des Familienrates zu spüren bekam. Seit einiger Zeit erhielt er Klavier-
stunden. Zwischen der Lehrerin, übrigens eine Jüdin, und ihm war ein
Vertrauensverhältnis entstanden. Nach dem Unterricht saßen beide noch für
eine Weile zusammen, und B.W. hatte Gelegenheit, über das zu sprechen, was
ihn bewegte. Eines Tages beschloß die Familie, daß er künftig von einer anderen Lehrerin, die für qualifizierter erachtet wurde, unterrichtet werden sollte.
B.W. wehrte sich gegen diese Entscheidung, allerdings erfolglos.

*Diese Lehrerin war auch sehr lieb. Sie war so zehn Jahre älter wie ich, aber
war auch eine Frau, die mit mir sprach. Sie war interessiert, was ich machte,
einen Tee mit mir trank nach den Stunden, mit mir plauderte. Sie fühlte, daß
ich das Bedürfnis hatte, mich zu äußern. War fast ein besserer Kontakt als mit
meiner Mutter. [...] Ich hatte so einen Verdruß, daß ich von ihr getrennt
wurde. [...] Aber ich dachte, es fällt eine Bombe, ja, eine Welt stürzte ein, und
ich habe dann auch geweint, glaube ich.*

Bei der bereits erwähnten Prüfung, die Herr W. zu absolvieren hatte, handelte
es sich um eine Ergänzungsprüfung im Fach Geschichte. Ihr Bestehen war
Voraussetzung für seinen geplanten Schulwechsel zum Gymnasium. Das
Gymnasium war auch der Ort der Prüfung.

*Aber jetzt kommt ein ganz emotionales Stück: In dem Moment, in dem ich dort
in die Schule eintrat, in den Korridor hineinging, kam ich, bevor ich zu dem
Zimmer des Direktors ging, kam ich durch den gleichen Korridor, wo ich
meinem Vater das letzte Brot überreicht hatte, und ich schaute zu der Treppe
und dachte: Oh, hier war mein Vater am letzten. Und ich war wirklich durcheinander. Und das war ganz typisch. Ich hatte mir das absolut nicht realisiert,
bevor ich dorthin ging. Ich wußte natürlich, in welche Schule ich gehen sollte,
aber ich habe mich das absolut, es war wie ein, ein, ein Gewitterschlag vom
Himmel, 'Bumm', auf einmal.*

Ich habe diese Passage wiedergegeben, weil sie für das Verständnis der nachfolgend erzählten Begebenheit wichtig ist. B.W. bestand die Prüfung und
konnte somit nach den Ferien das Gymnasium besuchen. Hier zeichnete sich
ein neuer Konflikt ab. B.W., der von der schweren Operation noch nicht restlos genesen war, durfte aus diesem Grunde nicht am Sportunterricht teilnehmen. Dies erklärte er auch dem Direktor. Doch der wollte sich mit einer
mündlichen Erklärung nicht zufrieden geben und verlangte statt dessen ein ärzt-
liches Attest. B.W. war entrüstet und wütend. Warum glaubte man ihm nicht?
"Dann kam ich wieder in den deutschen Besatzungsgefühl zurück", erzählt
Herr W., "man muß alles erklären, Papiere haben, Ausweise und so weiter.
Ich war der Meinung, man sollte einander wieder vertrauen, ja." Schließlich
gab Herr W. nach und lieferte das geforderte Attest ab. Doch die Atmosphäre
war fortan getrübt. Das Verhältnis zu dem Direktor, den er in einer anderen
Sequenz sogar mit einem Wehrmachtssoldaten verglich, war gestört. B.W.s
Leistungen wurden immer schlechter. Ein neuerlicher Schulwechsel schien
unausweichlich.

*Aber das Klima war so zerstört, und ich fand mich so elend, um jeden Tag
meinem Vater entgegenzukommen. Das war so, das habe ich auch als Kind so
erlebt, aber niemand sagen dürfen. Meiner Mutter nicht sagen dürfen,
niemand. Und meine Erfolge in der Klasse waren sehr schlecht. Waren anfangs
sehr gut, wurden immer schlechter. [...] Und dann bin ich zu einer anderen
Schule gegangen. [...] Dieser Schulwechsel war für mich natürlich in dem
Moment sehr erfreulich, denn ich mußte nicht mehr in das Gebäude mit diesem
Gedächtnis gehen. Ich glaube, das war der Hauptgrund. Ich hatte Angst vor
diesem autoritären Direktor und fühlte mich nicht ganz sicher dort. Ich war
sehr froh, daß ich wechseln konnte. Für mich war der öffentliche Anlaß, daß
ich nicht genug geleistet hatte, ja, und das war dann für andere deutlich
genug, und die glaubten, es war für ein Camouflage, die anderen Ursachen zu
verschweigen. Ich konnte auch nicht darüber reden, glaube ich.*

Der Konflikt in den beschriebenen Situationen folgt einem Grundmuster: B.W.
soll den Anweisungen einer Autorität folgen. Diese sind seiner Meinung nach
ungerechtfertigt und gegen seine Interessen oder Bedürfnisse gerichtet. Die
Konflikte erinnerten ihn an Verhaltensstrukturen aus der Kriegszeit, in der
bedingungslos der Besatzungsmacht zu gehorchen war. So wurden noch längst
nicht verheilte Wunden wieder aufgerissen, alte Ängste geweckt und ein Gefühl

des Bedrohtseins hervorgerufen. B.W. erlebte die Gesellschaft nicht, ja nicht einmal die eigene Familie, wie sie sich ihm liebe- und verständnisvoll zuwandte. Das unsensible Verhalten erschwerte den Wiederaufbau seines verlorengegangenen Sicherheitsgefühls. Dieses ist aber Voraussetzung, um zu einer Aussöhnung mit der Umwelt zu gelangen.

Neben diesen belastenden Erlebnissen machte B.W. auch positive Erfahrungen. Sein bereits erwähntes Engagement bei den Pfadfindern sowie seine Mitarbeit in einer Schulvereinigung sorgten für einen Ausgleich. Hier konnte er seine Fähigkeiten unter Beweis stellen. Hier wurde er auch akzeptiert und erhielt Bestätigung und Anerkennung. Doch im nachhinein sieht Herr W. seine Aktivitäten im Zusammenhang mit den durch die Verfolgung verursachten Persönlichkeitsproblemen.

Und ich habe das mit soviel Energie und Begeisterung, mich da hineingestürzt. Ich fand das auch viel interessanter als die Schularbeiten. Und ich glaube, aber das ist hinterher gesagt, daß dies für mich eine gute Art und Weise, eine Flucht war, ja.

Ja.

Weg von meinen Sorgen. Und ich stürzte mich in eine Aktivität. Ich war sehr aktiv. Ich denke, daß ich heutzutage noch immer sehr aktiv bin, und vielleicht bin ich noch immer damit beschäftigt, so aktiv zu sein, daß ich nicht zu viel über, was geschehen ist, nachdenken zu brauche, ja. Ich denke, ist meine eigene Diagnose, ja. Das andere sagt, ich bin aktiv, daß ich bis zu meinem Lebensende, und ich hoffe, daß es noch ganz weit weg ist, also ich meine das gar nicht traurig, aber nur reell, bis zu meinem Lebensende hoffe ich, gesund zu bleiben, einigermaßen gesund zu bleiben, daß ich noch viel für die Gesellschaft leisten kann, und das ist für mich viel, für die Gesellschaft ganz wenig, ja, aber das ist eigentlich mein Schuldgefühl. Ich finde, ich bin durchgekommen, und ich muß alles tun. Und das Gefühl wird auch immer stärker. Das war früher auch schon da, alles tun, um Beiträge zu liefern.

Folgt man der psychoanalytischen Neurosentheorie, dann ist Angst der Motor der Verdrängung. Herr W. reagierte auf die Bedrohung nicht mit Erstarrung und Aufhören aller Bewegung, sondern mit kompensatorischer Aktivität. Rückblickend macht er für sein soziales Engagement aber noch einen weiteren Grund verantwortlich: sein Schuldgefühl als Überlebender. Im weiteren Verlauf des Interviews versuchen wir, die Entstehung und den Inhalt dieses Gefühls ein wenig zu explorieren. Mich interessiert, wann er dieses Schuldgefühl zum ersten Mal wahrgenommen hat: Gleich nach der Befreiung oder erst Jahre später? Erfuhr es im Laufe der Zeit eine Veränderung? Doch meine Fragen sind zu konkret, als daß sie von Herrn W. beantwortet werden könnten, und heute denke ich auch, daß sie zu naiv gestellt waren. Herr W. ist überfordert, sagt aber lachend, daß ich nicht so schwere Fragen stellen solle. Er überlegt, schweigt und murmelt zweimal, daß alles sehr, sehr kompliziert sei.

Schließlich verspricht er, später daraufzurückzukommen. Aber dann leitet er ein:

Doch war in meiner Kindheit, so in den Nachkriegsjahren, als ich so mit den Pfadfindern anfing, doch ein Teil des Schuldgefühls da. Und das war sehr, sehr einfach. Ein einfaches Schuldgefühl. Es war, ich bin da und die anderen nicht mehr, ja. Und das war für mich ein Problem, aber ich konnte das auch weiter nicht ausarbeiten. Ich konnte da nichts damit, aber gefühlsmäßig kann ich mich ganz gut erinnern, daß ich als Kind öfters dachte, er ist nicht mehr da, der Hans N. ist ermordet worden. Was haben wir schön gespielt miteinander. Der ist nicht mehr da, die ist nicht mehr da. Der Vetter ist nicht mehr da. Und ich bin da. Ich hab's geschafft. Und mehr war es auch nicht. Das war es.

Das Schuldgefühl kreist um die Frage, warum er selbst die Verfolgung überlebt hat, während Verwandte und Freunde in den Konzentrationslagern umkamen. William G. Niederland sieht in dieser unbeantwortbaren Frage die wahrscheinlich stärkste psychische Belastung der Überlebenden und zugleich "die makabere Ironie, daß weniger die Täter und Vollstrecker der nazistischen Verbrechen als vielmehr die Opfer an einer Überlebensschuld zu leiden scheinen"[49]. In der wiedergegebenen Passage überrascht, daß Herr W. in dem Zusammenhang nicht den Verlust des Vaters anführt, den er zuvor so oft beklagt hat. Für Kinder, die selbst den Verfolgern entkamen, aber deren Eltern im Konzentrationslager ermordet wurden, ist nach Kurt R. Eissler ein Konflikt eröffnet, der schwerlich zu bewältigen ist:

> "Es ist das Unheimliche des Ungewissen, Undefinierbaren, des Verschwindens von Liebesobjekten unter Bedingungen, von denen nur bekannt ist, daß sie gräßlich waren, die aber der Bildung von archaischen Phantasien und archaischem Schuldgefühl Vorschub leisten und keine Grenze setzen."[50]

Die ersten Jahre nach dem Krieg waren für Herrn W. eine Zeit des Suchens. Er besaß keinen Lebensplan, kein Ziel, das er verfolgen konnte. Mit dem Satz: "Ich konnte meine Zukunft nicht gut überschauen", charakterisiert er seine damalige Situation. Dieser Zustand der Ungewißheit über die eigene Zukunft bedrückte ihn und stimmte ihn traurig.

In dieser Zeit hatte ich es persönlich doch auch schwierig, meinen Weg zu finden. Wie sieht meine Zukunft aus? Und als ich dann abends ins Bett ging, dann war ich ganz unruhig, das weiß ich noch ganz genau, und dann habe ich zu meiner Mutter gesagt: "Ich gehe noch etwas Fahrrad fahren." Heutzutage geht man zu einem Jugendcafé, denke ich, aber es hat nicht existiert, so ich habe mein Fahrrad genommen und bin einfach um elf Uhr abends, und das

---

[49] Niederland, William G.: Folgen der Verfolgung. Das Überlebenden-Syndrom Seelenmord. Frankfurt a.M. 1980, S. 232; siehe auch: Niederland, William G.: Ein Blick in die Tiefen der 'unbewältigten' Vergangenheit und Gegenwart. In: Psyche 22 (1966) S. 466-476, hier S. 468. Vgl. Kapitel *Quellenbereiche, Forschungsliteratur*, S. 47f.

[50] Eissler, Kurt R.: Die Ermordung von wievielen seiner Kinder muß ein Mensch symptomfrei ertragen können, um eine normale Konstitution zu haben? In: Psyche 17 (1963) S. 241-291, hier S. 266.

habe ich öfters gemacht, ich glaube so in meiner Erinnerung, vielleicht zwei
Jahre lang, und ich bin losgefahren durch die Stadt zum Bahnhof, für das
Gedächtnis, zum alten Haus, zum Gedächtnis, wieder nach dem Ort, wo ich
untergetaucht war, und dann kam ich nach Hause, und ich habe viel zuviel,
denke ich, ein wenig, aber doch nicht richtig... ich konnte eigentlich nicht
meine Gedanken gut entwickeln. Ich habe damals gefühlt zwei, eine Dichoto-
mie, ja, Glücklichsein durch meine Erfolge und Spaß im Pfadfindertum, aber
doch ich wußte auch, daß meine eigene Entwicklung fand hierin statt, aber
meine schulische Entwicklung fand zu wenig statt, und ich wußte natürlich
auch, daß man ein Diplom haben mußte, vielleicht studieren muß, um weiter-
zukommen. Ich wußte beruflich nicht, was ich anfassen mußte. Ich war da doch
sehr, sehr traurig.

B.W.s nächtliche Radtouren führten ihn immer wieder zu wichtigen Stationen
seines bisherigen Lebens. Der Bahnhof ist der Ort, an dem er seinen Vater das
letzte Mal gesehen hat. Im alten Haus hat die Familie gemeinsam die letzten
Jahre vor der Verfolgung gelebt. Und schließlich gehörte eine Untertauchadresse - sicherlich das Haus der Familie Nb. - zu seiner Route. Die Flucht in
die Erinnerung, Ausdruck von Trauer, aber auch von Orientierungslosigkeit,
verstellte den Blick in die Zukunft.

Bei der Frage der Berufswahl traten B.W.s Identitätsprobleme erneut zu
Tage. Er wußte, daß man studieren muß, "um im Leben etwas zu erreichen".
Doch kannte er zu viele Akademiker, die an exponierter Stelle in der Gesell-
schaft gestanden und Verbrechen begangen hatten. "Ich schäme mich fast für
ein Diplom, denn es sind so viele Diplomierte gewesen, die solch furchtbare
Dinge gemacht haben." Er nennt die Namen von Dr. Arthur Seys-Inquart, dem
Reichskommissar für die besetzten Niederlande, und von Ingenieur Anton
Adriaan Mussert[51], dem Führer der NSB. Die Untaten dieser Männer haben
sein Vertrauen in akademische Grade erschüttert. Im Jahr vor der Abschluß-
prüfung beschließt B.W., die Schule endgültig zu verlassen. Statt dessen
beginnt er eine Ausbildung in einer Textilfabrik. Er berichtet, daß ganz einfache Tätigkeiten wie Maschinen reinigen und Garne einhängen zu seiner
Arbeit gehörten. Etwas skeptisch frage ich Herrn W., ob ihn dies befriedigt
habe.

Ja. Das hat mich furchtbar befriedigt, denn ich leistete etwas. Das konnte man
auch sehen, was ich leistete. Ich wurde auch eingesetzt in das Schichtensystem,
so ich ging morgens mit einem Arbeiteromnibus von Enschede nach Oldenzaal.
Ich fuhr hin morgens um vier und mußte arbeiten bis eins, oder ich mußte
arbeiten von eins bis zehn oder von zehn bis in die Nacht. Das durfte ich in
meinem Alter eigentlich nicht, aber es wurde mir doch zugestanden, denn ich
wollte normal arbeiten. Ich habe viel gelernt. Ich habe schnell die Techniken
gelernt, und ich konnte auch schnell Maschinen bedienen, aber ich war auch
sehr interessiert in die Menschen, die dort arbeiteten, und ich hatte ein

---

[51] Zu Mussert: Enzyklopädie des Holocaust. Bd. II. 1993, S. 981f.

*wunderbares Verhältnis mit den Arbeitern dort und Gespräche über ihr Leben
und über ihr Denken.*

> *Fühltest du dich akzeptiert von den anderen
> Arbeitern, von den Kollegen?*

*Ja, ja. Das gleiche wie in der Pfadfindergruppe, ich war nicht in einer beson-
deren Lage, und dazu kam natürlich, und das habe ich noch gar nicht
geäußert, ich glaube, daß das ein sehr starker Antrieb für mich war: Ich wollte
beweisen, daß ich ein normaler Holländer bin, ja, und kein stigmatisierter
Jude, ja. Ich bin Holländer! Ich habe sehr lange meine jüdische Abstammung,
ja, wie sagt man, verschwiegen kann man nicht sagen...*

> *...verleugnet?*

*...verleugnet, ja. Verleugnet, das ist ein besseres Wort. Ich wollte das doch für
wahr haben, aber ich fühlte mich so stigmatisiert durch die Kriegserfahrungen.
Ich wollte wahrhaben, daß ich kein besonderer Mensch bin, ein Durchschnittsholländer, ja.*

> *Aber hättest du nicht auch ein Durchschnitts-
> holländer mit einem Diplom sein können?*

*Jetzt sage ich ja, damals nicht. Jetzt kann ich darüber lachen, aber damals war
das so kompliziert für mich, und ich wollte nicht auffallen, aber doch auffallen.
Ich wollte auffallen als ein Durchschnittsholländer, Niederländer. Ich hatte
immer das Gefühl, daß ich das beweisen müßte, das zeigen mußte.*

Aus Herrn W.s Worten spricht Begeisterung. Sein Interesse und seine Faszina-
tion galten einer fremden sozialen Gruppe. Die Arbeit befriedigte ihn, und von
den Kollegen fühlte er sich akzeptiert, akzeptiert als Holländer. Seine Zugehörigkeit zur Kommunität der Juden war für ihn von geringer Bedeutung gewesen. Es war lediglich ein Merkmal neben anderen, das seine Familie charakte-
risierte, und dies nicht mehr als z.B. der Umstand, daß seine Mutter eine
gebürtige Deutsche war oder die Tatsache, daß die Eltern gemeinsam ein
Textilgeschäft betrieben.

B.W.s Familie lebte nicht nach den Regeln der jüdischen Tradition. Glauben wir seiner Erinnerung, dann war es ihm unangenehm, eine Ausnahme
darzustellen, und sei es nur, wenn er als Kind am Sabbat in die Synagoge
gehen sollte - ohnehin nur ein Zugeständnis an die fromme Verwandtschaft -
und deshalb der Schule fernbleiben mußte. Mit der Rassenpolitik der Nazis trat
eine Veränderung ein. Sie traf jeden Juden, unabhängig vom Grad der Verbundenheit mit der jüdischen Religion und Kultur. Ihre Aussagen waren eindeutig.
Sie bestimmte, wer Jude war und wer nicht. Jude ist, wer von seiner Umwelt
als Jude angesehen wird. Max Frisch läßt in seinem Drama *Andorra* den
jungen Andri diese schmerzhafte Erfahrung machen. Ausgrenzung und Terror
und dadurch verursachtes Leid wurden unwiderruflich zu den konstituierenden
Elementen jüdischer Existenz, die damit nicht länger positiv bestimmbar ist.
Durch seine Kriegserfahrungen - so berichtet Herr W. - sah er sich stigmatisiert, was wohl so zu verstehen ist, daß die Verfolgung ihn dergestalt gezeich-

net habe, daß sie wie ein Makel auf ihm laste. Er fühlte sich von seinen holländischen Landsleuten entfremdet und getrennt. Jean Améry spricht vom "Katastrophenjuden", der ohne Weltvertrauen fremd und allein seiner Umwelt gegenübersteht.[52] Er empfiehlt, das Fremdsein als Wesenselement anzunehmen, ein gewiß wichtiger Schritt zur Wiedererlangung eigener Würde. Doch Herrn W. war dies nicht möglich: Er wollte beweisen, daß er ein "normaler Holländer" war. Später arbeitete er einmal für ein Jahr in der Schweiz. Neben der ersten Unabhängigkeit von zu Hause genoß er, daß er dort "als Holländer angesehen wurde, nicht als Jude". "Ich war Holländer!", betont er stolz.

B.W. lehnte ab, was ihm wie ein soziales Privileg erschien und was ihn von der Umwelt unterschied. So war es nur konsequent, daß er sich in seiner Jugend gegen das Bar-Mizwa, die Verpflichtung, den jüdischen Religionsgesetzen zu folgen, sträubte. Doch die soziale Kontrolle durch die Verwandtschaft am Ort war so stark, daß er schließlich nachgeben mußte.

Man konnte sich gegenüber Onkel Philipp doch nicht leisten, kein Bar-Mizwa zu machen. So ich mußte einige Zeit in die jüdische Schule gehen am Sonntag und diese Gebete lernen, und ich mußte dann eines Tages das Gebet vorlesen in der Synagoge. Ich fand das furchtbar. Ich fühlte mich so unfrei, beherrscht, unterdrückt in dieser ganz anderen Situation. Ich mußte etwas machen, was völlig gegen meine Gefühle war. Ich sagte damals, es kann keinen Gott geben. Ein Gott, der so viele Kinder, meinen Vater und Angehörige und andere Leute ermorden ließ, das gestattete. Es gibt keinen guten Gott. Das ist unmöglich. Das ist eine Phantasie, und der existiert nicht für mich.

Wieder einmal befand sich Herr W. in einer Situation, in der Macht auf ihn ausgeübt wurde, etwas zu tun, was seinen Gefühlen widerstrebte. Auch hier wird deutlich, wie wenig er sich mit der Kommunität der Juden verbunden fühlte. Eine solche Verbundenheit, bestätigt er mir auf meine Nachfrage, spüre er erst heute. Damals war er auch gegen den Zionismus, dessen Gedankengut von einigen Verwandten geteilt wurde, eingestellt. "Ich wollte es nicht wahrhaben, daß man ein Volk ist, geschichtlich, ja. Man ist geboren als ein Mensch auf dieser Erde, und ich bin in Holland [geboren]; ich bin ein Holländer!"

B.W. befand sich in einem Netz von Problemen verstrickt. Der durch die Verfolgung bedingte Verlust des Sicherheitsgefühls erschwerte den Umgang mit Konflikten, die deshalb so belastend waren, weil sie ihn in ihrer Struktur an Kriegserfahrungen erinnerten, denen traumatisierende Erlebnisse zugrunde lagen. In einer Phase der Orientierungslosigkeit versuchte er, sich von seinem Jüdischsein zu befreien, und geriet damit in einen Legitimationsdruck. Schließlich muß als wohl stärkste Belastung seine Überlebensschuld genannt werden.

---

[52] Améry, Jean: Jenseits von Schuld und Sühne. Bewältigungsversuche eines Überwältigten. 2. Aufl. Stuttgart 1980, S. 115f.

Familie und Beruf

Herrn W.s Biographie vom Beginn der fünfziger Jahre bis in die Gegenwart kann in drei große Abschnitte unterteilt werden. Der erste Abschnitt reicht bis Ende der sechziger Jahre und soll hier nur kurz beschrieben werden. Es geht in erster Linie um seine berufliche Karriere sowie um die Gründung einer Familie. In Herrn W.s Leben besaß der Beruf stets eine große Bedeutung. In den ersten beiden Abschnitten lagen die Bereiche seiner Tätigkeit weit auseinander. Weite Teile des Interviews sind der Arbeit gewidmet, die in gewisser Weise ein Spiegelbild seiner persönlichen Entwicklung ist.

Als Jugendlicher plagte Herrn W. die Frage nach seiner beruflichen Zukunft. Sein Mißtrauen gegenüber Akademikern und seine Ablehnung jeglicher Sonderrolle und sozialer Privilegien veranlaßten ihn, die Schulausbildung abzubrechen. Sein Wunsch, ein "normaler Holländer" zu sein, bedeutete für ihn in der Konsequenz, als einfacher Arbeiter in einer Fabrik zu beginnen. Die Wahl des Berufs war für ihn mehr als nur die Entscheidung darüber, wie er seinen Lebensunterhalt verdient. Vielmehr war sie Ausdruck seiner Suche nach Identität. Bereits damals erkannte er seine pädagogischen Neigungen, die er bei seiner ehrenamtlichen Tätigkeit in der Pfadfinderorganisation ausleben konnte. Sein Engagement galt der Arbeit mit Jugendlichen aus unteren sozialen Schichten. In seiner Funktion als Ausbilder und Gruppenleiter versuchte er, seine durch die Verfolgung geprägten Gedanken zu Toleranz und einem friedlichen Miteinander umzusetzen. "Meine Botschaft war Frieden", erklärt Herr W. in unserem Gespräch, "Menschen zu akzeptieren, wie sie sind. Davon auszugehen, keine Unterschiede zu machen, und ich kann das natürlich zurückführen über den Unterschied Jude - Nichtjude. Ich fühlte mich wohl, daß ich dies mal sagen konnte, ja, daß andere es mitbekommen konnten, daß die das auch so spürten."

Nachdem es Herrn W. gelungen war, sich vom Militärdienst befreien zu lassen, strebte er nach beruflicher Selbständigkeit. Vom Erbteil seines Vaters kaufte er sich ein kleines Auto, mit dem er als Textilvertreter durch das Land reiste. An den Wochenenden engagierte er sich weiterhin bei den Pfadfindern. Er genoß seine Unabhängigkeit, nur Befriedigung schenkte ihm die Arbeit nicht.

Eigentlich fühlte ich mich in einer Gasse, träumte auch, das war ganz verrückt, ja, was träumte ich eigentlich? Ich träumte, selbständig zu sein. Was und wie war mir eigentlich gleichgültig. Ich träumte auch, viel Geld zu verdienen. Warum? Um Macht zu haben, denke ich, einzuholen, was ich nicht gehabt habe. Ich wußte auch, daß Geld eigentlich wertlos ist. Einen Tag hat man's, und am nächsten Tag kommt der Feind, und es ist weg, ja. Das habe ich auch gedacht. Ich war doch etwas so am Suchen. Ich habe mir eine Maschine gekauft, eine Strickmaschine, aber auch Waren gemacht, eine alte Scheune gemietet, Tag und Nacht fast gearbeitet, habe mehr oder weniger Erfolg gehabt - aber nicht ganz glücklich dabei gefühlt.

Der Traum von der Selbständigkeit - hier unternehmerisch gemeint - und viel Geld, Geld um Macht zu besitzen, scheint ihn selbst nicht so recht überzeugt zu haben. Die Sehnsucht eines Ohnmächtigen nach Macht klingt verständlich. Doch der Sinn, Geld anzuhäufen, wird - kaum geäußert - schon in Frage gestellt. Die Erfahrung aus der Kriegszeit zeigte, wie schnell einem Reichtümer auch wieder genommen werden können. Herr W. folgte einem diffusen Verlustgefühl - "einzuholen, was ich nicht gehabt habe". Er wollte besitzen, was er nicht besessen hatte, nicht besessen haben konnte, weil - so füge ich hinzu - ihm drei Jahre genommen waren. Das Geschäftsleben bot keine Erfüllung, und eine Alternative sollte noch lange nicht in Sicht kommen. Auch der wirtschaftliche Erfolg seiner Unternehmungen blieb bescheiden, obwohl er fleißig arbeitete.

Neben der beruflichen Entwicklung gab es in dieser Zeit auch wichtige private Ereignisse. Herr W. verliebte sich in Betsy. Sie war Sozialarbeiterin und die Tochter eines väterlichen Freundes. Seine Liebe wurde erwidert, schließlich heirateten beide.

Es war eine romantische Zeit. Ich war sehr glücklich, obwohl ich natürlich viele Sorgen hatte über die Vergangenheit, aber was so wunderbar war, Betsy kannte meine Vergangenheit fast ganz. Ich konnte mit ihr jeden Tag, wenn es nötig war, darüber sprechen, und ich brauchte nicht so viele Worte dazu. Ich denke, daß das unsere Freundschaft auch sehr geprägt hat. Ich erlebe das wie ein Wunder, daß ich so eine Frau habe. Ich bin bis auf den Tag von heute sehr glücklich damit.

Die Ehe mit Betsy, erzählt Herr W., war die Erfüllung eines Traumes. Auch im Zusammenhang mit diesem freudigen Ereignis werden die Schatten der Vergangenheit angesprochen. Aus der Ehe gehen vier Kinder hervor. Nach seiner Heirat trat Herr W. in das Familienunternehmen ein, das er nun gemeinsam mit seinem Bruder führte. Das Geschäft florierte, wurde erweitert und zählte schließlich vierzig Mitarbeiter. Für den Wareneinkauf fuhr Herr W. quer durch Europa. Paris und London gehörten zu den Stationen seiner Geschäftsreisen. Nachdem man tagsüber verhandelt hatte, berichtet Herr W., wurde abends oft gemeinsam mit den Geschäftspartnern ein Theater oder ein Restaurant besucht. Ich habe den Eindruck, daß ihm dieses Leben gefallen hat. Seine Erzählung über diese Jahre wird von seiner Arbeit im Geschäft dominiert. Über die Vergangenheit wird kaum noch gesprochen. Sie schien ihm keine Schwierigkeiten bereitet zu haben. Erst nach zwei Jahrzehnten traten Spätfolgen zutage. In der psychiatrischen Literatur wird in einem solchen Zusammenhang von einem "symptomfreien Intervall" gesprochen.[53]

---

[53] Niederland, William G.: Diskussionsbeitrag zu E. de Wind: Begegnung mit dem Tod. In: Psyche 22 (1968) S. 442-446, hier S. 445. Vgl. auch Kapitel *Quellenbereiche, Forschungsliteratur*, S. 49f.

Politisches Engagement und die Suche nach Anerkennung

Ende der sechziger Jahre erwachte Herrn W.s politisches Interesse. Zunächst waren es schulpolitische Fragen - in den Niederlanden wurde gerade eine Schulreform vorbereitet -, mit denen sich Herr W. und seine Frau auseinandersetzten. Später kamen allgemeinpolitische hinzu. Schließlich traten beide W.s in die PVDA ein, die Sozialdemokratische Partei der Niederlande. Das Geschäftsleben war im Laufe der Zeit immer härter und hektischer und damit immer unattraktiver geworden, und Herr W. strebte nach einer Veränderung. Nach und nach entstand der Wunsch, neben dem Beruf ein Studium aufzunehmen. Nachdem er an der Universität Nijmegen ein Eintrittsexamen absolviert hatte, begann er, Soziologie zu studieren. Damals war er sechsunddreißig Jahre alt. Für ihn begann ein neuer Lebensabschnitt. Die Beschäftigung mit neuen, bislang unbekannten Themen und der Kontakt zu interessanten Menschen begeisterten ihn und gaben seiner Entwicklung einen Impuls: "Es war, ob ich ein neues Leben anfing."

Die Doppelbelastung durch Beruf und Studium war auf Dauer zu groß. Eines Tages bot sich Herrn W. die Gelegenheit, Lehrer für Einzelhandelskaufleute an einer Berufsschule zu werden. Er griff zu und verließ daraufhin das Familienunternehmen. Nebenbei mußte Herr W. noch Pädagogik und Psychologie an der Pädagogischen Hochschule studieren. Sein Arbeitsplatz in der Schule umfaßte zwei Aufgaben, zum einen den Berufsschulunterricht und zum anderen die Mitarbeit an einem Projekt, in dem es um neue Unterrichtsformen ging. Es handelte sich um ein Partizipationsmodell nach amerikanischem Muster. Mit großer Begeisterung widmete er sich seinem neuen Beruf als Lehrer. Tagsüber arbeitete er in der Schule, und nachts verschlang er die Standardwerke moderner Pädagogik und Psychologie. Der Umstand, daß er nun viel weniger verdiente, wurde durch die große Befriedigung, die ihm seine Arbeit verschaffte, aufgewogen. Sein Leben hatte eine Bereicherung erfahren: "Es war eine neue Welt, und ich konnte nicht genug davon bekommen."

Erst jetzt als Lehrer fühlte er sich am richtigen Platz, um seine Botschaft in die Gesellschaft hineinzutragen. "Jetzt bin ich am Arbeiten dort, wo ich mit der Gesellschaft vielleicht noch etwas steuern kann." Von der Ende der sechziger und Anfang der siebziger Jahre herrschenden Aufbruchstimmung unter vielen Lehrern wurde auch Herr W. mitgerissen. Die eingefahrenen Wege der Unterrichtsgestaltung sollten verlassen und statt dessen neue pädagogische und didaktische Ideen und Konzepte entwickelt und erprobt werden. Der Zeitpunkt für Reformen im Schulwesen schien günstig. Die erzeugte Atmosphäre bestärkte Herrn W., mit zu einer Veränderung beizutragen. Sein Handeln und Denken war bestimmt durch seine humanistische Grundhaltung. Die Botschaft, die er zu verkünden hatte, wies weit über die rein schulischen Belange hinaus.

Ich hatte das Gefühl, daß ich etwas übertragen konnte von Kooperation, Zusammenarbeit, Respekt füreinander, Liebe füreinander, eine Atmosphäre zu schaffen, in der Hoffnung, daß ich diesen jungen Menschen nicht nur ein Fach anreichen konnte und meine Kollegen nicht nur inspirieren konnte, den Unter-

richt gut zu machen, aber auch, daß ich meine Kollegen inspirieren konnte,
eine Flamme zu übergeben, ja, eine Motivation für das Leben zu überreichen.
Neben seiner Tätigkeit als Lehrer war Herr W. auch mit anderen Aufgaben
befaßt. So beauftragte man ihn z.B. mit dem Erstellen einer Studie über die
betriebliche Ausbildung in der Bundesrepublik Deutschland. Seine Studie fand
Anklang, und er wurde in eine Kommission berufen, die der niederländischen
Regierung Vorschläge für die Reform des berufsbezogenen Unterrichts unter-
breiten sollte. Herrn W.s Engagement blieb nicht auf den Bereich von Schule
und Ausbildung beschränkt. Er wurde in den Gemeinderat seiner Heimatstadt
gewählt, wurde Mitglied des Krankenhausvorstandes und trat dem antifaschistischen Komitee "Noit meer - Nie wieder" bei, in dem Niederländer und Deutsche gemeinsam arbeiten. Die Liste ließe sich noch fortsetzen. Herr W. ging in
seiner Arbeit auf, egal ob in der Schule oder in irgendeinem Gremium. Sie
schenkte ihm Erfüllung, hatte er doch das Gefühl, die Gesellschaft mitgestalten
zu können. Von Unrast getrieben, stürzte er sich in immer neue Aktivitäten.
"Du mußt einholen", sagte er sich, "deine Entwicklung hat eine Zeit still-
gestanden. Ich habe Jahre vermißt. Ich weiß zu wenig. Ich will alles wissen.
Ich möchte lesen, studieren, hören, sprechen."
    Das Tempo, mit dem er die verlorengegangenen Jahre einzuholen
versuchte, blieb nicht ohne Folgen für seine Gesundheit. Er litt unter zu hohem
Blutdruck. An Wochenenden und zu Beginn der Ferien, "immer wenn der Zug
zum Stehen kam", stellten sich Depressionen ein. Gegen den hohen Blutdruck
nahm er Tabletten, und die Depressionen klangen meist nach wenigen Tagen
wieder ab. Und so arbeitete Herr W. mit dem gewohnten Elan weiter.
    Dann erhielt er die Einladung zu einer Fulbright-Reise in die USA. Solche
Reisen werden an sogenannte gesellschaftliche Multiplikatoren vergeben. Herr
W. fuhr in seiner Eigenschaft als Schulleiter und Schulexperte. Er schildert den
Verlauf seines Aufenthalts und zählt seine Begegnungen mit Ministern, hohen
Beamten, Professoren, Schülern und Studenten auf. Während er über die dort
geführten Gespräche berichtet, kehrt die Begeisterung wieder, die er damals
verspürt haben muß. "Auf dieser Reise", so sagte er, "habe ich viel gelernt,
aber was ich noch viel interessanter fand, war die Euphorie, in die ich kam; in
eine neue Welt als Unbekannter, als Haupt einer Schule mit bestimmten
Ansichten über Berufsunterricht, und daß ich mich dort gefühlt habe wie ein
Fisch im Wasser, a n e r k a n n t [...]. Ich fühlte mich in einer anderen
Welt." Noch wichtiger als der fachliche Austausch war ihm die Erfahrung, daß
er als Schulexperte und als Mensch von seinen Gesprächspartnern akzeptiert
wurde. "Es hat mir das Gefühl gegeben", erkärt Herr W., "du bist wer, du
kannst etwas, du hast eine Botschaft, es wird kapiert von anderen. [...] Es hat
mir etwas mehr Rückgrat gegeben."
    Herrn W.s Gedanken überraschen mich, schließlich ist er sowohl in seinem
Beruf als auch in seinem politischen Engagement stets erfolgreich gewesen.
Wie konnte der USA-Aufenthalt zur Stärkung seines Selbstbewußtseins beitragen? Die Fulbright-Reise, als solche bereits eine Auszeichnung, führte ihn in
ein Land, in dem das Berufsschulwesen weniger gut entwickelt ist als in den

Niederlanden. Schon aus diesem Grunde konnte er dort als Fachmann erscheinen. Herr W. bestätigt meine Gedanken. Doch der eigentliche Grund sei woanders zu suchen. "Ich hatte immer Angst vor Autoritäten", berichtet er. Besonders in seinem Beruf fühlte er sich durch die Vorgesetzten verunsichert. Zuerst glaubte er, daß sie einen höheren Wissensstand besäßen als er. Dann war es der Gedanke, sie könnten ihn entlassen, wenn er zu kritische Ansichten vertrat, wozu sie aber tatsächlich gar nicht in der Lage gewesen wären. Aber, halte ich ihm entgegen, in Amerika sei er doch auch mit Autoritäten zusammengetroffen. Doch mit seinen Gesprächspartnern habe ihn kein Abhängigkeitsverhältnis verbunden. Er brauchte nicht zu fürchten, daß seine Äußerungen Kritik hervorriefen. Herrn W.s Erklärung, zugleich Antwort auf eine ganz andere Frage, führt zurück zu seinen Erfahrungen aus der Zeit der Verfolgung.

Ich hatte doch immer das Gefühl, und damit kommen wir wieder auf den Krieg zurück, daß ich mehr leisten muß als andere, um zu zeigen, daß ich es ehrlich meine, daß ich etwas vorstelle, ja. Ich habe immer das Gefühl gehabt, ich muß beweisen, daß ich das Recht habe zu leben, und das war doch ein Trauma, ein Syndrom, wie man es sagen möchte, das mir der Krieg gebracht hat, ja. Und dort in Amerika - nicht hier -, aber dort in Amerika habe ich das Gefühl gehabt, ja, ich glaube B.W. ist jemand. Und ich habe mich sicher gefühlt. Ich konnte mich frei äußern, das war natürlich mein Gefühl.

Herrn W.s Worte machen mich nachdenklich: Ein Überlebender, der sich in Beweisnot glaubt, der beweisen muß, daß er das Recht zu leben besitzt und sich deshalb voller Unrast in seinem Beruf und in vielen ehrenamtlichen Tätigkeiten engagiert. Auf den ersten Blick mögen diese Gedanken an Herrn W.s Schuldgefühl erinnern. Während die Entstehung des Schuldgefühls in enger Verbindung mit dem Tod des Vaters zu sehen ist, spielen hier noch andere Umstände eine Rolle. Herrn W.s Äußerung muß vor dem Hintergrund seiner Erfahrungen während der Verfolgung gesehen werden. Es schmerzte ihn, daß einige seiner Freunde nicht mehr mit ihm spielten und daß er seine Schule nicht länger besuchen durfte. Später als "onderduiker" befand er sich in einer Position völliger Wehrlosigkeit. Sich drei Jahre lang in engen Verstecken verbergen zu müssen oder zu sehen, wie der Vater und andere jüdische Männer Verbrechern gleich abgeführt und in einen Viehwagen verfrachtet werden, war demütigend. Die Gründe für die Verfolgung lagen einzig in seinem Jüdischsein. Jüdischsein bedeutete, folgt man der Nazi-Ideologie, minderwertig zu sein. Es entsteht der Eindruck, als hätte Herr W. all diese schmerzlichen Erfahrungen als Bestätigung hierfür empfunden. Diese Überlegungen werden gestützt durch sein Bemühen, sich nach dem Krieg von dem Jüdischsein zu befreien. Im Umgang mit Autoritäten, zu denen er sich in einem Abhängigkeitsverhältnis befand, wie z.B. im Berufsleben, fühlte er wieder seine Beweisnot. Diese Situationen waren stets angstbesetzt. Sie erinnern an seine im vorangegangenen Kapitel beschriebenen Konflikte aus der Nachkriegszeit, als sich Herr W. verschiedenen Entscheidungen der Familie bzw. seines Schuldirektors beugen mußte.

Die Reise in die USA verschaffte ihm die nötige Distanz, sich eigener Handlungsmuster bewußt zu werden. Mit dieser Erkenntnis reiste Herr W. in die Niederlande zurück. Zu Hause stürzte er sich jedoch so, wie er es immer tat, in seine Arbeit. In den kommenden Jahren nahmen seine gesundheitlichen Probleme zu. Auf Anraten seines Arztes bemühte er sich, weniger zu arbeiten, was ihm, wie er eigens betont, sehr schwer fiel. Erneut stellten sich auch schwere Depressionen ein. In der Schule entstanden Konflikte mit dem Direktor und auch mit dem Ministerium. Herr W. hatte den Eindruck, "daß Mächte ein Schachspiel spielten mit Stücken, die nichts zu sagen hatten." In seinen Augen waren es Kleinigkeiten, die ihm vorgeworfen wurden. Einmal hatte er vergessen, den Dienstweg einzuhalten. Man kreidete ihm an, nie einen Bericht über die Amerikareise verfaßt zu haben. Dann forderte ihn der Direktor auf, einen Rechenschaftsbericht seiner Arbeit vorzulegen. Unweigerlich verglich er die Situation mit seinen Kriegserfahrungen: "Ich fühlte mich bedroht und unsicher." Die Anerkennung seiner Arbeit durch die Vorgesetzten blieb aus. Nur wenige Kollegen arbeiteten mit der gleichen Besessenheit wie er. Einige Kollegen neideten ihm seine Erfolge und hielten ihn insgeheim für einen Karrieristen.

Immer stärker rückten auch die großen Probleme dieser Welt in sein Bewußtsein. Ohnmächtig beobachtete er den damaligen Rüstungswettlauf der Supermächte. Auch in den Niederlanden wurde Anfang der achtziger Jahre die Nachrüstungsdebatte geführt. Der Hunger in der Dritten Welt, die Apartheitspolitik in Südafrika sowie der Krieg zwischen Iran und Irak beunruhigten und belasteten ihn. "Ich bangte um die Welt", erklärt er resignierend. Angesichts der Schärfe und Vielzahl globaler Konflikte und Probleme erschien ihm sein Engagement bedeutungslos. Ein Anlaß zur Hoffnung zeichnete sich nicht ab. Am Ende folgte die Erkenntnis, "die Welt verbessert sich nicht; sie wird immer schlimmer."

Das Zusammenwirken von Problemen am Arbeitsplatz und dem Mitleiden an den Katastrophen dieser Welt verstärkte die Depressionen, die bis zur Arbeitsunfähigkeit führten. Herrn W.s Arzt war der Meinung, daß er an einem Verfolgtensyndrom leide, und riet deshalb zu einer Therapie. Nach einem Gespräch mit Professor Jan Bastiaans, der wohl in den Niederlanden auf diesem Gebiet die profilierteste Kapazität ist, entschloß sich Herr W. schließlich zu einer Therapie. Hier lernte er, über seine Erlebnisse und über seine Ängste, die er während der Verfolgung ausgestanden hatte, zu sprechen. Zuvor war seine Ehefrau die einzige Person, mit der er hierüber reden konnte. Herr W. berichtet in wenigen Sätzen über seine Therapie, die er sehr positiv bewertet: "Ich glaube, daß ich viel daran gehabt habe und jeden Tag davon profitiere." Über Einzelheiten spricht er allerdings nicht. Am Ende der Therapie fuhr Herr W. gemeinsam mit seiner Familie nach Mauthausen, dem Ort, an dem sein Vater ermordet worden war.

Gegenwart

Die Ereignisse der folgenden Jahre bis in die Gegenwart lassen sich in wenigen Worten zusammenfassen. Aus gesundheitlichen Gründen entschied sich Herr W. zu einem vorzeitigen Ausstieg aus dem Berufsleben. Damit begann sein dritter Lebensabschnitt seit dem Beginn der fünfziger Jahre. Nun leistet er ausschließlich ehrenamtliche Arbeit. Er ist Mitglied einer Vielzahl von Organisationen und Gremien.

[...] aber so versuche ich jetzt durch "Noit meer - Nie wieder", durch mal eine Vorlesung in Deutschland bei einer Gedenkfeier oder bei Studenten oder in Schulen... ich hoffe doch dadurch, daß ich jetzt mehr Zeit habe, auch an dem deutsch-niederländischen Verhältnis zu arbeiten. Aber ich habe auch noch andere Sachen zu tun. Und ich fühle mich im Moment, englisch würde man sagen "very happy", sehr, sehr glücklich. Ich habe es natürlich finanziell weniger gut, dadurch, daß ich jetzt nicht mehr arbeite, aber ich habe es intellektuell sehr interessant. Ich bin so in einigen Gremien, Arbeitsamt, und das sind auch Gremien, zum Beispiel die Vereinigung gegen Diskriminierung, wo ich Vorsitzender bin. Ich werde Vorsitzender für die Beratung des Gemeinderates für Weltprobleme. Ich bin auch beschäftigt mit Kunstäußerungen. Ich arbeite auch für eine Gruppe für den telefonischen Notdienst. Also, ich bin auch noch im Vorstand der Erwachsenenbildung. So, ich habe ein tagfüllendes Programm. [...] Ich besinne mich dann und mache dann einige Sachen, die mir Freude machen, und denke mal nach über eine Organisation, europäische Universität oder wie es heißen möge, wo junge Menschen einander treffen und wo wir zusammenarbeiten, lernen, einander respektieren lernen und so weiter. Ich habe das noch nicht so ganz klar vor Augen, aber doch in einigen Punkten, und ich widme meine Zeit an diese Überlegungen.

Das Ausscheiden aus dem Berufsleben wurde von Herrn W. als Befreiung empfunden. Nicht länger unterstand er der Macht von Vorgesetzten.

Aber was mir jetzt so viel Spaß macht, ist, daß ich mich frei fühle in all diesen Gremien, meine Meinung zu sagen, und daß ich sehe, daß meine Meinung auch seriös genommen wird, daß ich nicht beweisen muß, nicht fechten muß, um meinen Platz zu behalten, ja, denn ich bin ein freiwilliger Berater [...]. Die Hauptsache ist, daß ich im Moment das Gefühl habe - ich hoffe, es bleibt so -, daß ich nützlich bin.

Resümee

In den vier Tagen meines Besuches hat mir Herr W. von der Kindheit bis zur Gegenwart aus seinem Leben erzählt. Als Kind erlebte er den Beginn der Judenverfolgung, zunächst aus sicherer Distanz zum Nachbarland. Verwandten aus Deutschland wurde Asyl gewährt, auch eigene Fluchtpläne wurden geschmiedet. Nachdem die Niederlande besetzt worden waren, begannen die Besatzer, Schritt für Schritt in sein Leben und das seiner Familie einzugreifen.

Herrn W. wurde verboten, seine Schule zu besuchen. Das Geschäft der Eltern wurde enteignet. Sein Vater wurde aus seinem Bett heraus entführt, interniert und schließlich ermordet. Die Heimatstadt war nicht länger ein sicherer Aufenthaltsort. Landsleute halfen ihm und seinen übrigen Familienangehörigen, sich zu verbergen. Fortan war die Familie endgültig getrennt.

Die Befreiung bedeutete für Herrn W. das Ende des Lebens in der Illegalität und damit ein Ende der Angst, entdeckt und in ein Konzentrationslager deportiert zu werden. Drei Jahre lang dauerte der entwürdigende Zustand des Ausgeschlossenseins aus der Gesellschaft und der Flucht von einem Versteck zum anderen. Die Befreiung vermochte die Spuren des Erlebten nicht wegzuwischen. Tief in seine Persönlichkeit gegraben, prägen sie sein Leben. Vor der Entfesselung traumatischer Erinnerungen beim Betreten eines Schauplatzes seiner Geschichte, wie z.B. des Bahnhofs oder des Schulgebäudes am Ort, gibt es keinen Schutz. Wenn er beim allmorgendlichen Rasieren seinen Gedanken nachhängt, kommen diese, wie Herr W. erzählt, unwillkürlich auf den Krieg: Drei Jahre, die nicht vergehen wollen. Seine Wahrnehmung reagiert überscharf, wenn ihn wieder das Gefühl beschleicht, einer Macht ausgeliefert zu sein. Der Umgang mit Autoritäten ist zu einem zentralen Problem in seinem Leben geworden.

Trotz allem höre ich von ihm kein Wort des Hasses oder der Verbitterung. Seine Erzählung ist weder Anklage noch Elegie. Sie ist eine intime Offenbarung. Er ist bereit, seine Ängste und Verletzungen zu zeigen und selbst über das zu reden, was Scham hervorrufen kann. Aber er teilt auch mit, was ihn begeistert, befriedigt, glücklich macht und ebenso, was er sich für die Zukunft erträumt. Wer sein Leben so weit offenlegt, ist angreifbar. Doch Herr W. verfolgt eine Absicht. Er will eine Botschaft vermitteln, was auf diese Weise um so eindringlicher gelingt. Sein Leben steht im Zeichen dieser Vermittlungsarbeit, die er selbst als eine Antwort auf seine Überlebensschuld interpretiert.

Privates Glück und das Wohl der Menschheit gehören für ihn untrennbar zusammen. Das eine ist ohne das andere nicht vorstellbar. Der in englischer Sprache verfaßte Neujahrsgruß des Jahres 1989 der Eheleute W. enthält einen Rückblick auf die wichtigsten Ereignisse des vergangenen Jahres. Die Freude über die Geburt des ersten Enkelkindes wird genauso erwähnt wie die Genugtuung über den damaligen Demokratisierungsprozeß in den Ostblockstaaten. Eine bessere Verteilung der Nahrungsgüter auf der Welt, gleiche Rechte für Frauen und Männer, für Schwarz und Weiß, eine größere Beachtung der Umwelt sowie die Festigung von Frieden und Freiheit werden als Erwartung für die Zukunft geäußert, aber auch die Hoffnung, daß man die Freunde, bei denen sich beide für die erwiesenen "so many fine human contacts and friendship" bedanken, im nächsten Jahr wiedersehen wird.

Zum Schluß frage ich Herrn W., warum er sich zu diesem Interview bereiterklärt habe und welche Bedeutung es für ihn besitze.

Ich glaube, ich hoffe es, ich bin fast überzeugt, daß ich nach vierzig Jahren etwas darüber hingekommen bin, aber es hat vierzig Jahre gedauert. Und wenn mir das nicht angetan worden wäre, hätte ich mich vielleicht etwas anders

*entwickelt, aber wäre mit weniger Trauma belastet gewesen. Und ich habe
eben gesagt, ich bin noch ein leichter Fall. Ich glaube, daß heutzutage
Menschen angefaßt werden, die viel schlimmer angefaßt werden als ich, aber
es geht mir um das Prinzip, ja, daß durch Gewalt Leute so verletzt werden, daß
doch mehr oder weniger ein Leben für einen Teil zerstört wird, ja, und das
kann ich eigentlich nicht deutlich genug sagen. […] Und ich hoffe, daß deine
Arbeit, ich weiß ganz genau, es ist nur ein kleiner Tropfen, aber es ist ein
Tropfen, und wenn wir viele Tropfen haben, haben wir schnell eine Kanne voll.
Ja, und darum war ich auch bereit, um dieses Interview zu machen.*

Frau S.: "...wenn ich am Leben bleibe, werden alle tausend Frauen auch am Leben bleiben"

Historischer Hintergrund

"Als der deutsche Vernichtungsprozeß Achseneuropa erfaßte, wurde eine jüdische Gemeinde nach der anderen ausgelöscht. Land für Land gerieten die Juden in die Reichweite der Vernichtungsmaschinerie und starben hilflos unter ihrem Zugriff. 1944 war nur ein einziges Land von Deportationen verschont, war nur eine einzige Judengemeinde intakt geblieben. Dieses Land war Ungarn; in seinen Grenzen hatten 750.000 Juden überlebt."[1]

Anfang 1944 existierte in Ungarn die größte jüdische Gemeinde im gesamten deutschen Einflußgebiet. Doch nach der Besetzung Ungarns durch die deutschen Truppen im März 1944 wurde auch hier mit der Konzentration und der Deportation der Juden in die Vernichtungslager begonnen und ihre "Endlösung" betrieben, allerdings so spät wie in keinem anderen Land. Jetzt waren auch die ungarischen Juden der Verfolgung und Gefahr der Vernichtung ausgesetzt. Nur ein Umstand war es, der anders war: Die ungarischen Massendeportationen ließen sich vor den Augen der Weltöffentlichkeit nicht mehr verbergen. Die Vernichtung der jüdischen Gemeinde wurde begonnen, als die Täter wußten, daß der Krieg längst verloren war. "Die ungarischen Juden", schreibt Raul Hilberg, "waren nahezu die einzigen, die bereits zu einem Zeitpunkt, als ihre Gemeinde noch unversehrt war, gewarnt waren und genau wußten, was sie erwartet."[2]

Die Geschichte der Juden im Gebiet des heutigen Ungarn reicht bis in die römische Zeit zurück. Ihre Integration in das wirtschaftliche und kulturelle Leben des Landes wurde in der Neuzeit betrieben.[3] Im 19. Jahrhundert setzte eine Phase der Emanzipation und Assimilation ein. Eingeleitet wurde sie 1783 durch das Toleranzedikt Josephs II., das den Juden die Möglichkeit gab, landwirtschaftlichen Besitz, wenn auch nur in Pacht, zu nehmen, als Handwerker einer Zunft anzugehören, allerdings nicht als Meister. Darüber hinaus wurden ihnen das Schulrecht bis zum Universitätsstudium sowie ein freies Aufenthaltsrecht, das jedoch nicht für die oberungarischen Bergbaustädte galt, gewährt.[4] Anders als bei den benachbarten jüdischen Gemeinden, so der polnischen oder der rumänischen, war die Entwicklung der ungarischen Juden, die sich in der

---

[1] Hilberg, Raul: Die Vernichtung der europäischen Juden. Bd. II. Frankfurt a.M. 1990, S. 859.

[2] Ebd.

[3] Enzyklopädie des Holocaust. Die Verfolgung und Ermordung der europäischen Juden. Hauptherausgeber Israel Gutman. Herausgeber der deutschen Ausgabe: Eberhard Jäckel/Peter Longerich/Julius H. Schoeps. Bd. III. Berlin 1993, S. 1464.

[4] Fischer, Rolf: Entwicklungsstufen des Antisemitismus in Ungarn 1867-1939. Die Zerstörung der magyarisch-jüdischen Symbiose. München 1988, S. 28 (= Südosteuropäische Arbeiten, 85).

Mehrheit durchaus als Ungarn fühlten, von Assimilation und wirtschaftlichem Aufschwung geprägt.[5] "Die Rahmenbedingungen des ungarischen Vielvölkerstaates", schreibt der Historiker Rolf Fischer, "boten all jenen Angehörigen ethnischer Minderheiten, die sich zum ungarischen Staat bekannten, die Möglichkeit der Integration. [...] Juden fanden Eingang in nahezu alle sozialen Bereiche und politischen Lager der ungarischen Gesellschaft, ohne auf politische oder administrative Barrieren zu treffen, die die juristische Emanzipation auf kaltem Wege außer Kraft gesetzt hätten."[6]

In dieser Periode des Dualismus gab es zwar eine antisemitische Bewegung, diese war jedoch nicht in der Lage, "die Grundlagen der magyarisch-jüdischen Symbiose ernsthaft in Frage zu stellen"[7]. Ein jäher Bruch dieser Entwicklung setzte nach der Niederschlagung der ungarischen Räterepublik ein, als im August 1919 eine Vielzahl von Pogromen inszeniert wurden und so der Prozeß der Assimilation in einen Dissimilationsprozeß umgewandelt wurde. Die Exzesse geschahen mit der "politisch-ideologischen Rückendeckung durch führende Persönlichkeiten des Staates, der Politik, des Militärs und der Kirchen"[8]. Die Verfolgung der ungarischen Juden beschränkte sich nicht auf gewalttätige Ausschreitungen und Attentate, sondern erreichte auch die Ebene der Gesetzgebung. So wurde 1920 das "Numerus-Clausus-Gesetz" verabschiedet, das die Zulassung der jüdischen Ungarn zum Studium reglementierte.[9] In den Kriegsjahren oder in der Zeit der Revolutionen suspendierte Organisationen des jüdischen geistig-gesellschaftlichen Lebens, von den Pfadfindern bis zu der einstmals namhaften literarischen Gesellschaft, blieben zum Teil bis zum Ende der zwanziger Jahre verboten.[10]

"Die Vernichtung der ungarischen Juden", urteilt Raul Hilberg, "begann als freiwilliges ungarisches Unternehmen; die ersten ungarischen Maßnahmen wurden ohne nennenswerten deutschen Ansporn und ohne jede deutsche Hilfe in Kraft gesetzt."[11] Die Anbiederung der Ungarn an Nazi-Deutschland war verbunden mit einer Reihe von Erwartungen; so hofften sie, in Deutschland einen Verbündeten zu finden, der sie bei der Revision des Vertrages von Trianon unterstützte, durch den Ungarn nach dem Ersten Weltkrieg zwei Drittel seines Territoriums und mehr als die Hälfte seiner Bevölkerung verloren hatte.[12] Im Mai 1938, kurz nach dem 'Anschluß' Österreichs, wurde im ungarischen Parlament das erste antijüdische Gesetz beschlossen, das den Anteil der Juden in den freien Berufen und in der Wirtschaft auf 20 Prozent beschränkte. Im Mai 1939 wurde in einem weiteren Gesetz der Anteil bei einigen Berufen

---

[5] Ebd., S. 9.
[6] Ebd.
[7] Ebd., S. 183.
[8] Ebd., S. 184; zum antijüdischen Terror nach 1919/20: ebd., S. 138-155.
[9] Varga, László: Ungarn. In: Benz, Wolfgang (Hg.): Dimension des Völkermords. Die Zahl der jüdischen Opfer des Nationalsozialismus. München 1991, S. 331-351, hier S. 331 (= Quellen und Darstellungen zur Zeitgeschichte, 33); dazu auch Fischer 1988, S. 161-166.
[10] Varga 1991, S. 331.
[11] Hilberg 1990. Bd. II, S. 862.
[12] Enzyklopädie des Holocaust 1993. Bd. III, S. 1462.

auf sechs, bei anderen auf zwölf Prozent gedrückt. Eine Reihe von weiteren Verordnungen der Regierung trug dazu bei, die jüdischen Bürger aus der Gesellschaft auszugrenzen: Ausschluß der jüdischen Parlamentarier aus dem Oberhaus, Aberkennung der militärischen Ränge und Einführung eines besonderen Arbeitsdienstes.[13] Im Sommer 1941 trat das dritte antijüdische Gesetz in Kraft, das bereits die nationalsozialistische Rassenideologie akzeptierte und den 'Nürnberger Gesetzen' ähnlich war.[14] Dementsprechend wurde die Ehe zwischen Juden und Nichtjuden verboten und der außereheliche Geschlechtsverkehr zwischen ihnen als Rassenschande gebrandmarkt.[15]

Nach der deutschen Besetzung Ungarns am 19. März 1944 wurde mit den Vorbereitungen zur Konzentration und zur Deportation der Juden begonnen. "Auch in Ungarn", schreibt László Varga, "wurde der schon mehrfach bewährte Fahrplan des Holocaust eingehalten."[16] Den ungarischen Juden wurden Reisebeschränkungen auferlegt, der Besitz von Straßenfahrzeugen, von Telefon und Radio wurde untersagt und das Tragen des Davidsterns vorgeschrieben. Es erfolgte die Enteignung jüdischer Firmen und Unternehmen und die Schließung jüdischer Anwalts- und Arztpraxen, sowie die Abgabe allen persönlichen Besitzes. Nichtjüdische Angestellte durften nicht länger in jüdischen Haushalten beschäftigt werden, und jüdische Journalisten, Schauspieler sowie im öffentlichen Dienst Beschäftigte erhielten Berufsverbot. In einem nächsten Schritt wurde die Ghettoisierung der jüdischen Bevölkerung betrieben. In ländlichen Gebieten hatten sich die jüdischen Bürger zunächst in den örtlichen Gemeindehäusern oder Synagogen einzufinden, wenige Tage später transportierte man sie dann in die Ghettos der Bezirkshauptstädte. In den Städten wurden Ghettos, die von ungarischen Polizisten bewacht wurden, in den jüdischen Vierteln, in Ziegeleien oder in stillgelegten Fabriken eingerichtet, zum Teil auch einfach unter freiem Himmel im Wald.[17]

Die ungarische Polizei und Gendarmerie führte auch die Verhaftungen der jüdischen Bürger durch.[18] Die Situation in den Ghettos, die über einen Zeitraum zwischen einer und sechs Wochen bestanden, war sehr angespannt; die sanitären Einrichtungen waren unzureichend, und die Versorgung mit Nahrungsmitteln war mangelhaft.[19] Die ungarischen Behörden reduzierten die tägliche Essensration der Internierten auf 100 Gramm Brot und zwei Tassen Suppe.[20] Darüber hinaus wurden die jüdischen Bürger brutal von Polizei und Gendarmerie mißhandelt. Sie wurden gefoltert, damit sie die Verstecke ihrer vermeintlichen Reichtümer preisgaben.[21] Die ungarische Gendarmerie vollen-

---

[13] Varga 1991, S. 333.
[14] Enzyklopädie des Holocaust 1993. Bd. III, S. 1464; dazu auch: Hilberg 1990. Bd. II, S. 862-856.
[15] Varga 1991, S. 333.
[16] Ebd., S. 342.
[17] Enzyklopädie des Holocaust 1993. Bd. III, S. 1466; Varga 1991, S. 341f.
[18] Hilberg 1990. Bd. II, S. 898.
[19] Enzyklopädie des Holocaust 1993. Bd. III, S. 1466.
[20] Hilberg 1990. Bd. II, S. 899.
[21] Enzyklopädie des Holocaust 1993. Bd. III, S. 1466; dazu auch: ebd. Bd. I, S. 510f.; Hilberg 1990. Bd. II, S. 913; Varga 1991, S. 344: "Die Gendarmerie hatte die Weisung,

dete auch den Konzentrationsprozeß der Juden, "indem sie Krankenhäuser und Anstalten durchkämmte und Kranke, Neugeborene, Blinde, Taube, Geisteskranke und Gefängnisinsassen in die Ghettos warf"[22].

Am 15. Mai 1944 verließen die ersten Transporte Ungarn.[23] Nachdem die Deportierten einer eingehenden Leibesvisitation unterzogen worden waren, sperrte man jeweils siebzig von ihnen in einen Viehwaggon, der lediglich mit einem Kübel Wasser als Proviant ausgerüstet war. Die Züge sollten möglichst unbemerkt von der Bevölkerung das Land verlassen. "Dennoch", schreibt Raul Hilberg, "waren häufig die Schreie von Frauen und Kindern zu hören, die die in den Güterwaggons herrschende drückende Hitze nicht aushielten."[24] Bald nach der Ankunft in Auschwitz-Birkenau wurden die meisten ungarischen Juden ins Gas geführt.[25] Als am 7. Juli die Deportationen gestoppt wurden, waren einzig die Juden der ungarischen Hauptstadt übriggeblieben. Insgesamt haben etwa 300.000 ungarische Juden überlebt, mindestens 550.000 wurden Opfer des Holocaust.[26] Wer trägt die Verantwortung für das Geschehene? "Das Schicksal der ungarischen Juden", urteilt László Varga, "die Vernichtung ihrer überwiegenden Mehrheit, belastet in gleicher Weise die deutsche wie die ungarische Geschichte."[27]

Lebenslauf

Am 30. Januar 1912 wurde Frau S. in Sümeg in Ungarn geboren. Ihre Mutter stammte aus einer polnischen jüdischen Familie. Frau S. hatte noch eine jüngere Schwester. Nach Abschluß des Gymnasiums absolvierte sie in Wien eine Ausbildung als Bakteriologin und Physiotherapeutin. In dieser Zeit lernte sie auch ihren ersten Ehemann, einen ungarischen Arzt, kennen. 1938 wurde ihre Tochter Alice geboren. Als im März 1944 die deutsche Wehrmacht Ungarn besetzte, war Frau S.s Ehemann bereits in ein Arbeitsbataillon der ungarischen Armee eingezogen worden. Im Mai 1944 mußten die jüdischen Bürger Sümegs in ein besonderes Quartier in der Stadt umziehen. Einige Tage später sperrte man sie in das Ghetto der Provinzhauptstadt Zalaegerszeg. Ende Juni 1944 wurde Frau S. gemeinsam mit ihrer Tochter und ihren Eltern nach Auschwitz deportiert.

Nach der Ankunft in Auschwitz wurde die Familie getrennt. Frau S.s Eltern sowie ihre Tochter wurden nach der Selektion ermordet. Ihr selbst gelang es, als Krankenschwester im Revier zu arbeiten. Später kam Frau S. mit ungefähr 1.000 ungarischen Jüdinnen in das Lager Münchmühle in der Nähe der Stadt

---

alle Vermögensobjekte der Juden zu beschlagnahmen. Dies gab dann Gelegenheit zu den schonungslosesten, oft mit dem Tod endenden Verhören."

[22] Hilberg 1990. Bd. II, S. 913.
[23] Enzyklopädie des Holocaust 1993. Bd. III, S. 1467.
[24] Hilberg 1990. Bd. II, S. 913.
[25] Enzyklopädie des Holocaust 1993. Bd. III, S. 1467.
[26] Varga 1991, S. 351.
[27] Ebd., S. 350.

Allendorf (seit 1960 Stadtallendorf). Hier mußten die Häftlinge in einem Sprengstoffwerk Zwangsarbeit leisten. Frau S. arbeitete wieder im Revier.

Nach der Befreiung blieb Frau S. zunächst in Deutschland. Sie arbeitete für die amerikanische Besatzungsmacht in der Verwaltung. Da in Frankreich Verwandte lebten, wanderte sie 1946 dorthin aus. In Paris lernte sie ihren zweiten Ehemann, einen ungarischen Juden, kennen. Frau S. lebt bis heute in Paris. Ihr Mann ist vor wenigen Jahren gestorben. Die Ehe war kinderlos geblieben.

Kontaktaufnahme und Interviewbesuch

Vom 21. bis 26. Oktober 1990 veranstalteten die Stadt Stadtallendorf und der "Förderverein Stadt- und Regionalgeschichte Stadtallendorfs 1933-1945 e.V." des Ortes die sogenannten Internationalen Tage der Begegnung mit ehemaligen Häftlingen des Außenlagers Münchmühle. Zu jenen meist von weither angereisten Frauen, die noch im letzten Jahr der Nazi-Herrschaft zu Sklavenarbeit in Allendorf eingesetzt waren, gehörte auch Frau S. Zur Eröffnung der Veranstaltung sprach sie einige Grußworte, die im Dokumentationsband der Veranstaltung abgedruckt sind. So wurde ich auf Frau S. aufmerksam. Bei der Kontaktherstellung war eine gemeinsame Bekannte behilflich. Auf meine schriftliche Anfrage erhielt ich postwendend Antwort: "Ich würde mich freuen, Sie, Herr Sedlaczek, kennenzulernen, und gerne bin ich bereit zu einem Interview." Sogleich unterbreitete sie auch organisatorische Vorschläge für meinen Aufenthalt in Paris. Bevor ich schließlich nach Frankreich reiste, tauschten wir noch einen Brief aus und telefonierten mehrere Male. Frau S. war mir auch behilflich, ein Hotel zu besorgen. Sie freute sich sichtlich auf meinen Besuch.

Mein Aufenthalt in Paris dauerte eine Woche. Das Interview wurde an vier Vormittagen geführt. Die Nachmittage und die Abende gestalteten wir gemeinsam. Das heißt, wir machten Besorgungen, Einkäufe, trafen uns mit ihren Freunden oder Freundinnen im Café. Auf diese Weise lernte ich das Umfeld kennen, erlebte Frau S., wie sie mit anderen Menschen umging. Gern verbringt Frau S. die Nachmittage in Cafés. Immer wieder rufen Freundinnen an, um sich mit ihr zu verabreden. Viele ihrer Freundinnen kommen gleichfalls aus Ungarn. Einige leben bereits seit Jahrzehnten in Paris, andere erst wenige Monate. Frau S. ließ es sich nicht nehmen, mir die Stadt zu zeigen. Während meines gesamten Aufenthalts war ich ihr Gast. Lediglich zum Schlafen ging ich in ein Hotel, das in der Nähe ihrer Wohnung lag. Jeden Morgen erwartete mich Frau S. mit einem üppigen Frühstück. Auch die übrigen Mahlzeiten nahmen wir gemeinsam ein. Sie bekochte mich wie einen Verwandten oder Freund. Der Kontakt mit ihr besteht noch immer. Regelmäßig werden Karten oder kurze Briefe ausgetauscht.

Die Erzählerin

Frau S. ist keine Profierzählerin. Sie gehört nicht zu jenen Verfolgten des NS-Regimes, die häufiger von den Medien oder von wissenschaftlicher Seite aufgesucht werden, um über ihre Erfahrungen zu berichten. Auf der anderen Seite ist sie meiner Bitte, mir ein Interview zu gewähren, bereitwillig gefolgt. Frau S. ist ein kontaktfreudiger Mensch, der auch gern erzählt. Bei meinem Aufenthalt in Paris hatten wir viel Gelegenheit, uns zu unterhalten. So manchen im Café verbrachten Nachmittag erzählte sie mir Geschichten über ihre Freundinnen, ihre wenigen Verwandten oder einfach über Menschen, denen sie irgendwann einmal begegnet ist.

Das Interview mit Frau S. wurde in deutscher Sprache geführt, also nicht in ihrer Muttersprache. Zwar hatte sie bereits in ihrer Jugend deutsch gelernt, doch in den letzten Jahren waren Gelegenheiten, deutsch zu sprechen, rar. Nicht selten flicht sie französische Vokabeln in ihre Erzählung ein. Direkt vor unserem Interview hatte Frau S. die Niederschrift ihrer Erinnerungen an die Jugend in Ungarn, die Deportation, ihre Zeit als Häftling in Auschwitz und im Lager Münchmühle sowie an die erste Zeit nach der Befreiung, als sie für die Alliierten arbeitete, abgeschlossen. Diese Aufzeichnungen, die in französischer Sprache abgefaßt sind, ziehe ich als ergänzende und kontrastierende Quelle für die Bearbeitung des Interviews mit heran. Der Text, den Frau S. mit den Worten *Guerir et survivre. Une Bactériologue Hongroise dans les camps nazis, - 1944* überschrieben hat, wird im folgenden von mir als "Lebenserinnerungen" bezeichnet. Er hat einen Umfang von 52 Seiten und enthält neben dem autobiographischen Teil einen umfangreichen Dokumententeil. Neben Photos und einer Skizze vom Lager Münchmühle findet sich hier eine Liste mit den Namen der im Lager Münchmühle internierten ungarischen Frauen einschließlich ihrer aktuellen Adressen. Des weiteren enthält er ein Dokument, das Auskunft über die Zusammensetzung der Wachmannschaft gibt. Unter der Rubrik Häftlingsärzte steht auch der Name von Frau S. auf dem Papier. Am Schluß der Lebenserinnerungen sind fünf Gedichte abgedruckt: Darunter eines von ihrem verstorbenen Ehemann mit dem Namen *Transport* sowie zwei Gedichte einer Frau Weber aus dem Lager Auschwitz: *Die Schafe von Lidice* und *Alterstransport am *0.2.42 von Theresienstadt nach Auschwitz.*

Kindheit und Jugend

Frau S. ist am 30. Januar 1912 in Sümeg geboren, einer kleinen Stadt in der Nähe des Plattensees. Nach ihren Angaben zählte der Ort ungefähr 6.000 Einwohner, 300 von ihnen seien wie ihre eigene Familie jüdisch gewesen. In Sümeg verlebte Frau S. ihre Kindheit und Jugend. Hier besuchte sie die Schule, bevor sie anschließend in Wien ihre berufliche Ausbildung begann. "Ja, das war herrlich!" Mit diesen Worten beginnt Frau S. ihre Erzählung über ihr Leben in Sümeg. "Meine Erinnerungen an die Kindheit stehen auch in diesem Buch. Das war herrlich! Damals habe ich nicht gewußt, daß es gibt einen Unterschied zwischen Christen und Juden." Der Beschreibung ihrer Kindheit und Jugend widmet Frau S. nur wenig Raum. Auch wenn sie im Laufe unseres Gesprächs immer wieder Ereignisse aus dieser Zeit in ihre Erzählung aufnimmt, so legt sie doch den Schwerpunkt auf andere Abschnitte ihres Lebens. Bereits mit den ersten Sätzen macht Frau S. aber deutlich, daß sie dieser Zeit einen wichtigen Stellenwert in ihrem Leben einräumt. Die Erinnerungen sind positiv, doch die später gemachten Erfahrungen von Antisemitismus werden bereits an dieser Stelle angesprochen, was einerseits die Jahre in Sümeg noch friedlicher erscheinen läßt, andererseits aber den Bruch, den die Verfolgung in ihrem Leben bedeutet, um so einschneidender bezeichnet. Die von ihr angesprochenen Lebenserinnerungen beginnt sie mit Worten, die einen ähnlichen Eindruck hervorrufen: "De ma jeunesse, je n'ai retenu que des images et des sons: mes parents me faisant la lecture, mes amies jouant dans le jardin. Insouciance et joie de vivre. J'ai passé les plus belles années de ma vie en Hongrie..." Und über ihre Heimatstadt Sümeg schreibt sie: "Toute le monde se connaissait et s'estimait: Juif et chrétiens, ces différences n'existaient pas alors."

Frau S. berichtet nur wenig über ihre Eltern. So bleibt beispielsweise der Beruf des Vaters unerwähnt. Der Vater wird mit knappen Worten als Intellektueller, als belesener und musisch interessierter Mensch beschrieben. Über die Mutter ist zu erfahren, daß sie aus einer wohlhabenden polnischen jüdischen Familie stammt. In ihren Lebenserinnerungen charakterisiert Frau S. ihre Mutter mit liebevollen Worten: "Ma mère, Frida E., était une très belle femme aux cheveux bruns qui nous étonnait toujours par sa vivacité d'esprit." Wichtig ist es Frau S. auch, das soziale Klima in ihrem Elternhaus zu beschreiben. Dort hätten sich, so erklärt sie nicht ohne Stolz, die kulturell gebildeten Bürger des Städtchens zusammengefunden und einen festen Kreis gebildet:

Aber in meinem Elternhaus war es wunderbar. Wer in die Stadt gekommen ist und war ein bißchen intellektuell, wollte immer in diesen Kreis herein. Das war doch ein ganz wenig geschlossener Kreis, das heißt nur intelligente, Intelligenz, wie man sagt. Zum Beispiel junge Juristen sind auch gekommen, beim Advokaten zu arbeiten, und haben sie die Prüfungen anderswo abgelegt. Habe ich viele kennengelernt, sehr berühmte, als sie Advokat geworden sind später.

In der Erinnerung scheint der Glanz der elterlichen Freunde ungebrochen. Das Elternhaus wird als Ort der Begegnung beschrieben, wo Gelegenheit zum Austausch kultureller Themen bestand. Die Eltern schienen von den übrigen Einwohnern Sümegs geachtet zu sein. Gäste waren stets willkommen und wurden als Bereicherung empfunden. Bei den Geschichten, die Frau S. über ihre Familie sowie ihre Freundinnen und Freunde erzählt, handelt es sich um einzelne, meist unverbundene Erinnerungen, die oftmals szenisch beschrieben werden. Konkrete Informationen sind rar. Es sind Stimmungsbilder, die den Eindruck einer unbeschwerten und sorglosen Zeit erwecken.

Dann haben wir einen kleinen Musikkreis gehabt. Da war eine guter Geigenspieler, von einem Tierarzt der Sohn, wir sind alle zusammengekommen. Es war sehr schön. Und jeden Tag zwischen zwölf oder zwei oder eins und zwei war ja doch eine Stunde frei, sagen wir von der Schule, sind die jungen Leute alle hergekommen [lacht]. *Wir haben einen riesen Hof gehabt, das war wunderschön, mit Gras und großen Akazbäumen und Kastanienbäumen, und da waren alle Turngeräte aufgestellt, und wenn man das Gras geschnitten hat, hat man es so heraufgelegt, und da haben wir uns hingelegt. Dann konnten wir die Burg sehen, wir hatten eine Burg in Sümeg. Im Entré sehen Sie ein Bild davon, habe sehr schöne von dort bekommen.*

Zwischenzeit

Ähnlich wie die Erzählung über Kindheit und Jugend besteht auch die Erzählung über die Zeit der Berufsausbildung in Wien und die anschließende Zeit der Ehe mit ihrem ersten Mann, einem ungarischen Arzt, aus Bruchstücken von Erinnerungen, die eine chronologische Ordnung der Ereignisse beinahe unmöglich machen. Wie zuvor entstehen Stimmungsbilder, die den Eindruck einer sorgenfreien Zeit hervorrufen. Wichtiger als eine chronologische Schilderung ist es Frau S., die Namen ihrer Ausbilder und Professoren zu nennen. Gern erklärt sie, wenn es sich dabei um 'Berühmtheiten' gehandelt hat, in einem Fall um den - wohl vermeintlichen - Begründer der Physiotherapie, wie sie stolz berichtet. Frau S. erzählt, daß sie im Franz-Josef- und im Karls-Spital gearbeitet habe. Sie berichtet, daß sie später im Lainz-Spital mit Apparaten der Firma Siemens umgehen mußte, die als sehr fortschrittlich galten, sie skizziert ihre Tätigkeit, indem sie erwähnt, daß sie im 'Laboratorium' gearbeitet habe, aber auch die Patienten versorgen und Fieber messen mußte. Auf meine Frage, wann sie ihre Ausbildung in Wien absolviert habe, antwortet Frau S., daß sie 1934 und 1935 in Wien gewesen sei. In dieser Zeit habe sie bereits Ausschreitungen, wörtlich sprach sie von Pogromen, gegen Kommunisten miterlebt. Doch an die genauen Umstände könne sie sich nicht mehr erinnern: "Weiß der Teufel, wie das war, bei Dollfuß.[28] War so was Schreckliches, habe ich erlebt." Nach ihrer Ausbildung kehrte Frau S. nach Ungarn zurück. Sie bewarb sich um eine Stelle in der öffentlichen Verwaltung oder im medizinischen Bereich der Armee[29], was nicht recht deutlich wird im Interview. Man verwies auf ihr Jüdischsein und lehnte sie brüsk ab: "Und habe ich dann nie mehr einen Posten bekommen, weil dann hat schon angefangen diese hitlerianische Ära." Ich frage Frau S., ob sie vor dem Krieg auch schon antisemitische Erfahrungen gemacht habe:

Ja. Hier und da hat man Pogrome gemacht in Ungarn gegen die Juden. Aber als Kind, als junges Mädel in der Stadt, habe ich nie das Gefühl gehabt, daß

---

[28] In Österreich regierte seit dem 7. März 1933 Engelbert Dollfuß mit Hilfe des "kriegswirtschaftlichen Ermächtigungsgesetzes" vom 24. Juli 1917 ("Austrofaschistische Diktatur"), siehe Der große Ploetz. Auszug aus der Geschichte. 30., aktualisierte Ausgabe. Freiburg/Würzburg 1986, S. 950.

[29] Die ungarische Armee war eine der radikalsten und aggressivsten antisemitischen Kräfte in Ungarn, siehe Enzyklopädie des Holocaust 1993. Bd. III, S. 1464.

wir anders sind als die anderen. Wir waren sehr gut befreundet, Christen und Juden zusammen. Und es war eine kleine intellektuelle clique, und wir waren alle zusammen, das hat man nicht gespürt.

Zwischen Frau S.s Rückkehr aus Wien und ihrer Deportation im Jahre 1944 lagen neun Jahre. Ihre Schilderung dieser Zeit fällt eher knapp aus. Sie heiratete einen Arzt, und 1938 wurde ihre Tochter Alice geboren. In kurzen Sätzen berichtet sie darüber, daß es auch in Ungarn Nazis gab: "Es waren auch sehr viele Ungarn Nazis, natürlich, aber was für welche. Ich sage Ihnen, sie waren noch ärger als die Deutschen." In unseren Gesprächen thematisiert Frau S. immer wieder ihr Verhältnis zu ihren (ehemaligen) ungarischen Landsleuten. Sie gibt nachdrücklich zu verstehen, daß sie auf die Ungarn noch schlechter zu sprechen ist als auf die Deutschen. Ich frage Frau S., mit welchem Gefühl sie Nachrichten über die Vorgänge in Deutschland und über den Verlauf des Krieges aufgenommen habe. Frau S. gibt zu bedenken, daß sie zu diesem Zeitpunkt noch keine Kenntnis von der Existenz von Konzentrationslagern besaß:

Das habe ich nicht gewußt, erst nachher, erst nach dem Konzentrationslager. Na, das habe ich gewußt, daß Hitler wird die Juden nicht dulden, nur man hat sich nicht vorgestellt, was das... und außerdem, sage ich Ihnen, die Schlechtigkeit... ich bin den Ungarn noch mehr böse als den Deutschen. Was habe ich mit Deutschen zu tun gehabt? Weil ich habe mit denen zu tun gehabt durch die Ungarn. Weil Italien hat schon kapituliert, und der Krieg war schon fast zu Ende, hat man uns deportiert, damit man uns berauben kann und erschießen kann.

Der Plan der Vernichtung der ungarischen Juden wurde in die Tat umgesetzt, als sich bereits die Wende im Kriegsgeschehen zugunsten der Alliierten abgezeichnet hatte, ja vielleicht sogar ein Ende des Krieges in absehbarer Zeit möglich erschien. Dennoch überrascht mich Frau S.s Antwort und ich frage deshalb noch einmal nach:

> *Nochmals zurück nach Ungarn. Diese Jahre vor '44 müssen doch mit großer Angst verbunden gewesen sein?*

Was heißt das?

> *Aber Sie waren ja bis '44 in Ungarn und in den Jahren vor '44 haben Sie doch gesehen...*

Nein, da hat man natürlich...

> *...wie jedes Land von den Nazis besetzt wurde.*

'39 hat man schon gespürt, daß es nicht so ist wie früher. Aber bis man einen deportierte... es waren traurige Zeiten, sagen wir, aber man hat nicht gewußt, was sein wird, und man hat gehofft, daß wir nicht deportiert werden. Weil eben, sage ich Ihnen, und da haben wir gedacht, in einer Woche gehen wir schon wieder tanzen, weil der Krieg geht zu Ende. Hat man uns nicht tanzen geführt, sondern man hat uns gleich deportiert. Sie haben doch das so schnell,

*schnell gemacht, damit sie sollen... natürlich die Jugend und jungen Juden und
diejenigen, die im Ersten Weltkrieg Offiziere waren, hat man ihnen natürlich
die Sterne abgerissen, und sie sind in Arbeitslager gekommen. Sie haben die
Schanzen gebaut für die Deutschen, die da immer Krieg gemacht haben.*

Meine Fragen überfordern Frau S.s Erinnerungsfähigkeit. Für sie, so scheint
es, begann die Phase der Verfolgung und damit der Angst um die eigene
Existenz erst mit der Deportation der ungarischen Juden. In ihrer Erzählung
verknüpft sie den Beginn des Zweiten Weltkrieges mit dem Ereignis der eigenen Deportation. Doch zwischen beiden Ereignissen lagen beinahe fünf Jahre.
Sehr viel detaillierter und reflektierter beschreibt Frau S. die historischen
Ereignisse in ihren Lebenserinnerungen. In ihnen liefert sie einen Abriß der
Entwicklung des Verhältnisses zwischen Juden und Nicht-Juden in Ungarn, der
mit dem Ende des Ersten Weltkrieges beginnt. Zur Veranschaulichung ihrer
Geschichtsdarstellung berichtet sie im Anschluß daran von einem antisemiti-
schen Vorfall in ihrer Heimatstadt Sümeg:

"La défaite de la Hongrie lors de la Première Guerre Mondiale marqua un véritable
tournant dans l'histoire des relations entre Juifs et Hongrois. Nos rapports avec la
communauté chrétienne furent, jusqu'en 1918, très chaleureux. Avec la communauté de
Belà K[h]un[m] (qui était juif) notre situation se dégrada. Après avoir longtemps refoulé sa
jalousie, l'aristocratie s'était déchaînée, entraînant avec elle toute la société hongroise sous
l'oeil approbateur du Régent de Hongrie, Miklos Horthy.
Une scène resta gravée dans ma mémoire: un jour un aristocrate, cravache à la main, entra
à cheval dans un café que dirigeait un Juif. Et, parce que, soi-disant, le serveur ne l'avait
pas servi avec les égards dus à son rang, il entreprit de tout casser. Il renversa les tables,
brisa verres et bouteilles et menaça même le pauvre serveur, que la terreur immobilisait.
Puis, les habitants de Sümeg, intrigués par le bruit, se rassemblèrent devant la porte et se
mirent à crier 'Mort aux Juifs'."

Sowohl im Interview als auch in den Lebenserinnerungen drückt Frau S. ihren
Zorn gegenüber den Ungarn aus. Sie ist verbittert über ihr antisemitisches
Verhalten. Doch während im Interview der Eindruck entsteht, sie habe die
politischen wie die militärischen Entwicklungen in Europa nur eingeschränkt
wahrgenommen, erscheinen ihre politischen Äußerungen in den Lebenserinnerungen politisch viel bewußter. Die Gefahr, in der sich die ungarischen Juden
befunden haben, wurde damals unterschätzt: "Personne n'aurait pu imaginer
que, tandis qu'il agonisait, le Reich allemand emploierait ses dernières forces
pour exterminer les Juifs de Hongrie."

Verfolgung und Deportation

Wie bereits erwähnt, berichtet Frau S. in der Regel nicht chronologisch. Doch
in ihrer Erzählung über die Zeit der Verfolgung und KZ-Haft bemüht sie sich
um eine grobe Chronologie und versucht, auch einzelne Ereignisse aufeinander
zu beziehen und in einen Zusammenhang zu stellen. Mit dem Einmarsch der
deutschen Truppen im März 1944 nach Ungarn nahmen jene Ereignisse ihren
Lauf, die Frau S. als entrechteter Häftling in das Konzentrationslager

Auschwitz führten und die den Tod ihrer Familie bedeuteten. Ihren Ehemann sieht sie als eines der ersten Opfer dieser Politik. Er, der ehemalige Offizier, wurde von der ungarischen Armee zur Zwangsarbeit verpflichtet und wie viele jüdische Männer in Ungarn in ein Arbeitsbataillon eingezogen.[30] Sie wurden zur Unterstützung der Pioniere der ungarischen Streitkräfte, "zu Bauarbeiten, Minenräumaktionen und den verschiedensten Dreckarbeiten herangezogen"[31]. Allerdings wurden diese Arbeitsbataillone bereits vor der deutschen Besetzung eingerichtet.[32] An dieser Stelle irrt Frau S.s Erinnerung also. Der Arbeitsdienst wurde auf der Grundlage eines Gesetzes aus dem Jahre 1939 eingeführt.[33] Die Dienstpflicht bestand zunächst für jüdische Männer bis 25 Jahren, ab April 1937 wurde sie auf 37, ein Jahr später auf 48 und schließlich im Oktober 1944 auf Männer bis 60 Jahren augedehnt.[34] Die Situation der Arbeitsdienstler wurde 1941/42 unerträglich. Ihre Verpflegung war unzureichend, die Bekleidung mangelhaft und ihre Behandlung grausam.[35] Auf die Rückkehr ihres Ehemannes wartete Frau S. vergeblich.[36] "Rapidement," schreibt sie in ihren Lebenserinnerungen, "je dus me faire à l'idée que l'homme que j'avais épousé quelques années auparavant et avec qui j'avais voulu partager ma vie, cet homme ne reviendrait jamais."

Der Plan zur Konzentration der ungarischen Juden sah vor, daß die Verhaftungen von der ungarischen Polizei und Gendarmen durchzuführen seien. Die jüdische Bevölkerung, die in Orten mit weniger als 10.000 Einwohnern lebte, sollte in größere Städte oder in eigens dafür vorgesehene Lager gebracht werden.[37] Im Mai 1944 befahl die ungarische Polizei den jüdischen Bürgern Sümegs, sich in einem bestimmten Viertel der Stadt zu versammeln. Die Juden aus den umliegenden Dörfern hatten dort gleichfalls zu erscheinen. "Nous qui n'avions jamais connu le ghetto, étions contraints de vivre comme des bêtes parquées dans des maison désaffectées." Mit diesen Worten beschreibt Frau S. in ihren Lebenserinnerungen die Erfahrung der Aussonderung. In der Schilderung dieser Ereignisse klingt wieder ihr Zorn über die ungarischen Landsleute an, die maßgeblich an der Ghettoisierung und schließlich der Deportation der jüdischen Bürger beteiligt waren:

---

[30] Herbert, Ulrich: Arbeit und Vernichtung. Ökonomisches Interesse und Primat der "Weltanschauung" im Nationalsozialismus. In: Diner, Dan (Hg.): Ist der Nationalsozialismus Geschichte? Zu Historisierung und Historikerstreit. Frankfurt a.M. 1987, S. 198-236, hier S. 232.

[31] Hilberg 1990. Bd.II, S. 872.

[32] Herbert 1987, S. 232.

[33] Varga 1991, S. 335.

[34] Hilberg 1990. Bd. II, S. 871f.

[35] Varga 1991, S. 335f.

[36] Während Varga schätzt, daß etwa 10.000 Personen im Arbeitsdienst starben (Varga 1991, S. 336), wird in der Enzyklopädie des Holocaust von 42.000 ungarischen Juden gesprochen, die in den mobilen Arbeitsdiensteinheiten umkamen, noch bevor Ungarn von deutschen Truppen besetzt wurde, siehe Enzyklopädie des Holocaust 1993. Bd. III, S. 1465. Auch Hilberg, der die Gesamtzahl der Zwangsarbeiter mit 130.000 beziffert, geht davon aus, daß 30-40.000 von ihnen starben, siehe Hilberg 1990. Bd. II, S. 872.

[37] Hilberg 1990. Bd. II, S. 897f.

In jeder Stadt war ein Ghetto. Das war meistens im Hof vom jüdischen Tempel, aber nachher, wenn man uns abgeführt hat nach Zalaegerszeg, das war die Hauptstadt von dem Commitat Zala. Und hier hat man uns in einen, wie soll ich Ihnen sagen, da hat man uns geführt auf einen Boden ohne Häuser. Und dort haben die 'wunderbaren ungarischen Gendarmen' noch Leute fast totgeschlagen, damit sie sagen, wo sie noch Vermögen versteckt haben. Will ich Ihnen nur sagen, ein Sohn von einer Mutter, wie er gehört hat, daß man sie schlägt... und wissen Sie, er hat keine Waffe gehabt, natürlich. Die Mutter hat man totgeschlagen und ihn hat man auch sehr geschlagen.

In Variationen thematisiert Frau S. immer wieder ihre Erfahrungen mit den ungarischen Landsleuten. Ihre Worte sind drastisch. Sie wirft den Ungarn nicht nur vor, daß sie die Deportation mitorganisiert haben, sondern auch, daß sie die Notlage der jüdischen Bevölkerung ausgenutzt haben, um sich an ihrem Vermögen zu bereichern:

Außerdem haben sie sich sehr schuftig und häßlich benommen, bevor man uns abgeführt hat. Nicht nur ausgeraubt, sondern einzelne Leute ausgesucht, und man hat sie fast totgeschlagen. In dieser Polizei, dieser gewöhnlichen... die Gendarmen haben sie totgeschlagen, um zu erfahren, wo sie eventuell Geld versteckt haben, oder wo sie irgend etwas versteckt haben. Also es war furchtbar. Und wir saßen auf der Erde in einem großen... ich weiß nicht, ob es ein Hof war oder ein Stadtteil, bis man uns in die Züge gegeben hat zum Wegdeportieren nach Auschwitz. Ich habe für die Ungarn nichts übrig gehabt, sage ich Ihnen. Ich war auf die Ungarn noch mehr böse, damals. Natürlich, weil sie waren genauso schuftig und schlecht. Und natürlich haben sie gern profitiert davon, daß die Deutschen besetzt haben, und die wollten das gleich ausnutzen.

In ihren Lebenserinnerungen schreibt Frau S. über die Gier der Ungarn nach dem Geld der jüdischen Bürger: "Ah! L'argent juif! Si un Juif puait, son argent 'n'avait pas d'odeur'." Einige Tage nachdem die Juden aus Sümeg und Umgebung zusammengezogen worden waren, sperrte man sie in das Ghetto der Provinzhauptstadt Zalaegerszeg. Sie durften nur das unbedingt Notwendigste mitnehmen. In ihrer Erinnerung sieht Frau S. die überfüllten Straßen des Ghettos. Es war schwer, einen Platz in einer Wohnung zu finden, der für sie selbst, ihre Tochter und die Eltern ausreichte. Ende Juni wurde mit den Deportationen begonnen. Am Bahnhof des Ortes stellten sich die ungarischen Gendarmen um die Juden herum und forderten sie auf, ihr Geld abzugeben[38]: "'Donnez nous votre argent. Là où vous allez, vous n'en aurez pas besoin.' Ils nous fouillaient partout. J'en ai même vu chercher dans le vagin des femmes. Une de celles que je pensais être une amie a inspecté le moindre recoin de vêtements. Du coup, elle m'inspira dégoût et haine. Je me retenais de lui cracher au visage." In ihren Lebenserinnerungen wie auch im Interview findet

---

[38] "Die Deportierten", schreibt Hilberg, "wurden einer eingehenden Leibesvisitation unterzogen, da die Gendarmerie verhindern wollte, daß jüdische Wertsachen in Auschwitz den Deutschen in die Hände fielen", siehe Hilberg 1990. Bd. III, S. 913.

Frau S. drastische Worte, um ihrem Zorn über das Verhalten ihrer Landsleute
Luft zu machen.

Schließlich wurden Frau S. und die anderen Juden von der SS, die mit
Pistolen und Schlagstöcken bewaffnet war, in die bereitstehenden Viehwaggons
getrieben. Wer sich widersetzte, wurde geprügelt. Der Zug setzte sich in
Bewegung. Die Eingepferchten erhielten weder Essen noch Trinken, dabei
heizte die Sonne den verriegelten Waggon unerträglich auf. Wie lange die
Fahrt dauerte, weiß Frau S. nicht mehr. Im Waggon herrschte Stille:

*Viele Leichen waren schon da im Waggon. Als wir herausgekommen sind, habe
ich meinen Vater, meine Mutter und das Kind gesucht. Und aus meiner
Heimatstadt haben sich viele Frauen uns angeschlossen. Und der Mengele, der
Feine, ist dagestanden, 'rechts' und 'links'. Und so war das. Aber ich sage
Ihnen, meine Mutter hat mich gelehrt, daß Menschen, die schöne Augen haben,
hübsche Leute, sie haben eine gute Seele. Non, non, er war genug hübsch -
aber Seele? Furchtbar.*

Mit knappen Worten schildert Frau S. die Ankunft im Lager Auschwitz. Das
zentrale Ereignis der Selektion wird von ihr mehrmals im Interview geschildert. Bei der Selektion fiel die Entscheidung über Leben und Tod. Frau S.s
fünfjährige Tochter Alice sowie ihre Eltern wurden gleich zur Vernichtung
bestimmt; sie selbst wurde ins Lager eingewiesen. Schuldgefühle plagen Frau
S., daß es ihr nicht gelungen ist, das Leben ihrer Tochter zu retten. Warum
fand sie keinen Weg, das Kind zu verstecken und so vor dem Zugriff der SS zu
sichern?

*Ich habe ein Töchterchen gehabt, fünf Jahre alt, und habe einen Riesenfehler
gemacht und habe das Kind ins Lager mitgenommen, und da habe ich sie nie
mehr wiedergesehen. Es gab Leute, die haben sogar neugeborene Kinder
herausgebracht. Ich weiß nicht, wie das war. Als ich angekommen bin mit
meinen Eltern und meinem Kind, und ich habe das Kind auf der einen Seite
gehabt... dann bin ich getrennt worden. Mengele war da, 'rechts und links'.
Ich habe das nicht gewußt, daß sie werden alle umgebracht sofort.*

Die Bedeutung der Selektion im Alltag des Konzentrationslagers bleibt uner-
klärt. Einzig das Defilee der Neuankömmlinge vor dem SS-Arzt Josef Mengele
wird angedeutet, seine Entscheidung über ihr Leben lediglich mit den Worten
"rechts und links" beschrieben. Während sie dies erzählt, macht ihre linke
Hand wie automatisch eine leichte Bewegung von links nach rechts. Vielleicht
setzt Frau S. voraus, daß ihr Gesprächspartner über den Ablauf dieser
'Inszenierung' Bescheid weiß. Sie schildert den Vorgang der Ankunft im Lager
und der anschließenden Selektion, wie bereits erwähnt, mehrmals im Interview. Doch stets habe ich den Eindruck, daß Frau S. auch heute noch diesem
beinahe fünfzig Jahre zurückliegenden Ereignis fassungslos gegenübersteht.
Ihre knappe, fragmentartige Schilderung sowie ihre massiven Selbstvorwürfe
mögen dafür als Beleg dienen. Ähnlich wie bei Herrn W., dessen Vater im KZ
Mauthausen ermordet worden ist, gilt auch für Frau S., daß mit dem Verlust

von Liebesobjekten unter Umständen, die gräßlich waren, der Beginn schwerer
seelischer Konflikte verbunden ist.[39]

Wenn wir hätten gewußt, hätte ich doch das Kind bei der Dienerschaft gelassen
oder bei jemanden gelassen. Aber ich habe ja doch das nicht gewußt. Wenn
man das gewußt hätte... und dann von einem Kind sich zu trennen, wenn man
eine Mutter ist, halbwegs gute Mutter, sagen wir, ja, geht ja doch nicht - es ist
sehr schwer. Ich weiß nicht, wer das kann. Ich konnte mich vom Kind nicht
trennen. Aber ich hätte gerettet werden können mit dem Kind durch einen
ungarischen Offizier. Und der wollte mich auf sein Gut mitbringen. Habe ich
gesagt, ob er auch die Eltern mitnehmen würde, da sagt er 'nein', das kann er
nicht. Er kann nur das Kind und mich auf einem Wagen hinführen auf sein
Gut. Wenn er später auch die Eltern gebracht hätte, dann wäre ich gegangen.
Aber so habe ich gedacht, nein, ohne die Eltern gehe ich nicht. Ich bleibe bei
den Eltern. Ich bin nämlich von Budapest nach Sümeg gefahren, um die Eltern
zu retten. Aber leider habe ich mich auch... das war ein Unglück.

Der letzte Satz bleibt ungeklärt. Frau S.s Konflikt besteht darin, daß sie dem
Wunsch nachgegeben hat, sich nicht von ihrer Tochter zu trennen, anstatt einen
Weg zu finden, die Tochter in die Obhut anderer Menschen zu geben, um sie
so vor dem Zugriff der Deutschen zu schützen. Ihre Rationalisierung - eine
Mutter könne sich nicht einfach von ihrem Kind trennen - wirkt hilflos.
Erschwerend kam hinzu, daß sie sich auch für ihre Eltern verantwortlich
fühlte. Als möglicher Ausweg erscheint das etwas zwielichtig wirkende Angebot eines ungarischen Offiziers. Frau S.s Schilderung zeigt nur wenig Distanz
zu den beschriebenen Ereignissen. Im Erzählen wird ihr Entscheidungskonflikt
reproduziert. Hektische Überlegungen kennzeichnen die Situation, in deren
Ablauf kein Eingriff möglich scheint. Reflexionen aus der Gegenwart finden
keinen Platz.

In ihren Lebenserinnerungen beschreibt Frau S. die Ankunft im Konzentrationslager sehr viel ausführlicher als im Interview, doch mit ähnlichem Tenor.
Über ihr Schuldgefühl spricht sie hier allerdings nicht. Frau S. schildert, wie
die Neuankömmlinge aus den Waggons getrieben wurden: "Des voix qui
semblaient venus de nulle part, nous ordonnèrent de sortir des wagons." Sie
waren blind von den grellen Scheinwerfern, während die Schlagstöcke der SS-
Männer auf die Ahnungslosen niedergingen: "Les gens, encore sous le choc, se
bousculaient, ne sachant pas où aller. Ma fille était mon unique souci. Surtout
ne pas lâcher sa main et la protéger des coups." Das Kapitel über die Deportation, das mit der Ankunft in Auschwitz endet, schließt Frau S. mit den Worten
"nous venions d'arriver en enfer". Anschließend beschreibt sie unter der Überschrift "le bout de l'enfer" die Selektion:

"A peine arrivés au camp d'Auschwitz-Birkenau, nous devions défiler devant un médecin
de sinistre renom, le Docteur Mengele. Du bout de sa baguette, il décidait de la vie ou de
la mort des déportés. Nous marchions lentement. Derrière moi, j'entendais des gens nous

---

[39] Vgl. Kapitel *Herr W.*, S. 196.

appeler à la révolte mais la peur des coups nous privait de toute force. Très vite, je me suis retrouvée devant Mengele: 'la femme à droite, la fille à gauche'. Je ne voulais pas me séparer d'Alice mais un S.S. l'avait déjà attrapée et jetée dans le groupe de gauche. Ma fille criait: 'Maman, maman', mais je ne pouvais rien faire. Puis ce fut le tour de mes parents: 'à gauche'. Au moins, j'étais rassurée, ils s'occuperaient d'elle jusqu'à ce que je les retrouve. Au bout d'un certain temps, qui m'avait semblé une éternité, le groupe de gauche se mit en marche. Lentement, péniblement, mon père et ma mère, qui tenait ma fille dans ses bras, suivaient cette masse humaine impuissante. Puis ils tournèrent et je ne les ai plus jamais revus."

Am 15. April 1944, und damit nur einen Monat, nachdem die deutsche Wehrmacht Ungarn besetzt hatte, begannen die Deutschen mit der Deportation der Juden. Bis zum Juli waren 458.000 ungarische Juden nach Auschwitz gebracht worden.[40] Von ihnen wurden drei Viertel sofort ins Gas geschickt und umgebracht. Lediglich 108.000 wurden für den Arbeitseinsatz ausgewählt.[41] Wolfgang Sofsky erklärt die Selektionen von Häftlingen, die bei ganz verschiedenen Anlässen und Orten im Lager stattfanden, nicht nur an der Rampe, als "ein allgemeines organisatorisches Schema mit dem 'überzählige' Menschen von Arbeitskräften getrennt wurden, um anschließend getötet zu werden"[42]. Mit einer medizinischen Tätigkeit hatten sie nichts zu tun.[43] Vielmehr dienten die ärztlichen Diagnosen lediglich dazu, die "rassische und soziale Ausmusterung"[44] zu kaschieren: "Sie waren das Instrument, um in den Konzentrationslagern ein Gleichgewicht von Arbeit und Tod, von Effektivität und Vernichtung herzustellen. Häftlinge, die schwach aussahen oder als überflüssig galten, wurden regelmäßig ausgesondert und getötet. Die Lager funktionierten wie eine Drehscheibe des Todes. Damit die Zugänge Platz fanden, liquidierte die SS entkräftete Insassen und tauschte sie gegen neue aus. Und um die Lücken zu schließen, inhaftierte man immer neue Gruppen, bis auch sie ersetzt wurden. In der bürokratischen Logik des Systems waren die Selektionen ein mörderisches Mittel zur Steuerung des organisatorischen Wachstums und zur Selbsterhaltung des Systems."[45]

Die Häftlinge durchschauten diese Vorgänge nur schwer, schon gar nicht, wenn sie - wie Frau S. - gleich nach der Ankunft im Lager an der Rampe dieser Prozedur unterzogen wurden. Der einzelne war Bestandteil einer rechtlosen Masse, der wenige SS-Leute gegenüberstanden, die mit der Macht, über Leben und Tod zu entscheiden, ausgestattet waren. Die Neuankömmlinge waren von der langen Fahrt entkräftet. Sie hatten Angst, und sie wußten nicht, was mit ihnen passieren würde. Im folgenden soll noch einmal Sofsky zu Wort kommen. Er setzt sich mit der Situation der Selektion aus der Sicht der Neuankömmlinge auseinander. Er listet den Ablauf des Geschehens auf und

[40] Herbert 1987, S. 232.
[41] Ebd.
[42] Sofsky, Wolfgang: Die Ordnung des Terrors: Das Konzentrationslager. Frankfurt a.M. 1993, S. 276.
[43] Ebd., S. 277.
[44] Ebd.
[45] Ebd., S. 278f.

beschreibt minutiös die Perspektive der Opfer. Da eine Paraphrasierung den
Text nur unzureichend wiedergeben könnte, soll ein zusammenhängender,
längerer Ausschnitt zitiert werden:

> "Von der Wucht der Ereignisse wurden die Menschen sofort überwältigt. Es herrschte ein
> extremer Zeitdruck. Damit niemand zur Besinnung kam und sich von der Situation distan-
> zieren konnte, war die SS auf einen zügigen Ablauf bedacht. Das Tempo zwang die Opfer
> in die Situation hinein, die Relevanzen zogen sich auf die engste Nahwelt zusammen:
> Gepäck, Platz im Gedränge, die Angehörigen. Vorsicht und Umsicht waren unmöglich.
> Das Eiltempo erzeugte schockartige Zäsuren. Zeitphasen des Wartens oder Überlegens
> wurden radikal unterdrückt. Von vornherein wurde den Opfern jede Chance genommen,
> auch nur den Ansatz eines Handlungsplans zu bilden. Die Situation lief ab wie eine vorpro-
> grammierte Maschine. Ehe jemand sich versah, war bereits alles geschehen.
> Die große Mehrheit der Opfer war nicht in der Lage, die Situation zu erkennen, geschweige
> denn mit Flucht oder Gegenwehr zu reagieren. Die wenigen, die etwas ahnten oder sogar
> wußten, waren außerstande, einen Ausweg zu suchen. Eher als im Widerstand schlägt die
> Erkenntnis des Endes in Resignation und Apathie um. Die meisten jedoch wurden erfolg-
> reich getäuscht. Die Selektion an der Rampe war eine ausgeklügelte Situation des Als-ob,
> eine tödliche Manipulation. Daß unter dem Schein einer medizinischen Diagnose in Sekun-
> denschnelle summarische Todesurteile verhängt wurden, entzog sich der Wahrnehmung.
> Daß das soziale Grundgesetz der Serie, die Überzähligkeit jedes anderen, durch die abso-
> lute Macht verwirklicht wurde, lag jenseits des Vorstellungsvermögens. Die Täter versahen
> gelassen ihren Dienst, mit Routine und ohne besondere Gründlichkeit. Ihnen war daran
> gelegen, daß alles rasch vorüber war. Die Opfer waren hilflos einer Situation ausgeliefert,
> deren Bedeutung sie nicht zu erfassen vermochten."[46]

Auschwitz

In ihren Lebenserinnerungen berichtet Frau S. chronologisch und detailliert
über die Haftzeit in Auschwitz und im Lager Münchmühle. Nachdem sie die
Selektion an der Rampe geschildert hat, beschreibt sie die Eingangszeremonie,
das Abscheren sämtlicher Körperhaare, das Austeilen des Häftlingsdrillich. Sie
kann nicht begreifen, was mit ihr geschieht: "Que s'était-il passé? Le monde
était-il devenu fou? Quelques jours auparavant, j'étais encore une mère et une
épouse. Maintenant, le crâne nu, revêtue de ce morceau de chiffon ridicule, je
n'étais même plus une femme mais un corps sans sexe. J'étais désespérée. Seul
de revoir ma famille me maintenait en vie."
Frau S. beschreibt den Ablauf eines Tages im Frauenlager, der zwischen
vier und fünf Uhr morgens mit dem Wecken begann. Dreißig Minuten mußten
ausreichen für das Waschen und für das Frühstück, das aus einem Stück Brot
und einem bißchen heißen Wasser bestand. Anschließend fand vor den
Baracken der Morgenappell statt. Ein Appell konnte Stunden dauern. Die
Häftlinge hatten geradezustehen. Nach dem Appell rückten die Frauen zur
Arbeit aus. Abends fand erneut ein Appell statt. "Nos bourreaux", schreibt
Frau S., "dénombraient les survivantes et les mortes". Das Abendessen wurde
in den Blocks ausgegeben. Es bestand aus einem Stück trockenem Brot, einer

---

[46] Ebd., S. 294f.

kleinen Portion Margarine und ein wenig Wurst. Zu fünft mußten die Häftlinge aus einer Schüssel essen. Waren die Teile nicht gleich groß, gab es Streit unter den Häftlingen: "Les SS adoraient nous voir squelettes affamés, nous ruer sur la nourriture." Frau S. schreibt, daß die Tage im Lager einander glichen und das Gefühl für Zeit allmählich verloren ging: "L'heure n'existait pas. Seuls les appels et les 'repas' jalonnaient notre 'emploi du temps'."

In ihren Lebenserinnerungen berichtet Frau S., wie sie sich nach der Ankunft im Lager auf die Suche nach ihrer Tochter machte. Daß die Selektion den Tod für die Eltern und die Tochter bedeutete, ahnte sie nicht. Ein SS-Mann sagte ihr, daß die Kinder in einem besonderen Lager untergebracht seien. Stundenlang lief Frau S. durch das ganze Lager. Nach zwei Tagen vergeblicher Suche bat sie eine 'Alte', eine Frau, die schon lange interniert war, um Hilfe und fragte, wo denn jene zu suchen seien, die man bei der Selektion nach 'links' geführt habe. Die Frau wies mit dem Kopf zum Himmel. Frau S. verstand die Antwort nicht, da wurde ihr erklärt: "Comment ça, tu ne comprends pas! Tu ne comprends donc rien! Tu vois cette cheminée, c'est là qu'elle est ta fille. Elle est partie en fumée, elle est quelque part dans le ciel. Tu ne la reverras jamais alors, écoute mon conseil, cesse de penser à elle si tu veux tenir le coup."

Mit der Wiedergabe dieses Gesprächs in ihren Lebenserinnerungen beschreibt Frau S. ihren seelischen Tiefpunkt im Lager. Der Verlust der einzigen Tochter führte zur absoluten Sinnkrise. Mit welcher Perspektive konnte sie weiterleben? Für wen lohnte das Überleben? Doch ebenso schwer wie die Gewißheit über den Tod des Kindes sind die Umstände und die Art des Todes zu begreifen. Frau S.s Überlebenswille schien gebrochen. Sie war unfähig, diese unglaubliche Nachricht zu verarbeiten: "Combien de temps, suis-je restée là, inerte, à demiconciente. Ces mots m'avaient assommée. Ma conscience me répétait que j'avais rêvé. Non, on ne peut pas brûler des gens, en plein XXè siècle!" Die Tat ist unglaublich, ist absurd. Doch ihre Absurdität verhinderte nicht, daß sie geschah. Gleichzeitig liegt im Akzeptieren der Realität - so wie es die 'Alte' geraten hat - eine Überlebensstrategie. Beim Anblick ihres eigenen ausgemergelten Körpers wurde Frau S. die Situation bewußt: "Mais, mon corps, amaigri et tuméfié, me rappelait que le camp d'extermination d'Auschwitz-Birkenau était bien une réalité."

Innerhalb weniger Wochen hatte Frau S. mehr als 20 Kilogramm an Gewicht verloren: "J'étais devenue un tas d'os mais 'ce tas' voulait vivre encore: il ne fallait pas donner à nos tortionnaires la joie de nous voir mortes." Ihr Lebenswille war geweckt. Frau S. entwickelte Strategien, ihre Gesundheit zu schützen. Mit großer Disziplin zwang sie sich dazu, nicht zu trinken, weil das Wasser Krankheitserreger enthielt. Viele Häftlinge hatten eine Eiterbeule unter der Zunge, was ihnen das Essen beinahe unmöglich machte. Frau S. benutzte das Wasser lediglich, um ihr Gesicht zu erfrischen. Dies brachte ihr den Zorn anderer Häftlinge ein, die darin die Verschwendung eines knappen Nahrungsmittels sahen: "Mais cela m'était égal: je préférais éviter la maladie."

Dann kündigt sich eine Wende an, in deren Verlauf Frau S. die Initiative zurückgewinnt. Unvermittelt berichtet sie, daß ungarische Jüdinnen auf sie zugegangen seien und sie angesprochen hätten: "C'est alors que des amies juives hongroises, que je m'étais faites au camp, me convainquirent de travailler au Revier: 'Là, tu pourras être utile, tes connaissances pourront nous sauver la vie.'" Sofort nimmt sich Frau S. der beschriebenen Aufgabe an. Es gelingt ihr, aus der Aufgabe eine Perspektive zu entwickeln. Ihr Selbstbewußtsein kehrt allmählich zurück. Frau S. befreit sich aus der lähmenden Rolle des Opfers, das über keinerlei Entscheidungsmöglichkeiten mehr verfügt und einzig den Entscheidungen seines Henkers ausgeliefert ist: "Et ainsi que, coiffée d'un chiffon autour de la tête, je me mis à travailler à l'infirmerie du camp B I, celui des femmes."

Der auf Anregung von Mithäftlingen gefaßte Entschluß, sich einer Aufgabe zu stellen, ist für Frau S. so wichtig, daß eine Beschreibung der Realisierung dieses Plans in den Hintergrund tritt. Sie wird lediglich stark verkürzt dargestellt, gerade so als sei es problemlos möglich gewesen, plötzlich im Revier zu arbeiten. Das Bild vom rasch umgeschlungenen Tuch symbolisiert die wieder gewonnene Handlungsfähigkeit, die Dynamik der Bewegung unterstreicht die Bedeutung dieser Tat für die Entwicklung einer Perspektive im Lager.

Ganz anders als in den Lebenserinnerungen werden im Interview Entwicklungen wie die oben skizzierte - die allerdings von Frau S. nicht als solche im Text beschrieben wird - nur schwer deutlich. Verstreut über das gesamte Interview finden sich Erzählungen, die die Zeit in Auschwitz thematisieren. Abgesehen von der Selektion werden weder die Empfangszeremonie noch die Suche nach der Tochter geschildert. Nachdem Frau S. in unserem Gespräch über die Selektion und über ihr Schuldgefühl gesprochen hat, berichtet sie in der nächsten Erzählung über die Zeit im Konzentrationslager, über ihre Arbeit im Krankenrevier. Auslöser hierfür war meine Frage nach dem, was ihr im Lager Kraft und Mut gegeben hat. Ich frage Frau S., ob ihr die Religion in dieser Situation Halt gegeben habe:

Nein. Ich werde es Ihnen sagen: Bevor ich deportiert worden bin, hat mich mein Vater gesegnet, und dieser Segen hat mich begleitet. Habe gedacht, ich muß... ich habe so gedacht, wenn ich am Leben bleibe, werden alle tausend Frauen auch am Leben bleiben. Und so war es. Bei mir ist nur eine einzige umgekommen, noch im Lager, weil sie krank war. Und alle anderen, sogar Typhus-Kranke, alle habe ich herausgebracht. Natürlich bei Typhus habe ich sehr viel gelitten, weil ich habe ja doch keine Medikamente viele gehabt. Wie Sie wissen, gibt es fünf Sorten Typhus. [...]

Anschließend zählt Frau S. die verschiedenen Typhusarten auf. Und damit beginnt sie mit der Schilderung ihrer Arbeit im Revier. Sie beschreibt Krankheitsbilder und Krankheitsverläufe, sie berichtet über ihre geringen Möglichkeiten, das Leid der Häftlinge zu lindern, schließlich verfügte das Revier nicht über die notwendigen Medikamente. Doch sie erzählt voller Stolz, wie viele Frauen sie retten konnte. Was Frau S. allerdings nicht erwähnt, ist, wie sie zu

der Arbeit im Revier gekommen ist. Genausowenig erklärt sie, wer die angesprochenen tausend Frauen sind. Mit der Beschreibung der Arbeit im Revier
markiert Frau S. den Wendepunkt ihrer Zeit im Lager. Wie zuvor beschrieben,
verfügt sie nun über eine Perspektive, die es ihr leichter macht weiterzuleben.
Es entsteht der Eindruck einer konsequent ausgeführten Handlung, die, nachdem der Entschluß zu ihrer Ausführung einmal gefaßt worden ist, keiner weiteren Begründung und Erklärung mehr bedarf. Aus ihren Worten klingt eine
gewisse Erleichterung heraus. Das Erzählthema, die Beschreibung der Arbeit
im Revier, bereitet ihr keinerlei Schwierigkeiten. Im Gegenteil - kann sie doch
auf diese Weise an ihre frühere berufliche Tätigkeit anknüpfen und ihre
Kompetenz unter Beweis stellen. Plötzlich wird Frau S. wieder gebraucht, ihr
Leben mit Sinn gefüllt. Im nachhinein schreibt sie ihr Überleben dem Segen
des Vaters zu. Wichtiger ist es ihr allerdings, einen Sinn, so schlüssig ober
unschlüssig er auch erscheinen mag, für ihr Überleben zu finden. Frau S.
verknüpft ihre eigene Rettung mit der Rettung der anderen weiblichen ungarischen Häftlinge. Das Junktim soll helfen, das eigene Schicksal gewissermaßen
unter einen guten Stern zu stellen. Dem eigenen Überleben wird auf diese
Weise eine höhere Bedeutung beigemessen. In dieser wie in weiteren Erzählungen über das Lager spricht Frau S. nicht mehr über den Verlust ihrer Tochter und ihrer Eltern. Es fällt kein Wort der Trauer, der Wut oder des Entset-
zens mehr. Im Laufe des Interviews wird gleichwohl deutlich, wie sehr die
Erfahrung der Selektion, die den Tod des Kindes und der Eltern bedeutete, ihr
weiteres Leben prägte.

In den weiteren Erzählungen über die Zeit im Lager wird die Beschreibung
ihres Einsatzes für die anderen Häftlinge zum zentralen Erzählthema. Frau S.
beschreibt, wie sie ihre geringen Möglichkeiten nutzte, um den Frauen zu
helfen: "Na, ich wollte helfen. Und da habe ich können Aspirin oder so
etwas... da waren solche herrliche Frauen, wunderschöne, und da habe ich bei
Schmerzen ihnen Medikamente ausgeteilt, herausgenommen vom Revier und
hingebracht." In ihren Lebenserinnerungen spricht Frau S. über die inneren
Konflikte, die sich aus der Arbeit im Revier ergeben haben:

> "Ma conscience a souvent été mise à mal: comment faire pour sauver un maximum de
> déportées et, puisque cela était impossible, qui sauver en priorité? Une mère de famille ou
> une adolescente? Et comment? Souvent, au péril de ma vie, je dérobais des médicaments,
> des tablettes de vitamines de l'hopital SS que je distribuais discrètement à mes amies. Je
> truquais les listes des malades destinées aux chambres à gaz. Je devais sans arrêt lutter
> contre le mort. Combat perdu d'avance."

Über ähnliche Strategien spricht Frau S. auch im Interview. Sie berichtet, daß
sie Typhus-Kranke nicht gemeldet habe und statt dessen lediglich die Diagnose
Mageninfektion gestellt habe, um die Erkrankten auf diese Weise vor dem
sicheren Tod zu bewahren. Eines Tages schien ein SS-Arzt diesen Schwindel
zu bemerken. Er stellte Frau S. zur Rede und warnte sie davor, ihn hinters
Licht zu führen:

*Trotzdem habe ich ihm schön zugehört. Dann sagte er: "Ärztin, ich muß Sie
aufmerksam machen, wenn Sie den Stuhl von den Typhus-Kranken nicht zur
Untersuchung ins Laboratorium geben" - die Krankheit ist ja doch anstek-
kend -, "dann ist ihr Grab ja doch immer offen, dann werden sie lebend begraben". Dann habe ich gesagt: "Hören Sie zu, ich habe den Stuhl eingeschickt -
ich habe Ihnen gezeigt: negativ." Ich habe nie einen kranken Stuhl eingeschickt
und sage ich: "Urin brauche ich ja nicht einschicken". Ich bin ja selbst Bakteriologin. Aber - ich habe Typhus gehabt dort.*

In dieser Erzählung stellt sich Frau S. als couragierte und unerschrockene
Anwältin der übrigen Häftlinge dar. Mit kaltem Verstand diskutiert sie mit dem
Henker. Dieses Verhalten hätte auch für sie den Tod bedeuten können. Auch in
den weiteren Erzählungen erscheint Frau S. tapfer und beherzt. Anschließend
berichtet sie von einem Vorfall, der in ihr den Entschluß reifen ließ, alles zu
versuchen, um von Auschwitz in ein anderes Lager zu kommen:

Und dann habe ich gesehen, daß man assentiert [auswählt] *Leute zur Arbeit. Es
war so: eines Tages - bei uns in Auschwitz war hauptsächlich Dysenterie*
[infektiöser Darm-Katarrh]. *[...] Und da konnten die Leute nicht stehenbleiben.
Manchmal ist ihnen alles runtergeflossen. Und jemand hat sich bewegt hinter
mir, und der verfluchte Mengele hat gesagt, er* [mit 'er' ist ein SS-Mann
gemeint] *soll schießen, und er hat geschossen, und die Kugel hat mich da
verletzt* [Frau S. weist auf die Stirn]. *Und da habe ich gedacht, ich muß von
dort weg. [...] Und da habe ich mir es so vorgestellt... ich war ein naiver
Mensch. Naiv war ich! Vielleicht habe ich es doch gut gemacht. Aber ich sage
Ihnen, ich habe gedacht, es wird besser sein als in Auschwitz, wo man hört die
ganze Nacht Schreie, und man verbrennt die Menschen lebendig. [...] Und da
habe ich gedacht, wenn er assentiert - habe ich Propaganda gemacht, wir
sollen weggehen; dort wohnen Menschen, das ist in Deutschland, wo sie
arbeiten, immerhin in einem Land, sage ich, da werden Menschen sein, wir
werden nicht in Auschwitz sein. Da werden sie nicht dasselbe machen wie hier,
ständig verbrennen Menschen. Habe ich mir auch so vorgestellt. Aber ich war
sehr naiv natürlich, weil wohin wir gekommen sind, waren nicht andere - das
war in einem Wald, wo keine Menschen gewohnt haben. Aber das war doch
besser als in Auschwitz.*

Nachdem Frau S. von einem SS-Mann beim Appell angeschossen worden war,
stand für sie fest, daß sie aus Auschwitz fort wollte. Da sie sich für die anderen
ungarischen Jüdinnen mit verantwortlich fühlte, galt es, einen Weg zu finden,
wie sie gemeinsam das Lager Auschwitz verlassen konnten. Frau S. ersinnt
einen kühnen Plan. Um ihn in die Tat umzusetzen, ist sie auch bereit, sich in
Gefahr zu begeben. Frau S. führt ein Gespräch mit Mengele herbei, der täglich
im Revier vorbeikam, um die Listen der zur Vernichtung bestimmten Häftlinge
durchzusehen. In ihren Lebenserinnerungen schreibt sie dazu: "Alors, risquant
le tout pour le tout, je m'adressai directement à lui. Normalement un Juif ne
pouvait pas s'approcher d'un SS."

Und da, bin ich... er ist jeden morgen gekommen, um die Zettel zu holen, wen er wegführen kann zum Verbrennen. Und da bin ich zu ihm gegangen. Habe ich mich hingestellt im Revier auf dem Korridor. Und komischerweise, obwohl er eine Waffe hatte und er war ja doch Offizier, ein eleganter Offizier... und eine Dame, die in einem Offizierskleid angekleidet war, war auch da.

Es war noch jemand dabei außer Ihnen?

Das war die Freundin von Mengele. Er ist immer gekommen mit dieser schönen Frau. Und diese schöne Frau hat auch am Herzen einen Stein gehabt. Um sich zu amüsieren, hat sie einen kleinen Apfel geschmissen und hat sie gesehen, wie die jüdischen Frauen rennen, um den Apfel zu holen. Das hat ihr eine Freude gemacht, stellen Sie sich vor. Eine feine Seele war das! Und da bin ich im Korridor gestanden. Habe ich gesagt, daß ich ihn sprechen möchte. Habe ich gesagt: "Herr Doktor, ich möchte Sie sprechen." Wie er gehört hat, daß ich deutsch spreche und ihn mit 'Herr Doktor' anspreche, ist er stehengeblieben. Aber die haben so Angst gehabt, wissen Sie, sie haben auch gesagt 'drei Schritte vom Leib'. Was will ich? Sage ich: "Hören Sie zu, Herr Doktor, ich habe mir überlegt, da sind so viele junge Mädels, die keine gefährlichen Krankheiten haben." - Ich habe nicht gesagt, es ist Scharlach. Habe ich gesagt es ist Rubeola, wissen Sie, was das ist? Das ist eine Kinderkrankheit. Sie werden so rot, in einer Woche ist alles ausgestanden. Das ist so eine rote, rote...

...Röteln?

Ja, ja, das ist Rubeola mit medizinischen Ausdruck. Habe ich gesagt: "Hören Sie zu, da könnte man sie ganz schnell heilen, und sie werden die besten Arbeiter sein für Deutschland. Sie suchen ja doch jeden Tag Arbeiter." Und, was will ich? Sage ich: "Ich will Ihnen sagen: Hier ist eine Baracke zusammengefallen, lassen Sie die wieder aufrichten. Und lassen Sie die Ärztin, die man gestern geholt hat, dort als Ärztin arbeiten. Und da werden Sie eine Wohltat tun für die Ärztin und für sich, weil Sie gute Arbeiter haben." - "Wo ist diese Baracke?" Und dann ist er mit mir gegangen. Dann hat er gesagt, daß er wird schon holen die Juden von der anderen Seite, die Männer. Und er hat mir gehorcht. So war das. So habe ich ihn gesprochen.

Das war ein Erfolg.

Ich habe ihn doch gehaßt. Weil was ich bei ihm jeden Tag gesehen habe - war doch ein Haß. Ja.

Wieder einmal hat Frau S. ihre Handlungsfähigkeit unter Beweis gestellt und Mut bewiesen. Ihr Plan gelang, die Baracke wurde wieder aufgebaut und mit Strohbetten ausgestattet. Frau S. wählte 999 ungarische Jüdinnen aus, die zur Genesung in der Baracke untergebracht wurden. Eine ungarische Ärztin sollte dieses provisorische Krankenhaus leiten und die Frauen pflegen. Als nach einiger Zeit wieder ein Transport für einen Arbeitseinsatz zusammengestellt wurde, griff die SS auf jene Frauen zurück. Frau S. wollte unbedingt auch zu diesem Transport eingeteilt werden. In ihren Lebenserinnerungen schreibt sie: "Je n'avais plus qu'une seule obsession: partir avec elles." Doch Häftlinge, die im Revier arbeiteten, durften Auschwitz nicht verlassen. Die übrigen Frauen bestärkten Frau S. mitzukommen. Mengele ließ die Frauen zum Appell antreten, um ihre Namen und Nummern für die Transportliste zu notieren.

Da hat man gesagt, wenn du gehst, dann gehen wir auch, sagten die, die mich alle gekannt haben. Habe ich gesagt, wie kann ich gehen - na, ich war am Revier, habe ich ein weißes Tuch gehabt und habe gedacht so, ich werde das Tuch abnehmen. Und wenn er assentiert hat fünf, sechs Reihen, eine soll zwischen hinter gehen, soll mir den Platz lassen. Und ich bin von vorne gekommen und mich hereingeschoben. Und dann hat man uns herübergeführt auf eine andere Seite, mit Eisengittern. Wenn man dort war, hat man uns schon gegeben Essen, hat man schon ein Stückchen Käse gegeben mit Brot. Da hat man ja doch kein Essen gegeben, man ist ja doch auf Leichen spazieren gegangen. War ich schon froh und dann habe ich gedacht, wir fahren weg und dort werden wir arbeiten und so.

Wieder war es Frau S. gelungen, die SS auszutricksen. Doch noch eine gefährliche Situation hatte sie zu bestehen. Als die Gruppe den Stacheldrahtzaun passierte, erkannte ein Kapo Frau S. und schrie sie an. In ihren Lebenserinnerungen beschreibt sie den Vorfall ausführlich, im Interview wird er nur kurz berichtet:

"Puis nous partîmes. Bien sûr, nous n'étions pas rassurées, mais au fond de nous mêmes, nous étions contentes. Cependant, je n'avais pas encore franchi les barbelés, cette frontière qui sépare l'enfer de la liberté, qu'un Kapo me reconnut et me hurla au visage: - 'Qu'est-ce que tu fais là?' - 'J'ai été choisie.' - 'Menteuse, tous les Juifs sont des menteurs. Tu travailles au Revier, et, ces gens-là ne sortent jamais.' - 'Et moi, je te dis qu'on ma choisi.' Quelle audace! Mais je savais que cette femme Kapo ne dirait rien car elle avait trop peur: si elle s'était trompée et que j'avais véritablement été choisie, elle aurait reçu une balle en pleine tête pour s'être opposée aux ordres de la SS."

Am 13. August 1944 verläßt der Transport mit 1.000 ungarischen Jüdinnen das Lager Auschwitz-Birkenau. Zielort ist das hessische Allendorf - damals ein Dorf mit 1.500 Einwohnern -, wo sich ein Nebenlager des Konzentrationslagers Buchenwald befand.[47] Auf der Liste der Neuzugänge des Lagers Buchenwald vom 20. Oktober 1944 befindet sich neben den Namen der übrigen Frauen aus Auschwitz auch der Name von Frau S.[48]

Münchmühle

Während des Zweiten Weltkrieges gab es in Allendorf (heute: Stadtallendorf) zwei große Sprengstoffwerke, die "Dynamit AG Nobel" und die "Westfälisch-

[47] Czech, Danuta: Kalendarium der Ereignisse im Konzentrationslager Auschwitz-Birkenau 1939-1945. Reinbek bei Hamburg 1989, S. 849.

[48] Abgedruckt in: Dokumentation der Internationalen Tage der Begegnung in Stadtallendorf KZ-Außenlager Münchmühle/Nobel vom 21. bis 26.10.1991. Herausgegeben vom Magistrat der Stadt Stadtallendorf und dem Förderverein für Stadt- und Regionalgeschichte Stadtallendorfs 1933-1945 e.V. Stadtallendorf 1991, S. 20-36.

Anhaltische Sprengstoff AG". Beide waren Tochterfirmen des IG-Farben-Konzerns.[49] In den Werken wurden Granaten, Minen, Bomben und andere Munition für Luftwaffe, Heer und Marine gefüllt.[50] Das Werk Allendorf der DAG wurde zwischen 1939 und 1941 errichtet und bis zum Kriegsende ständig ausgebaut. Hierfür wurden insgesamt 420 Millionen Reichsmark aufgewandt. Im Februar 1941 begann man bei der DAG mit der Produktion von TNT, doch erst ab 1944 lief die Produktion auf Hochtouren.[51] Ende 1939 baute die WASAG das Werk "Herrenwald", das kleiner als das DAG Werk war. Es wird vermutet, daß es sich bei beiden Werken in Allendorf um "die größte Fabrikationsstätte dieser Art in Europa während des Krieges"[52] gehandelt habe. In der Produktion, wie schon zuvor beim Bau, wurden neben deutschen Arbeitskräften hauptsächlich ausländische Frauen und Männer als Zwangsarbeiter eingesetzt. Insgesamt waren während des Krieges über 17.500 Zwangsarbeiter aus 21 Nationen nach Allendorf verschleppt worden. Unter ihnen befanden sich Zivilarbeiter, Kriegsgefangene, Strafgefangene und schließlich KZ-Häftlinge. Gegen Ende des Krieges arbeiteten hauptsächlich Frauen in den Allendorfer Rüstungsbetrieben.[53]

Die ausländischen Arbeiter waren in verschiedenen Lagern untergebracht. Eines von ihnen war das Lager Münchmühle. Es bestand vom 16. August 1944 bis zum 27. März 1945 als Außenkommando des Konzentrationslagers Buchenwald bei Weimar.[54] Eine Gesellschaft der DAG war an die SS herangetreten, um KZ-Häftlinge als Arbeitskräfte zu leihen. Ende Juni 1944 kam es zu einer Vereinbarung zwischen dem Konzentrationslager Buchenwald und der hiesigen Werksleitung über den Einsatz der Häftlinge. Der Betrieb sollte tausend Frauen bekommen, die im Rahmen der sog. Eichmann-Aktion aus Ungarn deportiert und in Auschwitz bereits für den "Arbeitseinsatz" selektiert worden waren. Die Häftlinge mußten unentgeltlich arbeiten, während das Unternehmen lediglich vier Reichsmark für einen Arbeiter als Leihgebühr an die SS zu entrichten hatte. Die Frauen arbeiteten hauptsächlich in den Füllstellen. Hier wurden Granaten, Bomben, aber auch V1-Sprengköpfe gefertigt. In zwei Schichten mußten die Häftlinge 12 Stunden täglich schwere körperliche Arbeit verrichten, die zudem sehr gefährlich und gesundheitsschädlich[55] war, da sie ungeschützt den TNT-Stäuben ausgesetzt waren.[56]

---

[49] Gedenkstätten für die Opfer des Nationalsozialismus. Eine Dokumentation. Text und Zusammenstellung Ulrike Puvogel. Herausgegeben von der Bundeszentrale für politische Bildung. Bonn 1987, S. 369 (= Schriftenreihe der Bundeszentrale für politische Bildung, 245).

[50] Horn, Harald: Von der "Aufarbeitung der Vergangenheit": Hintergründe, Ergebnisse und Perspektiven der Geschichtsarbeit in Stadtallendorf. In: Dokumentation 1991, S. 91-105, hier S. 93.

[51] Ebd., S. 95.

[52] Ebd.

[53] Ebd., S. 99.

[54] Gedenkstätten für die Opfer des Nationalsozialismus 1987, S. 370.

[55] Dazu: Neumann, H.G.: Das toxische Potential von Dinitrobenzol (DNB) und Trinitrotoluol (TNT). In: Dokumentation 1991, S. 216-222.

[56] Dokumentation 1991, S. 16.

Nach einer mehrtägigen Fahrt erreichte der Transport aus Auschwitz seinen Bestimmungsort. Mehr als achtzig Frauen mußten sich jeweils in einen Viehwaggon drängen. Zwar war ihnen das Ziel unbekannt, doch herrschte eine Erleichterung unter den Frauen; schließlich war es ihnen gelungen, Auschwitz zu verlassen. Man hatte ihnen sogar Lebensmittel, Obst und ein paar Würste mit auf die Reise gegeben - ein Umstand, den sie positiv bewerteten, schien er doch von einer etwas besseren Zukunft zu künden, auch wenn ein Teil des Obstes bereits verfault war. In ihren Lebenserinnerungen gibt Frau S. die Stimmung mit folgenden Worten wieder: "Notre horizon, bien qu'encore incertain, s'éclaircissait."

Auch eine Beschreibung ihres ersten Eindrucks vom Lager Münchmühle findet sich in Frau S.s Lebenserinnerungen. Die Verhältnisse im neuen Lager werden mit denjenigen in Auschwitz-Birkenau verglichen: "Comparé à Birkenau, il était presque agréable! Ici, il n'y avait pas de chambres à gaz." Für die Neuankömmlinge aus Auschwitz war das entscheidende Bewertungskriterium, ob es Gaskammern gab oder nicht. Schnell stellten die Frauen fest, daß sich das Lager Münchmühle auch in anderer Hinsicht von Auschwitz unterschied. Es war in seinen Ausmaßen sehr viel kleiner als das schier unendlich erscheinende Konzentrationslager Auschwitz-Birkenau. Sämtliche Baracken waren aus Holz. Innen war eine lange Reihe von Doppelstockbetten angeordnet. In jeder Stube standen acht Betten. Mit Stroh gefüllte Säcke dienten als Bettzeug. Es gab Latrinen, Waschbecken und in einer extra Baracke sogar Duschen. Gleich nach ihrer Ankunft mußten die Frauen Appell stehen. Danach erhielten sie eine Suppe. Doch viele der Frauen waren gar nicht in der Lage zu essen:

Sind wir angekommen, hatten wir so lange Appell... ja, und die Frauen haben - wie soll ich Ihnen sagen - ampoule bekommen, wissen sie, auf den Mund, und von Avitaminose waren sie alle krank. Sie konnten nicht einmal essen, wenn wir angekommen sind. Man hat uns Essen gegeben - die Leute haben Suppe gekocht: erste Kartoffelsuppe! Aber es waren Leute, die konnten nicht essen.

In ihren Lebenserinnerungen schreibt Frau S. über diese erste Mahlzeit: "Il m'avait semblé, à l'époque, que je n'en avais pas mangé depuis des années. Enfin, un repas chaud qui avait du goût! Chaque nouvelle bouchée, que je savourais lentement, m'enchantait un peu plus. Oui, vraiment, nos conditions s'amélioraient." Gewiß waren so manche Bedingungen im Lager Münchmühle besser als in Auschwitz, doch darf darüber nicht vergessen werden, daß die Häftlinge eine schwere und gefährliche Arbeit zu verrichten hatten. Die unterirdische Fabrik der DAG lag wenige Kilometer vom Lager entfernt. Es war die Aufgabe der Frauen, die Bomben mit Sprengstoff zu füllen. Frau S. erklärt, daß die Häftlinge in Dreier-Gruppen arbeiteten. Die Bomben hatten ein Gewicht von ca. 45 Kilo, und jede Frau mußte täglich etwa 1.000 von ihnen schleppen. Auch im Lager Münchmühle erhielt Frau S. wieder eine Sonderrolle. Während die anderen Häftlinge in der Munitionsfabrik arbeiten mußten, wies man ihr eine Arbeit im Krankenrevier zu. Ihre Aufgabe ähnelte derjenigen in Auschwitz. Sie versorgte mit den wenigen ihr zur Verfügung stehenden Mitteln die Wunden der Häftlinge, versuchte heimlich, Vitamintabletten zu beschaffen und unter den Frauen zu verteilen. Einige Male war es ihr sogar gelungen, Milch zu besorgen. Für Frau S. bedeutete ihre privilegierte Stellung einen inneren Konflikt. Ihr wäre es lieber gewesen, gemeinsam mit den übrigen Frauen in der Fabrik zu arbeiten:

Ich wollte doch arbeiten wie alle anderen, wollte doch nicht Arzt sein oder so was. Sage ich Ihnen, habe ich müssen eben diese Arbeit haben und übernehmen. Aber es war gegen meinen Willen. Weil ich wollte so sein wie alle anderen und nicht... gut, ich habe dadurch weniger gelitten. Ich mußte nicht in der Fabrik arbeiten und mußte nicht jeden Tag sechs Kilometer gehen, drei hin - drei zurück.

Inwiefern die Sonderrolle für Frau S. einen Konflikt bedeutete, verdeutlicht folgende Begebenheit: Der Hund eines Unterscharführers hatte sich an den Pfoten verletzt, als er eine Frau in den Stacheldraht gehetzt hatte. Der SS-Mann befahl Frau S., den Hund zu behandeln, was sie widerwillig tat; sie hatte vor dem Hund genauso viel Angst wie vor seinem Herrn. Am anderen Tag ging es dem Hund bereits besser, und der SS-Mann zeigte sich Frau S. erkenntlich, indem er ihr ein Päckchen mit Lebensmitteln bringen ließ. Das Päckchen gelangte allerdings in die Hände anderer Häftlinge, die sich sofort über die Sachen hermachten, ohne daß Frau S. etwas davon erfuhr. Der SS-Mann erwartete, daß sich Frau S. bei ihm bedankte, und stellte sie zur Rede. Diese wußte aber nichts von dem Geschenk, und somit war klar, daß sich die übrigen Häftlinge an den Lebensmitteln bedient hatten. Darüber geriet der Unterscharführer so sehr in Zorn, daß er die Frauen brutal bestrafte. Er jagte sie aus der Baracke und richtete einen Wasserstrahl auf sie. Es war Winter und eisig kalt. In ihren Lebenserinnerungen beschreibt Frau S. ihre Gefühlslage in diesem Moment: "Je ne savais plus quoi penser: les femmes avaient trahi ma confiance mais voir ce corps convulsé par la douleur était insoutenable. J'étais partagée entre ma déception à l'égard de mes amies, la pitié pour la victime et la colère d'avoir eu une conduite aussi irréfléchie."

Ohne es zu wollen, war Frau S. in die Rolle des Denunzianten geraten, zumindest mußte es den anderen Frauen so erscheinen. Damit besaß sie in der beschriebenen Situation eine Position, die zwischen sämtlichen Gruppen angesiedelt war. Während Frau S. zunächst ihre doch gegensätzlichen Gefühle über die Bestrafungsaktion schildert, versucht sie im nächsten Moment, eine eindeutige Position zu beziehen. Nun äußert sie, daß man sich im Konzentrationslager eigentlich keine Gefühle wie die oben beschriebenen leisten könne. Enttäuschung über das Verhalten von Mithäftlingen, Mitleid mit ihren Qualen, das Eingestehen eigenen Fehlverhaltens, das dieses Leiden mit ermöglicht hat - mit all diesen Gefühlen, so Frau S., gerate man in eine Stimmung, die zum Selbstmord führe. Erstmalig beschreibt sie eine Haltung, die das eigene Wohlergehen und Überleben in den Vordergrund stellt. Lehrsatzartig formuliert Frau S., daß man keine Fragen stellen dürfe und mit allen Mitteln versuchen müsse zu überleben. In einem perfekt organisierten System herrsche das Dschungel-Gesetz. Und in ihren Lebenserinnerungen schreibt Frau S.: "Avoir une conscience était donc dangereux. Le droit, la morale n'avaient plus aucun sens." Solcherlei Einstellungen und Haltungen überraschen, stehen sie doch im Kontrast zu ihren in den Erzählungen über Auschwitz vermittelten Überzeugungen. Dort im Lager Auschwitz war es Frau S. dank ihrer Arbeit im Revier gelungen, einen Überlebenswillen zu entwickeln. Ihr Eintreten für ihre jüdischen Kameradinnen gab ihr eine Perspektive, das Überleben der übrigen ungarischen Frauen sah sie auf das engste mit ihrem eigenen verknüpft. Die Einsicht, daß dieses Junktim nicht in jeder Situation Gültigkeit besitzen könne oder mittlerweile vielleicht sogar hinfällig geworden sei, mag aus diesen Überlegungen sprechen. Das Engagement für die Häftlinge stand dennoch für Frau S. nicht zur Disposition. Doch seine Gefährlichkeit wurde ihr eindringlich vor Augen geführt. War die Hilfe für andere gerechtfertigt, wenn sie ein hohes Risiko für das eigene Leben darstellte? Um diesen Zwiespalt zu verdeutlichen, schildert Frau S. in ihren Lebenserinnerungen die Geschichte eines im Krankenrevier als Arzt arbeitenden Häftlings, der ihr einmal ein wichtiges medizinisches Instrument beschafft hatte und der dann seine Hilfsbereitschaft mit seinem Leben bezahlen mußte.

Befreiung und anschließende Arbeit für die amerikanische Besatzungsmacht

In den letzten Monaten vor der Befreiung litten die Häftlinge immer mehr unter der unzureichenden Ernährung. Ein ganz anderes Problem war in dem Umstand zu sehen, daß die Häftlinge keinerlei Informationen von außen bekamen und sie nicht abschätzen konnten, wie lange ihr Leiden noch andauern würde. In ihren Lebenserinnerungen schreibt Frau S.: "Quand la guerre allait-elle se terminer? Peu à peu nos forces s'épuisaient. Toute lueur d'espoir était, pour nous, synonyme de sursis." Im Frühjahr 1945 wurde Frau S. von SS-Männern abgeholt und zur Fabrik der DAG gefahren. Dort legte man ihr ein Schriftstück zur Unterschrift vor. Darin mußte sie bestätigen, daß die Häftlinge in der Munitionsfabrik keinerlei gefährliche Arbeit zu verrichten hatten. Für Frau S. stand nun fest, daß das Ende des Krieges allmählich abzusehen war. Nach ihren Angaben wurde am 27. März 1945 mit der Evakuierung des Lagers Münchmühle begonnen. Ein langer Treck verließ unter SS-Bewachung das Lager. Der Marsch der Häftlinge, der für die entkräfteten Frauen eine Strapaze bedeutete, bewegte sich in einem Zickzack-Kurs mal nach Norden, mal nach Süden. Schließlich näherte man sich wieder Marburg. Viele der Bewacher hatten sich bereits aus dem Staub gemacht. Zwischen Fritzlar und Kassel, so Frau S., wurden sie von amerikanischen Soldaten eingeholt.

Während Frau S. die Evakuierung, die Befreiung und ihre anschließende Arbeit in der Verwaltung der amerikanischen Besatzungsmacht in ihren Lebenserinnerungen recht detailreich und chronologisch geordnet erzählt, berichtet sie im Interview sehr viel kürzer darüber. Anders als ihre Erzählungen über Auschwitz und das Lager Münchmühle, die verstreut über das gesamte Interview zu finden sind, schildert Frau S. die Ereignisse nach der Befreiung relativ zusammenhängend. Sie beginnt mit einem Erlebnis, das sich wenige Wochen nach dem Ende des Krieges zugetragen hat. Recht unvermittelt setzt Frau S. mit der Schilderung ein. Erst im Laufe der Erzählung gelingt es mir, den Zusammenhang und die Vorgeschichte zu erschließen. Gemeinsam mit den übrigen Ungarinnen aus dem Lager Münchmühle war Frau S. in einem Schloß in der Nähe von Dillich untergebracht. Für die Frauen bedeutete es ein großes Glück, endlich einmal wieder in einem richtigen Bett mit Deckbett und Bettwäsche schlafen zu können. Da die Kleider der Frauen gänzlich verschlissen waren, versuchten sie, sich neue zu beschaffen:

Mein größtes Leid war, sage ich Ihnen, daß die jüdischen Frauen im Schloß alles, was sie gebrauchen konnten, aus den Schränken herausgenommen haben. Weil sie wollten sich anziehen, und im Schloß haben sie die Vorhänge abgeschnitten, haben sie davon Röcke gemacht, damit sie ausschauen wie Menschen. Es war schrecklich.

Warum sich Frau S. über die Frauen ärgerte, wird erst später deutlich. Zum zweiten Mal im Interview beschreibt sie, daß sie sich in Opposition zu den übrigen Frauen befand, deren Verhalten sie kritisierte. Anschließend erzählt Frau S., daß eine große Gruppe von ihnen nach Schweden reisen durfte. Drei, vier Wochen später zitierte man Frau S. vor ein Militärgericht. Wie nur wenige Ereignisse schildert sie die Verhandlung in ungewohnter Ausführlichkeit. Schnell wird deutlich, welchen Schrecken dieser Prozeß für sie bedeutete:

Und dann bin ich vor das Militärgericht gebracht worden. Man hat mich in einem Wagen ohne Fenster gesteckt, in dem man nur die Räuber transportiert. Und wie man mich abtransportiert hat - das war glaube ich in Bad Wildungen und dort war ein Militärgericht -, und da hat mein Hauptscharführer [sic!] in Fritzlar sein Auto genommen, seinen Jeep, und ist hingefahren. Warum hat man mich abgeholt? Ich habe es auch nicht gewußt. Wie ich gekommen bin, da war der Saal voll mit Militär. Jeder hatte eine Schreibmaschine vor sich gehabt. Und da saßen fünf große Offiziere, Hauptleute. Als ich aus dem Wagen ausgestiegen bin, haben mich zwei amerikanische Militär mit Waffen hereingeführt.

Frau S. wurde vorgeworfen, daß sich diejenigen Frauen, die nach Schweden reisen durften, im Zug rüpelhaft verhalten hätten. Warum sie selbst dadurch in die Rolle der Angeklagten gekommen ist, bleibt unerwähnt. Vielleicht wurde Frau S. ja lediglich als Zeugin vernommen. Nachdem ihr die Anklage vorgetragen worden war, zeigte sie sich erleichtert und hielt dem Gericht eine Verteidigungsrede, die sie im Interview detailliert wiedergibt:

Das war ein, wie sagt man, ein Luxuswagen gewesen. Und im Restaurant haben sie die Vorhänge abgeschnitten und die Silberlöffel behalten, haben sie gestohlen, so haben sie gesagt, gestohlen. Hochh! Da ist mir eine Erleichterung gekommen. Sage ich, na, jetzt werde ich Ihnen alles erklären. Und darum hat man mich hergebracht, weil ich hatte sie geschickt. Es waren darunter sogar welche, die noch nicht vom Typhus geheilt waren, aber ich habe gesagt, wer gehen kann. Wer stehen kann, der soll auf den Zug gehen. [...] Hat man mich gefragt, wieso ich Leute weggeschickt habe, die alle Löffel aus diesem Zug gestohlen haben. Sage ich, na, nur deswegen. Sage ich: "Hören Sie zu: Wir waren in Auschwitz und wir waren in einem Arbeitslager. Die waren zu Hause alle guterzogene und feine Kinder und feine Menschen. Aber man mußte aus derselben Schüssel hintereinander trinken von dem wenigen Tee, den man uns gegeben hat. Und wenn jemand einen verwundeten Mund hatte, mußte der andere trotzdem davon trinken, weil es gab ja doch keine andere Möglichkeit. Und natürlich, jetzt sind sie frei geworden, wollen sie einen eigenen Löffel haben. Ich sage Ihnen, die haben alle zu Hause Silberlöffel gehabt. Ich kann Ihnen versichern, die meisten jüdischen Frauen und Kinder waren zwar nicht reich... ", aber damals war das Mode, wenn man geheiratet hat, hat man geschenkt für sechs Personen ein Silberbesteck, "denn auch arme Menschen haben das besessen, also können Sie nicht glauben, daß es nicht um 'silberne' Löffel, sondern um 'eigene' Löffel ging". [...] Habe ich gesagt: "Sie wundern sich, daß sie die Vorhänge abgeschnitten haben. Da sie Sachen tragen mußten, in denen sie für alle sofort als Häftlinge zu erkennen waren, haben sie sich im Zug Schürzen gemacht, damit man nicht sieht... daß man sie nicht behandelt als Häftlinge, nicht nur als Häftlinge, sondern als Räuber, Räuber, die aus dem Kerker kommen." [...]

Wie hat das Gericht reagiert?

Und sie sind herausgegangen und haben gesprochen, alle Maschinen haben geschrieben. Und dann sind sie hereingekommen... [Frau S. hält mühsam die Tränen zurück].

Wollen wir aufhören?

Haben sie gesagt - ich lache [Frau S. weint], *aber es tut mir weh - haben sie gesagt, daß kein Advokat, sie hätte so gut verteidigen können wie ich. Ich habe ja doch das mitgemacht. Und dann sind sie aufgestanden und haben mir die Hand gegeben. Bin ich rausgegangen, hat der Major Dows gesagt, er bringt mich mit seinem Jeep nach Hause. So bin ich dann nach Hause gekommen. Aber stellen Sie sich vor, wenn man sie hereinschmeißt in ein Auto, ohne Licht, ohne Fenster, ohne alles, und sie wissen nicht, wo man sie hinführt.*

Es ist gewiß nur allzu verständlich, daß ein Mensch, der noch wenige Wochen zuvor rechtloser Häftling eines Konzentrationslagers gewesen ist, in größte Angst versetzt wird, wenn man ihn plötzlich als Gefangenen und Angklagten vor ein Gericht schleppt. Zwar handelt es sich um eine Geschichte, aus der Frau S. schließlich als Siegerin hervorgeht, doch der Schrecken des Ereignisses wird am Schluß der Erzählung noch einmal beschrieben und somit betont. Diese Episode zu erzählen, fällt Frau S. deshalb so schwer, weil die Verhandlung vor dem Militärgericht für Frau S. ein traumatisches Ereignis war. In der Geschichte erleben wir Frau S. wieder einmal als Anwältin ihrer weiblichen jüdischen Landsleute. Auch nach der Befreiung schien also ihr Verantwortungsgefühl ihnen gegenüber fortzudauern. Ihre Aussage vor Gericht schildert Frau S. als flammende Verteidigungsrede. Für sie war es augenscheinlich nicht nur wichtig, daß das Gericht überzeugt, sondern auch, daß ihre Leistung als Anwältin der Frauen anerkannt und gewürdigt wurde. Auf diese Weise erhält die Geschichte eine menschlich sehr bewegende Richtung. Und so geht schließlich die Angeklagte moralisch gestärkt aus dem Verfahren hervor.

In der nächsten Episode, die Frau S. erzählt, beschreibt sie erneut einen Konflikt mit den übrigen Frauen. In dem Ort, in dem die ungarischen Jüdinnen untergebracht waren, hatte es sich herumgesprochen, daß Frau S. eine medizinische Ausbildung besaß. Nun suchten sie etliche deutsche Frauen mit ihren Kindern auf, die, so Frau S., die 'Milchkrankheit' (Milchschorf) hatten. Da weit und breit kein anderer Arzt vorhanden war, behandelte Frau S. die Wunden der Kleinen. Für dieses Verhalten zeigten jedoch ihre ehemaligen Kameradinnen keinerlei Verständnis.

Da haben mich die jüdischen Frauen bedrängt: "Man hat unsere Eltern und unsere Kinder umgebracht und du gehst sie heilen!" Sage ich: "Hört zu, wenn jeder wird das machen, was die Deutschen gemacht haben, wird es nicht aufhören." Das kann man ja doch nicht! Ich kann das nicht! Ich muß helfen, und ich helfe. Und dann habe ich einen Herrn, der hatte im Krieg einen Fuß verloren, und der hatte irgendeine schreckliche Krankheit, ihm mußte man intravenöse Injektionen geben, habe ich auch gegeben. Ist er gekommen mit einem Rollstuhl. Und seine Frau hat mir eine weiße Schürze geschenkt. Sie wollten ja doch sich bedanken, Geld habe ich ja doch nie genommen. Verstehen Sie, die Juden wollten das nicht sehen und verstehen, weil sie waren so verbittert, sie hatten so viel gelitten, wirklich. Manchen ist das noch ärger nachher gekommen als während des Krieges, als sie so hart gearbeitet haben. Also, es waren nicht leichte Zeiten. Natürlich waren das schreckliche Zeiten. Und das hat man mir vorgeworfen, sehr oft.

Frau S.s Hilfsbereitschaft bezog sich von nun an nicht mehr ausschließlich auf die eigenen Leidensgenossen. Diese zeigten wenig Verständnis für ihren Einsatz für die Deutschen. Es war Frau S. bewußt, daß sie mit ihrem Verhalten den Unmut der übrigen Frauen erregte. Aus ihren Sätzen spricht auch eine gewisse Enttäuschung über die Vorwürfe, die ihr entgegengebracht wurden. Die von Frau S. gewählte Begründung für ihre Einstellung wirkt allerdings wenig erhellend. Ihre Worte "ich muß helfen" klingen eher wie eine unumstößliche Feststellung als nach dem Bemühen, eigenes Verhalten zu erklären.

Auch in den nächsten Episoden, in denen Frau S. über ihre Arbeit in der Verwaltung der amerikanischen Besatzungsmacht berichtet, wird erneut ihr Einsatz für die deutsche Bevölkerung thematisiert. Ohne weitere Überleitung spricht sie über ihre Tätigkeit. Wie es zu einer Beschäftigung bei den Amerikanern kam, bleibt unausgesprochen. Zunächst arbeitete Frau S. in Fritzlar. Sie half dort, das Krankenhaus neu zu organisieren. Voller Stolz berichtet sie, daß die Amerikaner ihre Arbeit sehr gelobt hätten und sogar der amerikanische

Präsident auf sie aufmerksam geworden sei und sie zur Belohnung für ihr Engagement in die USA eingeladen hätte. Auch an dieser Stelle werden die näheren Umstände ihrer Auszeichnung nicht erwähnt. Das Erzählen dieser Episode bereitet Frau S. sichtlich Freude, ihr Ton drückt understatement aus:

Und dann habe ich in Fritzlar ein Spital gemacht, für fünftausend Leute, das habe ich organisiert, und der Eisenhower hat mich eingeladen dafür. Er hat mir ein Papier gegeben, nach Amerika zu fahren. [...] Aber er hat sich bedankt und hat gesagt, daß ich - weil ich habe sehr viel auch für die Amerikaner natürlich getan, selbstverständlich -, und er hat gesagt, daß er kann das Spital nicht besuchen, aber er hat gehört, daß ich so etwas organisiert habe, und wenn ich irgendeinen Wunsch habe, kann ich es ihm sagen.

Durch die Auszeichnung der Amerikaner fühlte sich Frau S. zweifellos geschmeichelt. In ihrer Erzählung über die Zeit nach der Befreiung fährt sie unvermittelt fort und berichtet über ihre Arbeit in Kassel. In ihren Lebenserinnerungen erwähnt sie, daß sie Anfang Juni 1945 nach Kassel gekommen sei. Wieder arbeitete sie im medizinischen Bereich, wieder in einem Krankenhaus. Ihre exakte Aufgabe bleibt allerdings etwas im Unklaren. Doch scheint Frau S. ihre Arbeit in guter Erinnerung behalten zu haben. Als sie nach fünfundvierzig Jahren noch einmal diesen Ort aufsucht, ist dies ein freudiger Moment, zumal man sich noch an sie erinnert und sie sogar mit einem Geschenk bedenkt:

Kassel war ganz abrasiert. Ich habe keine Menschen und keine Häuser gesehen. Dort war ein sehr großes Hospital, unterirdisch gebaut, das wurde geleitet von Professor B., der später das Spital wieder aufgebaut hat neu. [...] Nachher habe ich es besucht [im Jahr 1990]. Es waren noch Leute da, die mich erkannt haben. Man hat ein Buch von diesem Spital herausgegeben, damit hat man mich sofort beschenkt, als ich es besucht habe. Ich bin mit Gertrud hingekommen. Gertrud habe ich kennengelernt nach dem Krieg sofort. Sie war damals noch Studentin, und ich habe ein Zimmer geteilt mit ihr im Spital. Und seither kenne ich sie, wunderbarer Kerl. Und ich war die Vermittlerin zwischen den Amerikanern und zwischen den Deutschen. Und wie ich das gesehen, daß alle Spitäler sind auch abgerissen und zerschossen, da habe ich die erste Aufgabe gehabt, bin ich zum Kommandanten gekommen, zum amerikanischen, und habe ihn gebeten, sofort die Fenster in den Spitälern in Ordnung zu bringen. Und man soll die Ärzte, die dort gearbeitet haben, wieder rufen. Natürlich die Ärzte sind alle davongelaufen, es waren alle Nazis. Und da habe ich Professor B., wenn er die Adressen weiß - natürlich hat er gewußt, er war ja doch der Leiter des Hospitals. Er hat allen einen Brief geschrieben, und einige sind gleich gekommen. Unter ihnen war der Professor W., ein Augenspezialist. Er hat gezittert. Er hat Angst gehabt, man wird ihn wegholen, weil er Nazi war. Habe ich gefragt, was hat er gemacht. Sagt er, 'immer im Spital gearbeitet'. Habe ich gesagt, na, er soll weiter arbeiten. Man muß ja doch die Ärzte haben.

Fanden Sie es nicht schwer, jetzt nach dem Krieg in einem Krankenhaus zu arbeiten, in dem auch

> Deutsche gepflegt wurden, die Ihnen doch soviel
> zugefügt haben?

Hören Sie zu, das ist eine gute Frage. Es war so, daß ich... eigentlich ich habe wenig mit dem Publikum zu tun gehabt, weil Professor B. hat ja doch alle Krankenschwestern und alles gehabt. Ich bin nach Fritzlar und anderswohin gegangen, da waren Leute, die sich da versteckt haben als Kranke, die waren überhaupt nicht krank. Habe ich gesagt, sie sollen alle weggehen vom Spital, weil die Plätze mußte man haben für die Kranken, die aus den verschiedenen Lagern kamen.

Zu einem späteren Zeitpunkt kommen wir ein zweites Mal auf diese Problematik zu sprechen. Erneut erzählt mir Frau S., wie sie nach dem Krieg auch deutsche Kinder behandelt habe. Ich nehme dies zum Anlaß, sie noch einmal auf den Konflikt mit den übrigen jüdischen Frauen anzusprechen. Diesmal beschreibt Frau S. die Reaktion ihrer ehemaligen Leidensgenossinnen noch sehr viel drastischer:

Haben sie gesagt, 'sollen sie krepieren! Man hat uns auch die Kinder...' Ich brauche Ihnen nichts zu erzählen. Mein Kind hat man auch abgeholt und vergast und verbrannt hat man das lebende, herrliche Kind. Natürlich haben sie gesagt, ich soll sie krepieren lassen. Dann habe ich gesagt, wenn ich werde das machen, was die Deutschen gemacht haben, dann wird das nie aufhören. Nämlich es war auch so, daß die Deutschen haben Zeitungen ausgegeben, sie sollen ja nicht kapitulieren, weil sie werden das und das, was man mit uns in Auschwitz gemacht hat, man wird sie hinführen in Lagern, und man wird mit denen dasselbe machen, was wir erlebt haben, verstehen Sie. Aber ich habe gleich gewußt, das wird nie sein.

> Aber was hat Ihnen die Kraft gegeben, sich so zu
> verhalten, wie Sie gehandelt haben?

Naja, habe ich Ihnen gesagt was, da haben sie mich in Ruhe gelassen. Aber es ist natürlich mit schlechten Augen angesehen worden, weil ich wollte für die Deutschen auch einmal... man kann ja doch nicht einen kranken Menschen... ein Kranker ist ein Kranker! Der kann ja nichts dafür. Da hat man auch einen Mann im Rollstuhl gebracht, der hatte im Ersten Weltkrieg ein Bein und einen Arm verloren, und niemand in der Stadt hat ihm eine intravenöse Injektion gegeben, und ich konnte es, habe ich ihm gegeben. Habe ich selbstverständlich gefunden. Habe ich Ihnen gesagt, die Frau hat mir eine weiße Schürze gebracht aus Dankbarkeit. Verstehen Sie, die Leute haben das nicht verstanden. Sie hätten nicht geholfen. Hören Sie zu, man muß auch sie verstehen. Es war ein Rachegefühl bei jedem, bei diesen Leuten, also nicht bei jedem - ich habe es nicht gehabt. Weil ich sage Ihnen, die Kinder muß man zur Liebe erziehen. Wenn sie zum Beispiel böse sind auf einen Nachbarn und sagen, den grüße ich nicht, dann wird er sie schlecht anschauen, und das Kind weiß gar nicht, warum.

> Und ihre Eltern haben Sie so erzogen?

Ja, das war das Elternhaus bei mir. Für jeden war es offen. Es waren nicht reiche Leute, sage ich Ihnen. Wir hatten einen zweiten Speis [?] gehabt, ich erinnere mich, wo man das Obst an Schnüren aufhängt. Für den Winter hat man Trauben und Äpfel aufgehängt, und die Jugend ist in unseren Hof gekommen und nach Tisch oder... sie wußten schon, sie sind hereingegangen und haben einen Apfel abgerissen und gegessen. Verstehen Sie, es war ein Haus, in dem sich alle wohl gefühlt haben, und da war kein Unterschied Christ oder Jude. Wir haben genauso mit unseren christlichen Freundinnen... ich erinnere mich, es war ein sehr schönes Mädel, sehr schönes Mädchen, es war sehr, sehr schön [...].

Die Erinnerung trägt Frau S.s Gedanken fort. Schon häufiger sprach sie darüber, daß in ihrer Jugend kein Unterschied zwischen Juden und Christen bestanden habe. Frau S. erklärt die Haltung der übrigen jüdischen Frauen, sie wirbt sogar um Verständnis für deren Einstellung. Auf diese Weise erscheint ihre eigene Haltung um so bewußter und klarer. Das Elternhaus, so mein Eindruck, besaß für Frau S. Vorbildfunktion. Den dort vermittelten Werten fühlte sie sich verpflichtet, sie sollten nun zur Maxime ihres eigenen Handelns werden. Darüber hinaus konnte es so gelingen, wieder an die Kindheit und an die Jugend in Sümeg anzuknüpfen, die in der Erinnerung harmonisch und unbeschwert erscheint. In einer Zeit, in der Normen und allgemeingültige Werte nur schwer zu erkennen sind, kann solch ein Rückgriff Orientierung ermöglichen, vielleicht sogar ein Stück 'Heimat' bedeuten. Gegen diese Überlegung mag eingewandt werden, daß Frau S. dies nur um den Preis der Distanzierung von ihren eigentlichen Verbündeten gelingen konnte, sie also isolierte.

Als Frau S. im Jahre 1990 noch einmal mit ihrer deutschen Freundin Gertrud Kassel besucht, stellt sie fest, daß sie an ihrer damaligen Wirkungsstätte noch immer geachtet wird. Sie beschreibt die Situation beinahe wie ein Zusammentreffen ehemaliger Kollegen. Daß sie damals für die amerikanischen Besatzer arbeitete und zuvor Häftling eines deutschen Konzentrationslagers war, scheint ohne Bedeutung zu sein. Wenn Frau S. über ihre Arbeit spricht, entsteht der Eindruck, daß sie sich mit Tatkraft der von ihr geforderten Aufgabe gestellt habe. Die Notwendigkeit, der Bevölkerung wieder eine medizinische Versorgung zu gewährleisten, wird von Frau S. akzeptiert, ja mehr noch, auch sie schien sich dieser Aufgabe verschrieben zu haben. Mit dem besonderen Blick für das Wesentliche traf sie Entscheidungen, die überraschen mögen. Ihr Engagement, so sieht es aus, war frei von Emotionen gegenüber den Deutschen. Etwas später berichtet Frau S. noch einmal über ihre Arbeit in der Verwaltung. Auch diesmal wirkt ihr Handeln sehr pragmatisch:

Ich mußte über die Lebensmittelkarten entscheiden. Ich konnte nicht jeden messen und dann entscheiden, natürlich habe ich es jedem gegeben! Hunderttausend Menschen kann man ja nicht abmessen und alles, und da habe ich die ganze Nacht nur die Papiere unterschrieben, ohne zu schlafen. Immer mir Kaffee geben lassen und weiter. Jeder ist dagestanden, um diese Papiere zu haben. Es waren ja doch nicht nur die Juden oder die Ausländer, es waren die Deutschen selbst.

Über ein Jahr arbeitete Frau S. für die amerikanische Besatzungsmacht in Deutschland. Es war ihr Wunsch, die Überlebenden ihrer Familie wiederzufinden und dort zu leben, wo sie lebten. Frau S. erfuhr, daß ihre beiden Cousins in Frankreich wohnten, und so beschloß auch sie, dorthin zu ziehen. Das war im Sommer 1946. Wie es Frau S. gelang, sich in Frankreich einzugewöhnen, berichtet sie im Interview nicht. Sie erzählt weder, in welcher Stadt sie wohnte, noch, was sie arbeitete oder wovon sie in dieser Zeit lebte.

Der Ehemann

Im Jahre 1949 lernte Frau S. ihren zweiten Ehemann, Georges S., kennen, den sie noch im selben Jahr heiratete. Mit der Heirat gab sie ihre weiteren Emigrationspläne auf. Ursprünglich hatte sie die Absicht, in die USA auszuwandern, wo ihre Schwester Clari lebte. Clari war die einzige noch lebende Verwandte, abgesehen von den beiden Cousins. Georges S. ist vor wenigen Jahren verstorben. Seitdem lebt Frau S. allein in ihrer Pariser Wohnung. In unseren Gesprächen erzählt Frau S. immer wieder von ihrem verstorbenen Ehemann. Sie schildert seine Ansichten, beschreibt seine Vorlieben und rühmt seine Qualitäten. Sie berichtet, daß Georges aus einer ehemals wohlhabenden jüdischen Familie aus Steinamanger, eine Stadt unweit der österreichischen Grenze, stammt. Die Familie ihres Mannes, lobt Frau S., legte großen Wert auf eine gute Ausbildung der Kinder:

Und mein Mann hat einen englischen Erzieher gehabt schon in Ungarn als Kind und die Mädchen Französinnen, weil damals war die diplomatische Sprache Französisch. In einem guten Haus mußte man Französisch können. Und mein Mann war perfekt in vier Sprachen: also Ungarisch natürlich, seine Mutter war eine Wienerin, also Deutsch und dann Französisch und Englisch perfekt, im Schreiben wie im Sprechen.

Die Familie ihres Mannes habe in den zwanziger Jahren unter der Regierung von Bela Kun sehr gelitten, deshalb sei ihr Mann auch Antikommunist gewesen. Frau S. schildert Georges als einen sehr interessierten Menschen, der die kulturellen Angebote in Paris zu schätzen wußte. Oft habe er die Bibliothèque Nationale aufgesucht, um in ihr zu arbeiten. Er habe darüber hinaus auch literarische Talente besessen: "Er sollte auch Schriftsteller werden; er hat herrlich geschrieben, aber er war mehr ingénieur. Er hat drei Diplome gehabt. Von den drei Diplomen hat er zwei in Österreich gemacht: also Handelsakademie in Wien und dann Historie." Im Exil sei ihm der Kontakt zu Franzosen wichtiger gewesen als zu anderen in der Emigration lebenden Ungarn. Frau S. erklärt, daß ihr Mann sich stets als Franzose fühlte:

Mein Mann war wirklich ein großer Franzose, wie man sagt, ein großer, guter Franzose. Kannte besser die histoire von Frankreich als die Franzosen und die

Sprache auch. Wenn in der Zeitung ein Fehler gemacht wurde, hat er es nicht geduldet vom Monde, hat er geschrieben, wie sich so eine Zeitung erlauben kann, solche Fehler zu machen. Mein Mann war ein [unverständlich], *leider habe ich ihn verloren.*

In der Beschreibung ihres Mannes klingt Bewunderung an. Voller Respekt erwähnt sie seine intellektuellen Fähigkeiten. Gleichzeitig schildert sie mit einem gewissen Schmunzeln seine mangelnden häuslichen Talente. Als sie einmal ihre Schwester in Amerika besuchte, sei Georges kaum in der Lage gewesen, sich selbst zu versorgen:

Als ich wieder nach Hause gekommen bin, habe ich ihn angetroffen im Spital mit einem gebrochenen Fuß. Er konnte sich nicht so ernähren, er hat wohl im Restaurant gegessen, aber Sie wissen, wenn man arbeitet, wenn man ingéniuer ist in einer Fabrik, und jeden Tag hat er telefoniert mit meiner Freundin, 'wie kocht man Milch?'. Das hat er nicht verstanden. Er war sehr tüchtig in allen Sachen, aber...

Neben solchen Anekdoten bleiben allerdings andere biographische Details unerwähnt. Frau S. berichtet beispielsweise nicht darüber, wie ihr Mann die Verfolgung überlebt hat, wann und unter welchen Umständen er nach Frankreich gekommen ist. Auch seine genauen beruflichen Tätigkeiten beschreibt sie nicht. Dies mag insofern verwundern, als Frau S. sonst gern die Fähigkeiten ihres Mannes lobt. Ohne daß sie im Interview direkt darauf zu sprechen kommt, wird deutlich, daß die berufliche wie die soziale Integration der Eheleute S. in Frankreich nicht ohne Probleme und Rückschläge gelang. Georges nahm im Leben von Frau S. den wichtigsten Platz ein. Auf meine Frage, ob sie glücklich sei, daß sie nach dem Krieg in Frankreich bleiben konnte, erklärte sie mir ohne Umschweife:

Ja, war ich sehr. Und da habe ich meinen Mann kennengelernt, und das war sehr schön. Mein Mann ist ein sehr großer Intellektueller gewesen. Ich habe das gefunden, was mir gehört. Und das war schön. Nur leider, ich habe ihn verloren. Da habe ich viel mehr verloren als andere; die verlieren einen Mann und werden sie noch Kinder haben. Da ich mein Kind im Lager verloren habe - und mit ihm habe ich keine gehabt -, so habe ich an ihm sehr gehangen. Und das war schrecklich. Es war eine Leere danach, daß ich mich selbst umbringen wollte. Das Leben hat für mich nichts bedeutet mehr.

Gegenwart

Wie bereits erwähnt, sind, von Ausnahmen abgesehen, die einzelnen Episoden und Erzählungen des Interviews nicht chronologisch geordnet. Neben jenen, die eindeutig einem Lebensabschnitt zugeordnet werden können, gibt es eine Reihe von Episoden, die zeitlich nicht exakt bestimmbar, aber auf jeden Fall in der Zeit nach dem Krieg anzusiedeln sind. Ihr Themenspektrum ist vielfältig; es reicht von kurzen Schilderungen der Erfahrungen als Ausländer in Frankreich, meist nicht mehr als Andeutungen, einer Beschreibung ihres Verhältnisses zu Israel, zu den Deutschen bis hin zur Vorstellung von Menschen, die Frau S. viel bedeuten. Die Themen der einzelnen Episoden sind oft ineinander verwoben, so wie in der folgenden, die zunächst wie eine Geschichte über den Ehemann beginnt, sich dann aber zu einem Erfahrungsbericht ihrer frühen Jahre in Frankreich entwickelt:

Mein Mann war hier in einer Radio- und Television-Fabrik. Zuerst war er in einer Fabrik, in der Munition hergestellt wurde. Er war auch ein Erfinder. Also er war ein guter ingénieur. Aber natürlich, da er Ausländer war, hat man ihn in der ersten Zeit sehr ausgenutzt. Oh là là! Viel weniger bezahlt als den anderen, da kann man nichts machen. Schwer angegangen das Leben.

In einigen Episoden wird deutlich, wie schwer der Neubeginn für das Ehepaar S. in Frankreich war. Der Umgang mit der fremden Sprache fiel beiden nicht so schwer. Frau S. war in den dreißiger Jahren schon einmal für längere Zeit in Paris gewesen, um an einem medizinischen Institut zu arbeiten, und ihr Mann hatte bereits in seiner Jugend die französische Sprache erlernt. Doch eine Reihe von Problemen, die man als Ausländer in Frankreich hat, lassen sich an der Sprache festmachen. Nicht nur einmal spricht Frau S. über diese Problematik. Ich frage Frau S., ob es manchmal schwer war, mit einem ausländischen Namen und einem fremden Akzent in Frankreich zu leben, was mir bestätigt wird: "Sie können dies nur in Paris oder an der Côte d'Azur, wo es sehr kosmopolitisch ist. Aber in einem kleinen Ort oder Dorf - hu! - ist es unmöglich, unmöglich." Das Beherrschen der Landessprache wird von Frau S. als sehr wichtig dargestellt. Wer nicht französisch spricht, ist stigmatisiert. "Die Leute dulden nicht, daß sie eine andere Sprache sprechen", erklärt Frau S., "die Franzosen sprechen ja doch nur französisch und da verstehen sie nicht, daß ein anderer kommt her und spricht schlecht oder gut, bemüht sich, ihre Sprache anzunehmen. Außerdem wenn er in seiner eigenen Sprache spricht, dann hassen sie ihn. Sie hassen alle, die Ausländer sind." Von diesem Vorwurf nimmt Frau S. allerdings die junge Generation aus. Bei unseren gemeinsamen Fahrten mit dem Bus oder mit der Métro ermahnte mich Frau S. immer wieder, nicht deutsch zu sprechen. Frau S. berichtet von einem Erlebnis mit einer Freundin, die aus Deutschland zu Besuch gekommen war:

Ich habe ein sehr großes Unglück gehabt, als Sigrid gekommen ist. Haben wir kein Taxi genommen, sind wir vom Bahnhof mit dem Autobus gefahren. Im Autobus war zufällig ein Kriegsinvalide drin, und sie hat ihren Koffer in den Weg gestellt und hat auf deutsch 'pardon' gesagt, "...und noch dazu eine Deutsche!". Und bevor er ausgestiegen ist, hat er so geschimpft. Die Sigrid ist ganz blaß geworden, und ich habe mich so gekränkt gefühlt. Ich konnte da gar nichts sagen. Darum setze ich mich immer so, daß wir nur zu zweit sitzen. Die Ungarn wollen auch immer nur ungarisch sprechen, wollen auch nicht französisch sprechen. [...] Man hat uns schon auch auf der Straße gesagt, wenn wir auf den Autobus gewartet haben. Ist ein Herr gekommen, "...und wenn Sie möchten französisch sprechen in Frankreich!" Weil er hat gewußt, wir können

Französisch. Er wußte, daß wir keine Neuankömmlinge waren. Aber ich sage Ihnen, das ist schrecklich. Sie sind noch immer Chauvinisten. Aber wenn deutsch gesprochen wird...

Frau S. hatte mir erzählt, daß es eigentlich ihr Plan gewesen sei, gemeinsam mit ihrem Mann nach Amerika auszuwandern, wo ihre Schwester lebte. Ihr Mann sei auch einverstanden gewesen, doch habe er keine Aufenthaltsgenehmigung bekommen können, zumindest nicht sofort. Auch in dieser Episode kommt Frau S. wieder auf die Schwierigkeiten zu sprechen, sich in Frankreich zu etablieren:

Und als ich dort war, habe ich wollen unbedingt, mein Mann soll mir nachkommen. Aber das amerikanische ambassade hat damals so Schwierigkeiten gemacht - ich hätte können sofort zurückfahren. Ich habe schon das [unverständlich], und mein Mann mußte noch drei Jahre warten. Naja, wollte ich ja doch nicht drei Jahre von meinem Mann getrennt sein. Er wollte auch nicht, natürlich. Und darum bin ich hier geblieben. Und da waren hier sehr schwere Zeiten, sehr schwer.

Wirtschaftlich?

Und außerdem hat man die Ausländer sehr ausgenutzt. Man hat einem Ausländer nicht das gleiche Gehalt gegeben. Es war sehr schwer. Ich muß Ihnen schon ein Beispiel sagen: Mein Schwager hat uns geholfen, zu einer Wohnung zu kommen. Diese Wohnung, in der ich jetzt wohne, mußte man auch ein Eintrittsgeld oder so etwas zahlen. Der vor uns hier gewohnt, hat uns sehr ausgenützt. Der war ein Arzt. Und er hat gesagt, er möchte uns diese Wohnung geben, aber wir sollen ihm 500.000 Francs geben - das war ein Vermögen damals. Wir waren beide sehr naiv. Für das Geld hätten wir ein Haus in Paris kaufen können. Ich habe das nicht verstanden. Und mein Schwager, da er so reich war, hat er uns das gegeben, um eine Wohnung zu haben. Und der Vormieter hat es eingesteckt. Hat er gesagt, daß er es hat nicht alles eingesteckt, er mußte davon dem Hausherrn hier Geld geben, damit wir die Wohnung bekommen können. Und als wir hier hereingekommen sind - mein Mann ist kein dummer Mann - und wir sind gegangen zum Hausherrn visite machen. Er wollte wissen, ob das wahr ist. Schlüsselgeld mußte man zahlen! Eine halbe Million Franken damals - das war schrecklich. Wollten wir wissen, ob er davon profitiert hat. Und der Hausherr hat es wirklich, und wir sind von diesem Tag an sehr befreundet mit denen.

So wie in der vergangenen Episode macht Frau S. oft ihre Erfahrungen an Personen fest. Immer wieder beschreibt sie auch menschlich bewegende Szenen. Zu ihnen gehört die Schilderung eines unerwarteten Zusammentreffens mit einem Bekannten aus ihrem ungarischen Heimatort. Die Geschichte ist eingebettet in eine Erzählung über das Verhältnis von Juden zu Deutschland und den Deutschen. Frau S. erzählt, daß sich einige Juden weigern, einen Fuß auf deutschen Boden zu setzen, nicht einmal, wenn sie mit dem Flugzeug reisen und in Deutschland zwischenlanden müssen. Frau S. warnt eindringlich davor, Menschen zum Haß zu erziehen:

Ich kann es sehr gut verstehen. Wenn Eltern, Kinder umgebracht worden sind von dieser Nation, dann ist diese Nation für jene verloren. Ich sage immer, nicht die Erde und nicht... die Erde kann ja doch nichts dafür - es waren die Menschen. Die damals so erzogen worden sind, die schlechterzogenen Menschen. Erstens erzieht man nicht Menschen zu hassen. Ich kann das nicht verstehen. Weil schauen Sie, in meinem Elternhaus, das muß ich Ihnen schon sagen, ist jede Woche ein junger Bursch gekommen zu essen, ein Christ. Er hat N.M. [unverständlich] geheißen und ging auf die Realschule. Und die Mutter war Witwe, hat Eier oder so etwas verkauft am Markt, aber sie konnte nicht den Burschen unterrichten lassen, und damals mußte man noch die Schule bezahlen. Sie war nicht frei, ohne zu zahlen, ist nichts gegangen, Bücher kaufen auch und alles. Aber er hat jeden Tag woanders essen können, sieben Tage hindurch, so daß meine Mutter einmal hat gesagt: "Sage mir, bevor du abends nach Hause gehst, was du gegessen hast, damit ich nicht dasselbe morgen koche zufällig, damit du nicht dasselbe essen mußt." Wenn er bei uns gegessen hat, hat mein Vater ihn immer zum Tor begleitet. Mein Vater hat ihm immer ein bißchen Taschengeld gegeben. Ein Bursch braucht nicht nur Essen, muß er doch auch ein paar Groschen bei sich haben. Hat mein Vater ihn begleitet, damit er ihm etwas Geld geben kann.

An dieser Stelle beginnt Frau S. eine neue Episode, die zwar als Folge-geschichte zu sehen ist, die aber zum ursprünglichen Erzählthema keinen Bezug hat. Gleich zweimal berichtet Frau S. im Interview von der Begegung mit diesem Jungen nach dem Krieg, doch jedesmal muß sie mühsam die Tränen zurückhalten:

Und wie klein ist die Welt? Nach dem Krieg komme ich nach Frankreich. [...] Nachher bin ich zu meinem Cousin gekommen und dort habe ich gewohnt, ja, bei dem chemischen ingénieur. Und der hat eine ungarische Köchin gehabt, und die ist jeden Sonntag in die Kirche gegangen. Und in der Kirche war ein Geistlicher, der Ungar war. Sie hat gesagt, er hat immer gefragt nach Vielwahr: "Hast du gut gelesen? Wie schreibt er sich der Vielwahr?" Mein Cousin hat sich nicht so geschrieben wie mein Vater. Wir haben uns mit V geschrieben und ie, und er hat nur geschrieben V i l - Vilwahr. Alles andere war richtig. Und sie hat gesagt, daß eine Dame ist gekommen vom Lager - ich bin gekommen nach dem Lager nach Frankreich. Und das hat den Geistlichen sehr interessiert. Naja, weil er hat bei meinen Eltern hat er jede Woche einmal gegessen, hat uns ja doch gekannt als Kinder, sagen wir, er war damals 17 Jahre alt, und wir waren zehn Jahre alt. Kurz und gut, hat sie gesagt, ich soll aufschreiben meinen Namen und sagen, von wo ich bin gekommen. Habe aufgeschrieben meinen Namen, geboren in Sümeg, ja, Vielwahr. Hat er nicht lange gebraucht, hat er telefoniert und hat gebeten meine Cousine, ob sie erlauben würde, einen Besuch bei mir abzustatten. [...] In Roubaix, oder neben Roubaix war eine Kohlengrube gewesen, da waren sehr viele Polen, und da war er Geistlicher für sie, christliche Kirche natürlich. [...] Kurz und gut, hat er eine Visite abgestattet. Wie er hereinkommt natürlich, und er sieht mich - trotzdem daß ich Kind war, man verändert sich nicht soviel, war ich noch 33 Jahre jung -, und da hat er sich gekniet und mir die Hand geküßt. Habe ihn in den Salon geführt, und die Tränen sind ihm aus den Augen gelaufen. Mir auch [Frau S. versucht, ihre Tränen zu unterdrücken]. *Dann hat er gesagt, wie glücklich er ist, daß er hat mich gesehen. Natürlich, kann er nicht verstehen... hat er nicht verstanden, daß man umgebracht hat meine Eltern. Solche Eltern, wie ich gehabt habe, hat man umgebracht. Hat man natürlich vom Lager gesprochen.*

> *Wollen wir lieber aufhören? Machen wir lieber Schluß.*

Nein, ich wollte erzählen von dem Geistlichen, der bei uns gegessen hat. Sagt er, 'Solche Eltern...'. Aber wie klein die Welt ist; nach dem Lager komme ich nach Roubaix, und er ist dort Geistlicher in der Kirche. Und da hat er mich besucht.

Mich interessiert, wem Frau S. von ihrem Leben erzählte? Nachdem der Kontakt mit der in die USA ausgewanderten Schwester hergestellt war, berichtete sie ihr die ganze Tragödie. Doch anderen gegenüber hielt sie sich eher zurück. Ich frage Frau S., ob es für sie eine Erleichterung bedeutete, über ihre Erfahrungen zu sprechen:

Ja, schauen Sie, ich werde Ihnen sagen - es waren solche traurigen Geschichten inzwischen, daß ich wollte... ich habe hier ein Buch, der Hans Habe[57] hat es mir gegeben, um meine Memoiren zu schreiben. Es ist nie darin was geschrieben worden. Weil, mein Mann hat gesagt, er will nicht, weil ich werde immer weinen. In der ersten Zeit habe ich nicht geweint, aber die Tränen sind mir so herausgekommen, wissen Sie. Es war leichter ertragen wie erzählen. Wenn Sie eingesperrt sind, Sie sind eingesperrt, Sie leiden, aber das Leiden tragen Sie. Aber wenn Sie dann darüber erzählen, dann ist es viel trauriger, verstehen Sie, das regt einen auf. [Frau S. steht auf, geht zum Bücherschrank und sucht das erwähnte leere Buch.] *Sehen Sie, das ist das Buch, das er mir geschenkt hat. Nicht ein Blatt ist darin beschrieben. So hat er es mir geschenkt, ich soll meine Memoiren schreiben. Ich habe es nie benützt. Das ist doch schade. Mein Mann hätte mir helfen können. Er hat gesagt, einmal später, auf der Terrasse in Spanien - wir haben eine Wohnung dort -, und dort wird er in*

---

[57] Hans Habe - eigentlich János Békessy - wurde 1911 in Budapest als Sohn eines Zeitungs-verlegers geboren. Seit 1929 arbeitete Habe als Journalist. Zwischen 1935 und 1938 war er Völkerbund-Korrespondent für das *Prager Tageblatt* in Genf. Auf der Konferenz von Evian im Jahre 1938 setzte sich Habe für die Interessen der Juden ein. Später emigrierte er nach Frankreich und Amerika und trat als Abwehroffizier in die amerikanische Armee ein. Seine Unterhaltungsromane bescherten ihm internationalen Ruhm. Zeitweise arbeitete er auch als Drehbuchautor in Hollywood. Darüber hinaus war Habe Verfasser zahlreicher Essays und Berichte aus "konservativem Geist". Er starb 1977 in Locarno. Siehe Weltlite-ratur im 20. Jahrhundert. Autorenlexikon. Herausgegeben von Manfred Brauneck. Bd. 2. Reinbek bei Hamburg 1981, S. 527.

Ruhe mir das sagen. Als wir hingekommen sind, die Leute haben uns so, ich weiß nicht wie, ich weiß nicht, als ob von ihm alle Strahlen sind auf seine Seite gegangen [unverständlich]. *Wenn er ist gegangen Zeitung holen, dann sind die Leute raus gelaufen, 'der Franzose geht Zeitung holen'. Und die Leute haben uns so ins Herz geschlossen, wirklich wunderbare Leute. Die Lolita, die erste Sekretärin beim König, sie war 20 Jahre oder mehr bei Franco erste Sekretärin, stellen Sie sich vor. Sie ist eine geborene Murio. Man nimmt ja doch nicht jeden, wissen Sie, da müssen die Leute, die mit ihnen... wissen Sie. Und dann hat er sie genommen, und sie war bei ihm. Der König hat schon mich gekannt, ohne mich zu kennen, weil sie hat immer verlangt, daß er soll erlauben ihr zu telefonieren. Und da war ich einmal in Israel - nach Paris hat sie nicht gebraucht zu verlangen, aber nach Israel mußte sie verlangen vom König, um zu mir zu telefonieren. Man kann ja nicht einfach vom königlichen Büro telefonieren. Hat er gesagt: "Naja, das geht zu S.s" - hat er schon gesagt 'zu die S.s' - "Ja, für S.s, sie sind jetzt in Israel", sagt sie. Und sie mußte ausrichten, daß der König von Spanien wünscht Frieden für Israel. Wie sie mir das gesagt hat, sind mir die Tränen runtergelaufen. Das war einmal vormittags um elf Uhr. Ich war bei meiner Tante in Tel Aviv.*

An der vorangegangenen Passage läßt sich exemplarisch Frau S.s Erzählstil beschreiben. Oft springen ihre Gedanken. Es gibt kein Thema, dem sie sich lange widmet. Ihre Erzählung gleicht einer scheinbar willkürlichen Aneinanderreihung von Geschichten. Stets findet sich ein neues Stichwort für eine weitere Episode. In der oben wiedergegebenen Passage werden viele Themen angesprochen, die Frau S. bewegen und die über das gesamte Interview verstreut mehrmals zum Erzählgegenstand werden. Zunächst thematisiert sie die Problematik, über Auschwitz zu sprechen bzw. zu schreiben. Danach berichtet sie über ihren verstorbenen Ehemann. Auch in dieser Passage rückt sie Menschen in den Mittelpunkt ihres Erzählens. Es handelt sich um Freunde, vielleicht auch nur um Bekannte. Ein bißchen genießt sie auch den Glanz 'großer Namen', die sie in ihre Geschichten einfließen läßt. Frau S. macht ihre Erfahrungen - gute wie schlechte - an einzelnen Menschen fest. Immer wieder agieren die Träger der Handlung in rührenden und menschlich bewegenden Szenen.

Ich greife das Stichwort Israel auf und frage Frau S., wie oft sie bereits das Land besucht habe. Drei- oder viermal, wird mir entgegnet, "ein wunderschönes Land, wunderschön". Während Frau S. erzählt, wird deutlich, daß sie den Arabern gegenüber Ressentiments besitzt; sie versteht nicht deren Aggression den Juden gegenüber, schließlich würden auch sie von Israel profitieren. Wenn Frau S. von Israel berichtet, gerät sie ins Schwärmen. Das erste Mal sei sie nach dem Sechs-Tage-Krieg dort gewesen: "Ich werde Ihnen sagen, wie ich in Israel war, bin ich in jedes Geschäft hereingegangen, und da waren Leute, die 20 Jahre in Israel gelebt haben, die vorher in Deutschland gelebt haben, die in Österreich gelebt haben - also da war alles in Ruinen nach dem Sechs-Tage-Krieg -, haben sie gesagt, nirgends fühlen sie sich so wohl wie in Israel." Frau S. spricht darüber, daß die Juden nun ein eigenes Land haben. Dieses Glück sei

schwer für jemanden vorzustellen, der immer in seinem eigenen Land leben
konnte: "Sie sind Deutscher, Sie sind in Deutschland geboren, Deutschland
gehört Ihnen", erklärt sie mir, "die Juden haben nie ein Land gehabt, und auf
einmal haben sie endlich ein Land und da haben sie sich wohl gefühlt: Sie
haben *ihr* Land." Viele Juden hätten ihre nichtjüdischen Ehepartner mit nach
Israel genommen, und alle, erklärt mir Frau S., egal ob Jude oder nicht, fühlten sich dort wohl: "Aber in Israel haben sie sich frei gefühlt. Aber ich sage
Ihnen, Israel ist ein Land, wenn ein Christ kommt... [unverständlich], weil das
ist ein trois-monotheistisches Land, ja. Und dort fühlen sich die Christen
zuhause, die Juden fühlen sich zuhause, alle fühlen sich dort zu Hause. So ein
Gefühl haben Sie noch nie gehabt. Es ist ein herrliches Land." Daß sich die
Palestinenser nach einem ähnlichen Glücksgefühl sehnen, scheint Frau S. nicht
zu bemerken. Ich frage sie, ob sie sich schon einmal überlegt habe, nach Israel
auszuwandern: "Ich sage, ich bin gegangen und wollte für immer dort bleiben.
Hat mein Mann gesagt: 'Lauf nicht, was willst du? Ich kann schon Israel nicht
mehr aufbauen' - war schon nicht mehr jung. Sagt er: 'Da gehören junge
Menschen hin, die wirklich für das Land was tun.' Und da wollte er nicht."
Doch den wahren Grund für seine Ablehnung sieht Frau S. in dem Umstand,
daß ihr Mann mehrere nahe Angehörige besaß, die in England lebten und
denen er möglichst nah sein wollte. Herr und Frau S. unternahmen viel, um
die Freundschaft zu den wenigen Überlebenden ihrer beiden Familien und zu
deren Kindern zu pflegen. Einen Grund für die Niederschrift ihrer Lebenserinnerungen sieht Frau S. in dem Wunsch, der nachgeborenen Generation ein
Dokument ihrer Erfahrung des Holocaust zu hinterlassen. Besonders die Angehörigen der zweiten und dritten Generation, wie den Sohn einer Cousine,
möchte sie mit ihrer Schrift ansprechen:

Ich will nur, daß die Jugend, also Burschen wie der Sohn von meiner Cousine,
soll das lesen, weil sie haben nie davon gehört und gewußt. Und wissen Sie,
die Eltern sprechen davon, aber das ist nicht dasselbe. Sie sollen eine Ahnung
haben, was man gelitten hat. Es soll nicht noch einmal vorkommen. Ob sie sich
hüten können davor oder so - ich weiß es nicht. Aber auf alle Fälle, ich habe es
deswegen geschrieben.

Die Angst vor einer Wiederholung der Geschichte ist eine von vielen Überlebenden von KZ-Haft und Verfolgung immer wieder geäußerte Motivation,
über die eigenen Erfahrungen zu berichten.

Und wenn ich damals das Buch geschrieben hätte - mein Mann hätte mir
geholfen - wäre das so ein dickes Buch gewesen, weil es wäre alles drin gewe-
sen. Und dann wollte ich noch etwas sagen: Ich wollte eigentlich hinter diese
paar Blätter [gemeint sind die Lebenserinnerungen] noch schreiben, daß ich
sehr gute deutsche Freunde habe natürlich. Nicht nur edel, wie der Professor
B. auch war, aber noch andere wie der Hotti, die im Krieg bei Hitler gedient
haben, und sie haben sich so verliebt in uns, daß wir sehr gute Freunde gewor-
den sind. Und er hat aufgegeben mit allen Deutschen die Freundschaft wegen
uns, in Denia in Spanien. Nur wegen uns wollte er keine anderen Deutschen

mehr kennen. Und ich wollte sagen von ihnen, daß sie sind so feine und gute Menschen. Sie haben uns sofort in Denia sehr geholfen, was sie konnten, weil er ist sehr tüchtig, wissen Sie. Er hat mir einen Bücherschrank eingebaut im Vorzimmer in Denia, als Überraschung, bevor wir gekommen sind. Sie waren so lieb zu uns.

Wann haben Sie ihn kennengelernt?

Als wir nach Spanien kamen und die Wohnung gekauft haben, hat mein Mann gesagt: "Auf eines mache ich dich aufmerksam: die Schwelle soll von einem Deutschen nicht übertreten werden!" Er konnte nur sehr schwer verzeihen, daß man seine Mutter... die eine Schönheit war, eine gute Frau war sie, sie hat so viel geholfen. Sie war reich, immerhin. Mit dem Rad ist sie überall hingefahren und hat verlassenen Kindern geholfen. Und natürlich war sie sehr berühmt dadurch. Aber ich sage Ihnen nur, da konnte mein Mann, der seine Mutter so geliebt hatte, nicht verzeihen. Und dann hat er lange mit Hotti diskutiert. Er hat gesagt: "Höre zu, Fragen sollst du mir nicht stellen, aber ich werde dir etwas erzählen. Ein Land, in dem es so viel Intelligenz gegeben hat wie in Deutschland und wo so etwas gemacht worden war - das kann man nie verzeihen. Wenn ein Dummer etwas macht, macht er einen großen Fehler, dann hat das aber ein Dummer gemacht. Aber wenn ein gescheiter Mensch solch einen Fehler macht, dann kann man ihm nicht verzeihen." Da hat er recht gehabt. Da hat er ganz recht gehabt. So, jetzt gehe ich kochen.

Ja, dann machen wir Schluß.

Ich wollte eines noch hinzufügen: Diese Versöhnungskonferenz nach 45 Jahren, das war von dem Vollmer[58] eine wunderbare Idee, eine wunderbare Idee. Weil das hat vielen Juden gemildert das Gefühl gegenüber den Deutschen. Das war eine sehr gute Sache. Es war schade, daß sie so etwas nicht früher gemacht haben. Das ist wirklich schade. Na ja, gleich nach dem Krieg konnte man das nicht machen. Weil die Menschen haben gehaßt die Deutschen.

Mit der Versöhnungskonferenz meint Frau S. die sogenannten Internationalen Tage der Begegnung, die die Stadt Stadtallendorf gemeinsam mit dem dortigen Förderverein zur Stadt- und Regionalgeschichte im Jahre 1990 veranstaltet hatten (vgl. Kapitel *Kontaktaufnahme und Interviewbesuch*, S. 213). Immer wieder kommt sie im Interview auf diese Veranstaltung zu sprechen. Sie lobt den Bürgermeister des Ortes als einen Vertreter der jungen Generation, der mit seinem Engagement zu einer Aussöhnung zwischen Juden und Deutschen beitragen möchte. "Und der Vollmer hat mir bewiesen, daß seine Generation und seine Freunde, daß sie alle gegen diese Nazis fühlen, und das hat mir ein freundschaftliches Gefühl gebracht." Etwas später äußert sich Frau S. noch einmal etwas ausführlicher dazu:

Dieses Zusammentreffen war aus zwei Gründen schön. Erstens: die jetzige Jugend - der Bürgermeister ist '45, also nach dem Krieg geboren -, und er

---

[58] Manfred Vollmer ist der Bürgermeister von Stadtallendorf.

wollte dahinterkommen, was war mit den Deutschen, daß sie so etwas Unmög-
liches organisiert haben. Und nach dem Krieg ist plötzlich gekommen in
Deutschland... es waren sogar Ehescheidungen wegen dem Holocaust. Ein
junger Mann [damit ist der Bürgermeister gemeint] hat wollen sehen und hat
wollen, daß wir sollen uns versöhnen. Er wollte, daß sich die jüdische Nation
mit der deutschen Nation versöhnt. Das ist eine gute Sache gewesen und habe
gedacht, ich habe getroffen alle meine alten Kameradinnen. Habe ich gedacht,
na gut, ich werde doch etwas schreiben, was ich erlebt habe. Weil, als Hans
Habe mir das Buch gegeben hat, mein Mann hat mir nicht erlaubt. Warum?
Weil damals habe ich noch sehr gelitten - noch jetzt! -, wenn ich etwas erzähle,
was mich damals so mitgenommen hat - wie in Bad Wildungen, als man mich
eingesperrt hat in dieses Auto und mich vor Gericht gebracht hat, und ich
wußte nicht, warum. Habe nur Gutes gedacht, habe ich nicht verstanden. Und
das sage ich Ihnen, das war furchtbar für mich.

Die von Frau S. als Versöhnungskonferenz bezeichneten internationalen Tage
der Begegnung halfen ihr persönlich, ein neues Verhältnis zu den Deutschen zu
bekommen. Daß sie hier auch den Anstoß bekam, ihre Lebenserinnerungen
niederzuschreiben, berichtet sie gleich zweimal im Interview: "Und jetzt habe
ich gedacht, wenn das so ist, dann kann ich das schreiben." Erst das Bemühen
um Aussöhnung schaffte ein Klima, in dem es Frau S. möglich erscheint, über
ihr Leben zu schreiben. Dabei wird das eigene Schreiben mit einer pädagogischen Absicht, wie bereits beschrieben, verbunden. Darüber hinaus sieht Frau
S. in der Niederschrift ihrer Lebensgeschichte ihren eigenen Beitrag für eine
Aussöhnung. Das Treffen in Stadtallendorf ließ Frau S. wieder die Rolle der
Beschützerin und Interessenvertreterin für die übrigen jüdischen Frauen
einnehmen. An einem Tag dieser mehrtägigen Veranstaltung reiste Frau S.
nach Bonn, um mit Vertretern des Bundestages und der Bundesregierung zu
sprechen:

Dann kam noch jemand, der wollte ein Interview machen. Ich war todmüde.
Na, stellen Sie sich vor, drei solche schweren Tage. Am ersten Tag überfallen
von den Leuten. Am zweiten Tag haben sich die anderen amüsiert oder was,
und ich bin nach Bonn gefahren. Das sind ja doch vierhundert Kilometer mit
dem Auto. Erstens nach Dynamit Nobel [heute Feldmühle AG] und von dort
nach Bonn. Und ich wurde in Bonn sehr gut empfangen, aber ich war schon
müde, wie ich angekommen bin. Es war ein Regentag, es war November, hat es
geregnet, gegossen. [...] Ich wollte, daß die hundertachtzig ungarischen
Mädels oder Frauen die Wiedergutmachung bekommen. Hundertachtzig Perso-
nen haben nie bekommen etwas. Auf der russischen Seite hat niemand etwas
bekommen.[59] *Und da bin ich gegangen, habe ich den Finanzminister*

---

[59] Damit spielt Frau S. auf das "Territorialitätsprinzip" des Bundesentschädigungsgesetzes an,
wonach Verfolgte, die in den damaligen Ostblockstaaten lebten, von einer Entschädigung
ausgenommen waren, siehe Fischer-Hübner, Hermann: Zur Geschichte der Entschädigungsmaßnahmen für Opfer nationalsozialistischen Unrechts. In: Die Kehrseite der
"Wiedergutmachung". Das Leiden von NS-Verfolgten in den Entschädigungsverfahren.

gesprochen. Und dann hat er gesagt, daß es nicht so einfach ist. Weil er hat gesagt, wenn das nur hundertachtzig sind, dann würde er sich alleine trauen, einen Scheck zu geben. Also bin ich gegangen zu den députés, zu den Abgeordneten, die das richten, und versprochen wurde, aber sie haben noch nichts bekommen. Sie [damit sind die ehemaligen Häftlingsfrauen gemeint] *haben das erste Mal etwas bekommen durch mich von Dynamit-Nobel, sie haben geschickt zweitausend Mark jedem. Die natürlich, damals war noch Kommunismus, sie waren glücklich, das zu bekommen. [...]*

> *Und sonst gab es nur die Entschädigung, die fünf Mark pro Hafttag?*

Haben sie nicht bekommen, keine, keine. Sieben Mark hätten sie bekommen sollen. Haben sie nie bezahlt bekommen. Und das wäre heute, hat man ausgerechnet, über 50.000 DM für jeden. Viele sind schon verstorben, und er will nicht zahlen. Weiß ich nicht, was sein wird. Es sollte sich ein internationaler Advokat einschalten und hingehen, um ihm das beizubringen, dem Chef direkt. Ich habe Ihnen erzählt, wir haben gesprochen mit so einem relations publiques. Der war so gemein - habe ich ihm nicht einmal beim Weggehen die Hand gereicht. Ich wollte nicht mit ihm reden. Habe ich gesagt: "Sie zahlen ja doch nicht! Was sind Sie hier?" Wie er überhaupt den Deutschen gesagt hat, den Zeitungsschriftstellern und allen: "Heraus!" Es hat gegossen wie ein Teufel. Das ist ja doch eine Gemeinheit gewesen, furchtbar. Das habe ich dem Vollmer dann alles erzählt. Sage ich: "Das war so gemein! Wir waren da so schlecht empfangen..." Und dann bin ich zu Kohl. Ich habe da die Papiere [Frau S. weist auf den Bücherschrank], *die man bei Kohl unterschrieben hat. Ich habe nämlich dann das schriftlich eingegeben und da habe ich ein Papier bekommen und unterschrieben und aufgehoben.*

Wieder stellt sich Frau S. als Anwältin dar, die mutig die Interessen der ehemaligen jüdischen Häftlingsfrauen aus dem Lager Münchmühle vertritt; allerdings räumt sie ein, nach der Fahrt nach Bonn körperlich erschöpft gewesen zu sein. Bevor es zu der beschriebenen Aussöhnung mit Deutschland und den Deutschen gekommen ist, kam es bei Frau S. zu einer Auseinandersetzung mit ihrer ehemaligen ungarischen Heimat. Während Frau S. bereits direkt nach dem Krieg schon wieder Freundschaften mit Deutschen schloß, später in Spanien deutsche Freunde gewann und schließlich die Erfahrung der 'Versöhnungskonferenz' in Stadtallendorf machte, normalisierte sich ihre Beziehung zu Ungarn nur allmählich. Zwar besitzt Frau S. in Paris eine Reihe ungarischer Freunde und Freundinnen, doch die Tatsache, daß auch sie sich im Exil befinden, wenngleich aus ganz anderen Gründen als sie selbst, ließ ihnen gegenüber - so mein Eindruck - keine Ressentiments aufkommen. An vielen Stellen im Interview äußert sie ihre Vorbehalte den ehemaligen Landsleuten gegenüber, deren Beteiligung an der Deportation der jüdischen Bevölkerung sie

---

Herausgegeben von Helga und Hermann Fischer-Hübner. Mit einem Vorwort von Hans Koschnick. Gerlingen 1990, S. 9-40.

nicht vergessen kann: "Ich wollte nie mehr nach Ungarn zurückkehren. Was
ich in Ungarn erlebt habe bei der Deportation, da wollte ich die Ungarn nicht
mehr sehen." Doch auch in diesem Fall halfen Reisen, ihre Einstellung zu
verändern. Trotz allem ist Frau S.s Bindung an die ehemalige Heimat nicht zu
übersehen. In ihrer Wohnung finden sich ungarische Teppiche, Bilder von
ihrem Geburtsort Sümeg und edles Geschirr aus Herendi, von dem sie meint,
daß es vielleicht das schönste Porzellan der Welt sei: "Und wenn ein König
oder eine Königin heiratet, hat man bestellt Herend." Insgesamt dreimal ist
Frau S. inzwischen nach Ungarn gereist, einmal gemeinsam mit ihrem Ehemann. Doch ihre alte Heimatstadt zu besuchen, fehlte ihr bislang der Mut: "Ich
werde Ihnen sagen, ich war in meiner Heimatstadt nicht. Ich bin nur bis
Budapest und Steinamanger, der Heimatplatz von meinem Mann, gefahren.
Und da hat er die Gräber richten lassen von seiner Familie." Auch ihrem Mann
sei es sehr schwer gefallen, nach Ungarn zu reisen. Frau S. steht auf, um ein
Album mit Fotos von einer Ungarn-Reise zu holen. Dann beginnt sie zu
erzählen:

*Und ich wollte Ungarn nicht betreten, aber da habe ich sehr viele christliche
ungarische Freundinnen, die mir nachgelaufen sind nach dem Krieg. Alle
wollten mich wiedersehen und Advokaten und Ärzte und alle, sind alle hergekommen, natürlich waren sie alle unsere Gäste. Und wir haben sie sogar an
die Côte d'Azur geführt, wir haben ihnen ganz Frankreich, die Loire châteaus
gezeigt - wollten sie unbedingt, wir sollten bei ihnen in Budapest ein paar Tage
verbringen. Und mit Gewalt haben sie uns von Wien - weil meine Schwester hat
in Wien gelebt, und da bin ich mit meinem Mann jedes Jahr einmal nach Wien
gefahren oder mit ihnen in die Ferien gefahren, Hofgastein oder irgendwo -
und da wollten sie alle, wir sollen nach Budapest kommen, und ich wollte
nicht. Mein Schwager war ja doch ein Kommunist. Hat er wollen, wir sollen
nach Budapest fahren. Als wir angekommen sind in Budapest, haben uns zwei
Autos empfangen. Und da habe ich gesagt: "Wir haben nur einen Popo!" Wir
sind gefahren wie der Präsident von einem Staat, alle, die ein Auto gehabt
haben, haben uns begleitet.*

Im Laufe der einzelnen Interviewsitzungen habe ich Frau S. mehrmals nach
dem Schönsten oder nach dem, woran sie sich am liebsten in ihrem Leben
erinnert, gefragt. Ihre Antwort lautete stets gleich; zum einem nannte sie die
Erinnerung an ihre Kindheit und Jugend in Ungarn und zum anderen die
gemeinsamen Jahre mit ihrem zweiten Ehemann: "Meine Jugend, natürlich.
Und das Schönste war nachher mit meinem Mann in Spanien. In Spanien habe
ich herrliche Monate verbracht - herrlich! Weil da waren wir beide umgeben
von Freunden, Ausflüge gemacht. Sehr gute Freunde, leider sind auch von
ihnen schon welche gestorben. Aber so geht das Leben; das Rad dreht sich."
Immer wieder flicht Frau S. in ihre Geschichten ein, wie wichtig ihr Freunde
sind. Zum Schluß des Interviews frage ich Frau S. noch einmal nach dem
Schönsten. Wieder antwortet sie in der gewohnten Weise:

Also natürlich an die Kindheit. Die Kinderjahre waren sehr schön in Ungarn, aber dann habe ich einen Haß bekommen. Aber dann war ich wieder in Ungarn, sage ich ihnen, gut, ich sage, die Erde und der Himmel kann nichts dafür - aber die Menschen, muß man eben den Menschen ausweichen, die schlecht waren. Habe ich nicht viel übrig für die Ungarn. Habe ich lieber die Franzosen noch wie die Ungarn. Die Franzosen sind sehr chauvinistisch. Aber da ich mit meinem Mann so ein herrliches Leben hatte, brauchte ich doch eigentlich niemanden. Die anderen sind um uns gekommen alle, wollten alle unsere Gesellschaft haben.

Haben Sie vielen Dank, Frau S.

Und ich sage Ihnen vielen Dank, weil da habe ich mich ein bißchen ausgeruht - ich war müde, plötzlich war ich müde. Ich bringe die Oliven noch in den frigidaire, dann können wir gehen.

Resümee

Frau S. erzählt nur selten chronologisch, ihre Erinnerungen springen hin und her, die Gedanken wirken ungeordnet. Das Interview zu gliedern, fällt schwer. Doch lassen sich in der Erzählung eine Reihe von Themen ausmachen, die von zentraler Bedeutung sind. Frau S. berichtet im Interview von ihrer Kindheit und Jugend in Ungarn, über die Verfolgung, ihre Zeit als Häftling in Auschwitz und im Lager Münchmühle sowie über ihre Arbeit für die amerikanische Besatzungsmacht nach dem Krieg und natürlich über ihren zweiten Ehemann und ihr Leben in Frankreich. Themen aus ihrer Gegenwart werden nicht ausgespart. Damit sind viele Abschnitte berührt, wichtige Ereignisse ihres Lebens beschrieben. Doch welche Episoden erzählt Frau S. über die einzelnen Lebensabschnitte? In der Erzählung über ihre Kindheit und Jugend betont sie die Geborgenheit im Elternhaus, das als geselliger Treffpunkt vorgestellt wird, an dem sich die Intellektuellen der Kleinstadt Sümeg einfanden. Ein weiteres Thema betrifft das Verhältnis von Christen und Juden, das von Frau S. in mehreren Episoden als unproblematisch beschrieben und frei von Konflikten empfunden wurde. Immer wieder erklärt sie, daß es keinen Unterschied zwischen Christen und Juden gegeben habe. Die Verfolgung und die anschließende Deportation wurde von Frau S. als Einbruch in eine bis dahin sorgenfreie Welt wahrgenommen. Plötzlich entpuppten sich die christlichen Mitbürger als Hyänen, die nach dem Geld und dem Besitz der jüdischen Landsleute gierten. Die Beteiligung der Ungarn an der Organisation und der Durchführung der Deportation kann Frau S. weder vergessen noch verzeihen. So sorgenfrei und unbeschwert ihr die Zeit in ihrer Heimatstadt in der Erinnerung auch erscheinen mag, so sehr verwundert es doch, daß Frau S. die politischen Ereignisse, die Europa damals erschütterten, nicht wahrgenommen hat. Daß sie selbst nach ihrer Ausbildung in Ungarn als Jüdin keine Beschäftigung mehr fand, wird zwar berichtet, allerdings kommt innerhalb ihrer Erzählung dieser Episode lediglich die Bedeutung eines Randereignisses zu. Die antijüdischen Maßnahmen, die lange vor der Besetzung des Landes in Ungarn die jüdischen

Bürger diskriminierten und aus der Gesellschaft ausgrenzten, finden in Frau S.s Erzählung keinen Eingang. Bei genauerem Hinsehen stellt sich heraus, daß Frau S. einen ganzen Abschnitt ihres Lebens überspringt. Die Jahre nach ihrer in Wien erfolgten Berufsausbildung, die sie wieder in Sümeg verbrachte und in denen sie ihren ersten Ehemann kennenlernte und die Tochter geboren wurde, bleiben ausgeblendet. Die Erinnerung an die Heimatstadt gerät zu einer Reminiszenz an Kindheit und Jugend, an einen traumhaften Idealzustand. Zwischen diesem und dem Beginn der Verfolgung scheint keine Distanz zu liegen, doch tatsächlich liegen beinahe zehn Jahre dazwischen.

Anders als in ihren Lebenserinnerungen beschränkt sich Frau S. in der Interviewerzählung über die Zeit als Häftling in Auschwitz auf relativ wenige Episoden. Im Interview beschreibt sie die Selektion und ihren Einsatz für die übrigen ungarischen Jüdinnen. In ihren Lebenserinnerungen wird diese Zeit sehr viel detaillierter und ausführlicher wiedergegeben. Die Reduktion des Erzählprogramms, dies wird im Vergleich beider Texte deutlich, erfolgt jedoch nicht auf Kosten der Schilderung zentraler Erlebnisse und Erfahrungen. Allerdings lassen sich Entwicklungen aus den Lebenserinnerungen sehr viel deutlicher und leichter herauslesen. Doch die Kombination beider Quellen ermöglicht es, ein recht umfassendes Bild zu zeichnen. Die für Frau S. bedeutendste und schmerzlichste Erfahrung war ohne Frage die Selektion an der Rampe in Auschwitz-Birkenau. Die Trennung und schließlich der Verlust ihrer nächsten Angehörigen ist für sie ein traumatisches Ereignis. Im Interview wird es mehrere Male erzählt. Seine Wucht ist so gewaltig, daß die Erzählerin darüber vergißt, das Geschehen in einen Zusammenhang zu stellen, es in die Erzählung zu integrieren. Während die Zeit vor der Selektion insofern für Frau S. von Bedeutung ist, als es sich um die letzten gemeinsamen Tage und Stunden mit der Tochter und den Eltern handelte, verlieren die Ereignisse im Anschluß an die Selektion ihre Bedeutung. An dieser Stelle bricht die Erzählung im Interview ab, das weitere Geschehen wird nicht mehr berichtet. Es entsteht der Eindruck, daß im Erzählen die Situation erneut durchlebt wird. Nachdem Frau S. im Lager ihren seelischen Tiefpunkt erreicht hatte, gelang es ihr, eine Perspektive für ein Weiterleben zu entwickeln, indem sie sich für die übrigen ungarischen Jüdinnen einsetzte und gewissermaßen als Anwältin deren Interessen vertrat - eine Rolle, die sie auch nach der Befreiung beibehielt. In ihrer Arbeit für die amerikanische Besatzungsmacht engagierte sie sich sogar für die deutsche Bevölkerung, ein Umstand, der zu Konflikten mit ihren ehemaligen Leidensgenossen führte.

Lebenserinnerungen und Interview nehmen einen unterschiedlichen Verlauf. Dieser ist - neben voneinander abweichender kommunikativer Grundsituation - in der jeweils dahinterstehenden Absicht begründet. Die Lebenserinnerungen stellten ein lange geplantes Vorhaben dar, das Frau S. eigentlich bereits unmittelbar nach dem Krieg realisieren wollte. Es sollte ein mit einem gewissen Anspruch auf Vollständigkeit chronologisch geordneter biographischer Text werden. Die Abfassung der Lebenserinnerungen mag als Entledigung von einer inneren Pflicht gesehen werden. Frau S. hat sie mit der Absicht niedergeschrieben, eigene Erfahrungen für die nachfolgende Generation festzuhalten. Anders waren die Gründe beim Interview. Auf meine Frage, warum sie sich zu einem Interview bereit erklärt habe, antwortete mir Frau S., daß sie die Art und Weise, wie ich auf sie zugegangen sei, sehr "sympathisch" gefunden und somit keine Bedenken gehabt habe. Doch erst nach der "Versöhnungskonferenz" in Stadtallendorf sei ihr ein solcher Schritt überhaupt möglich geworden. Ihre Einwilligung war eher ein Gefallen als die Einlösung einer pädagogischen Verpflichtung. Unter einem entsprechend geringen Erfolgszwang stand die Erzählerin beim Interview, in dem sie oft auf ihre Lebenserinnerungen verweisen konnte und sich somit weitere Ausführungen erübrigen sollten. So ungeordnet einerseits Frau S.s Erzählungen erscheinen, so sehr bewußt ist andererseits ihre Entscheidung darüber, was sie im Interview bereit ist zu erzählen und was sie als zu intim erachtet, um es preiszugeben. Ein Beispiel: Frau S. heiratete nach dem Krieg erneut, doch die Ehe blieb kinderlos. Daß dies schmerzlich war, wird im Interview sehr wohl deutlich, auch wenn sie diese Problematik nicht direkt thematisiert. Frau S. nutzt das Interview nicht, um sich in den Mittelpunkt zu stellen. Ich habe den Eindruck gewonnen, daß sie es nicht als Erleichterung empfindet, über ihre Erfahrungen zu sprechen. Frau S. hat nicht das Bedürfnis, ihre Probleme im Interview zu explorieren. Gleichwohl verschweigt sie ihre Geschichte nicht, ihr Umfeld ist informiert und auch im Interview spricht sie aus, was sie schmerzt. Doch aufdrängen mag sie sich nicht.

Herr T.: "Wir sind keine Ex-Häftlinge, wir bleiben Häftlinge"

Historischer Hintergrund

"Wir stoppen den ewigen Germanenzug nach dem Süden und Westen Europas und weisen den Blick nach dem Land im Osten. Wir schließen endlich ab die Kolonial- und Handelspolitik der Vorkriegszeit und gehen über zur Bodenpolitik der Zukunft."[1]

Mit der Einlösung dieser von Adolf Hitler in seinem Buch *Mein Kampf* geäußerten Versprechung wurde am 1. September 1939 begonnen. Dem Einfall deutscher Truppen in Polen waren vorgetäuschte Grenzzwischenfälle und ein fingierter Überfall auf den Sender Gleiwitz vorausgegangen, die einer Scheinlegitimierung des Angriffs dienten. Der später als "Blitzkrieg" titulierte Polenfeldzug war rasch zugunsten der Angreifer entschieden. Hierfür war in erster Linie die rüstungsmäßige Unterlegenheit der polnischen Streitkräfte verantwortlich.[2] Am 6. Oktober war der polnische Widerstand endgültig erloschen und die Eroberung abgeschlossen.[3] Bereits am 28. September teilten die Sieger die Beute auf. Die Russen, deren Rote Armee am 17. September die polnische Grenze überschritten hatte, bekamen Ostpolen. Die Deutschen annektierten Danzig. Das Gebiet zwischen Ostpreußen und Schlesien wurde dem Deutschen Reich einverleibt und in zwei Gaue eingeteilt: Danzig-Westpreußen und Warthe. Der übrige Teil wurde unter der Bezeichnung Generalgouvernement Polen unter deutsche Zivilverwaltung gestellt.[4] Damit war der polnische Staat wieder einmal von der Landkarte verschwunden.

Der von Hitler entfesselte Krieg unterschied sich grundlegend von traditionellen Kriegen. Das Ziel bestand nicht nur in der militärischen Eroberung, sondern auch in der Umsetzung rassenideologischer Anschauungen. Das besetzte Polen wurde zum Experimentierfeld für die nationalsozialistische "Lebensraumpolitik". Auf diese Weise wurde der Krieg nach Beendigung des Feldzuges "in anderer Form zum Dauerzustand".[5] Hitlers Ansprache vor den Oberbefehlshabern am 22. August 1939, über die zwar kein amtliches Proto-

---

[1] Adolf Hitler, zitiert nach Der Nationalsozialismus. Dokumente 1933-1945. Herausgegeben, eingeleitet und dargestellt von Walther Hofer. Überarbeitete Neuausgabe. Frankfurt a.M. 1982, S. 175.

[2] Maier, Klaus A./Rohde, Horst/Stegemann, Bernd/Umbreit, Hans: Die Errichtung der Hegemonie auf dem europäischen Kontinent. Stuttgart 1972, S. 133 (Das Deutsche Reich und der Zweite Weltkrieg. Bd. 2. Herausgegeben vom Militärgeschichtlichen Forschungsamt).

[3] Hillgruber, Andreas/Dülffer, Jost (Hg.): Ploetz. Geschichte der Weltkriege. Mächte, Ereignisse, Entwicklungen 1900-1945. Freiburg/Würzburg 1981, S. 101.

[4] Davidowicz, Lucy S.: Der Krieg gegen die Juden 1933-1945. München 1979, S. 389.

[5] Kleßmann, Christoph: Einleitung. In: ders. (Hg.): September 1939. Krieg, Besatzung, Widerstand in Polen. Göttingen 1989, S. 5-15, hier S. 5f.

koll existiert, die jedoch von Teilnehmern aus der Erinnerung aufgezeichnet wurde, enthält den Befehl, "unbarmherzig und mitleidlos Mann, Weib und Kind polnischer Abstammung und Sprache in den Tod zu schicken"[6]. Damit wurde, wie Wolfgang Jacobmeyer feststellt, die Anweisung zum potentiellen Völkermord erteilt. Die als "Volkstumspolitik" deklarierte Germanisierung der polnischen Gebiete wurde als "historische Mission" empfunden und sollte Ausdruck des Sieges der "arischen Rasse" über die "rassisch minderwertigen Ostvölker" sein. Die Führungsschicht dieser "Untermenschen" sollte ausgeschaltet werden. Schon zu Beginn des Krieges erhielten die unmittelbar der Truppe folgenden mobilen Einsatzkommandos Geheimbefehle zur Liquidierung bestimmter Gruppen der polnischen Intelligenz.[7] Ärzte, Lehrer, Gutsbesitzer, Geistliche, Kaufleute, Rechtsanwälte und führende Mitglieder nationalpolnischer Organisationen wurden in Lager gesperrt, die die meisten nicht lebend wieder verließen.[8] In den eingegliederten Gebieten verboten die Besatzer sämtliche Formen des kulturellen Lebens. Im Gau Danzig-Westpreußen und in Oberschlesien wurde sogar der Gebrauch der polnischen Sprache untersagt. Polnische Schulen, Bibliotheken und Zeitungen wurden geschlossen.[9]

Die Polen sollten lediglich als halbfreie Arbeitsbevölkerung den "deutschen Herren" dienen. Ihre Schulbildung mußte daraufhin abgestimmt werden. In der Denkschrift vom Mai 1940 hielt der "Reichsführer SS" Heinrich Himmler seine Vorstellungen zur Schulfrage fest:

> "[...] Für die nichtdeutsche Bevölkerung des Ostens darf es keine höheren Schulen geben als die vierklassige Volksschule. Das Ziel dieser Volksschule hat lediglich zu sein: Einfaches Rechnen bis höchstens 500, Schreiben des Namens, eine Lehre, daß es ein göttliches Gebot ist, den Deutschen gehorsam zu sein und ehrlich, fleißig und brav zu sein. Lesen halte ich nicht für erforderlich [...]. Diese Bevölkerung wird als führerloses Arbeitervolk zur Verfügung stehen und Deutschland jährlich Wanderarbeiter und Arbeiter für besondere Arbeitsvorkommen (Straßen, Steinbrüche, Bauten) stellen. [...]"[10]

Im Rahmen der sogenannten "Fremdarbeiterpolitik" wurden polnische Arbeitskräfte ins Reich verschleppt. Bis Mitte 1944 waren knapp 1,2 Millionen (8,5 % der Gesamtbevölkerung bzw. 13,75 % der Arbeitsbevölkerung) aus dem Generalgouvernement stammende Zwangsarbeiter 'vermittelt' worden.[11] Die Wirtschaft des Generalgouvernements wurde auf die Bedürfnisse der Kriegsführung abgestimmt. Es wurden Rüstungsgüter im Gesamtwert von ca. 1,8 Mrd. RM produziert. Die Entnahmen aus der landwirtschaftlichen Produktion bewirkten

---

[6] Gedächtnisprotokoll von Teilnehmern der Sitzung, die nicht amtlich protokolliert wurde; zitiert nach Jacobmeyer, Wolfgang: Der Überfall auf Polen und der neue Charakter des Krieges. In: Kleßmann (Hg.) 1989, S. 16-37, hier S. 17.

[7] Broszat, Martin: Zweihundert Jahre deutsche Polenpolitik. München 1963, S. 220.

[8] Jacobmeyer 1989, S. 24.

[9] Madajczyk, Czeslaw: Die deutsche Besatzungspolitik in Polen (1939-45). Wiesbaden 1967, S. 8 (= Institut für europäische Geschichte Mainz, Vorträge Nr. 48).

[10] Heinrich Himmler, zitiert nach Jacobsen, Hans Adolf: 1939-1945. Der Zweite Weltkrieg in Chronik und Dokumenten. Percy Ernst Schramm zum 65. Geburtstag. Darmstadt 1959, S. 410f.

[11] Jacobmeyer 1989, S. 29.

eine drastische Verschlechterung der Ernährungssituation im Generalgouvernement.[12]

Die dem Reich eingegliederten Gebiete sollten am schnellsten germanisiert werden. Bereits im Dezember 1939 fand im Warthegau die erste systematisch organisierte Deportation von Juden und Polen statt.[13] Allein in der ersten Monatshälfte wurden 135.000 Polen und Juden ins Generalgouvernement abgeschoben.[14] Von der Deportation sowie von der Verdrängung aus ihren Wohnungen und von ihren Arbeitsplätzen waren ungefähr eine Million Polen betroffen. Die Verdrängten sollten später ebenfalls ins Generalgouvernement abgeschoben werden, was jedoch unterblieb, da sie als Arbeitskräfte für die Kriegsproduktion herangezogen wurden. Außerdem besaß ab 1942 die "Endlösung" Priorität. In die Wohnungen der Deportierten und Verdrängten zogen ungefähr eine dreiviertel Million "Reichs- und Volksdeutsche" aus dem Baltikum, aus Wolhynien, Bessarabien, der Bukowina und anderen Gebieten.[15]

Die Eroberung "neuen Lebensraums" im Osten war für Hitler verbunden mit dem Gedanken der Vernichtung der europäischen Juden. Zehn Prozent der polnischen Bevölkerung, etwa 3,3 Millionen, waren jüdisch.[16] Die Konzentration der polnischen Juden wurde mit größter Zielstrebigkeit betrieben. In der ersten Phase der Judenpolitik kam es zu Deportationen und zur Ghettoisierung.[17] Das Ghetto war ein von der Außenwelt fast völlig abgeschlossener Bezirk, der von einer Abteilung der Ordnungspolizei bewacht wurde. Selbst hier durften sich die Juden nicht frei bewegen. Zwischen 7 Uhr abends und 7 Uhr morgens herrschte eine Ausgangssperre.[18] Gleichzeitig wurden auch Arbeitslager für Juden eingerichtet. Zehntausende mußten Zwangsarbeit beim Straßenbau, bei der Produktion von Baumaterialien (Kies, Ziegel, Steine) oder in einzelnen Werkstätten leisten.[19] Bereits ab Oktober 1939 waren die Juden Polens zur Zwangsarbeit verpflichtet.[20]

Ende 1941 war die jüdische Bevölkerung sowohl der eingegliederten Gebiete als auch des Generalgouvernements in Ghettos interniert.[21] Mit dem Beginn der "Endlösung der Judenfrage" ab Ende 1941 wurden die polnischen Ghettos aufgelöst und die meisten ihrer Bewohner in die Vernichtungslager Treblinka, Sobibor, Belzec, Chelmno und Auschwitz oder in eines der vielen Arbeits- und Konzentrationslager deportiert.[22] Insgesamt existierten auf polnischem Boden über 2.000 Lager einschließlich ihrer Neben- und Außen-

---

12 Ebd., S. 30.
[13] Broszat 1963, S. 225.
[14] Jacobmeyer 1989, S. 101.
[15] Madajczyk 1967, S. 7.
[16] Hilberg, Raul: Die Vernichtung der europäischen Juden. Die Gesamtgeschichte des Holocaust. Berlin 1982, S. 138.
[17] Broszat, Martin: Nationalsozialistische Polenpolitik 1939-1945. Stuttgart 1961, S. 66.
[18] Hilberg 1982, S. 162.
[19] Broszat 1961, S. 66.
[20] Hofer 1982, S. 273.
[21] Hilberg 1982, S. 165.
[22] Broszat 1961, S. 66.

lager.[23] Nach 1942 wuchs neben der Vernichtungsfunktion der Konzentrationslager deren ökonomische Aufgabe als Reservoir für Arbeitskräfte, weshalb ihnen Rüstungsbetriebe angeschlossen wurden.[24]

Die Verluste an Menschenleben, die das polnische Volk erlitten hat, sind erschreckend hoch und beispiellos in der modernen Kriegsgeschichte. Die deutsche Politik in Polen kann als "Instrument zur Vernichtung der polnischen Nation" (Czeslaw Madajczyk) bezeichnet werden. In den Vernichtungslagern, durch "Pazifizierungen" und bei der Liquidierung von Ghettos starben über dreieinhalb Millionen Menschen. Insgesamt verlor Polen über sechs Millionen Menschen, das waren über 22 Prozent der Bevölkerung.[25]

Über ein Drittel der Opfer waren Kinder.[26] Sie waren in besonderer Weise von der Brutalität der deutschen Besatzungspolitik betroffen. Wie viele Erwachsene mußten auch sie Zwangsarbeit leisten. Im Generalgouvernement galt die Arbeitspflicht vom 14. Lebensjahr und in den dem Reich eingegliederten Gebieten sogar vom 12. Lebensjahr an. Die Altersgrenzen wurden jedoch oft unterschritten.[27] Ab Februar 1943 bestand der absolute Arbeitszwang; er galt für zehnjährige Kinder wie auch für schwangere Frauen und stillende Mütter. Je stärker der Arbeitskräftemangel spürbar wurde, desto mehr versuchte man auch, polnische Kinder und Jugendliche als Arbeitskräfte ins Reich zu verschleppen.[28] Doch die slawischen Völker sollten den "arischen Herren" nicht nur als Arbeitssklaven dienen. Die "rassisch wertvollen Elemente" sollten germanisiert und so dem deutschen 'Volkstum' einverleibt werden, um den Geburtenrückgang und die Kriegsverluste im Reich auszugleichen.[29] Schätzungen zufolge sind 200.000 polnische Kinder zu diesem Zweck verschleppt worden.[30] In einer polnischen Untersuchung wird die Situation der Kinder folgendermaßen skizziert:

> "Im Leben der Jüngsten fehlte also das Gefühl der Geborgenheit und Stabilität, und ihre biologische Kraft wurde hauptsächlich auf einen frühzeitigen Existenzkampf verwendet. Den größten Teil des Tages hielten sie sich außer Haus auf. Sie arbeiteten oder befaßten sich mit Schleichhandel, um Mittel zum Leben zu erwerben. Immer stärker zeichnete sich der Typ des Kriegskindes ab - ohne Kindheit, allzufrüh selbständig und reif, nervlich stark belastet und mit Störungen, hauptsächlich des Gefühlslebens."[31]

---

[23] Madajczyk, Czeslaw: Die Okkupationspolitik Nazideutschlands in Polen 1939-1945. Berlin 1987, S. 308.

[24] Madajczyk 1987, S. 311.

[25] Ebd., S. 617.

[26] Hrabar, Roman/Tokarz, Zofia/Wilczur, Jacek E.: Kriegsschicksale polnischer Kinder. Warszawa 1981, S. 214. Zur Situation der Kinder im KZ Auschwitz siehe auch Meyer, Alwin: Die Kinder von Auschwitz. Göttingen 1990. Der Anhang des Buches enthält eine kleine Bibliographie zu dieser Thematik (S. 238f.); ein allgemeinerer Beitrag über die Situation von Verfolgung betroffener Kinder findet sich bei Hilberg, Raul: Täter, Opfer, Zuschauer. Die Vernichtung der Juden 1933-1945. Frankfurt 1992, S. 157-168.

[27] Hrabar u.a. 1981, S. 37.

[28] Ebd., S. 39.

[29] Johansen, Erna M.: "Ich wollt', ich wäre nie geboren". Kinder im Krieg. Frankfurt a.M. 1986, S. 155ff.

[30] Hrabar u.a. 1981, S. 214.

[31] Ebd., S. 28f.

Die Lage der jüdischen Kinder im Ghetto wird in dieser Untersuchung eben-
falls beschrieben. Hier war es vor allem der Hunger, der ihnen zusetzte.
Tausende von Kindern starben, weil ihnen aus Hunger die Kraft zum Leben
fehlte. "So saßen sie also Tag und Nacht zusammengekauert in Kälte und
Dunkelheit".[32] Ein sechzehnjähriges Mädchen, das vor dem Ausbruch des
Warschauer Ghettoaufstandes fliehen konnte, berichtet:

> "Es ist Nacht, entsetzlich. Am Himmel lodert Feuerschein. Der Himmel brennt. Ein roter,
> furchterregender Himmel. Und schreckliche Gedanken, die in meinem Kopf kreisen. Dort
> in den Flammen kommen Menschen ums Leben - mein Vati, mein Opa, meine Brüder. Und
> ich möchte zu Hilfe eilen. Sie retten. Ich kann nicht. Ich stehe auf der Stelle und sehe untä-
> tig zu, als wäre es ein Film, der vor meinen Augen abläuft. Dort sterben Menschen -
> Kinder, Mütter, Männer, Greise, die der Welt nichts getan haben..."[33]

Lebenslauf

Am 9. Mai 1928 wurde Herr T. in Wielun geboren, einer polnischen Kleinstadt, nahe der Grenze zum damaligen Deutschen Reich. Seine Familie war -
wie ein großer Teil der ortsansässigen Bevölkerung - jüdischen Glaubens. Sein
Vater, der im Ersten Weltkrieg in der deutschen Artillerie gekämpft hatte,
arbeitete als Bauschlosser und Kunstschmied. Seit dem vierten Lebensjahr
lernte Herr T. Hebräisch und wurde in der jüdischen Religion unterwiesen.
1935 erfolgte seine Einschulung. Mit dem Überfall der Deutschen auf Polen
endete vier Jahre später abrupt die Schulzeit. Im November 1939 wurden die
jüdischen Jungen des Ortes zusammengetrieben und anschließend deportiert.
Danach sollte Herr T. seine Eltern und seine beiden Schwestern nie wieder
sehen. Er kam in verschiedene Arbeitslager in der Nähe von Posen, die die
deutschen Besatzer entlang der geplanten Autobahnstrecke von Berlin nach
Stalingrad errichtet hatten. Im August 1943 wurden die Häftlinge der Posener
Arbeitslager nach Auschwitz deportiert. Nach einigen Wochen im Stammlager
mußte Herr T. in verschiedenen Außenlagern arbeiten, u.a. in der Kohlengrube
Jaworzno. Nach einem Luftangriff wurde das Außenlager im Januar 1945
evakuiert. Es folgte ein mehrwöchiger Fußmarsch der Häftlinge nach Bergen-
Belsen, den nur wenige überlebten. Von Bergen-Belsen ging es Ende Februar
weiter, eingepfercht in Güterzugwaggons, ins KZ Leitmeritz, dann nach
Theresienstadt.
Im Mai 1945 befreite die Rote Armee das Lager. Damit endete für den 17
Jahre alten M.T. eine sechsjährige Haftzeit in deutschen Konzentrationslagern.
Ein christlich-jüdisches Flüchtlingskomitee ermöglichte es Herrn T., nach
England zu reisen. Im Frühjahr 1947 erhielt er ein Visum für Uruguay, wo ein
Bruder seiner Mutter in Montevideo lebte. 1952 heiratete er eine jüdische Frau,
deren Familie Deutschland bereits 1933 verlassen hatte. Herr T. arbeitete in
verschiedenen Berufen, u.a. als Fahrradschlosser und später als Bäcker in einer

---

[32] Ebd., S. 159.
[33] Zitiert nach Hrabar u.a. 1981, S. 167.

Bäckerei, die er gemeinsam mit seiner Frau betrieb. Die T.s bekamen drei Kinder.

Nach 24 Jahren in Uruguay musterte er 1971 als Koch auf einem deutschen Schiff an. 1981 zwang ihn eine Hüftoperation, den Beruf aufzugeben. Seit dieser Zeit lebte Herr T. in der Bundesrepublik Deutschland. Seine kleine Rente besserte er durch das Austragen von Zeitungen auf. Abgesehen von einem Sohn hatte er zu seiner Familie in Uruguay keinen Kontakt mehr. Im Jahre 1986 fuhr Herr T. "als freier Mensch" nach Auschwitz. Die Reise hilft ihm, mit der Vergangenheit umzugehen. Seit dieser Zeit wurde er auch gelegentlich von Schulen als Zeitzeuge eingeladen, um über sein Leben im Konzentrationslager zu berichten.[34] Am 4. Dezember 1989 starb Herr T. im Alter von 61 Jahren. Nachdem der Kontakt zu den wenigen Freunden und Bekannten gänzlich abgerissen war, lebte er die letzten Monate vor seinem Tod zurückgezogen in seiner Wohnung.[35]

Kontaktaufnahme und Interviewbesuch

Der Kontakt zu Herrn T. wurde durch Frau Dr. R., damals Freiwillige der Aktion Sühnezeichen/Friedensdienste in der KZ- Gedenkstätte Neuengamme, hergestellt. Unsere erste Begegnung fand im Juni 1988 statt. Herr T. hatte Frau Dr. R. und mich zum Mittagessen eingeladen. Seine kleine Dachwohnung bestand aus drei winzigen, hintereinanderliegenden Zimmern. Nachdem wir eingetreten waren, wunderte ich mich, daß Herr T. nicht die Wohnungstür schloß. Vielleicht war es ihm zu heiß, überlegte ich. Doch auch bei meinen späteren Besuchen blieb die Tür geöffnet. Unser Gastgeber hatte uns ein aufwendiges Essen bereitet, von dem er selbst allerdings nur mit wenig Appetit aß. Obwohl Herr T. nur über ein knappes Budget verfügte, hatte er weder Kosten noch Mühe gescheut. Herrn T. bereitete es sichtlich Freude, uns seine Kochkunst zu beweisen.

Ohne daß wir uns darüber verständigten, duzten wir uns vom Beginn des Besuchs an. Um das Interview zu führen, trafen wir uns zweimal im Abstand von einer Woche. Es hat eine Gesamtlänge von knapp vier Stunden. Der größte Teil wurde transkribiert und zählt 62 Seiten. Nach dem Interview habe ich Herrn T. noch zweimal besucht. Auf seinen Wunsch hin habe ich ihm auch eine Kopie des Interviewtranskripts gegeben. Eine Resonanz erfolgte darauf nicht.

---

[34] In seinem Wohnort ist Herrn T.s jüdische Herkunft vielen Bürgern bekannt. In der Wochenzeitung "Die Zeit" erschien 1988 ein ausführlicher Artikel über ihn, siehe Zitzewitz, Lisaweta von: Rechts Tod, links Leben. Von Wielun nach Winsen: Aus dem Leben eines polnischen Auschwitz-Häftlings. In: Die Zeit, Nr. 31 vom 29.7.1988.

[35] Pastor L., Telefongespräche vom 8. und 10. Januar 1990; T.R., Telefongespräch vom 8. Januar 1990. Beide hatten Herrn T. auch auf seiner Reise nach Auschwitz im Jahre 1986 begleitet.

Der Erzähler

Das Interview wurde in deutscher Sprache geführt. Aufgewachsen ist Herr T. mit Jiddisch und Polnisch, auch Hebräisch lernte er nach eigenen Angaben in seiner Kindheit. Im Konzentrationslager war er gezwungen, Deutsch zu verstehen, da die Befehle der SS in Deutsch gegeben wurden. Später in England lernte er Englisch und in Südamerika Spanisch. Spanisch ist auch die Sprache, die Herr T. am besten beherrscht. Wenn er deutsch spricht, tritt wieder sein polnischer Akzent zutage.

Herr T. ist weder ein Interviewroutinier noch ein geübter Erzähler. Er braucht die Fragen des Interviewers als Erzählimpuls und Erinnerungshilfe. Seine Worte sind einfach, aber eindringlich. Seine Ausdrucksweise ist ungeübt und oft holprig. Nicht selten benutzt er Kraftausdrücke. Herrn T. fällt es schwer, chronologisch zu erzählen. Die Vielzahl der Lager, die er durchlaufen hat, kann er nicht mehr benennen. Oft gelingt es ihm nicht, einzelne Erlebnisse nach Ort und Zeit zu bestimmen. In der Interviewsituation erlebte ich Herrn T. unbefangen. Er war unruhig, aber nicht nervös. Oft stand er einfach auf, ging durch das Zimmer, verließ auch manchmal den Raum, ohne daß er deshalb aufhörte zu erzählen.

Kindheitserinnerungen

Meine Eltern waren nicht sehr orthodox, aber sie haben den Glauben behalten. Und sie hatten den Glauben schon von klein uns eingeweiht. Ne, daß wir den Glauben weiter behalten. Dann kann ich mich noch genau erinnern: im Winter hat mich mein Vater begleitet, mit einer kleinen, so groß war sie, viereckig, Petroleumlaterne, bis zur jüdischen Schule. [...] Da war ich bis Mittag. Mittag bin ich nach Hause gegangen zum Essen für eine Stunde. Nachmittags wieder hin bis abends. Das habe ich gemacht, bis ich sieben wurde. Wenn ich sieben wurde, bin ich gekommen in die Volksschule, die polnische Volksschule. Da hatte ich einen halben Tag Volksschule, einen halben Tag wieder Religionsunterricht. Das war kein Religionsunterricht, das war Stoff, aber wie. Ich bereue das nicht. I c h b e r e u e d a s n i c h t! [...] Ich lese noch Hebräisch oder Ewrit. Aber ich kann's nicht richtig alles verstehen. Ich kann nicht mehr alles übersetzen. Da habe ich vier Jahre die Volksschule besucht.

Die letzten Worte spricht Herr T. mit großem Nachdruck aus. Er ist sichtlich stolz auf das im Religionsunterricht erworbene Wissen. Vielleicht empfindet er es als einen Ausgleich für seine mangelnde Schulbildung. Er hatte nur vier Jahre Gelegenheit, die Volksschule zu besuchen. Bei der Beschreibung seiner Familie betont er, daß er aus einer "akademischen Familie" stammt, lediglich sein Vater war ein einfacher Handwerker und wurde deshalb auch von der übrigen Verwandtschaft geschnitten. Herrn T.s Traum war es, Tierarzt zu werden. In Wielun lebten vor dem Krieg sehr viele Juden. Doch das Verhältnis zwischen ihnen und den übrigen Polen, so berichtet Herr T., sei sehr gespannt gewesen. In den letzten beiden Jahren vor dem Krieg mußten die Kinder sogar getrennte Schulen besuchen. Er habe sich jedoch immer auch als Pole gefühlt und war selbst Mitglied bei der "harcerz", den polnischen Pfadfindern.

Der erste Kriegstag

Abrupt unterbricht Herr T. den Bericht über seine Familie und seine Heimatstadt. Ohne Überleitung wendet er sich einem neuen Thema zu und schildert das Ereignis, das für ihn das Ende seiner Kindheit bedeutete.

Am 1. September 1939, halb vier morgens ist die erste Bombe gefallen bei uns in der Stadt, wo ich geboren bin. Das erste, was kaputtgegangen ist, war die Synagoge und die katholische Kirche. Das erste! Und in einem Park habe ich sämtliche Militärleute gesehen, die am Abend vor dem Donnerstag freibekommen haben, in die Stadt zu gehen. Waren sie alle mit'm geschnittenen Bauch offen. Alle tot! Wenn ich aus dem Haus rausgegangen bin, habe ich meine Schulkameraden, auf der Straße alle tot gesehen, da habe ich das erste Mal, war ich elfundeinhalb Jahre alt, das erste Mal richtig den Tod vor den Augen gesehen. Und seit diesem habe ich keine Angst mehr. […] Jetzt habe ich keine Angst mehr. Wenn ich meinen Moralischen habe jetzt, heutzutage, weißt du, wo ich hingeh? Rate mal.

Auf den Friedhof.

Ja. Da bin ich ne Stunde da oder ne halbe Stunde, komme wieder raus, rauche meine Zigarette, bin ein anderer Mensch. Weil das ist mein zukünftiges Haus. Jetzt sehe ich mit diesen Augen das. So, jetzt habe ich dir bißchen vom ersten Tag vom Krieg erzählt.

Herrn T.s Schilderung irritiert mich. Vielleicht liegt es an seinem polnischen Akzent oder an seiner drastischen, etwas ungelenken Ausdrucksweise. Was bedeutet: "waren sie alle mit'm geschnittenem Bauch offen", oder daß "alle" Schulkameraden tot auf der Straße lagen? Darf ich seine Worte wörtlich nehmen? Die beschriebene Situation erscheint unwirklich, und ich hege einen leisen Zweifel. Während er seinen Schlußsatz spricht, schaut er mir in die Augen und wendet seinen Blick auch nicht von mir ab, nachdem er ausgesprochen hat. Ich weiß nicht, ob ich den Satz als Aufforderung zum Nachfragen verstehen soll oder ob für Herrn T. der Bericht abgeschlossen ist. Vielleicht erwartet er, mich schockiert zu sehen. Für einen Moment muß ich daran denken, daß ich indirekt ein Nachfahre jener Männer bin, die diesen Angriff ausgeführt haben. Unsicher, wie ich mich verhalten soll, erkundige ich mich ausweichend danach, ob er noch Geschwister hat. "Das sind wir drei", sagt Herr T. barsch und weist auf ein Foto, das an der Wand hängt. Auf ihm sind drei Kinder zu sehen. Da er nicht bereit ist, mehr zu erzählen, versuche ich, das Foto zu deuten. "Also zwei Schwestern hattest du noch. Die eine scheint jünger und die andere älter gewesen zu sein." Herr T. nickt.

Die eine war drei Jahre älter wie ich, und die andere war sechs Jahre jünger wie ich. Die älteste Schwester und meine Mutter habe ich gesehen, den Nach-

mittag, wie ich verhaftet worden bin. Und die anderen habe ich nicht mehr gesehen, habe ich nicht mehr gesehen. Meinen Vater habe ich gesehen auf dem Appellplatz, wo ich in die Schule gegangen bin. Da haben sie uns alle zusammengetrommelt. Und dann bin ich reingekommen, hat mein Vater auf der anderen Seite gestanden, und wir auf der rechten Seite und er links. Wir sollten schon ins KZ kommen, und die sollten noch zu Hause bleiben. Da hat mein Vater durch Zeichen mich gefragt, ob ich einen mit dem Ochsenziemer bekommen habe. Habe ich gesagt: "Ja, einen". Das letzte Mal, daß ich meinen Vater gesehen habe.

Und nachmittags, das war morgens gegen sechs oder sieben, so ungefähr, und dann nachmittags, da war noch eine Baracke da, da sollten wir geduscht werden. Dann hat meine Mutter und meine Schwester mir gebracht einen Rucksack mit Wäsche und was zu essen. Und haben das rüber geschmissen über den Zaun. Ich konnte sie nicht umarmen. Ich konnte noch nicht einmal mit ihnen sprechen.

Genauso unvermittelt wie über den Bombenangriff berichtet Herr T. auch über seine Deportation. Die Frage nach seinen Schwestern führt nicht zu ihrer näheren Beschreibung, weder ihre Namen noch irgendwelche Eigenschaften werden genannt, sondern ausschließlich zur Erwähnung, wann er sie das letzte Mal gesehen hat, nämlich bei seiner Deportation. Damit knüpft er an den Bericht über die Geschehnisse am Tage des 1. September an, die den Auftakt zu jenem späteren Ereignis bildeten. Nun kenne ich bereits nach wenigen Minuten zwei wichtige Ereignisse aus Herrn T.s Kindheit. Aber warum, so frage ich mich, erzählte er sie gleich zu Beginn des Interviews? Wollte er sie sich von der Seele reden, oder ging es ihm darum, meine Reaktion zu beobachten? Wollte er testen, ob ich seine Äußerungen anzweifele und ob ich nicht insgeheim ein Antisemit bin? Ich finde keine Antwort auf meine Fragen. Ich bitte Herrn T., falls er mag, weiter über den ersten Kriegstag zu berichten.

Ersten September, wie ich gesagt habe, halb vier morgens ist die erste Bombe reingeschlagen. Bin ich hingegangen zu meinem Kapitän, der Nachbar, Herr Szepanek. Ich hatte Wache von zwölf bis zwei, ich war auch Mitglied und als Beobachter von dem angenannten Block, der obrona przeciwlotnicza. Das bedeutete, der muß aufpassen, wenn was aus der Luft kommt, daß man informieren kann die Behörden. Zwei Uhr morgens bin ich nach Hause gekommen, diese Nacht von Donnerstag auf Freitag, habe ich geklopft bei meinem Kapitän Herrn Szepanek. Sage ich: "Herr Szepanek, Flugzeuge fliegen, aber ich kann kein Zeichen sehen." Sagt er: "Nein, das sind unsere." Waren die Messerschmidt oder die Skoda. Halb vier morgens ist die erste Bombe gefallen, habe ich mich wieder gemeldet. Dann die kleine Schwester vom Bett rausgeholt, habe versucht, sie anzuziehen, aber ich hab's nicht geschafft. Meine Eltern schnell raufgeholt von der Wohnung. Und sagt der Szepanek zu mir: "Runter in den Keller! Es ist Gas." Sage ich: "Das ist kein Gas. Das ist Staub von den Häusern, und gucken Sie raus auf die Straße. Die ganze Leitung..." Die elektrischen Leitungen waren alles unten. Die Leute sind gestorben wie Fliegen.

Waren wir im Keller unten. Der Angriff hat gedauert zwanzig Minuten, ist die Tür vom Keller so mit dem Druck von der Luft so fest zu gewesen, daß wir konnten nicht raus. Ich war immer so, wenn ich Gefahr sehe für mich, bin ich der ruhigste Mensch auf der Welt, sogar heute noch, wenn ich Gefahr sehe für andere Leute, nicht für mich. Da habe ich etwas gefunden, ein Beil oder etwas war es, und habe ich die Tür kaputtgeschlagen. Sind wir abgehauen, durch die Stadt durch, über die Toten rüber zum evangelischen Friedhof, der ist außerhalb der Stadt gewesen, weil da waren auch die Friedhöfe getrennt, jeder Glauben hatte seinen Friedhof. Und da kam der nächste Angriff, gegen acht rum.

Abends, morgens?

Morgens. Morgens. Und da haben wir uns versteckt zwischen den Gräbern. Der Angriff war vorbei, sind wir weitergelaufen. Dann hat uns jemand mit einem Pferdefuhrwagen mitgenommen bis Pabianica, das ist ein Vorort von Lodz, da war hauptsächlich die Textilindustrie, und da hat meine Mutter irgendwo Verwandte da gehabt. Haben wir da übernachtet, und nächsten Tag sind wir gelandet in Lodz. Waren wir acht Tage da, da sind die SS einmarschiert. Da mußten wir versteckt nachts mit Pferdewagen nach Hause. Und den nächsten Tag mußten wir sofort alle männlichen Juden zur Arbeit, aufräumen die Trümmer, aufräumen alles, was die Luftwaffe kaputtgemacht hat.

Exkurs: Der Bombenangriff am 1. September 1939 auf die polnische Stadt Wielun

Am 1. September 1939 begann um 4.45 Uhr der deutsche Angriff auf Polen. Zwei durch die Luftwaffe unterstützte Heeresgruppen drangen, aus Ostpreußen und Schlesien kommend, in das Land ein. Sie verfolgten das Ziel, den Großteil des polnischen Heeres im Weichselbogen einzuschließen.[36] Der Luftwaffe kam eine besondere Bedeutung zu. Sie sollte den Vormarsch des Heeres unterstützen, aber auch militärische Anlagen und Flugplätze angreifen und zerstören. Doch ihr Vorgehen blieb nicht auf militärische Ziele beschränkt. Sie bombardierte auch Ziviltransporte und Flüchtlingskolonnen oder beschoß sie mit den Bordwaffen. Insgesamt bombardierte die deutsche Luftwaffe ca. 150 Ortschaften. Die schwersten Schäden erlitten die Städte Sulejów und Wielun.[37] Das XI. Armeekorps der Heeresgruppe Süd sollte mit der 18. und 19. Infanteriedivision von Kreuzburg aus über Wielun vorstoßen.[38] Das Kriegstagebuch des XI. Armeekorps belegt die Zusammenarbeit zwischen Luftwaffe

---

[36] Hillgruber/Dülffer (Hg.) 1981, S. 101.
[37] Madajczyk, Czeslaw: Die Okkupationspolitik Nazideutschlands in Polen 1939-1945. Köln 1988, S. 4.
[38] Einsatzgruppen in Polen. Einsatzgruppen der Sicherheitspolizei, Selbstschutz und andere Formationen in der Zeit vom 1. September 1939 bis Frühjahr 1940. [Heft 1]. Zentralstelle der Landesjustizverwaltungen Ludwigsburg, den 10.6.1962 (maschinenschriftlich) S. 41.

und Heer.[39] In den frühen Morgenstunden des ersten September griff die erste Gruppe des Sturzkampfgeschwaders 77 Wielun an. Im Kriegstagebuch dieses Geschwaders, das in Form einer maschinenschriftlichen Abschrift vorliegt, ist der folgende Eintrag zu finden:

> "1.9.39 Neudorf   Beginn der Feindseligkeiten gegen Polen.
> 05.45 Uhr   Einsatz der Stabskette (Kommodore-
>   Adjutant - T.O.) und der I/77 gegen
>   Kalisch - Ostrowo - Wielun.
>   Start 04.42 Uhr, Landung 06.25 Uhr.
>   Angriffe erfolgreich durchgeführt, wurden
>   etwas durch Bodennebel behindert.
>   Wielun brennt. [...]"[40]

Aus der Sicht des deutschen Militärs mußte dieser Angriff als Erfolg erscheinen: die Stadt war zu 60% zerstört.[41] Glaubt man den Frontberichten am "Blitzkrieg" beteiligter Soldaten, die z.T. schon Ende 1939 in Buchform erschienen waren, dann herrschte unter ihnen eine große Kampfbereitschaft. Eugen Hadamovsky, zuvor Reichssendeleiter, gehörte als politischer Soldat zu den deutschen Fliegern. Er stellte fest, daß die "Männer" in der Stimmung waren, "ihre Wut über den Polen abzuladen".[42]

Wielun, vor dem Krieg eine Kleinstadt mit 16.000 Einwohnern, darunter ca. 5.000 jüdische Bürger, war das erste Opfer dieser "Wut". Die Geschichte der Stadt reicht bis ins Mittelalter zurück. Die Stadtmauer, von der auch heute noch Reste erhalten sind, stammt aus der Mitte des 14. Jahrhunderts. Vom früheren Wohlstand der Stadt zeugten eine Vielzahl von Kirchen.[43] In den letzten Augusttagen des Jahres 1939 wurden einige hundert Familien aus Wielun in das Landesinnere evakuiert. Die Mehrheit der Bevölkerung blieb jedoch in der Stadt. Polnische Augenzeugen des Angriffs betonen, daß sich zu diesem Zeitpunkt keine Einheiten des polnischen Militärs in der Stadt befunden hätten.[44] Hingegen sprechen die deutschen Quellen von der Anwesenheit einer polnischen Kavalleriebrigade.

Die Bombardierung der Stadt begann ungefähr um 5 Uhr morgens. Nach der ersten Bombenserie flohen die Bewohner panikartig aus ihren Wohnungen auf die Straße. Die Flugzeuge kehrten zurück, bewarfen die Flüchtenden mit Bomben und beschossen sie mit ihren Bordwaffen. Zwischen 5 und 6 Uhr morgens wurde die Stadt dreimal bombardiert. Die Angriffe wiederholten sich bis in die Mittagsstunden. Die genaue Zahl der Todesopfer ließ sich nur schwer

---

[39] Bundesarchiv-Militärarchiv Freiburg (heute Potsdam): BA-MA/RH 24-11/3; BA-MA/RH 24-11/4b.

[40] Bundesarchiv-Militärarchiv Freiburg (heute Potsdam): BA-MA/RL 10/345.

[41] Schumann, Wolfgang/Hass, Gerhart u.a. (Hg.): Deutschland im Zweiten Weltkrieg. Bd. 1: Vorbereitung, Entfesselung und Verlauf des Krieges bis zum 22. Juni 1941. Berlin 1975, S. 169.

[42] Hadamovsky, Eugen: Blitzmarsch nach Warschau. Frontberichte eines politischen Soldaten. München 1940, S. 120.

[43] Bojarska, Barbara: Zniszczenie miasta Wielunia w dniu 1 września 1939 r. In: Przegląd Zachodni H. 2 (1962) S. 305-317, hier S. 306.

[44] Bojarska 1962, S. 306f.

ermitteln; sie wird auf ungefähr 1.200 geschätzt. Die größten Zerstörungen wies das Stadtzentrum auf. Auch das Krankenhaus wurde getroffen und zerstört. Unter den Trümmern starb die Mehrheit der Patienten sowie ein Teil des Personals.[45] Ein Augenzeuge gab über den Angriff den folgenden Bericht[46]:

"Pierwsza bomba spadla na szpital, mimo że - jak slyszalem - na dachu budynku szpital-nego byl wymalowany czerwony krzyż. Obok budynku glownego szpitala znajdowal sie szpitalginekologiczny (niski budynek parterowy). Oba budynki zostaly zdruzgotane dosz-czetnie. Bylo tam wielu zabitych, wsród nich niemowleta i kobiety rodzace. Pomagalem wynosic stamtad ciezko rannych chorych do parku pobliskiego pod drzewa. Szpital stal tuz obok starostwa (dzis Prez. PRN). Na ulicach widzialem wielu zabitych. Domy plonely albo znajdowaly sie w gruzach. Ulice byly zasypane gruzami i zatarasowane przewróconymi slupami oraz poplatanymi przewodami telegraficznymi i elektrycznymi. Wielu ludzi z piwnic rozbitych domów wolalo o pomoc. Pomagalem wydobywac ich spod gruzów. [...]
[Aus Warschau wurde der Befehl zur Evakuierung der Bevölkerung gegeben.]
Gdy mieszkancy Wielunia znajdowali sie na szosie wiodacej do Piotrkowa, zostali znowu ostrzelani kilka razy z broni pokladowej samolotów niemieckich. Wielu z uciekinierów zostalo wówczas zabitych i rannych."[47]

Beide Augenzeugenberichte, sowohl der von Herrn T. als auch der zuletzt wiedergegebene, zeichnen ein Bild des Angriffs aus der Perspektive der Opfer. Sie füllen aus, was die lapidare Feststellung im Kriegstagebuch des Stuka-geschwaders nur andeutet. Herr T. war damals elf und der andere Augenzeuge neunzehn Jahre alt. Die Aufzeichnung beider Berichte erfolgte erst viele Jahre nach dem Ereignis, bei Herrn T. war es neunundvierzig und im anderen Fall immerhin zweiundzwanzig Jahre später. Während der Bericht des damals Neunzehnjährigen sehr nüchtern das Geschehen wiedergibt, ist Herrn T.s Schilderung emotional gefärbt. Aus einer ganz anderen Perspektive beschreibt der Deutsche Oskar Dinort das Ereignis. Er war Major und Kommandeur einer Sturzkampfgruppe und in dieser Funktion beteiligt an dem Angriff der deut-schen Luftwaffe auf Wielun. Sein Bericht erschien bereits im Jahre 1939 inner-halb einer Sammlung von Frontberichten, die der General der Flieger, Albert Kesselring, zusammengestellt hatte:

---

[45] Ebd.
[46] Die erste Bombe fiel auf das Krankenhaus, obwohl - wie ich hörte - auf das Dach des Krankenhausgebäudes ein rotes Kreuz gemalt war. Neben dem Hauptgebäude des Kranken-hauses gab es eine gynäkologische Abteilung, ein niedriges Parterregebäude. Beide wurden völlig zerstört. Es gab dort viele Getötete, unter ihnen auch Neugeborene und gebärende Frauen. Ich half dabei, Schwerverwundete in den naheliegenden Park hinauszutragen, unter die Bäume. Das Krankenhaus stand neben der Stadtverwaltung (heute das Präsidium des PRN). Auf den Straßen sah ich viele Tote. Die Häuser standen in Flammen oder lagen in Trümmern. Die Straßen waren mit Schutt und mit umgeknickten Masten und herunterhän-genden, verknäulten Telegraphen- und Stromdrähten bedeckt. Viele Menschen schrieen aus den Kellern der Häuser um Hilfe. Ich half, sie dort rauszuholen. [...] Während sich die Bewohner Wieluns auf der Straße nach Piotrkov befanden, wurden sie einige Male von den Bordwaffen der deutschen Flugzeuge beschossen. Viele Flüchtlinge wurden getötet oder verwundet.
[47] Zitiert nach Bojarska 1962, S. 314f.

"Schräg vorwärts eine Häusergruppe, ein großer Gutshof oder ein kleines Dorf. Rauch steigt auf und zieht eine schwere, dunkle Schleppe über das Gelb der Felder und über den schimmernden Fluß. Wielun - das Ziel!

Auch in der Stadt brennen qualmend ein paar Häuser. Hoch darüber aber im Himmelsblau dunkle Punkte, pfeilschnell hin und her flitzend wie Libellen über dem Wasserspiegel: deutsche Jäger, die uns erwarten und die unseren Angriff schützen sollen.

Ich fasse das Ziel schärfer ins Auge. Auf der Landstraße, winzig klein, aber doch deutlich erkennbar, Truppen, Wagenkolonnen und berittene Abteilungen... In Abwehrbewegungen steuere ich mich ins Ziel.

Jetzt ist der Ortseingang von Wielun gerade unter mir. Ich mache mich fertig zum Stürzen. Mein erster Angriff auf lebende Ziele!

Im Bruchteil einer Sekunde huscht's durch den Schädel: Da unten ist eine lebendige Stadt, eine Stadt voller Menschen... Allerdings sind es Soldaten, und ich greife nur die Soldaten an...

Den Bruchteil einer Sekunde nur... dann erstarren die Straßen unten zum Kartenbild, und die dunklen Punkte, die sich da bewegen, sind Ziele, nichts als Ziele. In einer Höhe von 2500 Meter verliert das Leben auf der Erde seine Gültigkeit.

Ich lege die Karte weg, peile das Ziel im Visier an, schließe die Kühlerklappe, mache noch einmal all die schon hundertmal geübten Handgriffe, und dann kippe ich aus einer Kurve heraus über den linken Flügel hinweg zum Sturzflug ab.

Die Sturzflugbremsen kreischen... das Blut im Körper sackt nach unten weg... alles hundertmal beobachtet, hundertmal gefühlt, aber nie so grell, so intensiv wie heute. Das Ziel, das lebende Ziel, wächst ins Visier.

1200 Meter hoch... ein Druck auf den Auslöseknopf am Steuerknüppel... ein Zittern läuft durch die Maschine... die erste Bombe fällt!

Abfangen... Kurve... Abwehrbewegungen... und nun, ein Blick nach unten.

Die Bombe liegt gut, direkt an der Straße. Rauch dampft auf, und die schwarze Schlange, die die Straße entlangkroch, stockt.

Ein dunkler Klumpen bildet sich an der Stelle, wo ich getroffen habe. Und in diesen Klumpen sausen die Bomben der Stabskette hinein. Schwaches Flakfeuer aus einem Wäldchen im Norden. Sie scheinen Petrun aufs Korn genommen zu haben. Um seine Maschine fliegen glühende Stäbe. Aber wir halten unbeirrt Kurs auf den Nordausgang der Stadt zu. Wieder Bomben!

Dicht hinter der Stadt ein Gehöft, vollgepfropft mit Truppen und Gespannen. Wir sind kaum noch 1200 Meter hoch, stürzen auf 800. Die Bomben fallen, und das Gehöft unten geht mit allem, was drinnen ist, in Rauch und Flammen auf.

Zurück! Die letzte Ladung, die schwerste, saust auf den Marktplatz hinab. Eine Fontäne von Flammen, Rauch und Splittern, höher als der Turm der kleinen Kirche. Und aus der Kurve heraus ein letzter Blick; von der polnischen Kavalleriebrigade ist nichts mehr zu sehen..."[48].

Dinorts Formulierungen stehen im krassen Gegensatz zu seinem todbringenden Auftrag. Aus seinen Ausführungen spricht eine große Flug- und Technikbegeisterung, die dazu beiträgt, daß er seine Handlung zu einer sportlichen Leistung verklärt. Hier wird die Kriegshandlung zur Herausforderung mit den Elementen und der Technik stilisiert. Das Ausführen des Angriffs wird als persönliche Grenzerfahrung erlebt. Aufkommender Skrupel angesichts der Tatsache, daß er

---

[48] Dinort, Oskar: Die Höllenvögel. In: Unsere Flieger über Polen. Vier Frontoffiziere berichten. Eingeführt und betreut vom General der Flieger Kesselring. Berlin 1939, S. 111-147, hier S. 116ff.

"lebende Ziele" bombardiert, wird mit der Bemerkung: "allerdings sind es Soldaten, und ich greife nur die Soldaten an", sofort beiseite geschoben. Die Menschen, die er in den Straßen der Stadt sieht, unterliegen in seinem Bericht einer wundersamen Metamorphose. Aus Menschen werden sich bewegende Punkte, die wiederum "Ziele, nichts als Ziele" sind, wie er beschwörend hinzufügt. Das wenige Sätze zuvor geleistete Versprechen, "nur Soldaten" anzugreifen, scheint bereits vergessen, denn wie will der Stukaflieger Soldaten und Zivilbevölkerung auseinanderhalten, die er doch nur als Punkte wahrnimmt?! Durch die Verdinglichung der Menschen zu Zielen versucht er, von den Folgen seiner Tat abzulenken. Die Summe der "dunklen Punkte" erscheint als "schwarze Schlange", die nach dem Abladen seiner Fracht "stockt" und zu einem "Klumpen" wird. Gegen Ende seines Berichts, wenn er den Erfolg des Unternehmens bekanntgibt, wird die Verdinglichung wieder aufgehoben. Plötzlich ist er in der Lage, präzise Angaben zu machen. Aus dem anonymen Klumpen wird nun die tote Kavalleriebrigade von Wielun. Der Berichterstatter versucht, dem Leser zu suggerieren, daß sein Betätigen des Auslöseknopfes für die Bombenfracht nicht mehr Konsequenzen gehabt hätte als den Tod der polnischen Einheit, von der nicht einmal sicher ist, ob sie je existiert hat.

Die Angriffe der deutschen Luftwaffe auf polnische Städte, und damit auf zivile Ziele, führten zum Austausch von Noten auf diplomatischer Ebene. Am Abend des 1. September wurde dem polnischen Botschafter in Berlin eine Verbalnote des Auswärtigen Amtes überreicht. In ihr gab der Reichsaußenminister Joachim von Ribbentrop folgende Versicherung ab:

> "Die deutschen Luftstreitkräfte haben den Befehl erhalten, sich bei ihren Kampfhandlungen auf militärische Ziele zu beschränken."[49]

Am Abend des 2. September rief der polnische Außenminister Josef Beck den britischen und den französischen Botschafter zu sich und teilte beiden einen dringenden Appell der polnischen Regierung mit. Frankreich und England wurden um eine beschleunigte Intervention gebeten, nicht nur um die Situation der polnischen Streitkräfte, sondern vor allem der Bevölkerung zu erleichtern. Der Außenminister wies darauf hin, daß die deutsche Luftwaffe ihre Angriffe nicht auf militärische Ziele beschränke:

> "Sie hatte Fabriken bombardiert, die keine Kriegsbetriebe waren, Dörfer, die nicht in der Nähe von militärischen Objekten lagen, und sie hatte schwere Opfer unter der Zivilbevölkerung gefordert."[50]

In polnischen Darstellungen werden die Angriffe der deutschen Luftwaffe als ein Instrument des Terrors gegenüber der Zivilbevölkerung gewertet.[51] In den bundesrepublikanischen Darstellungen wurde lange Jahre eine ganz andere Einschätzung des Polenfeldzugs vorgenommen. Im Jahre 1953 schrieb der bereits erwähnte Albert Kesselring, der seit 1940 Generalfeldmarschall der

---

[49] Joachim von Ribbentrop, zitiert nach Weißbuch der Polnischen Regierung. Über die polnisch-deutschen Beziehungen im Zeitraum von 1933-1939. Basel 1940, S. 173.

[50] Josef Beck, zitiert nach Noel, Léon: Der deutsche Angriff auf Polen. Berlin 1948, S. 447.

[51] Bojarska 1962, S. 305.

Luftwaffe und später Oberbefehlshaber der deutschen Truppen in Italien gewesen war, seine Kriegserfahrungen nieder. Über die deutsche Kriegsführung fällte er dabei das folgende Urteil:

"Ich stehe mit meiner Person dafür ein, daß der Krieg, soweit ich ihn übersehen konnte, von uns Deutschen ritterlich und - soweit es der Krieg überhaupt sein kann - menschlich geführt worden ist, obwohl bereits in den ersten Tagen Massakers [sic!] auf der feindlichen Seite festgestellt waren."[52]

Erst ein Jahr zuvor war Kesselring wegen seines schlechten Gesundheitszustandes aus der Haft entlassen worden. 1947 war er wegen der unter seiner Verantwortung erfolgten Erschießung von 335 italienischen Geiseln, allesamt Zivilisten, von einem britischen Militärgericht zum Tode verurteilt worden. Später war das Urteil in lebenslängliche Haft umgewandelt worden. Kesselring war im übrigen auch derjenige, der die Luftangriffe auf Rotterdam befohlen hatte.[53] Die oben wiedergegebenen Äußerungen Kesselrings waren u.a. ausschlaggebend für das Urteil, das in einer juristischen Betrachtung über den Polenfeldzug gefällt wurde:

"Insgesamt kann objektiv nicht bestritten werden, daß der Polenfeldzug von deutscher Seite ritterlich und menschlich geführt wurde, und daß auch die Luftwaffe nachhaltig und erfolgreich bemüht war, das geltende Kriegsrecht und die Grundsätze der Haager LKR unter der Beachtung der Martens'schen Klausel einzuhalten. Selbstverständlich waren Treffer außerhalb der militärischen Objekte im Rahmen der Streuungsgrenze und der menschlichen und technischen Fehlerquellen nicht auszuschließen, so daß die Kämpfe wie in jedem Krieg die Zivilbevölkerung trotz allem in Mitleidenschaft zogen; beabsichtigt oder fahrlässig verursacht waren sie jedoch nicht."[54]

Internierung im Posener Arbeitslager

Und Weihnachten '39 war ich schon in Posen im KZ, hat sich genannt Arbeitslager, hat sich nicht genannt KZ. Und wenn ich da angekommen bin, war noch nicht mal Stacheldraht am Zaun. Mußten wir, sind wir angekommen, abends hat's geregnet, so richtig Herbstabend, gefroren wie Schneider. Zu Essen hast du nichts bekommen. Wir hatten das Essen nur, was unsere Eltern uns zugeschoben haben den Vormittag oder Nachmittag. Wir mußten den Stacheldraht ziehen, die Baracken aufbauen, die Kojen aufbauen, ne. Und dann nachher haben wir Strohsäcke bekommen, aber kein Stroh, noch nicht mal 'ne Decke. War so ungefähr zwölf Uhr nachts, Schlafen, kein Kaffee und nichts, hast nichts bekommen den Abend. Morgens, bevor die Sonne aufgegangen ist, der Gong: "Aufstehen, Kaffee holen!" Da hast du ne Picke und ne Schaufel bekommen, auf dem Arbeitsplatz. Hast du mittags eine Schüssel Suppe

---

[52] Kesselring, Albert: Soldat bis zum letzten Tag. Bonn 1953, S. 61.
[53] Wistrich, Robert: Wer war wer im Dritten Reich. Ein biographisches Lexikon. Anhänger, Mitläufer, Gegner aus Politik, Wirtschaft und Militär, Kunst und Wissenschaft. Überarbeitet und erweitert von Hermann Weiß. Frankfurt a.M. 1987, S. 200f.
[54] Spetzler, Eberhard: Luftkrieg und Menschlichkeit. Die völkerrechtliche Stellung der Zivilpersonen im Luftkrieg. Göttingen 1956, S. 238 (= Göttinger Beiträge zu Gegenwartsfragen des Völkerrechts und der internationalen Beziehungen, 12).

da auf dem Bau bekommen. Wenn du die Socken nimmst, tust sie in heißes
Wasser rein und waschst sie aus, das war die Suppe. Wenn du abends zurück-
gekommen bist ins Lager, hast du erstmal Stroh bekommen, mußtest du den
Strohsack füllen, dann dich waschen, dann hast du 'ne Decke bekommen, dann
hast du ein Stückchen Brot bekommen, aber keine Margarine, keine Butter, nur
trockenes Brot und einen Liter Kaffee. Das war alles. Und so habe ich durch-
gemacht acht Lager in Posen. Immer nach fünfzehn Kilometer war ein Lager.
Wir sollten bauen die Autobahn. Die sollte gehen von Berlin bis Stalingrad.
Und ich habe meistens gearbeitet als Schlosser. Ich habe den Beruf, wollen mal
sagen, nicht gelernt, habe aber gesehen bei meinem Vater in der Werkstatt,
habe heimlich Schlüssel gestohlen von der Werkstatt von meinem Vater, habe
da rumgebastelt als Kind. Da konnte ich mit Werkzeug umgehen, und das hat
mir viel geholfen, muß ich sagen. Und da waren wir bis 26. August '43[55]*, ne,*
steht doch in dem Papier.[56] *Es sind sämtliche Lager evakuiert geworden in*
Posen, sind wir gekommen nach Auschwitz.

Herrn T.s Erinnerung an die Ankunft im Arbeitslager ist genau. Nicht verges-
sen ist der Umstand, daß die Häftlinge das Lager selbst mit Stacheldraht
umzäunen, also eigenhändig den Ort zu ihrem Gefängnis verwandeln mußten.
Im Mittelpunkt seiner Beschreibung stehen die Unterkünfte und das Essen. Aus
seiner Schilderung des ersten Tages entwickelt sich eine Skizzierung des
Alltags, so wie er ihn über dreieinhalb Jahre erfahren hat. M.T. mußte wie ein
Erwachsener arbeiten, obwohl er zum Zeitpunkt der Deportation erst elfeinhalb
Jahre alt war. Sein handwerkliches Geschick sicherte sein Leben. Die Arbeitskraft des Häftlings war entscheidend für sein Überleben im Lager. Manchmal
waren aber auch andere Umstände ausschlaggebend. Einmal war es der Leiter
der Baustelle, auf der M.T. arbeiten mußte, der seine schützende Hand über
"seinen Schmied" hielt und ihn so vor dem sicheren Tod bewahren konnte.

Einmal komme ich wieder ins Lager rein. Ich hatte so bei Felix Holzmann
Aktiengesellschaft gearbeitet, Hoch- und Tiefbau, in der Schlosserei. Und der
Max H., ein Berliner, der Bauleiter, ich bin ihm irgendwo ans Herz gefallen,
ne, der mochte mich und seine Familie auch, hatte er besorgt, daß ich freien
Ausgang und Eingang in das Lager habe, daß ich draußen bedienen kann die
Wasserpumpe, die das Wasser für die Loks, die die Wehrmacht und die andere
Soldaten nach Osten geleitet haben, hatte ich freien Eingang und freien
Ausgang, ne. Und einmal sage ich zu Max H.: "Herr Bauleiter, ich muß ins
Lager. Ich werde heute Nacht schlafen unten im Pumpenhaus, muß mir zwei

---

[55] Danuta Czech vermerkt unter dem Datum des 27.8.1943, daß ein Transport des Reichs-
    sicherheitshauptamtes (RSHA) mit 1026 jüdischen Männern aus dem Arbeitslager in
    Wolsztyn, in der Wojewodschaft Posen, in Auschwitz eingetroffen sei. Nach der Selektion
    werden 1016 Männer, die Nummern 140.721 bis 141.736, ins Lager eingewiesen, siehe
    Czech, Danuta: Kalendarium der Ereignisse im Konzentratioslager Auschwitz-Birkenau
    1939-1945. Reinbek bei Hamburg 1989, S. 585. Herr T. erhielt die Nummer 141.642.
[56] Gemeint ist der Häftlingspersonalbogen. Auf ihm ist der 26.8.1943 als Tag der Einliefe-
    rung ins Lager Auschwitz angegeben. Eine Kopie des Dokuments befindet sich Archiv des
    Verfassers.

Decken holen." Ich wollt' ins Lager reingehen, bin auch reingegangen, da
draußen stehen die, die schwarzen LKW, alles zu, nur vorne das Gehäuse hatte
Fenster. Appell! Bin ich eingetreten zum Appell. Die Minderjährigen und Alten
werden nach Hause gefahren, hieß es. Und ich weiß nicht, wie Max H. das
rausgefunden hat, weiß ich heute noch nicht. Ich mechte mich mit ihm in
Verbindung setzen, aber ich kriege keinen Kontakt. Ich kriege keinen Kontakt,
tut mir leid. Wenigstens könnte ich für sie was tun, weil die haben mir viel
geholfen. Mit einem Mal kommt er mit seinem DKW-Motorrad, in Uniform.
Denke ich, was soll das heißen? "Wo ist mein Schmied, wo ist mein Schmied?"
Da war ich schon zum Abtransport. Weißt du, was es waren für LKW? Die die
Leute vergast haben da drinnen. Abfahren, noch nicht mal zehn Minuten, den
Auspuff rein und weg waren sie. Das ist das erste Mal, daß ich das gesehen
habe. Das alles steht noch hier rin [weist auf seinen Kopf]. *Ich habe nichts*
davon aufgeschrieben. Deswegen mechte ich haben, daß du mir diese Kassette
mal gibst.

Oft vergißt Herr T. Namen von Lagern, in denen er inhaftiert war. Das gleiche
gilt auch für Namen, z.B. von Mithäftlingen. Herr T. hat sich den Namen
seines Retters eingeprägt. Etwas hilflos wirkt sein Wunsch, sich mit ihm in
Verbindung setzen zu wollen. Trotzig betont er, daß es ihm nicht gelungen ist,
den Kontakt herzustellen. Seine Entschuldigung für sein erfolgloses Bemühen
klingt wie eine Rechtfertigung, gerade so, als hätte Herr T. den Eindruck, man
würde von ihm erwarten, daß er sich bei seinem Retter bedankt. Ich frage
Herrn T., ob er nie daran dachte zu fliehen. Doch er weist den Gedanken
zurück, denn eine Flucht wäre zu gefährlich gewesen. Er berichtet von Freunden, die sie dennoch gewagt hatten.

Aber in einem Lager, da waren wir noch sechs, sieben, acht Kameraden, von
der Schule und Nachbarn zusammen, und die vier sind abgehauen, und die
wollten mich mitnehmen, und ich habe gesagt: "Nein, ich bleibe hier."

                                        Warum?

Weil ich wußte genau, was passiert. Zwei Tage später, das war in Gutenbrunn
[unverständlich] *schon, hast du jemand anders an den Galgen gesehen. War*
ein Galgen für vier Personen, und da hatten wir einen kleinen Duschraum. Und
vielmals, wenn man nach Hause kam und wollte duschen, ist einer gehängt da,
vor jeder Dusche. Und das wollte ich nicht mitmachen. Ich wollte noch leben.
Ääh? Sind abgehauen, und zwei Tage später hingen sie am Galgen dort. Aber
wir mußten uns ringsrum um den Galgen hinstellen, und nachher, wenn es so
weit war, daß der Arzt, der SS-Mann gegeben hat, daß sie tot sind, mußten wir
dreimal im Gänsemarsch langsam rumlaufen und sie angucken. Mein Glauben
hat mich vielleicht unterstützt, daß ich geglaubt habe, was ich erlebt habe, daß
ich nochmal leben bleibe. Da wollte ich nicht hängen! Das macht keinen Spaß.

Das Konzentrationslager Auschwitz

Ende 1939 wurde im Amt des Höheren SS- und Polizeiführers Südost in Breslau der Plan ausgearbeitet, in der Nähe der polnischen Stadt Oswiecim ein Konzentrationslager zu errichten. Da sich der Widerstand in Schlesien und im Generalgouvernement verstärkte, sollten Massenverhaftungen durchgeführt werden. Doch die Gefängnisse und die bereits bestehenden Konzentrationslager reichten nicht aus, um alle Verhafteten unterzubringen. Oswiecim erschien als geeigneter Ort für das geplante Konzentrationslager. In die vorhandenen Kasernen, die außerhalb der Stadt lagen, konnten sofort Gefangene eingewiesen werden. Ein weiteres Argument für diesen Standort waren die guten Eisenbahnverbindungen nach Schlesien, dem Generalgouvernement, der Tschechoslowakei und nach Österreich.[57]

Zur Vorbereitung mußten dreihundert Juden aus Oswiecim Zwangsarbeit leisten.[58] Am 20. Mai 1940 kamen dreißig Kriminelle deutscher Nationalität nach Auschwitz. Sie wurden zu Funktionshäftlingen ernannt und bildeten die Verlängerung des SS-Apparates.[59] Bis März 1942 waren im KZ Auschwitz überwiegend polnische Häftlinge interniert, aber auch Deutsche, Tschechen, Jugoslawen und sowjetische Kriegsgefangene.[60] Zwischen Herbst 1941 und Januar 1942 wurden in Auschwitz ungefähr 100.000 Juden mit Gas umgebracht.[61] "Im Februar 1942 begannen die Morde am laufenden Band und im großen Maßstab".[62] Damit veränderte sich allmählich der Charakter des Lagers: "Aus einem Konzentrationslager für polnische und sowjetische Häftlinge wurde ein internationales Lager..."[63].

Doch das Konzentrationslager Auschwitz ist nicht nur Symbol für den fabrikmäßig organisierten Massenmord, sondern auch für die Verflechtung von SS und Industrie. Im Frühjahr 1941 begann der IG-Farben Konzern in der Nähe der Stadt Oswiecim mit der Errichtung zweier Bunawerke, in denen KZ-Häftlinge Zwangsarbeit leisten mußten. Im Oktober 1942 wurde auf dem Betriebsgelände ein eigenes Lager errichtet, das 1944 11.000 Häftlinge zählte.[64] In den fünf Jahren seines Bestehens wurde das KZ Auschwitz ständig ausgebaut. Schließlich gehörten zu dem Riesenkomplex über 40 Lager.[65]

---

[57] Czech, Danuta: Konzentrationslager Auschwitz - Abriß der Geschichte. In: Auschwitz faschistisches Vernichtungslager. Zweite, erweiterte und verbesserte Auflage. Warszawa 1981, S. 11-43, hier S. 13.

[58] Bauer, Yehuda: Auschwitz. In: Jäckel, Eberhard/Rohwer, Jürgen (Hg.): Der Mord an den Juden im Zweiten Weltkrieg. Entschlußbildung und Verwirklichung. Frankfurt a.M. 1987, S. 164-173, hier S. 164.

[59] Czech 1981, S. 15.

[60] KL Auschwitz in den Augen der SS: Höss, Broad, Kremer. Schriftleitung: Jadwiga Bezwinska. Katowice 1981, S. 51.

[61] Bauer 1987, S. 168.

[62] Ebd., S. 172.

[63] Ebd.

[64] Piper, Franciszek: Die Sklavenarbeit der Häftlinge. In: Ausgewählte Probleme aus der Geschichte des KZ Auschwitz. Oswiecim 1978, S. 59-80, hier S. 65f.

[65] Ebd., S. 60.

Polnischen Berechnungen zufolge fanden hier etwa vier Millionen Menschen den Tod.[66]

Aufnahme und Registrierung der ankommenden Häftlinge

In der "Eingangszeremonie" waren die Neuankömmlinge der völligen Willkür der SS ausgesetzt. Mit ihr begann der Prozeß der Identitätsvernichtung der Häftlinge. Alle äußerlichen Bezugspunkte der Persönlichkeit wie Name, Kleidung, Aussehen wurden zerstört. Die Aufnahme und Registrierung der Häftlinge erfolgte nach einem bestimmten Muster. Die Eisenbahntransporte mit Häftlingen wurden an der Lagerrampe des Stammlagers entladen. Sie trafen zu verschiedenen Tageszeiten ein, oft auch nachts, "und dann steigerten die Lichter der Scheinwerfer, Schläge der Gewehrkolben, Geschrei und Flüche der SS-Männer und das Bellen von auf die Häftlinge gehetzten Hunden den schrecklichen Eindruck des ersten Kontaktes mit der Lagerwirklichkeit"[67]. Anschliessend wurden sie in ein Gebäude geführt, in dem sich "Badeanstalten" befanden, im Lagerjargon "Sauna" genannt. Nachts eingetroffene Häftlinge mußten den Rest der Nacht in diesem Block verbringen.

Den Neuankömmlingen wurde der gesamte Besitz, Wäsche, Wertsachen, Bargeld sowie Personalausweise abgenommen. Dann wurden ihnen sämtliche Haare am ganzen Körper abrasiert. Anschließend jagte man die Häftlinge in die Brausebäder, was mit verschiedenen Schikanen verbunden war. Meistens war das Wasser viel zu heiß oder eiskalt. Wer vor dem Wasserstrahl zurückschreckte, wurde mit Schlägen wieder unter die Brause getrieben. Besonders verletzend war die Situation für Frauen und Mädchen, da auch sie sich im Beisein der SS-Männer entkleiden mußten, die sie obendrein noch verhöhnten und verspotteten.[68]

Nach dem Bad bekamen sie die gestreifte Lagerkleidung, die meist nicht paßte, schmutzig und verlaust war. Im Stammlager vollzog sich die Kleiderausgabe im Freien. Danach erfolgte die Registrierung der Häftlinge, die sich auf das Ausfüllen des Häftlingspersonalbogens beschränkte. Anschließend erhielten die Häftlinge die laufende Lagernummer, die in Auschwitz den Häftlingen auf den linken Unterarm tätowiert wurde.[69] Die Tätowierung diente nicht nur dem Führen der Lagerkartei, sondern erleichterte auch eine Identifizierung getöteter oder gestorbener Häftlinge sowie die Identifizierung - im Fall einer Festnahme - geflüchteter Lagerinsassen.[70]

---

[66] Buszko, Józef: Vorwort. In: Auschwitz faschistisches Vernichtungslager 1981, S. 5-10, hier S. 5.
[67] Iwaszko, Tadeusz: Die Häftlinge. In: Auschwitz faschistisches Vernichtungslager 1981, S. 45-89, hier S. 53.
[68] Ebd., S. 53f.
[69] Ebd., S. 54f.
[70] Ebd., S. 58.

"Rechts zum Tod, links zum Leben!"

Am 26. August 1943 wurde M.T. zusammen mit anderen Häftlingen des Posener Arbeitslagers ins KZ Auschwitz eingeliefert. Zunächst war er im Stammlager und später in insgesamt sieben Außenlagern. Seine Ankunft im Lager schildert er mit folgenden Worten:

Und nachher, wenn wir in Auschwitz angekommen sind, das war auch eine düstere Nacht, aber wirklich duster. Mitternacht sind wir angekommen. Dr. Fischer, den haben sie aufgehängt nachher in Polen, der stand gleich neben der Ampel [mit Ampel ist die Rampe gemeint] *und überall SS. So* [imitiert die Bewegung des Dr. Fischer] *hat Dr. Fischer gestanden: Rechts war zum Tod, links zum Leben! Er hat nichts gesagt, nur so gestanden, mit der Hand so im Jackett, in der SS-Uniform. Rechts zum Tod, links zum Leben. Und wir standen in Fünferreihen. War ein Tscheche da, den habe ich auch nicht mehr gesehen in meinem Leben, hat mich rübergezogen nach links. Das war die Ankunft in Auschwitz.*

Und am nächsten Tag sollen wir eine Nummer kriegen. Sind wir nicht hingegangen in Auschwitz auf den Appellplatz. Wir sind stehengeblieben zwischen Block III und Block IV, und überall SS-Leute, überall. Und Dr. Mengele mit seinem Hinkebein, oh Verzeihung, ja, ich hinke auch jetzt auf dem linken Bein, kann ich auch Mengele sein, ne? [Steht auf und macht Mengele nach, wie er sein Bein nachzieht. Lacht kurz.] *Hat mich dreimal zum Tod verurteilt, zum Vergasen, bevor ich die Nummer bekommen hab. Aber ich habe ihn verarscht. Habe gesagt: "Bitte, bitte austreten." Bin ich im Block III vorne rein und am Seitengang wieder rausgegangen. Nach dem dritten Mal haben sie gerufen: "Alle mit dem Buchstaben T!" Haben wir einen kleinen Zettel bekommen, der war so groß wie das hier* [zeigt auf eine Streichholzschachtel, die auf dem Tisch liegt], *mit der Nummer. Als ich die Nummer bekommen habe, sagte ich, Gott sei Dank, einen Tag länger am Leben!*

Für M.T. war Auschwitz nur eine Station in seiner bereits über dreieinhalb Jahre dauernden Odyssee durch deutsche Lager. Seine Ankunft wird von Herrn T. als eine Situation beschrieben, in der über Leben oder Tod entschieden wurde. Er stellt dabei sein Geschick in den Vordergrund, mit dem es ihm gelungen war, der Gaskammer zu entkommen. Seine rüden Worte drücken seine Verachtung über diejenigen aus, die nur mit einer Handbewegung über das Leben von Menschen bestimmten, aber sie spiegeln auch seine klammheimliche Freude darüber wider, einen Dr. Mengele - quasi das personifizierte Böse - ausgetrickst zu haben. Seine Bemerkung, als er den Gang des hinkenden Josef Mengele parodiert, ist voller Ironie. Doch M.T. war sich darüber im klaren, daß sein Sieg kein endgültiger war und nur für diesen einen Tag galt.

Herrn T.s Schilderung seiner Haftzeit in Auschwitz ist weder chronologisch noch in irgendeiner anderen Weise geordnet, sondern vielmehr eine lose Aneinanderreihung einzelner, meist unverbundener Erinnerungen. Gliederungspunkte seiner Erzählung sind die Stationen der Außenlager, die Transporte zu ihnen, die Arbeit in den Betrieben sowie die Selektionen. In ihrem Mittelpunkt steht die Allgegenwart des Todes.

Wenn du so abends gelegen bist im Block III, und es war bißchen heiß, wir waren doch eingestopft wie Sardinen in eine Dose, in den Blocks da. Hast das Fenster aufgemacht, hat's gerochen nach verbranntem Fleisch. Denn nach Block I war das Krematorium, ist noch jetzt, ne! Gott sei Dank, daß ich es gesehen habe den letzten Tag, bevor wir in Auschwitz weggefahren sind, vorher war ich nicht drin [meint seine Reise nach Auschwitz im Jahre 1986]. *Die ganzen fünf Tage, wo wir da waren, habe ich mich nicht getraut, da reinzugehen, habe ich mich nicht getraut. Den letzten Tag, bevor wir weggefahren sind, bin ich da reingegangen. Und so war ich vierzehn Tage im Zentrallager. Nachher sind wir in ein Außenkommando gekommen, auch wieder aussortiert, die fähig sind, die nicht fähig sind, et cetera et cetera. Und ich habe ja angegeben, wie ihr es gesehen habt auf dem Papier, daß ich Schlossergehilfe war. Ich war Schüler, kein Schlossergehilfe, ne! Haben sie mich auch mitgenommen. Habe erstmal gearbeitet als Schlosser. Wir haben gebaut eine Zementfabrik, Nähe* [Ortsname unverständlich] *oder irgendwo. Und dann so von einem Lager zum anderen haben sie uns so, eine gewisse Gruppe, abtransportiert, weil sie hofften, mit dem Transportieren von einem Lager zum anderen, daß wir krepieren. Das war die Hoffnung von denen, ne.*

Zwischen dem Krematorium des Stammlagers und den Häftlingsblocks stand lediglich das Gebäude des SS-Krankenhauses. Das Krematorium befand sich also in unmittelbarer Sichtweite des Lagers. Auf Herrn T.s Reise nach Auschwitz im Jahre 1986 haben ihn Freunde mit einer Videokamera begleitet.[71] Der Amateurfilm zeigt, wie sich Herr T. mit langsamen Schritten dem Krematorium, einem niedrigen Flachdachbau, nähert. Drei Seiten des Gebäudes sind durch einen künstlich angelegten Erdwall verdeckt, auf dem Bäume in ungleichem Abstand stehen, die damals gewiß noch niedrig waren. Nur der breite Schornstein läßt die Funktion des Gebäudes erahnen, in dessen Dunkel Herr T. langsam verschwindet. Die Kamera folgt ihm und zeigt den alten Mann, wie er sich ratlos zwischen den Verbrennungsöfen umsieht.

In Herrn T.s Häftlingspersonalbogen ist als Beruf "Schlossergehilfe" vermerkt. "Ich war Schüler", sagt er mit leiser Stimme, "kein Schlossergehilfe". Hätte er dies im Interview nicht selbst gesagt, könnte man vergessen, daß es sich um die Erlebnisse und Erfahrungen eines Jugendlichen handelt. Gern hebt Herr T. hervor, daß er in gefährlichen Situationen stets die Initiative ergriffen habe. Auch in der folgenden Passage wird dies betont.

Wo war das jetzt, Herr Gott noch einmal, muß ich mal nachdenken, habe ich ganz schön mein Leben aufs Spiel gesetzt. Da war auch ein Außenkommando von Auschwitz, aber ich kann nicht genau erinnern den Namen. Da habe ich eine kleine Lok gefahren mit zehn kleinen Einkubikmeter-Loren, und da ruft ein SS-Mann: "Wer von euch hat Hunger?". Habe ich gesagt: "Ich!". Sagt er:

---

[71] Eine Kopie des Films befindet sich im Archiv des Verfassers.

"Nein, Dich brauchen wir noch." Da hat ein anderer gesagt, ein älterer Herr. Hat der SS-Mann genommen die Patrone, oben einen Kreuzschnitt gemacht, geladen, ihn erschossen. Wenn er schon tot gelegen auf dem Boden, da habe ich wirklich den Sonderstern gehabt. Ich runter von der Lok. Das darfst du nicht machen, habe ich mit meinem Leben gespielt. Die Leiche genommen, auf die Lok rauf, die Wagen abgekoppelt, ins Lager reingefahren mit der Leiche. Mechst du das machen? Mechst du das machen?

Herr T. ist sichtlich stolz auf seinen Mut. In einem scharfen Ton fragt er mich provozierend, ob ich auch so gehandelt hätte. Da ich nicht sofort antworte, wiederholt er die Frage, "mechst du das machen?". Herr T. wartet kaum meine Antwort ab und erzählt sofort weiter:

Ich sage, wenn ich Gefahr sehe für andere Leute, für mich nicht, bin ich bereit, mein Leben zu geben. Durch Stacheldraht durchzugehen, auf die Felder, nachts, Essen zu holen für die Kameraden, habe ich x-mal gemacht. Hinzugehen, hinten in den Hof, wo das Casino war von der SS, rauszuholen Sachen, die man noch essen konnte, mitzunehmen in die Schlosserei und da zu kochen und meine Kollegen das zu übergeben, habe ich auch gemacht. Habe ich auch gemacht. Und die Werkstatt war vis-à-vis vom Wachturm.

Immer wieder thematisiert Herr T. die Allgegenwart des Todes im Konzentrationslager, so auch in der folgenden Passage:

Und einmal, in einem der letzten Lager, wo ich war, bevor ich nach Jaworzno kam. Da waren immer so drei Stöcke zum Schlafen, Betten oder Kojen, und ich habe immer oben geschlafen. Gehe runter, mußte austreten, mußte die Tür aufmachen, schon die Scheinwerfer gekommen. "Häftling 141 642 bittet zum Austreten." Der Scheinwerfer mitgegangen bis zur Toilette. Wenn ich mit der Toilette fertig war, wieder mich gemeldet. Ich komme rein, habe schon gemerkt, wenn ich rausgegangen bin, aber ich wußte nicht, was es ist. Unten gelegen ist ein Kamerad, alles naß da unten. Was ist denn das hier? Das kann doch nicht angehen, daß er sich naßgemacht hat. Geguckt, angefaßt, ans Fenster gegangen: Blut! Habe ich gemeldet. Hat sich die Adern aufgeschnitten gehabt. Dann haben sie ihn abgeliefert beim Arzt, sie haben ihn gerettet, und nach zwei Wochen haben sie ihn nach Auschwitz zum Vergasen geschickt. [Sprechpause] Mh? Das war es.

Dank Herrn T.s Eingreifen mißglückte der Selbstmordversuch. Der Umstand, daß dieser Häftling kurze Zeit später in Auschwitz ermordet wurde, mag als eine makabere Ironie des Schicksals betrachtet werden. Doch er unterstreicht vor allem, daß allein die SS Herr über Leben und Tod im Lager war.

Das Nebenlager Neu-Dachs

Das "Arbeitslager Jaworzno", eines der 39 Nebenlager des KZ Auschwitz, bestand vom Juni 1943 bis zum Januar 1945. Seit Juni 1943 trug es den offiziellen Namen Neu-Dachs. Die Initiative zum Bau dieses Lagers ging von der

"Energieversorgung Oberschlesien Aktiengesellschaft" (EVO) aus. Errichtet wurde es schließlich vom Generalinspekteur für Wasser und Energie, Albert Speer. Die Häftlinge des Lagers Neu-Dachs sollten in den Unternehmen der EVO Zwangsarbeit leisten. Der EVO gehörten u.a. zwei Elektrizitätswerke und das Steinkohlebergwerk Jaworzno in Schlesien.[72] Die erzeugte Energie wurde für den Bau der in der Nähe von Wien gelegenen Rüstungswerke für Leichtmetall benötigt.[73] Der Ausbau des Nebenlagers Neu-Dachs war im November 1943 abgeschlossen.[74] Etwa 80 % der Häftlinge waren Juden aus verschiedenen Staaten Europas, u.a. auch aus Polen. Aber auch nichtjüdische Polen waren hier in größerer Zahl interniert. Der Höchststand an Häftlingen war im Januar 1945 erreicht, als in Neu-Dachs 3.664 Mann registriert waren.[75] Ende 1944 waren in den Steinkohlengruben von Jaworzno etwa 2.000 Häftlinge beschäftigt. 700 von ihnen arbeiteten in der Rudolfgrube, zu ihnen gehörte auch M.T.[76] Durch den Verleih von Häftlingen des Nebenlagers Neu-Dachs an Industrieunternehmen hat das KZ Auschwitz schätzungsweise fünf Millionen Reichsmark verdient.[77]

Da bin ich Mitte '44 nach Jaworzno gekommen, Kohlengruben. Erst habe ich gearbeitet 320 Meter unter Spiegelmeer, nachher bin ich runtergekommen auf 620. Ich habe immer Nachtschicht gehabt. Von zehn Uhr abends bis sechs Uhr morgens. Nachher sind wir in Fünferreihen gegangen, siebzehn Reihen hinten. Fünf mal siebzehn sind? Sind wir alle, die da waren, erstmal gefesselt mit Ketten, einer beim anderen und so, die fünf Reihen und dann ein dicker Stahldraht durch die siebzehn Reihen. Vorne ist einer gegangen, ein SS-Mann, schon mit einem offenen Gewehr und die zweite Reihe einer hier und so die siebzehn Reihen lang. Und im Vollmarsch eine Stunde vom Lager bis zur Kohlengrube. Aber wenn wir in der Kohlengrube waren, im Schacht unten, da waren wir froh. Haben wir gesagt: "Gott sei Dank, hier haben wir keine Bewachung." Nur schlimmer war es, wenn du einen schlechten Steiger bekommen hast, der ein Nazi war, da hast du ganz schön was zu tun gehabt, aber mir haben sie nichts antun können. Wir waren drei Häftlinge und vier Zivilarbeiter. Wir haben die Loren geschmiert, Schienen gelegt, die Rohre für Sauerstoff gelegt und diese Sachen gemacht.

Die Arbeitsbedingungen unter Tage waren unmenschlich. Oftmals standen die Häftlinge im Wasser. Sie besaßen keine Schutzkleidung, weder Gummistiefel noch Helme. Die physische Konstitution der meisten Häftlinge war zu schwach für die schwere Arbeit im Bergwerk. Sie waren abgemagert, stets hungrig und oftmals krank. Zudem waren sie den Mißhandlungen der SS-Wachmannschaf-

---

[72] Piper, Franciszek: Das Nebenlager "Neu-Dachs". In: Hefte von Auschwitz Nr. 12. Oswiecim 1971, S. 55-111, hier S. 55.
[73] Ebd.
[74] Ebd., S. 60f.
[75] Ebd., S. 70f.
[76] Ebd., S. 89.
[77] Ebd., S. 94.

ten und der Steiger ausgesetzt, von denen viele der SA angehörten.[78] Um
möglichen Fluchtversuchen vorzubeugen, schloß man die Häftlinge beim
Marsch zur Arbeit an eiserne, mit Hängeschlössern versehene Stangen an. Dies
war besonders im Winter sehr unangenehm, da die Häftlinge mit bloßen
Händen die Eisenstangen halten mußten.[79]

In Herrn T.s Erzählung dominiert die Beschreibung des Alltags und damit
die Schilderung von Grausamkeit und Unmenschlichkeit. Selten hingegen
schildert er Erlebnisse, die hiervon abweichen.

*Und einmal sagt mir ein Steiger, ein Pole, sagt er: "Ich mechte dein Hemd
haben, so eines, wie du hast." Uniformhemd von Auschwitz, was wir getragen
haben in Auschwitz. Wir haben meistens uns organisiert die Kleidung von den
Leichen. Im Winter hast du anstatt ein Hemd zwei gebraucht. Und das war nur
von Papier gemacht, von Papierstoff, keine Wolle und nichts. Und da habe ich
so eins mitgenommen. Den nächsten Tag bringt er mir ein Stück Weißbrot mit,
eine Dose Sardinen und eine kleine Flasche Wodka. Sagt er: "Jetzt bleibst Du
drinnen in der Werkstatt. Ich ruf Dich morgen zum Schichtende." Da war ich
das erste Mal so richtig besoffen. Hör mal zu, wie alt war ich damals. Noch
nicht mal sechzehn oder sechzehn war ich. Nie was getrunken hatte in meinem
Leben. Weißbrot und Sardinen, sie waren in Null Komma Null weg.*

Die Evakuierung des Lagers

*Und am 15. Januar 1945 haben die Russen bombardiert unser Lager. Die
haben große Schornsteine gesehen, haben sie gemeint, sind Krematoriums und
war die Küche. Sind fünf Häftlinge umgekommen.[80] Und am 16. Januar hat
geheißen, alle Außenkommandos ringsrum werden evakuiert.[81] Sechs Wochen
Schnee und Frost! Aber hier hatten wir einmal in sechs Wochen richtige warme
Suppe, ein einziges Mal. Und ein einziges Mal haben wir geschlafen in einem
verlassenen Knast, da waren keine Häftlinge mehr drin, haben sie uns einquar-
tiert eine Nacht. Unterwegs haben sie erschossen Kameraden. Wenn man eine
Brücke durchgehen sollte, haben sie versucht, die Brücke zu sprengen, daß wir
alle untergehen. Wir sind angekommen in Bergen-Belsen, waren kaum etwas
über dreihundert. Nach sechs Wochen Marsch!*

Von Bergen-Belsen ging es Ende Februar mit dem Zug weiter in das KZ
Leitmeritz.

*Da haben sie uns in Waggons, offene Waggons, hundertzwanzig Personen in
jeden Waggon reingesteckt. Das war Ende Februar. Sind vier Tage und vier*

---

[78] Ebd., S. 91.
[79] Ebd., S. 89.
[80] Eine Bombardierung des Lagers, in dem sich Herr T. zu diesem Zeitpunkt befand, erfolgte
     am 16. Januar 1945: "Während einer Bombardierung von Jaworzno werden im Nebenlager
     Neu-Dachs die Baracken der Lagerküche und das Lebensmittelmagazin zerstört. Es sind
     Todesopfer unter den Häftlingen zu verzeichnen", siehe Czech 1989, S. 965.
[81] Piper berichtet, daß am 17. Januar 1945 3.200 Häftlinge des Nebenlagers Neu-Dachs
     evakuiert wurden, siehe Piper 1971, S. 104.

Nächte gefahren. Zu Essen? Wir haben unser Brot bekommen, was wir jeden Tag bekamen und nichts weiteres. Und jeden Tag haben wir irgendwo gehalten, in einem Bahnhof. Die Leute, die gestorben waren, haben wir sie genommen beim Kopf und beim Fuß, wir selber mußten das machen, und sie rausgeschmissen wie Kartoffelsäcke. Sind in Leitmeritz nicht mal die Hälfte angekommen. Da war ich in Leitmeritz, habe ich im Tunnel gearbeitet, da wurden die Kurbelwellen gebaut für die Panzer, für die Wehrmacht. Und den 1. Mai haben sie uns von Leitmeritz bei Marsch, zu Fuß nach Theresienstadt gebracht. Das war ein Saustall! Von Essen hast du nur träumen können. Und die Nacht vom 8. auf den 9. Mai haben uns die Russen befreit, so gegen halb vier morgens, so ungefähr.

Befreiung und Nachkriegszeit

Am Tage seiner Befreiung wurde Herr T. siebzehn Jahre alt. Seine Familie hat den Holocaust nicht überlebt. In seine Heimatstadt zurückzukehren, traute er sich nicht. Er hatte gerüchteweise vernommen, daß die jüdischen Heimkehrer von ihren polnischen Landsleuten nicht freundlich empfangen würden. Ein jüdisch-christliches Flüchtlingskomitee ermöglichte Herrn T., nach England zu reisen. Die über sechs Jahre dauernde KZ-Haft und die während dieser Zeit geleistete Schwerstarbeit blieben nicht ohne Folgen für seine Gesundheit. Ärzte diagnostizierten bei Herrn T. schwere Schäden an Herz, Lunge und Knochen. Nachdem Herr T. eine Arbeitserlaubnis erhalten hatte, arbeitete er in London als Schlosser. Doch in England mochte er nicht bleiben, und so folgte er im Jahre 1947 der Einladung eines Onkels nach Uruguay. Heute begründet er seine Auswanderung nach Südamerika mit seiner Wut "auf alle Nationalsozialisten, die damals noch in Europa lebten". Herr T. ließ sich in Montevideo nieder und arbeitete wieder als Schlosser. In den ersten Jahren nach dem Krieg versuchte er nachzuholen, was er versäumt hatte.

Ich habe gelebt wie liebe Gott in Paris. Habe viel gesehen von dem Land, habe gut gelebt, gute Bekanntschaft gehabt, alles Uruguayer. Und ich habe mich gut ernährt. Habe nicht gegessen, habe gefressen. Gefressen habe ich! Konnte ich noch damals richtig fressen, nicht essen. Wenn ich denken soll, in 1953 da war ich doch schon acht Jahre befreit, ne. Da habe ich mich gewogen, habe 63 Kilo gewogen, acht Jahre nach der Befreiung. Ich habe mir erlauben können, für einen Peso zu kaufen zwanzig Eier, eine große Zwiebel, ein Paket Butter, ein Stück durchwachsenen Speck, in die Pfanne reingehauen alles, mit einem Brötchen das zu frühstücken. Mittags habe ich gegessen erstmal Vorspeise. Da waren Tomaten mit Thunfisch gefüllt. Nachher einen Teller, einen tiefen Teller, mit Ravioli, und habe ich gegessen noch Suppe, eine halbe Ente, Rotkohl und noch andere Sachen dabei und nachher noch Nachtisch und eine Flasche Wein dazu. Das habe ich alles vertragen. Aber jetzt, noch nicht mal ein Viertel davon.

Im Jahre 1951 lernte Herr T. seine spätere Frau kennen, ebenfalls eine Jüdin. Ihre Familie hatte bereits 1933 Deutschland verlassen und war nach Uruguay ausgewandert. Aus der 1952 geschlossenen Ehe gingen drei Kinder hervor. Herr T. war die Ehe mit großen Erwartungen eingegangen, die sich jedoch nicht erfüllten. "Ich habe gehofft, daß ich in eine richtige Familie reinkomme. So eine Familie, wie ich sie gesehen habe bei meinen Eltern. So etwas habe ich gehofft. Doch das war alles ein Satz mit X." Die Ehe wurde immer mehr zu einer Enttäuschung. Wenn Herr T. über seine Vergangenheit reden wollte, wehrte seine Frau ab. "Meine Frau wollte das nicht hören. Die Kinder vielleicht ja, aber meine Frau nicht."

Der Bäckerei, die die Eheleute gemeinsam betrieben, blieb der wirtschaftliche Erfolg versagt. Herr T. warf seiner Frau vor, sich nicht genügend für das Geschäft zu engagieren. Er hatte den Eindruck, daß er allein die ganze Last zu tragen hatte. Morgens mußte er zwischen zwei und drei Uhr aufstehen, um in der Backstube alles vorzubereiten. War das Brot gebacken und zum Verkauf bereit, blieb seine Frau oft einfach im Bett liegen, und Herr T. mußte ständig zwischen Backstube und Laden hin und her eilen, um auch noch den Verkauf der Ware zu übernehmen. Die Einnahmen aus der Bäckerei wurden immer geringer, schließlich wurden Schulden gemacht.

Seefahrt

Herr T. suchte nach einem Ausweg, der ihm ermöglichte, genügend Geld für seine Familie zu verdienen. 1971 musterte er als Koch auf dem Schiff[82] einer deutschen Reederei an. "Die See hat mich schon immer gereizt, obwohl ich nicht schwimmen kann." Der deutsche Frachter fuhr auf der Südamerikaroute Hamburg-Montevideo. Wenn Herr T. alle zwei Monate nach Hause kam, war er vollgepackt mit Geschenken wie "ein Weihnachtsmann". Jeden Monat schickte er seiner Familie einen großen Teil seiner Heuer.

Während sich Herr T. in seiner Wahlheimat Uruguay mit seiner Vergangenheit von den Menschen akzeptiert fühlte, kam es an Bord wiederholt zu Konfrontationen mit den übrigen Mitgliedern der Mannschaft.

Und auf See, war gute Arbeit, aber leicht habe ich es auch nicht gehabt. Wenn sie meine Nummer sahen, wußten sie genau, wer ich bin. Und du kannst doch nicht immer gehen mit langen Ärmeln in den Tropen. Das geht doch nicht.

Haben sie dich gefragt?

Die haben mir ganz schön Stoff gegeben. Vielmals haben sie mich nachts nicht schlafen lassen. "Scheiß-Jude, raus! Dich mußten sie doch vergasen."

Herr T. beläßt es nicht bei diesen Worten, sondern schildert einen solchen Vorfall, der sich zudem gleich auf seiner ersten Fahrt ereignet hatte:

---

[82] Die Cap San Diego, so der Name des Schiffes, dient heute als Museumsschiff im Hamburger Hafen.

Und wir waren schon über den Äquator weg, bei den Kanarischen Inseln waren wir schon, da haben von den Maschinenleuten welche gefeiert den Abend. Da haben sie richtig gesungen, nachher gegen Mitternacht, richtige nationalsozialistische Lieder und aufgefordert zu Krach und so weiter, so fort. Habe ich meine Kammer zugeschlossen, mich hingelegt und fertig. Konnte nicht schlafen. Nächsten Morgen komme ich rauf in die Kombüse, sage zu dem Chefkoch: "Ich werde heute nicht arbeiten. Ich muß erstmal mit dem Ersten Offizier sprechen. Bin ich raufgegangen, und sage ich, was ist passiert gestern abend. Sagt er: "Wer war es?" Sage ich: "Die Leute von der Maschine, sechs Mann waren es." Sagt er: "Herr T., machen Sie sich keine Sorgen. Die steigen in Rotterdam aus." Erste europäische Hafen. Das ist auch passiert. Aber der Haß der anderen, ihren Kollegen, ist weitergegangen.

Einsamkeit

Im Laufe der Jahre verstärkten sich die Schmerzen in Herrn T.s Beinen. Ein Arzt riet zur Operation. Der Einsatz von künstlichen Hüftgelenken erschien als einziger Ausweg. Herrn T.s Schiff lag zu dieser Zeit im Hamburger Hafen, und so entschied er sich, die Operation in der Bundesrepublik durchführen zu lassen. Nach der Operation, die mit einem längeren Krankenhausaufenthalt verbunden war, gab ihm die Reederei zu verstehen, daß sie nun keine Verwendung mehr für ihn hätte. Das war im Jahre 1981. Seitdem lebt Herr T. als Rentner in W., einer norddeutschen Kleinstadt. Um sein knapp bemessenes Einkommen aufzubessern, arbeitet er als Zeitungsausträger.

Herr T. ist am Ende seines Berichtes angelangt. "Ja, so ist mein Schicksal gewesen." Ich schweige. Herr T. greift nach einer Zigarette. Nachdem er sie sich angezündet hat, fragt er mit leiser Stimme: "Was sagst du dazu jetzt? Hast du Wörter?" Dann versucht er, mir eine Brücke zu bauen und sagt: "Es ist schwer, eine Person zu beurteilen, wenn man sie nur so kurz kennt, wie du mich kennst. Mußt mich schon länger kennenlernen."

Wenn Herr T. auf sein Leben zurückblickt, wird Enttäuschung sichtbar. Seiner Jugend beraubt und der Eltern und Geschwister, die Opfer des Holocaust wurden, die Heimat mehrmals verloren, die Ehe gescheitert und von seinen Kindern getrennt, verfolgt ihn die Erinnerung an die Stationen seines Lebens. Das eigene Leben erscheint ihm rätselhaft und undeutbar. Bei soviel Unglück und Leid stellt sich ihm die Frage nach einem eigenen schuldhaften Versagen.

Einfach ist es nicht. Glaube mir das. Und das alles geht bei mir im Kopf rum. A l l e s geht bei mir im Kopf rum, ob du glaubst oder nicht. Es ist nicht so einfach. Und ich frage mich nur, was für Fehler habe ich in meinem Leben gemacht. Und das bohrt in meinem Kopf rum.

Warum solltest du Fehler gemacht haben?

Ich glaube, jeder Mensch macht Fehler.

Wo denkst du, daß du Fehler gemacht hast?

Mit meinem Benehmen vielleicht, mit meiner Schnauze, daß ich kann meine Schnauze nicht halten. Was ich auf dem Herzen habe, habe ich auf der Zunge. Das habe ich von meiner Mutter geerbt. Ich kann die Wahrheit nicht verstoßen, und wenn jemand schlecht sich benimmt, versuche ich ihm zu sagen, wie er sich schlecht benommen hat. Verstehst mich jetzt?

> *Aber ist es für dich nicht oft eine Erleichterung, wenn du das sagst, was du denkst?*

Es ist eine Erleichterung für mich, aber meistens habe ich Reibungen mit den Leuten. Weil die Leute, hauptsächlich hier im Norden, wenn du gehst runter die Treppe, grüßen sie nicht einmal. Die wollen die Wahrheit nicht sehen. Die verstecken sich hinter der Wahrheit. Verstehst mich jetzt, was ich meine?

> *Mh.*

Und die Leute mechten gerne nicht die Wahrheit sehen. Da muß ich sagen die Lateiner, mit denen kannst du dich besser unterhalten und mehr die Wahrheit sprechen, ne.

> *Aber haben dir denn die Leute in Uruguay zuge-hört oder haben dir Fragen gestellt nach deinem Schicksal?*

Die Uruguayer, ja.

> *Und hast du dich verstanden gefühlt von denen?*

Sehr gut.

> *Also auch was deine Geschichte, deine Vergan-genheit…*

Sehr, sehr gut habe ich mich verstanden mit ihnen. Da muß ich sagen, mit den Leuten habe ich mich sehr, sehr gut verstanden.

> *Und die hatten mehr Verständnis für deine Geschichte?*

Ganz genau. Die haben mehr Verständnis gehabt.

Über die Wahrheit zu sprechen, heißt für ihn, über Auschwitz zu sprechen. Das Lager Auschwitz ist ein Teil seines Lebens. Wer Auschwitz leugnet, stellt damit seine Identität in Frage. Auschwitz, so scheint es, ist nicht für die Täter und Vollstrecker zu einem Stigma geworden, sondern für die Opfer. Herr T. fühlt sich immer wieder verfolgt und von seiner Umwelt mit mißtrauischen Blicken beäugt: "Es gibt immer jemanden in der Gesellschaft, der zeigt dich mit dem Finger an: Du warst Häftling, du bist ein Jud'. Es gibt immer welche, immer welche."

Wir unterbrechen das Interview und unternehmen einen Spaziergang durch W. Herr T. möchte mir den jüdischen Friedhof des Ortes zeigen. Unterwegs grüßt er viele Menschen, denen wir begegnen. Für jeden hat er ein paar Worte übrig. Auch wenn sie auf der anderen Straßenseite gehen, ruft er ihnen mit lauter Stimme etwas zu. Seine Bemerkungen, stets keck und humorvoll, lassen

die meisten unberührt. Kaum einer erwidert seine Begrüßung in gleicher
Weise. Herrn T.s Bemühungen, mit den Menschen in Kontakt zu treten, lassen
ihn exotisch erscheinen. Sein Temperament stößt bei den eher zurückhaltenden
Norddeutschen auf wenig positive Resonanz. Ich habe den Eindruck, daß Herr
T. gern Vertrautheit mit den Einheimischen demonstrieren möchte, was ihm
aber nicht gelingt. Als wir eine Woche später das Interview fortsetzen, kommt
Herr T. von sich aus auf seine Art und Weise zu sprechen, wie er sich oft
seiner Umwelt gegenüber verhält.

*Ja, hast ja gesehen, wie ich letzte Woche gemacht habe. Ich spiele den Clown,
um zu vergessen, was mich hier drinnen drückt.*

Du bist dann immer betont lustig.

*Ja. Betont lustig, ja, aber was hier drinnen ist, das sieht keiner. Ich spiele den
Clown, um zu vergessen, was hier wirklich in der Brust liegt, im Herzen liegt.
Verstehst mich?*

Ja.

Verstehst mich, was ich meine jetzt, oder soll ich dir es besser erklären?

Ja, wenn du magst.

*Ja, ich kann das richtig erklären. Wenn du hier aus den vier Wänden raus-
kommst, weil vielmals fällt mir die Decke auf den Kopf, wenn du alleine sitzt in
dem kleinen Zimmer, hast alles so weit fertig, hast deine Bude so, wollen mal
sagen, ungefähr sauber. Was sollst du dann machen hier drin? Wenn so ein
Wetter ist wie heute, was machst du? Nimmst deinen Spazierstock und gehst ein
bißchen raus. Wenn ich draußen bin, sehe ich Menschen, und ich weiß genau,
wie sie mich schätzen, ne, dann versuche ich, so halb Clown zu sein, um zu
vergessen, was mich drückt in meinem Herzen. Beim Herzen drückt immer das;
ich will immer vergessen, aber ich vergesse nie, daß ich Jude bin, aber ich will
leben genauso wie jeder normale Mensch. Ich wollte nie leben - das habe ich
nie gemacht in meinem Leben - in einem Ghetto, nur wir Juden zusammen. Nur
leben zwischen Juden, das habe ich nie gemacht nach dem Krieg. Sofort wie
ich vom KZ rausgekommen bin, habe ich versucht zu leben zwischen anderen
Leuten oder zwischen Menschen genau wie ich, aber nicht im Glauben wie ich.
Verstehst mich? Nicht mit meinen Glaubensgenossen. Ich habe versucht zu
leben zwischen die ganze Bevölkerung, wo ich kannte. Und das war vielleicht
ein Fehler, oder es war gut für mich. So habe ich gelernt die Sitten von anderen Leuten, die Sprachen von anderen Leuten, Umgang mit den anderen
Leuten. Aber vielmals wirst du abgestoßen.*

Hier in Deutschland?

*Ja, in Deutschland hauptsächlich, in Südamerika nicht, in Uruguay nicht, in
England auch nicht, hier, hauptsächlich hier in dieser kleinen Scheißstadt.*

Herr T. wählt die Rolle des Spaßmachers, um, wie er selbst sagt, seine
Vergangenheit zu vergessen. Er fühlt sich einsam und versucht der Enge und

Stille seiner Dachwohnung zu entfliehen. Seine Clownereien bieten ihm auch die Chance, mit seiner Umwelt in Kontakt zu treten, der es jedoch meist an Verständnis dafür mangelt.

Als ich ihn frage, was für ihn Heimat bedeute, antwortet er: "Wo ich mein Dach über dem Kopf habe und ich mein Brot zu essen habe, das ist meine Heimat." Außerdem sei wichtig, "wie der Mensch mit anderen Menschen umgehen kann". Damit meint er den Umstand, von seiner Umwelt in seiner Wesensart akzeptiert zu werden, als Voraussetzung für das Entstehen eines Heimatgefühls. Enttäuscht stellt er fest: "Du hast ja gesehen, wie ich mit Menschen umgehe. Warum gehen die Menschen mit mir nicht so um?" Ich spreche von Mentalitätsunterschieden, doch er scheint mir gar nicht zuzuhören. Dann fragt er mich barsch, wie mich meine Eltern erzogen hätten. Vorsichtig und zurückhaltend zu sein, antworte ich. "Ja, das ist schon der Punkt, zurückhaltend sein, daß du mit anderen Menschen nicht so leicht umgehst. Und ich bin umgekehrt. Ist es meine Vergangenheit? Ich kann mich nicht genau erinnern, wie ich, ja, ein Teil kann ich mich erinnern, wie meine Mutter und mein Vater immer gesagt haben, mein Großvater war genauso wie ich."

Auf meine Frage, ob er sich in W. zu Hause fühle, antwortet er abwägend. Die Stadt gefalle ihm, doch "warm geworden" sei er hier nicht. Es falle ihm schwer, Freunde zu finden. Wenn er einmal in seinem besten Anzug gekleidet eine Theateraufführung in der hiesigen Stadthalle besuche, fühle er sich von vielen Mitbürgern, mit denen er sich sonst auf der Straße grüße, geschnitten. Plötzlich möchte niemand mit dem Zeitungsausträger zusammen gesehen werden, dabei habe er doch schon den Londoner Covent Garden besucht. Herr T. ist traurig und enttäuscht über die Ablehnung, die er in der Stadt erfährt. "Ich respektiere jeden Glauben. Ich respektiere jede Ideologie, die ein Mensch hat, aber ich möchte auch respektiert werden."

Herrn T. quält die Einsamkeit und Sinnleere seines Lebens. Er sucht nach einer Aufgabe. So betreut er eine über achtzigjährige Nachbarin, die bettlägerig ist. In einem Gespräch offenbarte sich ihre antisemitische Einstellung. Doch Herr T. will sich weiterhin um sie kümmern. "Ich kann keinen Menschen im Stich lassen, Menschenskinder", begründet er sein Verhalten. "Wenn ich jetzt, wollen mal sagen, Mengele treffe auf der Straße, und er braucht meine Hilfe, dann kriegt er sie von mir."

Herrn T.s Gegenwart wird von der Vergangenheit dominiert. Die Präsenz traumatischer Erinnerungen belastet ihn. Mir fällt auf, daß er nicht im Dunkeln sitzen mag. Ich frage ihn nach dem Grund.

Ich hatte, bis ich nach Auschwitz gefahren bin '86, und jetzt kommen sie schon bißchen wieder, Alpträume nachts gehabt, und deswegen konnte ich nicht ohne Licht schlafen, weil wir in unseren Baracken, wo wir gewohnt hatten, im Lager, hatten wir kein Licht. Die haben nur Licht angemacht, wenn die Gestapo reingekommen ist oder die SS-Leute, die Wachleute, um sich auf unsere Kosten zu amüsieren, wenn sie im Suff waren. Uns verprügelt, schikaniert und so weiter. Sonst hatten wir kein Licht. Seit diesen Zeiten, daß ich in Freiheit gekommen bin, hatte ich meistens Licht an. Wenn du so nachts

Alpträume hast, wachst auf, da weißt du überhaupt nicht, wo du bist. Und wenn du Licht da hast, siehst du, wo du bist, dann ist das eine Erleichterung, daß du weißt, wo du bist. Ich hatte jetzt vor kurzem einen Traum, daß ich wieder zur See gefahren bin, und war unten, wo ich vorher gewohnt habe in Montevideo. Bin aufgewacht, wußte ich nicht, wo ich bin. Habe nur gesagt im letzten Moment in meinem Traum, daß Gott sei Dank ich habe noch die Reisekarte für zurück, da bin ich schön nach Hause wiedergefahren, nach Deutschland. Das war alles. Und dann bin ich aufgewacht, da habe ich gesucht, wo ich bin. Habe ich das Licht gehabt, habe ich gemerkt, wo ich bin. Aber vielmals nachts, wenn ich schlafe unruhig, schmeiß ich sogar die Nachttischlampe runter, da finde ich sie nicht mehr, da finde ich sie nur nachher, wenn ich Licht habe. Ist ganz was anderes, als normaler Mensch geboren zu sein und als normaler Mensch gelebt zu haben, wie einer als Häftling gelebt hat seine Kinderzeit. Ich war elfeinhalb Jahre, wie ich reingekommen bin, siebzehn zu meinem Geburtstag bin ich rausgekommen. Da stell dir mal vor, meine Jugend ist alles verschwunden, ne? Und vielmals, wie jetzt die letzten Tage, gebe ich nicht acht auf die Sauberkeit hier. Warum? Keine Lust, weil der Kopf ist nicht richtig da, ich kann mich nicht richtig konzentrieren. Sonst hier mache ich alles alleine, meistens. Jetzt die letzten Tage hat mir die eine Dame bißchen geholfen, sonst habe ich alles alleine gemacht, sogar noch eingekauft für die alte Dame [die erwähnte kranke Nachbarin], *gekocht für sie und alles selbst gemacht. Aber jetzt die letzten Tage, kann ich offen sagen, ist etwas in mir, daß klappt etwas nicht. Ich muß mich wieder mal finden. Ich muß mich wieder mal zurück auf meinen Teppich finden. Und das dauert ein bißchen.*

> *Was ist das für dich, dein Teppich, dich finden?*

Mich finden, daß ich wieder als normaler Mensch leben kann. Daß ich normal meinen Zustand habe und normal meine Arbeit machen kann, meine Wohnung sauberhalten, meine Gänge machen, meine Einkäufe machen, mal richtig mal wieder kochen. Und deswegen lade ich gerne Leute ein, dann weiß ich, ich habe irgendwo eine Pflicht, was zu tun, dann mach ich das, da reiß ich mich zusammen und mach das. [...] Das macht mir Spaß, und ich komme auf andere Gedanken. Ich brauche jetzt nicht nachzudenken wegen meiner Vergangenheit. Es ist immer so ein Punkt, einmal jährlich, der fängt an Ende April und dauert bis Ende Juni.

> *Und warum in dieser Zeit?*

Die Befreiungszeit, mein Geburtstag. Und da kommen Erinnerungen immer wieder zurück. Und jetzt fragst du dich, wo ist die Zeit geblieben, wo du in Freiheit warst, was für Dummheiten hast du gemacht, was hast du angestellt, und warum bist du auf dieser Stufe gelandet, wo du jetzt bist. Das beschäftigt mich.

> *Also du meinst, wo du so unkonzentriert bist?*

Ja. Und diese zwei oder zweieinhalb Monate beschäftigen mich sehr. Und das Schlimmste ist es, weil du mit keinem dich unterhalten kannst, du hast keine

Person, der du vertrauen kannst, mit der du dich unterhalten kannst. Verstehst mich?

Mit Vertrauen meinst du, daß sie versteht...

Daß die Person mich versteht, was ich erzähle, was ich durchgemacht habe, nicht daß sie mit mir Mitleid hat, nur daß ich diskutieren kann bißchen, daß ich mich mit jemandem unterhalten kann, ne? Verstehst du mich jetzt, was ich meine?

Paul Matussek vertritt die Ansicht, daß ehemalige KZ-Häftlinge sich in gewisser Hinsicht immer noch im KZ befänden.[83] Das wiederholte Durchleben traumatischer Erinnerungen macht es schwer, Vergangenheit und Gegenwart zu trennen. William G. Niederland sieht in dem meist unartikulierten Gefühl des "Anders-als-die-anderen-Seins", das Herr T. in der Passage direkt anspricht, eines der Hauptmerkmale des "Überlebenden-Syndroms".[84] Die Überlebenden der Konzentrationslager und Ghettos und diejenigen, die sich versteckt dem Zugriff der Nazis entziehen konnten, haben das Gefühl, anders zu sein als jene, die dies nicht durchgemacht haben. Es kann sich "durch das Auftreten plötzlicher Erregungszustände - mit und ohne äußeren Anlaß -, durch innere Spannung, Verstimmung, Mißtrauen, Unlust, Störung im Sozialverhalten manifestieren".[85]

Herrn T. fehlt, wie er sagt, eine Vertrauensperson, mit der er über seine Vergangenheit sprechen kann. Darüber hinaus hat er den Eindruck, in einer Gesellschaft zu leben, die mit den Verbrechen der Nazi-Zeit nicht konfrontiert werden möchte. Sein Mißtrauen gegenüber seiner Umwelt, das im Interview immer wieder zutage tritt, ist groß. Er teilt die Menschen, denen er begegnet, in zwei Gruppen ein. In jene, die - vereinfacht gesagt - antisemitisch sind, und jene, die es nicht sind. Zu Beginn unseres Kennenlernens hat er auch versucht, mich durch provozierende Fragen zu testen, um herauszufinden, zu welcher Gruppe ich gehöre. Auch Menschen, mit denen er freundschaftlich verbunden ist, stößt er durch sein Mißtrauen und seine Provokationen vor den Kopf. Einer Frau, der er sehr zugetan war, schickte er zum Geburtstag eine Postkarte mit dem Lagertor von Auschwitz. "Aber da war ich ein Schwein", kommentiert er heute seinen Einfall.

Was auf den ersten Blick wie ein persönliches, also individuelles Problem erscheint, ist allerdings ein Phänomen, das bei vielen ehemaligen KZ-Häftlingen beobachtet werden kann. Bereits 1957 wies Hans Strauss auf das Symptom eines tief verwurzelten Mißtrauens gegenüber den Mitmenschen hin. Dies stellte er vor allem bei Patienten mit ehemals polnischer Nationalität fest[86],

---

[83] Matussek, Paul: Die Konzentrationslagerhaft als Belastungssituation. In: Der Nervenarzt 32 (1961) S. 538-542, hier S. 542.

[84] Niederland, William G.: Folgen der Verfolgung: Das Überlebendensyndrom Seelenmord. Frankfurt a.M. 1980, S. 231.

[85] Ebd., S. 232.

[86] Strauss, Hans: Besonderheiten der nichtpsychotischen seelischen Störungen bei Opfern der nationalsozialistischen Verfolgung und ihre Bedeutung bei der Begutachtung. In: Der Nervenarzt 28 (1957) S. 344-350, hier S. 345.

aber auch allgemein bei Menschen, die in ihrer Jugend verfolgt wurden[87].
Matussek betont eine reziproke Korrelation zwischen dem Mißtrauen und der
Möglichkeit der Übernahme einer sogenannten Anklägerrolle. "Das Mißtrauen
ist um so größer und damit das Einleben in die Gesellschaft um so schwerer, je
weniger die soziologische Situation ein Leben der Anklägerrolle ermöglicht".[88]
Hierbei spielen nach Matussek eine Reihe von Faktoren eine Rolle. Einen
Faktor stelle das Umfeld dar: ob der ehemalige Häftling relativ isoliert unter
Nicht-Verfolgten lebt oder ob er mit vielen Leidensgenossen in Kontakt steht.
Handelt es sich bei den Nicht-Verfolgten um Deutsche oder um Angehörige
eines Volkes, das vielleicht gegen Deutschland gekämpft hat? Auch der Beruf
und die soziale Stellung seien von Bedeutung. So sei man als Journalist oder
Staatsanwalt viel eher in der Lage, eine Anklägerrolle zu leben, als z.B. als
Hausfrau.

Herr T. empfand das Zusammenleben mit den Menschen in seiner Wahlheimat Uruguay als unkomplizierter als das Zusammenleben mit den Bundesdeutschen. Die Uruguayer trugen an seiner Verfolgung und dem, was sie
auslöste, keinerlei Verantwortung und konnten ihm deshalb unbefangen begegnen. Konflikte entstehen immer dann, wenn Herr T. mit seiner Geschichte auf
Unverständnis stößt, wie z.B. in seiner Ehe, an Bord oder in seiner neuen
Wahlheimat Bundesrepublik. Die ehemaligen Häftlinge leiden nicht nur unter
der Präsenz ihrer Lagererinnerungen, sondern eben auch unter der Reaktion
ihrer Umwelt. Matussek weist darauf hin, daß mitmenschliche und gesellschaftliche Faktoren "eine gegenwärtige, weil ständig neue Belastung darstellen". Wollte man sie beseitigen, "müßte die Gesellschaft anders aussehen, als
sie tatsächlich ist, d.h. sie müßte bereit sein, die in der Geschichte wohl
furchtbarste Anklage auch innerlich zu akzeptieren"[89]. Daß sich seit der Feststellung Matusseks die bundesdeutsche Gesellschaft nicht geändert hat,
beschreibt Ralph Giordano - in der NS-Zeit "rassisch" verfolgt und nach der
Befreiung als Publizist und Fernsehautor tätig - mit seiner These von der zweiten Schuld der Deutschen, die in der Verdrängung und Leugnung der ersten
Schuld, der Schuld der Deutschen unter Hitler, bestehe.[90]

Über die Feststellung kollektiver Verdrängungsbemühungen hinaus ist auf
die Schwierigkeit im Umgang mit Opfern des NS-Regimes hinzuweisen.
Matussek spricht von einem Signum ehemaliger KZ-Häftlinge, das eine Situation schaffe, in der ein unbefangener Kontakt erschwert werde. Nicht nur die
ehemaligen KZ-Häftlinge begegnen ihrer Umwelt mit Mißtrauen, sondern auch
umgekehrt. Mißgunst, Neid oder auch übertriebene Zuneigung sind Reaktions-
weisen und Empfindungen gegenüber Personen dieser Gruppe.[91] Egal ob die
Überlebenden die Rolle des Anklägers bewußt einnehmen oder nicht, "objek-

---

[87] Ebd., S. 349.
[88] Matussek 1961, S. 541.
[89] Ebd., S. 542.
[90] Giordano, Ralph: Die zweite Schuld oder von der Last Deutscher zu sein. Hamburg/Zürich
      1987, S. 11.
[91] Matussek 1961, S. 541.

tiv" befinden sie sich in einer solchen Rolle, denn die verübten Verbrechen sind in der Geschichte einmalig. Allein die eintätowierte Nummer der Auschwitz-Häftlinge ist eine stumme Anklage.

Herr T. hatte selten Kontakt zu anderen ehemaligen KZ-Häftlingen. Wenn er eine Anklägerrolle lebte, so nur im nicht-öffentlichen Rahmen. In Südamerika, wenn ich seine Erzählung richtig deute, gab es wenig Anlaß, sie zu übernehmen. Die Situation änderte sich mit dem Beginn seiner Fahrten zur See und dem Leben in der Bundesrepublik. Nun birgt jeder Kontakt mit seiner Umwelt, so scheint es, die Möglichkeit zur Konfrontation aufgrund der deutschen Vergangenheit und damit seiner eigenen. Herr T. wird zum Ankläger, die Umwelt zum Angeklagten. Seinem Schwiegersohn, einem gebürtigen Italiener, mit dem er sich nicht gut verstand, erklärte er einmal nach einem Streit, daß dessen Onkel in Auschwitz SS-Mann gewesen war. Wie Herr T. zu dieser Anschuldigung kam, verriet er nicht. "Ich habe ihm nur die Wahrheit gesagt. Habe ihm keine Vorwürfe gemacht." Solche Vorfälle isolieren Herrn T. Sein Umfeld fühlt sich brüskiert und reagiert mit Ablehnung.

Befreiung durch Erzählen

Seit 1985 spricht Herr T. gelegentlich vor Schulklassen oder im Rahmen von Veranstaltungen der KZ-Gedenkstätte Neuengamme über sein Leben in deutschen Konzentrationslagern. Zunächst kostete es ihn viel Überwindung, öffentlich über seine Erfahrungen zu berichten. Lange überlegte er, ob dieser Schritt richtig sei. Schließlich brachte er den Mut auf. "Ich hatte die Angst überwunden, die Schmerzen, das Leid, was ich durchgemacht habe, weil ich wollte... immer habe ich alles innen reingebissen und nicht rausgespuckt, denn ich hatte Angst, das rauszuspucken."

Das Sprechen über seine Vergangenheit hat für Herrn T. etwas Befreiendes. Obwohl er nie sein Jüdischsein und seine KZ-Erfahrungen verschwiegen hat, kann seine Teilnahme an öffentlichen Veranstaltungen, über die auch in der Presse berichtet wird, als "coming out" betrachtet werden. Gleichzeitig fürchtet er aber auch die Reaktion seiner Mitbürger.

Ich mechte, daß die Leute das wissen, aber auf der anderen Seite macht es mir Angst, wenn einige Leute, die Neonazis oder die Rechtsextremisten mich angreifen auf der Straße. Ich kann mich nicht verteidigen mehr, mit meinen künstlichen Hüftgelenken bin ich nicht beweglich wie du oder andere Leute, verstehst mich? Da habe ich Angst davor. Angst in einem gewissen Punkt, daß ich zusammengeschlagen werde. Aber so habe ich keine Angst, so erzähle ich das jedem Menschen, was mir passiert ist. Da habe ich keine Angst davor, verstehst mich?

Mh.

Die Leute sollen es wissen.

Seine Angst geht so weit, daß er es für möglich hält, von Rechtsextremisten tätlich angegriffen zu werden. Allerdings weiß er, daß es in der Bundesrepublik andere Feindbilder gibt als Juden, und er möchte mit seinen Vorträgen der Aufklärung dienen.

Und ich hoffe, daß meine Vorträge, was ich halte, wie letzten Dienstag, daß das hilft, daß so etwas nie mehr passiert. Ich hoffe das! Aber ich weiß es nicht. Jetzt momentan sind nicht die Juden, sind die Türken dran oder andere Ausländer oder die Schwarzen, die Afrikaner, die kommen, die Asylbewerber.

Nachdem ihm eine Nachbarin mitgeteilt hatte, wie manche in der Stadt über seine Vorträge denken, hat sein Mißtrauen und seine Angst neue Nahrung erhalten: "'Herr T., seien Sie doch froh, daß ihr Bild nicht in die Zeitung gekommen ist. Und seien Sie froh, daß Sie nicht nach vorne wohnen, sonst mechten die Leute Ihnen die Scheiben einschmeißen.'"

Wie bei Herrn W. sind auch Herrn T.s Vorträge Ausdruck seines Verpflichtungsgefühls als Überlebender. Doch ist sein Drang, öffentlich aufklärerisch zu wirken, weniger stark ausgeprägt als bei Herrn W., was wohl auch an seinen begrenzteren Möglichkeiten liegt, Öffentlichkeit herzustellen. Herr W. ist ein angesehener und respektierter Bürger seiner Stadt. Herr T. hingegen ist ein Außenseiter, der schon durch seinen Akzent verrät, daß er kein Deutscher ist. In seiner Antwort auf die Frage, ob er viel an seine Eltern und seine beiden Schwestern denken muß, spricht er über seine Verpflichtung als einziger Überlebender seiner Familie.

Ja, ja, ja, da denke ich viel dran, und ich wundere mich, daß ich überlebt habe und die anderen nicht. Da muß doch irgendwas sein, da frage ich den lieben Gott - tut mir leid, daß ich immer das sage, aber ich glaube an Gott -, da muß ich doch irgendwo noch eine Pflicht haben, zu erfüllen noch, weil ich am Leben geblieben bin. Und da fühle ich mich jetzt verpflichtet, diese Vorträge zu machen, daß so etwas nicht wieder vorkommt. Ich glaube, das ist die Pflicht, warum ich noch am Leben bin. Die anderen sind gestorben, sind umgekommen im KZ und in der Gaskammer.

Später frage ich ihn einmal danach, was für ihn der Tod bedeutet. Seine Antwort gibt allerdings in erster Linie Auskunft darüber, was er im Leben für seine "Pflicht" hält.

Ich habe keine Angst vor ihm. Mein Körper stirbt nur, mein Fleisch, Knochen, das stirbt, die Seele bleibt weiter leben. Der Tod, solange ich meine Pflicht nicht getan habe hier auf Erden, dann werde ich wohl am Leben bleiben, aber nachher, wenn ich meine Pflicht getan habe, dann will ich gehen. Aber solange meine Pflicht nicht erfüllt ist, gehe ich nicht. Jeder Mensch, wenn er zur Welt kommt, hat eine Pflicht zu erfüllen hier auf Erden, und solange die Pflicht nicht erfüllt, geht er nicht.

Was ist deine Pflicht?

Weiß ich nicht genau. Jetzt habe ich mir die Pflicht vorgenommen, die Vorträge zu halten und versuchen zu vermeiden, daß wieder so etwas vorkommt. Das habe ich mir vorgenommen, und das tue ich auch. Aber was die richtige Pflicht ist, weißt du das?

Nein.

Weiß keiner. Stimmt's oder nicht?

Mh.

Wir müssen irgendein Ziel suchen, jeder eins. Ja, habe ich auch noch eine Pflicht, die alte Dame da verpflegen, zu sorgen für sie. Ist auch eine Pflicht. Ob das die richtige Pflicht ist, kann ich richtig nicht sagen, ich weiß es nicht.

Der Tod scheint für Herrn T. seinen Schrecken verloren zu haben. Was er zuvor als seine Verpflichtung als Überlebender bezeichnet hat, wird allgemein als Pflicht bezeichnet, die man im Leben zu erfüllen hat. Allerdings spricht er weder über seine Aufklärungsarbeit noch über die Pflege der alten Nachbarin mit großer Überzeugung. Ich habe den Eindruck, daß ihm beides über die Sinnleere in seinem Leben hinweghilft.

Bei einem seiner Vorträge in einer Schule habe ich Herrn T. begleitet. Seine Zuhörer waren Schüler und Schülerinnen der 10. Klasse eines Gymnasiums in B., die im Geschichtsunterricht gerade den Nationalsozialismus behandelten. Herr T. war froh, daß ich mitgekommen war. Er begrüßte mich vor der Klasse mit einer Umarmung. Seine Nervosität war groß. Etwas verloren saß der alte Mann den Jugendlichen gegenüber, die darauf warteten, daß er anfing zu erzählen. Herrn T.s ungelenke Ausdrucksweise und sein polnischer Akzent machten es den Schülern zunächst schwer, seinen Worten zu folgen. Sie wirkten unsicher und befangen. Es dauerte lange, bis sie sich trauten, Fragen zu stellen. Während des Vortrages rauchte Herr T. mehrere Zigaretten und verlangte nach einem Glas Wasser.

Für Herrn T. stellt solch ein Vortrag eine Herausforderung und eine Mutprobe zugleich dar. Es fällt ihm schwer, fremden Menschen über seine erfahrenen Demütigungen zu berichten. Er spricht über Wunden, die nicht verheilt sind. Dennoch bedeutet es für ihn, wie er selbst sagt, eine Erleichterung. Herr T. weiß, daß er vor Schülern nicht über alles sprechen kann. Doch gerade die Erlebnisse, die nur schwer zu erzählen sind, sind die belastenden. So erzählt er sie mir.

Wenn du so Kinder siehst, Menschenskinder, wollst du nicht haben, daß sie Alpträume kriegen nachts. Und du kannst nicht alle die Grausamkeiten erzählen, wie ich mit dir spreche. Wenn ich sagen sollte, bei uns im Lager, in K. [Ortsname unverständlich], haben sie unsere Kollegen lebend begraben, neben die Baracken, neben die Fenster, daß wir haben nachts die Schreie um Hilfe noch gehört, daß man sie vom Grab rausnimmt, aber wir konnten nichts machen. Kann ich das auch erzählen vor Kindern? Wir mußten für die SS-Frauen und SA-Frauen als Affen machen. Für sie mußten wir alles tun, was sie wollten, sexuell und nicht sexuell. Hä! Kannst du das Kindern erzählen? Das geht nicht. Oder geht das? Im Gymnasium habe ich es aber gesagt, angedeutet habe ich es, ne. Wir mußten den Fußboden schrubben, und da mußten wir die

292   Dokumentation

sexuell befriedigen mit dem Mund, unterm Tisch. Kannst du das Kindern sagen?

Die Reise nach Auschwitz

> *Was hat dich bewogen, diese Reise nach Polen, nach Auschwitz zu machen, vor zwei Jahren?*

Das ist eine gute Frage. Ich wollte als freier Mensch mal sehen, wie ich reaktionier, wie ich mich benehme. Ich habe gemeint, daß ich nicht lebend wieder zurückkomme. Ich habe gedacht, das war meine Gedächtnis da, wenn ich am Tor stehe, falle ich um, kipp um und tot bin ich. Verstehst mich jetzt? Habe nicht gedacht, habe erst mit meinen Ärzten gesprochen, mit dem Hausarzt und mit dem Psychiater. Die wußten überhaupt nicht, was sie mir sagen sollen. [...] Soll ich die Reise machen oder soll ich sie nicht machen? Die fünf Tage, die ich in Auschwitz war, waren sehr hart, waren sehr, sehr hart. Aber eine Sache muß ich sagen: Gott sei Dank gab's kein Bier und keinen Schnaps da drüben, gab's nur Tee, Gott sei Dank! Sonst mecht ich jeden Tag besoffen sein.

> *Aber Moritz, der Grund, warum du dich entschlossen hast?*

Der Grund. Der Grund war, daß ich sehen wollte als freier Mensch den Platz, wo ich Häftling war. Und als freier Mensch da reinzugehen und zu sehen, wie ich da einmarschiert bin mit meiner Uniform als Häftling, mit der Streifenuniform, mit der Nummer, und konfrontieren die Haftzeit als freier Mensch.

> *Du wolltest als freier Mensch dahin zurückkehren und noch mal dich daran erinnern an die Zeit dort?*

Kannst den T.R. fragen, die haben genau gesagt, wie es war, genau die Punkte gezeigt, wo ich geschlafen habe, wo ich gelebt habe und so weiter, so fort. Wir sind sogar hingefahren in die Kohlengrube Jaworzno. Sie haben mich gefragt, willst du aussteigen, sage ich nein, ich steige nicht aus. Wir sind vorbeigefahren bei den Kohlengruben, wo ich gearbeitet habe. Da mecht ich auch mal, wenn sie mir erlauben würden, die Polen, runterzufahren zum Schacht auf 620 Meter unter Spiegelmeer. Da mecht ich auch mal runterfahren jetzt, da bin ich neugierig.

> *Das ist die Sohle, auf der du gearbeitet hast?*

Ja. Erst habe ich gearbeitet auf 300 Meter unter Spiegelmeer, nachher habe ich gearbeitet auf 620, das weiß ich noch genau, ne. Da mecht ich, wenn die Polen mir erlauben werden, dann mecht ich da runterfahren, und was ich noch, wenn ich kann - ist ein Traum, das glaube ich nicht - so'ne Karbidlampe, was wir hatten damals in den Kohlengruben, so eine zu kriegen, aber das ist ein Traum, die kriege ich nicht mehr.

> *Was bedeutet solch eine Lampe für dich?*

Für mich mecht sie viel bedeuten. Für mich mecht sie viel bedeuten. Warum habe ich mir diesen, ausgerechnet diesen Stock gekauft? Der sieht genau aus, wie die Stöcke, die die Steiger gebraucht haben in den Kohlengruben, sieht genauso aus, aber bei den Steigern war es oben alles Stahl. Deswegen habe ich mir diesen Stock so gekauft in Krakau. Er ist eine Erinnerung an die Vergangenheit, die kannst du wohl vielmals vertuschen, aber vergessen tust du sie nie. [...] Herr Szymanski[92] hat gesagt, wir sind keine Ex-Häftlinge, wir bleiben Häftlinge. Die Gesellschaft zwingt uns dazu, daß wir uns erinnern sollen an die Vergangenheit, an unsere Vergangenheit, daß wir noch sind, wie wir waren. Das stimmt. Ich wollte es nicht glauben, aber jetzt, da ich zurück bin von Auschwitz, und wenn ich son bißchen nachdenke, wenn ich so allein hier zu Hause sitze, denke ich nach, da muß ich doch dem Szymanski recht geben.

Herr T. bereut nicht, daß er als "freier Mensch" nach Auschwitz gefahren ist. Seitdem schlafe er besser, so berichtet er, und sei auch von manchem Alptraum befreit. Ein weiterer Grund für seine Reise nach Auschwitz sei auch gewesen, den dort ermordeten "Brüdern und Schwestern" seine Achtung zu erweisen.

Erinnerungen, die nicht vergehen wollen

Nachdem Herr T. über seine Reise nach Auschwitz berichtet hat, schildert er noch einmal seinen ersten Eindruck vom Lager, damals als Häftling:

Der erste Eindruck war es erstmal, daß ich muß in meinem Leben kämpfen. Daß ich muß versuchen, das Beste rauszukriegen, daß ich überleben soll. Und der erste Eindruck war sehr, sehr schlecht. Schon wenn wir angekommen sind mit dem Zug an die Ampel da, äh, Ampel nicht, wie heißt das noch? An die...

...Rampe.

...Rampe, wo der Dr. Fischer und Dr. Klein gestanden sind. Wie sie aussortiert haben die Menschen, noch schlimmer wie Tiere.

Du hattest Angst?

Angst oder nicht Angst, da war ich schon beinahe drei Jahre als Häftling in Posen. Wußte ich ganz genau, daß eines schönen Tags die Zeit kommt, aber gehängt wollt ich nicht werden. Besser mecht ich erschossen werden. Von Gaskammern hatte ich Ahnung und nicht Ahnung. Da wollte ich auch nicht, mecht ich auch nicht reingehen. Da mecht ich besser flüchten, daß die SS-Leute mich erschießen, als - wenn du geflüchtet warst, und der Wachmann dich gesehen hat, hat er Befehl gehabt, sofort zu schießen. Da mecht ich besser erschossen werden, das ist ein leichter Tod. Hängen kann so bis eineinhalb Stunden dauern, und du stirbst nicht, solange die Wirbelsäule nicht bricht, dann stirbst du nicht. Und die Gaskammer braucht auch ungefähr zehn Minuten, oder ist es eine Viertelstunde, bis du stirbst. Mit der Kugel, wenn die Kugel dich trifft, bist du sofort schon 75 Prozent tot. Verstehst du?

---

[92] Tadeusz Szymanski ist ein ehemaliger polnischer Auschwitz-Häftling, der in der Gedenkstätte Auschwitz arbeitet.

Aber du wolltest überleben.

Ich wollte überleben. Ich habe gekämpft zu überleben, habe immer den lieben Gott gebitten, daß er mir das Leben noch schenkt.

Mit nüchternen Worten beschreibt Herr T. die für die Opfer "angenehmsten" Formen der Hinrichtung. Wieder einmal macht er damit die Allgegenwart des Todes im Lager deutlich. Mut und Kraft gab ihm während der sechsjährigen Haft sein Gottvertrauen, das ihn auch heute noch nicht verlassen hat.

Mut hat mir gemacht, wenn ich abends, nach Feierabend, wenn wir so eine Stunde Zeit hatten für uns und durch ein Fenster raufgucken konnten, den Himmel gesehen habe, die Sterne, den Mond, und habe immer gesagt: "Lieber Gott, hast das alles geschaffen. Welch Wunder, was es gibt, was du alles geschaffen hast. Bitte, ich mechte ein freier Mensch noch mal sein und was tun für die Welt." Das hat mir Mut gemacht zu überleben, weil ich immer gedacht habe, daß die Macht, die über uns existiert, daß die Größe hat, größere Kraft hat wie wir Menschen. Da habe ich immer gedacht, Menschenskinder, sind Menschen genauso wie ich, laufen draußen mit Waffen rum, mit Knüppeln, Ochsenziemern, verprügeln uns, was sind das nur für Menschen?

Am Ende des Interviews spricht Herr T. noch einmal über die Macht der Erinnerungen an seine Zeit im Konzentrationslager. Hier wird deutlich, wie sehr Vergangenheit und Gegenwart ineinander verwoben sind, und auch, wie schwer es ihm fällt, das eigene Leben zu begreifen, das als gescheitert erscheint.

Die werden zurückkehren, solange ich lebe. Die Erinnerungen werde ich nie vergessen, das kann man nicht. [...] Die guten Sachen vergißt du eher wie die schlechten Sachen. Was du auf deinen Leib, in deine Seele Prügel bekommen hast oder Wunden, die vergißt du nie. Die heilen wohl, aber vergessen kannst du sie nicht. Das ist unmöglich. Wenn ich denken soll, das erste Mal, wie sie mich damals geschnappt haben mit der Zigarette.

Was war das?

Eine Zigarette habe ich geraucht.

Wo ist das gewesen?

Im Lager, in Posen noch. Siehst du hier [zeigt mir seine Hand], *siehst du das?*

Ja.

Ein Stück Rundeisen, in die Schmiede weiß gemacht, so heiß, weiß war es, da eingebrannt. Sollte sagen, von wem ich die Zigarette habe. Du wirst es nicht erfahren, sie haben es auch nicht erfahren, aber ich weiß, wer es war. Das weiß ich jetzt noch. Sie haben nichts rausbekommen von mir. Von mir nicht. Das erste Mal habe ich bekommen, mit dem Ochsenziemer, fünfunddreißig auf den nackten Arsch, das nächste Mal haben sie mich geschnappt mit einem Stück Weißbrot. Erstmal fünfzig Stück. [...] Hundertachtzig habe ich ausgehalten. Aber kein Mugs gesagt, kein Mugs. Da waren sie aber giftig. D a w a r e n S i e g i f t i g ! Die waren giftig. In der Baracke rein, haben mich sofort meine Häftlingsbrüder genommen, kaltes Wasser drauf und so weiter, so fort. Dann habe ich gepennt. Solche Sachen muß man aushalten. Soll ich jetzt nicht aushalten, was ich jetzt aushalte. Da lache ich noch drüber. Wenn ein Nachbar sagt, "dich haben sie vergessen zu vergasen", da lache ich nur drüber. Du ärgerst dich diesen Moment, ne, du ärgerst dich, stimmt's? Ne, daß solche Leute rumlaufen frei auf der Straße. Aber nachher drehst dich rum, kommst nach Hause, setzt dich, rauchst eine Zigarette, trinkst bißchen Bier, dann lachst du nur drüber und sagst, wie dumm die Leute sind. Stimmt's oder nicht, Dietmar?

> *Ja, ich weiß nicht. Ich kenne auch Sticheleien, natürlich ganz andere, aber mich treffen die manchmal schon mehr. Ich kann nicht nur sagen, wie dumm die Leute sind, sondern das verletzt mich schon.*

Mein lieber Freund Dietmar, wenn ich das sagen darf, mein lieber Freund. In dem Moment trifft mich das, in dem Moment rege ich mich auf, im Moment, wo das gesagt wird, verstehst mich, wie ich mein das. Aber nachher, wenn ich hier raufkomme, setz mich hin so wie jetzt, heute ist es heiß, habe ich das Fenster ganz offen, mache den Fernsehen an, glaube nicht, daß ich weiß, was ich gucke, ne? Oder wenn ich mache ein bißchen Musik an, meistens habe ich eine Dose Bier im Kühlschrank, hole mir die Dose Bier raus, setz mich hin, steck mir eine Zigarette an, mach die Dose Bier auf, nehme ich ein Schluck Bier und denke nach. Sage ich, Moritz, was für ein Idiot bist du. Du hast doch so viel in deinem Leben durchgemacht, hast das alles überstanden, hast das alles überlebt. Du lebst jetzt als freier Mensch und regst dich wegen so ein Arschloch auf. Entschuldigung, daß ich das gesagt habe, ne. Was für ein Idiot bist du?

Resümee

Für Herrn T. bedeutete die Verfolgung eine totale Entwurzelung und den Bruch seines vorherigen Lebensweges. Nachdem ihn die Nazis als Kind dem Schutz und der Geborgenheit seiner Familie entrissen hatten, war er sechs Jahre in deutschen Konzentrationslagern interniert. Hier kam er täglich mit dem Tod in Berührung. Er hungerte und leistete Schwerstarbeit wie ein Erwachsener. Eine Jugend hatte Herr T. nicht.

Gern hebt er sein Geschick hervor, mit dem es ihm gelungen war, den Selektionen zu entgehen und die Gefahren des Konzentrationslageralltags zu meistern. Er ist stolz auf seinen Mut, den er auch einsetzte, um Kameraden zu helfen. Nicht ohne Spott berichtet er darüber, wie er diejenigen, die die Macht besaßen, über Leben und Tod der Häftlinge zu entscheiden, ausgetrickst hat.

Herr T. hat überlebt. Nach der Befreiung war er völlig auf sich allein gestellt. Seine Familie war dem Nazi-Terror zum Opfer gefallen. Hoffnungsvoll begann zunächst sein Start in Südamerika. Vertrauend auf seine Fähigkeit, daß er sein Leben selbst gestalten kann, ließ er sich in Montevideo nieder und

gründete eine neue Existenz. Er heiratete und betrieb gemeinsam mit seiner
Ehefrau eine Bäckerei. Doch nach und nach zerplatzten seine Träume. Sein
Familienleben verlief unharmonisch. Herrn T.s Frau war aufgrund ihres anderen Erfahrungshintergrundes - ihre Familie hatte Deutschland bereits Anfang
der dreißiger Jahre verlassen - nicht in der Lage, ihm verständnisvoll zuzuhören, wenn es ihn drängte, über seine Vergangenheit zu sprechen, die ihn
auch in Südamerika nicht ruhen ließ.

Auf See und später in Deutschland wurde er immer stärker mit seiner
Vergangenheit konfrontiert. Die am Unterarm tätowierte Nummer weist ihn für
alle sichtbar als ehemaligen Auschwitzhäftling aus. Herr T. macht aus seinem
Jüdischsein keinen Hehl. Er möchte von seiner Umwelt als Jude akzeptiert
werden, ist aber selbst nicht in der Lage, ihr Vertrauen entgegenzubringen.
Insgeheim erwartet Herr T., antisemitische Äußerungen zu hören, und auch,
daß man ihn seines Glaubens wegen ablehnt. Dies spüren die Menschen, die
ihm begegnen. Sie fühlen sich beobachtet, provoziert und vielleicht auch
ertappt und reagieren daraufhin tatsächlich mit Ablehnung. Enttäuschungen und
Demütigungen sind die Folge, die wiederum Herrn T.s Mißtrauen gegenüber
seiner Umwelt verstärken. Inzwischen ist er so sehr zum Außenseiter geworden, daß es ihm nicht mehr gelingt, sich aus dem Kreislauf dieser sich selbst
erfüllenden Prophezeihung zu befreien.

Herr T. ist einsam und frustriert. Er ist enttäuscht über den Verlauf, den
sein Leben genommen hat. Er begreift nicht, warum er Auschwitz überlebt hat,
aber danach in der "Freiheit" nicht in der Lage war, sein Leben so zu gestalten, daß sich Glück und Zufriedenheit einstellten.

Herr D.: "Das war also so'ne gewisse Euphorie, ein Tanz auf dem Vulkan"

Historischer Hintergrund

In Berlin, Hamburg, Frankfurt am Main und anderen Großstädten des Reiches frönten Teile der jungen Generation einer besonderen musikalischen Leidenschaft: dem Swing. Die Nationalsozialisten jedoch lehnten Jazz-Musik als "entartet" ab und bemühten sich, sie zu unterdrücken und ihre Anhänger zu verfolgen. Viele der Jugendlichen wurden mit kurzen Haftstrafen belegt und einige sogar in Konzentrationslager deportiert.

Die im "Dritten Reich" verfolgten jugendlichen "Swings" stellten eine der vielen kleineren Verfolgtengruppen dar. Wenn von den Opfern des Nazi-Regimes die Rede ist, so wird zuallererst an die Opfer des Holocaust gedacht. Bereits weniger präsent ist im öffentlichen Bewußtsein, daß auch Menschen wegen ihrer politischen Gegnerschaft verfolgt wurden. Doch neben der Erinnerung an die systematische Ermordung von Millionen jüdischer Menschen darf nicht vergessen werden, daß von den Nationalsozialisten auch Homosexuelle, Sinti und Roma, körperlich und geistig Behinderte, die Zeugen Jehovas und viele andere gesellschaftliche Gruppen diskriminiert und verfolgt wurden, und darunter eben auch Jugendliche, deren einziges Vergehen darin bestand, sich für Swing-Musik zu begeistern, und die dadurch in Opposition zum Staatsapparat gerieten.

Mit dem Wort "Swing", das ein Schlüsselbegriff der Jazzmusik ist, wird zum einen ein rhythmisches Element des Jazz benannt, und zum anderen dient es als Bezeichnung des Jazzstils der dreißiger Jahre, als große Orchester, die Big Bands, vorherrschend waren. Der Swing wollte in erster Linie eine Musik zum Tanzen sein.[1] Nachdem Ende der zwanziger Jahre sowohl in Deutschland als auch in anderen europäischen Ländern, ja selbst in den USA, das Interesse an Jazzmusik nachgelassen hatte, wuchs nun unter den Jugendlichen rasch die Begeisterung für Swingmusik und sog. "Swing-Tänze". Ab 1936 waren sie auch in Deutschland populär.[2] Die jugendlichen Anhänger dieser Musik wurden meist als "Swing-Jugend", "Swing Heinis" oder "Swings" bezeichnet.[3]

---

[1] Jost, Ekkehard: Jazzmusiker. Materialien zur Soziologie der afro-amerikanischen Musik. Frankfurt a.M. 1982, S. 25.

[2] Kellersmann, Christian: Jazz in Deutschland von 1933-1945. Magisterarbeit. Hamburg 1989 (maschinenschriftlich), S. 11ff. Unter demselben Titel: Menden 1990 (= Jazzfreund-Publikation, 40).

[3] Kellersmann 1989, S. 13; vgl. auch Pohl, Rainer: "Das gesunde Volksempfinden ist gegen Dad und Jo." Zur Verfolgung der Hamburger "Swing-Jugend" im Zweiten Weltkrieg. In: Projektgruppe für die vergessenen Opfer des NS-Regimes in Hamburg e.V. (Hg.): Verachtet - verfolgt - vernichtet. Zu den "vergessenen" Opfern des NS-Regimes. Hamburg 1986, S. 14-45, hier S. 16.

Anders als z.B. in den Großstädten Berlin und Frankfurt, in denen sich eine
aktive Jazzmusikerszene entwickelt hatte, bestand die Hamburger Szene lediglich aus verschiedenen jugendlichen Cliquen, deren musikalisches Interesse
dem englischsprachigen Jazz galt. Bedeutende Jazzbands oder -musiker gab es
hingegen nicht.[4] Doch die Swingbegeisterten der Hansestadt hatten die
Möglichkeit, in den großen Tanzlokalen berühmte Swing-Orchester zu bewun-
dern. Im November 1937 gab beispielsweise Teddy Stauffer mit seinen "Original Teddies" ein Gastspiel im "Trocadero", und im selben Jahr fand auch ein
Sensationsgastspiel der Schweizer Swing Band "Lanigiro Hot Players" im
"Café Heinze" statt. Mit dieser Band sicherten sich die Veranstalter jeden
Abend ein volles Haus. In der Tanzbar des Hotels "Esplanade" wurde von
Horst Winter und seinem Orchester, das unbescheiden als "Deutschlands bestes
Swing Orchester" angekündigt wurde, Swing gespielt.[5]

Jazzmusik wurde allerdings nicht von allen geschätzt. So bekämpften die
Nationalsozialisten die von ihnen als "Niggerjazz" oder "Judenmusik" diffa-
mierte Musik, weil sie mit ihrer rassistischen Ideologie nicht in Einklang zu
bringen war. Der Jazz war für sie der Inbegriff sogenannter "entarteter
Musik". Dabei konnten sich die Nazis "...wie auf allen Gebieten des gesellschaftlichen Lebens, auf einen extrem reaktionären Konservatismus stützen,
dessen Wurzeln schon weit vor 1933 lagen"[6]. So war beispielsweise 1930 in
einer der damals angesehensten deutschen Musikzeitschriften, der "Melos", zu
lesen:

> "Die Grundlagen des Jazz sind die Synkopen und rhythmischen Akzente der Neger; ihre
> Mechanisierung und gegenwärtige Form ist das Werk von Juden, zumeist von New Yorker
> Tin Pan alley-Juden. Jazz ist Negermusik, gesehen durch die Augen dieser Juden."[7]

Bereits in den zwanziger Jahren wurden in Deutschland, wo zwischen 1925 und
1928 ein erster Höhepunkt der Jazzbegeisterung zu verzeichnen war, um den

---

[4] Kellersmann 1989, S. 36f. Weitere Literatur zur Hamburger "Swing-Jugend": Jureit, Ulrike: Jugendopposition im Dritten Reich: Die Swing-Jugend. Münster 1988 (unveröffentlichte Staatsexamensarbeit); Kater, Michael H.: The Jazz Expierence in Weimar Germany. In: German History 6,2 (1988) S. 145-158; ders.: Forbidden Fruit? Jazz in the Third Reich. In: The American Historical Review 94,1 (1989) S. 11-43; ders.: Different Drummers. Jazz in the Culture of Nazi Germany. New York/Oxford 1992; ders.: Gewagtes Spiel. Jazz in Nationalsozialismus. Köln 1995; Zwerin, Mike: La tristesse de Saint Louis. Swing unter den Nazis. Wien 1988. Filme zur Hamburger "Swing-Jugend": Ackermann, Roy/Jeremy, John (Autor: Zwerin, Michael): Swing under the Swastika. The Story of a Music that could Kill and Save. Großbritannien 1988; Ammon, Tom: Tanz zur Freiheit. Ein Film über die Hamburger Swing Jugend. Bundesrepublik Deutschland (ZDF/3 sat) 1992; Eisermann, David/Steinbiß, Florian: Propaganda-Swing: Dr. Goebbels' Jazz-Orchester. Bundesrepublik Deutschland (SWF) 1989.
[5] Müller, Thorsten: Eleganz im Trocadero, Swing im Cafe Heinze. In: Hamburger Abend-blatt vom 1.2.1985.
[6] Wicke, Peter: Das Ende: Populäre Musik im faschistischen Deutschland. In: Schutte, Sabine (Hg.): Ich will aber gerade vom Leben singen. Über populäre Musik vom ausge-henden 19. Jahrhundert bis zum Ende der Weimarer Republik. Reinbek 1987, S. 418-429, hier S. 421 (Geschichte der Musik in Deutschland).
[7] Zitiert nach Wicke 1987, S. 421.

Jazz heftige Auseinandersetzungen geführt.[8] Die Kritik an dieser Musikrichtung war in der Regel beschränkt auf völkisch-nationale oder allgemein-kulturelle Gründe.[9] Die erste nationalsozialistische Maßnahme gegen den Jazz datiert bereits vom September 1930. Bei dem Erlaß "Wider die Negerkultur und für deutsches Volkstum" des Thüringer Volksbildungs- und Innenministers Wilhelm Frick handelt es sich freilich nicht um ein Jazz-Verbot, wohl aber um den Versuch, "im Interesse der Erhaltung und Erstarkung des deutschen Volkstums" diese "Zersetzungserscheinungen nach Möglichkeit zu unterbinden [...]".[10] Zwei Jahre nach der Machtübertragung setzten gegen Jazzmusik reichsweit Unterdrückungsmaßnahmen der Nazis ein. Den Anfang machte das am 12.10.1935 vom Reichssendeleiter Dr. Eugen Hadamovsky erlassene "endgültige Verbot des Niggerjazz für den gesamten deutschen Rundfunk". Zwei Jahre später erließ Dr. Peter Raabe, der Präsident der Reichsmusikkammer, eine Anordnung, derzufolge ausländische Musik, die in Deutschland verlegt werden sollte, der Reichsmusikprüfstelle des Reichsministeriums für Volksaufklärung und Propaganda vorzulegen war.[11] Um auch der zunehmenden Verbreitung des "Swing-Tanzes" entgegenzuwirken, ergriffen nationale und lokale Parteiführer seit 1937 diverse Maßnahmen. Ab 1938 wurden regionale und lokale Swingverbote erlassen, aus deren Formulierung jedoch oftmals nicht hervorging, ob sie sich gegen "Swing-Tanz" oder gegen Swingmusik oder gar beides richteten.[12]

Für den Swing im "Dritten Reich" brachen schlechte Zeiten an. Es erschienen Propagandaartikel gegen Swing-Bands. In Hamburg ging die Gestapo 1938 mit Gewalt gegen die Jack Hylton Band vor, die im Alsterpavillon spielen wollte. Im selben Jahr wurde in Düsseldorf die Ausstellung "Entartete Musik"[13], über die auch in der Hamburger Presse berichtet wurde, eröffnet.[14] Diesen Bemühungen von Partei und Staat, den Jazz in Deutschland zu unterdrücken, widersetzten sich Teile der Generation der Achtzehn- bis Dreißigjährigen. Einige "Swings" waren sogar noch erheblich jünger, so auch Herr D. Rainer Pohl zufolge gab es bereits 1937/38 in Hamburg eine Swing-Bewegung, ein Vorläufer der späteren "Swing-Jugend": "Es handelte sich dabei vornehmlich um junge Leute aus wohlsituiertem,

---

[8] Kellersmann 1989, S. 9.
[9] Schröder, Heribert: Tanz- und Unterhaltungsmusik in Deutschland 1918-1933. Studien zu ihrer Rezeption und zur Sozialgeschichte des Unterhaltungsmusikers. Diss. Bonn 1985, S. 400.
[10] Wider die Negerkultur für deutsches Volkstum. In: Amtsblatt des Thüringischen Ministeriums für Volksbildung (Weimar). 9,6 (1930), S. 40. Zit. n. Kellersmann 1989, S. 12.
[11] Müller, Thorsten: Feindliche Bewegung. In: Deutsches Allgemeines Sonntagsblatt Nr. 22 vom 29.5.1988.
[12] Kellersmann 1989, S. 14.
[13] Unter dem Titel *"Entartete Kunst": Das Schicksal der Avantgarde im Nazi-Deutschland* organisierte das Los Angeles County Museum of Art eine Ausstellung, die u.a. eine Rekonstruktion der Münchner Ausstellung *'Entartete Kunst'* aus dem Jahre 1937 enthält sowie eine Abteilung zu 'entarteter Musik'. Das Alte Museum in Berlin zeigte die Ausstellung vom 4.3.-31.5.1992, siehe "Entartete Kunst". Das Schicksal der Avantgarde im Nazi-Deutschland. Herausgegeben von Stephanie Barron. München 1992.
[14] Pohl 1986, S. 18.

bürgerlich-anglophilem Milieu, darunter auch einige jüdische bzw. 'halbjüdische' Hamburger sowie Söhne und Töchter ausländischer Kaufleute und Diplomaten."[15] 1939 wurden von den Nationalsozialisten weitere Maßnahmen zur Bekämpfung des "Jazzbazillus" beschlossen. Am 15. April erließ der Präsident der Reichsmusikkammer die Anweisung, Listen mit Musiktiteln zu führen, die dem "nationalsozialistischen Kulturwillen" widersprachen. Am 13. Mai desselben Jahres erfolgte eine weitere Anordnung, diesmal mit dem Ziel, den Swing-Tanz auszutreiben; die Verbreitung von Tänzen wurde von einer Unbedenklichkeitserklärung abhängig gemacht. Darüber hinaus wurde den Musikern nahegelegt, das Singen in ausländischer Sprache zu unterlassen, da dies "unwürdig" sei. Schließlich erfolgte am 28. Juli die Androhung eines Berufsverbotes für Musiker, die Werke jüdischer Autoren spielten.[16] Repression und Verfolgung war die eine Seite der nationalsozialistischen Politik gegenüber der Swing-Musik und ihren Anhängern. Auf der anderen Seite ließ Propagandaminister Joseph Goebbels eigens eine Propaganda-Jazzband, "Charlie and his Orchestra", gründen, die im deutschen Rundfunk für Hörer in Großbritannien und Nordamerika und nach den alliierten Invasionen in Italien und Frankreich für die englischsprachigen Truppen Swing-Rhythmen spielte.[17]

Lebenslauf

Zu den im "Dritten Reich" verfolgten Swing-Anhängern gehörte auch der 1925 im Hamburger Stadtteil Eimsbüttel geborene Herr D. Nach seiner Schulentlassung im Jahre 1940 begann er eine kaufmännisch-technische Lehre. Bereits in diesen Jahren widmete er der Swing-Musik seine ganze Aufmerksamkeit. Mit seinen gleichfalls swingbegeisterten Freunden besuchte er Lokale, in denen Jazz-Bands auftraten. Zu Hause wurden dann die Schallplatten aus der eigenen Sammlung gespielt. Im November 1942 wurde Herr D. von der Gestapo verhaftet. Bis zum Februar 1943 war er im Polizeigefängnis Fuhlsbüttel interniert. Nach der Ausstellung eines Schutzhaftbefehls wurde er anschließend in das Jugendkonzentrationslager Moringen eingewiesen.

1945 erlebte Herr D. die Befreiung des Lagers. Anschließend kehrte er in das zerstörte Hamburg zurück, um seine Familie zu suchen, die ausgebombt worden war. Nach dem Krieg folgten Jahre schwerer Krankheit, eine

[15] Ebd.
[16] Müller 1988.
[17] dazu: Der Spiegel, Nr. 16 (1988) S. 228-236; ebd., Nr. 8 (1993) S. 224f.; ebd., Nr 12 (1995) S. 234-237. Die Haltung der Nationalsozialisten zur Swing-Musik erscheint ambivalent, denn mitunter wurden Swing-Rhythmen toleriert. "Das Regime", schreibt Fackler, "mußte aus gesellschafts- und machtpolitischen Gründen Zugeständnisse an die Swingbegeisterung breiter Bevölkerungsschichten machen", siehe Fackler, Guido: Zwischen (musikalischem) Widerstand und Propaganda - Jazz im "Dritten Reich". In: Noll, Günther (Hg.): Musikalische Volkskultur und die politische Macht. Tagungsbericht Weimar 1992 der Kommission für Lied-, Musik- und Tanzforschung in der Deutschen Gesellschaft für Volkskunde e.V. Essen 1994b, S. 437-483, hier S. 451-456 (= Musikalische Volkskunde, 11).

Auswirkung der vorausgegangenen entbehrungsreichen Zeit. Herr D. mußte sich mehreren schweren Operationen unterziehen. Heute ist er zu 100% schwerbehindert. Erst 1952 war es Herrn D. wieder möglich, als kaufmännischer Angestellter zu arbeiten. Über den zweiten Bildungsweg und diverse Schulungen und Weiterbildungsmaßnahmen wurde er EDV-Fachmann und avancierte vom Operator und Programmierer zum Rechenzentrumsleiter des Betriebes, in dem er arbeitete. Mittlerweile ist er Rentner und lebt noch heute in Hamburg. Seit Anfang der 80er Jahre nimmt er regelmäßig an der Gedenkfeier für die ermordeten Moringer KZ-Häftlinge teil, die alljährlich zu Totensonntag auf Initiative der beiden dortigen Pastoren in Moringen abgehalten wird.

Kontaktaufnahme und Interviewbesuch

Herrn D. lernte ich auf einem Wochenendseminar mit dem Thema "Jazz im Dritten Reich" kennen, das im April 1988 vom "Bildungswerk Leben und Umwelt" in Fredelsloh veranstaltet wurde. Er war hier als Zeitzeuge für die Verfolgung swingbegeisterter Jugendlicher im Nationalsozialismus eingeladen, aber auch als Musikfachmann für den Jazz der dreißiger und vierziger Jahre. Nachdem ich ihm von meiner Arbeit berichtet hatte, erklärte er sich zu einem Interview bereit. Der genaue Termin wurde erst eine Stunde vorher telefonisch auf Herrn D.s Initiative hin verabredet. In dem Telefonat teilte er mir mit, daß er am Nachmittag "ein paar Minuten" Zeit habe, und wenn es mir recht sei, könnten wir dann das bereits vor mehreren Monaten verabredete Interview führen, worauf ich einwilligte.

Herr D. ist schon häufiger als Zeitzeuge vor allem von Journalisten, aber auch von Wissenschaftlern, die über die "Swing-Jugend" arbeiten, befragt worden. Der häufige Kontakt mit den verschiedensten Medien ließ ihn zu einem Interviewroutinier werden. Seine auf diese Weise gesammelten Erfahrungen prägen seine Vorstellung über Art und Ablauf eines Interviews. Geführt wurde das Interview im Juni 1988 in seiner Hamburger Wohnung, deren am meisten hervorstechendes Merkmal eine umfangreiche Jazz-Plattensammlung ist.

Nach der Begrüßung erzählte er mit voller Begeisterung vom gerade zu Ende gegangenen Hamburger Low-Budget-Film-Forum, bei dem er mit der Veranstaltung einer Swing-Diskothek im Alsterpavillon betraut gewesen war. Der Alsterpavillon war in der NS-Zeit ein Treffpunkt der Hamburger "Swings" gewesen. Bevor das Interview begonnen wurde, erläuterte ich ihm den Fragebereich und den Interviewumfang, ohne daß seinerseits Rückfragen gestellt wurden. Während des Interviews signalisierte er häufig Eile und gab durch Gesten und Tonfall am Ende längerer Redebeiträge zu verstehen, daß nun alles gesagt sei. Das Interview dauerte siebzig Minuten und gehört damit zu den kürzeren des Corpus. Daß journalistische Interviews in der Regel weitaus kürzer sind, mag als Erklärung für Herrn D.s Verhalten betrachtet werden.

Der Erzähler

Während Herr D. über die Geschichte der Swing-Musik und der Verfolgung
ihrer Anhänger eloquent und detailreich berichtet, gibt er hingegen über
Persönliches nur sehr sparsame Auskünfte. Dies gilt für die Gespräche mit mir
ebenso wie für die diversen Medien-Interviews. Er macht lediglich einige
knappe Bemerkungen über seine Eltern, allerdings ohne dabei beispielsweise
etwas über ihren Sozialstatus zu verraten. Etwas ausführlicher werden der
berufliche Werdegang, die verfolgungsbedingte Krankengeschichte sowie die
sogenannte Wiedergutmachung geschildert. Diejenigen persönlichen Informationen, die er preisgibt, sind von besonderer Bedeutung für seine Erzählung.
So ist z.B. die Krankengeschichte notwendig, um über die physischen Folgen
der KZ-Haft zu berichten. Für das Thema seiner Erzählung sind hingegen
Informationen über seinen Familienstand, über eigene Kinder oder über
etwaige Interessen außerhalb der Swing-Musik von keinerlei Bedeutung und
werden somit auch nicht geboten.

Herr D. ist, wie bereits erwähnt, ein Interviewroutinier. Er braucht die
Fragen des Interviewers nicht als Impuls für seine Erinnerung. Er verfügt über
ein festes Repertoire an Geschichten, in denen sich teilweise sogar die benutzten Redewendungen und Begriffe wiederholen. Dies wird deutlich, wenn Äußerungen von Herrn D. in verschiedenen Rundfunkbeiträgen, Zeitungsartikeln
oder Interviews miteinander verglichen werden. Stellvertretend sei ein Beispiel
angeführt: Auch in einem Gespräch mit Rainer Pohl, welches dieser als Quelle
einem wissenschaftlichen Artikel über die "Swing-Jugend" zugrunde legte,
gebrauchte Herr D. den Ausdruck "Tanz auf dem Vulkan"[18], um das Lebensgefühl der 'Swings' zu charakterisieren.[19]

Für Herrn D. war unser Gespräch nur eines von vielen. Die Vielzahl seiner
öffentlichen Auftritte und Verpflichtungen vermag ich nur unzureichend zu
dokumentieren. Nachfolgend seien einige Beispiele unterschiedlichster Art aus
den vergangenen sieben Jahren genannt. Bei dem bereits erwähnten Hamburger
Low-Budget-Film-Forum (1.-5. Juni 1988) veranstaltete Herr D. eine Swing-
Diskothek im Alsterpavillon. In dem Film der Regisseurin Nina Gladitz *Der
Versuch einer Berührung* ist Herr D. Darsteller seines eigenen Lebens, das mit
dem Leben der heutigen Jugend verglichen wird. Auch die Mitwirkung an dem
Seminar "Jazz im Dritten Reich" in Fredelsloh, auf dem ich ihn im April 1988
kennengelernt habe, ist in diesem Zusammenhang zu erwähnen.[20] Im Juni 1989

---

[18] Mit dieser Redensart, die die Explosivität der Zeit gut beschreibt, spielt Herr D. möglicherweise auch auf den operettenhaften Film "Tanz auf dem Vulkan" aus dem Jahre 1938
an. Die Hauptrolle spielt Gustaf Gründgens. Er singt u.a. das Lied "Die Nacht ist nicht
allein zum Schlafen da", siehe Lexikon des internationalen Films. Bd. 8. Reinbek 1987, S.
3711 und Reclams deutsches Filmlexikon. Stuttgart 1984, S. 249. Die Aussage des Liedes
mag dem Lebensgefühl der 'Swings' entsprochen haben.
[19] Pohl 1986, S. 25.
[20] Dazu: Goettges, Ulf C.: "Dort muß die Jugend Prügel bekommen." Als Jazz-Fan ins KZ
Moringen: Ehemaliger Häftling als Zeitzeuge im Seminar. In: Göttinger Tageblatt vom
12.4.1988.

wurde dieses Seminar in ähnlicher Form in Freiburg i.Br. abgehalten.[21] Im norddeutschen Raum trat Herr D. seit dem Seminar in Fredelsloh häufiger bei öffentlichen Veranstaltungen auf, über die auch in den lokalen Medien berichtet wurde.[22]

Weitere Beispiele: Interviews mit Herrn D. oder kleinere Beiträge, von ihm selbst verfaßt, sind in verschiedenen Buch-Publikationen zum Thema "Jazz im Nationalsozialismus" erschienen.[23] Der "Stern" veröffentlichte einen Artikel über Herrn D. mit dem Titel *Mit Swing gegen die Nazis*[24], und der Westdeutsche Rundfunk strahlte eine Sendung aus, in der Herr D. ebenfalls zu Wort kam[25]. Für die Sendung *Auch für Musik muß es einen Scheiterhaufen geben. Musik im Dritten Reich*, die vom Norddeutschen Rundfunk ausgestraht wurde, stellte Herr D. einige Aufnahmen aus seiner umfangreichen Plattensammlung zur Verfügung.[26] Der Norddeutsche Rundfunk widmete Herrn D. sogar eine ganze Sendung. In der Reihe "Talk auf Vier" wurde im Januar 1995 ein einstündiges Interview mit ihm gesendet.[27] Auch in verschiedenen Fernseh-Dokumentationen über die Geschichte der Swing-Musik und der Verfolgung ihrer Anhänger in der Zeit des Nationalsozialismus finden sich zahlreiche Interview-Auschnitte mit ihm.[28] Mit besonderem Stolz erfüllt Herrn D., daß er die Idee zu dem Drehbuch für den Film *Swing-Kids* (USA 1993) von Thomas Carter lieferte.[29] Doch Herr D. tritt auch mit ganz anderen Veranstaltungen in der Öffentlichkeit auf. So beispielsweise mit einem Musik-Programm, in dem das 'legendäre' Glenn Miller-Orchester mit Titeln aus den Jahren 1928 bis

---

[21] Kobe, Reiner: Jazz im Dritten Reich. In: Jazzpodium 38,7 (1989) S. 24f.

[22] So beispielsweise anläßlich der Eröffnung der Foto-Ausstellung *Swing unter dem Hakenkreuz* in Northeim, siehe den Artikel *Gefährlicher Swing* in: Hessisch Niedersächsische Allgemeine vom 7.11.92. Zwei Jahre später hielt Herr D. einen Vortrag über die Verfolgung der "Swing-Jugend" in der Zeit des Nationalsozialismus in Oldau, siehe: Wendorff, Yvonne: Verbotene Swingmusik wurde heimlich gehört. Musik aus den USA durfte während der Hitlerzeit nicht gespielt werden/Swing-Jugendlichen drohte Konzentrationslager. In: Göttinger Evangelische Zeitung vom 11.12.1994.

[23] So enthält das Buch *"Swing-Heil"* neben Interviews mit Emil Mangelsdorff, Ernst Jandl und Walter Jens auch eines mit Herrn D., siehe: Polster, Bernd (Hg.): "Swing-Heil". Jazz im Nationalsozialismus. Berlin 1989, hier S. 160-165; für das Buch *Heinrich Himmler und die Liebe zum Swing* schrieb Herr D. einen eigenen Beitrag, siehe Heinrich Himmler und die Liebe zum Swing. Erinnerungen und Dokumente. Herausgegeben von Franz Ritter. Leipzig 1994, S. 189-192.

[24] Cebulka, Doris: Mit Swing gegen die Nazis. In: Stern, Nr. 23 vom 2.6.1988.

[25] WDR I, *"Swing Heil"*, von Astrid Eichstedt, 17.3.1989.

[26] NDR III, Jazz-Laboratorium: *Auch für Musik muß es einen Scheiterhaufen geben. Musik im Dritten Reich*, Folge 2, von Brigitte Jacobeit, 23.2.1993.

[27] NDR IV, Talk auf Vier, *Die deutsche Swing-Jugend von den Nationalsozialisten verfolgt und bestraft*, 12.1.95.

[28] Als Beispiele seien die folgenden Dokumentationen genannt: ARD, *Störenfriede nach Block S! Das Jugend-KZ Moringen Moringen in Niedersachsen*, von Norbert Westenrieder, 30.8.1992; West III, *Swing gegen Gleichschritt - Musikalische Subkultur im NS-Staat*, von Roland May, 5.11.1992.

[29] Dies berichtete mir Herr D. in einem Gespräch am 12.3.1993. Ergänzend zu einem Beitrag in der Zeitschrift "Cinema" über den Film *Swing-Kids* wird auch ein Interview mit Herrn D. wiedergegeben, in dem dieser als Zeitzeuge zu dem Film Stellung nimmt, siehe Dahm, Klaus: Swing-Kids. In: Cinema Nr. 6 (1993) S. 83-86.

1944 ausgiebig vorgestellt wird. In einem Standard-Anschreiben an mögliche
Interessenten stellt Herr D. sein Angebot vor:

> "Eine Big-Band begeisterte ganz Amerika und West-Europa zwischen 1937 und 1944. Ein
> 2Std.-Programm wahlweise mit anschließendem Tanz (nach Swingmusik) oder einer
> Diskussion [...] Diese Darbietung ist keine Konkurrenz zum Film "Die Glenn Miller
> Story". Da aber im Film weder Glenn Miller noch sein Original-Orch. zu sehen waren, soll
> dieses Hörbild als Ergänzung zum Film verstanden werden. In dieser Veranstaltung wird
> der Werdegang Miller's erzählt, jedoch das Dominierende bleibt die grossartige Klangfülle
> und Satzarbeit des Orchesters. Der Unterzeichnende war selber Mitglied der Hamburger
> Swingjugend und wurde durch die Gestapo 1942 in ein Konzentrationslager eingewiesen.
> Da diese Darbietung unter dem Fachbereich "Zeitgeschichte" bereits an verschiedenen
> VHS, Fachhochschulen und Uni's mit gutem Erfolg gelaufen ist, möchte ich Ihnen heute
> dieses Programm anbieten [...]."[30]

Swingbegeisterung - Ausdruck einer sich verweigernden Jugend

Als Zwölfjähriger begann Herr D., sich für Trichtergrammophone zu interessieren, wobei ihn zunächst mehr die Mechanik der Geräte als die Musik, die er
darauf spielen konnte, faszinierte. Anfangs wurden Witzplatten sowie Platten
mit Walzer- oder Marschmusik aufgelegt. "Mit Swing", so erinnert sich Herr
D. heute, "hatte das ganze 1937 natürlich noch gar nichts zu tun." Allmählich
veränderte sich sein Musikgeschmack hin zur Schlagermusik, die von ihm und
seinen Freunden doch für interessanter befunden wurde als die Klänge von
Walzer- und Marschmusik. In einem Gebrauchtwarenladen in der Hamburger
Innenstadt erwarb er für 20 Pfennig pro Stück Schellackplatten, die dann zu
Hause auf dem Trichtergrammophon oder bei Freunden, die bereits ein Koffer-
oder Schrankgrammophon besaßen, abgespielt wurden. Im Laufe der Zeit
"entstand dann ein gewisser Wetteifer im Kaufen von Tanzmusikschallplatten,
und jeder wollte natürlich immer die verrückteren Sachen haben, und so kamen
wir also in die Swing-Szene hinein".

In diesen Jahren, in denen der Jazz von den Nationalsozialisten bereits
geächtet und verfolgt wurde, wuchs Herrn D.s Vorliebe für eben diese Musik.
Aus der Swing-Begeisterung entwickelte sich bei ihm und vielen Gleichgesinnten allmählich eine Oppositionshaltung gegenüber dem Nationalsozialismus.
Viele von ihnen, auch Herr D., versuchten sich z.B. der HJ-Dienstpflicht, die
seit 1938 bestand, zu entziehen.[31]

Mit Kriegsbeginn verschärfte sich die Situation weiter. Am 1. September
1939 wurde das Hören ausländischer Sender verboten.[32] Dies galt natürlich
auch für Musiksendungen, die vom Ausland ausgestrahlt wurden. Viele Deutsche ließen sich trotz hoher Strafandrohung nicht abschrecken, es dennoch zu
tun. Einen Tag später ordnete Reichspropagandaminister Goebbels an, daß

---

[30] Dieses Schreiben erhielt ich im April 1991.
[31] Klönne, Arno: Jugend im Dritten Reich. Jugendbewegung, Hitlerjugend, Jugendopposition. In: Journal für Geschichte 2,3 (1980) S. 14-18.
[32] Kellersmann 1989, S. 50f.; vgl. auch Handbuch des Deutschen Rundfunks. Herausgegeben
von Weinbrenner, Hans-Joachim. Heidelberg 1939, S. 173ff.

Werke, "die dem nationalen Empfinden entgegenstehen", nicht mehr aufgeführt werden dürften. Der Verkauf englischer Schallplatten und Noten war
künftig verboten. Amerikanische Titel durften hingegen bis zum Kriegseintritt
der USA im Februar 1942 weiterhin gespielt und verbreitet werden.[33] Wie
standen nun die swingbegeisterten Jugendlichen zu den damaligen Machthabern, die so rigoros gegen Jazzmusik vorgingen?

*Wir haben uns ja um die damaligen Machthaber überhaupt gar nicht geküm-
mert. Ich war auch nicht in der Hitlerjugend. Ich wußte gar nicht, wo die ihren
Bann, oder wie das damals hieß, hatten. Irgendwie bin ich da auch gar nicht
belästigt worden, von der Hitlerjugend. Entweder hatte man mich in der Stadt
nicht in den Papieren drin, auf dem Dorf war das ja alles nicht möglich. Ich
hatte auch eine Lehrstelle bekommen, obwohl ich nicht in der Hitlerjugend
war, aber irgendwie mußte wohl was behördenmäßig schiefgegangen sein, so
daß ich also nie Schwierigkeiten hatte, mit der Hitlerjugend konfrontiert zu
werden. Wahrscheinlich wären sie sonst auch gekommen und hätten mich
einfach zum Dienst abgeholt, wie man das so in anderen Kollegenkreisen hörte,
naja.*

> *Ist diese ganze politische Entwicklung quasi an dir
> vorbeigezogen, ohne daß du, also von Begeiste-
> rung gar nicht zu sprechen, aber auch keine
> Kenntnisnahme...*

*Ja, dieses ganze Nazi-Regime wurde ja von fast allen jungen Leuten abgelehnt,
unabhängig ob sie zur "Swing-Jugend" gehörten oder nicht, weil wer wollte
schon nach der Hitlerjugendausbildung für Kriegsvorbereitung auf den
Schlachtfeldern sterben, das war ja eine Zeit damals, wo die ganze Jugend
verheizt wurde und eingezogen wurde und an der Front als Kanonenfutter
verblutete. Also eine positive Einstellung konnte man gegen diesen oder für
diesen Staat ja gar nicht einnehmen, das war ja gar nicht möglich. Naja, und
so gerieten wir allmählich in Opposition, weil wir nun immer mehr uns auf die
amerikanischen spezialisierten. Teddy Stauffer war uns inzwischen nicht mehr
gut genug. Wir spielten also dann Nat Gonella und Louis Armstrong-Platten,
die ja nun noch verpönter waren bei uns, und das alles auch in der Öffentlichkeit, z.B. wenn wir Kanufahrten auf der Alster, auf der Binnenalster oder
Außenalster machten, dann hatten wir immer ein Grammophon dabei und
kauften dann möglichst dicke Nadeln, damit also über die Membrane möglichst
laute Töne aus diesem Koffergrammophon herauskamen, damit man uns auch
hörte. Und überall, wo wir waren, auf Feten, auf Kanufahrten und zum Schluß
auch in der Firma, weil die damaligen Lehrlinge hatten in den Hamburger
Betrieben Nachtwache, kriegten damals 2 Mark 50 die Nacht, und auf dem
Gelände war ja keiner, und so konnten wir ungehört unsere Schallplatten spielen, was natürlich auch nicht gut ging.*

---

[33] Kellersmann 1989, S. 64.

Herr D. zeichnet das Bild einer Jugend, die den Gleichschaltungsbestrebungen des Nazi-Regimes zum Trotz an ihrem anglophilen Lebensstil festhielt, ja ihn sogar in der Öffentlichkeit zu kultivieren wagte. Mit Kriegsbeginn verstärkte sich zwangsläufig der Druck auf diese Jugendlichen, brauchte das Regime doch nun eine Jugend, die sich widerspruchslos für ihre Ziele gebrauchen ließ, d.h. - für Herrn D. - bereit war, an der Front zu kämpfen. Damit wuchs die Entfremdung zwischen den "Swings" und den Nationalsozialisten: hier vergnügungssüchtiges Dandytum, dort soldatische Heldenbeschwörung.[34]

Herr D. beginnt diese Interviewsequenz mit dem Satz: "Wir haben uns ja um die damaligen Machthaber überhaupt gar nicht gekümmert." Diese Aussage läßt zwei Lesarten zu. Zum einen läßt sich annehmen, daß die Nationalsozialisten bewußt ignoriert wurden, zum anderen aber auch, daß ihr Treiben einfach nur mit Gleichgültigkeit aufgenommen wurde, was nicht verwunderlich wäre, handelt es sich doch bei den Swing-Boys noch um Jugendliche, von denen nicht unbedingt ein politisches Bewußtsein erwartet werden kann. Erst als sie selbst stärker von der Politik und den Maßnahmen der Nazis betroffen waren, folgte eine stärker inhaltliche Auseinandersetzung.

Auf meine Frage, inwieweit Herr D. die politische Entwicklung wahrgenommen habe, entgegnet er, daß das Nazi-Regime von "fast allen Jugendlichen" abgelehnt wurde. Den Grund hierfür sieht er in der Ablehnung des Krieges. Die Einberufung zum Kriegsdienst scheint für ihn einem Todesurteil gleichzukommen. Mit bildreichen Worten schildert er, was ihn und alle Jugendlichen an der Front erwartet hätte, nämlich "auf den Schlachtfeldern [zu] verbluten". Auf diese Weise drückt er seine große Angst vor einem Tod an der Front aus, die auch noch an anderen Stellen im Interview deutlich wird: "Die Frage ist ja sowieso, wenn man nicht nach Moringen gekommen wäre, wäre man vielleicht an der Ostfront irgendwo im Massengrab oder... das ist ja noch ein ganz anderes Problem, was sich dahinter verbirgt."

In der folgenden Sequenz beschreibt Herr D. den Hintergrund, vor dem sich sein Lebensgefühl in jenen Jahren entwickelte, noch etwas ausführlicher. Um seine Gruppenzugehörigkeit zur "Swing-Jugend" zu betonen, erzählt er - wie beinahe das gesamte Interview hindurch - in der ersten Person Plural bzw. unter Verwendung des kollektiven 'man' oder 'jeder'.

Wir wollten ja auch ein bißchen Lebenslust und ein bißchen Lebensfreude. Man muß ja bedenken, das waren ja die Jahre der Lebensmittelmarken und Kleiderkarten, das waren die Jahre der Verdunkelung und des Nazi-Terrors, da wollten die jungen Leute ja nun auch noch, bevor sie eingezogen wurden, na, sich ein paar schöne Tage machen und deswegen also mit ihren Mädchen abends in diese Lokale gingen, wo also noch solche Musik geboten wurde.

Also war es Kompensation zum Alltag, der unter harten Bedingungen ablief?

---

[34] Vgl. Peukert, Detlev: Heinrich Himmler und der Swing. In: Journal für Geschichte 2,6 (1980) S. 53-56, hier S. 56.

Ja, das ist richtig. Jeder wußte ja, daß irgendwann diese ganze Kriegs-
geschichte ihn auch erfaßte und daß er da irgendwo in diesen Sog mit hinein-
gezogen wird. Jeder sah ja den Tod vor Augen, das war ja ganz klar. Es war ja
die Zeit damals, wo die Jugend echt verheizt wurde in Europa, in England und
Frankreich und überall, durch diesen Zweiten Weltkrieg. Und so versuchte man
also noch, sich ein paar Tage schöne Stunden zu machen, bevor alles zu Ende
war. Das war also die Tendenz, leben und leben lassen. Wegen der Bomben-
angriffe wurde schon um acht angefangen zu feiern und bis elf wurde möglichst
viel getrunken, weil ab elf konnte man schon gar nicht mehr da sein. Das war
also so'ne gewisse Euphorie, ein Tanz auf dem Vulkan würde ich sagen.

Also eine Endzeitstimmung?

Eine Endzeitstimmung sicherlich, völlig egal, ob dann Platten gespielt wurden
oder nicht.

Herrn D.s Beschreibung ist gedanklich nachvollziehbar. Die alltäglichen
Beschränkungen und Nöte, die der Krieg mit sich brachte, sowie die Erwartung
der eigenen Einberufung zum Militär schufen eine Stimmung erdrückender
Freudlosigkeit und drohender Gefahr, die kompensiert werden mußte. Auch in
dieser Passage folgt die Einschätzung, daß der Tod die logische Konsequenz
einer Einberufung in den Krieg sei. Hier ist der "Tod vor Augen" Erklärung
eines Lebensgefühls: dem "Tanz auf dem Vulkan". Ein Sinnbild der zu
erwartenden Entladung des eskalierenden Konflikts zwischen "Swing-Jugend"
und NS-Regime.

Seit Kriegsbeginn wurden in immer kürzeren Zeitabständen öffentliche
Tanzverbote verhängt, die allerdings auch wieder aufgehoben wurden. Erst
nach dem deutschen Angriff auf die Sowjetunion im Juni 1941 wurden Tanz-
veranstaltungen in Deutschland generell verboten.[35] Nachdem in Hamburg im
Mai 1940 das Tanzen in der Öffentlichkeit untersagt worden war - ein "Swing-
Tanz"-Verbot existierte in der Hansestadt bereits seit Juni 1939[36] -, wurden
statt dessen sogenannte Hausfeste veranstaltet[37]. Wie bereits von Herrn D.
berichtet, wurden auch gemeinsame Ausflüge von den "Swing-Boys" und
"Swing-Girls" - natürlich gab es auch swingbegeisterte Mädchen - unternommen. Ihr auffälliges Äußeres - lange Haare, englische Sakkos, weiße Staub-
mäntel und ein Regenschirm am Arm waren die Kennzeichen der Boys, und die
Girls, stets geschminkt, posierten gern mit langer Zigarettenspitze[38] - und der
markante Tanzstil der "Swings" sowie die auf dem mitgebrachten Koffergrammophon abgespielten Swing-Platten sorgten stets für Beachtung, aber auch für
Verärgerung. Unter der Überschrift *Schräge Vögel, mausert euch!* erschien
1940 in den "Hamburger Gaunachrichten", dem Mitteilungsblatt der Hamburger NSDAP, ein Artikel, in dem das Verhalten der "Swing-Jugend" angepran-
gert wurde:

---

[35] Ebd., S. 16.
[36] Ebd., S. 15.
[37] Peukert, Detlev: "Die Edelweißpiraten". Köln 1988, S. 202.
[38] Vgl. Kellersmann 1989, S.37; Polster 1989, S. 134.

"[...] Nur sind wir nicht mehr gesonnen, da zu schweigen, wo sich die boys und girls von Talmi-Etons Gnaden benehmen, als sei für sie kein Krieg und so, als ginge sie das ganze gar nichts an. Sehr wenig Spaß versteht in diesem Punkte der Soldat, der von der Front kommt und Erholung sucht.
[...] Ihr k l e i n e s H ä u f l e i n[39] - wenn es nach euch ginge, dann müßten wir am Siege zweifeln... drum mausert euch! [...] E s g e h t n i c h t u m H u t o d e r J a c k e.[40] Die Haltung - Aufzug und Gebaren - von euch paar hundert Engelsmännern paßt uns nicht.
Wir wollen euch nicht mehr sehen. So nicht. Das bitten wir zu merken."[41]

Der Propagandaartikel appelliert zwar an die Einsichtigkeit der "schrägen Vögel", doch geschieht dies mit einem drohenden Unterton. Bereits zwei Monate später wurde diese Drohung in die Tat umgesetzt. Im Zuge einer sicherheitspolitischen Aktion kam es in Hamburg zur Verhaftung von 63 'Swing-Jugendlichen', von denen allerdings die meisten nach einer Verwarnung bald wieder entlassen wurden.[42] Unter der Überschrift *Das gesunde Volksempfinden ist gegen Dad und Jo* erschien im Oktober 1941 erneut ein Propagandaartikel gegen die "Swing-Jugend", diesmal verbunden mit einer eindeutigen Drohung: "Aufgepaßt und zugefaßt".[43] Doch die swingbegeisterten Jugendlichen der Hansestadt ließen sich von diesen Drohungen wenig beeindrucken und nahmen auch weiterhin jede Gelegenheit wahr, ihrer musikalischen Leidenschaft zu frönen.

In Hamburg passierte natürlich damit das große Unglück mit dem "John Kristel Orchester" aus Holland. Im Jahre 1941 gab dieses Orchester ein Gastspiel im Hamburger Alsterpavillon. Das war ja nichts besonderes, nur man stellte nach einigen Tagen gleich fest, daß dieses Orchester gar keine deutschen Noten hatte. Die konnten also gar keine deutschen Schlager spielen, die spielten Eigenkompositionen oder englisch-amerikanische Titel, und das wiederum hatte natürlich zur Folge, daß es wie ein Lauffeuer durch die ganze Hansestadt ging unter den jungen Leuten: Habt ihr schon gehört, was im Alsterpavillon für eine Band spielt? Ja, nun ging es natürlich los. Jeden Abend war dieser Laden völlig überfüllt von jungen Leuten, die unter tosendem Beifall dieses Orchester feierten. Ja, das konnte natürlich auch nicht gutgehen. Die Gestapo hatte ja auch ihre Spitzel dort sitzen. Ja, und so kam es dann eines Abends, daß die Gestapo, unterstützt von der Hamburger Schutzpolizei, den Alsterpavillon umzingelte und Razzia machte, die Personalien der jungen Leute aufschrieb, daß das Orchester von John Kristel nach Holland ausgewiesen wurde und der Alsterpavillon von der Gestapo geschlossen wurde. Das war im Jahre 1941. Und durch das Feststellen der Personalien hatten ja jetzt die Leute von der

---

[39] Im Original gesperrt gedruckt.
[40] Im Original gesperrt gedruckt.
[41] Schräge Vögel, mausert euch! In: Gaunachrichten. Veröffentlichungen der Kreise des Gaues Hamburg der NSDAP. Zweite August-Ausgabe 1940. Kreis 8, S. 6.
[42] Peukert 1988, S. 202.
[43] Das gesunde Volksempfinden ist gegen Dad und Jo. In: Gaunachrichten. Veröffentlichungen der Kreise des Gaues Hamburg der NSDAP. Erste Oktober-Ausgabe 1941, Kreis 9, S. 4.

Gestapo Adressenmaterial in die Hand bekommen von den Jugendlichen. Nun verhaftete man einen Jugendlichen nach dem anderen, und jeder wurde dann erstmal ordentlich verprügelt, damit er noch aussagte, wer zu seinem Freundeskreis gehörte, und so konnte man also Stück für Stück immer mehr Jugendliche inhaftieren und nach Fuhlsbüttel bringen, um die Rädelsführer dann, wie gesagt, ins Konzentrationslager, entweder nach Sachsenhausen oder nach Moringen, zu bringen, und die Frauen und Mädchen kamen ja dann entweder nach Uckermark oder ins Lager Ravensbrück.[44]

Auch oberste Reichsstellen wie die Reichsjugendführung, das Reichssicherheitshauptamt (RSHA) und das Ministerium für Volksaufklärung und Propaganda befaßten sich mit der Opposition der "Swing-Jugend". Im August 1941 schrieb der Sicherheitsdienst (SD) Berichte über die Hamburger "Swing-Jugend", die an die Reichskulturkammer weitergeleitet wurden. Den Anlaß lieferten Meldungen über eine von der Hamburger Gestapo durchgeführte Razzia während eines Konzertes im Alsterpavillon.[45] Bei diesem Konzert handelt es sich um den auch von Herrn D. erwähnten Auftritt des holländischen Swing-Orchesters von John Kristel. Nach der Lektüre des Berichts forderte Goebbels durch seinen Staatssekretär vom SD-Chef Heydrich, daß die Gestapo drastische Maßnahmen durchführen solle.[46] Das letzte Schreiben aus dem Schriftwechsel der verschiedenen oberen Reichsstellen stammt vom "Reichsführer SS" Heinrich Himmler und ist an Heydrich gerichtet.[47] Dieses Schreiben erlaubte künftig der Hamburger Gestapo, verhaftete "Swing-Boys" und "Swing-Girls" für längere Zeit ins Konzentrationslager zu bringen. Pohl schätzt, daß etwa 40 bis 70 'Swing-Jugendliche' in Hamburg einen "Schutzhaftbefehl" bekommen haben.[48] Zu diesen gehörte auch Herr D. Im November 1942 wurde er an seinem Arbeitsplatz verhaftet und zum Verhör in die Gestapoleitstelle im Stadthaus gebracht. Die Verhaftung kam für ihn nicht überraschend, so daß es ihm möglich war, seine umfangreiche Plattensammlung, auf die es die Gestapo abgesehen hatte - Herr D. betrieb einen Schwarzhandel mit verbotenen Swingplatten -, in Sicherheit zu bringen. Anschließend kam er in das Polizeigefängnis Fuhlsbüttel, wo zwischen 1940 und 1944 ungefähr 400 Swing-Anhänger ohne Anklage oder einen richterlichen Haftbefehl inhaftiert waren.[49] Herr D. nahm an, daß er hier lediglich eine vierwöchige Haft zu verbüßen hätte und daß er danach wieder entlassen würde.

Nun war es auch in der Zeit damals schick, es waren ja viele junge Leute vier Wochen nur in Fuhlsbüttel, in diesem Durchgangskonzentrationslager und wurden dann wieder entlassen, und wer also nun mal vier Wochen so einen

---

[44] Nach schriftlicher Auskunft von Guido Fackler war die Liste der Konzentrationslager, in denen "Swings" interniert waren, sehr viel umfangreicher. In Moringen seien insgesamt acht "Swings" inhaftiert gewesen.
[45] Pohl 1986, S. 42f.
[46] Ebd., S. 43.
[47] Das Schreiben ist abgedruckt in Pohl 1986, S. 43.
[48] Pohl 1986, S. 43.
[49] Ebd., S. 39.

Karzer, wie man das damals nannte, mitgemacht hatte, der war also erst rich-
tiger Swing-Boy. Uns ist natürlich nach vier Wochen das Lachen vergangen,
als wir dann feststellten, daß nun schon ein Vierteljahr rum war und wir in
Fuhlsbüttel dann noch einen Schutzhaftbefehl bekamen, der eine Einweisung in
ein Konzentrationslager nach sich zog.

Herr D. beschreibt die Inhaftierung im Lager Fuhlsbüttel als Initiationsritus.
Zu diesem Zeitpunkt besaß er die Vorstellung, daß im Konzentrationslager nur
diejenigen inhaftiert und zu Zwangsarbeit gezwungen waren, die Verbrechen
begangen hatten. Was mochte diese Vorstellung für sein Selbstverständnis
bedeuten, als er selbst Gefangener eines solchen Lagers wurde? Fühlte er sich
als Krimineller abgestempelt?

Ja, man wußte gar nicht, wie einem geschah. Man hatte ja kein Schuldbewußt-
sein, man hatte ja nicht irgendetwas gestohlen oder geklaut. Es war also ein
bißchen, na demütigend, daß man plötzlich eingesperrt war und schon gar
nicht unter den Bedingungen, unter den man eingesperrt war für etwas, was
man gar nicht gemacht hatte sozusagen, das heißt also, wir waren ja nicht
kriminell veranlagt, sondern wir waren ja ins Abseits geraten, weil wir uns
nicht gleichschalten ließen mit dem damaligen Reichsprinzip für Hitlerjugend
und Jugendertüchtigung und was so alles damit zusammenhing. Man muß ja
auch bedenken, daß die Erziehung der Nazis nun plötzlich in Hamburg bei 300
bis 400 jungen Leuten auf einmal nicht mehr klappte, und Herr Baldur von
Schirach und wie sie alle hießen, diese hohen Herren, die gerieten nun damit
natürlich auch in leichte Schwierigkeiten. Vor allen Dingen die Hamburger
Hitlerjugendführung kriegte nun natürlich von den Berliner Reichsstellen
Vorwürfe, daß auf einmal jetzt nach neun Jahren, es war 1942, nach neun
Jahren Reichsregierung nun diese ganze Jugenderziehung nicht mehr funktio-
nierte, und deswegen mußten sich hohe Reichsstellen auf einmal mit diesen
drei- bis vierhundert jungen Leuten beschäftigen. Da wurde also in Hamburg
extra ein Dezernat von der Gestapo gegründet, wo die Beamten weiter nichts zu
tun hatten, als sich mit der Verfolgung von Jugendlichen zu befassen und sich
in Lokale zu setzen und die Orchester zu überwachen, was für Titel angesagt
wurden und was gespielt wurde. Es wurden ja immer deutsche Titel angesagt
und dahinter verbargen sich natürlich die amerikanischen und englischen
neuesten Hits und so weiter, das wußten diese hohen Herren also inzwischen
auch schon.

Die Einweisung ins Konzentrationslager verletzte Herrn D.s Rechtsempfinden.
Er war sich keiner kriminellen Tat bewußt und konnte somit auch kein Schuldbewußtsein entwickeln. Es überrascht, im Zusammenhang mit der Internierung
in ein Konzentrationslager den Begriff Schuldbewußtsein zu gebrauchen, weiß
man doch, daß eine Einweisung ins KZ aufgrund eines Schutzhaftbefehls jeglicher Rechtsgrundlage entbehrte. Die Gründe, die für die Gestapo Verhaftung
und Internierung rechtfertigten, waren auch Herrn D. bekannt. Er benennt sie
in der Sequenz ("...weil wir uns nicht gleichschalten ließen mit dem damaligen
Reichsprinzip für Hitlerjugend und Jugendertüchtigung"), doch scheinen sie

ihm als Erklärung nicht auszureichen, um seine Situation als Häftling eines Konzentrationslagers begreifen zu können. Mögen Herrn D.s Gedanken hier auf ein Problem weisen, das sich ihm zwar bereits während der Haft stellte, so stammen jedoch seine Gedanken, mit denen er die Motive für das Handeln der Nazis gegen die "Swings" nachzuvollziehen versucht, aus dem Heute, zumindest aber aus einer Zeit nach seiner KZ-Haft. Grundlage dafür ist sein historisches Wissen über die Bemühungen von Hitlerjugend, Gestapo sowie diversen obersten Reichsstellen, das Problem der "Swing-Jugend" in den Griff zu bekommen. Damit zeigt sich Herr D. auch vertraut mit der Historiographie der "Swing-Jugend".

Die KZ-Haft

Im Februar 1943 wurde ein Schutzhaftbefehl des Reichssicherheitshauptamtes gegen Herrn D. ausgestellt, in dem ihm vorgeworfen wurde, "durch sein zersetzendes und staatsabträgliches Treiben erhebliche Unruhe in die Bevölkerung" getragen zu haben.[50] Anschließend erfolgte die Deportation in das KZ Moringen. Seine ersten Eindrücke beschreibt er mit folgenden Worten:

Aber wenn man dann von Hamburg nach Moringen gebracht wird und vom Moringer Bahnhof [gemeint ist entweder der Bahnhof Northeim oder der heute stillgelegte Bahnhof Moringen, der ca. 3 km vom eigentlichen Ort entfernt liegt] *12 km in Ketten zum Konzentrationslager Moringen laufen muß auf einen Nachmittag, das ist natürlich dann schon, wenn man dieses Lager das erste Mal sieht, mit den vielen Stacheldrähten und Lampen und Waffen-SS mit Maschinenpistolen und Hunden, dann wird einem natürlich schon mal ganz anders, das ist dann also ein Anblick, der, den kann man heute gar nicht mehr wiedergeben. Da tut sich vor einem eine Welt auf, die also [...] kann man nur noch mit Vernichtung bezeichnen.*

Das Lager Moringen gehörte zu den ältesten nationalsozialistischen Konzentrationslagern.[51] Von April bis November 1933 war es ein Männerlager, in dem hauptsächlich Kommunisten und Sozialdemokraten inhaftiert waren.[52] Im Juni 1933 kamen dann die ersten weiblichen Häftlinge nach Moringen, und im Oktober desselben Jahres wurde Moringen das erste zentrale Frauenkonzentrationslager.[53] Im Jahre 1940 bekam das Lager eine neue Bestimmung. Es wurde nun sogenanntes "Jugendschutzlager" für männliche Minderjährige, die zu "Asozialen" und "Kriminellen" abgestempelt worden waren und deren

---

[50] Herrn D.s Schutzhaftbefehl ist abgedruckt in Pohl 1986, S. 35.
[51] Mlynek, Klaus: Der Aufbau der Geheimen Staatspolizei in Hannover und die Errichtung des Konzentrationslagers Moringen. In: Historisches Museum am Hohen Ufer (Hg.): Hannover 1933 - Eine Großstadt wird nationalsozialistisch. Hannover 1981, S. 73-81, hier S. 73.
[52] Haardt, Wolf-Dieter: "Was denn, hier - in Moringen?" In: Garbe, Detlef (Hg.): Die vergessenen KZs? Gedenkstätten für die Opfer des NS-Terrors in der Bundesrepublik. Bornheim-Merten 1983, S. 97-108, hier S. 101.
[53] Elling, Hanna: Frauen im deutschen Widerstand 1933-1945. 3. verbesserte Auflage. Frankfurt a.M. 1981, S. 23.

Einweisung oft willkürlich erfolgte.[54] Die internierten Jugendlichen waren
zwischen 16 und 21 Jahren alt. Im Jahre 1944 erreicht das Lager mit 1.231
Häftlingen den Höchststand von Jugendlichen. Lediglich ca. fünf Prozent der
Jugendlichen wurden im Laufe der Zeit wieder entlassen.[55]
     Wie sich Herr D. in den Lageralltag einlebte, vor welche Schwierigkeiten
er sich hierbei gestellt sah, geht aus dem Interview nicht hervor. Wie er den
Lageralltag schildert, zeigt folgende Interview-Passage:

*Ja, der Alltag in Moringen war natürlich sehr, sehr schlecht. Das ging also,
morgens um Viertel nach fünf wurde das Lager geweckt mit schrillen Pfeifentönen der SS. Dann ging man raus, ging rüber in eine Baracke, wo kaltes
Wasser war, kam aus dem Wasserhahn kaltes Wasser, konnte man sich
waschen. Nun gut, dann ging man wieder zurück in die Baracke. Inzwischen
hatten Häftlinge etwas zum Trinken geholt, das Wort Kaffee möchte ich deswegen nicht in den Mund nehmen, weil das kann man ja nicht als Kaffee trinken
bezeichnen. Es wurde also irgendein braunes Zeug, serviert hätte ich fast
gesagt. Ja, dazu gab es eine Scheibe Brot und ein Stückchen Margarine und
etwas Marmelade, nun gut. Ja, um sechs Uhr war Arbeitseinteilung im Lager I,
und dann fuhren wir Politischen, wir arbeiteten in Volpriehausen, das ist einige
Dörfer weiter, in der Munitionsfabrik und stiegen dann auf einen Lastwagen
mit Waffen-SS-Bewachung und fuhren dann mit diesem Lastwagen durch
Hardegsen, Ellierode nach Volpriehausen ins Bergwerk, in dem die Wehrmacht
1939 bereits eine Munitionsfabrik installiert hatte. Nun, dann zog man sich um
und ging rüber zum Förderkorb, kriegte eine Lampe in die Hand gedrückt und
eine Marke, die man unten abgab und fuhr dann mit dem Fahrstuhl auf eine
545-Meter-Sohle. Ja, da gab's dann wieder 'ne kurze Arbeitseinteilung. Wenn
man im Arbeitsraum arbeiten mußte, war das schlecht, das war dann Fließbandarbeit, das war keine gute Sache, aber ich brauchte nicht lange dort zu
arbeiten. Ich kriegte dann eine Sonderaufgabe bei einem Feuerwerker. Das war
an und für sich sehr angenehm, weil die SS nicht mit Waffen unter Tage durfte,
denn bei Granaten und bei Kartuschen und sowas haben ja Pistolen nichts zu
tun. Das heißt also, die Munitionsfabrik stand unter einer Wehrmachtsführung
und auch der gesamte Arbeitseinsatz. Ja, gut. Und dann gab es natürlich auch
da wieder Jazz-Musik, die Jazz-Musik gab es ja auch im Konzentrationslager,
die machte ja auch hinter dem Draht nicht halt. Wir bauten dann, man muß
sich also erst mal vorstellen, wir hatten ja eine Frühstückspause von, na, was
weiß ich, einer Viertelstunde, aber da keiner von der SS da war und nur Zivilarbeiter, und selbst die Feuerwerker nicht immer da waren, machten also auch
die Zivilarbeiter eine längere Pause mit dem Arbeiten und Schieben von Loren
und Transporten und, na was so zu regeln ist in so einer Munitionsfabrik. Und
so kam es dann, daß wir doch manchmal 'ne Frühstückspause von einer*

[54] dazu: Guse, Martin/Kohrs, Andreas: Die "Bewahrung" Jugendlicher im NS-Staat.
Ausgrenzung und Internierung am Beispiel der Jugendkonzentrationslager Moringen und
Uckermark. O.O. u. o.J., S. 67-92 (maschinenschriftliche Diplom-Arbeit an der Fachhochschule Hildesheim).
[55] Haardt 1983, S. 104.

Dreiviertelstunde hatte, denn die Zivilarbeiter, die waren alle über 65 und alte Herren, die nun mit aufpassen sollten, und die waren natürlich auch nicht mehr so kräftig. Nun, mit Erwin Rehn...

                     Wie habt ihr euch verstanden mit den Zivilarbeitern?

Sehr gut, weil das auch teilweise Leute waren, die der KPD angehört hatten. Wir hatten also ein sehr gutes Verhältnis mit den Zivilarbeitern, jedenfalls ich in meiner Gruppe, wo wir waren.[56] *Ja, und Erwin Rehn, der heute in Straßburg lebt, der nicht wegen Swing in Moringen war, aber von der Sache enorme Kenntnis hatte, und der irgendwo in Holland verhaftet worden war und also auch diese großen Orchester kannte vom Sehen und Hören, mit dem bauten wir dann aus einer Holzkartuschenkiste, bauten wir also ein primitives Schlagzeug für Stöcker, als Trommel, und Erwin Rehn konnte dann in einem wunderbaren Englisch ansagen und sagte dann morgens das Orchester und den Titel an, und spielten wir dann und sangen denn, was weiß ich, von "Jeepers creepers" bis zu "The flat foot floogie with a floy floy", machten wir also morgens dann eine halbe Stunde Swing-Musik im Bergwerk. Die Zivilarbeiter wußten gar nicht, um was es ging. Von der SS war keiner da. Hören konnte uns keiner, weil das ja alles dermaßen weitläufig war. Wir mußten manchmal eine Stunde laufen bis zum Arbeitsplatz unter Tage mit den Lampen und eine Stunde abends wieder zurück zum Schacht. Das waren also Entfernungen, die über etliche Distanzen gingen. Ja, und so spielten wir dann, im Dunkeln fast, unsere englischen Swing-Dinger wieder wie draußen. Die ganze Swing-Musik machte also innerhalb der ganzen KZ-Haft auch keinen Halt.*

Herrn D.s Schilderung beginnt mit der lakonischen Feststellung, daß der Alltag in Moringen "natürlich sehr, sehr schlecht" war. Es folgt eine nüchterne und kurze Beschreibung des Tagesablaufs. Auch über seine Arbeit unter Tage, die sehr gefährlich war, verliert er nur wenige Worte.[57] Aber etwas anderes hält Herr D. für erzählenswert: daß es im Konzentrationslager Jazz-Musik gab. Ausführlich beschreibt er die Situation, wie die jugendlichen Häftlinge in ihrer Frühstückspause Musiktitel der Swing-Orchester imitierten. Zufällig herumliegende Gegenstände wurden zu Musikinstrumenten umfunktioniert. Dann folgte die Ansage der einzelnen Titel in englischer Sprache. So wurde für kurze Zeit im Halbdunkel des über 500 Meter unter der Erde liegenden Bergwerkstollens die Atmosphäre eines Jazzkellers erzeugt.

---

[56] Allerdings versuchten sich die inhaftierten Hamburger "Swing-Boys", von den übrigen Mithäftlingen abzugrenzen, vgl. dazu Fackler, Guido: "Entartete" Musik im KZ. In: Heinrich Himmler und die Liebe zum Swing 1994a, S. 268-273, hier S. 269. Selbstkritisch hierzu gibt sich Herr D. in einem Interview mit dem NDR: "Nun muß ich dazu sagen, daß die Swing-Jugend eine gewisse Arroganz auch im Lager noch hatte, und so arrogant war, daß sie also jegliche Gespräche mit anderen Mithäftlingen sogar ablehnte. Die war also immer noch plutokratisch, trotz des Lagerlebens", siehe NDR IV, Talk auf Vier, *Die deutsche Swing-Jugend von den Nationalsozialisten verfolgt und bestraft*, 12.1.95.

[57] Vgl. Kapitel *Auswertung*, S. 123ff.

Herr D. räumt der Schilderung dieser Szene weitaus mehr Raum ein als der Beschreibung des Alltags und der Arbeit im Konzentrationslager.[58] Als er durch eine Zwischenfrage ("Wie habt ihr euch verstanden mit den Zivilarbeitern?") unterbrochen wird, wird diese nur kurz beantwortet, um sogleich mit seiner Erzählung, die für ihn noch nicht abgeschlossen ist, fortzufahren. Er endet erst mit der Feststellung: "Die ganze Swing-Musik machte also innerhalb der ganzen KZ-Haft auch keinen Halt." Um diese Feststellung zu bekräftigen, fügt Herr D. noch eine weitere Geschichte hinzu, die allerdings hier nicht wörtlich wiedergegeben werden soll. Er erzählt von den Häftlingen, die in der Lagerküche arbeiteten und die am dort vorhandenen Radio oft den Sender Calais heimlich einstellten, um Swing-Musik zu hören. Daß Herr D. gerade über diese Begebenheiten so ausführlich berichtet, legt die Frage nach der Bedeutung nahe, die diese Musik für ihn im Lager besaß.

Naja, es war doch eine Erinnerung, und es war etwas zum Durchhalten, zur Aufmunterung war das ganz, ganz positiv, möchte ich sagen. Und man stellte also doch fest, daß diese Musik die Nazis und das ganze Dritte Reich und alles überleben würde, denn diese Musik ist ja weitaus kräftiger als die ganze Propaganda, die damals in Europa von den Nazis betrieben wurde.

Hast du damals solche Gedanken gehabt?

Ja, wir waren uns also völlig drüber im klaren, daß das ganze System siegen würde gegenüber dem System, in dem wir lebten, und das sah man also 1945 ganz deutlich. Ich kam 1945 wieder nach Hamburg - die Hansestadt war inzwischen von Engländern besetzt worden -, und ich ging zu meinem alten Wohnort. Die Straße war natürlich mit zwei Meter hohem Schutt belegt, und es stand überhaupt kein Haus mehr, es standen nur noch Steine. Und dann passierte etwas Urkomisches: hinter einem Riesentrümmerhaufen war ein Bunker früher gewesen, und auf dem Bunker hatten meine Freunde - wie die dahin kamen, weiß ich nicht, ob die nicht eingezogen waren oder was - hatten also einen Draht gespannt zwischen den Entlüftungsschächten und daran hing ein Lautsprecher, und unten saß ein junger Mann mit einem Plattenspieler, mit einem elektrischen Plattenspieler aus dem Jahre 1939, und nun kam ich also vier Wochen nach dem Krieg wieder dorthin, und was wurde gemacht? Da wurde getanzt, und es wurde die Teddy Stauffer-Platte "Some of these days" gespielt. Das war also völlig unvorstellbar, rundherum nur Mauersteine, es stand kein Stein mehr, aber Teddy Stauffer wurde schon wieder gespielt, vier Wochen nach Kriegsende, und die jungen Leute tanzten da, und als sie mich sahen,

---

[58] In einem anderen Beitrag beschreibt Herr D. seine tägliche Arbeit während der Konzentrationslagerhaft mit folgenden Worten: "Wir fertigen Granaten und stapeln Kartuschen. 10 oder sogar 12 Stunden jeden Tag. Das ist eine einzige Quälerei, vor allem, wenn man halb verhungert ist. Sonntags mußten wir dann oft noch bei den Bauern in der Moringer Umgebung zum Arbeitseinsatz antreten", siehe Heinrich Himmler und die Liebe zum Swing 1994, S. 191.

rannten sie alle auf mich zu, und, naja, es war ein irrsinniges Hallo, und alle waren froh, daß ich überlebt hatte.[59]

Wenn Jazz-Musik während der KZ-Haft gehört wurde, war dies für Herrn D. vielleicht eine "Erinnerung" an die mit Freunden gemeinsam verbrachten Stunden, in denen ebenfalls diese Musik gespielt wurde, und außerdem - wie er selbst hinzufügt - "etwas zum Durchhalten" und "zur Aufmunterung". Es bedeutete für ihn eine Möglichkeit, Kraft zu schöpfen, die den Lageralltag zu ertragen half. Damit scheint für ihn die Jazz-Musik eine ähnliche Ressource gewesen zu sein wie für Politisch-Inhaftierte die Weltanschauung und für inhaftierte Christen der Glaube. Zu einer ähnlichen Einschätzung gelangt auch der Volkskundler Guido Fackler: "Schon das spontane Singen einfacher Melodien, wegen des geringen Aufwands die ursprünglichste Form des Musizierens in Lagern, konnte das eigene Schicksal kurzzeitig vergessen lassen."[60] Auf die Situation im Konzentrationslager Moringen bezogen, betont Fackler: "In der uniformen, zerstörerischen und durch Verordnungen gegängelten Lagerwelt des Jugendschutzlagers Moringen stärkten Jazzmelodien und -improvisationen das oppositionelle Gruppengefühl und die Identität der inhaftierten jugendlichen Hamburger Swingboys."[61]

Die Konzentrationslagerhaft führte bei Herrn D. nicht zu einer Ablehnung des Jazz, was nicht verwunderlich gewesen wäre, denn schließlich war es seine Begeisterung für diese Musik, der er seine Haft zu verdanken hatte. Herr D. hält an seiner musikalischen Leidenschaft fest, und in seiner Erinnerung sind diejenigen Begebenheiten im Lager präsent, bei denen der Jazz ein konstituierendes Faktum war. Die Tatsache, daß diese Musik im Konzentrationslager, wo sich der totale Herrschaftsanspruch der Nationalsozialisten manifestierte, gegenwärtig war, wird von ihm als Zeichen ihrer Vitalität gewertet. Und die Tatsache gar, daß gleich nach dem Zusammenbruch des Dritten Reiches bereits wieder Jazz-Musik gespielt wurde, scheint für Herrn D. die Überlegenheit gegenüber ihren Widersachern, den Nationalsozialisten, eindrücklich zu belegen. Ob es sich hierbei um Deutungen aus dem Heute handelt, ist nicht zu entscheiden, wesentlicher ist es, nach der Funktion dieser Geschichten inner-

---

[59] Auch die Episode mit der Teddy Stauffer-Platte gehört zu Herrn D.s festem Repertoire. Im Interview, das in *"Swing Heil"* wiedergegeben ist, liest sie sich so: "Ich kam in Hamburg an. Meine Eltern waren ja ausgebombt. Sie lebten auf einem Zimmer in Winterhude. 14 Tage später bin ich nach Eimsbüttel gefahren, um meine frühere Straße mal zu sehen. Da standen nur noch Mauersteine. Da war überhaupt nichts mehr. Dann ging ich über die Ruinen rüber. Früher hatten wir so Röhrenbunker, die waren als Splitterbunker gebaut. Die hatten zwei Röhren, so Art Ofenrohre für Luftschächte. Da ging ich bei meiner Straße über die Trümmer und auf einmal kam ich an einen solchen Bunker. Und da tanzten junge Leute zwischen diesen beiden Luftschächten. Da hatten sie auf einen Draht einen alten Lautsprecher gemacht und hatten einen Plattenspieler, schon elektrisch. Und wie ich auf sie zukam, da hatten sie mich dann erkannt. Da hatten sie mich dann fast umgerannt vor Freude, daß ich das nun überlebt hatte. Aber die waren schon wieder dran und spielten Teddy Stauffer. Das war 14 Tage nach der englischen Besetzung", siehe Polster 1989, S. 165.

[60] Fackler 1994a, S. 268.

[61] Ebd., S. 268f.

halb der Erzählung zu fragen. Läge nicht eine Häufung solcher Geschichten vor, so könnten sie als Anekdoten verstanden werden, die die Erzählung lediglich auflockern sollen. Doch ihre Häufung legt die Vermutung nahe, daß hier der Erzähler eine Erfahrung mitteilen möchte, der er besondere Bedeutung beimißt. Herr D. bezahlte seine musikalische Leidenschaft mit einer mehr als zweijährigen Konzentrationslagerhaft. Doch dem NS-Regime, mit seinen schier unbegrenzten Machtmitteln, gelang es nicht, die verachtete Musik zum Schweigen zu bringen. Der keine Flucht zulassende Stacheldraht der Konzentrationslager erwies sich als durchlässig gegenüber den Rhythmen von Count Basie, Nat Gonella und Louis Armstrong, die letztlich das Ende des "Tausendjährigen Reiches" unbeschadet überlebten. Diese Erfahrung, die für Herrn D. wohl mehr als nur eine Genugtuung bedeuten mag, vermittelt dieses Interview. Den Jahren der Verfolgung, der Demütigung, der psychischen und physischen Leiden kann noch eine positive Deutung gegeben werden, wenn es gelingt, den Verfolgungsgrund aufzuwerten und die Überlegenheit gegenüber dem Verfolger zu betonen.

Belastendes und gesundheitliche Folgen

Im Interview erzählt Herr D. nur selten Belastendes oder gar konkrete Belastungserlebnisse. Doch auf ein Problem geht er häufiger ein: die schlechte Ernährungslage im Konzentrationslager.[62] Wie im Interview mit Frau B. führt auch bei Herrn D. die Frage, ob es etwas Mutmachendes während der Haft gegeben habe, zu einer negativen Antwort.

Naja, jeder lebte ja in so einem Lager vom Hoffen, und jeder war ja immer dabei, daran zu denken, daß er das überlebte und daß er durchhalten mußte. Das war so'n gewisser Lebensstreß, kann man wohl sagen. Aber, wie gesagt, viele haben es ja dann auch nicht geschafft. Das Problem war ja das Essen. Das Essen war ja eine einzige Katastrophe. Die Leute kriegten Lungenkrankheiten und... Es war ja ein Siechtum aufgrund des Hungerns. Es war ja ein Dahinvegetieren nur noch zum Schluß. Also wenn die Alliierten ein Vierteljahr später gekommen wären, dann wär wahrscheinlich das ganze Lager Moringen verhungert gewesen.

Nachdem Herr D. zuvor so ausführlich über Jazz im Konzentrationslager und über die Bedeutung, die diese Musik für ihn im Lager besaß, berichtet hat, überrascht seine Antwort auf den ersten Blick. Doch die Momente, in denen

---

62 In seinem bereits erwähnten Beitrag in dem Buch *Heinrich Himmler und die Liebe zum Swing* schreibt Herr D. auch über das Problem Hunger im Lager: "Ich habe Hunger, großen Hunger sogar. Ich kann ihn nicht stillen. Es gibt nichts zu essen. Nur die täglichen kargen Rationen. Es ist schon wieder Frühling geworden, und ich bin immer noch hier. Im Laufe der Jahre sind wir abgestumpft. Wir haben nur ein Thema: essen. Mithäftlinge phantasieren und reden nur noch Unsinn vom Essen. Es wird gekocht, es werden Tische aufbereitet, es wird zum Dinner geladen, Wahnvorstellungen", siehe *Heinrich Himmler und die Liebe zum Swing* 1994, S. 192. Auch in Nina Gladitz' Film *Der Versuch einer Berührung* äußert sich Herr D. ähnlich über die schlechte Ernährungssituation im Lager.

der Jazz den Lageralltag zu verdrängen half, waren selten, auch wenn sie in seiner Erinnerung bzw. seiner Erzählung großen Raum einnehmen. Die Belastungen, die sich hinter dem verbergen, was Herr D. nüchtern als "Lebensstreß" bezeichnet, werden nur angedeutet. Die Versorgung der Häftlinge mit Lebensmitteln war in allen Konzentrationslagern unzureichend; die meisten Häftlinge waren unterernährt. In den ersten zwei bis drei Monaten ihrer Haft verloren sie bis zu 25 Kilogramm ihres Körpergewichtes. Vitaminmangel trug zur Verbreitung von Krankheiten und Seuchen bei.[63] Auch im KZ Moringen war die Ernährungslage der Häftlinge katastrophal, zumal bedacht werden muß, daß sich die Jugendlichen noch in der Entwicklungsphase befanden und schwerste körperliche Arbeit zu verrichten hatten.[64] Martin Guse und Andreas Kohrs weisen ausdrücklich darauf hin, daß "in Moringen nachweislich sogar einige Jugendliche buchstäblich verhungerten"[65].

Für Herrn D. waren die "Hungerjahre" auch nach der Befreiung noch nicht vorbei. Die gesundheitlichen Schäden, die sich bei ihm einstellten, führt er auf diese Jahre der Entbehrung und des Mangels zurück.

Nun diese ganzen Hungerjahre fingen ja also in den vierziger Jahren an und gingen bis in die... Anfang der fünfziger Jahre, drei-, vierundfünfzig. Wir, die wir einen "Vorsprung" von drei Jahren in Moringen hatten, hatten also praktisch - wenn man so will - fast vierzehn, fünfzehn Jahre nichts Ordentliches gegessen. Das hatte natürlich Folgen. Ich wurde dann so krank, daß ich nicht mehr arbeiten konnte. Das heißt, ich konnte erst 1952 wieder anfangen zu arbeiten. Im Jahre 1956 hatte ich dann die große Magenoperation. Zwei Augenoperationen folgten, eine Bruchoperation. Ich bin also heute 100% schwerbehindert durch diesen Vergangenheitswahnsinn.

Wiedergutmachung?

Nach dem Krieg schloß sich Herr D. der VVN (Vereinigung der Verfolgten des Naziregimes) an. Seine Bemühungen, eine Entschädigung zu erhalten, waren erfolgreich. Er erhielt die üblichen 5 DM pro Hafttag. Hierbei half ihm vor allem der Umstand, daß er noch im Besitz seines Schutzhaftbefehls war. Die Zahlung einer Rente wurde ihm allerdings verweigert, da nicht eindeutig festgestellt werden könne - so die Gutachter -, ob sein Gesundheitsschaden tatsächlich durch die KZ-Haft bedingt sei. Erschwerend für die Bemühungen um Entschädigungszahlungen für die ehemaligen Moringer Häftlinge kommt hinzu, daß Moringen erst sehr spät als Konzentrationslager anerkannt wurde.[66]

---

[63] Kogon, Eugen: Der SS-Staat. Das System der deutschen Konzentrationslager. 19. Auflage. München 1988, S. 139.
[64] Guhse/Kohrs o.J., S. 275.
[65] Ebd.
[66] Das sog. Jugendschutzlager Moringen wurde erst 1970 als Konzentrationslager anerkannt, siehe Bundesgesetzblatt. Jg. 1970, Teil I, S. 80.

Nicht ohne Verbitterung berichtet Herr D. über die Schwierigkeiten als ehemaliger KZ-Häftling, eine Entschädigung zu erhalten, während nach seinem Eindruck die "damaligen Täter" bald wieder "oben auf saßen".

Wir fingen ja 1945 gleich an, über die sogenannte VVN, zu beantragen und Pässe zu kriegen, daß wir überhaupt im KZ waren. Das war ja damals sehr schwierig nachzuweisen, weil jeder sagte immer "Sie waren gar nicht im KZ", weil das Konzentrationslager Moringen erst 1970 in die Liste der Konzentrationslager auf mein Betreiben hin aufgenommen wurde. Die Adenauer-Regierung wollte damals dem Ausland gegenüber glänzen und hat damals einfach gesagt "so viel KZs hatten wir gar nicht", und das war dann eine Liste, die, glaube ich, nur die Groß-KZs zeigte, das waren vielleicht 22 Stück, und während nachher mit Außenläger waren es, glaube ich, 1034 in der Version von 1970. Naja, das war die politische Seite damals, und wie gesagt.

> *Was hat das für dich bedeutet, daß euch nicht geglaubt wird, daß das noch heruntergespielt wird?*

Man hört ja, daß Bundespräsidenten, Bundeskanzler und wer auch immer, auch entweder Wehrmachts-NS-Offiziere waren und all diese Dinge, daß diese Leute alle mit der Vergangenheit irgendwo belastet waren und doch irgendwo, naja in der damaligen Partei oder Wehrmacht oder irgendwelchen Teilen doch dem Nazireich gedient haben, und es hat ja nun fast vierzig Jahre gedauert, bis das nun zur Ruhe gekommen ist, selbst in der Bundeswehr hatte man ja all diese Generäle noch von damals, und die damaligen Täter saßen also wieder oben auf und kriegen heute die großen Renten, während die Inhaftierten, die verhungerten, und die Geschädigten mußten hinter ihrem Geld hinterherlaufen. Es hat ja Fälle gegeben [lacht kurz], wo Häftlinge, habe ich gehört, von einem damaligen Kriminalbeamten in das Lager Moringen eingewiesen wurden, und derselbe Mann ist nachher wieder in Amt und Würden gekommen bei einer Behörde, und dieselben Häftlinge haben da bei dem Mann einen Antrag auf Wiedergutmachung gestellt, bei demselben Mann, der sie also Jahre vorher ins Lager eingewiesen hat, und also, es sind also Dinge passiert, die sind unvorstellbar, u n v o r s t e l l b a r.

> *Macht dich das bitter?*

Ja, das ist bitter, wenn man also so einen Wahnsinn fabrizierte, behördenmäßig. Gott sei Dank sind nun vierzig Jahre vergangen, und all diese Leute sind ja nun auch inzwischen in Rente bzw. in Pension gegangen, aber wie gesagt, während viele, na Romas und Sintis und, und also Leute aus Ungarn und also diese sogenannten Zigeunermischlinge usw. immer noch auf ihre Entschädigung warten, während die anderen, die Täter, zu Hause sitzen und ihre hohen Pensionen verbrauchen. Das ist natürlich alles sehr, sehr bitter.

Resümee

Im Interview entsteht der Eindruck, als möchte Herr D. stellvertretend für die anderen Hamburger "Swings" sprechen, von denen heute nach seinen Angaben kaum noch einer am Leben ist. Meist erzählt er in der ersten Person Plural und nur selten in der Ich-Form. Sein hauptsächliches Erzählthema ist die Verfolgung der Hamburger "Swing-Jugend". Vor ihm tritt seine persönliche Geschichte in den Hintergrund. Erst als Herr D. über seine Haft im Konzentrationslager berichtet, sich also die eigene Geschichte stärker von der Gruppengeschichte abhebt, gewinnt die persönliche Geschichte an Konturen, an Dominanz. Diese Tendenz setzt sich in der Erzählung über die Nachkriegszeit und die Gegenwart fort.

In den ersten Jahren nach dem Krieg traf sich Herr D. mit denjenigen "Swing-Boys", die auch in Moringen gewesen waren, um das fortzusetzen, was vor ihrer Verhaftung Bestandteil ihrer Freizeitkultur war; sich abends mit Freunden und Freundinnen in Kneipen zu treffen. Der Kontakt zu anderen überlebenden Moringer Häftlingen besteht erst seit einigen Jahren wieder und wurde ermöglicht durch die Initiative der beiden dortigen Pastoren, die ein Treffen der ehemaligen Häftlinge organisiert hatten.

Wir Moringer, solange wir noch, naja, solange die paar, die noch lebten, so wie Klaus M. und Heiner F., wir haben uns öfter abends getroffen mit unseren Mädchen und haben also das fortgesetzt, was wir 1942 abbrechen mußten, wir sind also wieder abends in Lokale gegangen, sind zusammengekommen, haben geklönt, haben gegessen, naja, aber sonst habe ich weiter keine Kontakte zu Moringern gehabt. Erst durch das Treffen jetzt vor vier, fünf Jahren kamen wir Moringer, die also... alle Moringer, wieder neuen Kontakt zueinander, und das ist vielleicht eine Gruppe von 25 Personen, die also noch aus diesem Lager Moringen sich jedes Jahr zum Totensonntag treffen und einen Kranz in Moringen niederlegen. Dadurch sind wir an und für sich wieder zusammengekommen auf Initiative der Pastoren aus Moringen, sonst wären wir alle nie wieder zusammengekommen, weil keiner mehr von uns den Ort überhaupt betreten wollte und da nichts mehr von wissen wollte.

Herr D. lebt auch heute noch in Hamburg. Mittlerweile ist er im Ruhestand. Seine musikalische Leidenschaft gilt nach wie vor dem Swing. Häufig besucht er Flohmärkte und Plattenläden, um alte Swingplatten für die eigene Sammlung zu erwerben. In der Hansestadt veranstaltete Swing-Konzerte versäumt er nur selten. Fühlt sich Herr D. noch immer als 'Swing-Jugendlicher'?

Ja, das ist ja so, die Hamburger "Swing-Jugend" gibt es ja heute noch. Das heißt also, was an der Aussage falsch ist, ist das Wort 'Jugend'. Das heißt, es gibt inzwischen wieder Sammler, Schallplattensammler im Alter von 60 bis 75, die in der Hansestadt also wieder diese Schallplatten aus der damaligen Zeit gekauft haben. [...] Das heißt also, diese ganze Hamburger "Swing-Jugend" als solches, die Leute, die sich damit beschäftigen, unabhängig vom Lebensalter, die gibt es in der Hansestadt heute noch. Man trifft sie auf den

Flohmärkten, wo sie alte Platten versuchen zu kaufen. Man trifft sie in der Mönkebergstraße in den Geschäften. Das heißt also, es gibt noch eine ganze Reihe von sogenannten Plattensammlern, die also die Swing-Musik noch pflegen in der heutigen Zeit, die zu Veranstaltungen gehen, wenn irgendwas mal geboten wird, was ja seltener geworden ist auf diesem Gebiet. Das heißt also, diese Musik lebt noch mit diesen alten Herren. Wie lange das alles noch gehen wird in der Hansestadt Hamburg, das kann ich nicht sagen. Ich schätze, in zehn Jahren ist das auch alles zu Ende.

Heute, beinahe sieben Jahre nach dem das Interview mit Herrn D. geführt wurde, wird deutlich, daß seine Prognose nicht richtig war. Swing-Musik erfreut sich mehr denn je großer Beliebtheit.[67] Herrn D.s Wissen über die Jazz-Musik der dreißiger und vierziger Jahre hat ihn zu einem vielbefragten Musikfachmann gemacht, und die Tatsache, daß er als "Swing-Boy" verfolgt wurde, weist ihn als wichtigen Zeitzeugen aus. Journalisten, auch von ausländischen Rundfunk- und Fernsehsendern, aber auch Wissenschaftler, die über die Verfolgung der Swing-Anhänger in der Zeit des Nationalsozialismus arbeiten, suchen ihn auf, um ihn für ein Gespräch oder ein Interview zu gewinnen. Was Herr D. zu berichten weiß, ist medienwirksam. Swing-Musik klingt für die meisten Ohren schön. Dynamisch und mitreißend wie ihr Rhythmus ist, erscheint uns diese Musik heute harmlos. Mit einem Wort - Swing-Musik ist positiv und scheint frei zu sein von politischer Ideologie. Von ihr geht eine integrative Wirkung aus. So ist es möglich, daß die Angehörigen der einst verfolgten "Swing-Jugend" heute über ein hohes öffentliches Ansehen verfügen - ganz anders als viele Verfolgte aus dem politischen, im besonderem dem kommunistischen Widerstand.[68]

Wie kein anderer meiner Interviewpartner und -partnerinnen steht Herr D. heute im Rampenlicht der Öffentlichkeit, und er sucht es auch. In gewisser Weise ist er eine öffentliche Person geworden. Sein Tagesablauf ist nachhaltig durch seine vielfältigen öffentlichen Auftritte geprägt. Nicht immer fällt es ihm leicht, der großen Zahl dieser Verpflichtungen nachzukommen, schließlich befindet er sich inzwischen im 70. Lebensjahr. Bereits in unserem 1988 geführten Interview beklagte sich Herr D. über das zuweilen unsensible und aufdringliche Verhalten mancher Journalisten.

Ja, es ist ja so: es kommen ja hier viele Kollegen vom Westdeutschen Rundfunk, von irgendwelchen Zeitungen. Es ist ja schon so schlimm gewesen, daß

---

[67] Im Hörfunk besitzt die Swing-Musik feste Sendeplätze. So beispielsweise in der werktags von 8.30 bis 10.00 Uhr ausgestrahlten Sendung Music-Hall auf NDR IV. Im N 3 Fernsehprogramm ist der Swing durch die Reihe "Swing-Raritäten" mit Jan Hofer verankert.

[68] Dies zeigt sich zum Beispiel an den Auseinandersetzungen anläßlich der zentralen Gedenkfeier zum 50. Jahrestag des 20. Juli 1944. Der Leiter der Ausstellung in der Berliner Gedenkstätte Deutscher Widerstand, Peter Steinbach, beklagt sich über massiven Druck, dahingehend daß Ausstellungsstücke zur Würdigung kommunistischer Widerstandskämpfer beseitigt werden sollten, siehe Frankfurter Allgemeine Zeitung (FAZ) vom 3.6.1994, S. 5. Siehe auch: FAZ vom 10.6.1994, S. 1 und 35; FAZ vom 28.6.1994, S. 8; FAZ vom 5.7.1994, S. 33; Die Zeit, Nr. 28 vom 8.7.1994, S. 35.

*die Leute morgens gekommen sind und haben die Mikrophone hier zwischen
Kaffeekanne und Eierbecher gestellt und gleich gestartet haben, so daß wir gar
nicht mehr in der Lage waren, überhaupt zu frühstücken, und da hatte ich
gesagt, das führt doch an und für sich ein bißchen zu weit.*

*Die Aufarbeitung dieser ganzen Swing-Geschichte scheint ja wohl auch in
Westeuropa zu beginnen, das heißt also, das niederländische Fernsehen war
hier mit einem Team und hat also, wie gesagt, die Stadthausbrücke und das
damalige Gestapogefängnis fotografiert und aufgenommen. Sie waren bei mir
und haben die Schallplatten aus der damaligen Zeit aufgenommen. Das britische Fernsehen hat mich angerufen, daß auch in England so etwas im Kommen
ist. So ist also zur Zeit in Europa eine unwahrscheinliche Revivalwelle in Gang
gekommen, die sich mit der Swing-Musik befaßt, die also vor fünfzig Jahren
hochaktuell mal war, und das ist natürlich für mich als letzten Überlebenden
aus dieser Zeit oder inhaftiert Überlebenden bißchen reichlich viel, weil die
Wege immer zu mir hier wieder herführen, und ich doch ziemlich im Moment
im Streß bin und dadurch also nicht nur Film und Fernseh-Spots mache,
sondern auch Veranstaltungen in der Hansestadt durchführen durfte, dank
unserer Kulturbehörde, die dann im Hamburger Alsterpavillon fünf Tage ein
großes Filmforum machte, wo ich also Musik wieder spielen durfte, die man
vor fünfzig Jahren im gleichen Lokal schon mal gespielt hatte. Dieser Erfolg
war natürlich enorm. Er war schon so groß, daß der Geschäftsführer, wenn ich
um siebzehn Uhr kam, mir eine Flasche Wein auf den Tisch stellte, und ich
möchte doch Kaffeehaus-Musik für die Damen, die jetzt überall sitzen, spielen,
damit ein bißchen Unterhaltung wäre. Das habe ich dann auch gemacht. Ich
hatte zuerst eine Sendezeit für unsere Swing-Disco von einer Stunde vereinbart
mit den Veranstaltern. Am zweiten Tag habe ich dann schon neun Stunden
spielen müssen. [...] Man sieht also, daß diese ganze alte Musik doch auf allen
Gebieten im Moment im Kommen ist. Es kann natürlich kein Mensch voraus-
sagen, wie lange diese Welle anhält.*

Herr D. genießt das allseits vorhandene öffentliche Interesse an seiner Person
und an der Swing-Musik, die sich ein halbes Jahrhundert nach den Unterdrückungsmaßnahmen der Nationalsozialisten erneut großer Beliebtheit erfreut.
Fast scheint es, daß ihn die gegenwärtige "Revivalwelle" des Swing tiefer
berührt als die erst Ende der siebziger Jahre verspätet einsetzende Aufarbeitung
der Geschichte des Konzentrationslagers Moringen. Die Tatsache, daß er heute
nach eigener Aussage einer der letzten Überlebenden der in Moringen inhaftierten "Swing-Boys" ist, empfindet er als Verpflichtung, hierüber zu berichten, Interviews zu geben oder an Veranstaltungen mitzuwirken, die über dieses
Kapitel der Geschichte informieren. Herr D. sieht sich selbst als "ein zum Jazz-
Opa avancierter 'Swing-Boy'". Der Swing ist ein fester Bestandteil in seinem
Leben; sei es als musikalische Leidenschaft oder in Form der Erfüllung der
angesprochenen öffentlichen Verpflichtungen. Die Swing-Musik besitzt ohne
Frage für Herrn D. eine identitätstiftende Funktion.

Herr F.: "Und gehandelt wurde ja aus dem gleichen antikommunistischen Geist"

Historischer Hintergrund

Wenn vom Widerstand gegen das NS-Regime die Rede ist, denkt man zunächst an die Männer des 20. Juli, an herausragende Persönlichkeiten der Kirchen und natürlich an die Mitglieder der "Weißen Rose". Die Erinnerung an sie ist in unserem Alltag präsent, nicht nur zur Wiederkehr der einzelnen Jahrestage. So gibt es kaum eine Stadt, die nicht einen Gedenkstein für die Opfer des 20. Juli aufgestellt hat, die über einen Stauffenbergring, eine Ludwig-Beck-Straße oder einen Bonhoefferweg verfügt. Eine Schule, die nach den Geschwistern Scholl benannt ist, ist in vielen Orten zu finden.

Auch in der wissenschaftlichen Auseinandersetzung mit dem Widerstand gegen die Nazidiktatur zeigt sich ein ähnliches Bild. In der historischen Forschung lag der Schwerpunkt zunächst beim Widerstand des 20. Juli 1944 und seinem Umfeld sowie beim Widerstand der Kirchen.[1] Die Historiker Günter Buchstab, Brigitte Kaff und Hans-Otto Kleinmann erklären dies damit, daß die Darstellung des deutschen Widerstands gegen den Nationalsozialismus in den ersten beiden Jahrzehnten nach der Zerschlagung der Nazi-Diktatur "in hohem Maße von politisch-legitimatorischen Absichten bestimmt [war] - mit dem unausgesprochenen Ziel, die zweite deutsche Demokratie aus der Tradition des 'anderen Deutschland' während der Naziherrschaft herzuleiten"[2]. Zu den populärsten deutschen Widerstandsgruppen zählt auch die Weiße Rose. Die ins "Mystifizierende"[3] gehende Rezeption dieser Gruppe überrascht. Die Weiße Rose war, ebenso wie ihre Hamburger Nachfolgegruppe, ein studentischer Freundschaftsbund, der als Diskussionszirkel "primär keine politischen Zielsetzungen" verfolgte, vielmehr bedeutete sie ihren Mitgliedern "soziale Orte, wo künstlerischen und literarischen Interessen nachgegangen werden konnte, die durch die kulturelle Einheitslinie der Nationalsozialisten bereits 1933 als 'entartet' ausgegrenzt worden waren"[4]. Jürgen Gerhards, der sich mit der Wirkungskarriere der Weißen Rose auseinandergesetzt hat, stellt fest, daß keines ihrer Mitglieder "Affinitäten zu Ideen [hatte], die quasi per definitionem ab 1933 als widerständlich stigmatisiert waren"[5].

---

[1] Vgl. Weber, Hermann: Kommunistischer Widerstand gegen die Hitler-Diktatur 1933-1939. 2. Auflage. Berlin 1990, S. 3 (= Beiträge zum Widerstand 1933-1945, 33).

[2] Buchstab, Günter/Kaff, Brigitte/Kleinmann, Hans-Otto (Hg.): Verfolgung und Widerstand 1933-1945. Christliche Demokraten gegen Hitler. Düsseldorf 1986, S. 7.

[3] Gerhards, Jürgen: Bedingungen und Chancen der Widerstandsgruppe 'Weiße Rose'. In: Kölner Zeitschrift für Soziologie und Sozialpsychologie, Sonderheft 25 (1983) S. 343-359, hier S. 343.

[4] Gerhards 1983, S. 345.

[5] Gerhards 1983, S. 349f.

Anders verhielt es sich mit dem deutschen Arbeiterwiderstand, dem aller-
dings in den fünfziger und sechziger Jahren in der Bundesrepublik wenig
Aufmerksamkeit geschenkt wurde.[6] Dabei begann die offen politische Opposition gegen die Nationalsozialisten in den Reihen der Arbeiterbewegung.[7] Die
Kommunistische Partei wurde als erste verboten, und ihre Mitglieder wurden
brutal verfolgt. Während die SPD noch am Legalitätsprinzip festhielt, rief die
KPD zum illegalen Widerstand gegen das Regime auf.[8] Die ablehnende
Haltung der Mitglieder und Anhänger der verschiedenen Parteien und Organisationen der Arbeiterbewegung gegenüber den Nationalsozialisten lag in ihren
gesellschaftlichen Grundkonzepten begründet und bestand bereits vor 1933.
Erst Ende der sechziger Jahre setzte in der bundesrepublikanischen Forschung
eine Auseinandersetzung mit dem Widerstand "von unten" ein:

> "Zunächst galt es vor allem, die Geschichte der Untergrund- und Exilorganisationen nach
> Umfang, Lebensdauer, Verhältnis von Führung und Mitgliedschaft sowie in den wichtig-
> sten ideellen Auseinandersetzungen zu untersuchen. Das ist inzwischen in einiger Breite
> geschehen. Mit einer für die Umsetzung wissenschaftlicher Erkenntnisse in publizistische
> Themen allemal charakteristischen zeitlichen Verzögerung nahmen sich seit Ende der sieb-
> ziger Jahre auch die Massenmedien des Arbeiterwiderstandes an."[9]

Inzwischen setzte auch eine historische Auseinandersetzung mit den Wider-
standsaktivitäten gegen das NS-Regime auf regionaler und lokaler Ebene ein.
Wie in anderen Städten des damaligen deutschen Reiches zielten auch in
Hamburg die ersten Maßnahmen der Nationalsozialisten 1933 auf die
Schwächung und schließlich die Ausschaltung der Organisationen der Arbeiter-
bewegung. Gewerkschafter, Sozialdemokraten und Kommunisten waren die
Hauptgegner der neuen Regierung. Nach dem Reichstagsbrand vom 27.
Februar 1933 fanden im ganzen Reich Massenverhaftungen von Kommunisten
statt:

> "Nach der Machtübertragung an die Nationalsozialisten in Hamburg am 5. März 1933
> verhaftete die durch SA, SS und Stahlhelm verstärkte Polizei in den folgenden Wochen und
> Monaten zahlreiche Kommunisten und eine Reihe von Sozialdemokraten. Am 2. Mai 1933
> besetzten die Nazis die Gewerkschaftshäuser und liquidierten die Freien Gewerkschaften.
> Das Verbot der SPD am 22. Juni 1933 durch die Reichsregierung wurde u.a. mit der
> Versammlung führender Hamburger Sozialdemokraten am 16. Juni begründet. Damit war
> eine Betätigung der Organisationen der Arbeiterbewegung nur noch in der Illegalität oder
> im Exil möglich."[10]

---

[6] Peukert, Detlev J.K.: Der deutsche Arbeiterwiderstand 1933-1945. In: Müller, Klaus-
Jürgen (Hg.): Der deutsche Widerstand 1933-1945. Paderborn/München/Wien/Zürich
1986, S. 157-181, hier S. 157.

[7] Löwenthal, Richard: Widerstand im totalen Staat. In: Bracher, Karl Dietrich/Funke,
Manfred/Jacobsen, Hans-Adolf (Hg.): Nationalsozialistische Diktatur 1933-1945. Eine
Bilanz. Bonn 1986, S. 618-632, hier S. 622 (= Schriftenreihe der Bundeszentrale für poli-
tische Bildung, 192).

[8] Löwenthal 1986, S. 622.

[9] Peukert 1986, S. 158.

[10] Bauche, Ulrich/Brüdigam, Heinz/Eiber, Ludwig/Wiedey, Wolfgang (Hg.): Arbeit und
Vernichtung. Das Konzentrationslager Neuengamme 1938-1945. Katalog zur ständigen

Seit dem Frühjahr 1933 arbeitete die KPD im Untergrund. Trotz zahlreicher Verhaftungen, Einweisungen in Konzentrationslager, Verurteilungen und mehrerer Hinrichtungen war es den Nationalsozialisten nicht gelungen, die Organisation gänzlich lahmzulegen. Bis zum Krieg existierten in Hamburg, wenn auch nach 1936 stark eingeschränkt, kommunistische Gruppen, die Flugblätter, Broschüren und Zeitungen druckten und verteilten. In ihnen wurde über den Terror gegen die Arbeiterbewegung berichtet, über die Kriegsvorbereitungen informiert und zum Sturz des Regimes aufgerufen.[11] In einem geheimen Lagebericht vom Juli 1934 wies der Regierende Bürgermeister Hamburgs darauf hin, daß die Sozialdemokratie "erledigt" sei, hingegen mußte er einräumen, daß die KPD auch in der Illegalität weiter recht erfolgreich agierte:

"[...] Hinsichtlich der illegalen KPD. hat sich die Situation im Verhältnis zu früheren Monaten etwas verschlechtert. Um die Jahreswende war der gesamte illegale Apparat der KPD. zerschlagen worden, in den letzten Monaten hatten jedoch fünf Männer der KPD. und zwar Walter Hochmuth, ehemaliges Bürgerschaftsmitglied, Bennies, Griegart, Gauer und Grosse, intelligent und entschlossen es verstanden, einen neuen illegalen Parteiapparat und RGO. [Revolutionäre Gewerkschaftsopposition] aufzuziehen. Unter den erschwerenden Hamburger Umständen (Freihafen und Schiffahrtsverkehr) haben die Kommunisten monatelang der vorbildlichen Arbeit der Staatspolizei getrotzt und insbesondere regelmäßig ihre illegalen Zeitschriften zur Verteilung gebracht. Vor etwa vier Wochen wurde auch dieser Apparat ausgehoben, wobei 300 Festnahmen erfolgt sind. Die Zahl der Festnahmen wird sich im Laufe der kommenden Woche noch erheblich vergrößern. Es wurden mehrere Schreibmaschinen, eine ganze Reihe von Vervielfältigungsapparaten und sogar eine wichtige Kleindruckerei ausgehoben [...]."[12]

Die Widerstandsbemühungen "von unten" gegen das NS-Regime waren jedoch wenig spektakulär und hinterließen im öffentlichen Bewußtsein der Bundesrepublik kaum Spuren.[13] Im Gegenteil: Nach dem Krieg begegnete man vielen Exilanten und Widerstandskämpfern mit Mißtrauen und Vorurteilen.[14] "Wer aus dem Exil heimkehrte", schreibt Joachim S. Hohmann, "verband dies häufig mit einem unübersehbaren politischen Anspruch, den er auch von anderen erwartete. Wer soeben aus den Trümmern gekrochen war, wer sich mit Lebensmittelkarten, seiner politischen Vergangenheit, mit Kriegsversehrtheit, versprengten Familienangehörigen usw. herumzuschlagen hatte, dachte in kürzeren Abständen; so und nicht anders mochte man die Notjahre überste-

---

Ausstellung im Dokumentenhaus der KZ-Gedenkstätte Neuengamme, Außenstelle des Museums für Hamburgische Geschichte. Hamburg 1986, S. 18.

[11] Bauche u.a. (Hg.) 1986, S. 25.

[12] Zitiert nach Bauche u.a. (Hg.) 1986, S. 26.

[13] Vgl. Herlemann, Beatrix: Auf verlorenem Posten. Kommunistischer Widerstand im Zweiten Weltkrieg. Die Knöchel-Organisation. Bonn 1986, S. 9 (= Politik- und Gesellschaftsgeschichte, 15).

[14] Krauss, Marita: Das "Emigrantensyndrom". Emigranten aus Hitlerdeutschland und ihre mühsame Annäherung an die ehemalige Heimat. In: Gegenwart in Vergangenheit: Beiträge zur Kultur und Geschichte der Neueren und Neuesten Zeit; Festgabe für Friedrich Prinz zu seinem 65. Geburtstag. Herausgegeben von Georg Jenal unter Mitarbeit von Stephanie Haarländer. München 1993, S. 319-334, hier S. 329.

hen."[15] Hinzu kam die Aufnahme des "Kalten Krieges", und damit verbunden war eine immer größere Distanz zur DDR, was freilich dazu führte, "daß viele Widerstandskämpfer z.B. aus den Reihen der alten KPD anders behandelt wurden als solche der 'Bekennenden Kiche' oder aus Kreisen des politischen Katholizismus"[16].

Lebenslauf

Herr F. wurde 1913 in Hamburg geboren. Seine Eltern waren Arbeiter. Beide Elternteile engagierten sich in der SPD. Mit fünfzehn trat Herr F. der sozialistischen Arbeiterjugend (SAJ) bei. Drei Jahre später wechselte er zum Kommunistischen Jugendverband (KJVD). Nach 1933 baute er gemeinsam mit Gleichgesinnten einen kleinen Kreis auf, der Flugblätter gegen die Nazis verfaßte und verteilte. Im Oktober 1934 flog der Kreis auf, und Herr F. sowie andere Mitglieder der Gruppe wurden von der Gestapo verhaftet. Nachdem er mehrere Monate in Einzelhaft verbracht hatte, wurde er im Mai 1935 vor Gericht gestellt und wegen "Vorbereitung zum Hochverrat" zu dreißig Monaten Gefängnishaft verurteilt.

1943 erfolgte die Einberufung zur Wehrmacht. Im März 1944 kam Herr F. an die Front nach Italien. Im Juni desselben Jahres geriet er nach seiner Desertion in englische Kriegsgefangenschaft und wurde in ein Kriegsgefangenenlager nach Ägypten gebracht. Seine Kriegsgefangenschaft endete am Neujahrstag 1947. Nach seiner Rückkehr nach Hamburg absolvierte er eine Schnellausbildung zum Lehrer. Herr F. wurde auch wieder politisch aktiv und trat der KPD bei. Von 1948 bis 1953 arbeitete er als Lehrer an einer Hamburger Schule. 1953 wurde er wegen seiner politischen Einstellung fristlos aus dem Schuldienst entlassen. Erst drei Jahrzehnte nach seiner Entlassung, im Jahr 1985, wurde Herr F. vom Hamburger Schulsenator rehabilitiert. Am 2. Juni 1992 starb Herr F.

Kontaktaufnahme und Interviewbesuch

Von Herrn F. erfuhr ich während eines Praktikums in der KZ-Gedenkstätte Neuengamme. Das Gespräch mit ihm fand im September 1988 statt. Ich hatte Herrn F. telefonisch von meinem Projekt berichtet und ihn anschließend um ein Interview gebeten. Ohne zu zögern, willigte er ein. Allerdings war für mich nicht erkennbar, ob er hierüber erfreut war oder ob er meine Bitte eher lästig empfand. Wir verabredeten uns für zwei Nachmittage in seinem Haus in Hamburg. Die Gespräche fanden im Wohnzimmer des kleinen Bungalows statt. Seine Ehefrau oder andere Mitglieder der Familie lernte ich dabei nicht kennen. Bei unserem ersten Gespräch erklärte ich Herrn F. noch einmal das

---

[15] Hohmann, Joachim S.: Unerwünschte Heimkehrer. Mißtrauen und Vorurteile gegenüber Exilanten und Widerstandskämpfern. In: Bundeszentrale für politische Bildung (Hg.): Widerstand und Exil 1933-1945. Bonn 1989, S. 281-292, hier S. 285 (= Schriftenreihe der Bundeszentrale für politische Bildung, 223).

[16] Ebd., S. 288.

Vorhaben meiner Untersuchung. Nachfragen stellte er kaum. So wollte er
beispielsweise auch nicht wissen - was mich viele meiner Interviewpartner
fragten -, mit wem ich noch Interviews führe oder welche Verfolgtengruppen
in meiner Arbeit behandelt werden. Im Gegensatz zu vielen anderen erkundigte
er sich auch nicht nach meinen Motiven für die Arbeit und stellte auch keine
Fragen, die meine Person betrafen. Da ich Herrn F. vorher nicht kannte und
entsprechend wenig von ihm wußte, schilderte er mir mit knappen Worten
einige Stationen seines Lebens. Ich bemühte mich, nicht zielgerichtet zu
fragen. Vielmehr streute ich in unserem Gespräch Angaben über meine Arbeit
ein oder versuchte, über das eine oder andere von Herrn F. erwähnte historische Ereignis eine kleine Diskussion zu beginnen. Ich wollte vermeiden, daß
Herr F. mir seine Geschichte zweimal erzählen muß, was meist zu wenig
befriedigenden Ergebnissen führt. Dann sind Äußerungen wie 'das habe ich
Ihnen ja bereits neulich erzählt' Ausdruck geringer Erzählfreude und Erzähl-
bereitschaft. Das eigentliche Interview sollte sich deutlich von unserem ersten
Gespräch abheben und lediglich dem gegenseitigen Kennenlernen dienen und
auf diese Weise vertrauensbildend wirken.

Zwei Tage später wurde dann das Interview geführt. Es dauerte knapp drei
Stunden. Auch nach dem Interviewbesuch bestand zunächst ein loser Brief-
kontakt fort. In einem der Briefe bat mich Herr F., ihm die Transkription des
Interviews zu senden. Eine Reaktion, wie ihm die Niederschrift gefallen habe,
erhielt ich nicht. Im Dezember 1992 nahm ich erneut Kontakt mit Herrn F.
auf, da sich bei der Bearbeitung des Interviews eine Reihe von Fragen ergeben
hatten. Seine Ehefrau teilte mir daraufhin den Tod ihres Mannes mit. Gleichzeitig signalisierte sie die Bereitschaft, meine offenen Fragen beantworten zu
helfen. Auch verwies sie mich an einen Freund, Herrn B., an den ich mich
gleichfalls wenden dürfte. Im März 1993 besuchte ich Frau F. und Herrn B.
sowie Frau G.F., die erste Ehefrau. Dabei vertraute man mir Kopien einer
Vielzahl von persönlichen Dokumenten und Briefen sowie verschiedene autobiographische Aufzeichnungen von Herrn F. an. Bei diesen handelt es sich um
zunächst handschriftliche Notizen, die Herr F. in den letzten Jahren vor seinem
Tod verfaßt hatte. Unter anderem angeregt durch unser Interview, schrieb er
über verschiedene Aspekte und Stationen seines Lebens. Die letzten dieser
Aufzeichnungen machte Herr F. noch vom Krankenbett aus. Für die Zusammenstellung einer kompletten Autobiographie reichte seine Zeit allerdings nicht
mehr. Nach seinem Tod sprach Herr B. die Aufzeichnungen auf Tonband,
anschließend transkribierte Frau F. die Aufnahme. Abgesehen von einem
ausführlichen Lebenslauf können sie verschiedenen thematischen Schwerpunkten zugeordnet werden: Sie enthalten Erinnerungen an die Kinder- und Jugendzeit, sie geben einen Überblick über Herrn F.s künstlerische Entwicklung - er
malte hauptsächlich in Aquarelltechnik -, beschreiben seine Arbeiten, die er
während der KZ- und Gefängnishaft, als Soldat in Italien, aber auch in der
englischen Kriegsgefangenschaft in Ägypten anfertigte. Seiner Zeit als Soldat
ist ein eigenes Kapitel gewidmet, in dem Herr F. auch in allen Einzelheiten die
Details seiner Desertion beschreibt. Die früheste Aufzeichnung stammt aus

dem Jahr 1977. Hierbei handelt es sich um einen 24-seitigen Bericht, der unter der Überschrift *Berufsverbote und Kalter Krieg. Ein denkwürdiges Jubiläum* über seine Entlassung aus dem Schuldienst berichtet. In der Form eines Zeitungsartikels beschreibt Herr F. die damaligen Ereignisse, die er in einen politischen Zusammenhang stellt. Sofern Herrn F.s Aufzeichnungen eine Ergänzung oder einen Kontrast zu seinen Äußerungen in unserem Interview darstellen, sollen sie in der folgenden Betrachtung Berücksichtigung finden. Die eigentliche Materialgrundlage für die biographische Untersuchung bleibt allerdings das Interview.

Der Erzähler

Herr F. ist kein 'Profierzähler', der häufig in der Öffentlichkeit über sein Leben im Nationalsozialismus spricht oder gar von den Medien als Zeitzeuge aufgesucht wird, um über seine Erfahrungen zu berichten. Erst in den letzten fünf Jahren vor seinem Tod änderte sich dies ein wenig. Des öfteren wurde er von Lehrern gebeten, vor Schülern über seine Erlebnisse zu sprechen. Auch begleitete Herr F. 'alternative Stadtrundfahrten' zu Stätten der Arbeiterbewegung oder des Widerstands gegen die NS-Diktaktur in Hamburg. In seinen Aufzeichnungen schreibt Herr F. über sein Engagement, wobei er die pädagogische Bedeutung seiner Arbeit nüchtern beurteilt: "Mehr als Denkanstöße zu einer objektiven Sicht der Nazizeit, die heute von rechtsradikalen Gruppen schon wieder glorifiziert wird, können diese Bemühungen nicht bewirken."

Seine Ehefrau und der Freund, Herr B., erklären mir, daß Herr F. von sich aus eher selten im Familien- oder Freundeskreis über seine Arbeit im Widerstand, seine KZ- und Gefängnishaft oder die Kriegsgefangenschaft erzählt hat. Doch auf Bitten sei er schon dazu bereit gewesen. Frau G.F. berichtet sogar ein wenig irritiert von ihrer ältesten Tochter, die behaupte, daß ihr viele Details der väterlichen Biographie nicht in vollem Umfang bekannt gewesen seien. Eher eine Ausnahme stellt auch ein Vortrag dar, den Herr F. im Jahr 1983 in der KZ-Gedenkstätte Neuengamme über seine Erfahrungen im Nationalsozialismus hielt. Die Tonbandaufnahme dieser Veranstaltung sowie ihre Transkription wurden mir von Herrn B. bzw. von Frau F. für meine Arbeit zur Verfügung gestellt.

Herr F. ist ein ruhiger Erzähler, der sehr langsam und mit Bedacht spricht. Er erzählt ohne große rhetorische Kunstgriffe. Manchmal macht er lange Pausen, bevor er antwortet oder weiterspricht. Seine Sätze sind wohlüberlegt. Herr F. bemüht sich, umgangsprachliche Redewendungen zu vermeiden. Seine Stimme ist ruhig, und er spricht sehr leise. Unverkennbar ist seine Hamburger Mundart. Manchmal lächelt er oder lacht leise auf. Beim Erzählen fehlen Gesten, die zur Bekräftigung des Gesagten dienen könnten. Im Interview, aber auch im Gespräch erlebte ich Herrn F. als einen angenehmen Gesprächspartner, der auch sein Gegenüber zu Wort kommen läßt. Er hält keine Monologe, vielmehr braucht er das gelegentliche Fragen, um seine Erinnerung anzuregen. Vor dem bereits erwähnten Vortrag in der KZ-Gedenkstätte Neuengamme erklärte er seinen Zuhörern, daß er sie bitte, nachdem er sich kurz vorgestellt und über seine Verhaftung berichtet habe, ihm Fragen zu stellen: "Ich glaube, das ist immer das beste, wenn man Fragen beantworten kann."

Kindheit und Jugend

Ja, ich habe zwei oder sogar einige mehr konkrete Erinnerungen. Einmal eine, ich glaube für mich bestimmende Erinnerung war ein Urlaub meines Vaters, 1917 etwa, da war ich vier Jahre alt, und wir haben den Vater vom Bahnhof abgeholt, dem Hamburger Hauptbahnhof, und zu Hause hat er sich dann seines Gepäcks entledigt und die Uniform ausgezogen, und das Koppel mit dem Seitengewehr hat er in die Speisekammer mehr oder minder geworfen, und ich, nichts eiligeres zu tun, als mir dieses Koppel umzugürten und stolz zum Vater zu gehen. Und der sagte dann: 'Junge, wirf das Dreckzeug hin. Hoffentlich wirst du niemals in deinem Leben so etwas tragen müssen.' Das war für mich doch zuerst ein bißchen erschreckend, denn die anderen Kinder spielten auch damals Soldat auf der Straße mit Holzgewehr und so weiter. Aber ich habe mich daran dann später nie mehr beteiligt. Ich nehme an, daß dieses 'Junge, wirf das Dreckzeug weg' doch irgendwie bestimmend für meine spätere antimilitaristische Gesinnung geworden ist.

Diese Episode erzählt Herr F. zu Beginn des Interviews auf meine Frage, ob er noch Erinnerungen an seine Kindheit habe. Die Beschreibung der Rückkehr des Vaters von der Front informiert dabei weniger über die Kindheit, vielmehr offenbart sie einen wohl für ihn wichtigen Aspekt seines Lebens; sie gibt Aufschluß über sein späteres politisches Bewußtsein oder, wie Herr F. selbst sagt, seine "antimilitaristische Gesinnung". Die Schilderung dieser Heimkehrerszene gerät damit zu dem Versuch, das eigene Leben zu deuten und die Erklärung für späteres Handeln aus Erlebnissen der Kindheit herzuleiten.

Ohne daß ich nachfragen muß, erzählt mir Herr F. weitere Erlebnisse aus seiner Kindheit. Sie hängen sämtlichst mit der wirtschaftlichen Not der Kriegs- oder Nachkriegsjahre zusammen. Er berichtet über den kargen Speiseplan im Elternhaus, der oftmals nur aus in Wasserbrühe gekochten Steckrüben bestanden habe. Eine andere Erinnerung gilt dem mühsamen Transport von Kohlen. Zwei Zentner, so weiß Herr F. zu berichten, waren jeder Familie für einen bestimmten Zeitraum zum Kochen und zum Heizen zugeteilt. In seiner Erinnerung sieht er sich auf dem einen Sack sitzen, während die Mutter den anderen in einer für Transporte zweckentfremdeten Kinderkarre nach Hause schafft. "Es war alles damals sehr primitiv", fügt Herr F., die Episode abschließend, hinzu.

Andere Erinnerungen kreisen um das Thema Arbeit. Herr F. erzählt, daß die Familie zeitweilig getrennt lebte. Mehrere Monate im Jahr verbrachte er gemeinsam mit seiner Mutter bei den Großeltern in Oldenburg. Hier hatte die Mutter die Möglichkeit, in einer Textilfabrik zu arbeiten, die Uniformen herstellte. Aus seinen Erinnerungen entsteht das Bild einer von Not und Entbehrungen geprägten Kindheit. Erinnerungen an Spiele mit Freunden oder an gemeinsam ausgeheckte Streiche werden nicht erzählt. Der Eindruck von einer Zeit, in der nur schwer die wirtschaftliche Existenz der Familie gesichert werden konnte, bestätigt sich, wenn Herr F. über die Arbeitslosigkeit des Vaters berichtet:

Na ja, das war die beginnende Inflation, und mein Vater war auch zeitweilig arbeitslos. Ich besitze noch seine Arbeitsbestätigungen und Zeugnisse und so weiter, woraus hervorgeht, daß er ein sehr verläßlicher Mann war, aber das hat ja, wenn eine Krisensituation in der Wirtschaft ist, mit der persönlichen Tüchtigkeit nichts zu tun, damals genauso wenig wie heute.

Obwohl Herr F. die Arbeitslosigkeit des Vaters als ein persönliches Problem empfunden zu haben scheint, weiß er doch ihre Ursachen in den Zusammenhang der gesamtgesellschaftlichen Krisensituation zu stellen. Die Krise diktiert die Bedingungen für die Verteilung der Arbeit. Die Möglichkeiten des einzelnen, seine Lage zu verbessern, egal über welche Qualitäten er verfügt, erscheinen begrenzt.

Als ich Herrn F. frage, wie er seine Erziehung empfunden habe, antwortet er, daß sie "sehr liberal, sehr nachsichtig" gewesen sei. An Verbote könne er sich gar nicht erinnern. Wolle man sie mit einem heutigen Wort beschreiben, dann müsse man sie antiautoritär nennen. Über seine Eltern berichtet Herr F., daß sie beide Mitglieder der SPD waren. Der Vater bereits seit seinem achtzehnten oder neunzehnten Lebensjahr. Daraufhin frage ich ihn, ob im Elternhaus viel über Politik gesprochen wurde:

Ja, also nicht täglich. Es mußten schon besondere Anlässe sein. Und es kam nachher ja natürlich auch die immer mehr umsichgreifende Inflation '22, '23, und dann war das so, daß mein Vater - aber das ist ja bei allen anderen Leuten auch so gewesen, darüber gibt es ja Bücher - jeden Tag seinen Lohn bekam, und dann ist man losgerast und hat dann dafür das Allernotwendigste zum Essen, Brot und Margarine und so gekauft, denn am nächsten Tag war das schon nichts mehr wert. Ja, es wurde schon über Politik gesprochen. '25 kam, es war der erste Reichspräsident gestorben, und da kam dann die Reichspräsidentenwahl. Mein Vater hatte mit Hindenburg nichts im Sinn.

Das Phänomen der Inflation war das herausragende Ereignis jener Jahre, das natürlich auch in den Familien diskutiert wurde, bestimmte es doch den Alltag der Menschen. Doch Herrn F. widerstrebt es eher, hierüber zu berichten, schließlich haben damals alle Familien unter den Auswirkungen der Inflation gelitten und könnten über entsprechende Erlebnisse Auskunft geben, die zudem auch bereits hinreichend dokumentiert sind. Herr F. möchte nicht über Erfahrungen sprechen, wie sie andere auch gemacht haben; er möchte *seine* Geschichte erzählen. Bereits zu Beginn des Interviews lenkte er mit der Episode über die Heimkehr des Vaters von der Front auf ein für ihn zentrales Thema: sein politisches Bewußtsein. Ich frage ihn, ob die politische Einstellung der Eltern ihn geprägt habe, was er bejaht. Die Entwicklung seines politischen Bewußtseins sei, so fügt er nicht ohne Stolz hinzu, "ziemlich geradlinig"

verlaufen. Bereits mit fünfzehn Jahren war W.F. dem politischen Jugendverband der SPD beigetreten. "Ich wollte da etwas lernen", begründet Herr F.
seinen Schritt:

*Ich wollte meine gefühlsmäßige Einstellung zum Sozialismus irgendwie vertie-
fen, und es gab auch dort die Möglichkeit, weil in den Gruppenabenden nicht
nur so dahingefaselt wurde, sondern es wurden Vorträge und Referate gehalten
von sozialistischen Studenten, von Lehrern, Gewerkschaftsleuten, und im
Anschluß daran haben wir dann auch Grundschriften gelesen. Und so bin ich
dann zu einer immer festeren Überzeugung gekommen, daß das Elend in dieser
Welt eigentlich erst beseitigt werden könnte, wenn die kapitalistischen Mono-
pole nicht mehr bestimmend für die Regierungspolitik sind.*

> *Was haben Sie in jenen Jahren als das Elend der
> Welt gesehen?*

*Na ja, in allen entwickelten kapitalistischen Ländern die Riesenarbeitslosigkeit,
die ja mit dem großen Bankenkrach 1929 in den USA begann. Es gab damals
auch schon Arbeitslose, aber es steigerte sich so, daß in Deutschland 1932
etwa sieben Millionen Arbeitslose da waren. Leute, die gern arbeiten wollten,
die Jugendlichen, die vielleicht noch eine Lehrstelle bekommen hatten, wurden
dann nachher nicht übernommen. Ähnliches sehen wir auch heute. Und
persönlich betroffen war man natürlich dadurch, daß auch mein Vater zeitweilig arbeitslos war, und wir uns dann schon sehr stark einschränken mußten.*

Seinen Beitritt zu dem sozialistischen Jugendverband beschreibt Herr F. als
einen bewußt gewählten Schritt. Bereits nach drei Monaten wurde W.F. zum
Gruppenführer gewählt, wenig später avancierte er zum stellvertretenden Leiter
des Distrikts "Stadtpark". Seine Beteuerung, als Fünfzehnjähriger so gehandelt
zu haben, daß er etwas lerne, läßt den jugendlichen W.F. reif und bereits recht
erwachsen erscheinen. In Herrn F.s Erzählung über seine Kinder- und Jugendjahre nimmt die Beschreibung seiner politischen Entwicklung und Betätigung
wesentlichen Raum ein, die meisten anderen Aspekte spielen eine untergeordnete Rolle. Auch seine Beschreibung der Not in der Familie, sei es die Ernährungslage oder die Arbeitslosigkeit des Vaters, ist als Baustein innerhalb dieser
von ihm beschriebenen Entwicklung zu sehen. Dabei werden die Ereignisse der
persönlichen Not zusammen mit den großen Ereignissen der Wirtschaft und
Weltwirtschaft zum Beleg für die Richtigkeit der eigenen Überzeugung herangezogen.
    Herr F. ist bemüht, seine politische Entwicklung kontinuierlich und
'geradlinig' erscheinen zu lassen. Bereits in der im Elternhaus herrschenden
politischen Meinung sieht er eine wichtige Einflußgröße. Meinen Einwand, daß
man als Jugendlicher zuweilen auf Distanz zur Meinung der Eltern geht, weist
Herr F. für sich zurück. Neben dem Elternhaus und der politischen Jugend-
gruppe war seiner Meinung nach für die Entwicklung seines politischen
Bewußtseins auch die Schule von großer Bedeutung. W.F. besuchte in
Hamburg die Lichtwark-Schule, eine Reformoberschule und eine der frühen

Koedukationsschulen in Deutschland.[17] Gern läßt Herr F. sich über seine ehemalige Schule befragen. Hier ist ein Thema gefunden, dem er beinahe so viel Raum bietet wie der Beschreibung seiner politischen Meinungsbildung. Er berichtet, daß auch seine Volksschule, die in der damaligen Ahrendsburger Straße lag, eine besondere war, nämlich eine Versuchsschule auf der es keine Zeugnisse gab, nicht einmal Berichtszeugnisse wie heute in der Primarstufe. Statt dessen, so erklärt mir Herr F., wurde gegen Ende des Schuljahres ein Elternabend einberufen, auf dem über die Entwicklung der Kinder gesprochen wurde. Darüber hinaus hatten die Eltern jeder Zeit die Möglichkeit, in die Schule zu kommen und dem Unterricht beizuwohnen. "Alle Nase lang wurden Feste gefeiert", erinnert sich Herr F., und es kam zu den verschiedensten Darbietungen, die vor den Augen der Schulöffentlickeit zur Aufführung gebracht wurden.

Die im Anschluß an die Volksschule besuchte Lichtwark-Schule stand in dem Ruf, links zu sein. Als das "rote Mistbeet"[18], so berichtet Herr F., wurde sie von ihren Gegnern beschimpft. Er hingegen würdigt sie als "liberal". Ihre Lehrkräfte waren seiner Meinung nach "links bis rechts-liberal"[19], im Gegensatz zu den anderen Gymnasien: "Da waren sie ja im wesentlichen reaktionär". Herr F. lobt, daß in den oberen Klassen intensiv über die großen Ereignisse der Weltgeschichte, wie die russische Revolution, diskutiert wurde. Doch einseitig sei der Unterricht nicht gewesen. Ich frage Herrn F., ob er so etwas wie eine Verbindung zwischen seinem politischen Engagement außerhalb der Schule und dem Schulunterricht sehen könne:

---

[17] Ursel Hochmuth beschreibt das Konzept und die Arbeitsweise der Lichtwark-Schule folgendermaßen: "Die Lehrer strebten eine gegenwartsnahe und weltoffene Erziehung an und gingen auch Auseinandersetzungen mit restaurativen Kräften und Ideologien nicht aus dem Weg. Außer in den einschlägigen Fächern unterrichteten sie in der neu eingeführten 'Kulturkunde', in der Deutsch, Geschichte und Religionskunde zusammengefaßt waren, um das Arbeiten in großen gesellschaftlichen Zusammenhängen zu ermöglichen. Gleichzeitig betrachteten sie die Kulturkunde als ein 'neues pädagogisches Prinzip'. Zum originären Schulbetrieb gehörten weiter der kulturkundlich geführte Englischunterricht, die tägliche Sportstunde, die Klassenreisen, die Schulbühne, der Chor, das Orchester", siehe Hochmuth, Ursel: Lichtwarkschule/Lichtwarkschüler. "Hitler führt ins Verderben - Grüßt nicht!" In: Hochmuth, Ursel/de Lorent, Hans-Peter (Hg.): Hamburg: Schule unterm Hakenkreuz. Beiträge der "Hamburger Lehrerzeitung" (Organ der GEW) und der Landesgeschichtskommission der VVN/Bund der Antifaschisten. Hamburg 1985, S. 84-105, hier S. 84f.

[18] Vgl. Lehberger, Reiner: Fritz Schumacher und der Schulbau im Hamburg der Weimarer Jahre. In: de Lorent, Hans-Peter/Ullrich, Volker (Hg.): "Der Traum von der freien Schule." Schule und Schulpolitik in der Weimarer Republik. Hamburg 1988, S. 238-251, hier S. 248; Hochmuth 1985, S. 86.

[19] Über die politische Einstellung des Schulleiters Landahl und seiner Kollegen der Lichtwark-Schule schreibt Hochmuth: "Landahl und seine über 40 Lehrer vertraten auf verschiedene Weise die Gedanken der Weimarer Reformpädagogik, politisch repräsentierten sie das gesamte demokratische Spektrum jener Jahre. Ein Teil der Lehrer war parteilos, viele hatten sich links engagiert, sie waren Mitglieder der Arbeiterparteien, demokratischer Kulturverbände, der 'Liga gegen Imperialismus und koloniale Unterdrückung'", siehe Hochmuth 1985, S.85.

Nein, das war durchaus nicht unabhängig. Wir hatten auch einen sozialisti-
schen Schülerbund, dem junge Sozialdemokraten und Kommunisten anhingen,
und es gab auch zeitweilig eine Schülerzeitung, an der ich mitgearbeitet habe.
Das war durchaus, ja, integriert. Es war kein Widerspruch. Natürlich haben
wir keinen marxistischen Chemieunterricht gemacht oder so etwas. Das ist ja
klar.

> *Aber Ihr politisches Bewußtsein ist also durch die*
> *Schule eher noch gestärkt worden oder hat sich*
> *mitentwickelt?*

Sich mitentwickelt. Vor allem auch, sagen wir mal, die Fähigkeit zum selbstän-
digen Lernen, ja, trägt ja auch dazu bei, daß man, wenn man irgendwas meint,
für richtig halten zu sollen, dann auch intensiver sich damit beschäftigt. Dieses
lernen, wie man lernt, das hat man der Schule zu verdanken.

Einmal mehr wird der Eindruck von einer kontinuierlichen Entwicklung des
jungen W.F. vermittelt. Die Schule erscheint als wichtige Sozialisationsinstanz
für die Formung einer kritischen und selbständigen Persönlichkeit und der
parteipolitisch orientierte Schülerbund als Ort, an dem die Heranwachsenden die
Möglichkeit hatten, ihre sozialistischen Ideen zu artikulieren. Das Lernklima
für die Herausbildung des politischen Bewußtseins wirkt allzu ideal. Den
Widerpart übernahmen die Nationalsozialisten, zu denen man sich, so Herr F.,
natürlich in klarer Opposition befand.

Ja. In der Schule selbst, also unter Gleichaltrigen war da wenig Sympathie. Es
gab 1932 in der Schule von etwa tausend Schülern sieben Jungen - Mädchen
weiß ich nicht, glaube ich nicht -, die der Hitlerjugend angehörten, und bei
denen war es zum Teil ein Einfluß des Elternhauses, zum Teil eine Opposition.
Die sind aber nie irgendwie flegelig aufgetreten wie etwa so die Straßenrowdies
dann in der SA... ja, man hat das mit Schrecken aufgenommen, aber noch
geglaubt, die würden es nicht schaffen, ja, die Bevölkerung in Deutschland
wäre in ihrer Mehrheit antinationalsozialistisch eingestellt. Eine so große
Gefahr hat man damals darin nicht gesehen, ein wenig die Entwicklung unter-
schätzt, ja.

Das unauffällige Benehmen der wenigen Mitglieder der Hitlerjugend in der
Schule wird gewürdigt. Bewußt grenzt sie Herr F. von den "Straßenrowdies"
der SA ab. Fast scheint es, daß er ihnen eine Sonderrolle zubilligt(e), die ihnen
die Toleranz der übrigen Schüler sicherte. Vielleicht liegt es an dem Umstand,
daß seiner Erinnerung nach die Hitlerjugend-Anhänger an der Lichtwark-
Schule eine absolute Minderheit bildeten.[20] Wie seine Einstellung zu den

---

[20] Im Jahre 1935 - zwei Jahre nachdem Herr F. die Lichtwark-Schule mit der Reifeprüfung
abgeschlossen hatte - ließ die Landesunterrichtsbehörde eine "Rangordnung der allgemein-
bildenden Schulen nach der Zugehörigkeit der Schüler(innen) zur H.J.-Bewegung [...]"
erstellen. Nach dieser Statistik wies die Lichtwark-Schule zum Stichtag 1.5.1935 einen
Organisationsgrad von 33,9% auf. Dies bedeutet Rang 32 der Hamburger Gymnasien,
siehe Hoch, Gerhard: HJ-Rangliste 1935. "Die Landesunterrichtsbehörde erwartet tatkräftige Unterstützung der HJ". In: Hochmuth/de Lorent (Hg.) 1985, S. 40-45, hier S. 44.

Nationalsozialisten war, macht noch einmal seine Antwort auf meine konkrete
Frage deutlich, in welcher Position er sich zu ihnen befunden habe, nämlich
"in absoluter Gegnerschaft". Doch wie hat man sich dies vorzustellen? Gab es
Konflikte zwischen den Anhängern irgendwelcher Nazi-Formationen und den
Mitgliedern seines Jugendverbandes? Inzwischen war Herr F. aus Protest gegen
die Wiederaufrüstungspolitik der SPD dem Kommunistischen Jugendverband,
dem KJVD, beigetreten.

Nein, also diese Dinge spielten sich eigentlich mehr ab zwischen den Schutz-
formationen, also dem Reichsbanner und Rotfrontkämpferbund und den Nazis,
damit bin ich eigentlich nie in Kontakt gekommen. Wir waren auch der Auffas-
sung, daß diese Rüpelei nichts bringt. Wir sind aber auch nie als Gruppe
überfallen worden von SA-Leuten oder so. Man hätte sich wahrscheinlich auch
zu wehren versucht, aber in solche Situationen bin ich nie geraten.

> *War damals schon der Gedanke an irgendeine Art*
> *von Widerstand vorhanden?*

Na ja, also Widerstand in geistiger Hinsicht, also Aufklärung der Freunde und
Bekannten und so weiter. Und man hat auch gesprochen, auch Flugblätter
hergestellt, und das gab es ja nicht erst nach '33. Da hätte man ja gar nicht
gewußt wie.

> *Was haben Sie denn konkret gemacht in diesem*
> *kommunistischen Jugendverband? War es mehr ein*
> *Diskutierzirkel gewesen?*

Ja, im wesentlichen ein Diskutierzirkel, und es wurden da auch eben Vorträge
gehalten, und man las gemeinsam Schriften und diskutierte darüber, aber man
hat auch sogenannte Agitation gemacht, also Werbung. Man hat Flugblätter
verteilt, man hat Zeitungen verkauft, man hat mit Leuten geredet. Also es ist
nicht nur ein, sagen wir mal, auf sich bezogener Klub gewesen.

Mit wenigen Sätzen beschreibt Herr F. die Tätigkeit seines Jugendverbandes.
Eigene Meinungsbildung und Diskussion, Agitation statt Konfrontation, dies
scheinen die Schlaglichter der Arbeit dieser Gruppe gewesen zu sein, die wohl
eher eine Politik der leisen Töne betrieben hat. Herr F. versucht nicht, das
Wirken dieses Kreises als bedeutendes Widerstandsverhalten zu deklarieren. Er
berichtet einfach über die Aktivitäten, ohne seine eigene Rolle dabei extra zu
betonen oder herauszustreichen. Seine Beschreibung wirkt nüchtern. Aus ihr
klingt aber auch die Einsicht in die Begrenztheit der Möglichkeiten. Auf meine
Frage, wie er nach der Machtübertragung an die Nazis 1933, als die Jagd auf
Kommunisten und Sozialdemokraten eingesetzt hatte, die Gefährlichkeit der
Aktivitäten der Gruppe beurteilt habe, antwortet Herr F., daß man die Gefahr
durchaus wahrgenommen, aber auch verdrängt habe: "Man springt ja nicht,
sagen wir mal, ins kalte Wasser in dem Bewußtsein, da kommst du nicht
wieder raus. Man hat sich gesagt, also trotzdem und so schlimm wird es schon
nicht werden, so ungefähr, war wohl so die Haltung."

Im ersten Jahr nach der Machtergreifung, so beschreibt Herr F. seine weiteren Aktivitäten, begann man, sich in kleineren Gruppen zu organisieren. Es wurden Parolen an Häuserwände geschrieben, Flugblätter verfaßt und fotografisch verkleinert - damit sie leichter transportiert werden konnten -, schließlich wurden sie in Umlauf gebracht. Weitere Einzelheiten berichtet er nicht.[21] "Und das ist dann doch irgendwie mal schiefgegangen.", erklärt Herr F.: Einer aus der Gruppe habe nach seiner Verhaftung versucht, sich die Pulsadern aufzuschneiden. Im Krankenbau wurde er Tag und Nacht bewacht. Im "Fieberwahn" habe er dann die Namen der anderen verraten, auch den von Herrn F. Das war im Oktober 1934. Damals war er gerade 21 Jahre alt. Ich frage ihn, ob er sich noch an die Situation der Verhaftung erinnern könne:

Ja, genau. Ich hatte Freunde besucht, kam nach Hause, und da kam mein Vater an die Tür und sagte: "Du, wir haben Besuch." Aber ich konnte nicht verschwinden. Da waren drei Gestapo-Leute. Der eine hielt mich am Ärmel fest, fragte nach diesem und jenem. Und unten vorm Haus da stand ein Wagen, ein großer Mercedes, und da wurde ich eingeladen. Meine Freundin, die auf mich gewartet hatte - wir wollten noch was besorgen -, die haben sie gleich mitgenommen. Und dann ging es hier nach Fuhlsbüttel zum Suhrenkamp 98 und durch das Tor. Später hat man es das "Tor zur Hölle" genannt, es war auch eine Hölle.

Das "Kola-Fu"

Im Suhrenkamp 98 befindet sich das Torgebäude des "Kola-Fu". Das zeitgenössische Kürzel "Kola-Fu" steht für das Konzentrationslager und Polizeigefängnis Fuhlsbüttel. Fuhlsbüttel ist ein Stadtteil von Hamburg. Sein Name wird von den Hamburgern mit den dortigen Strafanstalten in Verbindung gebracht, auch in der Gegenwart. Bereits 1869 wurde in Fuhlsbüttel das erste Gefängnis erbaut, es folgten weitere, darunter eines für Jugendliche (1892) und auch ein Zuchthaus (1906).[22] In den Jahren 1933-1945 wurden im "Kola-Fu" vor allem politische Gegner des NS-Regimes, aber auch rassisch Verfolgte interniert. Mit der Übernahme der Wachaufgaben durch Abteilungen der SS und der SA im August 1933 setzte eine Zeit des Terrors ein.[23] Mißhandlungen und Folter gehörten künftig zum Alltag der Häftlinge. Viele wurden in den

[21] Über die Hintergründe der Widerstandsarbeit schreibt Herr F. in seinen Aufzeichnungen: "Nach den Massenverhaftungen von Nazigegnern im Jahre 1933 war es in den Arbeiterorganisationen stiller geworden. Kontakte auf freundschaftlicher Basis blieben aber erhalten, und im Frühjahr 1934 haben wir versucht, den Jugendverband organisatorisch wieder zu festigen, natürlich unter konspirativen Bedingungen in Kleinstgruppen." Auf der Brüsseler Konferenz der KPD im Jahre 1935 wurden den Genossen ähnlich klingende Strategien empfohlen: "Dezentralisierung, Bildung von kleinen, locker miteinander verknüpften Zellen auf der Basis von Vertrauen zwischen den Mitgliedern und vorsichtige politische Arbeit *innerhalb* nationalsozialistischer Organisationen war nun die Strategie, die den Bedingungen des NS-Staates angepaßt war", siehe Gerhards 1983, S. 355.
[22] [Eiber, Ludwig:] "Kola-Fu". Konzentrationslager und Gestapogefängnis Hamburg-Fuhlsbüttel 1933-1945. Hamburg 1983 (= Hamburg-Portrait, 18) (ohne Paginierung).
[23] Bauche u.a. 1986, S. 37-41.

Selbstmord getrieben.[24] Ab Mitte 1936 erfolgte die Umwandlung (verbunden mit einer Umbenennung) in ein Polizeigefängnis, das in seiner Hauptfunktion als Untersuchungsgefängnis der Gestapo bis zum Ende des Krieges fortbestand.[25]

In den ersten Jahren nach 1933 waren hauptsächlich Funktionäre der KPD, der SPD und der Gewerkschaften sowie Mitglieder politischer Widerstandsgruppen aus dem norddeutschen Raum in Fuhlsbüttel inhaftiert. Während des Krieges gehörten z.B. Widerstandskämpfer aus der Arbeiterbewegung wie der Gruppe "Bästlein-Jacob-Abshagen", aber auch Angehörige des Hamburger Zweiges der "Weißen Rose" zu den Insassen des "Kola-Fu".[26] Für viele Juden aus Norddeutschland war Fuhlsbüttel eine Durchgangsstation, bevor sie in andere Konzentrationslager deportiert wurden.[27]

Während des Zweiten Weltkrieges kam es zu einer Veränderung der Häftlingsstruktur. Nun zählten auch viele Ausländer, vor allem aus der Sowjetunion und aus Polen, zu den Häftlingen des KZ Fuhlsbüttel. Sie mußten in Rüstungsbetrieben Zwangsarbeit leisten.[28] Inhaftiert waren, wenn auch nur für jeweils wenige Wochen, ungefähr 400 Anhänger der Hamburger "Swing-Jugend".[29]

Auch die Hamburger Kriminalpolizei ließ Gefangene im "Kola-Fu" unterbringen.[30] Hierbei handelte es sich um Angehörige verschiedener Gruppen der Gesellschaft, wie Sinti, Homosexuelle[31], Bettler[32] und Prostituierte[33], die als "gemeinsschaftsfremd" oder "volksschädlich" diffamiert wurden. In den Jahren 1933-1945 starben im "Kola-Fu" mindestens 250 Häftlinge. 82 Häftlinge wurden von der Gestapo außerhalb des "Kola-Fu" (u.a. im KZ Neuengamme) exekutiert.[34]

---

[24] Ebd., S. 37; Eiber 1983; Johe, Werner: Neuengamme. Zur Geschichte der Konzentrationslager in Hamburg. 4., durchgesehene und erweiterte Auflage. Hamburg 1984, S. 11f.

[25] Johe 1984, S. 13.

[26] Gedenkbuch "Kola-Fu". Für die Opfer aus dem Konzentrationslager, Gestapogefängnis und KZ-Außenlager Fuhlsbüttel. Erstellt von Herbert Dierks. Herausgegeben von der KZ-Gedenkstätte Neuengamme. Hamburg 1987, S. 12.

[27] Ebd., S. 13.

[28] Ebd.

[29] Pohl, Rainer: "Das gesunde Volksempfinden ist gegen Dad und Jo". Zur Verfolgung der Hamburger 'Swing-Jugend' im Zweiten Weltkrieg. In: Verachtet - verfolgt - vernichtet - zu den 'vergessenen' Opfern des NS-Regimes. Herausgeber: Projektgruppe für die vergessenen Opfer des NS-Regimes in Hamburg e.V. Hamburg 1986, S. 14-45, hier S. 39.

[30] Gedenkbuch "Kola-Fu" 1984, S. 13.

[31] Dazu: Stümke, Hans-Georg: Vom 'unausgeglichenen Geschlechtshaushalt'. Zur Verfolgung Homosexueller. In: Projektgruppe für die vergessenen Opfer des NS-Regimes in Hamburg e.V. (Hg.) 1986, S. 46-63.

[32] Dazu: Ayaß, Wolfgang: Vom "Pik As" ins "Kola-Fu". Die Verfolgung der Bettler und Obdachlosen durch die Hamburger Sozialverwaltung. In: Projektgruppe für die vergessenen Opfer des NS-Regimes in Hamburg e.V. (Hg.) 1986, S. 152-171.

[33] Dazu: Zürn, Gaby: "A. ist Prostituiertentyp". Zur Ausgrenzung und Vernichtung von Prostituierten und moralisch nicht-angepaßten Frauen im nationalsozialistischen Hamburg. In: Projektgruppe für die vergessenen Opfer des NS-Regimes in Hamburg e.V. (Hg.) 1986, S. 128-151.

[34] Gedenkbuch "Kola-Fu" 1984, S. 13.

Untersuchungshaft im "Kola-Fu"

*Können Sie sich noch an das Gefühl erinnern, als
Sie dort durch dieses Tor gehen mußten? Was
dachten Sie da?*

*Wir sind nicht durch das Tor gegangen, sondern mit dem Auto durchgefahren
und mußten dann aussteigen. Und, na ja, was dachte man? Ich habe dann
nicht viel Zeit zum Denken gehabt. Ich habe zu meiner Freundin so irgendwie
geflüstert: "Du, wir wissen überhaupt nichts." Und das hörte der eine Gestapo-
Mann - Hans Marien hieß der, ein Riese von Kerl -, der versetzte mir einen
Tritt ins Kreuz, daß ich der Länge nach hinflog, und kommandierte dann: "An
die Mauer, marsch, marsch! Zurück, marsch, marsch! An die Mauer, marsch,
marsch!" Und was sollte ich machen? Der Mensch hatte eine Pistole gezückt,
und dann läuft man natürlich. Das war der erste Eindruck.*

Für Emotionen schien keine Zeit gewesen zu sein. Herr F. versuchte wohl in
dieser Situation, noch klaren Kopf zu behalten. Angesichts der Tritte, mit
denen er im "Kola-Fu" begrüßt wurde, konnten seine Überlegungen, wie man
sich am besten verhalten sollte, nur seine Hilflosigkeit demonstrieren.
Anschließend begann die Aufnahme des Gefangenen W.F. In der Schreibstube
wurden seine Personalien festgehalten, wurde er gefragt, warum man ihn
eingewiesen habe. "So ein Blödsinn", sagt er heute zu diesen Fragen. Später
mußte er auf dem Flur stehen mit dem Gesicht zur Wand gerichtet. Immer
wieder wurde er angeschrien: "Finger lang! Nase an die Wand! Fußspitzen
ran!" Schließlich brachte man Herrn F. in seine Zelle, die weder einen Tisch
noch ein Bett enthielt. Damit waren die Schikanen der 'Empfangszeremonie'
noch nicht ausgestanden. Nachdem die Wärter die Zellentür verriegelt hatten,
ließen sie ihn zunächst für kurze Zeit allein:

*Und nach ein paar Minuten kamen sie wieder zu fünfen: "Der meldet nicht
mal!" Ich wußte überhaupt nicht, was die meinten. Dann gingen sie wieder
raus. Nach zwei Minuten rasselte wieder das Türschloß, und dann kamen sie
wieder rein: "Der meldet immer noch nicht!" Und das wiederholte sich so fünf,
sechs mal. Das fünfte Mal kam einer im weißen Kittel - das war der sogenannte
Heildiener dort, also ein Sanitäter - auf mich zu, und der hatte seine Schlüssel
an einem Knüppel, der vielleicht so 30 Zentimeter lang war, und stieß mir den
vorn Bauch und sagte: "Wenn hier ein Wachtmeister kommt, dann hast du
gefälligst unter die Tür zu flitzen und zu melden, 'Schutzhaftgefangener', wie
heißt Du?" Na ja, habe ich meinen Namen genannt, und als sie das sechste
Mal wiederkamen, habe ich dann diese Prozedur vollzogen, und dann war es ja
auch gut. Dann sind sie erstmal nicht wiedergekommen.*

Am nächsten Morgen wurde Herr F. in aller Frühe geweckt. Ein Wärter schob
einen Kanten Schwarzbrot und eine Schüssel mit Malzkaffee in seine Zelle.
Man gestattete ihm auszutreten. Auf der Toilette traf er einen seiner sogenannten Tatgenossen. Dieser hatte wertvolle Informationen für ihn, wußte er doch
zu berichten, was der Walter S. - derjenige, der versucht hatte, sich in der Haft

die Pulsadern aufzuschneiden - bereits ausgesagt hatte. Damit war es für Herrn F. klar, daß es keinen Zweck hatte, alles abzustreiten. Die Polizei kannte bereits die Namen der anderen Beteiligten. Es stand schlecht um ihn.

Und da wußte ich, wohin die Sache laufen würde, daß es für mich vollkommen sinnlos sein würde, die Leute, die schon verhaftet waren, mit denen wir zusammengearbeitet hatten, nicht zu kennen. Ich habe dann vielfach später erlebt, daß Mitgefangene, die geleugnet haben bis zum 'tz', zum Teil Dinge, die die Gestapo schon wußte, daß die unheimlich mißhandelt worden sind, während mir das nicht passierte. Ich bin lediglich, na ja, das war auch schon mies genug, ein Vierteljahr in Eisen gewesen. In Eisen, so hieß das an der Tür der Zelle. Das bedeutet, daß man Tag und Nacht mit Handschellen zusammengeschlossen war. Tagsüber auf dem Rücken und nachts am Eisenbett.

Wieder einmal wirken Herrn F.s Überlegungen nüchtern. Er stellt sich nicht als unbeugsamer Kämpfer dar, der auch noch bei Androhung von Gewalt, erhobenen Hauptes jede Aussage verweigert, um damit seine Unbeugsamkeit gegenüber den Nazis zu bekunden. Es liegt ihm nichts daran, sich als Held zu präsentieren. Die Aussicht auf Folter und Mißhandlung schreckte ihn. Doch fällt in dieser kleinen Passage auf, daß er seine Geständigkeit nur indirekt zum Ausdruck bringt. Das "Vierteljahr in Eisen" soll zeigen, daß ihm deshalb Mißhandlungen nicht erspart geblieben sind. Lediglich zu den Mahlzeiten wurden die Handschellen gelöst. Nach der Einzelhaft kam Herr F. auf einen Gemeinschaftssaal mit 20 Häftlingen, von denen die meisten Kommunisten waren. Anschließend wurde er ins Untersuchungsgefängnis am Holstenglacis überstellt. Ich frage ihn, was das Schlimmste in der Einzelhaft war:

Das Schlimmste? Ja, morgens um sieben, ich weiß nicht mehr genau, war ja Aufschluß, wie das hieß. So um halb sechs rum oder so entwickelte sich ein enormer Blasendruck, und da man sich ja aus dem Bett nicht wegbewegen konnte, weil man ja gefesselt war. Und dann habe ich einen Ausweg gefunden. Wir hatten so eine kleine Emailleschüssel [...] Wir hatten damals noch Strohsäcke, die kennt man heute kaum noch, in den Betten, also keine gesteppten Matratzen oder so, und da habe ich mir in Körpermitte ungefähr ein Loch zum Aufnehmen dieser Waschschüssel gegraben oder gebuddelt und das Bettuch wieder darüber gezogen. Das habe ich abends gemacht, als ich dann, wie bei jeder Mahlzeit, losgeschlossen wurde und die Handschellen nur an einer Hand baumelten, habe ich mir dieses Bett hergerichtet. Am nächsten Tag mußte ich dann immer sehen, wie ich die Schüssel wieder entleerte. Aber ich weiß, daß Mitgefangene in Einzelhaft, die also, eben weil sie gar nicht anders konnten, eingenäßt hatten, daß die unheimlich mißhandelt wurden, daß sie geschlagen wurden, bis eben das Blut spritzte aus dem Gesäß.

Ein Problem war die Notdurft, ein anderes bedeutete die Langeweile. Herr F. suchte nach Möglichkeiten, sich zu beschäftigen. Nach den ersten zwei Wochen Einzelhaft kam ihm die Idee, sich ein Schachspiel zu basteln. Mit Nägeln und Schrauben als Werkzeug schnitzte er aus Holzdübeln kleine Figuren. Die Schwarzen wurden mit Schuhcreme geschwärzt. Auf seinen Spinddeckel ritzte er ein Schachbrettmuster ein. Da die Schraffuren der Felder unterschiedlich tief waren, entstand durch einseitigen Lichteinfall der Eindruck von hellen und dunklen Quadraten. Natürlich durften die Bewacher nichts davon bemerken. "Wenn irgendwie die Zellentür aufgeschlossen wurde," erzählt Herr F., "dann mußte ich die Figuren mit einer schnellen Handbewegung hinter den Schrank fegen und nachher mühselig einzeln wieder aufheben." Mit einem Schmunzeln erklärt mir Herr F., wie es ihm überhaupt möglich war, die Figuren zu schnitzen, waren doch eigentlich seine Hände auf dem Rücken zusammengebunden. Mit Hilfe eines langen Nagels gelang es ihm, die Handschellen, wenn sie nur im ersten Glied eingerastet waren, durch Hebelkraft zu öffnen. Doch mit geöffneten Handschellen in der Zelle zu sitzen, war nicht ungefährlich: "Einmal war es mir nicht gelungen, die Handschellen schnell zu schließen, als der Wachtmeister die Tür aufschloß. Das war einer der wenigen, die relativ menschlich waren. Der sagte dann: 'Menschenskinder, F., lassen Sie sich ja nicht mal erwischen.'"

Wie in allen Häftlingsberichten, so stellen auch hier Erzählungen über menschliche Verhaltensweisen der Wachmannschaften eher eine Ausnahme dar. Weitaus häufiger wird über brutales und unmenschliches Verhalten berichtet. Auf meine Frage nach dem Schlimmsten antwortet Herr F. noch mit der Schilderung eines weiteren Erlebnisses. Im Laufe dieser Erzählung verändert er aber das Thema. Während er zunächst über eine grausame Mißhandlung berichtet, wendet er sich anschließend den Wachmannschaften zu. Dabei unterscheidet er zwischen den wenigen 'anständigen' und jenen, die er für Sadisten mit Freude am Quälen hält. Alles in allem erscheint das Bild, das er von seinen Bewachern zeichnet, differenziert. Dabei ist er nicht gänzlich ohne Verständnis für ihre soziale Situation. Eine ähnliche Einstellung zeigt Herr F. auch noch an anderen Stellen im Interview in bezug auf die Einstellung der Deutschen zum Nationalsozialismus.

...ja, das Schlimmste. Einmal haben Sie versucht, mich fertigzumachen. Es gab jeden Tag eine halbe Stunde Hofgang oder Freistunde, und die mußten wir laufen mit drei Meter Abstand im großen Kreis, so wie es heute vielleicht in einigen Anstalten auch noch der Fall ist. Und da sah ich einen meiner Freunde und dem habe ich zugegrinst. Und da kam so ein kleiner SS-Mann. Der hatte offensichtlich Minderwertigkeitsgefühle, denn die SS wollte sich ja dadurch auszeichnen, daß sie riesen blonde Männer in ihren Reihen hatte, und dieser war nicht größer als ich, allerhöchstens oder noch kleiner, aber er trug mit Stolz seine schwarze Uniform. Der sprang auf mich los, zückte seine Pistole: "Worüber hast du gelacht?" - "Ich habe mich gefreut, daß die Sonne so schön scheint." - "Du Arschloch, du willst uns verscheißern!" Da fummelte er immer mit seinem Revolver vor meiner Brust herum und sagte: "Los, da in die Mitte!" In der Mitte des Hofes war eine Fläche, die war vielleicht sechs mal zwölf Meter, umgegraben, also ganz lockere Erde, und darauf sollte und bin ich auch gelaufen. Was soll man denn machen, wenn einem eine Pistole so vor die Brust gehalten wird? Sollte ich also laufen, nech, immer im Kreis herum wie ein

Zirkuspferd. "Halt! 50 Kniebeugen! Halt! Weiterlaufen! 25 Liegestützen!" Und diese Tour hat man mit mir - nachher war die Freistunde zu Ende, da mußte ich vor dem Haupteingang dieses Zellenkomplexes weiterlaufen um ein Blumenbeet herum -, das hat man mit mir so vielleicht zwei Stunden getrieben, bis ich nun wirklich nicht mehr konnte. Dann bin ich liegengeblieben. "Warum läufst du nicht weiter, du Schwein?" Dann habe ich gesagt, ich könnte die Liegestütze nicht mehr machen. Das ging ja immer abwechselnd, Kniebeugen, Liegestütze, Laufen. Da ich mal beim Turnen einen Sportunfall gehabt hatte, war mein linker Arm nicht so ganz in Ordnung. "Zeig mal her!" Na ja, und dann ließen sie ab. Es war ein zweiter noch dabei, ein dritter stand auf Posten in der Ecke mit Gewehr und Stahlhelm, der schüttelte immer oder ab und zu den Kopf und so weiter. Der hat mir dann später mal gesagt: "Also F., ich wußte nicht, was ich machen sollte damals, als der Sowieso Sie gejagt hat. Ich wußte nicht, was ich machen sollte. Am liebsten hätte ich ihm eine verpaßt, aber Sie wissen ja…" Das war auch einer der wenigen Anständigen dort. Es waren ja nicht alles, sagen wir mal, Verbrecher, diese Wachtmeister, sondern sie waren auch arbeitslos gewesen, und die Nazis haben gesagt, 'und hier habt ihr einen schönen Posten'. Und das meiste waren aber doch Menschen, denen es offensichtlich Spaß machte, andere zu quälen, also es waren Sadisten. Einige waren es auch erst geworden. Sie bekamen dort Kost und Logis, das heißt, in dem einen Flügel wohnten sie im obersten Stock. Da hatte jeder so eine Zelle, die natürlich nicht abgeschlossen war. Dann bekamen sie monatlich etwa 106 Mark, so viel ich erinnere, an Löhnung. Die kriegten am zehnten und am letzten. Nach zwei Tagen hatten die kein Geld mehr. Dann kamen sie zu uns auf den Gemeinschaftssaal - da war ich ja nun auch nach einem guten Vierteljahr hingekommen - und bettelten nach Tabak oder einer Zigarette oder so. Einige brachten auch wieder, was sie sich dort geliehen hatten, aber andere vergaßen das mit Absicht.

Nachdem Herr F. seine Erzählung abgeschlossen hat, und ich den Eindruck gewonnen habe, daß er hierzu nichts weiter sagen möchte, lenke ich das Thema noch einmal auf die Einzelhaft. Ich frage ihn, wie er diese Zeit des Eingesperrtseins auf engstem Raum empfunden hat, was er gedacht und was er gehofft habe. "Gehofft", so Herr F., "hat man natürlich, daß das mal ein Ende hat, und gedacht… man hat sein bisheriges Leben rekapituliert." Der tiefe Einschnitt in sein Leben und damit auch die Angst vor dem, was kommen wird, führte Herrn F. zwar dazu, Rückschau zu halten, doch fügt er sofort hinzu, daß er versucht habe, sich "auch an schöne Dinge zu erinnern", um sich selbst Mut zu machen. Das Gefühl der Niedergeschlagenheit scheint Herr F. nicht zuzulassen. In seinen weiteren Überlegungen zu meiner Frage finden sich Rationalisierungen, wie die, daß das, was man ihm vorwerfen könne, wohl kaum so gravierend wäre, "daß es um den Kopf ging":

Das war ja auch in den Jahren zwischen '34 und '37 noch nicht so der Fall wie später. Da war es ja, wie Sie wissen, so, daß, wenn jemand eine irgendwie abfällige Bemerkung machte über die Nazis, oder wenn einer sagte, 'wir' - ich

spreche jetzt von der Kriegszeit - 'können den Krieg niemals gewinnen' oder
so, dann, wenn er denunziert wurde, wurde ja häufig, ja, es sind ja tausende
von Todesurteilen gefällt worden aus Nichtigkeiten heraus.

Hier verschwimmen die Ebenen. Die Erfahrung der späteren Jahre der NS-
Diktatur wird vorweggenommen und als Hilfe für die eigene Argumentation
herangezogen. Da ich mich mit diesen Überlegungen nicht zufrieden geben
möchte, frage ich Herrn F., ob es etwas gegeben habe, was ihm in dieser
Situation Halt geben oder Mut machen konnte:

Mut hat mir gemacht, daß ich felsenfest davon überzeugt war, daß die Nazis
nicht ewig am Ruder blieben, und daß ich der Überzeugung war, daß unsere
Einstellung zu allen Lebensfragen richtiger war; also meine Überzeugung hat
mir Halt gegeben. Das ist vielleicht doch etwas anderes, als wenn ich als
Krimineller eingesperrt worden wäre, der meinetwegen irgendeinen Diebstahl,
oder was weiß ich, eine Vergewaltigung oder einen Mord, also irgendwas... da
ist ja eine innere Sicherheit und eine moralische Festigkeit wohl in den wenig-
sten Fällen vorhanden. Aber mich hat doch die politische Haltung, die ich
während all meiner Jugendjahre bekommen hatte, gefestigt.

Nachdem Herr F. bereits an mehreren Stellen im Interview auf seine politische
Überzeugung zu sprechen kam, ja sie gleich zu Beginn unseres Gesprächs als
einen fundamentalen Aspekt seines Lebens hervorgehoben hat, vermag seine
Antwort nicht mehr zu überraschen. Andererseits war es das aktive Eintreten
für seine politische Einstellung, das schließlich zu seiner Verhaftung führte. So
frage ich noch einmal nach, ob er nicht in der Haft plötzlich mit sich gehadert
und vielleicht bereut hätte, daß er an den Flugblattaktionen teilgenommen
hatte. Ohne zu überlegen, antwortet Herr F. kurz und bündig: "Nein, gar
nicht. Das war für mich eine gewisse Zwangsläufigkeit." An späterer Stelle im
Interview, nachdem wir die Haftzeit abgehandelt hatten, frage ich Herrn F.
noch einmal nach seiner politischen Überzeugung, ob sie sich vielleicht im
Laufe der Gefängnishaft verändert habe, was er aber verneint.

Gerichtsverhandlung und Verurteilung

Den Schutzhaftbefehl bekam Herr F. erst nach seiner Einweisung ins "Kola-
Fu" ausgehändigt. Das war "so ein roter Zettel, von einem Maschinenschreib-
unkundigen getippt", erinnert er sich. "Da stand 'Lager' zum Beispiel, da
waren vier 'a' oder so drin, also irgendwie hat wohl die Maschine nicht
funktioniert." Der orthographische Fehler verdeutlicht die Absurdität dieser
pseudorechtsstaatlichen Legitimierung der sogenannten Schutzhaft. Der auf
formale Korrektheit stets bedachte Herr F. bekam einige Zeit später auch noch
einen "weißen DIN A 4 Bogen", die Bestätigung der 'Schutzhaft' durch den
Leiter der Hamburger Staatspolizei. Daß es auch noch zu einer Gerichtsver-
handlung mit anschließender Verurteilung kommen würde, stand für Herrn F.
fest: "Denn irgendwelche Gnadenakte oder so, daß die etwa gesagt hätten,

'ach, Kinkerlitzchen, was der gemacht hat, den wollen wir laufen lassen', das
gab es nicht."

Am 22. Mai 1935 fand dann die Verhandlung vor dem Hanseatischen
Oberlandesgericht statt. Insgesamt mußten sich elf junge Leute "wegen Vorbereitung zum Hochverrat", wie es in der Anklageschrift hieß, vor Gericht
verantworten. Sogar ein Pflichtverteidiger wurde den Angeklagten gestellt. "Er
war ein sehr ordentlicher Mann," lobt Herr F., "der hat getan, was er konnte,
aber verdonnert wurden wir, da half alles nichts." Der Pflichtverteidiger, so
Herr F., verfolgte die Strategie, zu betonen, daß die Jugendlichen nicht in der
Lage gewesen seien, sich so schnell auf die neuen Verhältnisse in Deutschland
einzustellen, und - da sie ja seit mehreren Monaten in Haft seien - hätten sie
auch noch nicht die großen Erfolge der neuen Regierung erleben können.
Deshalb solle man sie nicht zu hoch bestrafen. Immerhin wurden die beiden
Mädchen, die lediglich Freundinnen der Angeklagten waren, freigesprochen.

Herr F. wurde zu 30 Monaten Strafhaft verurteilt, worauf die bisher im
"Kola-Fu" verbüßte Zeit angerechnet wurde. Auf meine Frage, mit welchem
Gefühl er das Urteil aufgenommen habe, antwortet Herr F. gelassen, daß er
sich gesagt habe, diese Zeit gehe auch vorüber. Er habe nicht damit gerechnet,
daß er nach der Haft noch in ein Konzentrationslager eingewiesen würde.
Angehörige von Bekannten und Freunden, die vor ihm verhaftet und anschlie-
ßend in ein Konzentrationslager verbracht worden waren, hatten ihn über die
Situation in den Lagern informieren können: "Ich wußte schon, was war."
Wieder einmal befriedigt mich seine Antwort nicht. Allzu nüchtern wirkt seine
Reaktion. Doch was bedeutete das Urteil für seine Lebensperspektive? Mittlerweile hatte Herr F. eine Ausbildung als Lithograph begonnen, die nun
zwangsweise unterbrochen wurde. Hatte er keine privaten Pläne, vielleicht den
Wunsch, nach Abschluß seiner Ausbildung zu heiraten und eine Familie zu
gründen? Da ich annehmen muß, daß Herr F. über die emotionale Seite dieses
einschneidenden Einbruchs in seine Biographie nicht reden mag, frage ich ihn,
ob das Urteil seine bisherigen Pläne durcheinander gebracht habe. Mit einem
knappen 'Ja' bestätigt er mir, daß er dies so empfunden habe. Doch er habe
insofern Glück gehabt, als er seine Lehre nach Verbüßung der Haft beenden
konnte. Bereits ein halbes Jahr nach Wiederaufnahme der Ausbildung gestattete
man ihm, die Gehilfenprüfung vor der Handwerkskammer abzulegen[35]:

*Das zeigt vielleicht, daß damals nicht die gesamte Bevölkerung nazistisch
verseucht war, und daß es eben auch Menschen gab, die sagten, 'nun hat er
das hinter sich, nun wollen wir es ihm nicht noch schwerer machen'. Also das
erkenne ich auch an. Ja, und sonst, Lebensperspektive natürlich... ich hatte
von meiner Freundin gesprochen, die hatten wir aus diesem Prozeß irgendwie
herausgehalten. Durch Vereinbarung mit anderen Jugendgenossen hatten wir
das hingekriegt, daß sie, wie auch eine andere, mit unserer politischen Arbeit*

---

[35] Abweichend von den im Interview gemachten Angaben schreibt Herr F. in seinen
Aufzeichnungen, daß er seine Lehre im Frühjahr 1938 beendet habe, also etwa ein Jahr
nach der Haftentlassung.

*nichts zu tun gehabt hätten, daß sich das nur beschränkte auf persönliche
Beziehungen. Dann hat sie aber zu meinem damaligen großen Kummer mir
einmal ins Gefängnis hineingeschrieben, daß sie die Freundschaft aufkündigte,
sozusagen, daß sie jemand anderen, den kannte ich auch gut, mit jemand
anderem zusammengezogen sei, und der hätte sie so, na ja, sehr bekniet und
wäre so hilfsbedürftig gewesen, nachdem seine Mutter gestorben war, na und
solche Geschichten. Da ist unsere Freundschaft so auseinandergegangen. Das
hat mich im Gefängnis doch stark getroffen. Man ist ja sowieso, sagen wir mal,
in sexueller Beziehung oder so, ist man ja in der Haft ein armer Hund. Das
blieb ja alles aus.*

Herr F. ist um Ausgleich bemüht. Wie schon in seiner Beschreibung und
Beurteilung der Wachleute ist er auch in der Beurteilung der Einstellung seiner
Landsleute zum Nationalsozialismus bemüht, Entlastendes zu finden. Aus den
Worten, mit denen er die Trennung von seiner damaligen Freundin zu erklären
sucht, die mühsam aus dem Prozeß herausgehalten werden konnte, spricht noch
jetzt ein gewisses Maß an Unverständnis und Enttäuschung über ihr Verhalten.
Seine abschließende Bemerkung über sexuelle Probleme, die die Haft mit sich
bringt, bleibt im gesamten Interview ein Einzelfall.

Die Gefängnishaft

Nach seiner Verurteilung blieb Herr F. bis zum Herbst 1935 im Gefängnis
Fuhlsbüttel interniert. Hier arbeitete er in der Anstaltsbibliothek.[36] Später
wurde Herr F. nach Wolfenbüttel verlegt, wo er in der Buchbinderei arbeitete.
Nach Wolfenbüttel kamen vor allem ledige Gefangene. Nachdem Herr F. von
einem Zellengenossen denunziert worden war - er wurde beschuldigt, daß er
sich in seiner politischen Einstellung nicht geändert und daß er in der Zelle
Bücher versteckt hätte - kam er wieder nach Hamburg zurück. Hier mußte Herr
F. die letzten drei Monate seiner Haft in strenger Einzelhaft verbringen. Allerdings durfte er in dieser Zeit als Buchbinder arbeiten. Die nötigen Gerätschaf-
ten wurden ihm dazu in die Zelle gestellt. Im letzten Monat vor seiner Entlassung wurde ihm jedoch die Möglichkeit zu arbeiten wieder verwehrt.

   Während im ersten Abschnitt unseres Gesprächs eine gewisse Chronologie
der Ereignisse eingehalten wurde, fehlt diese nun völlig. Nachdem Herr F.
beispielsweise einige Begebenheiten erzählt hat, die sich am Ende seiner Haftzeit zugetragen haben, könnte damit dieser Bereich abgeschlossen sein. Doch
immer wieder kommen wir auf die Haft zu sprechen. Allerdings geht die
Initiative dabei eher von mir aus, da ich hierzu noch eine Reihe von Fragen
stellen möchte. Herr F. scheint keine Einwände gegen mein Interesse an
diesem Abschnitt seiner Biographie zu haben. Er bemüht sich auch nicht, auf
andere Bereiche überzuleiten. Statt dessen antwortet er bereitwillig. Auch zu
Beginn des Interviews, als wir über seine Jugend sprachen, haben meine
Fragen, die eher den Charakter von Leitfragen besaßen, die Richtung unseres

---

[36] Diese Information stammt aus Herrn F.s Aufzeichnungen.

Gespräches sehr stark bestimmt. Doch Herr F. nutzte mein Interesse an seiner Kindheit, seinem Elternhaus, seiner Erziehung oder seiner Schulzeit, um Schwerpunkte zu setzen, um über das zu sprechen, was er für wichtig und mitteilenswert erachtet. Hierbei sei noch einmal an die Beschreibung seiner politischen Überzeugung erinnert, die im Interview breiten Raum einnimmt und auf die er ja bereits zu Beginn des Interviews von sich aus zu sprechen kam.

In der Erzählung über seine Haftzeit fällt es mir zunächst schwer, thematische Schwerpunkte auszumachen. Ihre Themen springen hin und her. Sie sind wiederzufinden in Episoden, die unverbunden über die Erzählung verstreut sind. Wie bereits erwähnt, berichtet Herr F. über Schikanen und Mißhandlungen, über die Brutalität der Wachleute gegenüber den Gefangenen, vor allem ihm selbst gegenüber, und auch über die Schwierigkeit, sich in die neue, feindliche, von allen bisherigen Alltagserfahrungen abweichende Situation als rechtloser Häftling einzufinden. Einige Episoden berichten vom Alltag im Gefängnis. Ein besonders wichtiges Thema war für die Häftlinge das Essen. Immer wieder thematisiert Herr F. die Ernährungssituation während der Haft. Viele der Episoden, die um das Thema Essen kreisen, sind verwoben in Geschichten mit einem ganz anderen Thema. Als ich ihn frage, ob er in dieser Zeit auch Freundschaften mit Mitgefangenen geschlossen hätte, berichtet Herr F. über Albert B., der wie er im Kommunistischen Jugendverband gearbeitet hatte, allerdings in einem anderen Stadtteil Hamburgs. Beide wurden Freunde während der gemeinsamen Haft in Wolfenbüttel.

Und da in Wolfenbüttel hatte ich mich ja dann aus der Zelle weggemeldet, wo dieser Denunziant war, und war nun auf dem Saal. Und da waren so Doppelstockbetten wie in Kasernen, auch mit Strohsäcken. Und da haben wir nebeneinander unseren Platz gehabt, und wenn der eine oder der andere vielleicht vom Abendbrot ein Stück Schwarzbrot eingespart hatte, dann haben wir das noch im Bett geteilt und mit Genuß gegessen, als wenn's die schönste Sahnetorte gewesen wäre.

Das Bild des Teilens beschreibt hier die Intensität der Freundschaft. Auch in der folgenden Passage, die an die eben wiedergegebene anschließt, wird das Verhältnis zu einem Mitgefangenen thematisiert. Auch diese Episode ist in eine andere verwoben, eine die sich ebenfalls mit dem Thema Essen auseinandersetzt. Welches dabei das übergeordnete Thema ist - Essen oder Kameradschaft -, ist nicht leicht zu entscheiden und auch nicht so sehr von Bedeutung. Der Umgang des einzelnen mit dem knappen Gut Nahrung wird zum Indikator für das Verhältnis der Häftlinge untereinander. Was zuvor für Herrn F.s Beschreibung der Freundschaft zu Albert B. galt, gilt nun auch für das Verhältnis zu anderen Gefangenen, mit denen er nicht ausdrücklich befreundet ist. Herr F. berichtet von einer Verabredung, die er einmal mit einem kriminellen Häftling getroffen hatte:

Ach ja, es gab dort abends, ungefähr drei-, viermal die Woche in Wasser gekochte Haferflocken. Ich habe die immer relativ gern gegessen, aber es war einer da, der hatte - kriminell, aber gelernter Buchbinder - der hatte sieben Jahre abzusitzen und saß jetzt schon sechs. Der fragte mich einmal - es gab da ab und zu zum Mittagessen einen Salzhering, keinen Matjes, sondern, na ja, ziemlich...- sagte der: "Also, du kannst eine Woche lang von mir die Hafer-flocken kriegen. Ich kann die nicht mehr essen. Wenn du mir deinen Salzhering gibst." Ich sag: "Na, ich will nicht die Woche lang, aber du kannst den halben abkriegen und dann gibst du mir mal deine Haferflockensuppe." Da haben wir dann geteilt.

Auch in einer weiteren Episode werden die Themen Essen und Kameradschaft miteinander verbunden. Wieder einmal frage ich nach dem Verhältnis der Häftlingsgruppen untereinander. Ich möchte wissen, ob es zwischen der Gruppe der politischen Häftlinge und der Gruppe der 'Berufsverbrecher' Span-nungen gab. Folgt man Herrn F.s Worten, so muß wohl die Einschätzung beider Gruppen von einem gewissen gegenseitigen Unverständnis geprägt gewesen sein. Die 'Politischen' fühlten sich moralisch überlegen, und die 'Kriminellen' hielten die anderen für weltfremde Idealisten. Herrn F.s Antwort enthält ein Beispiel 'praktischer Solidarität', wie er es selbst nennen würde. Doch zunächst geht er direkt auf meine Frage ein:

Nein. Also einige von denen haben gesagt: "Du bist doch blöd gewesen. Ich habe da wenigstens noch was bei gehabt. Aber was habt Ihr denn? Nur für eure Idee? So dumm möchte ich auch mal sein." So was gab es schon, aber im allgemeinen haben wir, vor allem in der Buchbinderei, auch in der Bibliothek, gut zusammengearbeitet. In der Bibliothek in den ersten Monaten war mal einer, ich glaube, Heini S. hieß er, der bekam Heiratsurlaub. Seine Verlobte war, glaube ich, in irgendeinem späteren Monat schwanger. Und er bekam nun Heiratsurlaub, und er hat dann auch Grüße bestellt bei den Eltern eines Mitgefangenen. Die hatten hier ein großes Delikatessengeschäft in der Eppen-dorfer Landstraße. Und da ist er hin, und die haben ihm ein Riesenpaket fertig gemacht mit Dingen, die wir ja im Gefängnis nie zu sehen bekamen. Wir waren in der Bibliothek acht Leute, eine kleine Buchbinderei hatten wir auch dabei, also acht Leute und darauf wurde nun dieses Präsentpaket, was der Heini S. aus seinem Hochzeitsurlaub mitgebracht hatte, verteilt. Die haben alles durch-gelassen, haben nichts behalten. Getränke hatte er aber nicht mitgebracht, die hätten sie dann auch nicht durchgelassen. Also. Nein, unser Verhältnis war eigentlich zu allen gut. Jeder hatte sein eigenes Päckchen zu tragen, und je besser man miteinander auskam...

In Herrn F.s geschilderten Episoden wird nicht nur das Verhältnis zu Mitge-fangenen thematisiert und die Ernährungslage angesprochen, sondern auch über Ungerechtigkeiten und Betrügereien auf Kosten der Häftlinge berichtet. In Wolfenbüttel war die Ernährungssituation besonders miserabel. "Es gab einen fundamentalen Unterschied in der Verpflegungsgestaltung damals zwischen Hamburg und Braunschweig-Wolfenbüttel", leitet Herr F. ein wenig umständ-lich seinen Bericht ein. Er erzählt, daß zum Gefängnis Wolfenbüttel auch ein großer landwirtschaftlicher Betrieb gehörte, auf dem 'hervorragende' Kartof-

feln geerntet wurden, die allerdings von den Wachleuten bei einem Gutsbesitzer gegen 'Schweinekartoffeln' eingetauscht wurden. So mußten sich die Häftlinge mit diesen wenig nährstoffreichen Exemplaren begnügen. "Wenn man
sich diese Kartoffeln ansah", so Herr F., "waren die meisten faulig, und wenn
man das nun alles beim Pellen abschneiden wollte, blieb letztlich nicht viel
übrig, so daß man nach einer gewissen Gewöhnung auch die Kartoffeln mit den
schwarzen Stellen gegessen hat." Doch was Herrn F. am meisten erzürnt, ist
der Umstand, daß das Gefängnispersonal sich auf Kosten der Häftlinge bereichert hat:

*In Wolfenbüttel wurden die Gefangenen betrogen. Während meiner Zeit sind
dort dreimal, wenn ich mich recht entsinne, die Belegschaften der Großküche
und der Lagerverwaltung, wo die Lebensmittel waren, abgelöst worden wegen
Unterschlagung. Die haben ganze Speckseiten mit nach Hause genommen, die
Wachtmeister, und die in der Küche aus dem Kreis der Gefangenen gearbeitet
haben, die steckten mit denen unter einer Decke. Die hatten dann auch ihre
Vorteile und kriegten mal eine Flasche Schnaps. Das waren ziemlich miese
Verhältnisse.*

Dreimal in der Woche, so berichtet Herr F. weiter, bekamen die Gefangenen
ein "Minipäckchen" Fett, "eine Mixtur aus Talg und Schweineschmalz". Statt
der 20 Gramm, die das Päckchen wiegen sollte, wog es jedoch lediglich 15, 16
oder 17 Gramm. "Das bedeutete also: Bei etwa zweitausend Gefangenen, wenn
da vier Gramm fehlten, achttausend Gramm Fett, was die verschoben haben,
und es sind auch damals durch unsere Beschwerden dann die Dinge aufgedeckt
worden." So wenig mich der geäußerte Unmut oder wohl besser der Zorn über
diese betrügerischen Machenschaften des Personals überrascht, so sehr
wundern mich doch Herrn F.s Bemühungen, seinem ausgeprägten Rechtsempfinden Gehör zu verschaffen. Genauso nüchtern und beiläufig, wie er über
seine politische Arbeit im Widerstand berichtet, erwähnt er auch die erfolg-
reiche Beschwerde gegen Teile des Gefängnispersonals.
    Zum Abschluß der Geschichten, die um das Thema Essen kreisen, soll eine
eher versöhnliche Episode wiedergegeben werden. Nachdem Herr F. von
einem Mithäftling denunziert worden war, wurde er nach einiger Zeit, wie
bereits erwähnt, wieder in das Gefängnis nach Hamburg überstellt. Dort war
bekannt, daß die Ernährungssituation in Wolfenbüttel katastrophal war:

Und als ich dann auf Transport nach Hamburg ins UG [Untersuchungs-
gefängnis] *kam, da gab es Petersilienkartoffeln mit gebratenen Makrelen. Die
Makrelen waren ungefähr 25 Zentimeter lang, das waren ganz große Dinger.
Und eine viertel Stunde nach dem Mittagausgeben, ging dann die Tür von dem
großen Saal auf, auf dem ich mich befand, da waren so 30, 40 Leute, das weiß
ich nicht mehr genau: "Wo sind die Jungs aus Wolfenbüttel?" Da waren wir
drei oder vier, die auf Transport gekommen waren, da haben wir uns gemeldet.
"Ihr wollt sicher noch eine Makrele haben?" Das wußten die hier in Hamburg
ganz genau, was da für Schweinereien in Wolfenbüttel passierten. Die
Schmackhaftigkeit hier in Hamburg hatte sich auch mal geändert. Am besten*

war es, als ein Chefkoch von einem großen Ozeandampfer, ich glaube von der Cap Olonio oder so. Der war wegen irgendwelcher kleinen Betrügereien oder so in Haft. Der verstand aus dem, was angeboten wurde - ich hätte beinahe gesagt -, ein hervorragendes Essen zu machen. Da kann ich mich über das Essen nicht beschweren.

Zu einem anderen Thema: Herrn F.s Bericht über das Verschieben von Nahrungsmitteln durch das Gefängnispersonal und seine knappen Worte über die Beschwerde der Häftlinge mögen als Ausdruck seines Rechtsempfindens gewertet werden. An zwei weiteren Stellen im Interview wird dieses gleichfalls deutlich. Wenige Wochen vor seiner geplanten Haftentlassung wurde Herrn F. angedroht, daß er wie sein Freund Albert B. nach der eigentlichen Haft in ein Konzentrationslager eingewiesen würde. Den Anlaß hierzu gab die bereits erwähnte Denunziation eines Zellengenossen. Ich frage Herrn F., wie er diese Eröffnung aufgenommen habe. Seine Reaktion wirkt beherzt. Sie zeigt, daß er sich nicht einschüchtern lassen wollte.

Ja, ich habe mir gesagt, also es ist noch nicht aller Tage Abend. Ich habe mir einen Briefbogen kommen lassen von der Anstaltsleitung und einen Federhalter und Tinte - das hatte man damals noch - und habe an den Leiter der Gestapo, das war damals ein gewisser Kraus, einen Brief geschrieben.

Hier in Hamburg?

Hier in Hamburg. Und habe geschrieben, daß das unverantwortlich sei, einem jungen Menschen solche Drohungen zu machen, denn für das, was ich getan hatte, hätte ich ja die Strafhaft jetzt fast abgesessen, und ich sei also gewillt, meine Lehre fortzusetzen, und ich hätte kein Verständnis dafür, daß die Denunziation eines Kriminellverurteilten, der dadurch sich eigene Vorteile verschaffen wollte, daß ich durch diese Denunziation nun also in die Lage gekommen wäre, nicht nach Verbüßung der Strafhaft entlassen zu werden.

Daß sich Häftlinge über ihre Situation beschweren, paßt nicht so recht in unser Bild, das wir von den Verhältnissen im "Dritten Reich" besitzen. War es nicht naiv zu glauben, man könne an das Rechtsempfinden der Polizeibehörden appellieren? Doch wie groß muß Herrn F.s Rechtsempfinden gewesen sein, wenn er dies tatsächlich geglaubt hat! Gleichzeitig wirkt sein Brief an den Leiter der Gestapo sehr forsch, geradezu fordernd. Wie konnte er annehmen, mit solch einem Brief Erfolg zu haben? Auch wenn der tatsächliche Inhalt dieses Schreibens vielleicht etwas anders ausgefallen, sein Ton moderater gewesen sein mag, ist diese Reaktion sehr ungewöhnlich. Mit Hilfe dieser kleinen Geschichte vermittelt Herr F., daß er nicht bereit war, Ungerechtigkeiten einfach hinzunehmen, auch dann nicht, wenn der Gegner um so viel mächtiger war als er selbst. Im Gegenteil, er wollte sich wehren, sich für seine Interessen aktiv einsetzen. Als ich nach etwas ganz anderem fragen möchte, unterbricht mich Herr F. und erklärt mir, um die Erzählung abzuschließen, daß er 'jedenfalls' für seine Entlassung gekämpft habe. In diesem Zusammenhang muß noch eine andere Episode erwähnt werden, die allerdings in der Chronologie der Ereignisse ein wenig vorgreift. Bei seiner Entlassung wurde Herr F. aufgefordert, einen Revers zu unterschreiben, in dem er bestätigte, daß er gut behandelt worden war und sich gleichzeitig verpflichtete, unter keinen Umständen Kontakt zu Sozialdemokraten oder Kommunisten aufzunehmen, ansonsten würde er wieder in Haft genommen werden. Ich frage Herrn F., ob ihn das eingeschüchtert habe:

Nein, eingeschüchtert nicht. Ich habe auch gesagt: "Also, wie Sie das hier hingeschrieben haben, kann ich das eigentlich gar nicht unterschreiben, denn sehen Sie mal, das ist so Formalismus, denn in der Gegend, wo ich geboren bin und gewohnt habe, da gab es nur Sozialdemokraten und Kommunisten."

Und das haben Sie denen auch so erzählt?

Ja, ja, "...und sehen Sie mal, wenn ich da jemand Bekanntes treffe oder so, dann können Sie ja nicht gleich kommen und sagen, 'guck, da ist wieder ein Kontakt'. So geht das ja nicht". Ich sage also: "Ich kann nur unterschreiben, daß ich keinen Kontakt aufzunehmen beabsichtige mit politischen Gegnern des Nationalsozialismus, die illegal arbeiten." - "Ja, so können wir das auch formulieren", sagte er. Und das habe ich dann auch gemacht, obwohl ich auch nicht die Absicht hatte, vor allem konnte man das ja nie wissen, weil damals ja in Dreiergruppen und so gearbeitet wurde, wußte man nicht ohne weiteres, tut der nun noch was illegal oder macht der nix und so weiter. Ich habe nie jemanden aus dem Freundeskreis, mit dem man ja weiterhin Kontakt hatte, gefragt, 'höre mal zu, hast du noch weitere...' Bei einigen wußte ich es.

Allen Häftlingen wurde bei ihrer Entlassung solch ein Revers zum Unterschreiben vorgelegt. Die meisten von ihnen werden diesem Verlangen ohne Widerspruch nachgekommen sein, auch wenn in diesem Papier die Wahrheit auf den Kopf gestellt wurde, denn natürlich haben die Häftlinge im Gefängnis oder im Konzentrationslager keine 'gute' Behandlung erfahren. Die Aussicht auf die Freiheit half wahrscheinlich, über den Inhalt und die Konsequenzen des Papiers eher hinwegzusehen. Herrn F.s Kritik an dem Revers bezieht sich auf die Verpflichtung, keinen Kontakt mit politischen Gegnern der Nationalsozialisten aufzunehmen. Indem er seine Kritik ausspricht, akzeptiert er aber gleichzeitig das Ansinnen der Gestapo. Er ist bereit, diese Verpflichtung, die allerdings nach seinen Wünschen modifiziert wurde, zu unterzeichnen. Doch wieder überrascht, daß er die direkte Auseinandersetzung mit den Vertretern der damaligen Machthaber aufnimmt und sich gegen das seiner Meinung nach unsinnige Verlangen auflehnt. Ebenso überrascht die Selbstverständlichkeit, mit der er sein Anliegen vorträgt, gerade so, als wäre er in der Position, Bedingungen stellen zu können. Und noch mehr überrascht vielleicht, daß sich Herr F. mit seinen Vorstellungen durchsetzen konnte. Auch in dieser Geschichte wird das diktatorische NS-System als kompromißbereit dargestellt. Wie in der Episode um die mögliche Überstellung in ein Konzentrationslager erscheint auch hier das System aufgeschlossen gegenüber Herrn F.s Vorstellungen, die dieser gewiß als nur vernünftig bzw. gerecht bezeichnen würde.

Sein Appell wird erhört, der Apparat zeigt sich einsichtig. In beiden
Geschichten erleben wir Herrn F. aktiv, wie er aus der Rolle des passiven
Opfers heraustritt und schlagfertig und mutig seine Interessen zu wahren
versteht.

Am 30. April 1937 war es endlich soweit. Eigentlich sollte Herr F. am 1.
Mai entlassen werden, doch da dies ein nationaler Feiertag war, erhielt er
bereits einen Tag vorher seine Freiheit wieder. Gemeinsam mit anderen Häftlingen, die am gleichen Tag ihre Entlassung erwarteten, wurde er von
Fuhlsbüttel zum Hauptquartier der Gestapo ins Stadthaus gebracht. Dort
wurden sie in einen großen Raum geführt, in dem bereits ungefähr 30 Personen
warteten. Einer nach dem anderen wurde aufgerufen, verließ den Raum und
kam nicht wieder. Schließlich blieb Herr F. als einziger übrig:

*Und da saß ich zuletzt noch als einziger. Da habe ich gedacht, 'verflucht
nochmal!' Und dann kam ich zu dem besagten Kriminalkommissar Peters und
sah meine Akte auf dem Tisch liegen. Es war so ein rosa Aktendeckel, und da
war quer rüber mit Rotstift vermerkt: "Ist zur Entlassung zu bringen, Kraus."
Und da hatte mein Brief gewirkt, und da haben die die Anweisung bekommen,
keine Sachen zu machen und mich nicht weiterhin einzusperren. Ich bin dann
entlassen worden. Das Gefühl, da vor dem Stadthaus auf der Straße zu stehen,
das war unbeschreiblich. Das kann man wohl auch nicht erklären.*

Von der Entlassung aus der Haft bis zur Einberufung

Der im folgenden wiedergegebene etwas längere Auszug aus dem Interview
handelt zunächst noch einmal von der Haftzeit. Wir sprechen über die Schwierigkeit, im Gefängnis Kontakt mit der Außenwelt zu halten. Herr F. erklärt
mir, daß dies während der Einzelhaft im KZ sehr schwer war. Alle vier
Wochen konnte er einen Brief empfangen, selber schreiben durfte er aber erst
in der Gemeinschaftshaft. Später, als er auf dem 'Saal' lag, konnten ihn sogar
einmal seine Eltern und sein zehn Jahre alter Bruder besuchen. Der kleine
Bruder hatte allerdings schreckliche Angst vor den vielen 'schwarzen Männern'
und wollte daraufhin diesen Ort nie wieder aufsuchen. Während der Zeit im
Gefängnis in Wolfenbüttel bekam Herr F. keinen Besuch. Sein Vater war
mittlerweile wieder arbeitslos, so fehlte das Geld für die Fahrt zum Sohn. Als
er wieder in Fuhlsbüttel einsaß, durften ihn seine Eltern alle drei Monate besuchen. Angesprochen auf die Frage, was ihm der Kontakt zu seinen Eltern
bedeutete, erwidert Herr F., daß er ihn eigentlich für selbstverständlich erach-
tete. Also hielten in dieser Situation, so erkundige ich mich weiter, seine Eltern
bedingungslos zu ihm?

*Ja, ja, zweifellos. Man muß vielleicht noch eins sagen: Als ich im UG war, im
Untersuchungsgefängnis, in den Monaten, da konnte man ja von draußen
Zuwendungen an Lebensmitteln erhalten. Da haben damals Geschäftsleute in
der Straße, wo ich gewohnt habe und meine Eltern noch wohnten damals,
damals gab es ja die heute sogenannten 'Tante Emma Läden', Brotgeschäfte,*

Milchgeschäfte, Gemüsegeschäfte. Das Gemüsegeschäft gehörte einem S., der war auch in der SPD, war Jude, seine Frau nicht, die Söhne deswegen Halb-juden, wie die Nazis das nannten, und den einen, den Hans S., das war der jüngste der Söhne, den traf ich, als ich entlassen wurde und mit der U-Bahn vom Rödingsmarkt zum Bahnhof Dehnhaide nach Barmbek gefahren war. Ihn traf ich am Bahnhofsausgang, och, und der umarmte mich und sagte: "Mensch W., bist du wieder da!" Ich wollte aber sprechen von den Zuwendungen dieser Leute, die wußten ja auch, daß mein Vater arbeitslos war. Also der Milchmann hat häufig meiner Mutter ein Päckchen Butter gegeben oder auch mal ein Stück Käse und so weiter. Und Keks von der Brotfrau und Obst aus dem Gemüse-laden, 'hier geben Sie das W.' Das waren alles keine Kommunisten, aber sie hatten ein sehr starkes Verbundenheitsgefühl und übten eigentlich praktische Solidarität. Sie waren aber alle keine Nazis geworden, ja. Und so war das in Hamburg in allen möglichen Stadtteilen, dies war ein typischer Arbeiterstadt-teil, und da haben die Nazis auch bei ihren Wahlen und Abstimmungen also ganz kräftig gefälscht. Wir hatten Beweise dafür, daß die Zahlen eben ganz andere waren, als die Nazis nachher veröffentlicht hatten. Was war die Frage eigentlich?

> *Es ging um den Kontakt nach draußen, und Sie haben dann von der 'praktischen Solidarität' der Leute erzählt.*

Als ich nun wieder zu Hause bei meiner Mutter ankam, natürlich Umarmung und so weiter, da stand ein Riesenblumenstrauß auf dem Küchentisch. Den hatte ein Kollege aus der Firma, in der ich lernte, im Auftrag der Kollegen gebracht. Einen Riesenblumenstrauß! Und am ersten Mai abends erschien in meiner elterlichen Wohnung der Betriebsleiter der Firma und fragte: "Herr F., wann kommen Sie wieder?" Und ich habe dann gesagt: "Wissen Sie, mir ist das alles noch so neu, und ich bin auch etwas verwirrt. Ich muß mich erstmal wieder zurechtfinden. Lassen Sie mir mindestens eine Woche Zeit. Ich muß auch mal wieder in die Natur fahren und so. Sie können sich vielleicht vorstel-len, wenn man immer hinter Mauern gesessen hat." Na ja, ich erzähle das nur, um damit zu zeigen - übrigens war dieser Betriebsleiter Mitglied der NSDAP -, daß die Leute damals also mich nicht irgendwie schief angesehen haben, sondern, na ja, 'er hat das Mißgeschick gehabt', so ungefähr, nech, 'und Schwamm drüber'.

Die Frage nach dem Kontakt zur Außenwelt läßt Herrn F. zunächst über die eigenen Eltern berichten, zu denen die Verbindung während der gesamten Haftzeit nicht abgerissen war. Doch dann richtet er sein Augenmerk auf einen vielleicht eher als indirekt zu bezeichnenden Kontakt. Das Verhalten der Geschäftsleute aus der Nachbarschaft der Eltern - das gelegentliche Zustecken von Lebensmitteln - bewertet Herr F. als 'praktische Solidarität'. Mit ihrer Beschreibung tritt ein neues Thema in den Mittelpunkt der Erzählung, über das in Abwandlungen allerdings schon häufiger im Interview gesprochen wurde. Wenn Herr F. über die 'praktische Solidarität' der Bekannten und Nachbarn berichtet, dann versucht er auf diese Weise dem Bild vom 'Volk', das einig hinter seinem Führer steht, ein anderes entgegenzusetzen. Der Blumenstrauß der Kollegen bringt zum Ausdruck, 'wir haben dich nicht vergessen', und der Betriebsleiter, der - obwohl 'Pg' - Herrn F. dazu auffordert, wieder an den Arbeitsplatz zurückzukehren, gibt ihm auf diese Weise zu verstehen, daß er gebraucht wird. Weder fühlte sich Herr F. durch seine Haft kriminalisiert, noch, auch dies vermittelt seine Schilderung, wurde er von seinem Umfeld stigmatisiert. Die Wiedereingliederung in die Gesellschaft scheint bereits in den ersten Tagen nach der Entlassung gelungen zu sein.

Als Herr F. 1937 aus dem Gefängnis entlassen wurde, waren die National-sozialisten bereits vier Jahre an der Macht. Ich frage ihn, ob er den Eindruck hatte, daß sich in Deutschland während seiner zweieinhalb Jahre Haft etwas verändert hätte. Herr F. antwortet nicht sogleich. Eigentlich habe sich, sagt er dann, gar nichts verändert. Nach einer abermaligen Pause erzählt er, daß es nicht mehr so viele Arbeitslose gegeben habe, was er mit der Expansion der Rüstungsindustrie sowie dem Autobahnbau und dem Arbeitsdienst erklärt. Nach meinem Einwand, daß diese Beschreibung beinahe ein wenig positiv klingt, beginnt Herr F. mit einer ausführlichen Beschreibung der politischen Veränderungen, die allerdings bereits vor seiner Haftzeit zu beobachten waren. Er berichtet darüber, daß es keine politischen Demonstrationen mehr gab, daß die Presse gleichgeschaltet war, daß die Gewerkschaften aufgelöst waren und ihre Mitglieder über Nacht der Deutschen Arbeitsfront angehörten. "Aber", fügt Herr F. hinzu, "das sagte ich vorhin schon, es war nicht so, daß nun die Menschen sich alle gleichgeschaltet fühlten." Auch in seinem Lehrbetrieb seien von mehreren hundert Mitarbeitern lediglich drei oder vier Mitglied der NSDAP gewesen. Wieder einmal versucht Herr F., dem Eindruck entgegen zu wirken, die ganze Bevölkerung sei den braunen Machthabern gefolgt. Immer wieder nimmt er seine Landsleute vor pauschalen Beschuldigungen in Schutz, besonders die Bewohner seiner Heimatstadt Hamburg.

Zu einem späteren Zeitpunkt frage ich Herrn F., was sein erster Wunsch nach der Haftentlassung gewesen sei. Zögernd antwortet er, "tja, eigentlich mal richtig frei durchatmen zu können." Doch was waren seine unmittelbaren Pläne, wie wollte er sein Leben weiterführen?

Na, ich wollte erstmal im Beruf festen Fuß fassen und dann, also Studium war ja sowieso ausgeschlossen, das hatte ich erstmal zu den Akten gelegt.[37] Dann dachte ich noch daran, jemanden kennenzulernen und eine Familie zu gründen. Das war schon ziemlich... aber ich gehörte damals ja noch nicht zum alten Eisen; ich war ja erst 25 oder so.

Beide Wünsche erfüllten sich, sowohl der Wunsch nach der beruflichen Wiedereingliederung als auch der, eine Familie zu gründen. Wie er seine spätere Ehefrau kennenlernte, wann beide heirateten, wie sie hieß oder was sie

---

[37] Nach Herrn F.s Tod berichteten mir Herr B. sowie Frau F. von einem Schreiben, das Herr F. zusammen mit seinem Abiturzeugnis erhalten habe. Darin wurde W.F. belehrt, daß er für ein Studium, da politisch unzuverlässig, ungeeignet sei.

arbeitete, erfahre ich nicht. Auch über die Geburt der Kinder wird im Interview nur beiläufig in einem Nebensatz berichtet. Doch wie stand Herr F. nach der Verbüßung der Haft zu seinem politischen Engagement? In der Episode um den zu unterschreibenden Revers kündigte sich bereits an, daß er wohl keine Ambitionen hatte, weiter aktiv im Widerstand zu arbeiten. Ich frage Herrn F., wie er über eine Fortsetzung seiner politischen Arbeit dachte.

Ja, also, da war man natürlich doch schon etwas geschockt und hat erstmal etwas mehr sich zurückgehalten, ohne nun der Meinung zu sein, das war alles falsch - das nicht. Aber, wie gesagt, ich habe dann Kontakt zu Freunden durchaus aufrechterhalten, und wir haben auch politische Aussprachen gehabt und sind auch im Betrieb in Schwierigkeiten gekommen, beispielsweise anläßlich des Einmarsches in Österreich und später dann '38 auch ins Sudetengebiet, in die Tschechoslowakei. Da hatte es Schwierigkeiten im Betrieb gegeben, daß ich mir gesagt habe, 'Mensch, jetzt bemühe dich mal, hier aus Hamburg wegzukommen, irgendwohin, wo dich keiner kennt.' Da habe ich dann eine Stellung in Halle an der Saale angenommen. Inzwischen war ich aber schon verheiratet und hatte schon einen Sohn. Und da ergab es sich dann auch wieder, also, zum Beispiel in unserer Abteilung Lithographie, da gab es zwei Leute von zwölfen, die als Nationalsozialisten anzusprechen waren. Einer, ein etwas sturer, der war in der SA, und ein anderer, der war Parteimitglied. Ja, aber die Kollegialität hat dadurch eigentlich nicht gelitten, und wir haben auch, wenn auch vorsichtig, diskutiert.

Die Frage nach seinem möglichen weiteren politischen Engagement beantwortet Herr F. eher zurückhaltend und zögerlich. Die Antwort scheint ihm nicht leicht zu fallen. Da er den Eindruck vermeiden möchte, daß sich nach der Haft seine politische Einstellung gewandelt hätte, bzw. daß er nun an der Richtigkeit seiner früheren politischen Aktivitäten zweifeln würde, erklärt er sogleich, daß er durchaus Kontakt zu den früheren politischen Freunden gehalten und weiter politische Aussprachen geführt hätte, die ihm im Betrieb sogar Schwierigkeiten bereitet hätten. Auch diese Geschichte entwickelt sich unversehens wieder zu einer Relativierung der Verhältnisse: Nicht alle Deutschen waren Nazis und selbst diejenigen, die Parteimitglieder waren, haben die Atmosphäre nicht vergiftet. Auch wenn man berücksichtigt, daß hier eine subjektive Erfahrung wiedergegeben wird, die an einer konkreten Situation festgemacht wird, so überraschen doch insgesamt Herrn F.s zahlreiche Bemühungen, seine Landsleute in bezug auf ihre Einstellung zum Nationalsozialismus und seinen Vertretern differenziert zu beschreiben, was letztlich wie ein Inschutznehmen wirkt. Ich sage Herrn F., daß wenn ich mir vorstellte, in seiner Situation gewesen zu sein, hätte ich indirekt die Parteimitglieder als in gewisser Weise Stellvertreter dieses Systems für meine Haft verantwortlich gemacht. Herr F. erklärt, daß er meine Frage verstanden habe, doch er beantwortet sie nicht direkt und erzählt statt dessen ein Erlebnis, das er während der Zeit in Halle an seinem Arbeitsplatz hatte:

Ich verstehe Sie schon. Aber es ist dort in Halle auch folgendes gewesen: Am Tage des Kriegsausbruchs '39 wurden wir alle zusammengetrommelt in den größten Maschinensaal und mußten da eine sogenannte Führerrede, die über den Rundfunk übertragen wurde, mit anhören. Nachdem Hitler gesagt hatte, 'um sechs Uhr soundsoviel haben wir zurückgeschossen' - das war damals diese demagogische Geschichte mit dem Angriff auf Polen, als wenn die Polen den Krieg provoziert hätten! -, und da sagte einer unserer Kollegen: "Dieser Verbrecher!" Na, und was war das Ende vom Lied? Einer von unseren Lehrlingen hatte eine Schwester, die war Sekretärin bei der Gestapo in Halle, und der hatte das zu Hause erzählt, und am nächsten Tag wurde der Kollege, Meinulf S. hieß er, von der Gestapo verhaftet. Nun war er relativ gut davongekommen. Er war ein frommer Katholik, aber man kann sagen, er war ein absoluter Antifaschist. Er hatte insofern Glück, als sein Onkel gleichen Namens Landgerichtsrat in Halle war, und ein anderer Onkel gleichen Namens war Kardinal in Rom. Und er ist dann, man hat das heruntergespielt, mit neun Monaten Gefängnis davongekommen. Aber es hat, als er dann seine Haft beendet hatte, niemanden im Betrieb gegeben, der ihm das irgendwie vorgeworfen hätte. Ich bin dann ja auch von Halle fort, über Berlin wieder nach Hamburg.

Die Episode gibt keinen Aufschluß über Herrn F.s Verhältnis oder seine Einstellung zu Parteimitgliedern und Sympathisanten des Systems und beantwortet insofern auch nicht meine Frage. Vielmehr enthält die Antwort ein Beispiel dafür, daß es unter der Bevölkerung schon Spitzel und Denunzianten gab, die die Machthaber mit Informationen beliefert haben. So wirkt diese Geschichte dem zuvor in verschiedenen Passagen des Interviews vermittelten Eindruck entgegen, daß die Bevölkerung kaum vom Nationalsozialismus infiltriert war und nicht in seinem Sinne agiert hätte. Aber auch diese Episode endet versöhnlich - der Denunzierte wird nach Verbüßung seiner Haft wieder in die Gemeinschaft aufgenommen -, so daß die zuvor beschriebene Wirkung wieder ein wenig zurückgenommen wird.

Einerseits erklärt Herr F., daß sich durch die Haft seine politische Überzeugung nicht verändert hätte. Andererseits räumt er ein wenig verklausuliert ein, daß er nach der Entlassung seine politischen Aktivitäten eingestellt hatte. Im Verlaufe unseres Gesprächs ist es mir nicht so recht deutlich geworden, mit welcher Einstellung Herr F. diese Jahre bewältigt hat. Wie ging jemand mit einem ausgesprochen politischen Bewußtsein damit um, lediglich hinter vorgehaltener Hand seine politische Meinung kundtun bzw. mit anderen austauschen zu können?

Wie war das für Sie, war es wie eine Art Winterschlaf, denn einen Teil Ihrer Person mußten Sie doch gewisserweise verstecken, also Sie konnten ja Ihre Anschauung nicht offen sagen, mußten damit vorsichtig sein?

Ja, das kam immer darauf an, mit wem man zusammen war. Ein gewisses Risiko steckte darin, aber man hat ein Gespür dafür, mit wem man ehrlich sein kann und mit wem nicht oder aufrichtig sein kann oder nicht.

Herrn F.s Antwort auf meine Frage ist in gewohnter Weise sehr pragmatisch. Doch Aufschluß über das, was ich eigentlich wissen möchte, gibt sie nicht. Die Beantwortung der Frage, wem man trauen kann, erklärt noch nicht, wie oder ob es Herrn F. überhaupt gelungen ist, sein politisches Bewußtsein während dieser Zeit in gewisser Weise ruhen zu lassen. Vielleicht ist meine Frage auch ein wenig unrealistisch und geht an den tatsächlichen Problemen vorbei. So frage ich Herrn F., was in jenen Jahren sein vordringlichstes Ziel war. "Das vordringlichste Ziel war", erklärt er, "alles zu tun, um... na, ganz knapp gesagt, zu überleben."

Einige Zeit nachdem Herr F. ausgelernt hatte, zog er mit seiner Familie - wie bereits erwähnt - nach Halle, wo sie zweieinhalb Jahre gemeinsam lebten. Doch Herrn F. bereitete die Luft, die durch die Leuna- und Buna-Werke auch damals schon stark belastet war, gesundheitliche Probleme. In jedem Frühjahr und Herbst machte ihm eine Angina zu schaffen. Mit Hilfe eines ärztlichen Attestes erhielt er die behördliche Erlaubnis, aus Halle fortzuziehen. Zunächst ging Herr F. nach Wien, wohin er allerdings seine Familie nicht mitnehmen konnte, da er dort keine Wohnung fand. Anschließend zog er nach Berlin und kehrte schließlich im Sommer 1941 wieder nach Hamburg zurück. Inszwischen dauerte der Krieg bereits zwei Jahre. Ich frage Herrn F., wie er den Krieg aufgenommen habe und ob er damit rechnen mußte, eingezogen zu werden:

Nein, vorläufig nicht. Ich war damals in Wolfenbüttel gemustert worden und hatte einen Ausschließungsschein, das heißt also, es wurde mir attestiert, daß ich wehrunwürdig sei. Also, damit habe ich für's erste nicht gerechnet. Ja, man sah das ja herankommen. Ich habe das politisch verfolgt, und es war mir vollständig klar, daß die deutsche Aufrüstung nicht zum Spaß, sondern daß es gemacht wurde, damit daraus blutiger Ernst werden konnte, und es hat mich eigentlich nicht erstaunt, obwohl es ja doch ein Schock war, für die gesamte Bevölkerung eigentlich. Es gab nicht, wie man es aus Berichten und so weiter über den Beginn des Ersten Weltkrieges kennt, diese große Begeisterung und Blumensträuße für die Soldaten, und dieser Hurrapatriotismus war eigentlich nicht vorhanden, sondern die Menschen hatten eigentlich alle Angst - die hatten Angst. Allmählich, der Krieg spielte sich sich weit draußen ab erstmal, da beruhigte sich das dann auch. Man merkte ja in Deutschland innerhalb der Grenzen zuerst nichts. Diese Angst kam erst wieder, als die alliierten Bombenangriffe auf deutsche Gebiete und auf die Großstädte, auf Großbetriebe und so weiter erfolgten. Aber es war allerdings so: Es gab große Teile der Bevölkerung, auch unter den Arbeitenden, daß in den Betrieben und Schulen und Büros Karten aufgehängt wurden und rote Nadeln gesteckt wurden, wenn wieder irgendwo in Polen ein Dorf gefallen war oder eine Stadt eingenommen war. Und extrem wurde das dann erst nach '41, nach dem Überfall auf die Sowjetunion, da konnten sie zum Teil mit den schwarzen und roten Nadeln oder blauen und roten gar nicht nachkommen. Das hat es eben auch gegeben, und die allgemeine Propaganda war ja darauf aus, das gesamte Volk zu militarisieren und wenn auch nicht zu Freudenrufen und Freudengetaumel, so doch aber zum stillen Mitmachen anzufeuern. Es war ja schon ziemlich schlimm. Nachher kam die Propaganda, als es schon sehr dreckig aussah, als Stalingrad gefallen war, von Goebbels und Leuten: Nach uns kann nur noch der Bolschewismus kommen. Und davor hatten die Leute ja einen Respekt - das sind ja Menschenfresser! Das waren dann die Durchhalteparolen, die ja auch eine gewisse Wirkung oder eine große Wirkung gehabt haben. Es gab ja Leute, noch als der Krieg schon verloren war, die dann noch siegen wollten, und es sind ja nicht alle Menschen, sagen wir mal, politisch weitsichtig, das sind sie heute auch nicht.

Seine Schilderung enthält sowohl eine politische Analyse als auch eine Beschreibung der Stimmung in der Bevölkerung in bezug auf den Krieg. Mit seiner Einschätzung, daß die Aufrüstung als Vorbereitung zu einem Krieg zu sehen war, demonstriert Herr F. politischen Weitblick. Von einer Kriegsbegeisterung spricht er seine Landsleute frei. Erst als die braunen Machthaber mit dem Schreckgespenst des 'Bolschewismus' als menschenfressendem Ungetüm drohen, so seine Einschätzung, kippt die Stimmung in der Bevölkerung um. Doch nun ist auch Herr F. nicht länger bereit, mildernde Umstände zu gewähren. Als Kommunist kann er natürlich keine antikommunistischen Ressentiments tolerieren, richten sie sich doch ebenso gegen ihn selbst. Sein Ausblick, daß auch heute nicht alle Menschen politische Weitsicht besitzen, wie Herr F. betont, mag als Anspielung auf spätere Entwicklungen verstanden werden, die seine eigene Lebensplanung erneut durcheinander brachten.

Am 27. März 1943 erhielt Herr F. dann doch die Einberufung in die Wehrmacht. Er hatte Glück und kam nicht in das Bataillon 999, in das in der Regel politisch Vorbestrafte eingezogen wurden.[38] Dies geschah, so deutet Herr F. an, nicht ganz ohne sein "Dazutun". In seinen Aufzeichnungen erklärt Herr F., wie er es erreicht habe, daß er nicht zu den 999ern eingezogen wurde, und warum er erst im März 1943 seinen Einberufungsbefehl bekommen hat. Bei einer Vorladung bei der Gestapo gelang es ihm, beherzt die 'Wehrwichtigkeit' seiner Arbeit unter Beweis zu stellen: Herr F. erstellte für eine Berliner Firma fotolithographische Druckvorlagen nach 'Aquacoulor-Dia-Positiven', die Motive aus den von der Wehrmacht besetzten Gebieten zeigten. Zu der Vorladung hatte er einen Dia-Betrachter und einige der eindrucksvollsten Dias mitgenommen: "Ich begann dann, meinen Tageslichtbildbetrachter und das Päckchen Dias auszupacken. 'Phantastisch. Solche Farbaufnahmen habe ich

---

[38] In die Bewährungsbataillone 999 wurden aufgrund eines Führerbefehls ab Oktober 1942 bestimmte vorbestrafte Personen einberufen, denen die 'Wehrwürdigkeit' aberkannt worden war. In der Regel waren sie wegen politischer, krimineller oder militärischer Delikte verurteilt worden, siehe Klausch, Hans-Peter: Die Geschichte der Bewährungsbataillone 999 unter besonderer Berücksichtigung des antifaschistischen Widerstandes. Bd. 1. Köln 1987, S. 2 (= Pahl-Rugenstein Hochschulschriften Gesellschafts- und Naturwissenschaften, 245/1).

noch nie gesehen, und was wird damit?' Ich erklärte dann, daß davon Druck-
formen hergestellt würden für Illustrationen in kleinen Büchern über Kultur
und Landschaft besetzter Regionen." Herr F. hatte Erfolg und wurde zurück-
gestellt. Ähnliches Glück hatte er später bei einer Vorladung vor dem Wehr-
bezirkskommando. Er bat den Leiter, ihn zurückzustellen, bis er seinen
gegenwärtigen Auftrag ausgeführt hatte und ihn auf keinen Fall zu den 999ern
einzuziehen. Nach Beendigung der Grundausbildung wurde seine Einheit zu
Aufräumungsarbeiten in Hamburg eingesetzt. Die Luftangriffe der Alliierten
hatten die Hansestadt, die inzwischen von vielen ihrer Bewohner verlassen
worden war, in ein Trümmerfeld verwandelt. Straßen mußten passierbar
gemacht, Gasrohre freigelegt und abgedichtet, und es mußten auch Leichen aus
den Trümmern geborgen werden. "...ich habe mir jedenfalls die Möglichkeit
geschaffen", so Herr F., "einigermaßen da durchzukommen." Er entwickelte
ein Talent zum Organisieren von Lebensmitteln und war deshalb für die
Verpflegung der Gruppe zuständig:

*Und bei unseren Arbeitsgruppen bin ich in meinen Bäckerladen gegangen und
habe gesagt: "Wie isses denn mit Kuchen?" - "Ja, Sie können ein ganzes Blech
kriegen." Dann habe ich da so ein großes Blech voll Butterkuchen angebracht
zu unserer Arbeitsgruppe, und fortan brauchte ich nicht mehr mit der Schaufel
zu arbeiten, da war ich nur noch der Verpflegungsmann. Beim Milchmann
habe ich eine große Kanne Milch geholt. Das ging einige Monate, und dann
kamen schon wieder welche nach Hamburg zurück und haben in Kellerlöchern
gehaust. Da war das mit der Verpflegung auch nicht mehr so, aber zuerst
haben sie in Hamburg verteilt. Ist ja ganz klar, es war vorher für Hunderttau-
sende berechnet, und es waren so wenig Menschen da, es durfte ja nichts
verderben.*

Herr F. betont ausdrücklich sein Geschick, 'gut durchzukommen'. Die erfolg-
reichen Bemühungen, seine Gruppe gut zu verpflegen, lassen den Ernst der
Situation weniger dramatisch erscheinen. Doch was bedeutete es für ihn als
'Antimilitaristen', wie er sich selbst einmal im Interview bezeichnet hat, in
diesen Krieg als Soldat einberufen zu werden? Mit welchem Gefühl zieht man
dann die Uniform an?

*[Pause] Na ja, mit dem Gefühl eines Widerwillens, aber auch mit der Überle-
gung, man muß sehen, daß man das beste daraus macht. Ich habe von Anfang
an die Überlegung gehabt, von der Schußwaffe niemals Gebrauch zu machen,
und das hat so weit geführt, daß ich bei Übungen mit scharfer Munition draußen in Höltigbaum, da gingen wir immer hin zum Schießen, daß ich da nicht
mal auf die Scheibe vernünftig geschossen habe, sondern vorbei und deshalb
Rüffel bekommen habe [...]. Na ja, ich habe dann gesagt dem Feldwebel, der
da Aufsicht machte: "Es ist zu unsicher mit diesem Arm." Es hat auch gutge-
gangen. Oder ich habe versucht, Menschen zu helfen. Wir hatten da beispielsweise in der Kaserne elf russische Kriegsgefangene. Davon arbeitete ein Teil,
fünf waren es, glaube ich, in der Schreinerei. Oder umgekehrt, fünf in der
Schusterwerkstatt und sechs in der Schreinerei. Und die hatten ihr Quartier in*

einer leerstehenden Fahrzeughalle. [...] In der einen hatten diese elf Russen ihr Quartier mit Doppelstockbetten. Wenn unser Zug oder unsere Kompanie Kasernenwache hatte, dann mußte auch einer immer auf Russenposten, also vor der großen Schiebetür dieser Fahrzeughalle mußte der dann zwei Stunden stehen und aufpassen, daß die Russen nicht fortlaufen. Und der mußte auch mit ihnen zur Küche gehen nach Feierabend, so um fünf oder so, und Essen holen. Und wenn ich so, ich habe mich gern auf Russenposten gemeldet, weil das angenehmer war als dort am Tor oder irgendwo sonst. Und dann bin ich, es gab dort Küche I und Küche II, dann habe ich mit denen erst einmal in Küche I Essen geholt und in Küche II. Dann war ich natürlich ihr Mann. Einmal habe ich ihnen Zigaretten mitgebracht, damals gab es so Zehnerpackungen, und sie waren elf Mann, und dann hat der Vormann von jeder Zigarette so einen Zentimeter vielleicht abgeschnitten und sich aus einem alten Zeitungsrand dann die Hülle gedreht, und so hatten sie dann elf Zigaretten. [...] Ich hatte dann so eine Sympathie bei ihnen gewonnen, daß der eine Schuster sagte - wir haben uns schwer verständigen können, aber immerhin doch -, ich hätte ja so schlechte Stiefel und sollte in die Schuhmacherei kommen, und hat der mir ein Paar Offiziersstiefelettchen angepaßt, die waren wirklich einzigartig; so leicht, so schön. Sie unterschieden sich äußerlich nicht groß von den sogenannten Knobelbechern. Aber ich habe die nur wenige Tage tragen können, denn dann kam die Abstellung nach Italien, und da kriegten wir statt der Knobelbecher, die alle hatten, also die langschäftigen, kriegten wir Schnürschuhe und Tropenuniform, und da war der Traum von den leichten Schühchen dann wieder vorbei.

Fronteinsatz in Italien

Am 14. März 1944 wurde Herrn F.s Kompanie nach Italien verlegt. Einsatzort war die Front bei Nettuno, südlich von Rom gelegen. Hier war es amerikanischen Truppen am 22. Januar gelungen, einen Brückenkopf zu errichten. An diesem Frontabschnitt leisteten sich alliierte und deutsche Verbände erbitterte Gefechte. Zu trauriger Berühmtheit gelangte dabei der Monte Cassino, wo deutsche Truppen bis Ende Mai zähen Widerstand leisteten. Doch der Vormarsch der Alliierten ließ sich nicht aufhalten. Am 4. Juni 1944 gelang es ihnen, die italienische Hauptstadt zu besetzen. In den nächsten Monaten rückte die Front immer weiter nach Norden vor.[39]

Herr F. erzählt über seinen Fronteinsatz in Italien, der lediglich wenige Monate dauerte, nur sehr wenig. Zugunsten einer eher zusammenfassenden Einschätzung des Krieges verzichtet er auf eine chronologische Schilderung der Ereignisse oder Erlebnisse. Einzelheiten über den Frontverlauf, den Alltag als Soldat oder über einzelne Gefechte hält Herr F. in unserem Interview nicht für erwähnenswert. Für ihn scheint nur wichtig zu sein, seine Abscheu vor diesem

---

[39] Dtv-Atlas zur Weltgeschichte. Karten und chronologischer Abriß. Von der Französischen Revolution bis zur Gegenwart. Bd. 2. 15. Aufl. München 1980, S. 211.

Krieg, an dem er doch noch gezwungen war teilzunehmen, auszudrücken. Ich frage ihn, ob er dem Kriegsende entgegen gefiebert habe:

Ja, eigentlich ja, eigentlich ja. Ich war ja von Anfang an überzeugt, daß er [der Krieg] überhaupt nicht zu gewinnen war, und war auch nicht bereit, mich für den - wovon ich überzeugt war - nationalsozialistischen Krieg einzusetzen. Ich habe immer und halte es auch jetzt noch für Phrasen, wenn gesagt wird, 'aber man muß sein Volk verteidigen'. Es ist Unsinn gewesen, einen Angriffs-krieg, denn so einer war es ja, zur Eroberung von Raum im Osten, und wie das alles so hieß bei den Nazis, zu unterstützen. Und dessen wollte ich mich persönlich nicht schuldig machen und habe auch nichts in der Beziehung getan, sondern ich habe von Anfang an die Überzeugung gehabt, aus diesem Krieg und dieser Armee mußt du dich irgendwie befreien. Natürlich nicht tolpatschig oder so. Irgendwie an der Front, wo man sich 50 Meter gegenüberlag, 50 Meter entfernt, da nun wegzulaufen, dann hätte man von vorne und von hinten eine verpaßt gekriegt, also so ging das nicht. Aber mir ist es dann doch gelun-gen. Allerdings wollte ich nicht unbedingt in Gefangenschaft geraten, sondern ich hatte Freunde gewonnen in Italien, aber bin dann doch in britische Kriegs-gefangenschaft gekommen.

Was waren das für Freunde?

Das waren alles Menschen, die also absolute Mussolini-Gegner waren und schon seit Jahren zum Teil auch im italienischen Untergrund gekämpft hatten.

Nachdem Herr F. sich zunächst über den von den Deutschen begonnenen Krieg geäußert hat und so einmal mehr seine 'antimilitaristische' Einstellung zum Ausdruck bringt, wendet er sich einem anderen Thema zu, für das diese Worte nur eine Einleitung bedeuten. Seine Ablehnung des Krieges geht so weit, daß er Überlegungen anstellte, 'sich von dieser Armee zu befreien', um sich nicht mitschuldig zu machen. Seine Worte klingen ein wenig verklausuliert. Ohne, daß Herr F. es direkt ausspricht, handelt es sich hierbei um die Schilderung seiner Desertion.[40] Nüchtern und unspektakulär wirken seine Überlegungen, gerade so, als wären sie völlig selbstverständlich. Herrn F.s Worte werfen zunächst eine Reihe von Fragen auf, die seine Erzählung nicht beantwortet. So wundere ich mich darüber, daß er seine Tat nicht mit Erlebnissen von der Front und seiner Situation als Soldat im Kampfgeschehen begründet. Er verliert kein Wort über eigene Ängste, statt dessen spricht er etwas abstrakt von der

---

[40] Nach Herrn F.s Tod sprach ich mit seiner ersten Frau über diesen Umstand. Sie erklärte mir: "Als überzeugter Nazi-Gegner fühlte er sich nicht an die Hakenkreuzfahne gebunden, konnte also auch nicht fahnenflüchtig werden." Während Herr F. in unserem Gespräch dem Thema Desertion nur wenig Beachtung schenkte, berichtet er in seinen Aufzeich-nungen ausführlich darüber. In allen Einzelheiten beschreibt er den Vorgang seiner Flucht, die Kontaktaufnahme zur italienischen Befreiungsbewegung, der Komitate Liberatore Italiano, und die Gefangennahme durch britische Soldaten. Der Kriegsgefangenschaft in Ägypten widmet Herr F. hingegen nur wenige Sätze. Über die Motive für seine Desertion spricht er in seinen Aufzeichnungen nicht. Sie erfolgte nicht spontan, sondern war sorgsam geplant. Nach einem Fronturlaub im Juni 1944 - sein Bruder war achtzehnjährig gefallen - fuhr Herr F. mit Zivilkleidung im Gepäck an die Front nach Italien zurück.

Schuld, die in der Teilnahme an diesem Krieg bestehe. Doch gerade die Tatsache, daß er auf Schilderungen des Kampfgeschehens etc. verzichtet, gerade die Tatsache, daß er abstrakt argumentiert, zeugt von seinem tiefverwurzelten Antimilitarismus. Die gewissermaßen organisatorischen Details seiner Flucht bleiben im Dunkel. Sie scheinen für ihn nicht berichtenswert zu sein. Mit der Bemerkung 'aber mir ist es dann doch gelungen' entledigt sich Herr F. der Notwendigkeit, über Einzelheiten zu sprechen. Unmittelbar an diese Passage schließen sich Bemerkungen über die Stimmung unter den deutschen Soldaten wie auch unter der italienischen Bevölkerung an. Damit ist für ihn das Thema abgeschlossen. Doch seine anschließende Schilderung von Ausschreitungen deutscher Soldaten gegenüber der italienischen Bevölkerung dient als Bekräftigung für seine ablehnende Einstellung, ja seine Abscheu vor diesem Krieg und damit auch als Erklärung und Rechtfertigung der eigenen Desertion:

Aber es waren da an der sogenannten Hauptkampflinie, der sogenannten HKL, die Menschen sowieso kriegsmüde. Es hatte ja inzwischen auch der Aufstand unter Führung des Badoglio[41] in Italien stattgefunden, und die Italiener und die italienischen Soldaten wurden von den Deutschen wie Feinde behandelt. Man stahl ihnen das Vieh. Man zerstörte ihnen die Häuser. Es war ja ein allmählicher Rückzug, und da haben die deutschen Truppen alle - nein, alle ist nicht wahr - viele strategisch wichtig liegende Gebäude zerstört. Also der Rückzug war, wenn auch, wie ich das später aus der Sowjetunion gehört habe, doch ein Rückzug der verbrannten Erde. Ich habe, als ich mich schon selbständig gemacht hatte und in Zivilkleidern rumlief, habe ich beobachtet, wie einmal eine Nachhut, das war ein Motorrad mit Beiwagen, drei Mann, Unteroffiziere waren das, die offensichtlich den Auftrag hatten, ein auf einem Hügel liegendes Gebäude, ein sehr solides und schönes Gebäude, einen Bauernhof, zu zerstören. Und da waren zwei Frauen mit kleinen Kindern, die weinten und schrien, und da habe ich gesehen, wie der eine Soldat ein etwa zweijähriges Kind an den Beinen griff und dann so schleuderte und mit dem Kopf gegen diese Scheunentür schlug, daß es sofort tot war und das Gehirn ausspritzte. Dann haben sie die Frauen erschossen und dann haben sie das Haus angezündet. Das war keine SS. Das war deutsche Wehrmacht! Das habe ich gesehen, und dann kann mir auch niemand erzählen, daß solche Schweinereien nicht vorgekommen wären.

---

[41] Nachdem der Große Faschistische Rat den König Viktor Emanuel gebeten hatte, den Oberbefehl zu übernehmen, wurde Benito Mussolini am 25. Juli 1943 entlassen und verhaftet. Anschließend bildete Marschall Pietro Badoglio eine Regierung ohne Beteiligung der Faschisten. Zwei Tage nach der Regierungsübernahme wurde die faschistische Partei aufgelöst. In Geheimverhandlungen mit den Alliierten gelang es der neuen Regierung, einen Waffenstillstand zu vereinbaren. Nach seiner Bekanntgabe besetzten die Deutschen Rom, und die italienischen Truppen wurden entlassen oder gefangengenommen. Durch einen deutschen Handstreich konnte Mussolini am 12. September befreit werden. Er trat an die Spitze einer Gegenregierung (Republik von Salò), siehe Dtv-Atlas zur Weltgeschichte 1980, S. 211.

Herr F. spricht die letzten Worte mit sichtlicher Erregung aus. Seine Stimme, sonst ruhig und eher leise, ist lauter geworden. Die Beschreibung dieser Greueltat ist die einzige szenische Schilderung innerhalb seiner Erzählung über den Kriegseinsatz in Italien.[42] Als ich noch einmal nachfrage, wann sich dieses Ereignis zugetragen habe und ob er zu diesem Zeitpunkt bereits desertiert sei - ich bin mir nicht sicher, ob die Formulierung "als ich mich schon selbständig gemacht hatte" eine Umschreibung der Desertion war -, antwortet Herr F. nur kurz. Er erklärt, "das war '44 im Juli", wobei im Nachhinein allerdings offen bleibt, ob sich diese Angabe auf den Zeitpunkt der Desertion oder auf die Beobachtung des beschriebenen Vorfalls bezieht. Ohne weitere Bemerkungen über die Zeit des Fronteinsatzes zu machen, leitet Herr F. mit den Worten "und dann bin ich rüber transportiert worden" die Erzählung über die Zeit der englischen Kriegsgefangenschaft in Ägypten ein.

Kriegsgefangenschaft

Nachdem Herr F. ungefähr eine Woche in verschiedenen provisorischen Kriegsgefangenenlagern verbracht hatte, kam er in ein Lager in der Nähe von Neapel. Nach weiteren vier Wochen wurden er und viele andere Gefangene nach Port Said in Ägypten eingeschifft.[43] In Nordafrika und im Nahen Osten hatten die Engländer eine Reihe sogenannter 'camps' errichtet. In Ägypten bestanden die ersten Kriegsgefangenenlager seit dem Frühjahr 1941. Ende des Jahres 1944 war die Zahl der Internierten auf etwa 35.000 Mann angestiegen. Hierfür war in erster Linie die Zunahme von Kriegsgefangenentransporten aus Italien verantwortlich. Die meisten Lager befanden sich im Gebiet des großen Bittersees, zwischen Suez und Ismailia sowie ein Stück westlich bis in die Wüste hinein. Auch in der Nähe von Alexandria lagen einige 'camps', und ein weiteres existierte unweit der ägyptischen Hauptstadt Kairo.[44]

Anders als die ehemaligen Angehörigen des Afrika-Korps waren diejenigen Soldaten, die zuvor in Italien oder Griechenland gekämpft hatten, in der Regel nicht tropentauglich. Ihnen bereitete das Klima, das geprägt ist von großer Hitze im Sommer und empfindlicher Kälte im Winter, erhebliche Schwierigkeiten. Heiße Winde und Sandstürme im Frühjahr bedeuteten eine zusätzliche Belastung. Die Lager, die wiederum in 'cages' für ungefähr 1.000 Mann unterteilt waren, glichen großen Zeltstädten. Erst nach dem Ende des Krieges war ein ungehinderter Kontakt zwischen den einzelnen Lagerabteilungen, die durch hohe Stacheldrahtzäune gesichert waren, erlaubt.[45] Die britischen Bewa-

[42] Zum Einsatz der Wehrmacht gegenüber der italienischen Zivilbevölkerung siehe Andrae, Friedrich: Auch gegen Frauen und Kinder. Der Krieg der deutschen Wehrmacht gegen die Zivilbevölkerung in Italien 1943-1945. München 1995; ders.: Auch gegen Frauen und Kinder. In: ZEIT-Punkte Nr. 3 (1995) S. 34-38.

[43] In einem Brief an seinen Freund Albert B. vom 30.4.1945 schreibt Herr F., daß er drei Monate in einem Lager in Neapel war.

[44] Wolff, Helmut: Die deutschen Kriegsgefangenen in britischer Hand. Ein Überblick. München 1974, S. 104 (= Zur Geschichte der deutschen Kriegsgefangenen des Zweiten Weltkrieges Bd. XI/1).

[45] Ebd., S. 106.

cher sorgten für strenge Disziplin, Verstöße wurden mit Arrest geahndet.
"Tägliche Inspektionen, wozu das Gepäck 'sauber aufgebaut' werden mußte",
schreibt Helmut Wolff in seiner Darstellung über deutsche Kriegsgefangene in
britischem Gewahrsam, "sollten gegen Verwahrlosung und gesundheitliche
Schädigungen schützen"[46]. Die Verpflegungssituation in den Lagern war bis
zum Ende des Krieges relativ gut. Später kam es zur Herabsetzung der täglichen Kalorienzuteilung, in deren Folge die Krankenrate anstieg. Eine Verbes-
serung trat ein, als sich immer mehr Gefangene im Arbeitseinsatz befanden und
somit über geringe Geldmittel verfügten, die sie zum Kauf von Lebensmitteln
nutzten.[47]

Meine erste Frage über diesen Abschnitt in Herrn F.s Biographie galt dem
Alltag im Kriegsgefangenenlager:

*Na ja, ich war in verschiedenen Lagern, aber die waren alle in der Wüste, am
Rande der Sahara. Wir hatten dort Unterkunft in Zelten, zu je acht Mann, also
Militärzelte. Und es war zuerst natürlich sehr, sehr schwierig, denn wir hatten
dort Temperaturen um die 60 Grad herum da im Juli, August. Man konnte nur
liegen. Zuerst hatten wir auch keine Strohsäcke, sondern nur die Säcke ohne
Stroh. Man konnte da nur liegen und sich so wenig wie möglich bewegen.
Sowie man ein bißchen die Hand bewegte, hatte man einen Schweißausbruch
am ganzen Körper. Das hatte eine ganze Weile gedauert, und es ging dann ja
auf den Herbst zu, und dann wurden die Temperaturen ja etwas milder. Im
Winter, Dezember, Januar, hatten wir aber immer noch über 20 Grad, und
nachts wird es dann sehr kalt.*

Herrn F.s Antwort auf meine Frage gibt weniger Auskunft über den Alltag als
vielmehr in erster Linie über das Klima, das wohl für viele eine große
Belastung bedeutete. Die Ernährungssituation im Kriegsgefangenenlager thematisiert er nicht. Auch über den Umstand, daß er nun wieder ein Gefangener
war, spricht er zumindest zunächst nicht. Wie erträgt man es, wieder eingesperrt zu sein? Ich stelle mir vor, daß es im Lager sehr schwer war, sich zu
beschäftigen. Doch solche Probleme werden von Herrn F. nur indirekt angesprochen. Unmittelbar im Anschluß an die oben wiedergegebene Passage
berichtet er über den Zusammenschluß der Antifaschisten in seinem Lager:

*Wir haben uns dann dort wieder - wenn ich wir sage, dann heißt das, daß
Antifaschisten von den verschiedensten Ecken, es kamen auch viele von den
griechischen Inseln, das waren meist alles Angehörige der 999er[48] -, da haben
wir dort uns also durchgesetzt und haben gefordert, wir wollten also ein anti-
faschistisches Lager haben, und das gelang uns auch. Von diesen hundertzwan-
zigtausend[49] waren wir nachher mit etwa fünfhundert Leuten in einem extra*

---

[46] Ebd.
[47] Ebd., S. 107.
[48] Vgl. S. 354, Anm. 38.
[49] Wolff geht davon aus, daß ab Herbst 1945, als die britischen Kriegsgefangenenlager in
Algerien geräumt wurden, nahezu 110.000 deutsche Soldaten in Ägypten interniert waren,
siehe Wolff 1974, S. 103.

'cage', wie die Engländer diese Lager nannten. Ich war da im Lager 379 und war dort dann zusammen mit anderen Antifaschisten in einem Zelt. Und wir haben dann versucht, antifaschistische und demokratische Bildungsarbeit zu machen. Das ist uns auch gelungen.

Also bei den anderen politischen Gefangenen?

Ja. Wir haben also Kurse gemacht. Wir haben eine sogenannte 'desertuniversity', also eine Wüstenuniversität, aufgezogen, unter Förderung der Lagerleitung, zumindest zuerst. Und es wurden Kurse abgehalten über Ökonomie, Recht, auch Sprachkurse, Französisch, Englisch, Russisch, und es wurden auch mal Kurse abgehalten über Literatur. Es wurde Theater gespielt, es gab ein Symphonie-Orchester, in dem habe ich Bratsche gespielt.

Das 'camp' mit der Nummer 379 befand sich in der Nähe des Ortes Quassassin, der wiederum 30 Kilometer westlich von Ismailia liegt.[50] In diesem Lager waren im Januar 1946 11.000 Kriegsgefangene interniert.[51] Nach den Angaben, die Herr F. in seinen Aufzeichnungen über das Lager 379 macht, befanden sich in dem erwähnten separaten 'cage' ungefähr 500 Antifaschisten. Herr F. macht in unserem Interview nur wenige Angaben über die 'desertuniversity'. So berichtet er beispielsweise auch nichts über seine Stellung innerhalb dieser Organisation. In seinen Aufzeichnungen jedoch schreibt er darüber etwas ausführlicher. Aus ihnen geht hervor, daß Herr F. nicht nur an der Gründung der 'desertuniversity' beteiligt war, sondern auch zur Leitung der Schule gehörte. In einem Brief[52] an einen Vertreter der *Vereinigung Deutscher Sozialdemokraten in Großbritannien* zählt Herr F. die Themen auf, die in der 'Wüstenuniversität' in der Form von Kursen behandelt wurden. Er selbst hielt danach Kurse über Probleme der Jugenderziehung sowie über 'Entwicklung und Doktrinen' der Volkswirtschaft. Aus Herrn F.s Aufzeichnungen geht auch hervor, daß Wolfgang Abendroth[53] zur Schulleitung zählte, dem er freundschaftlich verbunden war.

---

[50] Wolff 1974, S. 106, 187.
[51] Ebd., S. 107.
[52] Brief vom 20.6.1946; eine Kopie des Schreibens befindet sich im Archiv des Verfassers.
[53] Der 1906 geborene Wolfgang Abendroth war in der Weimarer Zeit Mitglied der KPD gewesen. Seit Ende 1932 arbeitete er in der Gruppe "Neubeginnen". In der Zeit des Nationalsozialismus gehörte Abendroth zum antifaschistischen Widerstand. 1937 wurde er verhaftet und wegen "Hochverrat" zu vier Jahren Zuchthaus verurteilt. 1943 erfolgte die Einberufung zum Strafbataillon 999. Nach seiner Entlassung aus britischer Kriegsgefangenschaft Ende 1946 wirkte er als Professor der Rechtswissenschaft in Leipzig und Jena. Zwei Jahre später verließ er die SBZ. Abendroth erhielt eine Professur an der Wirtschaftshochschule in Wilhelmshaven. 1951 wechselte er an die Universität Marburg. Hier lehrte Abendroth bis zu seiner Emeritierung im Jahr 1972 Politikwissenschaft. 1962 wurde er aus der SPD ausgeschlossen, der er nach dem Krieg beigetreten war. Grund hierfür war Abendroths Unterstützung des SDS, der zuvor aus der SPD gedrängt worden war, siehe Friedensbewegung und Arbeiterbewegung. Wolfgang Abendroth im Gespräch. [...] Marburg 1982, S. 8 (= Schriftenreihe für Sozialgeschichte und Arbeiterbewegung, 29); "Abendroth gehörte zu den ganz wenigen bundesdeutschen Hochschullehrern, die sich in der Zeit des kalten Krieges als aktive Sozialisten verstanden", siehe Aly, Götz/Heim,

Ich frage Herrn F., ob die Kriegsgefangenschaft nicht bitter für ihn gewesen sei: für einen Krieg zu büßen, gegen den er mit seiner ganzen Überzeugung eingestellt war:

Ja, das war natürlich eine Problematik, die wir in Briefen an das Unterhaus in London und an bestimmte Abgeordnete auch zum Ausdruck gebracht haben: was das nun eigentlich bedeutete, daß sie uns nicht nach Hause ließen. Aber darin lag ja auch eine politische Absicht. Während man hier in Deutschland, also sagen wir in den britischen und amerikanischen Besatzungszonen, zuerst, in den ersten Jahren nach Ende des Krieges, überzeugte Antifaschisten, vor allem Kommunisten und Sozialdemokraten, Linke, mit einspannte in Verwaltungsaufgaben und so weiter, hörte das ja sehr bald auf. Das haben wir auch in Ägypten gemerkt. Wir haben dort ja Radio hören können und haben eine englische und eine französischsprachige ägyptische Zeitung jeden Tag bekommen in einigen Exemplaren, und das haben wir dann weitergegeben. Da wußte man, was gespielt wurde, und daß sich bei den westlichen Alliierten, besonders bei den USA, dann eine Wandlung vollzog. Die hatten ja zuerst hier als, sagen wir mal, Kulturmissionare, auch Juden und linke Leute aus den USA, hatten sie ja hierher gebracht. Und diese erste Garnitur, die wurde sehr bald abgelöst durch rechte Leute. Und dasselbe geschah auch parallel im Kriegsgefangenenlager. Es kam dort zu uns ein britischer Oberst, ein Faschist, als Leiter. Der andere war irgendwie in die Heimat gezogen, der Krieg war ja zu Ende. Und der untersagte nun alle Sprachkurse und alle politische Ökonomie und Geschichte und so weiter. Es durfte nur noch musiziert und gemalt werden, und es durfte noch ein Englischkurs abgehalten werden, und alles andere wurde untersagt. Es kam mal ein Offizier aus Kairo. Mir machte er ein besonderes Angebot und sagte: "Haben Sie nicht Lust, eine Gruppe zu übernehmen, und wir machen dann in Abassia", das ist ein Vorort von Kairo, "schöne Arbeiten." Ja, also man wollte mich, wie verschiedene andere, aus dieser Wüstenschule raus haben.

Herr F. unterläßt es, seine eigenen Gefühle zu schildern. Die Identifikation mit der Gruppe der Antifaschisten im Lager ist immer noch so groß, daß die persönliche Geschichte vor der Gruppengeschichte zurücktritt. Das individuelle Problem wird auf diese Weise zu der Problematik einer Gruppe erklärt und schließlich zu einem Politikum erhoben. Die solidarisierende Funktion der Wir-Erzählung wirkt bekräftigend und verleiht den gemachten Aussagen Nachdruck. Doch hinter der Schilderung des Zurückdrängens von Antifaschisten und Linken aus der Nachkriegsgesellschaft und der Erwähnung ihrer sozialen Deklassierung im Kriegsgefangenenlager - beides wird miteinander in Bezug gesetzt - stehen Enttäuschung und Verbitterung. Immer wieder greift Herr F. in seinen Erzählungen über die Kriegsgefangenschaft dieses Thema auf. Alle anderen Erfahrungen und Erlebnisse in der Gefangenschaft verlieren an Bedeutung und werden so in den Hintergrund gedrängt. Auch als ich Herrn F.

Susanne: Vordenker der Vernichtung. Auschwitz und die deutschen Pläne für eine neue europäische Ordnung. Hamburg 1991, S. 101.

frage, welche Pläne er für ein Deutschland nach dem Faschismus hatte, kommt er sofort hierauf zu sprechen:

Ja, wir hatten also die Überzeugung, daß nach dem Faschismus ein demokratisch-sozialistisches Deutschland kommen müßte. Das war unsere ganz feste Überzeugung. Darüber gibt es auch noch Dokumente. Und wir hatten eben damals in Briefen[54] ans Unterhaus bedauert, daß man überzeugte Antifaschisten in der Wüste schmoren ließ, während hier doch Kräfte gebraucht würden. Aber wie gesagt, das habe ich vorhin schon angedeutet, man war schon wieder drauf und dran, die alten Kräfte weiterzubeschäftigen, und wenn man das jetzt im geschichtlichen Rückblick betrachtet, dann ist es ja auch so, daß in der gesamten Verwaltung, im gesamten Justizwesen, in der Polizei, überall die Leute dringeblieben sind, und wenn mal irgendwie, vielleicht sogar in der Polizei oder so, Kommunisten waren, die hat man lange wieder rausgeschmissen. Das fing schon wieder '46, '47, fing das schon wieder an, und späterhin hat mich das auch nicht gewundert, daß man uns hat dort schmoren lassen, denn hier wollten sie uns gar nicht haben.

Nun ist auch der Grund für die Enttäuschung und Verbitterung ausgesprochen: Die Antifaschisten wollten am demokratischen Neuaufbau Deutschlands mitarbeiten und mußten feststellen, daß ihre Mitwirkung unerwünscht war. Längst ist aus der Erzählung über die Zeit der Kriegsgefangenschaft eine politische Betrachtung geworden. Es werden Ereignisse geschildert, die Herr F. nicht selbst erlebt hat, die aber der Bestätigung seiner vorgenommenen Bewertung dienen. Die Antwort endet mit der resignierenden Einschätzung "denn hier wollten sie uns gar nicht haben".

Die Arbeit der 'desertuniversity' wurde Anfang 1946 stark eingeschränkt. Inzwischen hatte ein neuer Kommandant die Leitung übernommen. In seinen Aufzeichnungen, aber auch im Interview bezeichnet Herr F. ihn als Faschisten, der die linken Kriegsgefangenen als "fucking traitors" beschimpfte. Herr F. wurde schließlich einem anderen Arbeitskommando außerhalb des Lagers zugeteilt. Als Gruppenleiter und Dolmetscher arbeitete er bei einer Panzereinheit in Abassia, einem Vorort von Kairo. Seine Gruppe bestand aus 18 Handwerkern. Angefangen vom Tischler und Maler bis zum Klempner und Elektriker waren sämtliche Sparten vertreten:

Und späterhin, als wir dann in Abassia, in der Nähe von Kairo, Renovierungsarbeiten und so was gemacht haben und Wandbilder gemalt und Gott weiß was alles, alles in englischen Militärgegebenheiten, also Offizierskasinos oder Aufenthaltsräume der Mannschaften. Da haben wir Möbel restauriert. Es waren sämtliche Handwerker in unserer Achtzehnmann-Gruppe. Und da habe ich also Material besorgt und bekam dann einen jungen englischen Soldaten mit, und wir sind dann im Jeep losgefahren, haben dann Farben gekauft und haben anderes Material besorgt. Und da habe ich also häufig mich selbständig

---

54 Brief an Mrs. Jennie Lee vom 10.6.1946; Schreiben an Mr. Hynd vom 28. Juli 1946. Kopien der beiden Schreiben befinden sich im Archiv des Verfassers.

bewegt, indem ich dem Soldaten dann gesagt habe: "Willst Du nicht ins Kino gehen? Wir treffen uns dann hier um 17 Uhr wieder." Ich habe damals fließend Englisch gesprochen, das ist leider jetzt nicht mehr so gut. Und dann sind wir, bin ich da im Basar gewesen, habe mir die Dinge angeguckt. Ich bin mit einer jungen Frau, wo wir auch gearbeitet hatten, im 'women restroom', beim Kairoer Hauptbahnhof. Die ist mit mir ins Nationalmuseum gegangen, und so konnte ich mich persönlich so ziemlich frei bewegen. Man sah mir das auch nicht an. Ich hatte irgendwie ein weißes Sporthemd an und ein Paar Tropen-shorts und hatte mir da auch von Arabern mal ein Paar Schuhe dort machen lassen, von der Werkstatt, die für die Soldaten dort arbeitete. Ich habe da praktisch nichts ausgestanden, nur daß man natürlich immer Sehnsucht nach Hause hatte.

In der Zeit der Kriegsgefangenschaft fand Herr F. wieder Gelegenheit, künstle-risch zu arbeiten. Die Aufgaben, die er im Rahmen der Renovierungskolonne zu erfüllen hatte, knüpften an seine berufliche Ausbildung an. Auch die Frei-zeit nutzte er, um sich seiner Passion zu widmen. "Ich habe damals auch einige Aquarelle gemalt, am Süßwasserkanal neben dem Nil. Leider ist das auch alles verloren gegangen." Während Herr F. im Interview nur wenig über seine künstlerischen Neigungen berichtet, enthalten seine Aufzeichnungen ein eigenes Kapitel über seine künstlerische Entwicklung. Sehr ausführlich beschreibt er darin seine zeichnerischen Arbeiten im "Kola-Fu", aber auch in der Kriegsgefangenschaft. Besonderen Eindruck hinterließ bei ihm die Gestaltung des 'women restroom' beim Kairoer Hauptbahnhof, über die er ja auch im Interview berichtet, und eines Theaters in Heliopolis. Herr F. schreibt:

"Eine schöne Aufgabe war die Gestaltung des Women-Restroom am Kairoer Hauptbahnhof. Irgendein Kommandeur hatte uns vor dem Eingang zwei indische Kolonialsoldaten als Wache gestellt, mit Gewehr und aufgepflanztem Bajonett. Gustav und ich protestierten: 'Unter drohenden Waffen machen wir keinen Pinselstrich.' Die Wachen wurden abgezo-gen. Wir haben die Räume in anheimelnden Farben gestrichen und mit spielenden Kindern und ihren Müttern dekoriert. Schwierig war, weil wir mit Leitern und Gerüsten arbeiten mußten, die Ausgestaltung eines als Theater dienenden großen Saales in Heliopolis. Der verantwortliche Offizier wollte als Proszenium eine englische Landschaft mit Seemöven sehen. Zum Glück fand ich in einer Zeitschrift Photos mit Flugstudien der 'seagulls'. Ich malte also rechts und links neben dem Bühnenvorhang eine Dünenlandschaft mit Schilf und Föhren. Nach Fertigstellung wurde ich gefragt, ob ich jemals in England gewesen sei, so exakt entsprächen die Darstellungen dem Bild, das man im Gedächtnis habe."

Aus dem Interview, aber auch aus Herrn F.s Aufzeichnungen wird deutlich, daß er in der Kriegsgefangenschaft keine Not leiden mußte. Er hatte eine Arbeit, die seinen Neigungen entsprach, konnte sich oft relativ frei bewegen und wurde ausreichend ernährt. Neben der Problematik, daß die Briten die Antifaschisten im Lager 'schmoren ließen', galt Herrn F.s Hauptsorge seiner Familie in Hamburg. Nach seiner Gefangennahme hatte er lange Zeit keinen Kontakt zu ihr. Seinem Freund Albert B., der sich in amerikanischer Kriegsgefangenschaft befand, schreibt Herr F. über dieses Problem. Der Brief[55] ist vom 30.4.1945 datiert und in englischer Sprache abgefaßt: "But it is very hard, to know nothing about my relations. Till now I got no letter from home. I am anxious that the Nazi-cruelties are also inflicted upon them." Später schreckten die deutschen Kriegsgefangenen vor allem Berichte über die Ernährungslage der Bevölkerung in Nachkriegsdeutschland. Englisch- und französischsprachigen Zeitungen konnten sie entnehmen, daß es hierum nicht zum besten stand.

> *Mit welchen Gedanken waren Sie bei Ihrer Familie? Sie hatten ja die Kinder, ich weiß nicht, wieviele Kinder Sie haben, lange nicht gesehen.*

Ich hatte damals zwei Kinder: einen Sohn, der '38 geboren war, und eine Tochter, die '41 geboren war. Ja, vor allem schwer zu schaffen hat uns gemacht, was man so hörte, über 900 Kalorien kriegten die Leute hier und der Hunger, das hat uns schwer zu schaffen gemacht. Ich habe versucht, was ich tun konnte, und habe über die, denn wir verdienten da ganz gut und konnten alles mögliche kaufen. Ich habe dann, dadurch, daß ich mich mit Engländern befreundet hatte, über die englische Militärpost, und zwar über zwei Brüder, der eine war in Kairo, der andere hier in Itzehoe, habe ich Päckchen nach Hause geschickt, und die sind auch alle angekommen. [...] Das war eine gewisse Beruhigung für mich und natürlich auch eine große Freude für meine Frau und die Kinder. Ich habe Tee geschickt, ich habe Kaffee geschickt, ich habe Fett geschickt und Schokolade und so weiter. Das ist sicher einmalig gewesen. Ich habe immer versucht, sämtliche Möglichkeiten zu helfen auszunutzen. Einmal ist einer der Offiziere dort, für die wir arbeiteten, nach Hamburg versetzt worden, und dem habe ich ein Erinnerungsbuch und auch ein Päckchen mit Lebensmitteln mitgegeben. Das hat er abgeliefert. Der ist zu meiner Frau gekommen, hat Grüße bestellt und hat das abgeliefert. So etwas gab es auch.

Ähnlich wie in den Schilderungen über seine Zeit als Soldat in einer Einheit, die Aufräumungsarbeiten im zerstörten Hamburg ausführte, beschreibt Herr F. auch in dieser Passage seine Fähigkeit, ein Problem zu lösen. Mit Geschick ist es ihm gelungen, seine Familie aus der Ferne durch Lebensmittellieferungen zu unterstützen. Bis zum Wiedersehen mit seiner Frau und seinen Kindern sollte allerdings noch eine lange Zeit vergehen. Herr F. kam mit einem Transport Ende Dezember 1946 nach Europa zurück. Am Neujahrstag 1947 war er endlich wieder zu Hause. Zuvor hatten die Antifaschisten im Lager den heimkehrenden Genossen eine Abschiedsfeier ausgerichtet. Das Programm des "Farewell-Meeting of the returning Antifascists", wie der offizielle Titel der Veranstaltung hieß, umfaßte neben verschiedenen Ansprachen Gedichtrezitationen und musikalische Einlagen.[56] Die Feier endete, nachdem zuvor das Schlußlied 'Brüder, zur Sonne' gemeinsam gesungen worden war, mit dem

---

[55] Eine Kopie des Schreibens befindet sich im Archiv des Verfassers.
[56] Eine Kopie des Programms befindet sich im Archiv des Verfassers.

Abspielen der britischen Nationalhymne 'God save the King'. Gewiß ein
seltenes Zusammentreffen dieser beiden Lieder. In einem Schreiben[57] an das
Britische Parlament, das die aus 'Middle East' heimkehrenden Antifaschisten
am 17. Dezember 1946 verfaßt haben, bedanken sie sich noch einmal bei jenen
Abgeordneten, die sich "immer wieder" für ihre Freilassung eingesetzt haben.
Sie erinnern aber auch an diejenigen antifaschistischen Gefangenen, die weiterhin interniert blieben:

> "Leider muessen wir noch eine grosse Anzahl unserer Kameraden, die mit uns gemeinsam
> in den nazistischen Kerkern und Konzentrations Lagern waren, hinter dem Stacheldraht
> zuruecklassen. Wir bitten Sie, auch diesen Opfern des Faschismus die baldige Heimreise zu
> ermoeglichen, desgleichen allen den deutschen Kriegsgefangenen, die durch ihre Haltung in
> der Gefangenschaft seit langem bewiesen haben, dass ihre Haltung Kraefte fuer den
> Neuaufbau eines antifaschistischen, demokratischen Deutschland darstellen.
> Wir selbst fahren ohne Illusionen, aber mit aller Bereitschaft zum Neuaufbau in unsere
> Heimat zurueck."

Einen Tag später, am 18. Dezember 1946, verfaßten die Heimkehrer ein ähnliches Schreiben[58] an die Parlamentsmitglieder der britischen Labour Party. "On
the eve of our repatriation we should like to send grateful greetings to all the
Labour M.P.s, who supported the demands for a special treatment of German
antifascist PoWs[59] [...]". Weiter erklären die Heimkehrer ihre Bereitschaft, am
demokratischen Neuaufbau Deutschlands mitzuwirken: "Our repatriation comes
late but not too late. We shall help to get a planned economy and a democratic
administration working and thus we will build up a new way of life at home.
We will do all what we possibly can do, to ensure a peaceful Germany." Die
deutschen Antifaschisten im Lager fühlten sich diskriminiert. Ihr Einsatz im
Kampf gegen die NS-Diktatur wurde ihrer Meinung nach nicht gewürdigt, auch
dies kommt in dem Schreiben zum Ausdruck: "We think that socialists and
communists in allied and neutral countries should stop discriminating the
German antifascists in view of their victims and their sacrifices in prison and
concentration camps."

Die Aussagen, die Herr F. im Interview über die Kriegsgefangenschaft
macht, werden durch die erwähnten Briefe bestätigt. Die Antifaschisten fieber-
ten förmlich danach, den Neuaufbau Deutschlands mitzugestalten, und mußten
enttäuscht feststellen, daß niemand an ihrer Mitarbeit interessiert war. Herr F.
unterließ kein Mittel, sich für die Repatriierung einzusetzen. Er versuchte
auch, seine eigene Heimkehr zu beschleunigen. In der Hoffnung auf Unterstützung wandte er sich an den Vorsitzenden des 'Komitees ehemaliger politischer
Gefangener' in Hamburg. In einem Brief[60] vom 20.6.1946 schreibt er:

> "Ich teilte bereits meiner Frau mit, dass ich am liebsten in der Schulverwaltung oder
> Sozialverwaltung arbeiten möchte. Jugendpflege wäre auch recht. Wir haben uns hier unter
> der Leitung der tüchtigsten Juristen während zweier Jahre darauf vorbereitet und jene

---

[57] Eine Kopie des Schreibens befindet sich im Archiv des Verfassers.
[58] Eine Kopie des Schreibens befindet sich im Archiv des Verfassers.
[59] PoW = Prisoner of war.
[60] Eine Kopie des Schreibens befindet sich im Archiv des Verfassers.

Kenntnisse erworben, die neben selbstverständlichen Voraussetzungen zur eigenverant-
wortlichen Tätigkeit nötig sind."

Das Schreiben macht deutlich, daß die 'desertuniversity' helfen sollte, die
beruflichen Qualifikationen der Antifaschisten zu verbessern, damit sie für ihre
Aufgaben beim Neuaufbau der deutschen Gesellschaft gerüstet waren. Auch in
diesem Brief spricht Herr F. über seine Enttäuschungen. Besonders schmerzt
ihn, daß die früheren Nationalsozialisten bereits im Lager wieder Auftrieb
bekamen: "Sie können sich vielleicht vorstellen, wie die Enttäuschungen an
den Nerven zerren. Die Nazis lachen uns heimlich bereits aus, äusserlich sind
sie freundlich, beinahe devot." Und an anderer Stelle:

"Zur Zeit bin ich bei einer Britischen Panzereinheit als Dolmetscher beschäftigt und es geht
mir physisch ausserordentlich gut. Aber mein politisches Verantwortungsbewußtsein, der
Wille zur Mitarbeit und - sagen wir es offen - das Heimweh lassen mich hier nicht froh
werden trotz wirklich anständiger Behandlung und einem grossen Mass individueller
Freiheit."

Herr F. gehörte zu dem ersten Transport von ungefähr tausend Kriegsgefangenen, der Ende Dezember 1946 auf die Heimreise geschickt wurde. Weihnachten feierten die Heimkehrer auf dem Schiff, das Port Said mit dem Ziel
Cuxhaven verlassen hatte. Zuvor hatten die Briten eine sogenannte
'segregation' durchgeführt. Dabei handelte es sich um eine Art von politischer
Durchleuchtung der Gefangenen, die in verschiedene Gruppen, in weiße, graue
und schwarze, eingeteilt wurden:

*'Schwarze' waren führende SS- und Gestapo-Leute. 'Graue' waren die große
Masse und 'Weiße', das waren überzeugte Antifaschisten, also Kommunisten,
christliche Demokraten und Sozialdemokraten, sowie sie überzeugend nachwei-
sen konnten, daß sie sich nie mit der Naziherrschaft identifiziert hatten. Das
war dann auch der erste Schwung, der als doch endgültiges Resultat unserer
Bemühungen zustandekam. Das waren die ersten, die nach Hause kamen
damals. Aber dann kamen auch sehr bald andere. 1948 war der Transport
abgeschlossen. Sie hatten ja zuerst immer von Schiffraummangel und Trans-
portschwierigkeiten gesprochen, und deswegen ginge das noch nicht. Aber '48,
da waren auch die 'Schwarzen' im Hause. Die hatten furchtbare Angst, denn es
liefen ja immer so Parolen um, daß die Gestapo-Leute und so weiter zu zwanzig
Jahren Zwangsarbeit verdonnert würden in der Wüste, und da sind auch viele
stiftengegangen.*

Heimkehr und Neubeginn

Als Herr F. 1947 nach Deutschland zurückkehren durfte, war er 33 Jahre alt.
Seine Frau und seine Kinder hatte er zweieinhalb Jahre nicht gesehen. Ich bitte
Herrn F., seine Rückkehr zu beschreiben. Ich frage ihn auch, mit welchen
Vorstellungen er nach Deutschland heimkehrte:

*Mit welchen Vorstellungen? Ja, mit der Vorstellung doch auch irgendwie
mithelfen zu können, denn Hamburg lag damals ja auch noch sehr schwer*

darnieder 1947. Sie haben sicher mal Bilder gesehen, wie das hier gewesen ist.
Ja, ich wollte doch irgendwie in die Pädagogik einsteigen, und das klappte
dann ja auch durch die, dadurch, daß die Engländer ja den Sonderkurs zur
Ausbildung von Lehrern eingerichtet hatten oder vielmehr die Hamburger
Behörde beauftragt hatten einzurichten, und da bin ich dann auch eingestiegen.
Der Kurs dauerte nur ein Jahr. Man war der Meinung, wenn das intensiv
betrieben wird, seminaristisch und nicht mit groß angelegten Vorlesungen und
Wahlfreiheit und so weiter, dann würde das schon klappen. Das ist auch so. Es
sind hier in Hamburg etwa sechshundert zu Lehrern ausgebildet worden, die
alle schon einen abgeschlossenen Beruf hinter sich hatten. Und von ganz weni-
gen Ausnahmen sind die alle, na ja, gute Lehrer geworden, wollen wir es mal
so sagen. Es gab eigentlich keine Versager, und daraus kann man auch den
Schluß ziehen, daß es für die Lehrerausbildung gut wäre, wenn die Studenten,
bevor sie wieder auf die Schüler oder in die Schulräume gelassen werden, einen
Einblick von mindestens einem, wenn nicht auch zwei, drei Jahren in das nicht
pädagogische Arbeitsleben gewinnen. Und es hat sich herausgestellt, daß die
Leute mit dieser Ausbildung nie - auch als es begann, daß die Schüler mehr
Schwierigkeiten machten als früher - nie verzweifelt sind und mit ihrer Situation
immer fertig geworden sind, während viele, die also von der eigenen Schulbank
auf die Uni und dann wieder in die Schule, einen gewissen engeren Horizont
haben konnten.

Auch in dieser Passage spricht Herr F. über seine Absicht, am Neuaufbau des
Landes mitzuarbeiten. Nachdem er von seinem Wunsch, Lehrer zu werden,
berichtet hat, tragen ihn seine Gedanken über Lehrerausbildung und Pädagogik
immer weiter von der ursprünglichen Frage fort. Er verliert kein Wort über das
Wiedersehen mit seiner Familie oder über ihre soziale und materielle Situation.
Sein Abschweifen mag hingegen als Beleg für seine pädagogische Leidenschaft
gewertet werden. Hierbei unterstützte ihn seine Ehefrau. Sie nahm Kontakt mit
dem "Komitee ehemaliger politischer Gefangener" in Hamburg auf sowie mit
dem hiesigen Schulsenator, bei dem es sich um Herrn F.s ehemaligen Schulleiter der Lichtwark-Schule handelte. Es gelang ihr, den Senator zu bewegen,
sich für ihren Mann einzusetzen. Daraufhin intervenierte dieser bei der britischen Militäradministration und stellte dort für Herrn F. einen Antrag auf
Entlassung aus der Kriegsgefangenschaft, weil er für den Aufbau benötigt
würde. Nach seiner Rückkehr nach Hamburg besuchte Herr F. den bereits im
Interview erwähnten Sonderkurs zur Ausbildung von Volksschullehrern, und
nach bestandener 1. Lehrerprüfung bekam er seine erste eigene Klasse an einer
Schule im Hamburger Stadtteil Blankenese-Dockhuden. Mit der folgenden
Passage setzt Herr F. seine Erzählung fort, die danach aber zu einem schnellen
und abrupten Ende kommt:

Ich bin ja nur fünf Jahre im staatlich-öffentlichen Schulwesen gewesen, weil
man mich dann wieder rausgeschmissen hat. Die Einzelheiten brauche ich jetzt
nicht zu sagen, die können Sie nachlesen hier. Da ist wirklich ganz ausführlich
diese Geschichte geschildert. Und ich habe dann nachher im privaten Schul-

wesen, in der Alsterdorfer Anstalt, als Sonderschullehrer noch gearbeitet, das steht da auch drin, bis zu meiner sogenannten Pensionierung.

Herr F. reicht mir einen fotokopierten Artikel. In der Überschrift steht sein Name geschrieben, darunter ist zu lesen: "Nie rehabilitiert".[61] Der Artikel widmet sich ausschließlich Herrn F. Er berichtet über sein politisches Engagement in der Zeit des Nationalsozialismus, seine KZ- und Gefängnishaft, doch vor allem informiert er über seine Entlassung aus dem Schuldienst. Herr F. spricht nicht über die Umstände, die zu seinem Berufsverbot geführt haben. Er unterläßt es, Einzelheiten zu berichten, die ich auch dem Artikel entnehmen kann. Mit wenigen Worten faßt er seine berufliche Biographie zusammen. Die 'sogenannte Pensionierung', wie Herr F. ein wenig spitz betont, bildet dabei den Abschluß der Aufzählung. Andere Aspekte seines Lebens hält er nicht für berichtenswert. Für Herrn F. ist seine Erzählung abgeschlossen. Das Interview ist damit aber nicht beendet. Es dauert noch ungefähr eine knappe halbe Stunde. Allerdings ist es nur noch ein Frage-Antwort-Spiel. Einzig meine Fragen lassen das Gespräch nicht verstummen. Nachdem ich einen flüchtigen Blick auf den Artikel geworfen habe, versuche ich Nachfragen zu stellen, die Herr F. lediglich mit ein, zwei Sätzen beantwortet. So frage ich ihn, wann er nach dem Krieg wieder politisch aktiv geworden sei. 1948 sei er wieder in die KPD eingetreten. Was mißfiel ihm an der SPD? "Na ja", sagt Herr F., "daß sie so weitermachten, wie sie aufgehört hatten, ohne neue Erkenntnisse gezogen zu haben durch die zwölf Jahre Naziherrschaft." Schließlich möchte ich wissen, was die eigentlichen Gründe waren, die zu seiner Entlassung geführt haben, seine Mitgliedschaft in der KPD und seine politische Arbeit? "Im letzten Grunde ja", erklärt mir Herr F., "vorgeschoben wurde etwas ganz anderes: Vorgeschoben wurde, daß ich von der Schulbehörde angeblich nicht genehmigte Schulbücher aus dem 'Volk und Wissen Verlag', also aus der Ostzone, mit einbezogen hatte in den Unterricht." Dabei handelte es sich um ein Biologiebuch für das vierte und ein Geschichtsbuch für das fünfte Schuljahr. Das Geschichtsbuch benutzte Herr F., um mit seinen Schülern über die Stein- und Bronzezeit zu arbeiten. Schulbücher und Unterrichtsmaterialien waren in den ersten Jahren nach dem Krieg, so weiß Herr F. zu berichten, knapp. Deshalb nuzte er den Kontakt zu Freunden beim 'Volk und Wissen Verlag': "Die haben mir einige freie Exemplare dieser Bücher beschafft, und das war ein Staatsverbrechen", ergänzt Herr F. bitter. Ich frage ihn, was es für ihn bedeutet habe, vom diktatorischen Deutschland wegen seiner politischen Einstellung zu KZ- und Gefängnishaft verurteilt worden zu sein und im demokratischen Deutschland wegen ähnlicher Vorwürfe wiederum ins Abseits gestellt zu werden. Herr F. spricht vom Kalten Krieg und versucht, so seine Entlassung zu erklären. Er glaubt, daß sich so etwas heute in Hamburg nicht wiederholen könne. Ich setze noch einmal an und frage, ob dies ihn verbittert habe:

61 de Lorent, Hans-Peter: W[...] F[...]. Nie rehabilitiert. In: Hochmuth/de Lorent (Hg.) 1985, S. 203-208.

Ich war natürlich sehr verbittert und sehr, sehr betroffen, weil ich - das sind nicht meine Worte, sondern da gibt es eben in der Personalakte auch Belege dafür - ein wirklich guter Lehrer und auch mit einem Engagement dabei war. Es war für mich zuerst vollkommen unverständlich, wie nach einem unqualifizierten Kesseltreiben solche Dinge möglich waren. Aber es war damals die Zeit. Es war damals ein derartiger Haß gegen alles Linke.

Nach Herrn F.s Tod gewährte mir Frau B.F.[62] Einblick in eine Reihe von Fotokopien, die ihr Mann aus seiner Personalakte anfertigen ließ. Unter diesen Schriftstücken befinden sich auch die Protokolle und Berichte der Eltern- und Kollegenbefragung über den Fall W.F. Da berichten Eltern, daß die Eheleute F. unter den Weihnachtsschmuck auch "die Friedenstaube der Ostzone" angebracht hätten, und jemand kann ergänzen, "um die Zeit, als der Weltjugendtag in Berlin-Ost stattfand, hing in der Klasse des Herrn F. ein Plakat, welches einen Weißen, einen Neger und einen Chinesen und Blumen zeigte mit der Unterschrift, die etwa lautete: 'Kinder und Blumen brauchen den Frieden wie die Sonne'. Das hat meine Tochter uns zu Hause erzählt."

Als deutlich wurde, daß Herr F. aus dem Schuldienst entlassen werden sollte, verfaßten die Eltern seiner Schüler eine Erklärung, in der das pädagogische Geschick Herrn F.s gelobt wird, und sie bekunden, daß sie nicht den Eindruck hätten, daß Herr F. die Kinder einseitig politisch beeinflusse. Doch Herrn F.s Entlassung aus dem Schuldienst war nicht mehr aufzuhalten. Sie erfolgte im Januar 1953 unter Berufung auf das Beamtengesetz aus dem Jahre 1937.[63]

Im Interview spricht Herr F. nicht - wie bereits erwähnt - über die Einzelheiten und näheren Umständen seiner Entlassung. Doch versucht er, diesen Vorgang in einen politischen Zusammenhang zu stellen und auf diese Weise zu rationalisieren. Er spricht vom Kalten Krieg und vom Bürgerschaftswahlkampf 1953, in dem die CDU dem Schulsenator vorwarf, daß in den Hamburger Schulen kommunistische Zellen gebildet würden. "Das war natürlich alles Unsinn, aber sie haben es mit der Angst gekriegt und geglaubt, na ja, dann müssen wir da eben ein paar Leute opfern." Unvermittelt bittet Herr F., das Interview zu unterbrechen. Daraufhin verläßt er den Raum. Nach einer Weile kommt er mit zwei Schriftstücken in der Hand zurück, die er anschließend verliest. Bei dem einen, erklärt er mir, handele es sich um einen Leserbrief, der vor einigen Jahren in der Hamburger Lehrerzeitung abgedruckt worden sei. Er beziehe sich auf einen Artikel, der in derselben Zeitung erschienen sei und über Herrn F.s zweimalige Verfolgung berichte. Der Briefsteller, so Herr F., sei ein Kollege, der an derselben Schule arbeite, an der er selbst Elternratsvorsitzender ist. In dem Leserbrief drückt dieser seine Solidarität mit Herrn F. aus und erklärt, daß er sich gemeinsam mit der GEW-Betriebsgruppe seiner Schule für Herrn F.s Rehabilitierung einsetzen werde. Bei dem zweiten Schriftstück handelt es sich um einen Elternratsbeschluß derselben Schule, dessen Inhalt

---

[62] Frau B.F. ist Herrn F.s zweite Ehefrau.
[63] Kopien sämtlicher Schriftstücke befinden sich im Archiv des Verfassers.

ähnlich ist. Auch der Elternrat bekräftigt, daß er sich für Herrn F.s Rehabilitierung engagieren werde. "Das ist beschlosssen worden in einer Sitzung, auf der ich nicht teilnehmen konnte, weil ich verreist war", erklärt Herr F. "Ich hätte mich sonst wahrscheinlich, weil es mich betraf, der Stimme enthalten." Zwei Jahre später kam es zu einem Zusammentreffen mit dem Hamburger Schulsenator. Auch dieser versprach, sich für Herrn F. einzusetzen. Im Mai 1985, so geht aus einem weiteren Schreiben[64] hervor, das mir Herr F. vorlegt, rehabilitiert der Hamburger Schulsenator Herrn F. "Mehr als der Brief hat sich nicht ereignet", fügt Herr F. leise hinzu. Eine finanzielle Entschädigung war damit nicht verbunden. Ich frage ihn, ob das für ihn persönlich abgeschlossen sei. "Was soll ich machen?" antwortet Herr F. "Es ist mir große Sympathie, nachdem alles so an die Öffentlichkeit gekommen war, entgegengebracht worden, aber das war es dann auch, nech. Auch einige sehr nette Briefe bekommen." Und er fügt hinzu:

Da habe ich, möchte ich fast sagen, weil das im Grunde so ungerecht war, mehr drunter gelitten als unter meiner KZ-Haft. [...] Und wenn auch die gesetzlichen Voraussetzungen in der Nazizeit von mir nicht gebilligt werden, aber da stand noch irgendein Sinn in deren Auffassung dahinter. Aber hier ja überhaupt nicht. Und gehandelt wurde ja aus dem gleichen antikommunistischen Geist.

> *Dann hat also diese Schulentlassung von damals ihre Schatten immer noch mit sich getragen, auch in die Zukunft hinein?*

Ja, lange. Viele Jahre. Ich habe mich nur nicht unterkriegen lasen. Wir hatten ja mit einem kleinen Kreis 1952 eine kleine pädagogische Zeitschrift gemacht, die habe ich auch zwölf Jahre geführt. [...]

Mit Begeisterung erzählt mir Herr F. von der Zeitschrift, deren Chefredakteur er gewesen war.

Ich habe meistens die Leitartikel geschrieben. Die anderen Mitarbeiter waren alles Kollegen, die im Dienst und nicht rausgeschmissen waren. Und so habe ich also den schulpolitischen Kontakt die Jahre hindurch behalten, aber das brachte mir ja nichts ein. Ich mußte ja auch irgendwie Geld verdienen und habe dann wieder graphisch gearbeitet, bis dann die, ja, es war so, wir haben die Zeitung 1965 im Sommer eingestellt, im Oktober, und ich bin dann im gleichen Jahr hier in der Sonderschule in Alsterdorf angefangen.

Zum Schluß unseres Gesprächs frage ich Herrn F., was das Interview für ihn bedeute und ob er sich vielleicht davon etwas erhoffe:

Erhoffen tue ich mir davon überhaupt nichts, aber ich habe nichts zu verbergen und bin der Meinung, daß es vielleicht Generationen nach uns noch helfen könnte, solche Dinge zu verstehen oder jedenfalls davon zu erfahren erstmal,

---

[64] Das Schreiben ist abgedruckt in: "Informationen". Behörde für Schule und Berufsbildung, Amt für Schule. Nr. 5 vom 20.5.1985, S. 3.

denn es wird ja heute häufig so dargestellt, als ob wir in der besten aller Welten leben, und ein kleines Fragezeichen möchte ich dazu dann auch setzen.

Resümee

Das Interview mit Herrn F. gliedert sich in fünf verschiedene Abschnitte. Der erste reicht von der Kindheit bis zu seiner Verhaftung. In chronologischer Reihenfolge erzählt Herr F. Ereignisse seiner Kindheit und Jugend, er berichtet über seine Schule, aber auch über seine Arbeit in politischen Jugendverbänden und schließlich über seine Aktivitäten im Widerstand. Im Mittelpunkt der Erzählung steht allerdings ein ganz anderes Thema: die Entwicklung seines politischen Bewußtseins. Es ist das zentrale Thema, dem sich beispielsweise die Beschreibungen des Elternhauses oder der Schule unterordnen. Sie sind lediglich Bausteine, die eine umfassende Einschätzung seiner politischen Entwicklung ermöglichen sollen, über die Herr F. nicht ohne Stolz berichtet. Er zeichnet von sich das Bild eines politisch bewußten Menschen, der durch sein sozialdemokratisch geprägtes Elternhaus, seine fortschrittliche Schule und die Mitgliedschaft in politischen Verbänden zu einer kritischen Persönlichkeit herangewachsen ist. So erscheint sein Einsatz im Widerstand gegen das NS-Regime, den er weder erklärt noch begründet, zwangsläufig. Zum Zeitpunkt seiner Verhaftung war Herr F. 21 Jahre alt. Doch im Interview entsteht nicht der Eindruck einer Tat, die im jugendlichen Leichtsinn erfolgt ist. Im Gegenteil: In der Erzählung präsentiert sich Herr F. reif und erwachsen. Jeder seiner Schritte erscheint bewußt gewählt und über jeden eigenen inneren Zweifel erhaben zu sein. Abgesehen von der Entwicklung seines politischen Bewußtseins werden persönliche Ereignisse oder Entwicklungen von Herrn F. nur sehr knapp geschildert. Mit einer Ausnahme: Die ausführliche Beschreibung der von ihm besuchten Schulen - beide Modellschulen - in der Form einer Abschweifung läßt seine pädagogische Leidenschaft erkennen.

Im zweiten Abschnitt des Interviews berichtet Herr F. über seine Verurteilung und über die KZ- und Gefängnishaft. Er thematisiert die Schwierigkeit, sich in der Situation als Gefangener in Einzelhaft zurechtzufinden, schildert Schikanen und Mißhandlungen. Nun verzichtet er zugunsten der Vertiefung thematischer Schwerpunkte weitestgehend auf eine chronologische Schilderung. Immer wieder kreist die Erzählung um das Thema Essen, oftmals verwoben mit den Themen Kameradschaft unter den Häftlingen und Solidarität der Bevölkerung. In der Tendenz versucht Herr F., seine Landsleute von dem Vorwurf zu entlasten, blinde Parteigänger des Nationalsozialismus und damit in irgendeiner Weise mitschuldig an seiner Verfolgung zu sein. So gelingt es ihm, nicht als Außenseiter, nicht als einsamer Kämpfer gegen einen übermächtigen Gegner zu erscheinen. Als solcher wäre er auch nur schwer in die Gemeinschaft zu reintegrieren gewesen.

Der dritte Abschnitt behandelt die Zeit zwischen seiner Haftentlassung und der Einberufung in die Wehrmacht und schließlich die Desertion. Zunächst setzen sich Geschichten mit der oben beschriebenen Tendenz fort. Die Episoden werden jedoch im Laufe der Erzählung über den Kriegseinsatz immer skizzenhafter - nur noch selten werden Ereignisse szenisch aufbereitet. Die Beschreibung von Kampfhandlungen oder dem Alltag an der Front sind rar, und erinnerte Einstellungen zum Krieg werden lediglich in generalisierender Weise für eine pauschale Begründung der Desertion genannt.

Auch im vierten Abschnitt, demjenigen über die Zeit der Kriegsgefangenschaft, werden nur wenige Details über den Alltag im Lager, wie Tagesablauf oder die Ernährungssituation, geschildert. Hier lassen sich zwei andere thematische Schwerpunkte ausmachen: Zum einen die Situation der Antifaschisten im Lager. Dazu gehört die Schilderung des Zusammenhalts der Antifaschisten in der Gefangenschaft und ihrer Bemühungen um die eigene Repatriierung. Zum anderen die Schilderung des Arbeitseinsatzes. Während Herr F. seine Arbeit beschreibt, wird deutlich, daß er neben seiner pädagogischen Leidenschaft noch eine weitere besitzt - eine künstlerische. Über diese wurde allerdings bislang im Interview noch nicht gesprochen. Anders in Herrn F.s Aufzeichnungen. Hier wird der künstlerischen Entwicklung ein eigenes Kapitel gewidmet. Die Erzählung über die Kriegsgefangenschaft entwickelt sich unversehens zu einer politischen Schilderung, hinter der die Beschreibung persönlicher Haltungen und Einstellungen zurücktreten muß. Die Einsicht der Antifaschisten, daß ihre Mitarbeit am Neuaufbau, auf die sie ihre ganze Hoffnung richteten, in Deutschland nicht auf einhellige Zustimmung und Begeisterung traf, löst Enttäuschung und Verbitterung aus. Welcher Konflikt damit für Herrn F. eröffnet war, bleibt allerdings unausgesprochen.

Im fünften Abschnitt berichtet Herr F. zunächst über seine Rückkehr aus der Kriegsgefangenschaft, seine Ausbildung zum Lehrer, um sodann seine Entlassung aus dem Schuldienst zu erwähnen. Plötzlich ist er nicht mehr in der Lage, die Ereignisse erzählerisch zu bewältigen und läßt statt dessen Dokumente sprechen, die ihn der Mühe entheben, die Vorgänge selbst zu schildern. Obwohl die Ereignisse bereits 35 Jahre zurückliegen, fällt es Herrn F. schwer, hierüber zu sprechen, scheinen sich zumindest keine Geschichten als erzählbar herausgestellt zu haben. Seine Entlassung bedeutete für ihn einen Bruch in der Biographie, der bis heute nicht überwunden ist. Sie entzog Herrn F. und seiner Familie nicht nur die wirtschaftliche Existenz - und stellte deshalb mehr als nur einen Karriereknick dar -, sondern zerstörte ihm das Betätigungsfeld für die Umsetzung seiner pädagogischen Vorstellungen und Ideale. Mittlerweile war er 39 Jahre alt und gezwungen, noch einmal eine neue Existenz aufzubauen. Dies wird allerdings nicht mehr berichtet. Das Ereignis der Entlassung nahm allen weiteren, späteren ihre Bedeutung, und so fehlte die Notwendigkeit, über sie zu berichten. Als Herr F. mir die genannten Dokumente vorlegt, tritt er als aktiver Erzähler seines eigenen Lebens zurück. Während er in der Erzählung über die KZ- und Gefängnishaft schildert, wie er gegen ungerecht und willkürlich erscheinende Maßnahmen aufbegehrt hat, unterläßt er es nun zu schildern, wie er sich gegen seine Entlassung aus dem Schuldienst gewehrt hat. Ein Blick in die mir nach seinem Tode gewährten Unterlagen zeigt, daß er die Entschei-

dung der Schulbehörde durchaus nicht widerspruchslos hingenommen hat.[65]
Statt dessen versucht Herr F., die damaligen Ereignisse zu rationalisieren, er
berichtet vom Kalten Krieg und vom Wahlkampf in Hamburg, schildert, wie er
ins Getriebe der 'großen Politik' geraten ist.

Herr F. stellt sich im Interview als Antifaschist dar, der stets für seine politische Überzeugung eingestanden ist, auch in Zeiten, wo dies gesellschaftlich
nicht opportun, ja gefährlich war. Er erzählt keine Erfolgsstory - könnte sie
nicht erzählen. Er erzählt aber auch keine Mißerfolgsgeschichte, macht sich
nicht zum Märtyrer. Das nach seinem Abitur ausgesprochene Studienverbot
erwähnt Herr F. nur in einem Nebensatz. Inwiefern dieses Verbot einen inneren Konflikt bedeutete - war es doch sein erklärtes Ziel, Kunsterzieher zu
werden -, wird im Interview nicht angesprochen. Eher zurückhaltend berichtet
er über seine Aktivitäten im Widerstand, schmückt seine Schilderung nicht mit
Details aus, die großen Wagemut oder Geschick beweisen. Nüchtern und
unspektakulär wirkt seine Beschreibung, sein Handeln stets zielgerichtet. Herr
F. erliegt nicht der Versuchung, sich als Held zu präsentieren. Seine Mitarbeit
bei Aufbau und Organisation der 'desertuniversity' im Kriegsgefangenenlager
erwähnt er eher beiläufig, desgleichen seine Freundschaft mit Wolfgang
Abendroth. Auch daß seine Ehefrau im Krieg ein Mitglied der Widerstandsgruppe "Bästlein-Jacob-Abshagen" versteckt hielt[66], erfahre ich im Interview
nicht. Herrn F.s Erzählung kennzeichnet Bescheidenheit.

---

[65] Herr F. klagte auf Wiedereinsetzung in das Beamtenverhältnis. Doch sowohl das
Hamburger Landesverwaltungsgericht als auch das Oberverwaltungsgericht als Berufungs-
instanz wiesen die Klage ab. Der 2. Senat des Bundesverwaltungsgerichts in Berlin ließ
eine Revision des Verfahrens nicht zu. Diese Informationen entnehme ich Herrn F.s
Aufzeichnungen, seinem Bericht *Berufsverbote und Kalter Krieg*.

[66] Hierzu schreibt de Lorent: "Während des Krieges verbarg Familie F. verschiedene 'illegal'
lebende Genossen in einem ihnen zur Verfügung stehenden Wochenendhaus in Hausbruch,
das ihnen nach der Ausbombung 1943 als 'Behelfsheim' diente. Es handelte sich dabei um
Widerstandskämpfer der Bästlein-Jacob-Abshagen-Gruppe, die nach den Bombenangriffen
auf Hamburg vom Untersuchungsgefängnis für 2 Monate Hafturlaub erhalten hatten und
inzwischen von der Gestapo gesucht wurden", siehe de Lorent 1985, S. 207f. Frau G.F.,
Herrn F.s erste Ehefrau, erklärte mir in einem Gespräch am 11.3.1993: "Unter anderem
hat die zur Bästlein-Jacob-Abshagen Gruppe gehörende Änne Bohne (später Bohne-Lucko)
zeitweilig bei mir in Neugraben gewohnt, bis es zu unsicher wurde, weil ich wußte, daß
W. sich von der Truppe absetzen wollte. Deswegen mußten wir mit Durchsuchungen rechnen." Die Gruppe um Bernhard Bästlein, Franz Jacob und Robert Abshagen gehörte zum
kommunistischen Widerstand. Alle drei waren bereits in den dreißiger Jahren u.a. im KZ
Sachsenhausen interniert, siehe Mammach, Klaus: Widerstand 1933-1939. Geschichte der
deutschen antifaschistischen Widerstandsbewegung im Inland und in der Emigration. Berlin
1984, S. 121. Auch im Krieg arbeitete die Gruppe weiter, siehe Roon, Ger van: Widerstand im Dritten Reich. Ein Überblick. München 1979, S. 60f. Im November 1942 wurde
die Gruppe in Hamburg zerschlagen, siehe Müller, Klaus-Jürgen (Hg.): Der deutsche
Widerstand 1933- 1945. Paderborn/München/Wien/Zürich 1986, S. 212.

Zusammenfassung und Ausblick

In der vorangegangenen Untersuchung wurden sechs Lebensgeschichten von in der Zeit des Nationalsozialismus verfolgten Menschen dokumentiert und analysiert. Dabei wurden vier sehr unterschiedlichen jüdischen Biographien (Frau B., Herr W., Frau S. und Herr T.) zwei - sagen wir - politische gegenübergestellt: zum einen eine Lebensgeschichte aus dem kommunistischen Widerstand (Herr F.) und kontrastierend hierzu die Lebensgeschichte eines Anhängers der "Swing-Jugend" (Herr D.). Die beiden zuletzt genannten Gruppen unterscheiden sich in ihrer aktuellen gesellschaftlichen Anerkennung. Während der kommunistische Widerstand heute nur selten positive Würdigung erfährt, erfreut sich die Geschichte der "Swing-Jugend" großer Popularität.

Die Ergebnisse der Untersuchung können keine Repräsentativität beanspruchen - dazu ist das Sample zu klein. Auch sind die Gewährsleute zu unterschiedlich in Bezug auf ihr Alter, ihre soziale Position und ihre nationale Zugehörigkeit; Art und Dauer der erlittenen Verfolgung sind verschieden. Was ihnen zugefügt wurde, ist kaum vergleichbar. Ihre Lebenswege nach der Befreiung sind so unterschiedlich wie jene vor der Verfolgung.

Die Porträts meiner Interviewpartner und -partnerinnen stellen sechs individuelle Bewältigungsformen des durch die Verfolgung verursachten Biographiebruchs dar. Besonders unterscheiden sich meine Gewährspersonen darin, wie sie mit ihren Erfahrungen umgehen. Während einige bewußt die Öffentlichkeit suchen, leben andere eher zurückgezogen. So braucht und benutzt Herr D. die öffentliche Aufmerksamkeit gleichermaßen. Ohne die Popularität, die die Swing-Musik heute wieder besitzt, wäre er mit seiner Lebensgeschichte als verfolgter "Swing-boy" ein einsamer alter Mann. Der Glanz des Swing fällt zu einem Teil auf ihn zurück. In einer gänzlich anderen Situation befindet sich Frau S. Wer in Paris - die Stadt der Emigranten schlechthin - lebt, findet nur schwer ein Forum, sein individuelles Schicksal in der Öffentlichkeit zu thematisieren. Ein Emigrant, von wem auch immer verfolgt, ist in erster Linie ein Ausländer. Doch selbst wenn die eigene Gesellschaft die jüdische Bevölkerung nicht ausgrenzt, kann das Weiterleben nach der Befreiung mit ausgesprochenen Identitätsproblemen verbunden sein. So bei Herrn W., der als niederländischer Jude von seinen Landsleuten mehrere Jahre vor dem Zugriff der deutschen Besatzer und damit vor dem sicheren Tod geschützt wurde. Wie sehr die nationalsozialistische Verfolgung zu einer langanhaltenden und auch nach der Befreiung noch wirksamen Ausgrenzung führen konnte, zeigt die Lebensgeschichte von Frau B. Die nach dem Krieg in die USA emigrierte Jüdin kehrte in den sechziger Jahren nach Deutschland zurück, um ihren Anspruch auf Entschädigung durchzusetzen. Frau B. nutzt die Öffentlichkeit, um Aufklärung zu betreiben über die NS-Verbrechen, aber auch über die

Ungerechtigkeiten in der Behandlung der NS-Opfer in der Bundesrepublik. Anders als beispielsweise Herr D., der die Öffentlichkeit bewußt sucht und auch von ihr gesucht wird, lebt Herr F. sehr zurückgezogen. Seine gewissermaßen zweifache Verfolgung als Kommunist und Antifaschist - einmal im faschistischen und einmal im demokratischen Deutschland - macht ihn zum Außenseiter der Gesellschaft. Seine Lebensgeschichte findet nur die Aufmerksamkeit einer kleinen Öffentlichkeit innerhalb einer politischen Szene. Für Herrn T., den polnischen Juden, der sechs Jahre seiner Kindheit und Jugend in deutschen Konzentrationslagern verbracht hatte, bedeuten seine gelegentlichen Vorträge vor Schulklassen die Möglichkeit, seine Erfahrungen auszusprechen und sich auf diese Weise von ihrer erdrückenden Last ein wenig zu befreien. Gleichwohl, bei aller Unterschiedlichkeit - dies zeigt der Vergleich mit den Häftlingsberichten und den Untersuchungen aus dem Bereich der medizinisch-psychiatrischen Forschungen - sind die Erfahrungen meiner Interviewpartner und -partnerinnen, ihre Schmerzen, ihre Probleme typisch. Typisch für jene, die Opfer nationalsozialistischer Verfolgung wurden.

Der Umstand, überlebt zu haben, ist angesichts der vielen Ermordeten nicht leicht zu begreifen. Wer überlebt hat, versucht, dieses Überleben mit einem Sinn zu füllen. Viele spüren eine Verpflichtung. Jede(r) der von mir Interviewten thematisiert in irgendeiner Weise eine pädagogische Absicht, die mit dem eigenen Überleben der Verfolgung in Zusammenhang gebracht wird. Diese richtet sich im Sinne von 'Nie wieder!' gleichsam an die gesamte Menschheit, und spricht - bei jüdischen Überlebenden - die Nachkommen der Überlebenden an. Sie sollen die Erfahrungen der Verfolgung an die nächsten Generationen weitergeben, die Erfahrungen sollen somit zum Bestandteil der kollektiven Identität werden.

Der in Häftlingsberichten deutlich werdende und medizinisch-psychiatrisch nachgewiesene Bruch in der Biographie von Überlebenden schlägt sich inhaltlich wie erzählerisch auch im lebensgeschichtlichen Erzählen meiner Gewährspersonen nieder. Er stellt für sie eine Herausforderung an die Identitätsarbeit dar, die es individuell zu meistern gilt. Während Herr D. durch massive Umdeutungsversuche zu einer Lebensperspektive findet, konzentriert sich Herr W. auf seine pädagogische Arbeit und auf sein gesellschaftspolitisches Engagement. Auch für Frau B. besitzt die gesellschaftspolitische Arbeit eine zentrale Bedeutung. Herr T. hingegen verzweifelt an seinem Leben; er hat Auschwitz überlebt - das Schwerste, was ein Mensch ertragen kann -, doch danach gelang es ihm nicht, so zu leben, daß sich Glück und Zufriedenheit einstellten. Er fühlt sich ausgegrenzt und stigmatisiert durch seine jüdische Herkunft und durch seine Lebensgeschichte als Opfer nationalsozialistischer Gewaltherrschaft. Bei aller Unterschiedlichkeit der Biographien und Bewältigungsstrategien ist allen Interviewten eines gemeinsam: die Macht ihrer Erinnerungen. Sie leiden unter traumatischen Erfahrungen, die hypermnestisch im Gedächtnis verankert sind und ihr Leben nach der Befreiung geprägt haben.

Jedem meiner Gesprächspartner ist es gelungen, die eigene Lebensgeschichte zu erzählen. Dabei haben sie, jeder für sich, ihre eigenen inhaltlichen

Schwerpunkte gesetzt, die mit dem Grund der Verfolgung, dem erfahrenen Bruch und ihrem Leben nach der Befreiung zu tun haben und sich sowohl an der lebensgeschichtlichen Großerzählung wie auch am Detail einer Episode herausarbeiten lassen. Die nationalsozialistische Verfolgung beraubte Frau B. wie auch Frau S. und Herrn T. der sozialen und der ökonomischen Sicherheit, was alle drei im Interview an verschiedenen Stellen ansprechen. Sie leiden unter dem Verlust ihrer Familien, die nicht überlebt haben. Auf die stets gleiche Eingangsfrage nach Erinnerungen an Kindheit und Elternhaus antworten Frau B. wie Frau S. mit einer Schilderung dieser Zeit, in der die Geborgenheit im Elternhaus hervorgehoben wird und die sozialen und kulturellen Kontakte zu Freunden und Verwandten, aber auch zu Nichtjuden betont werden. Anders beschreibt Herr F. seine Kinderzeit. Ihm ist es wichtig, Ereignisse und Verhältnisse zu beschreiben, die seiner Meinung nach für die Entwicklung seines späteren politischen Bewußtseins ausschlaggebend waren. Herr D. erzählt nur wenig über seine Kindheit im Elternhaus. Hingegen berichtet er ausführlich darüber, wie seine Leidenschaft für Swing-Musik entstand. Sein Leben, so scheint es, beginnt erst mit dieser Musik. Die Schwerpunkte meiner Gesprächspartner und -partnerinnen schlagen sich nicht nur inhaltlich nieder, sondern auch in der Struktur ihres Erzählens. Erinnert sei in diesem Zusammenhang an Herrn D., der im gesamten Interview - nicht nur in der Erzählung über seine Jugend - Episoden einfließen läßt, in denen die Swing-Musik das konstituierende Element darstellt, während andere Bereiche wie beispielsweise der Arbeitsalltag im Konzentrationslager ausgeklammert bleiben. Episoden dieser Art kommt eine Scharnier-Funktion zu, sie halten die Erzählung zusammen. Erst ihre Deutung, zum einen vor dem historischen Hintergrund und zum anderen im Kontext der gesamten Lebensgeschichte, ermöglicht ein Verstehen biographischer Texte.

Lebensgeschichtliche Texte, dies gilt es festzuhalten, sind zuallerst Selbstaussagen und Selbstdeutungen ihrer Erzähler. In diesem Fall spiegeln sie den durch Verfolgung und KZ-Haft verursachten Bruch in der Biographie der Überlebenden wider. Hier werden allerdings die Grenzen biographischer Verfahren sichtbar. Die Fokussierung auf das Individuelle kann dazu verleiten, die gesellschaftliche Dimension zu vernachlässigen. Der Umgang mit der Verfolgung ist zwar ein individuelles Problem, jedoch keineswegs ausschließlich vom einzelnen abhängig. Entscheidend ist die gesellschaftspolitische Situation. In welches Umfeld kamen die Überlebenden nach der Befreiung, wie sah die Gesellschaft aus, die ihnen Zuflucht gewährte? Nicht unerheblich ist im besonderen die Frage, wie die Gesellschaft heute zu der damaligen Verfolgtengruppe steht: Diskreditiert sie den Verfolgungsgrund von damals auch heute noch? Sind die Einstellung und das Verhalten, die zur Verfolgung führten, für sie nach wie vor zu mißbilligen? Die Probleme der Überlebenden, dies ist offensichtlich, unterliegen dem Einfluß gesellschaftlicher Bedingungen. Je nach dem, wie die Gesellschaft den jeweiligen Grund der Verfolgung heute beurteilt, geht sie mit den Überlebenden einer Verfolgtengruppe um. Nicht jede Gesellschaft reagiert dabei gleich. Zu klären, wie die Bedingungen der verschiedenen

Gesellschaften, in denen ehemals Verfolgte weiterlebten, deren Umgang mit ihren Erfahrungen bestimmten, sollte Gegenstand weiterer Untersuchungen sein.[1]

---

[1] In diesem Zusammenhang sei auf eine Arbeit Leo Eitingers verwiesen: Eitinger, Leo: Concentration Camp survivors in Norway and Israel. The Hague 1964. Auch Michael Pollaks Arbeit "Die Grenzen des Sagbaren" (1988) weist ansatzweise in diese Richtung.

Quellen

Interviews

Interview mit Frau B., Köln, 2.3.1988.

Interview mit Herrn W., Enschede (Niederlande), 1.6. und 2.6.1988.

Interview mit Frau S., Paris (Frankreich), 2.4., 3.4., 4.4. und 6.4.1992.

Interview mit Herrn T., Winsen, 22.7. und 30.7.1988.

Interview mit Herrn D., Hamburg, 12.7.1988.

Interview mit Herrn F., Hamburg, 14.9.1988.

Interview mit Herrn H.-H.K., Sellingen (Niederlande), 4.3.1988.

Interview mit Herrn W.K., Emlichheim, 15.8. und 16.8.1988.

Interview mit Frau A., Göttingen, 11.8, 26.8. und 16.9.1988.

Persönliche und lebensgeschichtliche Dokumente[1]

Frau S.: Guerir et survivre. Une Bactériologue Hongroise dans les camps nazis, - 1944. Mars 1992.

Herr T.: [Häftlingspersonalbogen] NR.: 141642, Konzentrationslager Auschwitz, 26.8.1943.

Herr F.: 'Bilder aus meinem Leben'[2]:

Ohne Überschrift [Bericht über die Einberufung zur Wehrmacht und die spätere Desertion, 12 Seiten]

Ohne Überschrift [Beschreibung von Aufenthalten bei den Großeltern, 3 Seiten]

Ohne Überschrift [Kindheitserinnerungen, 3 Seiten]

Ohne Überschrift [Bericht über seine künstlerischen Aktivitäten als Kind und Schüler, in der Haft und in der Kriegsgefangenschaft, 4 Seiten]

- W.F. [autobiographischer Abriß, 7 Seiten]

- Berufsverbote und Kalter Krieg. Ein denkwürdiges Jubiläum [ca. 1977, 24 Seiten]

- Ohne Titel [Vortrag in der KZ-Gedenkstätte Neuengamme im Jahre 1983. Transkribierte Fassung des Vortrags, 12 Seiten]

- Schreiben von Herrn F. an den Vorsitzenden der "Vereinigung Deutscher Sozialdemokraten in Grossbritannien" vom 20.6.1946.

---

[1] Unveröffentlicht und als Kopie im Archiv des Verfassers.
[2] Ursprünglich handschriftliche Aufzeichnungen, die von Herrn B. auf Tonband gesprochen und anschließend von Frau B.F. transkribiert wurden.

- Schreiben von Herrn F. an Mr. Hynd vom 28.7.1946.

- Schreiben von Herrn F. an Mrs. Jennie Lee, M.P., vom 10.6.46.

- Schreiben von Herrn F. an Albert B. vom 30.4.1945.

- Programm: "Abschiedsfeier der heimkehrenden Antifaschisten. Farewell-Meeting of the returning Antifascists. 19/12/1948 15.00 hrs."

- Schreiben "An das Parlament Seiner Britischen Majestät" verfaßt "im Auftrage der aus Middle East heimkehrenden deutschen Antifaschisten" vom 17.12.1945.

- Schreiben "To THE PARLI[A]MENTARY LABOUR - PARTY, HOUSE OF COMMONS" verfaßt vom "Committee of antifascist former prisoners in Middle East." vom 18.12.1945.

- Schreiben von Herrn F. "An den Vorsitzenden des Komitees ehemaliger politischer Gefangener" in Hamburg vom 20.6.1946.

- Protokoll eines Gesprächs in der Schule Hellgrundweg 45 vom 6.12.1952.

- Erklärung der Eltern der Klasse M 1 der Schule am Altonaer Volkspark vom 19.1.1953.

- Schreiben vom "SENAT DER FREIEN UND HANSESTADT HAMBURG" an Herrn F. [Entlassung aus dem Beamtenverhältnis] vom 24.1.1953.

Bundesarchiv-Militärarchiv Freiburg, heute Potsdam (BA-MA)

BA-MA/RH 24-11/3: Ersatz des Kriegstagebuchs XI. Armeekorps.

BA-MA/RH 24-11/4b: Anlage A dazu.

BA-MA/RL 10/345: Kriegstagebuch für Stukageschwader 77.

Einsatzgruppen in Polen, Einsatzgruppen der Sicherheitspolizei, Selbstschutz und andere Formationen in der Zeit vom 1. September 1939 bis Frühjahr 1940 (Zentralstelle der Landesjustizverwaltungen). [H. 1]. Ludwigsburg 1962 (maschinenschriftlich).

Rijksinstituut voor Oorlogsdocumentatie Amsterdam

Bekend bij redeneertrant No. 58, Nord Holland, BA I-4

Het grote Gebod. Gedenkboek van het verzet in LO en LKP. Bd. 1. Bilthoven 1951

Literatur

Adam Kuckhoff zum Gedenken. Novellen, Gedichte, Briefe. Herausgegeben und eingeleitet von Greta Kuckhoff. Berlin 1946.

Adler, H.G./Langbein, Hermann/Lingens-Reiner, Ella (Hg.): Auschwitz. Zeugnisse und Berichte. Frankfurt a.M. 1962.

Alheit, Peter/Dausien, Bettina: Arbeiterbiographien. Zur thematischen Relevanz der Arbeit in proletarischen Lebensgeschichten. Eine exemplarische Untersuchung im Rahmen der "biographischen Methode". 2. Auflage. Bremen 1985 (= Forschungsreihe der Forschungsschwerpunkte "Arbeit und Bildung", 2).

Allport, G[ordon] W./Brunner, J.S./Jandorf E.M.: Personality under Social Catastrophe. Ninety Life-Histories of the Nazi Revolution. In: Kluckhohn/Murray (Eds.) 1949, S. 347-366.

Alsheimer, Rainer: Die IVB-Fachsystematik und Gliederung. Ergebnisse der Tagung in Lilienthal 1990. In: Beitl/Kausel (Hg.) 1991, S. 9-39.

Althaus, Hans-Joachim u.a.: Da ist nirgends nichts gewesen außer hier. Das 'rote Mössingen' im Generalstreik gegen Hitler. Geschichte eines schwäbischen Arbeiterdorfes. Berlin 1982.

Aly, Götz/Heim, Susanne: Vordenker der Vernichtung. Auschwitz und die deutschen Pläne für eine neue europäische Ordnung. Hamburg 1991.

Améry, Jean: Jenseits von Schuld und Sühne. Bewältigungsversuche eines Überwältigten. 2. Aufl. Stuttgart 1980.

Andrae, Friedrich: Auch gegen Frauen und Kinder. Der Krieg der deutschen Wehrmacht gegen die Zivilbevölkerung in Italien 1943-1945. München 1995.

Andrae, Friedrich: Auch gegen Frauen und Kinder. In: ZEIT-Punkte Nr. 3 (1995) S. 34-38.

Apitz, Bruno: Nackt unter Wölfen. Roman. Halle 1960.

Asadowskij, Mark: Eine sibirische Märchenerzählerin. Helsinki 1926.

Assion, Peter: "Was Mythos unseres Volkes ist". Zum werden und Wirken des NS-Volkskundlers Eugen Fehrle. In: Zeitschrift für Volkskunde 81 (1981) S. 220-244.

Assion, Peter/Schwerin, Peter: Migration, Politik und Volkskunde 1940/43. Die Tätigkeit des SS-Ahnenerbes in Südtirol. In: Kulturkontakt - Kulturkonflikt 1988, S. 221-226.

Atteslander, Peter: Methoden der empirischen Sozialforschung. 4. erw. Aufl. Berlin/New York 1975.

Auschwitz faschistisches Vernichtungslager. Zweite, erweiterte und verbesserte Auflage. Warszawa 1981.

Ausgewählte Probleme aus der Geschichte des KZ Auschwitz. Oswiecim 1978.

Ayaß, Wolfgang: Vom "Pik As" ins "Kola-Fu". Die Verfolgung der Bettler und Obdachlosen durch die Hamburger Sozialverwaltung. In: Projektgruppe für die vergessenen Opfer des NS-Regimes in Hamburg e.V. (Hg.) 1986, S. 152-171.

Baeyer, Walter von/Häfner, Heinz/Kisker, Karl Peter: Psychiatrie der Verfolgten. Psychopathologische und gutachterliche Erfahrungen an Opfern der nationalsozialistischen Verfolgung und vergleichbarer Extrembelastungen. Berlin/Göttingen/Heidelberg 1964.

Baeyer, Walter von/Kisker, Karl Peter: Abbiegen der Persönlichkeitsentwicklung eines Jugendlichen durch nationalsozialistische Verfolgung. In: March (Hg.) 1960, S. 11-27.

Baeyer, Walter von: Die Freiheitsfrage in der forensischen Psychiatrie mit besonderer Berücksichtigung der Entschädigungsneurosen. In: Der Nervenarzt 28 (1957) S. 337-343.

Baeyer, Walter von: Erlebnisreaktive Störungen und ihre Bedeutung für die Begutachtung. In: Deutsche Medizinische Wochenschrift 83 (1958) S. 2317-2322.

Baeyer, Walter von: Erlebnisbedingte Verfolgungsschäden. In: Der Nervenarzt 32 (1961) S. 534-538.

Bahrdt, Hans Paul: Identität und biographisches Bewußtsein. Soziologische Überlegungen zur Funktion des Erzählens aus dem eigenen Leben für die Gewinnung und Reproduktion von Identität. In: Brednich/Lixfeld/Moser/Röhrich (Hg.) 1982, S. 18-43.

Bar-On, D[an]/Beiner, F[riedrich]/Brusten, M[anfred] (Hg.): Der Holocaust - Familiale und gesellschaftliche Folgen - Aufarbeitung in Wissenschaft und Erziehung? Ergebnisse eines internationalen Forschungs-Kolloquiums an der Bergischen Universität - Gesamthochschule Wuppertal. Wuppertal 1988.

Bastiaans, Jan: Psychosomatische gevolgen van onderdrukking en verzet. Amsterdam 1957.

Bauche, Ulrich/Brüdigam, Heinz/Eiber, Ludwig/Wiedey, Wolfgang (Hg.): Arbeit und Vernichtung. Das Konzentrationslager Neuengamme 1938-1945. Katalog zur ständigen Ausstellung im Dokumentenhaus der KZ-Gedenkstätte Neuengamme, Außenstelle des Museums für Hamburgische Geschichte. Hamburg 1986.

Bauer, Yehuda: Auschwitz. In: Jäckel/Rohwer (Hg.) 1987, S. 164-173.

Bausinger, Hermann: Lebendiges Erzählen. Studien über das Leben volkstümlichen Erzählgutes auf Grund von Untersuchungen im nordöstlichen Württemberg. Tübingen o.J. (Fotokopie).

Bausinger, Hermann: Strukturen des alltäglichen Erzählens. In: Fabula 1 (1958) S. 239-254.

Bausinger, Hermann: Gattungsdämmerung. Vergleiche und Theorien. In: Stuttgarter Zeitung vom 13.9.1960, S. 23.

Bausinger, Hermann: Volksideologie und Volksforschung. Zur nationalsozialistischen Volkskunde. In: Zeitschrift für Volkskunde 61 (1965) S. 177-204.

Bausinger, Hermann: Volkskunde. Von der Altertumsforschung zur Kulturanalyse. Berlin/Darmstadt 1971 (2. Aufl. Tübingen 1979).

Bausinger, Hermann: Alltägliches Erzählen. In: Enzyklopädie des Märchens. Bd. 1. 1977, Sp. 323-330.

Bausinger, Hermann: Zur Spezifik volkskundlicher Arbeit. In: Zeitschrift für Volkskunde 76 (1980) S. 1-21.

Becker, Franziska: Gewalt und Gedächtnis. Erinnerungen an die nationalsozialistische Verfolgung einer jüdischen Landgemeinde. Göttingen 1994 (= Göttinger Beiträge zu Politik und Zeitgeschichte, 2).

Beitl, Klaus/Kausel, Eva (Hg.): Internationale und nationale volkskundliche Bibliographien. Spiegel der Wissenschaft Volkskunde/Europäische Ethnologie. Wien 1991.

Bensheim, H.: Die K.Z.-Neurose rassisch Verfolgter. Ein Beitrag zur Psychopathologie der Neurosen. In: Der Nervenarzt 31 (1960) S. 462-469.

Benz, Wolfgang (Hg.): Dimension des Völkermords. Die Zahl der jüdischen Opfer des Nationalsozialismus. München 1991 (= Quellen und Darstellungen zur Zeitgeschichte, 33).

Bettelheim, Bruno: Aufstand gegen die Masse. Die Chance des Individuums in der modernen Gesellschaft. München 1980.

Bettelheim, Bruno: Erziehung zum Überleben. Zur Psychologie der Extremsituation. München 1982.

Beyer, Wilhelm Raimund (Hg.): Rückkehr unerwünscht. Joseph Drexels 'Reise nach Mauthausen' und der Widerstandskreis Ernst Niekisch. München 1980.

Bojarska, Barbara: Zniszczenie miasta Wielunia w dniu 1 wrzesnia 1939 r. In: Przeglad Zachodni H. 2 (1962) S. 305-317.

Boldt, Werner u.a.: Emslandlager - Zur "Kriegsgräberstätte", zum Bundeswehrdepot, zur Justizvollzugsanstalt, zum Kartoffelacker... In: Garbe (Hg.) 1983, S. 69-92.

Bonhoeffer, Karl: Beurteilung, Begutachtung und Rechtsprechung bei der sogenannten Unfallneurose. In: Deutsche Medizinische Wochenschrift 52 (1926) S. 179-182.

Bonhoeffer, Karl: Vergleichende psychopathologische Erfahrungen aus den beiden Weltkriegen. In: Der Nervenarzt 18 (1947) S. 1-4.

Botz, Gerhard: Oral History - Wert, Probleme, Möglichkeiten der Mündlichen Geschichte. In: Botz/Weidenholzer (Hg.) 1984, S. 23-37.

Botz, Gerhard/Karlhofer, Ferdinand: Vorwort. In: Botz/Weidenholzer (Hg.) 1984, S. VII-XII.

Botz, Gerhard/Weidenholzer, Josef, unter Mitarbeit von Ferdinand Karlhofer (Hg.): Mündliche Geschichte und Arbeiterbewegung. Eine Einführung in Arbeitsweisen und Themenbereiche der Geschichte "geschichtsloser" Sozialgruppen. Wien/Köln 1984 (= Materialien zur Historischen Sozialwissenschaft, 2).

Bracher, Karl Dietrich/Funke, Manfred/Jacobsen, Hans-Adolf (Hg.): Nationalsozialistische Diktatur 1933-1945. Eine Bilanz. Bonn 1986.

Bredel, Willi: Die Prüfung. Roman aus einem Konzentrationslager. Berlin 1946.

Brednich, Rolf Wilhelm: Zur Anwendung der biographischen Methode in der volkskundlichen Feldforschung. In: Jahrbuch für Ostdeutsche Volkskunde 22 (1979) S. 278-329.

Brednich, Rolf Wilhelm (Hg.): Geschichte in Liedern (1815-1979). Kiel 1979.

Brednich, Rolf Wilhelm/Lixfeld, Hannjost/Moser, Dietz-Rüdiger/Röhrich, Lutz (Hg.): Lebenslauf und Lebenszusammenhang. Autobiographische Materialien in der volkskundlichen Forschung. Vorträge der Arbeitstagung der Deutschen Gesellschaft für Volkskunde in Freiburg i.Br. vom 16. bis 18. März 1981. Freiburg i.Br. 1982.

Brednich, Rolf Wilhelm: Das Weigelsche Sinnbildarchiv in Göttingen. Ein Beitrag zur Geschichte und Ideologiekritik der nationalsozialistischen Volkskunde. In: Zeitschrift für Volkskunde 81 (1985) S. 22-39.

Brednich, Rolf Wilhelm: Gefangenschaft. In: Enzyklopädie des Märchens. Bd. 5. 1987, Sp. 833-846.

Brednich, Rolf Wilhelm: Quellen und Methoden. In: Grundriss der Volkskunde 1988, S. 73-93.

Brekle, Wolfgang: Schriftsteller im antifaschistischen Widerstand 1933-1945 in Deutschland. Weimar 1985.

Broszat, Martin: Nationalsozialistische Polenpolitik 1939-1945. Stuttgart 1961.

Broszat, Martin: Zweihundert Jahre deutsche Polenpolitik. München 1963.

Bruckbauer, Maria: "...und sei es gegen eine Welt von Feinden!" Kurt Hubers Volksliedsammlung und -pflege in Bayern. München 1987 (= Bayerische Schriften zur Volkskunde, 7).

Brückner, Wolfgang: "Volkskunde und Nationalsozialismus". Zum Beispiel Matthes Ziegler. In: Bayerische Blätter für Volkskunde 13 (1986) S. 189-192.

Brückner, Wolfgang: Berlin und die Volkskunde. In: Bayerische Blätter für Volksunde 15 (1988a) S. 1-18.

Brückner, Wolfgang: Görres Tagung in Bayreuth 1988. Volkskunde und Nationalsozialismus. In: Bayerische Blätter für Volkskunde 15 (1988b) S. 207-213.

Brückner, Wolfgang/Beitl, Klaus (Hg.): Volkskunde als akademische Disziplin. Studien zur Institutionsbildung. Wien 1983 (= Österreichische Akademie der Wissenschaften. Phil.-Hist. Klasse. Sitzungsberichte, 414).

Buchstab, Günter/Kaff, Brigitte/Kleinmann, Hans-Otto (Hg.): Verfolgung und Widerstand 1933-1945. Christliche Demokraten gegen Hitler. Düsseldorf 1986.

Bude, Heinz: Der Sozialforscher als Narrationsanimateur. Kritische Anmerkungen zu einer erzähltheoretischen Fundierung der interpretativen Sozialforschung. In: Kölner Zeitschrift für Soziologie und Sozialpsychologie 37 (1985) S. 327-336.

Bude, Heinz: Deutsche Karrieren. Lebenskonstruktionen sozialer Aufsteiger aus der Flakhelfer-Generation. Frankfurt a.M. 1987.

Bundesgesetzblatt. Jg. 1970, Teil I.

Bundeszentrale für politische Bildung (Hg.): Widerstand und Exil 1933-1945. Bonn 1989 (= Schriftenreihe der Bundeszentrale für politische Bildung, 223).

Burchardt, Natasha: Transgenerational Transmission in the Families of Holocaust Survivors in England. In: International Yearbook of Oral History and Life Stories 1993, S. 121-137.

Buszko, Józef: Vorwort. In: Auschwitz faschistisches Vernichtungslager 1981, S. 5-10.

Caroli, Folker: Pragmatische Aspekte syntaktischer Variation in der gesprochenen Sprache. Göppingen 1977.

Cebulka, Doris: Mit Swing gegen die Nazis. In: Stern, Nr. 23 vom 2.6.1988.

Chiva, Isac/Jeggle, Utz (Hg.): Deutsche Volkskunde - Französische Ethnologie. Zwei Standortbestimmungen. Frankfurt a.M./New York 1987.

Czech, Danuta: Konzentrationslager Auschwitz - Abriß der Geschichte. In: Auschwitz faschistisches Vernichtungslager 1981, S. 11-43.

Czech, Danuta: Kalendarium der Ereignisse im Konzentrationslager Auschwitz-Birkenau 1939-1945. Reinbek bei Hamburg 1989.

Dachauer Hefte 8 (1992): Überleben und Spätfolgen.

Dahm, Klaus: Swing-Kids. In: Cinema Nr. 6 (1993) S. 83-86.

Das gesunde Volksempfinden ist gegen Dad und Jo. In: Gaunachrichten. Veröffentlichungen der Kreise des Gaues Hamburg der NSDAP. Erste Oktober-Ausgabe 1941, Kreis 9, S. 4.

Davidowicz, Lucy S.: Der Krieg gegen die Juden 1933-1945. München 1979.

Daxelmüller, Christoph: Exemplum. In: Enzyklopädie des Märchens. Bd. 4. 1984, Sp. 627-649.

de Jong Edz, Fritz: Die Herausforderung der neuen Rechten. Die politischen Parteien der Niederlande im Verhältnis zum Nationalsozialismus. In: Dittrich/Würzner (Hg.) 1982, S. 33-42.

de Lorent, Hans-Peter: W[...] F[...]. Nie rehabilitiert. In: Hochmuth/de Lorent (Hg.) 1985, S. 203-208.

de Lorent, Hans-Peter/Ullrich, Volker (Hg.): "Der Traum von der freien Schule." Schule und Schulpolitik in der Weimarer Republik. Hamburg 1988.

de Wind, Eddy: Begegnung mit dem Tod. In: Psyche 22 (1968) S. 423-441.

Dégh, Linda: Märchen, Erzähler und Erzählgemeinschaft. Dargestellt an der Ungarischen Volksüberlieferung. Berlin 1962 (= Deutsche Akademie der Wissenschaften zu Berlin, Veröffentlichungen des Instituts für deutsche Volkskunde, 23).

Dégh, Linda: Biologie des Erzählguts. In: Enzyklopädie des Märchens. Bd. 2. 1979, Sp. 386-406.

Dégh, Linda: Erzählen, Erzähler. In: Enzyklopädie des Märchens. Bd. 4. 1984, Sp. 315-342.

Denzin, Norman K.: The Research Act. A Theoretical Introduction to Sociological Methods. 5. Aufl. Chicago 1975.

Der große Ploetz. Auszug aus der Geschichte. 30., aktualisierte Ausgabe. Freiburg/Würzburg 1986.

Der Judenpogrom 1938. Von der "Reichskristallnacht" zum Völkermord. Herausgegeben von Walter H. Pehle. Frankfurt a.M. 1988.

Der Nationalsozialismus. Dokumente 1933-1945. Herausgegeben, eingeleitet und dargestellt von Walther Hofer. Überarbeitete Neuausgabe. Frankfurt a.M. 1982.

Deutschkron, Inge: Ich trug den gelben Stern. 2. Auflage. München 1986.

Die deutsche Literatur im Dritten Reich: Themen, Traditionen, Wirkungen. Herausgegeben von Horst Denkler und Karl Prümm. Stuttgart 1976.

Die Kehrseite der "Wiedergutmachung". Das Leiden von NS-Verfolgten in den Entschädigungsverfahren. Herausgegeben von Helga und Hermann Fischer-Hübner. Mit einem Vorwort von Hans Koschnick. Gerlingen 1990.

Diner, Dan (Hg.): Ist der Nationalsozialismus Geschichte? Zu Historisierung und Historiker-streit. Frankfurt a.M. 1987

Dinort, Oskar: Die Höllenvögel. In: Unsere Flieger über Polen 1939, S. 111-147.

Dittrich, Kathinka/Würzner, Hans (Hg.): Die Niederlande und das deutsche Exil 1933-1940. Königstein/Ts. 1982.

Dokumentation der Internationalen Tage der Begegnung in Stadtallendorf KZ-Außenlager Münchmühle/Nobel vom 21. bis 26.10.1991. Herausgegeben vom Magistrat der Stadt Stadtallendorf und dem Förderverein für Stadt- und Regionalgeschichte Stadtallendorfs 1933-1945 e.V. Stadtallendorf 1991.

Dornheim, Jutta: "Ich kann nicht sagen - das kann ich nicht". Inkongruente Erfahrungen in heiklen Feldsituationen. In: Jeggle (Hg.) 1984, S. 129-157.

Dtv-Atlas zur Weltgeschichte. Karten und chronologischer Abriß. Von der Französischen Revolution bis zur Gegenwart. Bd. 2. 15. Aufl. München 1980.

Ehlich, Konrad/Switalla, Bernd: Transkriptionssysteme - Eine exemplarische Übersicht. In: Studium Linguistik, H. 2 (1976) S. 78-105.

[Eiber, Ludwig:] "Kola-Fu". Konzentrationslager und Gestapogefängnis Hamburg-Fuhlsbüttel 1933-1945. Hamburg 1983 (= Hamburg-Portrait, 18) (ohne Paginierung).

Eissler, Kurt R.: Die Ermordung von wievielen seiner Kinder muß ein Mensch symptomfrei ertragen können, um eine normale Konstitution zu haben? In: Psyche 17 (1963), S. 241-291.

Eissler, Kurt R.: Weitere Bemerkungen zum Problem der KZ-Psychologie. In: Psyche 22 (1968) S. 452-463.

Eitinger, Leo: Concentration Camp survivors in Norway and Israel. The Hague 1964.

Elias, Ruth: Die Hoffnung erhielt mich am Leben. Mein Weg von Theresienstadt und Auschwitz nach Israel. München 1988.

Elling, Hanna: Frauen im deutschen Widerstand 1933-1945. 3. verbesserte Auflage. Frankfurt a.M. 1981.

Emmerich, Wolfgang (Hg.): Proletarische Lebensläufe. Autobiographische Dokumente zur Entstehung der Zweiten Kultur in Deutschland. Bd. 1 und 2. Hamburg 1974 und 1975.

Emmerich, Wolfgang: Die Literatur des antifaschistischen Widerstandes in Deutschland. In: Die deutsche Literatur im Dritten Reich 1976, S. 427-458.

"Entartete Kunst". Das Schicksal der Avantgarde im Nazi-Deutschland. Herausgegeben von Stephanie Barron. München 1992.

Enzyklopädie des Holocaust. Die Verfolgung und Ermordung der europäischen Juden. Haupt-herausgeber Israel Gutman. Herausgeber der deutschen Ausgabe: Eberhard Jäckel/Peter Longerich/Julius H. Schoeps. 3 Bände. Berlin 1993.

Enzyklopädie des Märchens Bd. 1ff. Berlin/New York 1977ff.

Epstein, Helen: Die Kinder des Holocaust. Gespräche mit Söhnen und Töchtern von Über-lebenden. München 1990.

Erinnern und Vergessen: Vorträge des 27. Deutschen Volkskundekongresses Göttingen 1989. Herausgegeben von Brigitte Bönisch-Brednich/Rolf W. Brednich/Helge Gerndt. Göttingen 1991 (= Schriftenreihe der volkskundlichen Kommission für Niedersachsen e.V., 6).

Fackler, Guido: "Entartete" Musik im KZ. In: Heinrich Himmler und die Liebe zum Swing 1994a, S. 268-273.

Fackler, Guido: Zwischen (musikalischem) Widerstand und Propaganda - Jazz im "Dritten Reich". In: Noll (Hg.) 1994b, S. 437-483.

Fichez, L.F./Klotz, A.: Die vorzeitige Vergreisung und ihre Behandlung. Wien 1961.

Fischer, Rolf: Entwicklungsstufen des Antisemitismus in Ungarn 1867-1939. Die Zerstörung der magyarisch-jüdischen Symbiose. München 1988 (= Südosteuropäische Arbeiten, 85).

Fischer-Hübner, Hermann: Zur Geschichte der Entschädigungsmaßnahmen für Opfer national-sozialistischen Unrechts. In: Die Kehrseite der "Wiedergutmachung" 1990, S. 9-40.

Folk Narrative Research. Some Papers Presented at the VI Congress of the International Society for Folk Narrative Research. Helsinki 1976 (= Studia Fennica, 20).

Frank, Manfred: Was heißt "einen Text verstehen"? In: Nassen (Hg.) 1979, S. 58-77.

Frankl, Viktor E.: ...trotzdem Ja zum Leben sagen. Ein Psychologe erlebt das Konzentrationslager. Vorwort von Hans Weigel. 5. Auflage. München 1986.

Friedensbewegung und Arbeiterbewegung. Wolfgang Abendroth im Gespräch. [...] Marburg 1982 (= Schriftenreihe für Sozialgeschichte und Arbeiterbewegung, 29).

Friedrichs, Jürgen: Methoden empirischer Sozialforschung. 12. Aufl. Opladen 1984.

Fuchs, Werner: "Einführung". In: Jugendwerk der Deutschen Shell (Hg.) 1981, S. 6-18.

Fuchs, Werner: Biographische Forschung. Eine Einführung in Praxis und Methoden. Opladen 1984.

Funke, Hajo: Zur Wirkung nationalsozialistischer Erziehung vor und nach 1945. In: Bar-On/Beinert/Brusten (Hg.) 1988, S. 132-145.

Funke, Hajo: Die andere Erinnerung. Gespräche mit jüdischen Wissenschaftlern im Exil. Unter Mitarbeit von Hans-Hinrich Harbort. Frankfurt a.M. 1989.

Galinski, Dieter/Herbert, Ulrich/Lachauer, Ulla (Hg.): Nazis und Nachbarn. Schüler und Nachbarn erforschen den Alltag im Nationalsozialismus. Reinbek bei Hamburg 1982.

Garbe, Detlef (Hg.): Die vergessenen KZs? Gedenkstätten für die Opfer des NS-Terrors in der Bundesrepublik. Bornheim-Merten 1983.

Gedenkbuch "Kola-Fu". Für die Opfer aus dem Konzentrationslager, Gestapogefängnis und KZ-Außenlager Fuhlsbüttel. Erstellt von Herbert Dierks. Herausgegeben von der KZ-Gedenkstätte Neuengamme. Hamburg 1987.

Gedenkstätten für die Opfer des Nationalsozialismus. Eine Dokumentation. Text und Zusammenstellung Ulrike Puvogel. Herausgegeben von der Bundeszentrale für politische Bildung. Bonn 1987 (= Schriftenreihe der Bundeszentrale für politische Bildung, 245).

Gefährlicher Swing. In: Hessisch Niedersächsische Allgemeine vom 7.11.92.

Gegenwart in Vergangenheit: Beiträge zur Kultur und Geschichte der Neueren und Neuesten Zeit; Festgabe für Friedrich Prinz zu seinem 65. Geburtstag. Herausgegeben von Georg Jenal unter Mitarbeit von Stephanie Haarländer. München 1993.

Georges, Robert A.: From Folktale Research to the Study of Narrating. In: Folk Narrative Research 1976, S. 159-168.

Gerhards, Jürgen: Bedingungen und Chancen der Widerstandsgruppe 'Weiße Rose'. In: Kölner Zeitschrift für Soziologie und Sozialpsychologie, Sonderheft 25 (1983) S. 343-359.

Gerndt, Helge (Hg.): Volkskunde und Nationalsozialismus. Referate und Diskussionen einer Tagung der Deutschen Gesellschaft für Volkskunde. München 1987 (= Münchner Beiträge zur Volkskunde, 7).

Geschichte des Zweiten Weltkrieges. Eine erweiterte Sonderausgabe aus der 25. Auflage von: Ploetz, Auszug aus der Geschichte. 2. Aufl. Teil I: Die militärischen und politischen Ereignisse. Würzburg 1960.

Geschichtswerkstatt H. 16 (1988): Gewalt - Kriegstod - Erinnerung. Die unausweichliche Wiederkehr des Verdrängten.

Giordano, Ralph: Die zweite Schuld oder von der Last Deutscher zu sein. Hamburg/Zürich 1987.

Goettges, Ulf C.: "Dort muß die Jugend Prügel bekommen." Als Jazz-Fan ins KZ Moringen: Ehemaliger Häftling als Zeitzeuge im Seminar. In: Göttinger Tageblatt vom 12.4.1988.

Goguel, Rudi: Antifaschistischer Widerstand und Klassenkampf. Die faschistische Diktatur 1933 bis 1945 und ihre Gegner. Bibliographie deutschsprachiger Literatur aus den Jahren 1945 bis 1973. Unter bibliographischer Mitarbeit von Jutta Grimann, Manfred Püschner, Ingrid Volz. Berlin 1976.

Grenzgeschichten. Berichte aus dem deutschen Niemandsland. Herausgegeben von Andreas Hartmann und Sabine Künsting. Frankfurt a.M. 1990.

Grünberg, Kurt: Folgen nationalsozialistischer Verfolgung bei jüdischen Nachkommen Überlebender in der Bundesrepublik Deutschland. In: Psyche 41 (1987) S. 492-507.

Grundriss der Volkskunde. Einführung in die Forschungsfelder der Europäischen Ethnologie. Herausgegeben von Rolf Wilhelm Brednich. Berlin 1988 (2. Auflage 1994).

Guse, Martin/Kohrs, Andreas: Die "Bewahrung" Jugendlicher im NS-Staat. Ausgrenzung und Internierung am Beispiel der Jugendkonzentrationslager Moringen und Uckermark. O.O. u. o.J. (maschinenschriftliche Diplom-Arbeit an der Fachhochschule Hildesheim).

Guth, Klaus: Erinnern, Erzählen, Vergessen. Über den Umgang mit Erinnerungen an den jüdischen Alltag auf dem Land während des Dritten Reiches. In: Erinnern und Vergessen 1991, S. 305-321.

Haardt, Wolf-Dieter: "Was denn, hier - in Moringen?" In: Garbe (Hg.) 1983, S. 97-108.

Hadamovsky, Eugen: Blitzmarsch nach Warschau. Frontberichte eines politischen Soldaten. München 1940.

Hagemann, Karen: "Ich glaub' nicht, daß ich Wichtiges zu erzählen hab'...". Oral History und historische Frauenforschung. In: Vorländer (Hg.) 1990, S. 29-48.

Handbuch des Deutschen Rundfunks. Herausgegeben von Hans-Joachim Weinbrenner. Heidelberg 1939.

Harnack, Axel von: Ernst von Harnack (1888-1945). Ein Kämpfer für Deutschlands Zukunft. Schwenningen 1951.

Harvolk, Edgar: Eichenzweig und Hakenkreuz. Die Deutsche Akademie in München (1924-1964) und ihre volkskundliche Sektion. München 1990 (= Münchner Beiträge zur Volkskunde, 11).

Haupert, Bernhard/Schäfer, Franz Josef: Jugend zwischen Kreuz und Hakenkreuz. Biographische Rekonstruktion als Alltagsgeschichte des Faschismus. Frankfurt a.M. 1991.

Heenen-Wolff, Susann: Im Haus des Henkers. Gespräche in Deutschland. Frankfurt a.M. 1992.

Heinrich Himmler und die Liebe zum Swing. Erinnerungen und Dokumente. Herausgegeben von Franz Ritter. Leipzig 1994.

Heinze, Thomas: Qualitative Sozialforschung: Erfahrungen, Probleme und Perspektiven. Opladen 1987.

Heinze, Thomas/Thiemann, Friedrich: Kommunikative Validierung und das Problem der Geltungsbegründung. In: Zeitschrift für Pädagogik 28 (1982) S. 635-642.

Henßen, Gottfried: Überlieferung und Persönlichkeit. Die Erzählungen und Lieder des Egbert Gerrits. Münster 1951 (= Schriften des Volkskunde-Archivs Marburg, 1).

Herbert, Ulrich: Arbeit und Vernichtung. Ökonomisches Interesse und Primat der "Weltanschauung" im Nationalsozialismus. In: Diner (Hg.) 1987, S. 198-236.

Herlemann, Beatrix: Auf verlorenem Posten. Kommunistischer Widerstand im Zweiten Weltkrieg. Die Knöchel-Organisation. Bonn 1986 (= Politik- und Gesellschaftsgeschichte, 15).

Herzberg, Wolfgang: Ich bin doch wer. Arbeiter und Arbeiterinnen des VEB Berliner Glühlampenwerk erzählen ihr Leben 1900-1980. Protokolle aus der DDR. Darmstadt/Neuwied 1987.

Herzberg, Wolfgang: Überleben heißt Erinnern. Lebensgeschichten deutscher Juden. Berlin/Weimar 1990.

Hilberg, Raul: Die Vernichtung der europäischen Juden. Die Gesamtgeschichte des Holocaust. Berlin 1982.

Hilberg, Raul: Die Vernichtung der europäischen Juden. Durchgesehene und erweiterte Ausgabe. 3 Bände. Frankfurt a.M. 1990.

Hilberg, Raul: Täter, Opfer, Zuschauer. Die Vernichtung der Juden 1933-1945. Frankfurt a.M. 1992.

Hildebrandt, Rainer: Wir sind die letzten. Aus dem Leben des Widerstandskämpfers Albrecht Haushofer und seiner Freunde. Neuwied/Berlin [1949].

Hillgruber, Andreas/Dülffer, Jost (Hg.): Ploetz. Geschichte der Weltkriege. Mächte, Ereignisse, Entwicklungen 1900-1945. Freiburg/Würzburg 1981.

Historisches Museum am Hohen Ufer (Hg.): Hannover 1933 - Eine Großstadt wird nationalsozialistisch. Hannover 1981.

Hoch, Gerhard: HJ-Rangliste 1935. "Die Landesunterrichtsbehörde erwartet tatkräftige Unterstützung der HJ". In: Hochmuth/de Lorent (Hg.) 1985, S. 40-45.

Hochmuth, Ursel/de Lorent, Hans-Peter (Hg.): Hamburg: Schule unterm Hakenkreuz. Beiträge der "Hamburger Lehrerzeitung" (Organ der GEW) und der Landesgeschichtskommission der VVN/Bund der Antifaschisten. Hamburg 1985.

Hochmuth, Ursel: Lichtwarkschule/Lichtwarkschüler. "Hitler führt ins Verderben - Grüßt nicht!" In: Hochmuth/de Lorent (Hg.) 1985, S. 84-105.

Hohmann, Joachim S.: Unerwünschte Heimkehrer. Mißtrauen und Vorurteile gegenüber Exilanten und Widerstandskämpfern. In: Bundeszentrale für politische Bildung (Hg.) 1989, S. 281-292.

Holbek, Bengt: Betrachtungen zum Begriff 'Lieblingsmärchen'. In: Uther (Hg.) 1990, S. 149-158.

Honko, Lauri: Gattungsprobleme. In: Enzyklopädie des Märchens. Bd. 5. 1987, Sp. 744-769.

Hopf, Christel: Die Pseudo-Exploration - Überlegungen zur Technik qualitativer Interviews in der Soziologie. In: Zeitschrift für Soziologie 7,2 (1978) S. 97-115.

Hopf, Christel: Soziologie und qualitative Sozialforschung. In: Hopf/Weingarten (Hg.) 1979, S. 11-37.

Hopf, Christel/Weingarten, Elmar (Hg.): Qualitative Sozialforschung. Stuttgart 1979.

Horn, Harald: Von der "Aufarbeitung der Vergangenheit": Hintergründe, Ergebnisse und Perspektiven der Geschichtsarbeit in Stadtallendorf. In: Dokumentation 1991, S. 91-105.

Hrabar, Roman/Tokarz, Zofia/Wilczur, Jacek E.: Kriegsschicksale polnischer Kinder. Warszawa 1981.

Huber, Clara (Hg.): Kurt Huber zum Gedächtnis. Bildnis eines Menschen, Denkers und Forschers. Dargestellt von seinen Freunden. Regensburg 1947.

Ik snap niet dat er zo slordig met leven wordt omgegaan. In: Inslag 7 (1986/87) S. 3-5.

"Informationen". Behörde für Schule und Berufsbildung, Amt für Schule. Nr. 5 vom 20.5.1985, S. 3.

Inowlocki, Lena: Grandmothers, Mothers, and Daughters. Intergenerational Transmission in Displaced Families in Three Jewish Communities. In: International Yearbook of Oral History and Life Stories 1993, S. 139-153.

International Yearbook of Oral History und Life Stories. Volume I. Memory and Totalitarianism. Oxford 1992.

International Yearbook of Oral History and Life Stories. Volume II. Between Generations. Family Models, Myths, and Memories. Oxford 1993.

Internationale Volkskundliche Bibliographie [...] für die Jahre 1989 und 1990. Herausgegeben von Rainer Alsheimer. Bonn 1994.

Iwaszko, Tadeusz: Die Häftlinge. In: Auschwitz faschistisches Vernichtungslager 1981, S. 45-89.

Jäckel, Eberhard/Rohwer, Jürgen (Hg.): Der Mord an den Juden im Zweiten Weltkrieg. Entschlußbildung und Verwirklichung. Frankfurt a.M. 1987.

Jacob, Wolfgang: Gesellschaftliche Voraussetzungen zur Überwindung der KZ-Schäden. In: Der Nervenarzt 32 (1961) S. 542-545.

Jacobeit, Sigrid: Zum Alltag der Bäuerinnen in Klein- und Mittelbetrieben während der Zeit des deutschen Faschismus 1933 bis 1939. In: Jahrbuch für Wirtschaftsgeschichte (1982) S. 7-29.

Jacobeit, Wolfgang/Mohrmann, Ute: Zur Geschichte der volkskundlichen Lehre unter Adolf Spamer an der Berliner Universität 1933-1945. In: Ethnographisch-archäologische Zeitschrift 23 (1982) S. 283-298.

Jacobmeyer, Wolfgang: Vom Zwangsarbeiter zum Heimatlosen Ausländer. Die Displaced Persons in Westdeutschland 1945-1951. Göttingen 1985 (= Kritische Studien zur Geschichtswissenschaft, 65).

Jacobmeyer, Wolfgang: Der Überfall auf Polen und der neue Charakter des Krieges. In: Kleßmann (Hg.) 1989, S. 16-37.

Jacobsen, Hans Adolf: 1939-1945. Der Zweite Weltkrieg in Chronik und Dokumenten. Percy Ernst Schramm zum 65. Geburtstag. Darmstadt 1959.

Jeggle, Utz: Fasnacht im Dritten Reich. Einige brauchgeschichtliche Aspekte. In: Narrenfreiheit 1980, S. 227-238.

Jeggle, Utz (Hg.): Feldforschung. Qualitative Methoden in der Kulturanalyse. Tübingen 1984 (= Untersuchungen des Ludwig-Uhland-Instituts der Universität Tübingen, 62).

Jeggle, Utz: Zur Geschichte der Feldforschung. In: Jeggle (Hg.) 1984, S. 11-46.

Jeggle, Utz: In stolzer Trauer. Umgangsformen mit dem Kriegstod während des 2. Weltkriegs. In: Tübinger Beiträge zur Volkskultur 1986, S. 242-259.

Jeggle, Utz: Die Sage und ihre Wahrheit. In: Der Deutschunterricht VI (1987) S. 37-50.

Jeggle, Utz: Volkskunde im 20. Jahrhundert. In: Grundriss der Volkskunde 1988, S. 51-71.

Jeggle, Utz (Hg.): Nationalsozialismus im Landkreis Tübingen. Eine Heimatkunde. 2. Aufl. Tübingen 1989.

Jensen, Ulrike/Jureit, Ulrike/Orth, Karin: Lebensgeschichtliche Befragung ehemaliger Häftlinge des Konzentrationslagers Neuengamme. In: BIOS 5 (1992) S. 142-145.

Johansen, Erna M.: "Ich wollt', ich wäre nie geboren". Kinder im Krieg. Frankfurt a.M. 1986.

Johe, Werner: Neuengamme. Zur Geschichte der Konzentrationslager in Hamburg. 4., durchgesehene und erweiterte Auflage. Hamburg 1984.

Jolles, André: Einfache Formen. 2. Aufl. Darmstadt 1958.

Jores, A.: In dauernder Angst. Hypertonie, Angina pectoris und vorzeitiger Tod nach apoplektischen Insult. In: March (Hg.) 1960, S. 41-45.

Jores, A.: Elf Jahre in Einzelhaft. Schwere Hypertonie, Herzinsuffizienz und vorzeitiger Tod. In: March (Hg.) 1960, S. 46-48.

Jores, A.: 'Der Voodoo-Tod'. Angst als Todesursache. In: March (Hg.) 1960, S. 49-51.

Jost, Ekkehard: Jazzmusiker. Materialien zur Soziologie der afro-amerikanischen Musik. Frankfurt a.M. 1982.

Jugendwerk der Deutschen Shell (Hg.): Jugend '81. Lebensentwürfe, Alltagskulturen, Zukunftsbilder. Bd. 2. Hamburg 1981.

Jureit, Ulrike: Jugendopposition im Dritten Reich: Die Swing-Jugend. Münster 1988 (unveröffentlichte Staatsexamensarbeit).

K. Zetnik 135633: "Freuden-Abteilung!". Paris 1960.

Kater, Michael H.: The Jazz Expierence in Weimar Germany. In: German History 6,2 (1988) S. 145-158.

Kater, Michael H.: Forbidden Fruit? Jazz in the Third Reich. In: The American Historical Review 94,1 (1989) S. 11-43.

Kater, Michael H.: Different Drummers. Jazz in the Culture of Nazi Germany. New York/Oxford 1992.

Kater, Michael H.: Gewagtes Spiel. Jazz im Nationalsozialismus. Köln 1995.

Kellersmann, Christian: Jazz in Deutschland von 1933-1945. Magisterarbeit. Hamburg 1989 (maschinenschriftlich); unter demselben Titel: Menden 1990 (= Jazzfreund-Publikation, 40).

Keneally, Thomas: Schindlers Liste. München 1994.

Kesselring, Albert: Soldat bis zum letzten Tag. Bonn 1953.

Kilar, Wieslaw: Anus Mundi. Fünf Jahre Auschwitz. Frankfurt a.M. 1982.

KL Auschwitz in den Augen der SS: Höss, Broad, Kremer. Schriftleitung: Jadwiga Bezwinska. Katowice 1981.

Klausch, Hans-Peter: Die Geschichte der Bewährungsbataillone 999 unter besonderer Berücksichtigung des antifaschistischen Widerstandes. Bd. 1. Köln 1987 (= Pahl-Rugenstein Hochschulschriften Gesellschafts- und Naturwissenschaften, 245/1).

Klee, Ernst: Was sie taten - Was sie wurden. Ärzte, Juristen und andere Beteiligte am Kranken- oder Judenmord. Frankfurt a.M. 1986.

Kleßmann, Christoph (Hg.): September 1939. Krieg, Besatzung, Widerstand in Polen. Göttingen 1989.

Kleßmann, Christoph: Einleitung. In: Kleßmann (Hg.) 1989, S. 5-15.

Klönne, Arno: Jugend im Dritten Reich. Jugendbewegung, Hitlerjugend, Jugendopposition. In: Journal für Geschichte 2,3 (1980) S. 14-18.

Kluckhohn, Clyde/Murray, Henry A. (Eds.): Personality in Nature, Society and Culture. New York (zuerst 1941) 1949.

Klüger, Ruth: Dichten über die Shoah. Zum Problem des literarischen Umgangs mit dem Massenmord. In: Spuren der Verfolgung 1992, S. 203-221.

Klüger, Ruth: Weiter leben. Eine Jugend. Göttingen 1992.

Kobe, Reiner: Jazz im Dritten Reich. In: Jazzpodium 38,7 (1989) S. 24f.

Kocka, Jürgen: Zurück zur Erzählung? Plädoyer für historische Argumentation. In: Geschichte und Gesellschaft 10 (1984) S. 395-408.

Kocka, Jürgen: Die alte Bundesrepublik wird Geschichte. In: Frankfurter Rundschau vom 6.12.1993.

Kogon, Eugen: Der SS-Staat. Das System der deutschen Konzentrationslager. 19. Auflage München 1988.

Kohli, Martin: "Offenes" und "geschlossenes" Interview: Neue Argumente zu einer alten Kontroverse. In: Soziale Welt 29 (1978) S. 1-25.

Kohli, Martin: Wie es zur "biographischen Methode" kam und was daraus geworden ist. In: Zeitschrift für Soziologie 10 (1981) S. 273-293.

Kohli, Martin/Robert, Günther (Hg.): Biographie und soziale Wirklichkeit. Stuttgart 1984.

König, Joel: Den Netzen entronnen. Aufzeichnungen. Göttingen 1967.

Königseder, Angelika/Wetzel, Juliane: Lebensmut im Wartesaal. Die jüdischen DPs (Displaced Persons) im Nachkriegsdeutschland. Frankfurt a.M. 1994.

Konzentrationslager Buchenwald. Post Weimar/Thür. Katalog zu der Ausstellung aus der Deutschen Demokratischen Republik im Martin-Gropius-Bau, Berlin (West), April - Juni 1990. Herausgegeben von der Nationalen Mahn- und Gedenkstätte Buchenwald. O.O. u. o.J.

Köstlin, Konrad: Erzählen vom Krieg - Krieg als Reise II. In: BIOS 2 (1989) S. 173-182.

Krauss, Marita: Das "Emigrantensyndrom". Emigranten aus Hitlerdeutschland und ihre mühsame Annäherung an die ehemalige Heimat. In: Gegenwart in Vergangenheit 1993, S. 319-334.

Kuckhoff, Adam: "Fröhlich bestehen". Prosa, Lyrik, Dramatik. Aachen 1985.

Kulturkontakt - Kulturkonflikt: Zur Erfahrung des Fremden. Herausgegeben von Ina-Maria Greverus/Konrad Köstlin/Heinz Schilling. Frankfurt a.M. 1988 (= Notizen, 28).

Kuntz, Andreas: Zur objektbestimmten Ritualisierung familiärer Geschichtsarbeit. Drei Beispiele zum Thema Erinnerungsgegenstände und Lebensgeschichten. In: BIOS 2 (1989) S. 207-219.

Kuntz, Andreas: Objektbestimmte Ritualisierungen. Zur Funktion von Erinnerungsobjekten bei der Bildung familialer Geschichtstheorien. In: Erinnern und Vergessen 1991, S. 219-234.

Küster, Ingeborg: Was draußen geschah... Erlebtes zwischen 1933 und 1938. Hannover 1948.

Lademacher, Horst: Geschichte der Niederlande. Darmstadt 1983.

Lambart, Friedrich (Hg.): Tod eines Pianisten. Karlrobert Kreiten und der Fall Werner Höfer. Berlin 1988.

Langhoff, Wolfgang: Die Moorsoldaten. 13 Monate KZ. Zürich 1935.

Lanzmann, Claude: Shoah. München 1988.

Lehberger, Reiner: Fritz Schumacher und der Schulbau im Hamburg der Weimarer Jahre. In: de Lorent/Ullrich (Hg.) 1988, S. 238-251.

Lehmann, Albrecht: Autobiographische Erhebungen in den sozialen Unterschichten. Gedanken zu einer Methode der empirischen Forschung. In: Zeitschrift für Volkskunde 73 (1977) S. 161-180.

Lehmann, Albrecht: Erzählen eigener Erlebnisse im Alltag. Tatbestände, Situationen, Funktionen. In: Zeitschrift für Volkskunde 74 (1978) S. 198-215.

Lehmann, Albrecht: Autobiographische Methoden. Verfahren und Möglichkeiten. In: Ethnologia Europaea 11 (1979/80) S. 36-54.

Lehmann, Albrecht: Rechtfertigungsgeschichten. Über die Funktionen des Erzählens eigener Erlebnisse im Alltag. In: Fabula 21 (1980) S. 56-69.

Lehmann, Albrecht: Leitlinien des lebensgeschichtlichen Erzählens. In: Brednich/Lixfeld/Moser/Röhrich (Hg.) 1982, S. 71-87.

Lehmann, Albrecht: Erzählstruktur und Lebenslauf. Autobiographische Untersuchungen. Frankfurt a.M./New York 1983.

Lehmann, Albrecht: Familiengeschichten. In: Enzyklopädie des Märchens. Bd. 4. 1984, Sp. 833-836.

Lehmann, Albrecht: Gefangenschaft und Heimkehr. Deutsche Kriegsgefangene in der Sowjetunion. München 1986.

Lehmann, Albrecht: "Organisieren". Über Erzählen aus der Kriegs- und Nachkriegszeit. In: Der Deutschunterricht VI (1987) S. 51-63.

Lehmann, Albrecht: Erzählen zwischen den Generationen. Über historische Dimensionen des Erzählens in der Bundesrepublik Deutschland. In: Fabula 30 (1989) S. 1-25.

Lehmann, Albrecht: Im Fremden ungewollt zu Haus. Flüchtlinge und Vertriebene 1945 und 1990. München 1991.

Lehmann, Albrecht: Der Schicksalsvergleich - Eine Gattung des Erzählens und eine Methode des Erinnerns. In: Erinnern und Vergessen 1991a, S. 197-207.

Lehmann, Albrecht: Identifikation. In: Enzyklopädie des Märchens. Bd. 7,1. 1991b, Sp. 15-19.

Lehmann, Albrecht: Über zeitgeschichtliche Mentalitätsforschung in der Volkskunde. In: Volkskundliche Streifzüge 1994, S. 139-150.

Lehmann, Albrecht: Die Kriegsgefangenen. In: Aus Politik und Zeitgeschichte. Beilage zur Wochenzeitung Das Parlament, B 7-8 vom 10.2.1995, S. 13-19.

Leiser, Erwin: Leben nach dem Überleben. Dem Holocaust entronnen - Begegnungen und Schicksale. Königstein/Ts 1982.

Lexikon des internationalen Films. Bd. 8. Reinbek 1987.

Leydesdorff, Selma: Das gebrochene Schweigen. Lebensgeschichten von Überlebenden des jüdischen Proletariats in Amsterdam. In: BIOS 1 (1988) S. 17-26.

Limberg, Margarete/Rübsaat, Hubert (Hg.): Sie durften nicht mehr Deutsche sein. Jüdischer Alltag in Selbstzeugnissen 1933-1938. Frankfurt a.M./New York 1990.

Lindner, Rolf: Die Angst des Forschers vor dem Feld. Überlegungen zur teilnehmenden Beobachtung als Interaktionsprozeß. In: Zeitschrift für Volkskunde 77 (1981) S. 51-66.

Link, Alexander: "Schrottelzeit". Nachkriegsalltag in Mainz. Ein Beitrag zur subjektorientierten Betrachtung lokaler Vergangenheit. Mainz 1990 (= Studien zur Volkskultur in Rheinland-Pfalz, 8).

Lipp, Carola: Alltagskulturforschung im Grenzbereich von Volkskunde, Soziologie und Geschichte. Aufstieg und Niedergang eines interdisziplinären Forschungskonzepts. In: Zeitschrift für Volkskunde 89 (1993) S. 1-33.

Lixfeld, Hannjost: John Meier und sein "Reichsinstitut für deutsche Volkskunde". Zur volkskundlichen Fachgeschichte zwischen Monarchie und Faschismus. In: Beiträge zur Volkskunde in Baden-Württemberg 3 (1989) S. 102-144.

Lixfeld, Hannjost: Matthes Ziegler und die Erzählforschung des Amtes Rosenbergs. Ein Beitrag zur Ideologie der nationalsozialistischen Volkskunde. In: Rheinisches Jahrbuch für Volkskunde 26 (1985/86) S. 37-59.

Löffler, Klara: Aufgehoben: Soldatenbriefe aus dem Zweiten Weltkrieg. Eine Studie zur subjektiven Wirklichkeit des Krieges. Bamberg 1992 (= Regensburger Schriften zur Volkskunde, 9).

Löwenthal, Richard: Widerstand im totalen Staat. In: Bracher/Funke/Jacobsen (Hg.) 1986, S. 618-632 (= Schriftenreihe der Bundeszentrale für politische Bildung, 192).

Lüdtke, Alf (Hg.): Alltagsgeschichte. Zur Rekonstruktion historischer Erfahrungen und Lebensweisen. Frankfurt a.M./New York 1989.

Lundholm, Anja: Das Höllentor. Bericht einer Überlebenden. Mit einem Nachwort von Eva Demski. Reinbek bei Hamburg 1988.

Lustig, Oliver [Zusatz auf dem Titelblatt: Ehemaliger Häftling Nr. 112398]: KZ-Wörterbuch. Bukarest 1987.

Lutz, Gerhard (Hg.): Volkskunde. Ein Handbuch zur Geschichte ihrer Probleme. Berlin 1958.

Lutz, Gerhard: Das Amt Rosenberg und die Volkskunde. In: Brückner/Beitl (Hg.) 1983, S. 161-171.

Lutz, Thomas/Mayer, Alwin (Hg.): Alle NS-Opfer anerkennen und entschädigen. Berlin 1987.

Madajczyk, Czeslaw: Die deutsche Besatzungspolitik in Polen (1939-45). Wiesbaden 1967 (= Institut für europäische Geschichte Mainz, Vorträge Nr. 48).

Madajczyk, Czeslaw: Die Okkupationspolitik Nazideutschlands in Polen 1939-1945. Berlin 1987.

Madajczyk, Czeslaw: Die Okkupationspolitik Nazideutschlands in Polen 1939-1945. Köln 1988.

Maier, Klaus A./Rohde, Horst/Stegemann, Bernd/Umbreit, Hans: Die Errichtung der Hegemonie auf dem europäischen Kontinent. Stuttgart 1972 (Das Deutsche Reich und der Zweite Weltkrieg. Bd. 2. Herausgegeben vom Militärgeschichtlichen Forschungsamt).

Mammach, Klaus: Widerstand 1933-1939. Geschichte der deutschen antifaschistischen Widerstandsbewegung im Inland und in der Emigration. Berlin 1984.

Mann, Thomas: Joseph und seine Bruder. Gesammelte Werke in zwölf Bänden. Band V. Frankfurt a.M. 1960.

March, Hans (Hg.): Verfolgung und Angst in ihren leib-seelischen Auswirkungen. Dokumente. Stuttgart 1960.

Margareta Glas-Larsson: Ich will reden. Tragik und Banalität des Überlebens in Theresienstadt und Auschwitz. Herausgegeben und kommentiert von Gerhard Botz. Wien/München/Zürich/New York 1981.

Matter, Max: Gedanken zur ethnologischen Gemeindeforschung und den dafür notwendigen Datenerhebungsverfahren. In: Rheinisches Jahrbuch für Volkskunde 22,2 (1978) S. 283-311.

Matthes, Joachim/Pfeifenberger, Arno/Stosberg, Manfred (Hg.): Biographie in handlungswissenschaftlicher Perspektive. Kolloquium am Sozialwissenschaftlichen Forschungszentrum der Universität Erlangen-Nürnberg. 2. Aufl. Nürnberg 1983.

Matussek, Paul: Die Konzentrationslagerhaft als Belastungssituation. In: Der Nervenarzt 32 (1961) S. 538-542.

Matussek, Paul: Die Konzentrationslagerhaft und ihre Folgen. Berlin/Heidelberg/New York 1971 (= Monographien aus dem Gesamtgebiete der Psychiatrie, Psychiatry Series, 2).

Mayring, Philipp: Einführung in die qualitative Sozialforschung. Eine Anleitung zu qualitativem Denken. München 1990.

Merton, Robert K./Kendall, Patricia L.: Das fokussierte Interview. In: Hopf/Weingarten (Hg.) 1979, S. 184.

Messerli, Alfred: Auf- und absteigende Linien. Darstellungsformen und Darstellungsprobleme in autobiographischen Texten. In: Schweizerisches Archiv für Volkskunde 83 (1987) S. 104-110.

Messerschmidt, Manfred: Vorwort. In: Haupert/Schäfer 1991, S. 9-11.

Meyer, Alwin: Die Kinder von Auschwitz. Göttingen 1990.

Michel, Max (Hg.): Gesundheitsschäden durch Verfolgung und Gefangenschaft und ihre Spätfolgen. Gesundheitliche Folgen von Gefangenschaft, Deportation, Konzentrations- und Vernichtungslagern; von Hunger, Furcht, Übermüdung, Bedrohung und Zwangsarbeit; vom Leben in der Gefahr und vom Leben in der Illegalität, psychischem Druck, Katastrophenwirkung und Verzweiflung. Frankfurt a.M. 1955.

Michman, Dan: Die jüdische Emigration und die niederländische Reaktion zwischen 1933 und 1940. In: Dittrich/Würzner (Hg.) 1982, S. 73-87.

Michman, Dan: (ergänzt von Ursula Lankau-Alex): Chronologische Übersicht wichtiger Fakten zur niederländischen Flüchtlingspolitik 1933-1940. In: Dittrich/Würzner (Hg.) 1982, S. 87-90.

Miscellanea Prof. em. Dr. K.C. Peeters. Antwerpen 1975.

Mitscherlich, Alexander/Mielke, Fred (Hg.): Medizin ohne Menschlichkeit. Dokumente des Nürnberger Ärzteprozesses. Frankfurt a.M. 1978.

Mlynek, Klaus: Der Aufbau der Geheimen Staatspolizei in Hannover und die Errichtung des Konzentrationslagers Moringen. In: Historisches Museum am Hohen Ufer (Hg.) 1981, S. 73-81.

Mohrmann, Ruth E.: Dingliche Erinnerungskultur im privaten Bereich. In: Erinnern und Vergessen 1991, S. 209-217.

Moser-Rath, Elfriede: Frau. In: Enzyklopädie des Märchens. Bd. 5. 1986, Sp. 100-137.

Moser-Rath, Elfriede: Frauenfeindlich - Männerfeindlich. In: Zeitschrift für Volkskunde 75 (1979) S. 65-67.

Müller, Klaus-Jürgen (Hg.): Der deutsche Widerstand 1933-1945. Paderborn/München/Wien/Zürich 1986.

Müller, Thorsten: Eleganz im Trocadero, Swing im Cafe Heinze. In: Hamburger Abendblatt vom 1.2.1985.

Müller, Thorsten: Feindliche Bewegung. In: Deutsches Allgemeines Sonntagsblatt Nr. 22 vom 29.5.1988.

Müller, Ulrich: Fremde in der Nachkriegszeit. Displaced Persons - zwangsverschleppte Personen - in Stuttgart und Württemberg-Baden 1945-1951. Stuttgart 1990 (= Veröffentlichungen des Archivs der Stadt Stuttgart, 49).

Müller, Wolfgang: Gegen eine neue Dolchstoßlüge. Ein Erlebnisbericht zum 20. Juli 1944. 2. verbesserte Auflage. Hannover 1947.

Narrenfreiheit. Beiträge zur Fastnachtsforschung. Tübingen 1980 (= Untersuchungen des Ludwig-Uhland-Instituts der Universität Tübingen, 51).

Nassen, Ulrich (Hg.): Texthermeneutik. Aktualität, Geschichte, Kritik. Paderborn/München/Wien/Zürich 1979.

Naujoks, Harry: Mein Leben im KZ Sachsenhausen 1936-1942. Erinnerungen des ehemaligen Lagerältesten. Bearbeitet von Ursel Hochmuth. Herausgegeben von Martha Naujoks und dem Sachsenhausen-Komitee für die BRD. Köln 1987.

Neumann, H.G.: Das toxische Potential von Dinitrobenzol (DNB) und Trinitrotoluol (TNT). In: Dokumentation 1991, S. 216-222.

Neumann, Siegfried: Arbeitserinnerungen als Erzählinhalt. In: Deutsches Jahrbuch für Volkskunde 12 (1966) S. 177-190.

Neumann, Siegfried: In memoriam Gottfried Henßen 1889-1966. In: Deutsches Jahrbuch für Volkskunde 13 (1967) S. 102-106.

Neumann, Siegfried: Ein mecklenburgischer Volkserzähler. Die Geschichten des August Rust. Berlin 1968a (= Veröffentlichungen des Instituts für Deutsche Volkskunde, 3).

Neumann, Siegfried: Volkserzähler unserer Tage in Mecklenburg. Bemerkungen zur Erzählerforschung in der Gegenwart. In: Deutsches Jahrbuch für Volkskunde 14 (1968b) S. 31-49.

Neumann, Siegfried: Eine mecklenburgische Märchenfrau. Bertha Peters erzählt Märchen, Schwänke und Geschichten. Berlin 1974.

Neumann, Siegfried: Volkserzählung heute. Bemerkungen zu Existenzbedingungen und Daseinsformen der Volksdichtung in der Gegenwart. In: Jahrbuch für Volkskunde und Kulturgeschichte N.F. Bd. 7, 22 (1979) S. 92-102.

Neumann, Siegfried: Mecklenburgische Erzähler der Gegenwart und ihre Märchen. In: Uther (Hg.) 1990, S. 102-114.

Niederland, William G.: Psychische Spätschäden nach politischer Verfolgung. Versuch einer Rezension des gleichnamigen Werkes von H. Paul und H.J. Herberg. In: Psyche 18 (1965) S. 888-895.

Niederland, William G.: Ein Blick in die Tiefen der 'unbewältigten' Vergangenheit und Gegenwart. In: Psyche 22 (1966) S. 466-476.

Niederland, William G.: Diskussionsbeitrag zu E. de Wind: Begegnung mit dem Tod. In: Psyche 22 (1968) S. 442-446.

Niederland, William G.: Folgen der Verfolgung: Das Überlebenden-Syndrom Seelenmord. Frankfurt a.M. 1980.

Niemöller, Martin: "...zu verkünden ein gnädiges Jahr des Herrn!" Sechs Dachauer Predigten. München 1946.

Niethammer, Lutz (Hg.): Lebenserfahrung und kollektives Gedächtnis. Die Praxis der 'Oral History'. Frankfurt a.M. 1980.

Niethammer, Lutz: Einleitung des Herausgebers. In: Niethammer (Hg.) 1983, S. 7-29.

Niethammer, Lutz (Hg.): "Die Jahre weiß man nicht, wo man die heute hinsetzen soll". Faschismuserfahrungen im Ruhrgebiet. Lebensgeschichte und Sozialkultur im Ruhrgebiet 1930-1960. Bd. 1. Berlin/Bonn 1983a.

Niethammer, Lutz (Hg.): "Hinterher merkt man, daß es richtig war, daß es schiefgegangen ist". Nachkriegserfahrungen im Ruhrgebiet. Bd. 2. Berlin/Bonn 1983b.

Niethammer, Lutz: Fragen - Antworten - Fragen: Methodische Erfahrungen und Erwägungen zur Oral History. In: Niethammer/von Plato (Hg.) 1985, S. 392-445.

Niethammer, Lutz/Plato, Alexander von (Hg.): "Wir kriegen jetzt andere Zeiten". Auf der Suche nach der Erfahrung des Volkes in nachfaschistischen Ländern. Bd. 3. Berlin/Bonn 1985.

Noel, Léon: Der deutsche Angriff auf Polen. Berlin 1948.

Noll, Günther (Hg.): Musikalische Volkskultur und die politische Macht. Tagungsbericht Weimar 1992 der Kommission für Lied-, Musik- und Tanzforschung in der Deutschen Gesellschaft für Volkskunde e.V. Essen 1994 (= Musikalische Volkskunde, 11).

Nolting-Hauff, W.: "IMIS'S". Chronik einer Verbannung. Bremen 1946.

Nußbeck, Ulrich: Karl Theodor Weigel und das Göttinger Sinnbildarchiv. Eine Karriere im Dritten Reich. Göttingen 1993 (= Schriftenreihe der Volkskundlichen Kommission für Niedersachsen, 8).

Oberlaender, Franklin A.: Zwischen den Stühlen. Zur Problematik katholischer Deutscher jüdischer Herkunft dargestellt am Fallbeispiel des Pfarrers Fuchs. In: BIOS 3 (1990) S. 189-223.

Overdiun, J[acobus]: Der Himmel in der Hölle von Dachau. Aus dem Holländischen übersetzt von Rudolf Stickelberger. Zürich 1947.

Paape, Harry: Die Niederlande und die Niederländer. In: Dittrich/Würzner (Hg.) 1982, S. 9-21.

Pallowski, Katrin: Überfälliger Hinweis auf eine antifaschistische Arbeiterliteratur. Willi Bredels Roman Die Prüfung. In: Winckler (Hg.) 1979, S. 19-33.

Panse, Friedrich: Angst und Schreck in klinisch psychologischer und sozialmedizinischer Sicht. Dargest[ellt] an Hand von Erlebnisberichten aus dem Luftkrieg. Stuttgart 1952.

Paul, H./Herberg, H.J. (Hg.): Psychische Spätschäden nach politischer Verfolgung. Basel/New York 1963 (= Bibliotheca "Vita Humana", 2).

Paul, Sigrid: Arbeiterbiographien in Deutschland, Österreich, Polen und Schweden als Vorläufer Mündlicher Geschichte. In: Botz/Weidenholzer (Hg.) 1984, S. 85-108.

Perel, Sally: Ich war Hitlerjunge Salomon. Berlin 1992.

Petzoldt, Leander: Einige Bemerkungen zur Situation der Erzählforschung. In: Ethnologia Europaea IV (1970, erschienen 1971) S. 67-72.

Peukert, Detlev: Heinrich Himmler und der Swing. In: Journal für Geschichte 2,6 (1980) S. 53-56.

Peukert, Detlev J.K.: Der deutsche Arbeiterwiderstand 1933-1945. In: Müller (Hg.) 1986, S. 157-181.

Peukert, Detlev: "Die Edelweißpiraten". Köln 1988.

Piper, Franciszek: Das Nebenlager "Neu-Dachs". In: Hefte von Auschwitz Nr. 12. Oswiecim 1971, S. 55-111.

Piper, Franciszek: Die Sklavenarbeit der Häftlinge. In: Ausgewählte Probleme 1978, S. 59-80.

Plato, Alexander von: Oral History als Erfahrungswissenschaft. Zum Stand der "mündlichen Geschichte" in Deutschland. In: BIOS 4 (1991) S. 97-119.

Plato, Alexander von: Aspects of Recent Oral History in Germany. In: International Yearbook of Oral History und Life Stories 1992, S. 192-196.

Pohl, Rainer: "Das gesunde Volksempfinden ist gegen Dad und Jo." Zur Verfolgung der Hamburger "Swing-Jugend" im Zweiten Weltkrieg. In: Projektgruppe für die vergessenen Opfer des NS-Regimes in Hamburg e.V. (Hg.) 1986, S. 14-45.

Pollak, Michael: Die Grenzen des Sagbaren. Lebensgeschichten von KZ-Überlebenden als Augenzeugenberichte und als Identitätsarbeit. Frankfurt a.M./New York 1988 (= Studien zur Historischen Sozialwissenschaft, 12).

Polster, Bernd (Hg.): "Swing-Heil". Jazz im Nationalsozialismus. Berlin 1989.

Poppinga, Onno/Barth, Hans Martin/Roth, Hiltraut: Ostfriesland. Biographien aus dem Widerstand. Frankfurt a.M. 1977.

Projektgruppe für die vergessenen Opfer des NS-Regimes in Hamburg e.V. (Hg.): Verachtet - verfolgt - vernichtet. Zu den "vergessenen" Opfern des NS-Regimes. Hamburg 1986.

Pross, Christian: Wiedergutmachung. Der Kleinkrieg gegen die Opfer. Frankfurt a.M. 1988.

Pury, Roland de: Tagebuch aus der Gefangenschaft. Übersetzt von V.D.M. Hedwig Roth. 5. Auflage. Zürich 1945.

Quindeau, Ilka: Trauma und Geschichte. Interpretationen autobiographischer Erzählungen von Überlebenden des Holocaust. Frankfurt a.M. 1995.

Ranke, Friedrich: Grundsätzliches zur Wiedergabe deutscher Volkssagen. In: Niederdeutsche Zeitschrift für Volkskunde 4 (1926) S. 44-47.

Ranke, Kurt/Grätz, Manfred/Moser-Rath, Elfriede: Deutschland. In: Enzyklopädie des Märchens. Bd. 3. 1981, Sp. 447-569.

Reclams deutsches Filmlexikon. Stuttgart 1984.

Rehn, Erwin: ST-Block, Jugend-KZ Moringen. In: Heinrich Himmler und die Liebe zum Swing 1994, S. 192-194.

Ritsert, Jürgen: Inhaltsanalyse und Ideologiekritik. Ein Versuch über kritische Sozialforschung. Frankfurt a.M. 1972.

Rogers, Carl R.: Therapeut und Klient. Grundlagen der Gesprächspsychotherapie. Herausgegeben und mit einem Vorwort versehen von Wolfgang M. Pfeiffer. Frankfurt a.M. 1983.

Röhrich, Lutz: Autobiographie. In: Enzyklopädie des Märchens. Bd. 1. 1977, Sp. 1080-1085.

Röhrich, Lutz: Grußwort und Einführung. In: Brednich/Lixfeld/Moser/Röhrich (Hg.) 1982, S. 8-17.

Röhrich, Lutz: Erzählforschung. In: Grundriss der Volkskunde 1988, S. 353-379.

Röhrich, Lutz/Lindig, Erika (Hg.): Volksdichtung zwischen Mündlichkeit und Schriftlichkeit. Tübingen 1989 (= ScriptOralia, 9).

Roncador, Manfred von/Bublitz, Wolfram: Abschweifungen. In: Weydt (Hg.) 1979, S. 285-298.

Roon, Ger van: Widerstand im Dritten Reich. Ein Überblick. München 1979.

Rosenthal, Gabriele: Geschichte in der Lebensgeschichte. In: BIOS 1 (1988) S. 3-15.

Rossmann, Erich: Ein Leben für den Sozialismus und Demokratie. Stuttgart/Tübingen 1946.

Rozanski, Zenon: Mützen ab... Eine Reportage aus dem Strafkompanie des KZ. Auschwitz. Hannover 1948.

Sauermann, Dietmar: Gedanken zur Dialogstruktur wissenschaftlicher Befragungen. In: Brednich/Lixfeld/Moser/Röhrich (Hg.) 1982, S. 145-153.

Schaffner, Martin: Plädoyer für Oral History. In: Ungern-Sternberg/Reinau (Hg.) 1988, S. 345-348.

Schardt, Angelika: "Der Rest der Geretteten". Jüdische Überlebende im DP-Lager Föhrenwald 1945-1957. In: Dachauer Hefte 1992, S. 53-68.

Scharfe, Martin: Einschwörung auf den völkisch-germanischen Kulturbegriff. In: Tröger 1984, S. 105-115.

Scheffler, Wolfgang: Judenverfolgung im Dritten Reich 1933-1945. Berlin 1960.

Schenda, Rudolf: Genre-Theorie. Kommentar. In: Folk Narrative Research 1976a, S. 27-29.

Schenda, Rudolf: Prinzipien einer sozialgeschichtlichen Einordnung von Volkserzählungsinhalten. In: Folk Narrative Research 1976b, S. 185-191.

Schenda, Rudolf: Autobiographien erzählen Geschichten. In Zeitschrift für Volkskunde 77 (1981) S. 67-87.

Schenda, Rudolf (Hg.): Lebzeiten. Autobiographien der Pro Senectute Aktion. Zürich 1982.

Schenda, Rudolf: Mären von deutschen Sagen. Bemerkungen zur Reproduktion von "Volkserzählungen" zwischen 1850 und 1870. In: Geschichte und Gesellschaft 9 (1983) S. 26-48.

Schenda, Rudolf: Volkserzählung und nationale Identität: Deutsche Sagen im Vormärz (1830-1848). In: Fabula 25 (1984) S. 296-303.

Schenda, Rudolf: Tendenzen der aktuellen volkskundlichen Erzählforschung im deutschsprachigen Raum. In: Chiva/Jeggle (Hg.) 1987, S. 271-291.

Schenda, Rudolf (Hg., unter Mitarbeit von Hans ten Doornkaat): Sagenerzähler und Sagensammler der Schweiz. Studien zur Produktion volkstümlicher Geschichte und Geschichten vom 16. bis zum 20. Jahrhundert. Bern/Stuttgart 1988.

Schenda, Rudolf: Von Mund zu Ohr. Bausteine zu einer Kulturgeschichte volkstümlichen Erzählens in Europa. Göttingen 1993.

Scheuer, Lisa: Vom Tode, der nicht stattfand. Theresienstadt, Auschwitz, Freiberg, Mauthausen. Eine Frau überlebt. Reinbek bei Hamburg 1983.

Schlör, Joachim: "In einer Nazi-Welt läßt sich nicht leben". Werner Gross - Lebensgeschichte eines Antifaschisten. Tübingen 1991 (= Studien und Materialien des Ludwig-Uhland-Instituts der Universität Tübingen, 7).

Schmuhl, Hans-Walter: Rassenhygiene, Nationalsozialismus, Euthanasie. Von der Verhütung zur Vernichtung "lebensunwerten Lebens" 1890-1945. Göttingen 1987 (= Kritische Studien zur Geschichtswissenschaft, 75).

Schoenberner, Gerhard: Der gelbe Stern. Die Judenverfolgung in Europa 1933-1945. Frankfurt a.M. 1982.

Schöffer, Ivo: Die Niederlande und die Juden in den dreißiger Jahren in historischer Perspektive. In: Dittrich/Würzner (Hg.) 1982, S. 61-72.

Schörken, Rolf: Luftwaffenhelfer und Drittes Reich. Die Entstehung eines politischen Bewußtseins. Stuttgart 1984.

Schräge Vögel, mausert euch! In: Gaunachrichten. Veröffentlichungen der Kreise des Gaues Hamburg der NSDAP. Zweite August-Ausgabe 1940. Kreis 8, S. 6.

Schröder, Hans Joachim: Kasernenzeit. Arbeiter erzählen von der Militärausbildung im Dritten Reich. Frankfurt a.M./New York 1985.

Schröder, Hans Joachim: Das narrative Interview - ein Desiderat in der Literaturwissenschaft. In: Internationales Archiv für Sozialgeschichte der deutschen Literatur 16 (1991) S. 94-109.

Schröder, Hans Joachim: Die gestohlenen Jahre. Erzählgeschichten und Geschichtserzählung im Interview: Der Zweite Weltkrieg aus der Sicht ehemaliger Mannschaftssoldaten. Tübingen 1992 (= Studien und Texte zur Sozialgeschichte der Literatur, 37).

Schröder, Heribert: Tanz- und Unterhaltungsmusik in Deutschland 1918-1933. Studien zu ihrer Rezeption und zur Sozialgeschichte des Unterhaltungsmusikers. Diss. Bonn 1985.

Schroubek, Georg R.: "Das kann ich nicht vergessen". Der Erinnerungsbericht als volkskundliche Quelle und als Art der Volksprosa. In: Jahrbuch für Ostdeutsche Volkskunde 17 (1974) S. 27-50.

Schumann, Wolfgang/Hass, Gerhart u.a. (Hg.): Deutschland im Zweiten Weltkrieg. Bd. 1: Vorbereitung, Entfesselung und Verlauf des Krieges bis zum 22. Juni 1941. Berlin 1975.

Schutte, Sabine (Hg.): Ich will aber gerade vom Leben singen. Über populäre Musik vom ausgehenden 19. Jahrhundert bis zum Ende der Weimarer Republik. Reinbek 1987 (Geschichte der Musik in Deutschland).

Schütze, Fritz: Die Technik des narrativen Interviews in Interaktionsfeldstudien - dargestellt an einem Projekt zur Erforschung von kommunalen Machtstrukturen. Arbeitsberichte und Forschungsmaterialien der Fakultät für Soziologie, Universität Bielefeld, 1977 (3. Fassung).

Schütze, Fritz: Prozeßstrukturen des Lebenslaufs. In: Matthes/Pfeifenberger/Stosberg (Hg.) 1983, S. 67-156.

Schwietering, Julius: Volksmärchen und Volksglaube. In: Euphorion N.F. 36,1 (1935) S. 68-78.

Seger, Gerhart: Oranienburg. Erster authentischer Bericht eines aus dem Konzentrationslager Geflüchteten. Mit einem Geleitwort von Heinrich Mann. Karlsbad 1934.

Semprun, Jorge: Die große Reise. Roman. [Frankfurt a.M.] 1981.

Sieder, Reinhard: A Hitler Youth from a Respectable Family: The Narrative Composition and Deconstruction of a Life Story. In: International Yearbook of Oral History and Life Stories 1993, S. 99-117.

Sirovátka, Oldrich: Die Alltagserzählung als Gattung der heutigen Überlieferung. In: Miscellanea Prof. em. Dr. K.C. Peeters 1975, S. 662-669.

Sofsky, Wolfgang: Die Ordnung des Terrors: Das Konzentrationslager. Frankfurt a.M. 1993.

Sokolov, Jurij: Russian Folklore. Hatboro 1966.

Spetzler, Eberhard: Luftkrieg und Menschlichkeit. Die völkerrechtliche Stellung der Zivilpersonen im Luftkrieg. Göttingen 1956 (= Göttinger Beiträge zu Gegenwartsfragen des Völkerrechts und der internationalen Beziehungen, 12).

Spuren der Verfolgung. Seelische Auswirkungen des Holocaust auf die Opfer und ihre Kinder. Herausgegeben von Gertrud Hardtmann. Gerlingen 1992.

Steinbach, Lothar: Lebenslauf, Sozialisation und 'erinnerte Geschichte'. In: Niethammer (Hg.) 1980, S. 291-322.

Stojka, Ceija: Wir leben im Verborgenen. Erinnerungen einer Rom-Zigeunerin. Herausgegeben von Karin Berger. Wien 1988.

Stojka, Ceija: Reisende in der Welt. Wien 1992.

Strauss, Hans: Besonderheiten der nichtpsychotischen seelischen Störungen bei Opfern der nationalsozialistischen Verfolgung und ihre Bedeutung bei der Begutachtung. In: Der Nervenarzt 28 (1957) S. 344-350.

Streibel, Robert: Plötzlich waren sie alle weg. Die Juden der "Gauhauptstadt Krems" und ihre Mitbürger. Wien 1991 (= Schriftenreihe des Waldviertler Heimatbundes, 33).

Stümke, Hans-Georg: Vom 'unausgeglichenen Geschlechtshaushalt'. Zur Verfolgung Homosexueller. In: Projektgruppe für die vergessenen Opfer des NS-Regimes in Hamburg e.V. (Hg.) 1986, S. 46-63.

Suchowiak, Bogdan: Mai 1945: Die Tragödie der Häftlinge von Neuengamme. Reinbek bei Hamburg 1985.

Terhart, Ewald: Intuition - Interpretation - Argumentation. Zum Problem der Geltungsbegründung von Interpretationen. In: Zeitschrift für Pädagogik 17 (1981) S. 769-793.

Thieme, Hans/Kapfhammer, Günther (Hg.): Erfragte Zeitgeschichte. Zur "oral history" in Bayerisch-Schwaben. Augsburg 1982.

Thompson, Paul: The Voice of the Past. Oral History. Oxford 1978.

Thompson, Paul: Historiker und Mündliche Geschichte. In: Botz/Weidenholzer (Hg.) 1984, S. 55-84.

Tolksdorf, Ulrich: Eine ostpreußische Volkserzählerin. Geschichten - Geschichte - Lebensgeschichte. Marburg 1980 (= Schriftenreihe der Kommission für ostdeutsche Volkskunde in der Gesellschaft für Volkskunde e.V., 23).

Tomkowiak, Ingrid: Herrschaft, Herrscher. In: Enzyklopädie des Märchens. Bd. 6. 1990, Sp. 894-916.

Tröger, Jörg (Hg.): Hochschule und Wissenschaft im Dritten Reich. Frankfurt a.M./New York 1984.

Tübinger Beiträge zur Volkskultur. Herausgegeben von Utz Jeggle/Wolfgang Kaschuba/Gottfried Korff/Martin Scharfe/Bernd Jürgen Warneken. Tübingen 1986 (= Untersuchungen des Ludwig-Uhland-Instituts der Universität Tübingen, 69).

Ungern-Sternberg, Jürgen von/Reinau, Hansjörg (Hg.): Vergangenheit in mündlicher Überlieferung. Stuttgart 1988 (= Colloquium Rauricum, 1).

Unsere Flieger über Polen. Vier Frontoffiziere berichten. Eingeführt und betreut vom General der Flieger Kesselring. Berlin 1939.

Uther, Hans-Jörg (Hg.): Märchen in unserer Zeit. Zu Erscheinungsformen eines populären Erzählgenres. München 1990.

Utitz, Emil: Psychologie des Lebens im Konzentrationslager Theresienstadt. Wien 1948.

Varga, László: Ungarn. In: Benz (Hg.) 1991, S. 331-351.

Venzlaff, Ulrich: Die psychoreaktiven Störungen nach entschädigungspflichtigen Ereignissen (Die sogenannte Unfallneurose). Berlin/Göttingen/Heidelberg 1958.

Venzlaff, Ulrich: Erlebnishintergrund und Dynamik seelischer Verfolgungsschäden. In: Paul/Herberg (Hg.) 1963, S. 95-109.

Volkskundliche Streifzüge. Festschrift für Kai Detlev Sievers zum 60. Geburtstag. Kiel 1994.

Vollbaum, Heike: Portrait der Bibelforscherin Martha Vollbaum - unter besonderer Berücksichtigung ihrer Erfahrungsmodi im Konzentrationslager Ravensbrück. Versuch einer Rekonstruktion der Genese von Erfahrungsmodi und individueller Sinnstrukturen mit Hilfe pädagogischer Biographieforschung. Diplomarbeit Hildesheim 1985 (maschinenschriftlich).

Vorländer, Herwart (Hg.): Oral History. Mündlich erfragte Geschichte. Göttingen 1990.

Vorländer, Herwart: Mündliches Erfragen von Geschichte. In: Vorländer (Hg.) 1990, S. 7-28.

Wahl, Klaus/Honig, Michael-Sebastian/Gravenhorst, Lerke: Wissenschaftlichkeit und Interessen. Zur Herstellung subjektivitätsorientierter Sozialforschung. Frankfurt a.M. 1982.

Wangh, Martin: Diskussionsbemerkung zu E. de Wind: Begegnung mit dem Tod. In: Psyche 22 (1968) S. 447-451.

Weber, Hermann: Kommunistischer Widerstand gegen die Hitler-Diktatur 1933-1939. 2. Auflage. Berlin 1990 (= Beiträge zum Widerstand 1933-1945, 33).

Weidenhammer, Jörg: Die Retraumatisierung. Ethische Fragen in der Interviewtechnik. In: Bar-On/Beiner/Brusten (Hg.) 1988, S. 74-78.

Weingart, Peter/Kroll, Jürgen/Bayertz, Kurt: Rasse, Blut und Gene. Geschichte der Eugenik und Rassenhygiene in Deutschland. Frankfurt a.M. 1992.

Weisenborn, Günther: Die Illegalen. Drama aus der deutschen Widerstandsbewegung. Berlin 1946.

Weisenborn, Günther: Memorial. München 1947.

Weisenborn, Günther (Hg.): Der lautlose Aufstand. Bericht über die Widerstandsbewegung des deutschen Volkes 1933-1945. Nach dem Material von Ricarda Huch. Mit einer Einleitung von Martin Niemöller. Hamburg 1953.

Weißbuch der Polnischen Regierung. Über die polnisch-deutschen Beziehungen im Zeitraum von 1933-1939. Basel 1940.

Weltliteratur im 20. Jahrhundert. Autorenlexikon. Herausgegeben von Manfred Brauneck. 5 Bände. Reinbek bei Hamburg 1981.

Wendorff, Yvonne: Verbotene Swingmusik wurde heimlich gehört. Musik aus den USA durfte während der Hitlerzeit nicht gespielt werden/Swing-Jugendlichen drohte Konzentrationslager. In: Göttinger Evangelische Zeitung vom 11.12.1994.

Wetzel, Juliane: "Displaced Persons". Ein vergessenes Kapitel der deutschen Nachkriegsgeschichte. In: Aus Politik und Zeitgeschichte. Beilage zur Wochenzeitung Das Parlament, B 7-8 vom 10.2.1995, S. 34-39.

Weydt, Harald (Hg.): Die Partikeln der deutschen Sprache. Berlin/New York 1979.

Wicke, Peter: Das Ende: Populäre Musik im faschistischen Deutschland. In: Schutte (Hg.) 1987, S. 418-429.

Wiegman, T.: Enschede 1940-1945. Enschede 1985.

Winckler, Lutz (Hg.) in Zusammenarbeit mit Christian Fritsch: Antifaschistische Literatur. Prosaformen. Bd. 3. Königstein/Ts. 1979 (= Literatur im historischen Prozeß, 12).

Wind, Eddy de: Begegnung mit dem Tod. In: Psyche 22 (1968) S. 423-441.

Wistrich, Robert: Wer war wer im Dritten Reich. Ein biographisches Lexikon. Anhänger, Mitläufer, Gegner aus Politik, Wirtschaft, Militär, Kunst und Wissenschaft. Überarbeitet und erweitert von Hermann Weiß. Frankfurt a.M. 1987.

Witzel, Andreas: Verfahren der qualitativen Sozialforschung. Überblick und Alternativen. Frankfurt a.M./New York 1982.

Wolff, Helmut: Die deutschen Kriegsgefangenen in britischer Hand. Ein Überblick. München 1974 (= Zur Geschichte der deutschen Kriegsgefangenen des Zweiten Weltkrieges Bd. XI/1).

Wulf, Josef: Vom Leben, Kampf und Tod im Ghetto Warschau. Herausgeber: Bundeszentrale für Heimatdienst. 2. Auflage. Bonn 1960 (= Schriftenreihe der Bundeszentrale für Heimatdienst, Heft 32).

Zarniko, Wilhelm: Neun Jahre lebendig begraben. Ein Tatsachenbericht aus der Hölle der Nazi-KZ. Hamburg 1946.

Zinnecker, Jürgen: Einige strategische Überlegungen zur hermeneutisch-lebensgeschichtlichen Forschung. In: Zeitschrift für Sozialisationsforschung und Erziehungssoziologie 2 (1982) S. 297-306.

Zitzewitz, Lisaweta von: Rechts Tod, links Leben. Von Wielun nach Winsen: Aus dem Leben eines polnischen Auschwitz-Häftlings. In: Die Zeit, Nr. 31 vom 29.7.1988.

Zürn, Gaby: "A. ist Prostituiertentyp". Zur Ausgrenzung und Vernichtung von Prostituierten und moralisch nicht-angepaßten Frauen im nationalsozialistischen Hamburg. In: Projektgruppe für die vergessenen Opfer des NS-Regimes in Hamburg e.V. (Hg.) 1986, S. 128-151.

Zwerin, Mike: La tristesse de Saint Louis. Swing unter den Nazis. Wien 1988.

LEBENSFORMEN
Veröffentlichungen des Instituts für Volkskunde
der Universität Hamburg
Herausgegeben von Gerhard Lutz und Albrecht Lehmann

Band 4
Erika Dettmar
RASSISMUS, VORURTEILE, KOMMUNIKATION
Afrikanisch-europäische Begegnungen in Hamburg
XV und 427 Seiten mit 4 Grafiken
Broschiert /ISBN 3-496-00991-8

Band 5
Dagmar Burkhart
KULTURRAUM BALKAN
Studien zur Volkskunde und Literatur
Südosteuropas
327 Seiten mit 34 Abb.
Leinen / ISBN 3-496-00472-X

Band 6
Andrea Kiendl
DIE LÜNEBURGER HEIDE
Fremdenverkehr und Literatur
VII und 342 Seiten mit 1 Abb., 3 Karten und 2 Diagrammen
Broschiert / ISBN 3-496-00405-3

Band 7
Karin Hesse-Lehmann
IRANER IN HAMBURG
Verhaltensmuster im Kulturkontakt
XII und 251 Seiten
Broschiert / ISBN 3-496-02513-1

Dietrich Reimer Verlag  Berlin

ETHNOLOGISCHE PAPERBACKS

Rolf W. Brednich
GRUNDRISS DER VOLKSKUNDE
Einführung in die Forschungsfelder der
Europäischen Ethnologie
Zweite, überarbeitete und erweiterte Auflage
594 Seiten mit 5 Abb.
Broschiert / ISBN 3-496-02516-6

Hans Fischer (Hg.)
ETHNOLOGIE
Eine Einführung
Dritte, verbesserte und erweiterte Auflage
463 Seiten. Broschiert / ISBN 3-496-00423-1

Thomas Schweizer/Margarete Schweizer/
Waltraud Kokot (Hg.)
HANDBUCH DER ETHNOLOGIE
664 Seiten. Broschiert / ISBN 3-496-00446-0
Leinen / ISBN 3-496-02508-5

Hans Fischer
FELDFORSCHUNGEN
Berichte zur Einführung in Probleme und Methoden
310 Seiten mit 20 Abbildungen und 10 Karten
Broschiert / ISBN 3-496-00823-7

Regina Bendix
AMERIKANISCHE FOLKLORISTIK
Eine Einführung
269 Seiten
Broschiert / ISBN 3-496-02565-4

Dietrich Reimer Verlag Berlin

HAMBURGER BEITRÄGE ZUR WISSENSCHAFTSGESCHICHTE

Im Auftrag der Universität Hamburg herausgegeben von
Eckart Krause, Gunter Otto, Wolfgang Walter

Band 10
HAMBURGER AKADEMISCHE RUNDSCHAU
Werk in 4 Teilen
Zusammen 2436 Seiten mit 43 Abb.
Broschiert im Schuber / ISBN 3-496-00494-0

Band 11
Angela Bottin
ENGE ZEIT
Spuren Vertriebener und Verfolgter der Hamburger Universität
198 Seiten mit 1 farb. und 122 s/w-Abb. sowie 60 Faksimiles
Broschiert / ISBN 3-496-00419-3

Band 12
Rainer Hering
THEOLOGIE IM SPANNUNGSFELD VON KIRCHE UND STAAT
Die Entstehung der Evangelisch-Theologischen Fakultät an der Universität
Hamburg 1895–1955
X und 468 Seiten
Broschiert / ISBN 3-496-00430-4

Band 13
Joist Grolle
BERICHT VON EINEM SCHWIERIGEN LEBEN: WALTER SOLMITZ (1905–1962)
Schüler von Aby Warburg und Ernst Cassirer
VI und 191 Seiten mit 20 Abb
Broschiert / ISBN 3-496-02538-7

Dietrich Reimer Verlag  Berlin